Martin Schüngel

Auswirkungen des Electronic Commerce auf juristische Fachverlage

GABLER EDITION WISSENSCHAFT

Informationsmanagement und Controlling
Herausgegeben von
Professor Dr. Jörg Becker
Professor Dr. Heinz Lothar Grob
Professor Dr. Stefan Klein
Institut für Wirtschaftsinformatik der Universität Münster

Informationsmanagement und Controlling stellen Führungsfunktionen von Unternehmungen und Verwaltungen dar. Während die Aufgabe des Informationsmanagements in der effizienten, auch strategisch orientierten Gestaltung des betrieblichen Informationseinsatzes sowie technologiegestützter Informationssysteme und -infrastrukturen besteht, hat Controlling die Entwicklung und Nutzung einer auf Informationssystemen basierenden Infrastruktur zur koordinierten Durchführung von Planung und Kontrolle zum Inhalt. Angesichts zunehmender Verflechtungen und Kooperationen zwischen Unternehmungen gewinnen interorganisatorische Aspekte für beide Bereiche an Bedeutung.

Die Schriftenreihe greift diese Fragen auf und stellt aktuelle Forschungsergebnisse aus der Wirtschaftsinformatik und der Betriebswirtschaftslehre zur Diskussion.

Martin Schüngel

Auswirkungen des Electronic Commerce auf juristische Fachverlage

Branchenanalyse und empirische Überprüfung

Mit einem Geleitwort von
Prof. Dr. Stefan Klein und Prof. Dr. Thomas Hoeren

Deutscher Universitäts-Verlag

Bibliografische Information Der Deutschen Bibliothek
Die Deutsche Bibliothek verzeichnet diese Publikation in der Deutschen
Nationalbibliografie; detaillierte bibliografische Daten sind im Internet über
<http://dnb.ddb.de> abrufbar.

Dissertation Universität Münster, 2002

D 6 (2002)

1. Auflage März 2003

Alle Rechte vorbehalten
© Deutscher Universitäts-Verlag GmbH, Wiesbaden, 2003

Lektorat: Brigitte Siegel / Jutta Hinrichsen

Der Deutsche Universitäts-Verlag ist ein Unternehmen der
Fachverlagsgruppe BertelsmannSpringer.
www.duv.de

Das Werk einschließlich aller seiner Teile ist urheberrechtlich geschützt. Jede Verwertung außerhalb der engen Grenzen des Urheberrechtsgesetzes ist ohne Zustimmung des Verlags unzulässig und strafbar. Das gilt insbesondere für Vervielfältigungen, Übersetzungen, Mikroverfilmungen und die Einspeicherung und Verarbeitung in elektronischen Systemen.

Die Wiedergabe von Gebrauchsnamen, Handelsnamen, Warenbezeichnungen usw. in diesem Werk berechtigt auch ohne besondere Kennzeichnung nicht zu der Annahme, dass solche Namen im Sinne der Warenzeichen- und Markenschutz-Gesetzgebung als frei zu betrachten wären und daher von jedermann benutzt werden dürften.

Umschlaggestaltung: Regine Zimmer, Dipl.-Designerin, Frankfurt/Main
Druck und Buchbinder: Rosch-Buch, Scheßlitz
Gedruckt auf säurefreiem und chlorfrei gebleichtem Papier
Printed in Germany

ISBN 3-8244-7824-2

Meinen Eltern, Juliane und Michael

Geleitwort

Für den Beobachter verbindet sich die Idee einer Internetökonomie mit der Erwartung eines tiefgreifenden Strukturwandels in der Mehrzahl der Branchen. In besonderer Weise betroffen sind dabei diejenigen Branchen, deren Leistungen digital vorliegen oder digitalisierbar sind, weil damit die Wirkungen der neuen Technologie nicht nur bei der Anbahnung und Vereinbarung, sondern auch bei der Abwicklung des Geschäfts und letztlich auch bei der gesamten wirtschaftlichen Leistungserstellung wirksam werden. Zu diesen Branchen oder genauer zu einem Segment einer solchen Branche gehören die juristischen Fachverlage, bei denen der erwartete Strukturwandel jedoch erst in Ansätzen erkennbar ist und zu einer hohen Unsicherheit geführt hat.

Vor diesem Hintergrund und in dieser Situation unternimmt Martin Schüngel in seiner Arbeit eine detaillierte Branchen(segment)analyse, die den aktuellen Stand der Transformation dokumentiert und interpretiert. Ihm gelingt mit der Anwendung des Konstrukts des Geschäftsmodells und vor dem Hintergrund seiner profunden Kenntnisse des betrachteten Branchensegments eine strukturierte, differenzierte und umfassende Analyse möglicher Transformationsfelder. Da eine primär konzeptionell fundierte Analyse möglicher Änderungen in einem Gebiet, das über noch kein ausreichendes Theoriegebäude verfügt, nur schwer validierbar ist, hat Herr Schüngel eine Delphi-Studie durchgeführt, die – innerhalb der bekannten und dem Autor bewussten Grenzen dieser Methode – einen empirisch fundierten Einblick in die Zukunftserwartungen der befragten Experten ermöglicht. Design und Durchführung der Studie sind vorbildlich.

Martin Schüngel hat in der vorliegenden Untersuchung, die eine ausgesprochen komplexe und facettenreiche Fragestellung aufgreift, Arbeiten aus den Bereichen Wirtschaftsinformatik, Medienmanagement und Rechtsinformatik ausgewertet und in gelungener Weise integriert. Die Arbeit ist konzeptionell breit angelegt und literarisch wie empirisch sehr gut fundiert. Sie wendet sich an Praktiker wie Wissenschaftler, die sich mit Branchenwirkungen der Internetökonomie im Medienmarkt beschäftigen. Sie ist insbesondere auch für juristische Fachverlage eine Fundgrube an innovativen Erkenntnissen über die Zukunft des juristischen Informationsmarktes.

Thomas Hoeren *Stefan Klein*

Vorwort

In der vorliegenden Arbeit spiegelt sich ein begrenztes Zeitfenster wider; sie entstand während einer Zeit, in der die erste, durch den Electronic Commerce ausgelöste Euphorie im Zuge der wirtschaftlichen Entwicklung abflaute und mögliche Geschäftsmodelle stärker hinterfragt wurden. Dennoch markiert diese Zeit mit hoher Wahrscheinlichkeit auch den Beginn eines durch den Electronic Commerce initiierten, dauerhaften Transformationsprozesses ganzer Branchen jenseits der Modeerscheinungen und der Überhöhungen der Anfangszeit.

Die Arbeit versucht, einen Ausblick auf diese zukünftige Entwicklung speziell für juristische Fachverlage zu nehmen. Sie baut dabei auf den bestehenden Ansätzen des Electronic Commerce auf, die aber noch kein eigenständiges Theoriegebäude darstellen können. Vielmehr ist die Einbettung und Validität dieser Ansätze von Unsicherheit geprägt; für ihre Umsetzung in der Praxis gilt dies angesichts zahlreicher externer, nur schwer abschätzbarer Faktoren in noch viel stärkerem Maße. Die Arbeit unternimmt dennoch den Versuch, mögliche und sinnvolle Entwicklungen von Geschäftsmodellen für den abgrenzbaren Bereich juristischer Fachverlage zu untersuchen und so Anhaltspunkte für eine zukünftige Positionierung zu liefern. Um die theoretischen Überlegungen einer Validierung unterziehen zu können, wurde mit einer vorsichtig konfirmatorischen Ausrichtung eine Delphi-Studie durchgeführt. Zwar sind auch ihre Ergebnisse mit Unsicherheit behaftet, doch gehört die Delphi-Methode zu den weltweit besten Prognoseinstrumenten. Die starke und intensive Beteiligung der befragten Experten unterstreicht das lebhafte Interesse an einer stärkeren Erforschung der vielfach als ungewiß betrachteten Entwicklung. Den Experten gebührt gleichzeitig mein Dank für ihre Bereitschaft und die investierte Zeit.

Erste Anstöße zu meiner Arbeit erhielt ich durch meine Tätigkeit am Institut für Informations-, Telekommunikations- und Medienrecht (ITM) der Westfälischen Wilhelms-Universität Münster. Sie eröffnete mir Einblicke in den juristischen Arbeitsstil und gab mir Gelegenheit zu vielfältigen Beobachtungen der Nachfragerseite eines Verlags. Die Arbeit ist daneben auch das Ergebnis einer gedanklichen Auseinandersetzung während eines mehrjährigen Praxisprojekts am Institut. Dem Projektpartner, dem ZAP Verlag für die Rechts- und Anwaltspraxis, danke ich für die Gelegenheit, die ersten Schritte eines juristischen Fachverlags im Electronic Commerce begleiten und mitgestalten zu dürfen. Insbesondere danke ich Herrn Günter Lange für die vielfältigen Einblicke in die juristische Fachverlagsbranche und die stete Bereitschaft zu zahlreichen Diskussionen, in denen er mit den Augen eines Praktikers viele Ideen kritisch begleitete.

Meinem Doktorvater, Herrn Prof. Dr. Stefan Klein, danke ich sehr herzlich für die Betreuung meines Dissertationsprojekts und der empirischen Untersuchung. Er stand mir mit seiner steten Diskussionsbereitschaft zur Seite und gab mir an entscheidenden Stellen die richtigen Impulse.

Meinem Chef und Zweitgutachter, Herrn Prof. Dr. Thomas Hoeren, danke ich für die Übernahme des Koreferats, vor allem aber für den großzügig gewährten Freiraum und das über viele Jahre entgegengebrachte Vertrauen.

Herrn Dr. Jörn Oberscheidt und Frau Rechtsreferendarin Christiane Unland-Schlebes schulde ich Dank für die Mühen, die sie mit dem Korrekturlesen meiner Darstellung der juristischen Arbeitswelt und Informationsverarbeitung auf sich genommen haben und diese so einer ersten Validierung unterzogen. Herrn cand. rer. pol. Stephan Hagemann danke ich für die Unterstützung bei der kurzfristigen Erstellung von elektronischen Versionen der Fragebögen für die Delphi-Studie.

Eine Promotion ist typischerweise nicht nur für den Autor, sondern auch für sein gesamtes Umfeld eine „harte Prüfung". Besonders danke ich meinen Eltern, die meine Promotion in vielfältiger Weise sehr engagiert unterstützt haben. Wie auch während meiner gesamten Ausbildungszeit standen sie mir stets zur Seite, wo es nur möglich war.

Auch meiner Frau Juliane danke ich besonders herzlich, da sie sicherlich die stärksten „Unbilden" der Promotionszeit erdulden mußte. Trotz der zahlreichen Belastungen durch ihre eigene Promotion, dem übermäßigen Anteil an den familiären Aufgaben und ihrer beruflichen Tätigkeit hat sie immer sehr viel Verständnis aufgebracht und stand für Fragen, Diskussionen und Hilfen stets zur Verfügung.

Am meisten „gelitten" hat daneben sicherlich mein Sohn Michael, der mich die ersten Lebensjahre fast nur am Computer und über den Büchern erlebt hat und der mit seinen Aufforderungen zum Spiel so oft scheitern mußte. In manchen Phasen hätte ich mich lieber ihm und seiner Holzeisenbahn gewidmet, anstatt weiter am Schreibtisch zu verharren.

Martin Schüngel

Inhaltsverzeichnis

1 Einleitung 1
   1.1 Motivation und Themenumfeld 1
   1.2 Ziel der Arbeit 5
   1.3 Theoretischer Kontext 6
   1.4 Verwendete Forschungsmethoden 8
   1.5 Gang der Arbeit 11

2 Grundlagen 13
   2.1 Rahmenbedingungen der Verlagsbranche 13
      2.1.1 Historische Entwicklung der Verlagsbranche 13
      2.1.2 Verlagsbegriff, -typen und -objekte 13
      2.1.3 Verlagsgeschäft 16
         2.1.3.1 Überblick über den Wertschöpfungsprozeß 16
         2.1.3.2 Charakterisierung der klassischen Wertschöpfungsstufen
                von Verlagen 18
         2.1.3.3 Kernkompetenzen 21
         2.1.3.4 Unterschiede zu anderen Branchen 22
      2.1.4 Elektronisches Publizieren 23
         2.1.4.1 Begriffsklärung 23
         2.1.4.2 Produktformen und Verbreitung 24
   2.2 Koordinationsformen 25
      2.2.1 Hierarchische Koordination 25
      2.2.2 Marktliche Koordination 26
         2.2.2.1 Eigenschaften elektronischer Märkte 26
         2.2.2.2 Initiatoren und Betreiber elektronischer Märkte 28
      2.2.3 Vorteilhaftigkeit der Koordinationsformen 29
         2.2.3.1 Marktthese 29
         2.2.3.2 Disintermediationsthese 30
         2.2.3.3 Differenzierte transaktionskostentheoretische Betrachtung ... 30
         2.2.3.4 Einbeziehung weiterer Entscheidungsparameter 32
      2.2.4 Hybride Koordinationsformen 35
      2.2.5 Kooperationen 36
      2.2.6 Netzwerke 38
   2.3 Geschäftsmodelle 41
      2.3.1 Merkmale von Geschäftsmodellen 41
      2.3.2 Systematik von Geschäftsmodellen 45

3 Konzeptionelle Erwartungen für Implikationen auf das Geschäftsmodell juristischer Verlage ... 49
   3.1 Marktmodell ... 49
      3.1.1 Nachfragermodell ... 49
      3.1.2 Marktstruktur ... 53
      3.1.3 Wettbewerbssituation juristischer Verlage ... 58
          3.1.3.1 PORTERs Marktsicht als Analyseinstrument ... 58
          3.1.3.2 Gefahr durch substituierende Produkte ... 61
          3.1.3.3 Gefahr durch Neueintritte ... 63
               3.1.3.3.1 Markteintrittsbarrieren ... 63
               3.1.3.3.2 Mögliche neue Spieler ... 69
          3.1.3.4 Brancheninterner Wettbewerb ... 74
          3.1.3.5 Verhandlungsmacht der Käufer ... 75
          3.1.3.6 Verhandlungsmacht der Lieferanten ... 77
          3.1.3.7 Preisbindung als regulative Rahmenbedingung ... 78
      3.1.4 Hemmfaktoren einer offensiveren Internetstrategie juristischer Fachverlage ... 79
      3.1.5 Zusammenfassung zum Marktmodell ... 83
   3.2 Leistungserstellungsmodell ... 85
      3.2.1 Veränderungen der Wertschöpfungsketten in der Medienindustrie ... 85
      3.2.2 Zukünftige Kernkompetenzen und Wertschöpfungen von Verlagen ... 88
      3.2.3 Desintegration versus Reintegration für juristische Verlage ... 90
      3.2.4 Besondere Bedeutung von Coopetition für juristische Verlage ... 92
      3.2.5 Besondere Bedeutung von Netzwerken für juristische Verlage ... 93
      3.2.6 Zusammenfassung zum Leistungserstellungsmodell ... 95
   3.3 Erlösmodelle ... 96
      3.3.1 Erlösformen ... 97
          3.3.1.1 Direkte Erlöse ... 98
               3.3.1.1.1 Nutzungsabhängige Erlöse ... 98
               3.3.1.1.2 Nutzungsunabhängige Erlöse ... 101
          3.3.1.2 Indirekte Erlöse ... 102
               3.3.1.2.1 Werbeerlöse ... 102
               3.3.1.2.2 Weitere indirekte Erlöse ... 103
      3.3.2 Preisstrategien ... 105
          3.3.2.1 Zeitliche Variation ... 105
          3.3.2.2 Kundengruppenbezogene Preisdifferenzierung ... 106
          3.3.2.3 Preisdifferenzierung durch Produktdifferenzierung ... 106
               3.3.2.3.1 Volumenbezogene Preisdifferenzierung ... 107
               3.3.2.3.2 Leistungsbezogene Preisdifferenzierung ... 107

		3.3.2.4	Preisbündelung und -entbündelung	109
		3.3.2.5	Perfekte Preisdifferenzierung durch dynamische Preisbildung	110
	3.3.3	Erlösmodelle für juristische Verlage im Onlinebereich		114
		3.3.3.1	Erlösformen	114
		3.3.3.2	Preisstrategien	116
			3.3.3.2.1 Zeitliche Variation	117
			3.3.3.2.2 Klassische Preisdifferenzierungsinstrumente	117
			3.3.3.2.3 Dynamische Preismodelle	118
	3.3.4	Zusammenfassung zum Erlösmodell		123
3.4	Leistungsangebotsmodell			124
	3.4.1	Traditionelles Leistungsangebot juristischer Verlage		124
	3.4.2	Ausgewählte Merkmale einer Internet-Ökonomie		127
		3.4.2.1	Besondere Kostenstrukturen	127
			3.4.2.1.1 Kostenstrukturen im klassischen Medienbereich	127
			3.4.2.1.2 Kostenstrukturen für Onlineprodukte	129
		3.4.2.2	Bedeutung von Netzeffekten	131
			3.4.2.2.1 Allgemeine Eigenschaften von Netzeffekten	131
			3.4.2.2.2 Netzeffekte für juristische Fachverlage	133
		3.4.2.3	Schaffung von Lock-In-Effekten	135
	3.4.3	Qualitätsmerkmale juristischer Informationsangebote		137
		3.4.3.1	Aktualität	138
		3.4.3.2	Schnelligkeit des Zugriffs	139
		3.4.3.3	Relevanz	140
			3.4.3.3.1 Eigenschaften von Individualisierungen	141
			3.4.3.3.2 Verfahren zur Individualisierung	142
			3.4.3.3.3 Auswirkungen der Individualisierung auf die Kostenstrukturen	144
		3.4.3.4	Bedeutung von Marken	146
	3.4.4	Vor- und Nachteile von Onlinemedien		149
		3.4.4.1	Nutzersicht	149
		3.4.4.2	Anbietersicht	154
	3.4.5	Implikationen für klassische Verlagsprodukte		155
		3.4.5.1	Zeitschriften	155
		3.4.5.2	Informationsdienste	157
		3.4.5.3	Fachinformationsdatenbanken	159
		3.4.5.4	Nachschlagewerke	165
		3.4.5.5	Fachbücher	168
	3.4.6	Parallelität von klassischen und Onlineprodukten		170

Inhaltsverzeichnis

- 3.4.7 Neuartige Angebotsformen ... 171
  - 3.4.7.1 Portale und virtuelle Gemeinschaften ... 171
    - 3.4.7.1.1 Eigenschaften ... 171
    - 3.4.7.1.2 Zielsetzungen und Erlösquellen ... 173
    - 3.4.7.1.3 Rollen von Verlagen ... 175
    - 3.4.7.1.4 Aktuelle Verbreitung juristischer Portale und Gemeinschaften ... 175
    - 3.4.7.1.5 Juristische Gemeinschaften und Portale als Angebot juristischer Fachverlage ... 177
  - 3.4.7.2 Dienstleistungen ... 179
    - 3.4.7.2.1 Wandel der Verlagsorientierung ... 179
    - 3.4.7.2.2 Arten von verlagsorientierten individuellen Dienstleistungen ... 179
    - 3.4.7.2.3 Individuelles Dienstleistungsangebot juristischer Fachverlage ... 181
    - 3.4.7.2.4 Fortbildungsangebote ... 184
  - 3.4.7.3 Content Syndication ... 185
    - 3.4.7.3.1 Überblick ... 185
    - 3.4.7.3.2 Ziele bei der Nutzung von Content Syndication ... 186
    - 3.4.7.3.3 Gegenstand von Content Syndication bei Verlagen ... 187
    - 3.4.7.3.4 Perspektiven für juristische Verlage ... 188
  - 3.4.7.4 Expertensysteme ... 190
  - 3.4.7.5 Einfluß mobiler Zugriffsmöglichkeiten ... 192
- 3.4.8 Zusammenfassung zum Leistungsangebot ... 194
- 3.5 Beschaffungsmodell ... 196
  - 3.5.1 Beschaffung von indirekten Gütern ... 197
  - 3.5.2 Beschaffung von direkten Gütern bei juristischen Verlagen ... 198
    - 3.5.2.1 Lieferanten juristischer Verlage ... 198
    - 3.5.2.2 Beschaffung von Autorenleistungen ... 200
    - 3.5.2.3 Beschaffung von Fachinformationen ... 201
      - 3.5.2.3.1 Standardisierte Beschreibbarkeit ... 202
      - 3.5.2.3.2 Beschaffung über Intermediäre ... 203
      - 3.5.2.3.3 Beschaffung über elektronische Marktplätze ... 205
    - 3.5.2.4 Beschaffung von Druckdienstleistungen ... 207
  - 3.5.3 Zusammenfassung zum Beschaffungsmodell ... 207

3.6 Distributionsmodell 208
    3.6.1 Die Diskussion um die Bedeutung von Intermediären im Electronic Commerce 209
        3.6.1.1 Trend zum Direktvertrieb 209
        3.6.1.2 Cybermediäre als neue Intermediäre 209
        3.6.1.3 Fazit zur Bedeutung von Intermediären im Electronic Commerce 211
    3.6.2 Intermediäre im klassischen Verlagsgeschäft 211
        3.6.2.1 Disintermediationsthese im Verlagsgeschäft 211
        3.6.2.2 Die Macht des Bucheinzelhandels bei klassischen Produkten 214
        3.6.2.3 Problem der Vertriebskanalkonkurrenz 215
        3.6.2.4 Neue Intermediäre im Onlinebereich für klassische Verlagsprodukte 217
    3.6.3 Distribution von Onlineprodukten 218
        3.6.3.1 Direktvertrieb 218
        3.6.3.2 Die Rolle des klassischen Sortiments bei Onlineprodukten 219
        3.6.3.3 Neue Intermediäre für Onlineprodukte 220
        3.6.3.4 Vertriebskooperationen von Verlagen (Coopetition) 222
    3.6.4 Zusammenfassung zum Distributionsmodell 223
3.7 Wesentliche Strukturänderungen auf Basis der theoretischen Überlegungen 225

4 Durchführung einer Delphi-Studie zur zukünftigen Entwicklung juristischer Fachverlage 231
    4.1 Vorhandene Studien 231
    4.2 Erhebungsmethode 232
        4.2.1 Auswahl der Methode 232
        4.2.2 Merkmale der Delphi-Methode 235
        4.2.3 Variationen 238
        4.2.4 Güte einer Untersuchung mittels der Delphi-Methode 240
        4.2.5 Kritik an der Delphi-Methode 242
    4.3 Design der Studie 243
        4.3.1 Größe und Zusammensetzung des Panels 243
        4.3.2 Zeitlicher Ablauf 245
    4.4 Design der Fragebögen 247
        4.4.1 Verwendetes Medium 247
        4.4.2 Umfang und Aufbau der Fragebögen 247
        4.4.3 Fragetypen in empirischen Untersuchungen 250
        4.4.4 Verwendete Fragetypen und Formulierungen 251

4.5 Auswertungsverfahren..252
    4.5.1 Deskriptive Auswertung der quantitativen Ergebnisse..........................252
    4.5.2 Einflüsse situativer Variablen..255
    4.5.3 Übereinstimmung zwischen den Experten..257
    4.5.4 Qualitative Beiträge...257

5 Ergebnisse der Delphi-Studie...259
  5.1 Branchensituation...259
    5.1.1 Aktueller Stand und Hemmnisse für ein Engagement der Verlage........259
    5.1.2 Markteintritt neuer Spieler..264
    5.1.3 Bedrohung durch eine Disintermediation originärer Anbieter..............265
  5.2 Leistungsangebot..266
    5.2.1 Vorteile von Onlinemedien aus Kundensicht...266
    5.2.2 Vorteile von Onlinemedien aus Verlagssicht...269
    5.2.3 Hemmfaktoren einer Nutzung von Onlineprodukten durch Kunden.........271
    5.2.4 Veränderungen in den einzelnen Produktarten......................................275
        5.2.4.1 Überblick..275
        5.2.4.2 Informationsdienste..276
        5.2.4.3 Datenbanken...277
        5.2.4.4 Nachschlagewerke..277
        5.2.4.5 Fachzeitschriften..279
        5.2.4.6 Fachbücher...280
        5.2.4.7 Neuartige Leistungsangebote...280
            5.2.4.7.1 Dienstleistungen..280
            5.2.4.7.2 Expertensysteme...282
            5.2.4.7.3 Virtuelle Gemeinschaften.......................................283
    5.2.5 Resultierende wesentliche Strukturänderungen des
          Leistungsangebots..283
    5.2.6 Entwicklungsmöglichkeiten durch mobile Dienste...............................286
    5.2.7 Ausnutzung von positiven Netzeffekten..287
    5.2.8 Differenzierung des Leistungsangebots...288
  5.3 Erlösmodelle...290
    5.3.1 Erlösformen..290
    5.3.2 Nachfragepoolsysteme...294
    5.3.3 Niedrigpreisstrategien..295
    5.3.4 Dynamische Preismodelle...296
  5.4 Beschaffung..299
    5.4.1 Datenformatstandardisierungen für juristische Fachinformationen..........300
    5.4.2 Dienstleister zur Datenaufbereitung und Bündelung.............................301
    5.4.3 Marktplätze für Fachinformationen...302
  5.5 Distribution...303

5.6	Leistungserstellung		306
	5.6.1	Zukünftige Funktionen und Rollen der Verlage	306
	5.6.2	Kooperationen	310
	5.6.3	Netzwerke	313
5.7	Zusammenfassung der empirischen Befunde		314

6 Zusammenfassung und Ausblick 321
   6.1 Auswirkungen der empirischen Befunde auf die erwarteten Strukturänderungen 321
   6.2 Ausblick 323

Anhang 327
   A.1 Einladungsschreiben zur Delphi-Studie 327
   A.2 Anschreiben, Erläuterungen und Fragebogen Runde 1 330
   A.3 Anschreiben, Erläuterungen und Fragebogen Runde 2 343
   A.4 Anschreiben, Erläuterungen und Fragebogen Runde 3 354
   A.5 Konsolidierter Gesamt-Feedbackbogen 365
   A.6 Einfache statistische Auswertung der Fragebögen 398
   A.7 Teilnehmer der Delphi-Studie 408

Literaturverzeichnis 411

Abkürzungsverzeichnis

ACM	Association for Computing Machinery
AKEP	Arbeitskreis Elektronisches Publizieren
Az	Aktenzeichen
B2B	Business to Business
B2C	Business to Consumer
BGH	Bundesgerichtshof
BGHR	BGH-Rechtsprechung
BGHZ	Entscheidungssammlung des Bundesgerichtshofes in Zivilsachen
BoD	Books on Demand
BRAO	Bundesrechtsanwaltsordnung
BRAGO	Bundesrechtsanwaltsgebührenordnung
BVerwG	Bundesverwaltungsgericht
C2C	Consumer to Consumer
CONDRINET	Content and Commerce Driven Strategies in Global Networks
CRM	Customer Relationship Management
DATEX-P	Paketdienst der Deutschen Bundespost Telekom
DG	Directorate General
DOI	Digital Object Identifier
Dok.	Dokument
DTD	Document Type Definition
E-Book	Electronic Book
E-Cash	Electronic Cash
E-Learning	Electronic Learning
E-Shop	Electronic Shop
EDI	Electronic Data Interchange
EP	Elektronisches Publizieren
ERP	Enterprise Resource Planning
GPRS	General Packet Radio Services
GSM	Global System for Mobile Communication
HTML	Hypertext Markup Language
http	Hypertext Transfer Protocol
IEEE	Institute of Electrical and Electronical Engineers
i. d. R.	in der Regel

IO	Industrial Organization
IT	Informationstechnologie
ITM	Institut für Informations-, Telekommunikations- und Medienrecht
KI	Künstliche Intelligenz
LAN	Local Area Network
NJW	Neue Juristische Wochenschrift
NJW-RR	NJW Rechtsprechungsreport Zivilrecht
NVwZ-RR	Neue Zeitschrift für Verwaltungsrecht Rechtsprechungsreport
PDA	Personal Digital Assistant
PDF	Portable Document Format
PoD	Printing on Demand, auch Publishing on Demand
RDB	Rechtsdatenbank
RDF	Resource Description Framework
RIS	Rechtsinformationssystem
RTF	Rich Text Format
RWS	Recht, Wirtschaft, Steuern
SGML	Standard Generalized Markup Language
SMS	Short Message Service
Tab.	Tabelle
TAN	Transaktionsnummer
UMTS	Universal Mobile Telephone System
URL	Uniform Resource Locator
WAP	Wireless Application Protocol
WWW	World Wide Web
XML	Extensible Markup Language
ZInsO	Zeitschrift für das gesamte Insolvenzrecht

Abbildungsverzeichnis

Abb. 1: Einflüsse der Virtualisierung 1
Abb. 2: Konzeptioneller Aufbau der Arbeit aus methodischer Sicht 10
Abb. 3: Aufbau der Arbeit 12
Abb. 4: Allgemeines Modell der Wertschöpfungskette nach PORTER 17
Abb. 5: Generelle Wertschöpfungskette von Verlagen 17
Abb. 6: Typische Vertriebskanäle klassischer Verlagsprodukte 21
Abb. 7: Taxonomie der Betreiberstruktur von elektronischen Märkten 28
Abb. 8: Einfluß der Risikostruktur auf die Koordinationsform 33
Abb. 9: Partialmodelle eines integrierten Geschäftsmodells 43
Abb. 10: Klassifikation von Internet-Geschäftsmodellen nach TIMMERS 46
Abb. 11: Kompetenzmodell der interaktiven Serviceindustrie 47
Abb. 12: Grundstruktur der fünf Kräfte nach PORTER 59
Abb. 13: Veränderungen der Wettbewerbssituation der juristischen Fachverlage im Überblick 84
Abb. 14: Durch strategische Optionen abgedeckte Bereiche der Wertschöpfung 86
Abb. 15: Klassifikation der Geschäftsmodelle für Online-Anbieter nach BÖNING-SPOHR und HESS 87
Abb. 16: Verschiebung der Rollen auf abstraktem Niveau nach HESS und BÖNING-SPOHR ... 88
Abb. 17: Bedeutung der Digitalisierung für die Wertschöpfung bei Verlagen nach BRUCK und SELHOFER 89
Abb. 18: Nutzenabschöpfung durch dynamische Preismodelle 122
Abb. 19: Abnahme der Stückkosten mit steigender Kopienzahl 128
Abb. 20: Skizzierung eines früheren Break-Even-Punktes als Folge sinkender variabler Kosten (bei konstanten Fixkosten) 130
Abb. 21: Positionierung der im Datenbanksegment vertretenen Spieler 163
Abb. 22: Verkürzung der Wertschöpfungskette im Buchbereich 212
Abb. 23: Mögliche Effekte der Dis- und Reintermediation auf die Wertschöpfungskette ... 223
Abb. 24: Überblick über Vertriebskanäle für Onlineprodukte 224
Abb. 25: Ablauf der Delphi-Befragung 237
Abb. 26: Zeitlicher Verlauf der Delphi-Studie 245
Abb. 27: Graphische Darstellung der Experteneinschätzungen 254
Abb. 28: Verteilung der Verlagsgrößen 255
Abb. 29: Engagement der juristischen Verlage im Onlinebereich 259
Abb. 30: Überblick über den zeitlichen Verlauf der relativen gruppierten Hemmfaktoren 264

Abb. 31: Wahrscheinlichkeit eines Eintritts eines neuen relevanten Mitbewerbers 264

Abb. 32: Wahrscheinlichkeiten der Form eines Markteintritts 265

Abb. 33: Beurteilung der Bedrohung durch ein eigenes Angebot der originären Ersteller.... 265

Abb. 34: Bedeutung von Informationsdiensten im Zeitablauf 277

Abb. 35: Bedeutung von Datenbanken im Zeitablauf 277

Abb. 36: Bedeutung von Nachschlagewerken im Zeitablauf 278

Abb. 37: Bedeutung von Fachzeitschriften im Zeitablauf 279

Abb. 38: Bedeutung von Fachbüchern im Zeitablauf 280

Abb. 39: Bedeutung weiterer Leistungsangebote im Zeitablauf 280

Abb. 40: Vergleich der Bedeutung von klassischen und neuartigen Leistungsangeboten..... 284

Abb. 41: Beurteilung des Aufwands durch eine Parallelität von Print- und Onlineprodukten 285

Abb. 42: Wahrscheinlichkeit einer Förderung der Nutzung von Onlineangeboten durch eine zunehmende Verbreitung von mobilen Zugriffsmöglichkeiten 286

Abb. 43: Beurteilung der These zu Zitationsstandards 288

Abb. 44: Differenzierung des Leistungsangebots nach Kundengruppen 289

Abb. 45: Überblick über die Bedeutung der Erlösformen 292

Abb. 46: Beurteilung einer These zu Content Syndication 293

Abb. 47: Beurteilung einer Eignung von Nachfragepoolsystemen 294

Abb. 48: Beurteilung einer Eignung von Niedrigpreisstrategien parallel zu einem hochpreisigen Angebot zur Erschließung zusätzlicher Nachfrage 296

Abb. 49: Bedeutung und Formen dynamischer Preismodelle 297

Abb. 50: Beurteilung einer These zur Bedeutung syntaktischer Standards 300

Abb. 51: Akteure zur Definition und Etablierung eines Datenformatstandards 301

Abb. 52: Bedeutung von Dienstleistern zur Datenaufbereitung und Bündelung 302

Abb. 53: Beurteilung von geschlossenen Marktplätzen für standardisierte Fachinformationen 302

Abb. 54: Eignung von Vertriebswegen für Onlineprodukte juristischer Verlage 303

Abb. 55: Bedeutung des klassischen Bucheinzelhandels für Onlineprodukte 305

Abb. 56: Mögliche Einsatzbereiche des Bucheinzelhandels 306

Abb. 57: Wahrscheinlichkeit, mit der Funktionen bzw. Rollen im Onlinebereich langfristig überwiegend von Verlagen ausgefüllt werden 307

Abb. 58: Integrationstendenzen 310

Abb. 59: Kooperationen zur Gewährleistung eines umfassenden Angebots 311

Abb. 60: Beurteilung der Eignung von Bereichen für Kooperationen 312

Abb. 61: Wahrscheinlichkeit eines Wandels zu Netzwerkstrukturen im Onlinebereich 313

Tabellenverzeichnis

Tab. 1: Einordnung der verwendeten Form der Delphi-Studie in Kriterien für eine Typologie der empirischen Forschungsformen 11

Tab. 2: Anpassungsstrategien auf veränderte Transaktionskosten aus Anbietersicht 31

Tab. 3: Vergleich von Koordinationsformen 32

Tab. 4: Akteursstrukturen im Internet mit Beispielen 49

Tab. 5: Überblick über Veränderungen der Markteintrittsbarrieren 69

Tab. 6: Systematik der Erlösformen 97

Tab. 7: Teilnehmerzahlen in den verschiedenen Runden 245

Tab. 8: Mögliche Stärken eines Zusammenhangs 256

Tab. 9: Mögliche Signifikanzniveaus 257

Tab. 10: Relevanz der Hemmfaktoren, die ein Engagement der Verlage behindern könnten 261

Tab. 11: Rangfolge der Mehrwerte von Onlineprodukten für Kunden 267

Tab. 12: Vorteile von Onlinemedien aus Verlagssicht 269

Tab. 13: Faktoren, die Kunden von einer Nutzung der Onlineangebote professioneller juristischer Informationsanbieter abhalten könnten 272

Tab. 14: Derzeitige und langfristige Bedeutung verschiedener Produktangebote 275

Tab. 15: Aggregiertes Ausmaß, in dem verschiedene Produktgattungen von einer Veränderung betroffen sind 276

Tab. 16: Rangfolge einer Ausgestaltung kundenspezifischer Dienstleistungen 281

Tab. 17: Wesentlichste Verlagsprodukte derzeit, mittel- und langfristig 284

Tab. 18: Netzeffektprodukte mit relativ hoher Realisierungschance und Bedeutung 287

Tab. 19: Rangfolge der Bedeutung der Erlösformen 291

Tab. 20: Mittel- und langfristige Veränderungen der Bedeutung der Erlösformen 291

1 Einleitung

1.1 Motivation und Themenumfeld

Seit geraumer Zeit ist ein technologieinduzierter Wandel in Wirtschaft und Gesellschaft festzustellen. Der Electronic Commerce bewirkt neben möglichen Rationalisierungs- und Kostensenkungseffekten vor allem auch wesentliche strategische Implikationen und stellt die Unternehmen damit vor die Herausforderung, sich neu positionieren zu müssen. Er beeinflußt die Marktstruktur, die Wertschöpfungskette und die Kosten des Geschäftsverkehrs. Er erlaubt marktseitig durch neue Freiheitsgrade die Entwicklung neuartiger Leistungsangebotsformen oder die stärkere Differenzierung bestehender und die Erzielung weiterer Erlöse z. B. durch Werbung und kann so die Wettbewerbskräfte beeinflussen. Ressourcenseitig könnten Rationalisierungseffekte realisiert und die Wertschöpfungsprozesse verändert werden. Hieraus würden auch Veränderungen im Integrationsgrad und der Koordinationsform der Wertschöpfungsprozesse resultieren.[1] Einen Überblick über die Einflüsse gibt Abb. 1.

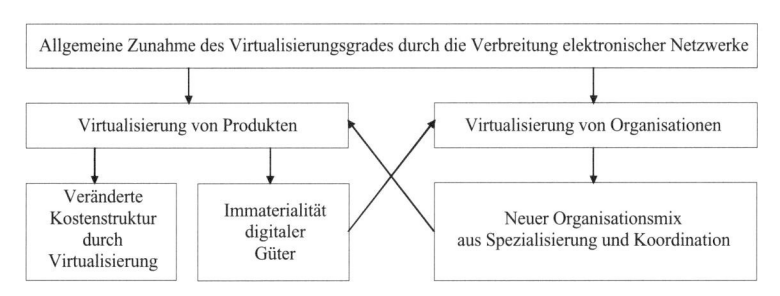

Abb. 1: Einflüsse der Virtualisierung[2]

Die Strukturen der Medienindustrie sind von den Herausforderungen des Electronic Commerce besonders betroffen.[3] Märkte für digitalisierbare Informationsprodukte werden den stärksten Wandel erleben, da die Grundsätze ihrer Produktion und Distribution verändert werden. Digitale Produkte sind das Herz des Electronic Commerce[4]; der „Digital Commerce" der Medienindustrie ist aufgrund der besonders akzentuierten Auswirkungen als Prototyp des Electronic Commerce einzustufen.

---

[1] Vgl. auch Loebbecke, Powell, Gallagher (1999), S. 296 ff., Dowling (1999), S. 50, Kurz (1998), S. 23, Klein (2000), S. 123, Wirtz (2000), S. 88, Picot (2002), S. 3 f.
[2] Übernommen von Wirtz (2001), S. 165.
[3] Vgl. z. B. König (2002), S. 6, Europäische Kommission (1996), S. 11 ff., Wirtz (2000), S. 1, Schönstedt (1999), S. xiv, Hofmann (2001), S. 176, Pagé, Ehring (2001), S. 60, Hess, Tzouvaras (2001), S. 235, Hess, Anding (2002), S. 164, Hass (2002), S. 1.
[4] Vgl. Choi, Stahl, Whinston (1997), S. 17 f., Picot, Reichwald, Wigand (2001), S. 360.

Insbesondere für Verlage stellt der Wandel eine enorme Herausforderung dar[5], da diese lange Zeit in einem relativ geschlossenen und geschützten Markt agieren konnten. Der Electronic Commerce könnte diese etablierten Unternehmenskulturen bedrohen. Das Kerngeschäft von Fachverlagen, die Informationsvermittlung, würde sich schrittweise ins Internet verlagern und dort nach neuen Regeln betrieben. Fachinformationen erfüllen die Eignungskriterien[6] für den Electronic Commerce besonders gut. Der Fachverlagsbereich könnte damit besonders betroffen sein.[7] Online-Publizieren ist mehr als digitales Papier oder ein Webauftritt mit Schaufensterfunktion. Es ist ein eigener Geschäftszweig mit besonderen Chancen und Risiken, der eine eigene Logik aufweist.[8] VOGEL bezeichnet die Auswirkungen des Internets auf Verlage als fundamental und häufig existentiell.[9] ZIEGLER und BECKER stufen in einer Studie von Diebold die Situation für Verlage ebenfalls als sehr bedenklich ein: So hätten Verlage neuen Wettbewerbern nichts Vergleichbares entgegenzusetzen, sie seien Nachzügler oder Imitatoren. Ihnen fehlten Visionen und ausgearbeitete Geschäftsmodelle.[10] Auch eine Studie der EUROPÄISCHEN KOMMISSION sieht die Veränderungen für Verlage als besonders gravierend an. Diese werden durch fundamentale Auswirkungen beträchtlich unter Druck gesetzt. Verlage, die sich nicht anpassen können, werden demnach vom Markt verschwinden.[11] BIRD sieht Herausforderungen für Verlage insbesondere in der Verschiebung der Rollen in der Wertschöpfungskette, neuen Erlösmodellen, dem intensiveren Wettbewerb und der nur langfristig zu erwartenden Rentabilität.[12]

Der Electronic Commerce steht in der Verlagsbranche allerdings noch in einer frühen Phase. Bisher haben sich die Erwartungen vieler Verlage nicht erfüllt.[13] Dies gilt vor allem für juristische Fachverlage. Nicht nur die Technologie und ihre Anwendung befindet sich noch in statu nascendi, sondern auch die neuen Rezeptionsgewohnheiten der Nutzer – ganz zu schweigen von den Geschäftsmodellen. Märkte und Unternehmen sind noch ambivalent und es herrscht vielfach Unsicherheit. Die ersten, von großen juristischen Spielern betriebenen Versuche sind durchgängig gescheitert.[14] Veränderungen für bestehende Produkte und mögliche neue Leistungsangebote sowie eventuelle Veränderungen der Erlösströme sind noch ebenso unklar wie die kulturellen Auswirkungen auf die Verlage.

---

[5] Vgl. Huisman (2000), S. 46 sowie Hess, Schumann (2001), S. 27, die besonders bei wissenschaftlichen Fachzeitschriften deutliche Veränderungen erwarten.
[6] Zu den Eignungskriterien vgl. Meffert (2000), S. 919 f. Hierzu gehören die Digitalisierbarkeit, geringe Komplexität, geringer Beratungsbedarf, Mehrwert aus Kundensicht, Transaktionskostensenkungspotential, Notwendigkeit ständiger Verfügbarkeit und Aktualität. Vgl. auch Hess (1999a), S. 278, der allerdings nur drei Kriterien zugrunde legt.
[7] Vgl. Weber (zitiert nach Heinold, Klems, Schulz (1997), S. 44), Hoffmann (2000), S. 98, Hoffmann (2002), S. 58.
[8] Vgl. Loebbecke (1999a), S. 301.
[9] Vgl. Vogel (1999), S. 73 f.
[10] Vgl. Ziegler, Becker (2000), S. 20, Ziegler, Becker (2000a), S. 83 f.
[11] Vgl. Europäische Kommission (1998), S. 1-3.
[12] Vgl. Bird (1999).
[13] Vgl. Schoder, Müller (1999), S. 253, Bergmann (2000), S. 8.
[14] So etwa die Angebote Legalis und Fahnder, vgl. ausführlich Kap. 3.4.5.3.

Motivation und Themenumfeld 3

Neue Regeln, Eigenschaften und Trends des Electronic Commerce könnten einen nennenswerten Einfluß auf nahezu alle Aspekte des Geschäftsmodells juristischer Verlage haben. Exemplarisch sollen im folgenden einige mögliche Faktoren, welche die Position juristischer Fachverlage verändern könnten, aufgeführt werden:

- PORTER konstatiert für das Internet eine Konzentration des Wettbewerbs auf den Preis. Er kritisiert den daraus entstehenden negativen Einfluß auf die Branchenstruktur.[15] Die Zielgruppe juristischer Fachverlage weist allerdings nur eine geringe Preissensitivität auf. Die Gestaltung des Electronic Commerce bei juristischen Fachverlagen unterscheidet sich daher möglicherweise von anderen Branchen.
- Der Wettbewerb innerhalb der Branche könnte durch einen Positionierungswettbewerb innerhalb des entstehenden Online-Marktes und im Verhältnis zum klassischen Markt deutlich verschärft werden. Aufgrund der daneben wichtiger werdenden Notwendigkeit zu Kooperationen könnten die Beziehungen künftig durch Coopetition gekennzeichnet sein.[16]
- Ein möglicher neuer Spieler würde ein großes Bedrohungspotential bedeuten. Die Branche ist attraktiv[17] und weist bisher keinen branchenexternen Wettbewerb auf. Dies macht sie für Angriffe neuer Spieler verletzlich. Verlage müssten dann befürchten, ihre Märkte und Kunden durch mögliche neue, möglicherweise aggressivere Spieler aus anderen Branchen mit fremden Kulturen zu verlieren.
- Es könnte zu einer Atomisierung der Leistungen kommen. Dies würde einem Verlag erlauben, eigene Inhalte neben einer Nutzung für ein eigenes Angebot auch für fremde Angebote bereitzustellen und umgekehrt fremde Inhalte in sein Angebot zu integrieren.[18]
- Die Kernkompetenzen der Verlage und die Rollenverteilung könnten sich verändern. Das Ausmaß der hierarchischen bzw. marktlichen Koordination verschiebt sich möglicherweise, auch bezüglich der Kernbereiche der Leistungserstellung.[19] Der aktuelle Trend zu netzwerkförmigen Organisationsstrukturen könnte auch in der Verlagsbranche zu einer Renaissance des Unternehmenstypus der klassischen Verlagsunternehmung führen.[20]
- Die Strukturen des Beschaffungsmarktes könnten sich durch neue Intermediäre verändern.
- Die Möglichkeiten der Produktdifferenzierung haben sich deutlich verbessert.[21] Dies erlaubt eine bessere Abschöpfung der Konsumentenrendite.
- Reduzierte Transaktionskosten erlauben flexiblere Erlösformen und Preismodelle. Die etablierten Erlösmodelle könnten daher durch eventuell besser geeignete bedroht sein. Insbesondere Pay per Use wird eine mögliche Option.
- Die transaktionskostenbasierte Notwendigkeit der Bündelung entfällt.[22] Der im Electronic Commerce vorherrschende Trend zur Individualisierung läuft den bisherigen Leistungsange-

---

[15] Vgl. Porter (2001), S. 67.
[16] Vgl. auch Klein (1997), S. 28 f.
[17] Siehe ausführlicher Kap. 3.1.2.
[18] Vgl. auch Schwarz, Allweyer (2000), S. 140 f.
[19] Vgl. Beyer (2002), S. 200 f.
[20] Vgl. Szyperski, Klein (1993), S. 203.
[21] Vgl. Hess, Schumann (2001), S. 27.

boten der Verlage entgegen und würde das Leistungsangebotsspektrum der Verlage grundlegend verändern. Möglicherweise ist eine Beibehaltung oder neue Definition der Bündelung von Produkten aber dennoch wegen marginaler Grenzkosten wirtschaftlich sinnvoller.
- Die Produkte von Fachverlagen sind vollständig digitalisierbar. Die Logistikkosten sinken durch die elektronische Auslieferung rapide.[23] Möglich wäre eine Neuausrichtung des Vertriebskanalmanagements mit einer Neudefinition der Rolle der bisherigen Vertriebspartner.
- BRUCK und SELHOFER konstatieren für Rechtsberufe die Eigenschaft als Vorreiter („Early Adopters").[24] Andererseits sind Juristen häufig konservativ ausgerichtet, was eine schnelle Diffusion bremsen könnte.
- Die klassischen gedruckten Kernprodukte juristischer Verlage, insbesondere Nachschlagewerke und Zeitschriften, könnten von starken Substitutionseffekten betroffen sein.[25] Aufgrund der besonderen Kostenstrukturen hätten bereits kleine Umsatzverschiebungen erhebliche Bedeutung für die Wirtschaftlichkeit etwa von Zeitschriften.[26] PORTER hält dagegen die Erwartungen starker Substitutionswirkungen durch das Internet für übertrieben und erwartet nur moderate Auswirkungen.[27]
- Aktuelle Trends wie etwa virtuelle Gemeinschaften könnten auch für juristische Verlage als Teil des Leistungsangebotsmodells verwendbar sein.
- Bisher betreiben die Verlage ein ganz überwiegend auf den B2C-Bereich zugeschnittenes Geschäft, obwohl die Zielgruppe auch Merkmale des B2B-Bereichs aufweist. Dieser Bereich wäre durch Dienstleistungsangebote mit einer engeren Anbindung besser zu bedienen.
- Die höhere Bedeutung von Skaleneffekten und – möglicherweise – Netzeffekten könnte unerwünschte monopolisierende Tendenzen im Markt auslösen.

Die möglichen Wirkungen könnten insgesamt zu grundlegenden Veränderungen der Branchenstruktur führen. Sie widersprechen sich allerdings teilweise in ihrer Richtung. Die Zielgruppe von juristischen Fachverlagen weist zudem sowohl die Merkmale geschäftlicher als auch privater Kunden auf, so daß auch aus einer Typisierung kaum eine eindeutige Zuordnung als B2B- oder B2C-Geschäft mit daraus „typischerweise" resultierenden Auswirkungen abzuleiten ist. Erforderlich ist daher eine genauere Untersuchung, welche Wirkungen zum Tragen kommen und wie stark sie speziell für die juristische Fachverlagsbranche ausgeprägt sind.

---

[22] Vgl. Detering (2001), S. 94 f., Giaglis, Klein, O'Keefe (1999), S. 397.
[23] Vgl. Loebbecke (1999a), S. 301, Giaglis, Klein, O'Keefe (1999), S. 399, Hofmann (2001), S. 177.
[24] Vgl. Bruck, Selhofer (1997), S. 45. Entsprechend auch Schweighofer (1999), S. 88, der dies vor allem für die erste Phase der informationstechnischen Durchdringung feststellt, auf die dann aber eine längere Phase des Stillstands folgte. Die Stillstandssituation ändere sich nun allerdings zusehends. Bereits Thomann (1984), S. 107 bezeichnet Anwälte dagegen als konservativ im Hinblick auf den EDV-Einsatz.
[25] Vgl. ausführlich Kap. 3.1.3.2.
[26] Vgl. auch Barsh, Lee, Miles (1999), S. 125.
[27] Vgl. Porter (2001), S. 73.

Derzeit verleugnen viele juristische Fachverlage einen Veränderungszwang.[28] Es ist eine abwartende Haltung anzutreffen. Die Verlage sind sich unschlüssig über den Zeitpunkt einer grundsätzlichen Entscheidung. Angesichts der bisher verläßlichen Einnahmequellen durch gedruckte Werke wird kaum ein Bedarf gesehen, im Onlinebereich aus eigenem Antrieb stärker aktiv zu werden. Die meisten Anbieter verfolgen im Internet eine defensive Strategie, testen einige Angebotsformen, um nicht zuzulassen, daß ein Mitbewerber alleiniger Gewinner dieser technologischen Entwicklung wird, und beschränken sich ansonsten auf eine Ergänzung klassischer Produkte.[29] Der Onlinebereich wird vielmehr häufig als unnötiger Kostentreiber gesehen. Solange alle Verleger diese zurückhaltende Einstellung beibehalten, tritt scheinbar eine sich selbst erfüllende Prophezeiung ein. Diese als lethargisch einzustufende Haltung ist allerdings gefährlich. Wie zu zeigen sein wird, bergen die Eigenschaften des juristischen Marktes durchaus Potential, durch das Internet besser unterstützt zu werden. Ein plötzliches konsequentes Ausnutzen dieser Potentiale durch einen etablierten oder neuen Spieler könnte zu einem Dammbruch der Veränderungen führen.

Fachverlage stehen daher vor der Herausforderung, angemessen auf die neuen Technologien und mögliche neue Wettbewerber und Geschäftsmodelle zu reagieren.[30] Dies gilt umso mehr, wenn wichtige Produkte eines Unternehmens, wie etwa Informationsdienste oder Nachschlagewerke, betroffen sein könnten.[31] Erforderlich sind aktive Maßnahmen, um die eigene Wettbewerbssituation zu halten oder die Chance zur besseren Positionierung zu nutzen.[32] Es muß sich in den Verlagen die Bereitschaft entwickeln, Geschäftsvorgänge zu transformieren. Sie sind gefordert, mit neuen Unternehmen Inhalte zu erstellen und anzubieten, zu konkurrieren, neue Geschäftsmodelle zu entwickeln und anzunehmen und neue Technologien in die Betriebsabläufe zu integrieren.[33] Das Erstellen nachhaltiger Geschäftsmodelle und das Agieren in beiden Welten (Off- und Online) stellt daher eine besondere Herausforderung dar.

1.2 Ziel der Arbeit

In der vorliegenden Arbeit werden die Auswirkungen des Electronic Commerce auf juristische Fachverlage untersucht. Insbesondere wird der Frage nachgegangen, wie sich die Branchenstruktur ändern wird und welche Ausgestaltungen von Geschäftsmodellen sich für juristische

---

[28] Vgl. Haft (1997), S. 102. Vgl. auch Kanter (2001), S. 92 f., die dies als erste Stufe einer Reaktion sogenannter „Bummler" bezeichnet. Vgl. allgemein für die Medienbranche Pagé, Ehring (2001), S. 61.
[29] Vgl. auch Hess, Schumann (1999), S. 14, Hofmann (2001), S. 180, Neuberger (2002), S. 117. Bock (2000), S. 260 sieht zwar eine beginnende stärkere Verbreitung. Die von ihm beschriebenen Angebote Fahnder und Legalis sind aber inzwischen vom Markt verschwunden. Dierks (2002), S. 119 stellt dagegen fest, daß sich die Zeitschriftenverleger basierend auf dem „Prinzip Hoffnung" extrem engagiert hätten.
[30] Vgl. Hartert (2001), S. 43.
[31] Vgl. auch Amail (1996), S. 54, Haseloh (1997), S. 30, Haertsch (2000), S. 166 ff., Luczak (2000), S. 160.
[32] Vgl. Haertsch (2000), S. 1 f.
[33] Vgl. Europäische Kommission (1998), S. 1-3 ff.

Fachverlage eignen, um Chancen zu nutzen und Risiken zu begegnen. Es ist zu untersuchen, wie Prozesse, Spieler und Rollen sowie Regeln des Electronic Commerce speziell für juristische Verlage anzupassen sind. Damit ergibt sich die forschungsleitende Frage: Wie wird sich die juristische Fachverlagsbranche unter dem Einfluß zentraler aktueller Theorien und Trends des Electronic Commerce entwickeln?

Schwerpunktmäßig werden juristische Fachverlage mit einer Fokussierung auf digitale Produkte wie z. B. Informationsdienste betrachtet, die sich vorzugsweise an berufliche Verwender richten. Auswirkungen auf reine Buchverlage werden nur am Rande einbezogen. Die Untersuchung erfolgt aus einer Branchenperspektive, die weniger einzelne Spieler in den Vordergrund stellt.

Zielsetzung ist es damit, zunächst die Eigenheiten des juristischen Onlinemarktes herauszuarbeiten. Dazu müssen die spezifischen Merkmale hinsichtlich des Leistungsangebots und der Nachfragerstruktur untersucht werden. Auch die Wettbewerbssituation des juristischen Onlinemarktes ist eingehend zu analysieren. Besonderes Augenmerk ist auf veränderte Eintrittsbarrieren und potentielle neue Spieler zu richten.

Darauf aufbauend sind bestehende wissenschaftliche Ansätze aus den Bereichen Medienindustrie einerseits und Electronic Commerce andererseits zu erfassen, zu bündeln und im Hinblick auf ihre Eignung für juristische Fachverlage zu interpretieren. Dabei soll besonderes Augenmerk auf eine umfassende Betrachtung der verschiedenen Aspekte eines Geschäftsmodells gelegt werden. Dessen Partialmodelle stellen gleichzeitig einen Analyserahmen zur Systematisierung der Chancen und möglichen Handlungswege dar. Die theoretisch abgeleiteten Erkenntnisse werden abschließend mittels einer empirischen Analyse überprüft. Als Ergebnis sollen relevante Einflußfaktoren und Trends für die mittel- und langfristige Branchenentwicklung juristischer Fachverlage identifiziert werden, aus denen diese dann situationsadäquate Handlungs- und Gestaltungsempfehlungen ableiten können.

1.3 Theoretischer Kontext

Die Arbeit ist im Schnittfeld der Fachgebiete Wirtschaftsinformatik, Medienmanagement und Rechtsinformatik angesiedelt. Im Rahmen der Wirtschaftsinformatik ist vor allem das Teilgebiet Electronic Commerce[34] mit seiner mediennahen Ausrichtung von Bedeutung, auf das sich

---

[34] In der Literatur findet sich eine Fülle von Definitionen zum Electronic Commerce und dem weitgehend synonym verwendeten Electronic Business, vgl. z. B. die Übersichten bei Loebbecke (2001), S. 95 f., Wirtz (2001), S. 32 f., Schubert (2000), S. 23 f., Böing (2001), S. 3 ff. Ganz überwiegend sehen diese Definitionsansätze in der Gestaltung von Geschäftsprozessen bzw. Transaktionen eine zentrale Bedeutung. Die Unterschiede zwischen Electronic Business und seiner Spezialisierung des Electronic Commerce arbeitet Wirtz (2001), S. 40 heraus. Für die Zwecke dieser Arbeit erscheint eine Unterscheidung jedoch nicht notwendig. Vielmehr soll einheitlich der gängigere Begriff Electronic Commerce verwendet wer-

in jüngerer Zeit ein wesentlicher Teil der Forschung konzentriert.[35] Zum Bereich des Electronic Commerce existiert zwar noch kein etabliertes Theoriegebäude, es ist aber Gegenstand intensiver und umfangreicher Forschungsarbeiten. Eine Betrachtung der vorhandenen Literatur an dieser Stelle würde den Rahmen der Arbeit sprengen.[36]

Die Definition und Ansiedlung des Medienmanagements in einer wissenschaftlicher Disziplin ist noch nicht abschließend geklärt.[37] Die verwandten etablierten Begriffe Medienökonomie und Medienwirtschaft spiegeln eine eher kommunikationswissenschaftliche bzw. volkswirtschaftliche Ausrichtung wider.[38] Die Medienindustrie ist in der Vergangenheit von der Betriebswirtschaftslehre vernachlässigt worden.[39] In jüngerer Zeit rückt die Medienbranche allerdings verstärkt in das Blickfeld der Betriebswirtschaftslehre, die hierfür die neueren Begriffe Medienbetriebswirtschaft[40] und Medienmanagement[41] prägt. Im Fokus der Medienwissenschaften steht bisher insbesondere das B2C-Geschäft im Presse- bzw. im Rundfunk- und Fernsehbereich.[42] Dies erscheint verständlich, da diese Themenbereiche am bekanntesten und leichter zugänglich sind. Die Geschäftsmodelle von beispielsweise Presse- und Buchverlagen unterscheiden sich teilweise jedoch erheblich voneinander, so etwa im Bereich der Erlöse.[43] Arbeiten zu Fachverlagen sind bisher nur vergleichsweise spärlich vorhanden.[44]

Rechtsinformatik ist heute als Fachgebiet der Rechtswissenschaften neben dem Informationsrecht einzuordnen. In den Anfängen in den 70er Jahren wurde Rechtsinformatik als Oberbegriff für alle Beziehungen zwischen der automatisierten Datenverarbeitung und dem Recht verwendet. Im Zentrum stand die Verknüpfung von Rechtstheorie und Informatik. Betrachtet wurden eher technisch orientierte Fragestellungen zur Lösung der sich anbahnenden „Informationskrise

---

den. Hierunter wird in Anlehnung an den weiteren Begriff des Electronic Business nach Wirtz (2001), S. 34 die Anbahnung und zumindest teilweise Unterstützung, Abwicklung und Aufrechterhaltung von Leistungsaustauschprozessen mittels elektronischer Netze verstanden. Die Arbeit konzentriert sich dabei auf das Internet als Modell und Beispiel für ein solches Netz, d. h. eine Telekommunikationsinfrastruktur, die für Publikationszwecke geeignet ist. Sie sind jedoch auf andere telematische Informationsdienste mit entsprechenden Eigenschaften übertragbar. Ähnlich auch Göldi (1996), S. 6, Henkel (1999), S. 14 f., Wirtz (2001), S. 29.

[35] Vgl. auch Heinzl, König, Hack (2001), S. 232, Loebbecke (2001a), S. 248.
[36] Exemplarisch wird auf die Übersicht von Forschungsprojekten von Schober (2000), S. 226 ff. und die systematische Untersuchung der Literatur von Wirtz, Krol (2001) verwiesen.
[37] Vgl. Hofer (2000), S. 28 f.
[38] Zur Medienökonomie und Medienwirtschaft vgl. z. B. Heinrich (1994), S. 21 ff. und die dort zitierte Literatur, Loebbecke (2001a), S. 248 ff. Hofer (2000), S. 16 ff. gibt einen Überblick über den Entwicklungsstand der Medienökonomie aus kommunikationswissenschaftlicher Sicht, insbesondere über verschiedene Definitionen. Loebbecke (2001a), S. 250 kritisiert allerdings zu Recht die häufig anzutreffende Begrenzung der kommunikationswissenschaftlichen Sicht auf den Journalismus.
[39] Vgl. Hacker (1999), S. 156.
[40] Zur Medienbetriebslehre und ihre Einordnung in die Betriebswirtschaftslehre vgl. Schumann, Hess (2000), S. 11 f.
[41] Zum Begriff Medienmanagement und dessen Einordnung vgl. Wirtz (2000), S. 3 ff., Loebbecke (2001a), S. 239 ff., Hass (2002), S. 9 f.
[42] Vgl. z. B. den Überblick bei Hass (2002), S. 8 f.
[43] Vgl. auch Wirtz (2000), S. 22 und S. 97.
[44] Vgl. auch Dreppenstedt (1996), S. 149.

des Rechts". Große Hoffnungen wurden seinerzeit in Verfahren der Künstlichen Intelligenz zur automatisierten Entscheidungsfindung gesetzt. In diesen Zeitraum fällt zudem die Gründung von juris.[45] Ende der siebziger Jahre ebbte dann aufgrund mangelnder Akzeptanz und realisierbarer Lösungen das Interesse an Fragestellungen der Rechtsinformatik deutlich ab („Krise der Rechtsinformatik").[46] In den Fokus trat insbesondere mit dem Aufkommen des Datenschutzes, der Etablierung des PCs als Massenmedium und in jüngerer Zeit des Electronic Commerce das Informationsrecht. Es ist heute als eigenständiges Teilgebiet zu sehen und befaßt sich überwiegend mit dem „Recht der Computer", während die Rechtsinformatik auf relativ niedrigem Niveau verharrte und sich primär mit der Nutzung der Informatik für die Zwecke des Rechts („Computer im Recht") befaßt.[47] Gegenstand der deutschsprachigen Rechtsinformatik waren in der Folgezeit überwiegend juristische Informationssysteme, vor allem die Benutzerfreundlichkeit von juris[48], sowie die Möglichkeiten von computergestütztem Lehren und Lernen.[49] In jüngster Zeit gelangen Fragen der Formalisierung des Rechts wieder verstärkt in den Mittelpunkt, primär vor dem Hintergrund eines anzustrebenden medienbruchfreien Informationsaustauschs auf XML-Basis im Rahmen der eGovernment-Diskussion sowie im Licht der wieder etwas populärer werdenden Bestrebungen im Bereich Künstliche Intelligenz und Recht.[50]

1.4 Verwendete Forschungsmethoden

Zu unterscheiden ist zur Wissensgenerierung zwischen einem induktiven Vorgehen, wie es z. B. bei Fallstudien, bei qualitativer Exploration und bei Expertentiefeninterviews anzutreffen

---

[45] Vgl. z. B. Traunmüller (1997), S. 8 ff., Walker (1998), S. 44 f. und die dort zitierte Literatur, Kreuzbauer (2000), S. 213. Maßgebliche Vertreter waren z. B. Fiedler, Haft, Lenk, Simitis und Steinmüller. Der Begriff der Informationskrise des Rechts wurde von Simitis (1970), S. 5 ff. geprägt. Vgl. ausführlicher zur Entwicklung der Rechtsinformatik Hoeren (2002), S. 948 f.

[46] Vgl. zu ersten Anzeichen z. B. Haft (1998), S. 15. Enttäuschungen waren nahezu zwangsläufig vorprogrammiert, da z. B. in juris die Erwartung eines universellen Problemlösers gesetzt wurde. Vgl. hierzu z. B. die bei von Raden (1989), S. 76 f. zitierte Literatur. Zur Entwicklung und den verschiedenen Phasen der Rechtsinformatik vgl. auch Haft (1997), S. 95 ff., Hoeren (2002), S. 948 f.

[47] Vgl. Haft (1997), S. 99, Traunmüller (1997), S. 6 ff. sowie ausführlich zum Informationsrecht z. B. Sieber (1989), S. 2571 ff., Hoeren (2002), S. 949 ff. und die dort zitierte Literatur. Teilweise wird allerdings – primär aus historischen Gründen – an der Verwendung des Begriffs Rechtsinformatik als Oberbegriff festgehalten und der Begriff des Informationsrechts vermieden, vgl. etwa Schweighofer (1999), S. 7, Kreuzbauer (2000), S. 213. Vgl. zur Ausrichtung der Rechtsinformatik auch Kilian (2001), S. 132 ff. Zur Einordnung der Rechtsinformatik als eigenständige oder Teildisziplin sowie zu ihren – allerdings nicht überschneidungsfrei formulierten – Forschungsfeldern vgl. auch ausführlich Schweighofer (1999), S. 4 ff.

[48] Vgl. Schweighofer (1999), S. 5, Mielke (2000), S. 47. Anfänglich drehte sich die Diskussion um die Identifikation geeigneter Suchstrategien (Tiling (1988), S. 439 und als Erwiderung Dubyk (1988), S. 784 f., Wolf (1992)), später um die Benutzerschnittstelle und die Technik (z. B. Tiling (1988), von Raden (1989), S. 77 ff., Wolf (1992)).

[49] Vgl. hierzu auch Haft (1997), S. 118, Schüngel et al. (1998), S. 45 ff., Schüngel et al. (2001), S. 2 ff.

[50] Vgl. auch Schweighofer (1999), S. 6 f., Kilian (2001), S. 134. Zum Einsatz von Künstlicher Intelligenz im Recht vgl. auch Schweighofer (1999), S. 89 ff., Schweighofer (2000), S. 161 f., Kreuzbauer (2000), S. 214 ff.

ist, und dem klassischen deduktiven Gewinnen von Hypothesen durch Ableitung aus vorhandenen Theorien.[51] Als Techniken zur Datengewinnung kommen in Betracht:[52]

- das Beobachten, das ein theoriegeleitetes Vorgehen bei der Erhebung von Daten über Phänomene oder Wirklichkeit meint. Ausgangspunkt ist ein wissenschaftliches, vor dem Hintergrund theoretischer Grundlagen formuliertes Problem. Die Beobachtungen werden systematisch in der Fachsprache dokumentiert. Direkte Beobachtungen können unterschieden werden nach dem Strukturierungsgrad, nach der Kenntnis des beobachteten Objekts, nach dem Teilnahmegrad des Beobachters, nach den Untersuchungsbedingungen und nach der Identität des Beobachters mit dem beobachtetem Objekt.[53]
- das Befragen, bei dem bei schriftlicher Befragung der Fragebogen, bei mündlicher das Interview am weitesten verbreitet sind.
- die Dokumentenauswertung. Mit der Inhaltsanalyse soll Wissen über den Produzenten eines Textes und seine Ansichten bzw. Merkmale erhoben werden.[54] Nachteilig ist ihre Prämisse einer Repräsentationsthese, d. h. daß die Dokumente die Wirklichkeit valide abbilden, was aber nur selten der Fall ist. Sie sind vielmehr meist lückenhaft und nicht aktuell.

Die vorliegende Arbeit kombiniert verschiedene forschungsmethodische Ansätze (Abb. 2). Zuerst wird der Prognosegegenstand allgemein definiert und dazu konzeptionell abgeleitet. Dabei wird das inhaltliche Spektrum bewußt weit gefaßt, um alle relevanten Bereiche abzudecken. Dies ist notwendig, weil keine vergleichbaren Studien bekannt sind, auf denen aufgebaut werden könnte. Verwendet werden sowohl theoretische Konzepte aus Sicht der Wissenschaft als auch Erfahrungsberichte aus der Unternehmenspraxis. Im Rahmen eines deduktiven Vorgehens werden konzeptionell die Marktstruktur und Geschäftsmodelle juristischer Fachverlage untersucht. Dabei sind die relevanten theoretischen Ansätze zu erfassen und zu interpretieren. Als Untersuchungsrahmen wird der Geschäftsmodellbegriff nach WIRTZ verwendet.[55] Hier fließen die daneben induktiv auf empirischem Weg gewonnenen Erkenntnisse ein. Sie wurden andererseits aus einem über einen langen Zeitraum verfolgten Projekt mittels teilnehmender Beobachtung[56] gewonnen. Dabei wurden auch Anregungen für die Gestaltung mit den verantwortlichen Praktikern diskutiert und teilweise umgesetzt. Es wurde damit dem Ansatz der Aktionsforschung gefolgt. Andererseits wird sekundäranalytisch vorgegangen, indem die vorhandene Li-

---

[51] Vgl. Müller-Böling, Klandt (1994), S. 6 ff. Die Grundidee der induktiven Methode besteht aus der Ableitung von Hypothesen aus gegebenen Daten, d. h. das Schließen aus den Daten auf die „richtige" Hypothese, vgl. Balzer (1997), S. 260. Grundidee der deduktiven Methode ist dagegen der Test einer gegebenen Theorie. Aus Hypothesen und gegebenen Daten werden neue, atomare Sätze deduziert und deren Zutreffen überprüft, vgl. Balzer (1997), S. 284.
[52] Vgl. Heinrich (1995), S. 7.
[53] Vgl. Müller-Böling, Klandt (1994), S. 51 ff., Schnell, Hill, Esser (1999), S. 359 f.
[54] Vgl. Müller-Böling, Klandt (1994), S. 64.
[55] Vgl. hierzu Kap. 2.3.
[56] Es handelt sich um eine unstrukturierte explorative, verdeckte Fremdbeobachtung im Feld. Teilnehmende Beobachtung hat den Nachteil eines möglichen Einflusses auf das Geschehen, aber den Vorteil eines intensiveren Beobachtens auch der Hintergründe.

teratur zu juristischen Fachverlagen, insbesondere die vorhandenen Praxisberichte und -einschätzungen, ausgewertet werden.

```
                    ┌─────────────────────────────────────────────┐
                    │            Fragestellung:                    │
                    │  Entwicklung der juristischen Fachverlagsbranche │
                    └─────────────────────────────────────────────┘
                                        │
                ┌───────────────────────┴───────────────────────┐
    ┌───────────────────────┐                   ┌───────────────────────┐
    │ Konzeptionelle Ableitung: │                   │  Empirische Ableitung:  │
    │                       │                   │                       │
    │  Marktstrukturanalyse │                   │ Teilnehmende │ Sekundär- │
    │  Geschäftsmodellanalyse│                   │ Beobachtung  │ analyse   │
    └───────────────────────┘                   └───────────────────────┘
                                        │
                    ┌──────────────────────────────────┐
                    │ Ergebnisse: │ (Fach-) Verlage allgemein │
                    │ jeweils für │ Juristische Fachverlage   │
                    └──────────────────────────────────┘
                                        │
                         ┌─────────────────────────┐
                         │  Empirische Validierung │
                         └─────────────────────────┘
```

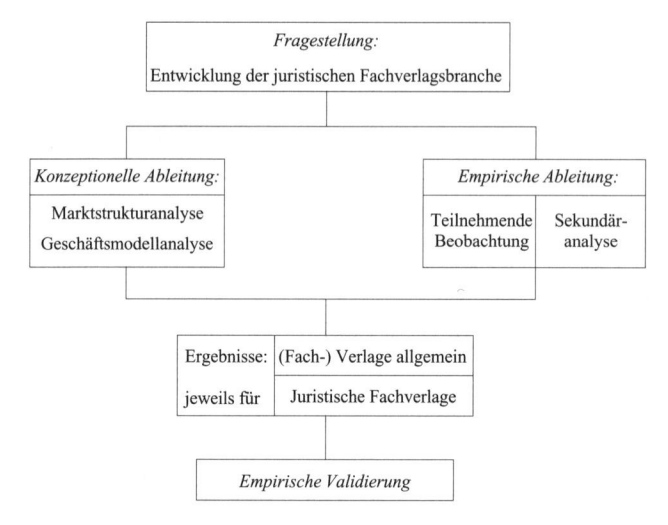

Abb. 2: Konzeptioneller Aufbau der Arbeit aus methodischer Sicht

Die auf diesen beiden methodischen Wegen gewonnenen Erkenntnisse werden jeweils zunächst kurz für Verlage allgemein und dann vor allem für juristische Fachverlage dargestellt. Hierbei ist die Anwendbarkeit und Übertragbarkeit der theoretischen Ansätze auf juristische Fachverlage zu prüfen und ggf. sind mögliche Ausgestaltungen mit ihren Vor- und Nachteilen zu diskutieren. Es wird dann versucht, hieraus die zukünftige Entwicklung der Geschäftsmodelle juristischer Fachverlage abzuleiten und somit den Verlagen Orientierung für die konkrete Gestaltung des eigenen Geschäftsmodells zu geben.

Im zweiten Hauptteil erfolgt anschließend eine empirische Validierung der Ergebnisse der qualitativen Forschung.[57] Dabei soll sich das Verfahren jedoch nicht auf konfirmatorische Aufgaben beschränken, sondern zusätzlich offen sein für die Entdeckung neuer Zusammenhänge. Zur Diskussion stehen die in Tab. 1 dargestellten Designmöglichkeiten.

Verwendet wird hierzu die Delphi-Methode als eine spezielle Form der schriftlichen Befragung.[58] Diese empirische Forschungsform kann in der hier gewählten Ausprägung als eine primäre und originäre, nicht repräsentative Feldstudie beschrieben werden. Hinsichtlich der Theo-

---

[57] Mit der empirischen Validierung wird auch dem z. B. von Frank (1997), S. 5, Heinrich (1995a), S. 34 f., Heinrich, Wiesinger (1997), S. 48 f. sowie speziell zum Electronic Commerce von Wirtz, Krol (2001), S. 336 beklagten Mangel an empirischer Forschung in der Wirtschaftsinformatik Rechnung getragen.

[58] Vgl. Heinrich (1995), S. 9. Ausführlicher hierzu siehe Kap. 4.

rieleitung hat die Studie neben der methodenimmanenten explorativen auch eine konfirmatorische[59] Ausrichtung.

Natürlichkeit des Umfelds	Feldstudie ✓	Laborstudie
Manipulation der unabhängigen Variablen	keine ✓	Experiment
Wiederholung der Erhebung	Querschnittuntersuchung ✓	Längsschnittuntersuchung
Originalität	Originär ✓	Replique
Rohdaten-Verfügbarkeit	Primär ✓	Sekundär
Anzahl der Untersuchungsobjekte	Fallstudie	Breitenstudie ✓
Auswahl der Untersuchungsobjekte	repräsentativ	nicht repräsentativ ✓
Hypothesenbezug	explorativ ✓	konfirmatorisch ✓

Tab. 1: Einordnung der verwendeten Form der Delphi-Studie in Kriterien für eine Typologie der empirischen Forschungsformen[60]

1.5 Gang der Arbeit

Einen Überblick über den Aufbau der Arbeit gibt Abb. 3. Im ersten Kapitel wurde der Leser kurz in die Problemstellung, das wissenschaftliche Umfeld und die verwendeten Forschungsmethoden zur Lösung eingeführt. Im zweiten Kapitel werden zur weiteren Einführung und Vorbereitung der Untersuchung das Verlagsgeschäft, mögliche Koordinationsformen und Möglichkeiten zur Darstellung von Geschäftsmodellen vorgestellt und diskutiert. Insbesondere die Diskussion der Koordinationsformen ist grundlegend für die Analyse in den folgenden Teilkapiteln, da sie in mehreren Teilmodellen zum Tragen kommt.

Bei einer Untersuchung der Auswirkungen des Electronic Commerce muß analysiert werden, wie externe Wettbewerbskräfte das Geschäftsmodell beeinflussen und ob dieses daraufhin angepaßt oder neu definiert werden muß.[61] Dies ist Gegenstand des als Hauptteil konzipierten dritten Kapitels. Zur besseren Aufbereitung werden auf Basis des Geschäftsmodellbegriffs nach WIRTZ sechs Untersuchungsfelder definiert. Einige Teilmodelle bauen dabei, wie aus Abb. 3 ersichtlich, auf Ergebnissen anderer Teilmodelle auf.

---

[59] Aufgrund ihrer zumindest teilweise konfirmatorischen Ausrichtung trägt die Arbeit damit dazu bei, die insbesondere bei diesem Ansatz von Wirtz, Krol (2001), S. 345 ff. festgestellte Lücke zu schließen.
[60] In Anlehnung an Müller-Böling, Klandt (1994), S. 80 f. Die hier relevanten Bereiche sind hellgrau markiert.
[61] Vgl. Haertsch (2000), S. 171.

1. Einleitung
2. Grundlagen
Verlagsgeschäft | Koordinationsformen | Geschäftsmodelle

3. Konzeptionell erwartete Implikationen
Markt | Leistungserstellung | Erlöse | Leistungsangebot | Beschaffung | Distribution

Wesentliche erwartete Strukturänderungen

4. Delphi-Methodik und Untersuchungsdesign

5. Ergebnisse der Studie
Branchensituation | Leistungsangebot | Erlöse | Beschaffung | Distribution | Leistungserstellung

Zusammenfassung der empirischen Befunde

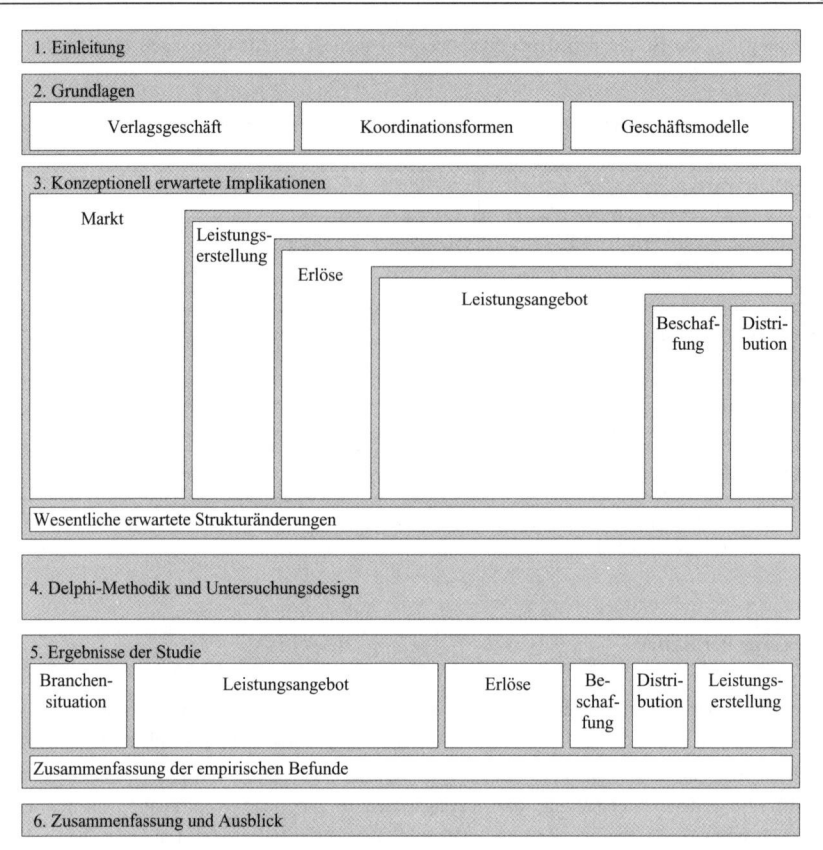

6. Zusammenfassung und Ausblick

Abb. 3: Aufbau der Arbeit

Die Kapitel vier und fünf sind der Durchführung einer empirischen Untersuchung nach der Delphi-Methode gewidmet. Im vierten Kapitel werden zunächst die möglichen empirischen Untersuchungsformen diskutiert und die Delphi-Methode als vorteilhafteste herausgestellt. Nach einer vertiefenden allgemeinen Einführung in die Delphi-Methode wird dann das konkrete Design der hier durchgeführten Untersuchung vorgestellt. Im fünften Kapitel werden die Ergebnisse der Delphi-Studie präsentiert und vor dem Hintergrund der im dritten Kapitel konzeptionell erarbeiteten Ergebnisse diskutiert.

Die Arbeit schließt im sechsten Kapitel mit einer Zusammenfassung, welche zukünftigen wesentlichen Strukturänderungen der juristischen Fachverlagsbranche als sehr wahrscheinlich einzustufen sind und für welche das Eintreffen derzeit nicht abschließend beurteilt werden kann.

2 Grundlagen

2.1 Rahmenbedingungen der Verlagsbranche

2.1.1 Historische Entwicklung der Verlagsbranche

Die Verlagsfunktion kann bis in die vorindustrielle Zeit zurückverfolgt werden. Verlage übernahmen die Ausgleichsfunktion zwischen kleinen dezentralisierten handwerklichen Produktionsbetrieben und den ebenfalls dezentralisierten und schlecht erschlossenen Absatzmärkten. Dabei regten sie die Produktion durch Auftragsvergabe und „Vorlage" der benötigten finanziellen Mittel an und übernahmen den Verkauf auf eigene Rechnung. Diese Trennung in Real- und Nominalgüterprozesse führte in der vorindustriellen Zeit zu möglichst geringen Transaktionskosten. Der Verleger koordinierte somit die Marktkenntnisse der Produktions- und Abnehmerseite und die finanziellen Ressourcen zur Vorfinanzierung der Produktion. Seine Fertigungstiefe war auf „Null" reduziert; er war lediglich Know-How-Träger und trug sowohl bezüglich des Produktionserfolgs als auch bezüglich des Verkaufserfolgs das unternehmerische Risiko. Später verengte sich diese Sichtweise stark auf das Objekt „Informationen".[62] Das Verlagssystem ist ein Beispiel früher Netzwerkorganisation.[63]

Der Verlagsbegriff in der Buchbranche ist bereits historisch Veränderungen unterworfen. Mit der Erfindung des ökonomischen Buchdrucks durch Gutenberg Mitte des 15. Jahrhunderts wurde die Grundlage für eine preiswerte und schnelle Vervielfältigung und Verbreitung von Büchern geschaffen. Alle anfallenden Aufgaben übten seinerzeit die „Druckerverleger" in Personalunion aus. Eine erste Aufgabentrennung vollzog sich im Laufe des 16. Jahrhunderts, als aus ökonomischen Gründen der Druck ausgegliedert und nur noch Finanzierung und Vertrieb in der Hand der Verleger blieben. Eine weitere Trennung im 18. Jahrhundert führte durch Ausgliederung des Vertriebs zur Bildung von selbständigen Sortimentsbuchhandlungen. Seit dieser Zeit kann von Verlagen im heutigen Sinne gesprochen werden. Im 19. Jahrhundert wurde im Zuge von Arbeitsteilungen mit der Einführung des Zwischenbuchhandels ein weiterer Intermediär im Vertrieb eingeschaltet.[64]

2.1.2 Verlagsbegriff, -typen und -objekte

Medienunternehmen erzeugen, bündeln und distribuieren neben Informationen auch Unterhaltungsgüter und haben als Zielgruppe ein Massenpublikum. Verlage – in der Terminologie des

---

[62] Vgl. Antoni (1993), Sp. 4559.
[63] Vgl. Klein (1996), S. 20 und die dort zitierte Literatur.
[64] Vgl. Schulz (1989), S. 10 ff., Krause (1975), S. 11 f., Heinold (2001), S. 22 ff. und Schönstedt (1999), S. 10 ff.

Börsenvereins des Deutschen Buchhandels als „herstellender Buchhandel" bezeichnet – sind eine Spezialisierung der Klasse der Medienunternehmen.[65] Typischerweise geben sich die Verlage – häufig orientierend an ihrer Tradition – ein eigenständiges Profil, indem sie sich auf spezifische Gruppen ausrichten.[66]

Bücher sind Verbundprodukte aus zwei getrennten Gütern, nämlich Inhalt und Medium. Die Nachfrager sind vorwiegend am Inhalt und nicht so sehr an dessen medialer Erscheinungsform interessiert.[67] ANTONI stellt bei seiner Definition von Verlagen auf die Herstellung und den Vertrieb von Informationen unabhängig von der Art des Mediums ab. Ein Verlag ist somit ein Intermediär zwischen demjenigen, der über spezialisierte Informationen verfügt und demjenigen, der sie benötigt.[68]

Das Verlagsgeschäft erfüllt im wesentlichen folgende zentrale Aufgaben:[69]

- Finanzierungsfunktion: Der Verleger tritt für die finanziellen Mittel in Vorleistung.
- Programmatische Funktion: Beschaffung und Auswahl der Urheber und der zu veröffentlichenden Inhalte.
- Publikationsfunktion, da der Vertrieb durch das Verlagsgesetz[70] vorgeschrieben ist.
- Herstellungsregie, die insbesondere Koordinationsaufgaben umfaßt.

HÖBER bezeichnet darauf aufbauend einen Verlag als „eine Wirtschaftseinheit, die Beschaffungs-, Produktions- und Distributionsprozesse organisiert, ohne über die Produktionsmittel selbst verfügen zu müssen"[71].

Gängiges Unterscheidungsmerkmal von Verlagstypen ist die Art des behandelten Objekts, des Verlagserzeugnisses. Besondere Bedeutung kommt dabei den Typen Buchverlag und Zeitschriften-/Zeitungsverlag zu. Die Eingrenzungen nach dem behandelten Objekt sind allerdings häufig nicht eindeutig. Auch die aktuellen Branchenstrukturänderungen, bei denen elektronische Publikationen neben klassische Printprodukte treten, erschweren eine Abgrenzung nach dem Objekt. Abgestellt werden soll daher auf das nach dem Umsatzanteil maßgebliche Objekt des Verlagsgeschäfts.[72]

---

[65] Vgl. Heinrich (1994), S. 18.
[66] Vgl. Heinold (2001), S. 19.
[67] Vgl. Preuß Neudorf (1999), S. 23 f.
[68] Vgl. Antoni (1993), Sp. 4559 f. Höber (1992), S. 4 f. wirft zwar zu Recht ein, daß dies eine weite Definition des Informationsbegriffs erfordert, um z. B. auch Kunstdruckverlage zu erfassen. Diese stellen eine Ausnahme dar, da bei ihnen die Reproduktionen im Mittelpunkt stehen. Für die Zwecke dieser Arbeit ist dennoch der Definition von ANTONI zu folgen.
[69] Vgl. Höber (1992), S. 6.
[70] Vgl. § 1 VerlG.
[71] Höber (1992), S. 6.
[72] Vgl. auch Höber (1992), S. 8.

Unter Büchern sind im folgenden in der Regel Printmedien zu verstehen, die nicht regelmäßig erscheinen und somit den nichtperiodischen Werken zuzurechnen sind. Die Inhalte von Printmedien sind ohne zeitliche Beschränkung verfügbar und können ohne weitere Infrastruktur an jedem Ort benutzt werden. Die Kommunikation verläuft einseitig.[73] Buchverlage stellen ein sehr heterogenes Feld dar, so daß eine weitere Differenzierung sinnvoll ist. Zur Charakterisierung können verschiedene Kriterien herangezogen werden.[74] Als wesentlich sind zu nennen:

- der Buchinhalt, häufig auch als Sparte oder Sachgebiet bezeichnet: Nach dem Verlagsprogramm kann z. B. unterschieden werden in belletristische (Fiction) und Non-Fiction-Verlage, die weiter zu unterteilen sind:[75] Fachbücher sind allgemein Werke mit belehrendem Inhalt, Lehrbücher sind eine Spezialisierung von Fachbüchern. Zu Fachbüchern zählen auch Handbücher, Nachschlagewerke sowie Kommentare. Sachbücher grenzen an Fachbücher an und bieten einen ersten Einstieg in eine Sachgruppe.
- die Zielgruppe: Zu unterscheiden ist sowohl nach demographischen Merkmalen wie z. B. Kinderbuchverlage als auch nach gemeinsamen Interessen wie z. B. juristische oder betriebswirtschaftliche Verlage. Die unterschiedlichen Zielgruppen beeinflussen maßgeblich die Unterschiede der Bücher hinsichtlich ihrer Erklärungsbedürftigkeit, Lebensdauer und Umschlagsgeschwindigkeit.[76]
- die buchbinderische Ausstattung: Im wesentlichen ist zwischen Loseblattwerke-, Taschenbuch- und Hardcoververlagen zu unterscheiden.[77]
- die Verlagsgröße: Gängig sind Unterscheidungen nach kleinen, mittleren und großen Verlagen sowie Verlagskonzernen. Letztere positionieren sich zunehmend als Medienkonzerne.

Zeitschriften- und Zeitungsverlage setzen im Gegensatz zu Buchverlagen auf ein anderes Erlösmodell, das auf Abonnements und Anzeigen bzw. Werbung basiert.[78] Zeitschriften und Zeitungen sind den regelmäßig erscheinenden Periodika zuzuordnen. Ebenso wie bei Büchern sind ihre Inhalte fixiert und können ohne weitere Infrastruktur an jedem Ort benutzt werden, so daß auch sie zu den Printmedien gehören. Primärer Absatzweg sind jedoch nicht Sortimentsbuchhandlungen, sondern der Direktvertrieb über Abonnements. Auch unterscheidet sich die Verlagstätigkeit insbesondere im Lektorat aufgrund der größeren Aktualität und der dadurch ver-

---

[73] Vgl. z. B. Höber (1992), S. 9, Hess, Böning-Spohr (1999), S. 3, Klein-Blenkers (1995), S. 23 faßt daneben Speichermedien wie z. B. CD-ROMs sowie Integrative Medien, unter denen sie Datenbanken und Expertensysteme versteht, ebenfalls zu den Printmedien. Diese sind allerdings eher den Non-Printmedien zuzuordnen. Unter Non-Printmedien werden heute überwiegend elektronische Medien verstanden, die sowohl Off- als auch Onlinemedien beinhalten.
[74] Vgl. auch Preuß Neudorf (1999), S. 106.
[75] Vgl. zur folgenden Unterteilung, die sich an den Börsenverein des deutschen Buchhandels anlehnt, Klein-Blenkers (1995), S. 25 f. sowie S. 282 f. Vgl. auch Antoni (1993), Sp. 4560, Preuß Neudorf (1999), S. 111, Amail (1996), S. 47. Weitere hier nicht aufgeführte Subtypen sind z. B. Schulbücher und Kinder- und Jugendbücher.
[76] Sie beeinflussen indirekt das Lagerrisiko und damit die Preiskalkulation. Vgl. auch Höber (1992), S. 20 f.
[77] Vgl. auch Wirtz (2000), S. 104.
[78] Vgl. Heinold (1989), S. 76, Bruck, Selhofer (1997), S. 31, Preuß Neudorf (1999), S. 8 f.

kürzten Planungszeiträume.[79] Bei Zeitschriften wird das Lektorat häufig durch eine Redaktion ersetzt. Zeitschriften können untergliedert werden in Fachzeitschriften, die jeweils eine abgrenzbare Kundenschicht adressieren, sowie Publikumszeitschriften. Zeitungen erscheinen in kürzeren Zeitabständen als Zeitschriften und berichten im Gegensatz zu diesen über aktuelle Ereignisse in allgemeinverständlicher Form.[80]

Neben diesen Verlagen im engeren Sinn sind weitere verlagsähnliche Wirtschaftsformen wie z. B. Selbstverlage anzutreffen. Beim Selbstverlag ist der Autor zugleich Verleger und demzufolge für alle Aufgaben selbst verantwortlich.[81]

2.1.3 Verlagsgeschäft

Im folgenden werden die typischen Aufgaben eines Verlags kurz skizziert. Neben diesen Aufgaben fallen auch die in nahezu jedem Wirtschaftsunternehmen notwendigen Tätigkeiten wie kaufmännische Verwaltung und Rechnungs- und Personalwesen an, die hier nicht weiter betrachtet werden sollen.[82]

Eingebettet ist das Verlagsgeschäft in einen Buchmarkt, der in Deutschland im Gegensatz zu den meisten ausländischen Buchmärkten dreistufig ist und neben den Verlagen und dem Buchhandel einen Zwischenbuchhandel umfaßt.[83]

2.1.3.1 Überblick über den Wertschöpfungsprozeß

Zur Kennzeichnung des Verlagsgeschäfts bietet sich eine Betrachtung der Wertschöpfungskette an. Das Konzept der Wertschöpfungskette („value chain") geht auf PORTER zurück. Sie ist ein Instrument der Unternehmensanalyse und dient der Entwicklung von Strategien. Sie setzt sich aus Wertaktivitäten, d. h. Prozessen, die Nutzen für den Kunden stiften, und der Marge zusammen. Es gibt fünf primäre und vier unterstützende sekundäre Aktivitäten (Abb. 4).

Die Wertschöpfungsketten eines einzelnen Unternehmens sind mit den vor- und nachgelagerten Ketten der Lieferanten und Abnehmer vertikal verknüpft. Insgesamt ergibt sich daraus das

---

[79] Vgl. Mair (1998), S. 14.
[80] Vgl. Klein-Blenkers (1995), S. 27.
[81] Vgl. ausführlicher Schönstedt (1999), S. 60 f.
[82] So auch Wirtz (2000), S. 44.
[83] Vgl. Schönstedt (1999), S. 43.

Wertschöpfungssystem z. B. eines Produkts, eines Marktes oder einer Branche.[84] Dabei sind die einzelnen Funktionen verschiedenen Rollen und diese verschiedenen Spielern zugeordnet.

	Unternehmensinfrastruktur		
Sekundäre Aktivitäten	Personalwirtschaft		
	Forschung und Entwicklung		
	Beschaffung		

Eingangslogistik	Operationen	Ausgangslogistik	Marketing & Vertrieb	Kundenservice

Primäre Aktivitäten

Abb. 4: Allgemeines Modell der Wertschöpfungskette nach PORTER[85]

Es existiert kein allgemein akzeptiertes Wertschöpfungsmodell der Verlagsbranche, das über ein sehr abstraktes Niveau (mit nur drei Stufen) hinausgeht. Vielmehr existiert eine Vielzahl ähnlicher Ansätze.[86] Typischerweise ergeben sich sechs primäre Stufen (Abb. 5):

> Akquisition > Überarbeitung > Herstellung > Vertrieb > Distribution > Revision >

Abb. 5: Generelle Wertschöpfungskette von Verlagen[87]

SENNEWALD modifiziert diese Stufen leicht: Informationsbeschaffung, Redaktion und Layout schaffen das Unikat, das in den folgenden beiden Stufen Vervielfältigung und Vertrieb dann durch Druck reproduziert und distribuiert wird. Die sechste und letzte Stufe umfaßt in Form des Leserservice z. B. die Abonnentenbetreuung. Die ersten drei Stufen bis zur Fertigstellung des Unikats stellen ihrer Ansicht nach die Kernkompetenz von Verlagen dar.[88] Es ist allerdings fraglich, inwiefern tatsächlich noch das Layout zur Kernkompetenz von Verlagen zu zählen ist. In der Praxis wird diese Tätigkeit bereits häufig an externe Grafiker vergeben. ZERDICK ET AL. sehen ebenfalls diese sechs Stufen, wobei – außer bei Buchverlagen – die ersten beiden Stufen um die parallelen Tätigkeiten Werbekundenakquisition und Werbung ergänzt werden. Die sechste Stufe des Leserservice entfällt bei Buchverlagen.[89] HENKEL unterscheidet im Wertschöpfungsprozeß auf aggregierter Ebene die Stufen Informationsarbeit, Vertriebsmarketing,

---

[84] Vgl. Porter (1999a), S. 63 ff., Zerdick et al. (2001), S. 31 f.
[85] Nach Porter (1999a), S. 66.
[86] Vgl. auch Henderson (1999), S. 43.
[87] In Anlehnung an Sieber, Studer (1997), S. 12 f.
[88] Vgl. Sennewald (1998), S. 58 f.
[89] Vgl. Zerdick et al. (2001), S. 62.

Druck und Distribution. Die erste Stufe wird von ihr weiter in Wissensrekonstruktion, Informationserarbeitung, -aufbereitung und Bündelung unterteilt.[90] WIRTZ sieht fünf Stufen der Wertschöpfungskette, wobei er die erste in die parallelen Funktionen Informationsbeschaffung, Inhaltegenerierung und Werbeakquisition unterteilt. Die zweite Stufe besteht aus der Redaktion bzw. der Werbeplazierung. Als weitere Stufen nennt er das Packing der Produkte, worunter er die Layouterstellung, den Satz und die Titelgestaltung versteht, den Druck und die Distribution. Dabei werden der Druck und die Distribution insbesondere bei kleineren Verlagen häufig fremd vergeben und gehören nicht zu den Kernkompetenzen eines Verlags.[91] TZOUVARAS und HESS unterscheiden für Buchverlage die Programmplanung, den Rechteerwerb, die Produktion (untergliedert in Ablaufplanung, Gestaltung und technische Herstellung), den Vertrieb und die Lagerhaltung.[92] Eine Studie der DETECON unterscheidet für Fachverlage die drei Stufen Kreation (Produktplanung, Ideengenerierung und Inhalteerstellung), Produktion (Herstellung, Qualitätssicherung, Druck und Archivierung) und Distribution (Marketing und Vertrieb).[93]

2.1.3.2 Charakterisierung der klassischen Wertschöpfungsstufen von Verlagen

In der ersten Stufe, der *Selektion* von Inhalten, die publiziert werden sollen, sucht der Verlag nach Autoren von Werken und akquiriert Manuskripte. Die besondere Leistung des Verlags in diesem Zusammenhang ist die Auswahl von tatsächlich zu publizierenden Informationen aus dem im Regelfall vorhandenen Überangebot[94]. Dies stellt die klassische Tätigkeit des Verlegens dar. Als direkte Konsequenz bestimmt die Wahl des richtigen Autors und Inhalts den wirtschaftlichen Erfolg des Werks. Als indirekte Konsequenz bestimmt eine gelungene Programmpolitik die Reputation des Verlags im Autorenmarkt und somit die Möglichkeiten des Verlags, weitere interessante Autoren und Inhalte akquirieren zu können.[95]

Die nächste Stufe gehört ebenfalls zu den klassischen Aufgaben von Verlagen. Sie umfaßt die *Überarbeitung* des Manuskripts, um dieses produktionsfertig zu machen. Im Regelfall macht der Verlag hier lediglich die Vorgaben; die Überarbeitung selber wird gemäß der Vereinbarung im Autorenvertrag vom Autor vorgenommen.

In der *Herstellungsphase* werden zunächst in Zusammenarbeit mit Marketingexperten Layoutfragen z. B. des Umschlags geklärt und das Werk wird physikalisch hergestellt. Die Produktionsstufen der Herstellung umfassen zunächst die Druckvorstufe, in der aus den vorliegenden Texten und Grafiken die für den Druck erforderlichen Druckvorlagen erstellt werden. Die

---

[90] Vgl. Henkel (1999), S. 47 ff.
[91] Vgl. Wirtz (2000), S. 95 f.
[92] Vgl. Tzouvaras, Hess (2001a), S. 3.
[93] Vgl. Detecon (2002), S. 15.
[94] Vgl. z. B. Behm et al. (1999), S. 53.
[95] Vgl. auch Großekämper (1982), S. 97.

nächsten Produktionsstufen umfassen den Druck und die Weiterverarbeitung (Schneiden, Falzen, Binden, Heften, etc.) zu den Endprodukten. Auch wenn inzwischen die Druck- und Vorstufensysteme durchgehend digitalisiert und sehr flexibel hinsichtlich der Form der Datenübernahme sind, so werden auch heute noch vielfach in der Druckvorstufe vorliegende Manuskripte erstmalig oder erneut in speziellen Systemen elektronisch erfaßt.[96] Ebenfalls zu den Aufgaben der Herstellung gehören die Gestaltung, die Wahl der technischen Mittel und die Koordination des häufig an Druckereien ausgelagerten Produktionsprozesses.[97] Allgemein wird dem Herstellungsprozeß nur eine untergeordnete Bedeutung beigemessen.[98] Allerdings bestimmt die Herstellung maßgeblich die Kostenseite und damit auch die Wettbewerbssituation, wobei Konzepte flexibler, bedarfsgesteuerter Produktion neue Spielräume eröffnen.

Zur *Vertriebsphase* gehören umfassende Marketingaktivitäten mit den Zielgruppen Buchhandel und Endkonsumenten. Wesentliche Aufgabenbestandteile der Händlerwerbung sind der Einsatz von Verlagsvertretern für den Kontakt zum Buchhandel und die Durchführung von Werbeaktionen. Gängig für Publikumswerbung ist neben Katalogen und Prospekten besonders die Werbung in eigenen Printprodukten (z. B. als Füllanzeige), die billig ist und zudem sehr zielgruppengenau durchgeführt werden kann. Daneben ist Tauschwerbung zwischen Verlagen gängige Praxis.[99] Zunehmend anzutreffen sind auch Werbekooperationen sowohl mit anderen Verlagen als auch mit Sortimentern, womit das Profil aller an Stärke gewinnt und ein maximaler Werbeerfolg erzielt werden soll.[100] Ausgeprägtere vertikale Kooperationen zwischen Buchhandel und Verlagen sind allerdings bisher aus Angst vor Abhängigkeiten und einem Verlust an uneingeschränkter Entscheidungsfreiheit kaum zu finden.[101]

Der Ladenpreis wird im Regelfall im Rahmen der vertikalen Preisbindung durch den Verlag festgesetzt. Ursache hierfür ist das politische Ziel, dem Kulturträger Buch eine möglichst große Verbreitung – auch z. B. in entlegene Gebiete – zu verschaffen. Neben diesem festen Ladenpreis existieren noch empfohlene und freie Ladenpreise, denen aber zur Zeit nur in Spezialsegmenten Bedeutung zukommt. Mit einer Aufhebung des festen Ladenpreises ist im allgemeinen ein Rückruf des Buches aus dem allgemeinen Sortiment verbunden. Die noch vorhandene Restauflage kann dann „verramscht" werden (z. B. ebenfalls durch Sortimenter oder moderne Antiquariate).[102]

Die an den Vertrieb anschließende *Distribution* umfaßt die notwendigen logistischen Aktivitäten zur Auslieferung des Werkes. Bei der Wahl der Kanäle hat der Verlag verschiedene Möglichkeiten. Gängig ist der zweistufige indirekte Vertrieb. Geschäftspartner der Verlage sind da-

---

[96] Vgl. auch Ciesinger et al. (1998), S. 11 f.
[97] Vgl. Kukla (1998), S. 15.
[98] Vgl. Fischer (1966), S. 19 f., Tochtermann, Nothacker (2001), S. 162 ff. Siehe auch Höber (1992), S. 17.
[99] Vgl. Schönstedt (1999), S. 127 f.
[100] Vgl. Schönstedt (1999), S. 185.
[101] Vgl. Zentes, Effen (1995), S. 16.
[102] Vgl. Schönstedt (1999), S. 201 f.

bei üblicherweise Zwischenbuchhandlungen (Großhändler), die ihrerseits die einzelnen Buchhandlungen (Einzelhändler) beliefern. Auf diesem Weg wird etwa ein Drittel aller Bestellungen abgewickelt. Den größten Teil der Zwischenbuchhändler stellen die sog. Barsortimenter, die bei den Verlagen auf eigene Rechnung einkaufen und zu Verlagskonditionen, d. h. mit etwa 30% Rabatt, an den Bucheinzelhandel weiterverkaufen. Aus Verlagssicht führen solche Zwischenbuchhändler nicht zu einer Markterweiterung, da die von ihnen belieferten Sortimenter auch mit dem Verlag direkt in Kontakt stehen. Sie bieten aber den Vorteil von größeren und meistens fixen Bestellungen beim Verlag und einer sehr kurzen Lieferzeit von üblicherweise einem Tag an die Sortimenter, während Verlagsbestellungen bis zu zwei Wochen Laufzeit haben. Dafür müssen die Verlage üblicherweise 10-15% Rabatt als Zwischenhandelsspanne gewähren.[103]

Verlagsauslieferung ist inzwischen bei der Mehrheit der Verlage anzutreffen.[104] Diese Verlagsauslieferer betreuen die Auslieferungsläger der Verlage und sind – auf deren Rechnung – für die Auslieferung der Werke zuständig. Vorteile sind die höhere Auslieferungsgeschwindigkeit aufgrund der besseren Logistik-Infrastruktur sowie der Wegfall hoher Fixkosten. Teilweise gehört auch die Auftragsannahme, das Factoring und Delkredere zu den Leistungen, so daß der Verlag vollständig auf ein Mahnwesen und eine Kundenbuchhaltung verzichten kann.[105]

Der Bucheinzelhandel wird im wesentlichen durch den klassischen Sortimentsbuchhandel[106] – auch kurz als Sortiment bezeichnet – vertreten. Sortimentsbuchhandlungen sind üblicherweise an ein Barsortiment angeschlossen und bieten zusätzlich spezielle buchhändlerische Dienste wie Beratungen und Spezialbestellungen. Gerade bei Fachbüchern kommt zudem dem Versandbuchhandel eine wichtige Bedeutung zu, da berufliche Verwender vom Arbeitsplatz aus bestellen und selten den Bucheinzelhandel aufsuchen. Aus diesem Grund werden teilweise Sortimenter auch als regional begrenzte Versandbuchhandlungen tätig.[107] Zur Förderung des Absatzes wird dem Handel üblicherweise das Recht zur Remission zugestanden. Der Verlag trägt dadurch das gesamte Absatzrisiko und besitzt zudem über Monate keine verläßlichen Angaben über den tatsächlichen Absatz an den Endkunden.[108] Unverkäufliche Titel müssen ggf. verramscht oder an moderne Antiquariate verkauft werden.[109]

---

[103] Vgl. Höber (1992), S. 30, Preuß Neudorf (1999), S. 137 ff. Vgl. ausführlich zur (starken) Position der Zwischenhändler Schönstedt (1999), S. 178 f., Riehm, Orwat, Wingert (2001), S. 16 ff.
[104] Vgl. Klein-Blenkers (1995), S. 327 f.
[105] Vgl. Schönstedt (1999), S. 135 f. sowie S. 164 ff., Antoni (1993), Sp. 4565, Preuß Neudorf (1999), S. 135, Behm et al. (1999), S. 82 ff., Stegen (1989), S. 114 ff.
[106] Der Buchhändler wählt aus dem Gesamtangebot aller lieferbaren Bücher ein Sortiment aus und bestimmt damit den Charakter der Buchhandlung. Typischerweise wird zwischen allgemeinen Sortimentsbuchhandlungen und Fachbuchhandlungen unterschieden. Vgl. Stöckle (1998), S. 181.
[107] Vgl. z. B. Schönstedt (1999), S. 101 ff., Höber (1992), S. 32 ff. und Klein-Blenkers (1995), S. 332 f.
[108] Vgl. Althans (1989), S. 764.
[109] Vgl. Höber (1992), S. 23.

Neben dem indirekten zweistufigen Vertrieb sind insbesondere die folgenden weiteren Distributionsformen anzutreffen:[110]

- Der indirekte einstufige Vertrieb in Form von direkten Bestellungen des Bucheinzelhandels beim Verlag, die etwa zwei Drittel ausmachen.[111]
- Der Direktvertrieb, der vor allem bei Zeitschriftenabonnements die maßgebliche Vertriebsform ist.[112]

Einen Überblick über die Vertriebskanäle gibt Abb. 6.

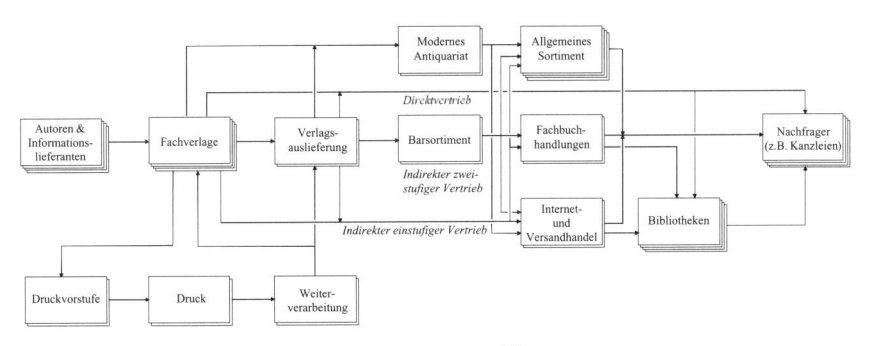

Abb. 6:   Typische Vertriebskanäle klassischer Verlagsprodukte[113]

Bei bestimmten Werken (z. B. bei wissenschaftlichen oder Nachschlagewerken) kann eine *Überarbeitung*, d. h. Aktualisierung und Ergänzung des Inhalts, nach einem gewissen Zeitraum mit dem Ziel einer Neuauflage erfolgen. Diese Aufgaben der Revisionsstufe werden in der Regel vom Autor im Zusammenarbeit mit dem Verlag vorgenommen.

2.1.3.3 Kernkompetenzen

Geradezu als Charakteristikum eines Verlags kann die Auslagerbarkeit fast aller beschriebenen Funktionen bezeichnet werden.[114] So wird regelmäßig der Herstellungsprozeß nicht verlagsintern vollzogen, sondern an spezialisierte Betriebe wie Setzereien, Druckereien und Buchbindereien vergeben. Auch die Auslieferung der Verlagsobjekte wird häufig an spezialisierte Verlagsauslieferer vergeben.

---

[110] Zur Wahl der Vertriebskanäle vgl. ausführlicher Schönstedt (1999), S. 172 ff.
[111] Vgl. Schönstedt (1999), S. 131 ff.
[112] Vgl. Preuß Neudorf (1999), S. 9, Frühschütz (1997), S. 176. Ausführlicher siehe Kap. 3.6.2.
[113] In Anlehnung an Heinold (2001), S. 196 f., allerdings modifiziert für Fachverlage. Zu einer vereinfachten Darstellung vgl. auch Riehm, Orwat, Wingert (2001), S. 14.
[114] Vgl. Porter (1999), S. 379, Heinold (2001), S. 22, Langendorf (2000), S. 21, Amail (1996), S. 96.

Zusammenfassend ist die Kernkompetenz[115] von Verlagen die Fähigkeit, Informationen zu bündeln und zielgruppengerecht aufzubereiten. Dies beinhaltet insbesondere das Sammeln, Selektieren, Aufbereiten und Qualitätssichern von Informationen mit dem Ziel, Kundenprobleme zu lösen und so deren Bedürfnisse zu erfüllen.[116] In einer aggregierten Wertschöpfungskette stehen sie damit zwischen den Inhaltsproduzenten wie z. B. Autoren und den Inhaltsdistributoren wie z. B. dem Handel.[117]

2.1.3.4 Unterschiede zu anderen Branchen

Verlage unterscheiden sich durch verschiedene Spezifika von anderen Branchen. So sind Informationen nicht wie in anderen Branchen ein in den Leistungsprozeß eingehender Produktionsfaktor, sondern deren primäres Leistungsobjekt. Besonders bemerkenswert ist, daß die bedeutsame Textproduktion außerhalb des Verlages erarbeitet wird. Diese relativ starke Abhängigkeit der Verlage von der Beschaffung von Inhalten und die daraus resultierenden relativ großen Planungsunsicherheiten, da die „Herstellung" beim „Zulieferer" in der Regel eine geistige „Produktion" darstellt und schwer steuerbar ist, unterscheidet Verlage maßgeblich von Industrieunternehmen.[118]

Eine Mehrfachverwendung der Produkte ist zu geringen Grenzkosten möglich. Die Produkte weisen eine Nichttrivialität im Konsum auf, ihre Lagerfähigkeit kann aber je nach Produktart im zeitlichen Verlauf abnehmen.[119] Klassische Verlagsprodukte sind aufgrund der einzigartigen Kombination von Human- und Sachressourcen im Regelfall Unikate.[120] Dies bedeutet typischerweise eine Einzelfertigung und führt zu einer hohen Differenzierung des Verlagsangebots. Klassische Verlagsprodukte sind Erfahrungs- und Vertrauensgüter, d. h. die Qualität kann, wenn überhaupt, erst nach einem Kauf beurteilt werden, was zu einer hohen Bedeutung von Marken und zum Informationsparadoxon führt.[121] Bedeutsam sind auch die besonderen Kostenstrukturen. Starke Größenvorteile begünstigen Konzentrationstendenzen.[122]

---

[115] Als Kernkompetenzen werden die Fähigkeiten bezeichnet, die entscheidend zur Nutzenstiftung beim Kunden beitragen, nur schwer imitierbar oder substituierbar sind und als Grundlage einer Vielzahl von Produkten den Zugang zu unterschiedlichen Märkten ermöglichen, vgl. Prahalad, Hamel (1990), S. 83 f., Eschenbach, Kunesch (1996), S. 129.
[116] Vgl. Schiele, Lube (1996), S. 161, Welb (1998), S. 30, Stumpe (1998), S. 63 und S. 68 f. und Amail (1996), S. 50.
[117] Vgl. Amail (1996) S. 36.
[118] Vgl. Höber (1992), S. 17, Beyer (2002), S. 200.
[119] Vgl. Hess, Böning-Spohr (1999), S. 14 ff., Preuß Neudorf (1999), S. 106, Beyer (2002), S. 202.
[120] Strenggenommen ist jedes Buch ein individuelles Gut und jeder Produzent strenggenommen Monopolist. Vgl. auch Fischer (1966), S. 17 f., Klock (1990), S. 91, Altmeppen (1996), S. 265, Preuß Neudorf (1999), S. 9 und S. 109, Beyer (2002), S. 200.
[121] Vgl. Beyer (2002), S. 201. Vgl. hierzu auch Kap. 3.4.3.4 sowie Kap. 3.3.1.1.1.
[122] Vgl. Beyer (2002), S. 202 sowie Kap. 3.4.2.1.1.

Vielfach verfolgen Medienunternehmen neben ökonomischen auch publizistische und künstlerische Ziele.[123] In Fachverlagen, speziell den hier betrachteten juristischen, kommt ihnen jedoch nur eine sehr untergeordnete Bedeutung zu; sie sollen daher bei der weiteren Betrachtung außen vor bleiben.

2.1.4 Elektronisches Publizieren

2.1.4.1 Begriffsklärung

Der Begriff des „elektronischen Publizierens" wurde erstmalig 1977 populär.[124] In der Literatur hat sich – trotz zahlreicher Versuche seit Beginn der achtziger Jahre – noch keine einheitliche Verwendung des Begriffs des elektronischen Publizierens durchgesetzt.[125] SANDKUHL betrachtet den Begriff herstellungsorientiert und begründet dies mit der historischen Verwendung des Begriffs in den 80er Jahren. Elektronisches Publizieren bezeichnete damals im wesentlichen die verlagsinterne Verwendung des Computers zur Herstellung von Printprodukten. Er bezeichnet mit elektronischem Publizieren die computergestützte Erstellung, Präsentation, Speicherung und Distribution unabhängig vom Medium beim Vertrieb.[126] Ähnlich stellt auch WILL auf die elektronische Datenaufbereitung ab und schließt das Printmedium ausdrücklich ein.[127] Angesichts des heute stark verbreiteten Computereinsatzes in allen Wirtschaftsbereichen und auch in den Verlagen bezieht sich der Begriff damit aber auf jedes Verlagsprodukt und wäre somit heute tautologisch.[128] Andere Veröffentlichungen bezeichnen daher nur das Verlegen digitaler Endprodukte als elektronisches Publizieren. CLARKE definiert 1997: „electronic publishing is electronic commerce in digital goods and services that are intended for consumption by the human senses".[129] Elektronisches Publizieren wird hier distributionsorientiert verstanden. Hierunter wird auch das Online-Publizieren subsumiert. Unter elektronischem Publizieren wird eine zeitpunktunabhängige öffentliche Form der Kommunikation über anerkannte Kanäle mit technischen Hilfsmitteln verstanden. Dieser Einsatz technischer Hilfsmittel grenzt elektronisches Publizieren von klassischem Publizieren ab.[130]

---

[123] Vgl. Böning-Spohr, Hess (2000), S. 14.
[124] Vgl. Dijkhuis (1985), S. 175, Kist (1988), S. 7.
[125] Vgl. Kist (1988), S. 7, Haseloh (1997), S. 3, Hitzges, Köhler (1997), S. 3. Ein früher Überblick über Definitionen findet sich bei Dijkhuis (1985), S. 171 f.
[126] Vgl. Sandkuhl (1994), S. 2. Allerdings hat bereits Kist (1988), S. 8 auf eine notwendige Unterscheidung einer herstellungs- und distributionsorientierten Sichtweise hingewiesen, indem er die distributionsorientierte Sichtweise als „elektronisches Publizieren an sich" bezeichnet.
[127] Vgl. Will (1994), S. 3.
[128] Vgl. Amail (1996), S. 16.
[129] Vgl. Clarke (1997). CLARKE schließt damit beispielsweise Software aus der Definition aus.
[130] Vgl. Riehm et al. (1992), S. 9 f., Frühschütz (1997), S. 18 ff., Amail (1996), S. 17 f. und die dort zitierte Literatur.

Online-Publizieren steht in der Tradition des elektronischen Publizierens und stellt dessen nächste Phase dar.[131] Elektronisches Publizieren erfährt damit eine deutliche Beschleunigung. Onlinemedien sind durch das Verfügbarmachen in Computernetzen von Offlinemedien abzugrenzen. SANDKUHL bezeichnet netzwerkbasiertes Publizieren als Database Publishing und grenzt dieses vom CD-ROM Publishing ab.[132] Diese Sichtweise kennzeichnet die frühe Phase des Online-Publishing, in dem ausschließlich Datenbanken für Abfragen zur Verfügung gestellt wurden. Dabei speisten Verlage fremde Hosts, die für die Kunden über BTX oder DATEX-P zugänglich waren. Problematisch waren hierbei vor allem die Komplexität, Spezifität und mangelnde Geschwindigkeit des Zugriffs. So wurden diese Datenbanken in der Regel nur von finanzkräftigen Unternehmen und Behörden genutzt.[133]

SANDKUHLs frühe Sichtweise ist angesichts der aktuellen vielschichtigen netzwerkbasierten Auswirkungen überholt und wird auch von ihm inzwischen differenziert betrachtet[134]. Inzwischen kann Online-Publizieren als der komplementäre Teil des Offline-Publizierens im Rahmen des elektronischen Publizierens verstanden werden. Er umfaßt damit einen Großteil der Implikationen des Electronic Commerce für den Bereich der Verlage.[135]

2.1.4.2 Produktformen und Verbreitung

Erste elektronische Offlineprodukte entstanden Mitte der achtziger Jahre in Form von Rechtsprechungsdatenbanken, welche die Entscheidungen von Bundesgerichten in konzentrierter Form aufbereiteten. Die Daten wurden teilweise speziell für diese elektronischen Produkte erhoben, teilweise stützten sich diese aber auch auf etablierte Printwerke wie z. B. BGHR.[136] Elektronische Produkte können in Nachschlagewerke, Lernprogramme, elektronische Bücher, Anwendersoftware, Supplemente, Zeitschriftenregister und elektronische Zeitschriften unterschieden werden.[137] Im Offlinebereich versteht man dabei unter einer elektronischen Zeitschrift die Veröffentlichung eines Jahrgangs zu Archivierungs- und Recherchezwecken komplett auf CD-ROM. Substitutionswirkungen sind hierdurch nicht festzustellen, vielmehr ergänzen sich die unterschiedlichen Medien zu einem Medienverbund.[138]

---

[131] Vgl. auch Klostermann (1997), Kap. 1.
[132] Vgl. Sandkuhl (1994), S. 2.
[133] Vgl. Klein-Blenkers (1995), S. 117 f., Haseloh (1997), S. 20. GENIOS war beispielsweise noch 1995 nur über DATEX-P und Spezialsoftware zugänglich, vgl. Frühschütz (1997), S. 214.
[134] Vgl. Sandkuhl, Kindt (1996), S. 67 f.
[135] Die genaue Abgrenzung, welche Bereiche des Electronic Commerce für Verlage erfaßt werden, fällt schwer. Der später zu diskutierende Trend zu einer verstärkten Dienstleistungsorientierung entfernt sich aber immer weiter vom klassischen Publikationsbegriff.
[136] Vgl. Bauer (1988), S. 1046, Welb (1998), S. 28 f.
[137] Vgl. Amail (1996), S. 94 f. In dieser Arbeit wird allerdings der o. g. Definition von CLARKE gefolgt, wonach Anwendersoftware nicht zu elektronischen Produkten des elektronischen Publizierens gehört.
[138] Vgl. Antoni (1993), Sp. 4560.

Eine Studie von AMAIL aus dem Jahr 1994 zeigt, daß elektronisches Publizieren in den Verlagen ernst genommen wird. Mehr als die Hälfte der Verlage, dabei überwiegend Buchverlage, hatte elektronische Produkte im Angebot, lediglich 12% wollten auch in Zukunft ohne auskommen. Die Dominanz der Buchverlage läßt sich daraus erklären, daß Periodika zu einem nennenswerten Teil durch Werbung finanziert werden und sich dies bei elektronischen (seinerzeit Offline-) Produkten nicht adäquat umsetzen ließ. Zudem haben Periodika kurze Publikationszyklen, die elektronische Umsetzungen mit sichtbarem Zusatznutzen in kurzen Abständen verhindern. Elektronische Produkte stellten im wesentlichen Supplements (z. B. Programmdisketten oder Inhaltsverzeichnisse) zu vorhandenen Produkten oder Surrogate vorhandener Produkte dar. Eigenständige Produkte waren zum Zeitpunkt der Untersuchung noch in der Minderzahl. Netzwerke stellten nur für 17% der Verlage die technologische Basis dar; führend waren CD-ROMs. Größtes Hemmnis sahen die Verlage im mangelnden Know-How, der fehlenden Hardwarebasis bei den Verbrauchern und den fehlenden Standards.[139]

Eine weitere, 1997 veröffentlichte Studie des Fraunhofer-Instituts für Arbeitswirtschaft und Organisation zeigt ebenfalls einen deutlichen Trend hin zu elektronischem Publizieren. Bereits bei 10% der befragten Fachverlage hatten elektronische Publikationen einen Anteil von mehr als 50% am Verlagsprogramm. Obwohl ergänzende Produkte mit 44% dominieren, ist der Anteil der eigenständigen Publikationen mit 26% bei Fachverlagen erstaunlich hoch.[140]

Die Nachfrage nach elektronischen Offlineprodukten ist bisher vergleichsweise gering. Die hohen Kosten sind bisher nicht durch entsprechende Umsätze zu rechtfertigen, was zu einer deutlichen Korrektur der Umsatzerwartungen und Enttäuschungen in den Verlagen geführt hat.[141]

2.2 Koordinationsformen

2.2.1 Hierarchische Koordination

Klassische Koordinationsformen für Transaktionen sind hierarchische Organisationen und Märkte.[142] Hierarchien sind die typische Organisationsform von Unternehmen. Die Koordination erfolgt durch Weisungen von höheren Hierarchiestufen. Ursache für hierarchische Organisationsformen sind vor allem Transaktionskosten. Eine hierarchische Organisationsform er-

---

[139] Vgl. Amail (1996), S. 61 ff.
[140] Weitere Fragestellungen befaßten sich mit der Konkurrenz zu traditionellen Produkten, der Wirtschaftlichkeit, Motivation und der Einschätzung der strategischen Lage. Vgl. Hitzges, Köhler (1997), S. 21 ff.
[141] Vgl. Börsenverein des Deutschen Buchhandels (1997), S. 1, Frühschütz (1997), S. 101, Heinold, Klems, Schulz (1997), S. 6, Langendorf, Schmidt (1998), S. 19, Vogel (1999), S. 74. N. N. (1999b), S. 31 berichtet von allmählicher Verbesserung der wirtschaftlichen Situation.
[142] Vgl. Coase (1937), S. 388, Williamson (1975), S. 1, Malone, Yates, Benjamin (1987), S. 485. Vgl. zu den folgenden Ausführungen z. B. Schubert, Selz, Haertsch (2001), S. 108 ff.

möglicht häufig eine effizientere Kooperation von arbeitsteiligen spezialisierten Einheiten. Dies gilt vor allem ohne den Einsatz von Informationstechnik.[143]

2.2.2 Marktliche Koordination

Märkte dienen der direkten oder indirekten Interaktion zwischen Verkäufer und Käufer zum Austausch von Gütern zu einem ausgehandelten Preis. Die Koordination geschieht durch Angebot und Nachfrage. In einem perfekten Markt drückt dabei der Marktpreis alle wesentlichen Informationen über ein Gut aus. Märkte haben nach BAKOS im wesentlichen die Funktionen einer passenden Auswahl von Käufern und Verkäufern, einer Abwicklungsunterstützung und einer institutionellen Infrastruktur.[144] Märkte begünstigen eine Arbeitsteilung und damit das Herausbilden von Spezialisierungen mit Größenvorteilen der Produktion (Economies of Scale und Scope), was letztlich zu einem effizienteren Umgang mit Ressourcen führt. Märkte bieten zudem die Vorzüge einer Risikostreuung und des Anreizes zu autonomen Leistungen. Der Allokationsmechanismus von Märkten kommt besonders bei hohen Produktwerten zum Tragen. Die Beziehungen zwischen den Partnern sind flüchtig.

2.2.2.1 Eigenschaften elektronischer Märkte

In elektronischen Märkten werden die Kommunikationsbeziehungen bei Markttransaktionen elektronisch abgebildet.[145] Das Konzept der elektronischen Märkte wurde erstmalig Mitte der 80er Jahre von MALONE, YATES und BENJAMIN umfassend diskutiert.[146] Seitdem wurde das Konzept von vielen Autoren weiterentwickelt.[147] Im deutschsprachigen Raum werden elektronische Märkte zumeist nach SCHMID definiert als „informationstechnische Systeme zur Unterstützung aller oder einzelner Phasen und Funktionen der marktmäßig organisierten Leistungskoordination"[148]. Ihre Merkmale sind die Vereinfachung der Informationsbeschaffung, -verarbeitung, -speicherung und -verteilung, die Unterstützung vielfältiger Funktionen, die Offenheit der Systeme, die Gleichberechtigung und die Freiwilligkeit der Teilnahme.[149] SCHMID hat ein Rahmenmodell entwickelt, mit dem elektronische Märkte beschrieben und entworfen werden können.[150]

---

[143] Vgl. Malone, Yates, Benjamin (1987), S. 484 ff.
[144] Vgl. ausführlicher hierzu Bakos (1998), S. 35 ff.
[145] Vgl. Picot, Reichwald, Wigand (2001), S. 338.
[146] Vgl. Malone, Yates, Benjamin (1987), S. 490 ff., Malone, Yates, Benjamin (1989), S. 166 ff.
[147] Vgl. z. B. Bakos (1991), S. 37 ff., Schmid (1993), Schmid (1999) sowie die bei Picot, Reichwald, Wigand (2001), S. 337 zitierte Literatur.
[148] Schmid (1993), S. 468.
[149] Vgl. z. B. Albers, Peters (1997), S. 71 und die dort zitierte Literatur.
[150] Vgl. Schmid, Lindemann (1998), S. 195 ff., Schmid (1999), S. 41 f., Lindemann (2000), S. 117.

Elektronische Märkte werden häufig in vertikale und horizontale Märkte unterschieden.[151] Vertikale Märkte dienen der Abdeckung branchenspezifischer Bedürfnisse z. B. der Automobilbranche. Häufig sind wichtige Marktteilnehmer oder Verbände eingebunden. Zielsetzung ist z. B. eine bessere Nutzung von Ressourcen sowie eine Effizienzsteigerung der gesamten Branche durch eine Zusammenführung fragmentierter Teilmärkte und der damit verbundenen hohen Transaktionskosten. Horizontale Märkte konzentrieren sich dagegen auf eine spezifische betriebliche Funktion und damit auf Güter, die branchenübergreifend von vielen Unternehmen nachgefragt werden. Typischerweise gilt dies vor allem für sogenannte C-Teile. Ihre Zielsetzung ist vor allem eine effizientere Abwicklung von Beschaffungsvorgängen.[152]

Elektronischen Märkten wird gegenüber anderen Koordinationsformen eine Reihe von Vorteilen zugesprochen, insbesondere eine höhere Effizienz, eine größere Zahl potentieller Teilnehmer, geringere Transaktionskosten, eine höhere Transparenz sowie ein niedrigeres Preisniveau, das aber bisher nicht empirisch bestätigt werden konnte.[153]

Bei elektronischen Marktplätzen können aufgrund einer anzustrebenden hohen Zahl an beteiligten Anbietern und Nachfragern nicht mit allen Akteuren individuelle Vereinbarungen über Syntax und Semantik getroffen werden. Erforderlich ist vielmehr eine standardisierte Schnittstelle, die insbesondere bei häufig involvierten Akteuren eine Kopplung mit den internen Anwendungssystemen erlaubt.[154] Da sich bisher kein allgemein gültiger Standard vor allem bezüglich der Semantik etabliert hat, bieten Marktplätze häufig Konverter an, damit auch Teilnehmer mit unterschiedlichen Systemen die Funktionen nutzen können. Dies senkt nach Ansicht von SCHLÜCHTER die mögliche hemmende Bedeutung fehlender Standards.[155]

Das Konzept elektronischer Märkte hat sich, obwohl es schon seit längerer Zeit überzeugend propagiert wird, lange Zeit in der Praxis nicht durchsetzen können.[156] Elektronische Märkte erfüllen die Merkmale von Netzeffektprodukten.[157] Entscheidend für den Erfolg ist eine hohe Teilnehmerzahl zum Überschreiten der kritischen Masse sowie einer Nutzung der starken Ko-

---

[151] Vgl. zum folgenden Hepp, Schinzer (2000), S. 1516 f., die diese Klassifizierung zwar nur für Marktplätze vornehmen, diese Einschränkung aber nicht weiter begründen. Vgl. auch Baldi, Borgmann (2001), S. 590. Eine ausführliche Übersicht zu Gestaltungs- und Klassifizierungsmerkmalen findet sich bei Klein, Gogolin, Dziuk (2002), S. 9 ff.
[152] Vgl. ausführlicher Kap. 3.5.
[153] Vgl. auch Schmid (1993), S. 468, Klein, Gogolin, Dziuk (2002), S. 13. Eine Zusammenstellung zu Motiven für die verschiedenen Akteure zur Teilnahme an elektronischen Märkten findet sich bei Klein, Gogolin, Dziuk (2002), S. 17. Schlüchter (2001), S. 149 überprüft einige Vorteile empirisch.
[154] Vgl. Hepp, Schinzer (2000), S. 1516. Vgl. auch Blaschke (2001), S. 301 f., Schlüchter (2001), S. 60 f. sowie die empirische Bestätigung bei Schlüchter (2001), S. 164.
[155] Vgl. Schlüchter (2001), S. 77, dessen empirische Ergebnisse seinen Überlegungen aber widersprechen, vgl. Schlüchter (2001), S. 186.
[156] Vgl. Schmid (1993), S. 478, Scheer, Erbach, Thomas (2000), S. 19, Klein, Gogolin, Dziuk (2002), S. 14 f., Merz (2002). Schlüchter (2001), S. 153 f. ermittelte in einer empirischen Untersuchung, daß sich elektronische B2B-Marktplätze bis zum Jahr 2004 etablieren sollten, wobei keiner seiner Experten mit einem Scheitern rechnete.
[157] Vgl. Stelzer (2000), S. 841.

stendegressionseffekte. Das Erreichen einer ausreichenden Teilnehmerzahl stellt sich allerdings in der Praxis als schwierig heraus.[158] Wichtig ist eine Einbindung von Marktführern, die mit ihrer Marktmacht die Benutzung des Marktplatzes durchsetzen können und zudem selbst hohes Volumen einbringen. Stark segmentierte Marktplätze (z. B. aufgrund schwieriger formaler Produktbeschreibung) erschweren dagegen das Erreichen einer kritischen Masse zusätzlich.

2.2.2.2 Initiatoren und Betreiber elektronischer Märkte

Elektronische Märkte können von verschiedenen Akteuren initiiert und betrieben werden:[159]

- Verkäufer, insbesondere große und bekannte Unternehmen mit hoher Marktmacht,
- Käufer, insbesondere bei einem großen Einkaufsvolumen, oder
- neutrale Betreiber mit dem Ziel, die Transaktionen für Käufer und Verkäufer effizienter zu gestalten. Die Finanzierung erfolgt häufig über Grundgebühren oder Provisionen.

Eine Taxonomie der Betreiberstrukturen ergibt vier verschiedene Felder (Abb. 7):

	nein	Privat	Unabhängiger Dritter
Betreiber sind Wettbewerber			
	ja	Konsortium	Metamarkt

	ja	nein

Betreiber sind Marktteilnehmer

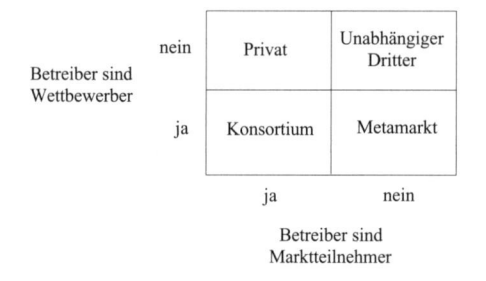

Abb. 7: Taxonomie der Betreiberstruktur von elektronischen Märkten[160]

KLEIN weist auf die Gefahr hin, daß dominante Spieler ihre Position weiter festigen können, da sie stärkeren Einfluß auf die Entwicklung des Marktes nehmen können. Er weist aber gleichzeitig anhand von Fallstudien nach, daß auch kleinere Spieler durch einen gezielten gemeinsamen Aufbau von Kompetenzen und die effiziente Verwendung von Märkten ihre Position verbessern können.[161]

---

[158] Vgl. Scheer, Erbach, Thomas (2000), S. 19. Vgl. auch Klein (1996), S. 149 f.
[159] Vgl. Berryman et al. (1998), S. 152 ff. Vgl. auch Baldi, Borgmann (2001), S. 593 ff., Brenner, Breuer (2001), S. 148 ff. sowie die kurze Diskussion bei Klein (1996), S. 169. Käuferorientierte Märkte decken vorwiegend die Beschaffung und das Supply Chain Management ab, während ein verkäuferorientierter Markt die Vertriebsprozesse in den Mittelpunkt stellt, vgl. Baldi, Borgmann (2001), S. 590. Zerdick et al. (2001), S. 224 f. unterscheiden in selbst- bzw. fremdbestimmte Ansätze.
[160] Vgl. Baldi, Borgmann (2001), S. 592.
[161] Vgl. Klein (1996), S. 169 f.

Die Vorteile elektronischer Märkte sind für Kunden häufig größer als für Anbieter[162], was ein geringeres Interesse an elektronischen Märkten auf Seiten der Anbieter zur Folge haben könnte. KLEIN argumentiert allerdings, daß sich selbst durch Absprachen der Anbieter die Einführung von Marktsystemen kaum verhindern läßt, da entweder die Käufer selbst einen Markt aufbauen oder ein Intermediär auftreten könnte.[163] DÜMPE diskutiert die Vorteilhaftigkeit einer Teilnahme an elektronischen Märkten für Anbieter ausführlicher. Dem Vorteil einer Erschließung neuer Märkte – u. U. weltweit – steht die Gefahr einer erhöhten Wettbewerbsintensität und damit potentiell niedrigeren Preisen gegenüber. Er zeigt in einem spieltheoretischen Modell, daß rationale Anbieter trotz insgesamt geringerer Erträge in Netzmärkte eintreten. Sie versuchen, den Nachteilen z. B. durch eine Kostenführerschaft oder eine Produkt- und Preisdiskriminierung entgegenzuwirken.[164]

2.2.3 Vorteilhaftigkeit der Koordinationsformen

Im folgenden werden zunächst die beiden wichtigsten Thesen, welche die Diskussion einer Vorteilhaftigkeit der Koordinationsformen maßgeblich beeinflußt haben, vorgestellt. KLEIN und TEUBNER betrachten beide Ansätze als komplementär.[165]

2.2.3.1 Marktthese

Die *Electronic Market Hypothesis* wurde 1987 von MALONE, YATES und BENJAMIN in die Diskussion gebracht. Sie basiert auf der Annahme, daß die aus dem verstärkten Einsatz von Informationstechnik resultierenden sinkenden Transaktionskosten eine marktliche Koordinierung stärker als eine hierarchische begünstigen. So können z. B. komplexere Produktbeschreibungen durch Informationstechnik leichter kommuniziert werden. Marktliche Koordinierung wird daher für die Leistungskoordination attraktiver und es findet eine Verschiebung von hierarchischer zu marktlicher Koordination statt.[166] Die auf COASE und Weiterentwicklungen von WILLIAMSON zurückgehende Transaktionskostentheorie beruht auf der Annahme, daß bei Transaktionen Kosten für die Information und Kommunikation entstehen. Diese Transaktionskosten setzen sich aus den Anbahnungs-, Vereinbarungs-, Abwicklungs-, Kontroll- und Anpassungskosten zusammen. Ihre Höhe hängt von den Merkmalen der zu erbringenden Leistung,

---

[162] Vgl. z. B. Berryman et al. (1998), S. 152.
[163] Vgl. Klein (1996), S. 154. Vgl. auch Bakos (1991), S. 43.
[164] Vgl. Dümpe (1999).
[165] Vgl. ausführlicher Klein, Teubner (2000), S. 19.
[166] Vgl. Malone, Yates, Benjamin (1987), S. 489 f. Vgl. auch Daniel, Klimis (1999), S. 319 ff., Klein (1996), S. 152, Klein (2000a), S. 638 f., Schlüchter (2001), S. 22 ff.

insbesondere der Spezifität, vom Verhalten der Spieler und von der gewählten Organisationsform ab.[167]

2.2.3.2 Disintermediationsthese

Die Diskussion um die Electronic Market Hypothesis wurde später von der Frage nach Dis- versus Reintermediation abgelöst. BENJAMIN und WIGAND sehen nicht die Anzahl der Verbindungen als entscheidend für die Höhe der Transaktionskosten an, sondern die Anzahl der Stufen der Wertschöpfungskette. Sie erwarten aufgrund der durch das Internet reduzierten Transaktionskosten einen Trend zur *Disintermediation*.[168] Intermediäre wären dann ökonomisch sinnvoll, wenn die Summe der Transaktionskosten durch die Einbeziehung eines Vermittlers niedriger wäre als ohne seine Einbeziehung durch interne Abwicklung. Studien zeigten aber, daß Hersteller durch eine Rückintegration der entsprechenden Absatz- und Distributionsfunktionen und einen Direktvertrieb über das Internet die Transaktionskosten erheblich senken könnten.[169]

2.2.3.3 Differenzierte transaktionskostentheoretische Betrachtung

Die Vorteilhaftigkeit einer Disintermediation bzw. des Einsatzes von Intermediären kann nicht derart pauschal beantwortet werden und ist von der speziellen Fallkonstellation abhängig.[170] SARKAR, BUTLER und STEINFIELD fordern dementsprechend eine differenziertere Betrachtung, wann aus Herstellersicht Disintermediation und wann der Einsatz von traditionellen oder neuen Intermediären sinnvoll ist. Für vier sich ergebende Fallkonstellationen vergleichen sie die Höhe der Transaktionskosten, die sich im Direktvertrieb ergeben würden, mit der Summe der Transaktionskosten bei Einschaltung eines Intermediärs und dessen Kosten und Gewinnspanne. Es ergeben sich somit vier Anpassungsstrategien auf die durch das Internet veränderten Transaktionskosten (Tab. 2).[171]

---

[167] Vgl. Coase (1937) und Williamson (1975), S. 2 ff. sowie die Darstellungen bei z. B. Fleisch (2001), S. 62 ff., Schulteis (2000), S. 32 ff., Hess (1998), S. 25 ff. und die jeweils dort zitierte Literatur.
[168] Vgl. Benjamin, Wigand (1995). Vgl. auch die Diskussion bei Böing (2001), S. 80 f.
[169] Die möglichen Einsparungen im Vergleich zur traditionellen Abwicklung liegen z. T. bei 87-99%. Benjamin, Wigand (1995) ermitteln anbieterseitige Transaktionskostenreduzierungen von bis zu 38%. Vgl. auch Kap. 3.4.2.1.1.
[170] Vgl. Sarkar, Butler, Steinfield (1995), Sarkar, Butler, Steinfield (1998), S. 219, Bailey, Bakos (1997), S. 18.
[171] Vgl. Sarkar, Butler, Steinfield (1995).

		Ohne Nutzung des Internet	
		$T_D < T_1 + K_I + T_2$ Direktvertrieb	$T_D > T_1 + K_I + T_2$ Vertrieb über Intermediär
Mit Nutzung des Internet	$T_D` < T_1` + K_I` + T_2`$ Direktvertrieb	I weiterer Direktvertriebskanal	II Disintermediation
	$T_D` > T_1` + K_I` + T_2`$ Vertrieb über Intermediär	III alte / neue Intermediäre ersetzen Direktvertrieb	IV Reintermediation (alte/neue Intermediäre)

T_D Transaktionskosten des Direktvertriebs
T_1 Transaktionskosten für den Austausch Hersteller - Intermediär
T_2 Transaktionskosten für den Austausch Intermediär - Kunde
K_I Kosten und Handelsspanne des Intermediärs
` bei Nutzung des Internets

Tab. 2: Anpassungsstrategien auf veränderte Transaktionskosten aus Anbietersicht[172]

Im Fall I sind sowohl in traditionellen Märkten als auch im Electronic Commerce die Transaktionskosten des Direktvertriebs geringer als bei Einschaltung eines Intermediärs. Demzufolge bietet es sich an, das Internet als weiteren Direktvertriebskanal zu nutzen. Im Fall II dagegen ist die Einschaltung eines Intermediärs in traditionellen Märkten günstiger. Im Electronic Commerce sinken die Transaktionskosten so stark, daß ein eigener Direktvertrieb wirtschaftlich sinnvoll ist. Diese Umgehung der etablierten Vermittler stellt den klassischen Fall der Disintermediation dar. Fall III stellt den auf den ersten Blick ungewöhnlichen Fall dar, in dem in traditionellen Märkten der Direktvertrieb die effizienteste Variante ist, im Internet aber die Einschaltung eines Intermediärs ökonomisch sinnvoller ist. Dieser Fall stellt aber gerade das Paradebeispiel für den Eintritt neuer Cybermediäre dar. Neue Cybermediäre sind in der Lage, das Geschäft deutlich günstiger zu realisieren und senken durch das Internet die Transaktionskosten drastisch und vor allem stärker, als es das Internet dem Hersteller ermöglicht. Auch etablierte Intermediäre können zum Zuge kommen, wenn sie stärker als die Hersteller ihre Transaktionskosten senken können. Fall IV stellt schließlich die Situation dar, in der sowohl in traditionellen Märkten als auch im Electronic Commerce Intermediäre ihre Kompetenzen so günstig nutzen können, daß sie die Geschäfte effizienter abwickeln als es die Hersteller im Direktvertrieb könnten. Im Electronic Commerce könnten dabei neben den etablierten Intermediären auch Cybermediäre zum Zuge kommen und bei kostengünstigeren Strukturen die etablierten Spieler möglicherweise verdrängen.

---

[172] In Anlehnung an Luxem (2000), S. 51 f., der sich auf Sarkar, Butler, Steinfield (1995) stützt, aber darauf hinweist, daß diese die wesentliche Größe K_I nicht angeben.

2.2.3.4 Einbeziehung weiterer Entscheidungsparameter

Die Untersuchungen weiterer Autoren zeigten allerdings, daß die Thesen von MALONE, YATES und BENJAMIN bei modifizierter Interpretation des transaktionskostentheoretischen Bezugsrahmens oder einer Ausweitung des Bezugsrahmens zu differenzierteren Ergebnissen führen.[173] Wesentlich ist daher die Einbeziehung weiterer Entscheidungsparameter.[174]

WILLIAMSON hat 1991 die Eignung von marktlicher Koordination mit hierarchischer bzw. hybrider Koordination anhand einiger Kriterien verglichen (Tab. 3):

Attribut	Koordinationsform		
	Markt	Hybridform	Hierarchie
Instrumente			
Anreizintensität	++	+	o
administrative Kontrollmöglichkeiten	o	+	++
Wirkungsdimension			
autonome Adaption	++	+	o
kooperative, beiderseitige Adaption	o	+	++
Vertragsbeziehung	++	+	o

Tab. 3: Vergleich von Koordinationsformen[175]

Maßgeblichen Einfluß auf die Wahl der Koordinationsform hat daneben die *Risikostruktur*. CLEMONS und REDDI untersuchten dies 1994 genauer (Abb. 8).[176]

---

[173] Vgl. die Zusammenfassung bei Klein (1996), S. 152 ff. und die dort zitierte Literatur.
[174] Vgl. Klein (1996), S. 159, Klein, Teubner (2000), S. 20, Luxem (2000), S. 57 ff., Giaglis, Klein, O'Keefe (2002), S. 240. Vgl. auch Gerth (1999), S. 66 ff. und die dort angegebene Literatur, wo ausführlich alternative Theoriekonzepte zur Erklärung der Koordinationsstrukturen in Distributionskanälen neben der Transaktionskostentheorie erläutert werden.
[175] Vgl. Williamson (1991), S. 281.
[176] Vgl. Clemons, Reddi (1994), S. 857 ff. Vgl. auch Klein (1996), S. 156.

Koordinationsformen 33

```
                        Preisrisiko
              niedrig                    hoch
         ┌─────────────────┬─────────────────┐
  niedrig│  Partnerschaft  │◄── Marktbeziehung│
         ├────────┼────────┼─────────────────┤
         │        ▼        │                 │
  hoch   │vertikale Integration│vertikale Integration│
         └─────────────────┴─────────────────┘
Transaktionsrisiko
```

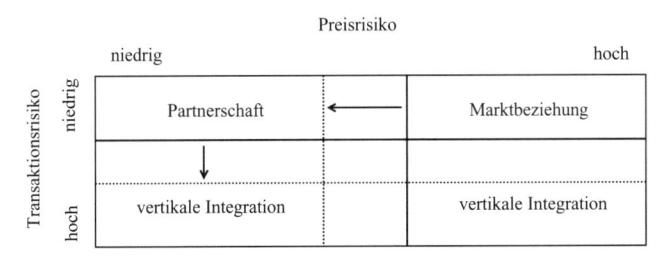

Abb. 8: Einfluß der Risikostruktur auf die Koordinationsform[177]

Als Parameter ziehen sie das Preisrisiko und das Transaktionsrisiko heran. Unter dem Preisrisiko kann die Volatilität des Preises verstanden werden. Mit dem Transaktionsrisiko wird angezeigt, ob eine zu liefernde Komponente eine hohe Produktbedeutung hat oder ob sie eher selten und spontan benötigt wird. Hintergrund ist hier die Sicherung des Zugangs zu Beschaffungsmärkten sowie die sichere Erfüllung hoher Qualitätsanforderungen.[178]

Deutlich festzustellen ist eine Ausweitung der marktlichen oder kooperativen Koordination als Folge des Einflusses der Informationstechnik. Bei geringem Transaktionsrisiko ist marktliche Koordination besonders geeignet bei hoher Preisvolatilität, partnerschaftliche bei geringer Preisvolatilität. Bei hohem Transaktionsrisiko ist dagegen eine vertikale Integration zu wählen. Dann kommt häufig auch die bereits 1992 von BAKOS und BRYNJOLFSSON hervorgehobene hohe Bedeutung von nicht vertraglich vereinbarten Aspekten in einer Zuliefererbeziehung zum Tragen. Bei einem starken Abhängigkeitsverhältnis sehen sie einen Trend zu kooperativen Beziehungen zu einer begrenzten Anzahl ausgewählter Lieferanten.[179] Ähnliche Bedeutung hat auch der Grad der Faktorspezifität, d. h. das Ausmaß, in welchem von Transaktionspartnern getätigte Investitionen nur für bestimmte Transaktionen verwendet werden können. Eine hohe Spezifität bedingt ein starkes Abhängigkeitsverhältnis.[180]

Daneben waren weitere Einflußfaktoren Gegenstand intensiver Untersuchungen.[181] KLEIN und TEUBNER unterscheiden im wesentlichen drei Merkmalsbereiche zur Systematisierung: die Branchen- oder Vertriebskanalstruktur, die Produkteigenschaften und die Transaktionseigenschaften.[182] Ein wesentlicher Einfluß ist z. B. von der *Marktstruktur* zu erwarten. In einer monopolistischen oder oligopolistischen Marktstruktur ist eher mit Disintermediation zu rech-

---

[177] Nach Clemons, Reddi (1994), S. 862.
[178] Zur Sicherung des Zugangs zu Beschaffungsmärkten vgl. auch Kramer (1996), S. 30, Schwarz, Allweyer (2000), S. 143.
[179] Vgl. Bakos, Brynjolfsson (1992), S. 7 f., Klein (1996), S. 155, Picot, Reichwald, Wigand (2001), S. 303.
[180] Vgl. Polzin, Lindemann (1999), S. 528.
[181] Vgl. zum folgenden Malone, Yates, Benjamin (1987), S. 485 ff., Klein (1996), S. 187 ff., Klein (2000a), S. 638 ff., Klein, Teubner (2000), S. 24 f., Polzin, Lindemann (1999), S. 528, Hepp, Schinzer (2000), S. 1520.
[182] Vgl. zum folgenden Klein, Teubner (2000), S. 24 ff.

nen.[183] Bei einem oder sehr wenigen großen Anbietern benötigen die Abnehmer keine Unterstützung bei der Partnersuche oder Produktselektion oder eine Vertrauenszusicherung.[184] Der Bekanntheitsgrad des Anbieters dominiert den Bekanntheitsgrad etwaiger Intermediäre. Umgekehrt ist der Aufbau einer eigenen Vertriebsstruktur für in mono- oder oligopolistischen Märkten eher anzutreffende große Unternehmen aufgrund der Größenvorteile eher wirtschaftlich. Bei einer Marktstruktur, die von einer Vielzahl kleiner Anbieter dominiert wird, ist dagegen ein Agieren von Intermediären speziell in der Distributionsphase sinnvoll: kleine Anbieter verfügen in aller Regel weder über das Know-How noch die technischen Möglichkeiten, die Distribution aus eigenen Mitteln zu bewerkstelligen. Je nach konkreten Anforderungen (z. B. Abrechnungssysteme) ist ein stabiler Dauerbetrieb durch diese Anbieter kaum zu betreiben.[185] Zu beachten ist allerdings, daß das Internet diese Hürde im Falle vollständig digitaler Distribution senkt.[186] Weitere zur Marktstruktur zu rechnende und zum Teil korrelierende Einflußparameter sind z. B. der Grad der Markttransparenz, die Effizienz des Ausgleichs von Angebot und Nachfrage, die Intensität des Wettbewerbs, die bisher etablierten Rollen der Spieler und der Grad der Preisdifferenzierung. So sind z. B. etablierte Spieler in bisher geschützten Märkten im Regelfall unflexibler und daher eher Angriffen neuer Intermediäre ausgesetzt. Märkte mit starker Preisdifferenzierung eröffnen neuen Intermediären durch Arbitragemöglichkeiten Raum für neue Geschäftsfelder.[187] Auch eine bisher geringe Transparenz des Marktes spricht für Intermediäre. Beim Design ist es dann wichtig, einen Vorteil bei wiederholten Transaktionen zu bieten, da ansonsten die Teilnehmer nach einer ersten Kontaktaufnahme über den Marktplatz bei Folgegeschäften diesen umgehen könnten.

Maßgeblichen Einfluß haben auch die *Produkteigenschaften*, etwa die Standardisierung und Beschreibbarkeit bzw. Komplexität des Produkts, Immaterialität, Preissensibilität der Käufer bzw. deren Markenorientierung, Grenzkosten und die zeitliche Lagerfähigkeit.[188] Elektronische Märkte eignen sich eher für „Commodities", also Produkte mit einfacher Beschreibungsmöglichkeit, geringer Spezifität und hohen Transaktionsvolumina. Für solche standardisierten Güter lassen sich Marktsysteme mit einer elektronischen Preisbildung relativ einfach implementieren und führen zu einem zunehmendem Preiswettbewerb.

Besonders einflußreich sind bei digitalen Produkten die Einzigartigkeit und die Möglichkeiten der Konfiguration, d. h. der Grad der Personalisierung. Die Vergleichbarkeit wird durch eine Individualisierung eingeschränkt. Stark individualisierte Güter können als solche nur schlecht auf elektronischen Märkten über den Preis konkurrierend gehandelt werden. Vielmehr handelt

---

[183] Vgl. Giaglis, Klein, O'Keefe (1999), S. 405, Giaglis, Klein, O'Keefe (2002), S. 240 ff.
[184] Dies wären ansonsten typische Aufgaben eines Intermediärs. Vgl. auch Giaglis, Klein, O'Keefe (1999), S. 398 ff.
[185] Vgl. auch Luxem (2000), S. 54, Wirtz (2001), S. 162 ff.
[186] Luxem (2000), S. 54 ist dennoch der Auffassung, daß kleine Anbieter dies nicht leisten können.
[187] Vgl. Klein, Teubner (2000), S. 24.
[188] Zur Eignung von verschiedenen Handelsobjekten vgl. auch ausführlich Picot, Reichwald, Wigand (2001), S. 351 ff.

es sich um Unikate, die nur von einem Anbieter angeboten werden. So wird erwartet, daß mit dem zunehmenden Trend zur Personalisierung auch eine Zunahme der Disintermediation stattfindet.[189] Dies muß allerdings nicht zwangsläufig die Folge sein: so ist eine Personalisierung der Information nur eine konsequente Fortsetzung der kundenspezifischen Bündelung von Produkten, wie es im Verlagsgeschäft z. B. bereits klassische Aufgabe des Sortimentsbuchhandels ist.[190] Eine Übernahme der Personalisierungsfunktion durch den Intermediär basierend auf atomaren Informationen der Verlage wäre damit ebenfalls denkbar und würde eine Rückwärtsintegration des Buchhandels bedeuten. Intermediäre hätten aus Kundensicht zudem den Vorzug, einfach auf Leistungen verschiedener Anbieter zurückgreifen zu können.

SCHLÜCHTER diskutiert die Frage, ob die strategische Bedeutung eines Gutes seine Eignung für marktliche Koordinierung beeinflußt, und kommt zu dem Schluß, daß diese letztlich ohne Bedeutung ist.[191]

Schließlich sind noch die besonderen *Strukturen der Transaktionen* bei der Entscheidung über die Einsatzmöglichkeiten eines Intermediärs zu beachten. Hierzu gehören z. B. das Vorliegen von Informationsasymmetrien, die Häufigkeit, Spezifität und die Kosten der Durchführung.[192]

2.2.4 Hybride Koordinationsformen

KLEIN stellt zu Recht fest, daß die Marktthese mit ihrer Reduzierung auf die dichotomen Formen Markt und Hierarchie zu kurz greift.[193] Vielmehr ist davon auszugehen, daß künftig verschiedene Koordinationsformen von den Unternehmen parallel genutzt werden und vielfach als hybride Zwischenformen zwischen dauerhafter Bindung und Marktbeziehung einzuordnen sind.[194] Bislang hat sich keine einheitliche Systematisierung von hybriden Koordinationsformen und ihre Einordnung zwischen Markt und Hierarchie bilden und durchsetzen können.[195] Typischerweise wird für die Unterscheidung der vertikale Integrationsgrad herangezogen und anhand dessen eine Einordnung auf einem Kontinuum zwischen Markt und Hierarchie vorgenommen. MALONE, YATES und BENJAMIN nehmen beispielsweise den Grad der ad-hoc-Auswahl von Geschäftspartnern als Kriterium: Eine vertikale Integration liegt in dem Maße vor, wie z. B. Lieferanten für zukünftige Beschaffungen bereits vorab feststehen.[196]

---

[189] Vgl. z. B. Giaglis, Klein, O'Keefe (1999), S. 397.
[190] Vgl. auch Bakos (1998), S. 38 f., Zerdick et al. (2001), S. 18, Luxem (2000), S. 61.
[191] Vgl. Schlüchter (2001), S. 41.
[192] Vgl. Klein, Teubner (2000), S. 24 f.
[193] Vgl. Klein (1996), S. 159 f. Vgl. auch die ausführliche Diskussion mit Beispielen bei Klein (1996), S. 195 ff.
[194] Vgl. Williamson (1991), S. 280 f.
[195] Vgl. Picot, Reichwald, Wigand (2001), S. 302.
[196] Vgl. Malone, Yates, Benjamin (1987), S. 485 f. Zu weiteren Ansätzen vgl. die Diskussion bei Picot, Reichwald, Wigand (2001), S. 302.

CLEMONS und REDDI führten 1993 einen kombinierten Ansatz ein, der als Move-to-the-middle Hypothesis bezeichnet wird. Er besteht genaugenommen aus zwei Schritten: aus einem Wandel von der hierarchisch gegliederten Organisation hin zu einem größeren Grad an Outsourcing, aber gleichzeitig aus einem Wandel von einer eher anonymen marktlichen Koordination hin zu einer auf Vertrauen basierenden engeren Zusammenarbeit mit wenigen Partnern. Der erste Schritt der Dekonstruktion stützt sich auf ähnliche, auf der Transaktionskostentheorie basierende Überlegungen wie der Ansatz von MALONE, YATES und BENJAMIN: Die Informationstechnologie senkt die Transaktionskosten und macht damit Outsourcing zu einer vorteilhaften Option. Der zweite Schritt dagegen begründet einen Trend zu langfristigem kooperativem Verhalten anstelle von Marktbeziehungen mit einem Anreiz zu beziehungsspezifischen Investitionen, einem Schutz vor kurzfristigem opportunistischem Verhalten und vor allem einem Schutz vor dem Verlust von kritischen Ressourcen.[197]

HOLLAND und LOCKETT lösen sich mit ihrer 1994 vorgestellten Mixed-Mode Hypothesis ganz von der beherrschenden Argumentationsbasis der Transaktionskosten, die der Disintermediationsthese bzw. der Electronic Markets Hypothesis zugrunde liegt. Ihrer These liegt ein „Anything Goes"-Ansatz zugrunde. Die Informationstechnik kann demzufolge jeden Ansatz wirkungsvoll unterstützen: in hierarchischen Beziehungen fördert sie die organisatorische Integration, in marktlichen Beziehungen reduziert sie die Transaktionskosten und erleichtert das Wechseln zwischen verschiedenen Zulieferern. Die Informationstechnik beeinflußt damit nicht direkt die Wahl der Organisationsform, erlaubt aber größere Freiheitsgrade. Die Unternehmen können gleichzeitig sowohl hierarchische als auch marktliche Beziehungen unterhalten. Diese gemischten Modelle vereinen die Vorzüge von Märkten wie z. B. geringere Kosten und bessere Qualität, mit denen von hierarchischen Beziehungen, z. B. die effiziente operative Integration.[198]

2.2.5 Kooperationen

Kooperationen sind die typische Form einer hybriden Koordination.[199] Es handelt sich dabei um mittel- bis langfristige Verträge zwischen rechtlich selbständigen Partnern. Damit unterscheiden sie sich von Märkten, die als ein Netz kurzfristiger Verträge angesehen werden können, und Unternehmen als auf Dauer angelegte Netze.[200] Sie sind z. B. durch ihre Freiwilligkeit, die einen beiderseitigen Nutzenzuwachs voraussetzt, von Beherrschungen abzugrenzen. Definitorischer Bestandteil von Kooperationen ist häufig die explizite vertragliche Bindung.

---

[197] Vgl. Clemons, Reddi, Row (1993), S. 13 ff., Clemons, Reddi (1993), S. 810 f., Clemons, Reddi (1994), S. 856 ff., Klein (1996), S. 156 sowie Klein (2000a), S. 639 f. und die dort zitierte Literatur.
[198] Vgl. Holland, Lockett (1994) sowie Klein (1996), S. 158 und Klein (2000a), S. 641 f.
[199] Vgl. Schulteis (2000), S. 45 ff.
[200] Vgl. Picot, Reichwald, Wigand (2001), S. 44 f. und S. 303. Einen ausführlichen Überblick über Definitionen in der Literatur geben Hess (1998), S. 2 f. und Schulteis (2000), S. 19 ff.

Kooperationen werden in der Regel für Aufgaben mittlerer Spezifität und strategischer Bedeutung eingegangen. Der Integrationsgrad ist mäßig. Der Begriff der Kooperation ist ein Oberbegriff für verschiedene Ausprägungsformen wie z. B. strategische Allianzen, strategische Partnerschaften und strategische oder operative Kooperationen. Längerfristige Kooperationen können in Form von Gemeinschaftsunternehmen (Joint Ventures) oder Projektgemeinschaften (Konsortien) organisatorisch manifestiert werden.[201]

Eine gängige Systematisierung von Kooperationen ist die Richtung der Zusammenarbeit.[202] Vertikale Kooperationen beziehen sich auf Unternehmen der gleichen Branche und aufeinanderfolgender Stufen der Wertschöpfungskette. Sie sind in der Medienbranche aufgrund der starken Spezialisierung relativ häufig anzutreffen. Ein Beispiel ist die Zusammenarbeit zwischen einem Verlag und einer Werbe- oder Nachrichtenagentur.[203] Horizontale Kooperationen beziehen sich auf Unternehmen der gleichen Wertschöpfungsstufe und der gleichen Branche. Bei diagonalen Kooperationen arbeiten Unternehmen verschiedener Branchen auf verschiedenen Wertschöpfungsstufen zusammen. So kann etwa ein Verlag mit einem Datenbankanbieter zusammenarbeiten.[204] Daneben kann z. B. nach den betroffenen Funktionsbereichen, der zeitlichen Reichweite (vorübergehend, dauerhaft) und der Anzahl der Partner (bilateral, lateral) unterschieden werden.

Die große Bedeutung der Kooperationsbereitschaft für den Erfolg im Electronic Commerce ist in der Literatur unumstritten.[205] Häufig genannte Vorteile von Kooperationen sind z. B. Zeit-, Kosten-, Know-How- und Skalenvorteile sowie eine Verringerung der Risiken und ein Marktzutritt.[206] Die Einbindung von Geschäftsfunktionen über Kooperationen verschafft zudem eine stärkere Flexibilität.[207] Eigenständige Unternehmen sind ungefährdeter gegenüber Beharrungseffekten etablierter Unternehmen und ihrer Mitarbeiter, die möglicherweise eine Kannibalisierung befürchten und sich gegen Veränderungen wehren.[208] Auch kann ein Markteintritt schneller erfolgen, da nicht zunächst umfangreiche, ggf. sehr spezifische, eigene Ressourcen aufge-

---

[201] Vgl. Picot, Reichwald, Wigand (2001), S. 303 ff., Schulteis (2000), S. 21 ff., Hess (1998), S. 8 f.
[202] Zu den verschiedenen Systematisierungsmöglichkeiten vgl. Picot, Reichwald, Wigand (2001), S. 305 f., Hess (1998), S. 7 f.
[203] Vgl. Hess, Schumann (1999), S. 15, Henkel (1999), S. 157
[204] Vgl. Klein-Blenkers (1995), S. 217 f.
[205] Vgl. Böing (2001) S. 164 ff. mit umfangreichen Literaturangaben und eigener empirischer Bestätigung. Vgl. auch z. B. Klein (1996) sowie Hess (1998), S. 3 ff. mit umfangreicher Darstellung der Literatur.
[206] Vgl. Picot, Reichwald, Wigand (2001), S. 304, Hacker (1999), S. 161. Das Ziel einer Risikominderung ist allerdings kritisch, da auch Ressourcen verlorengehen und Mitbewerber gestärkt werden, vgl. Klein (1996), S. 30.
[207] Vgl. auch Bruck, Selhofer (1997), S. 18, Klein (1996), S. 27 f. und S. 34. Bei sehr hoher Dynamik und nicht zu hoher Komplexität eignet sich jedoch im Regelfall eher eine marktliche Koordination, vgl. Kap. 2.2.3.4.
[208] Vgl. auch Amail (1996), S. 112 ff., Klein, Selz (2000), S. 5, Kanter (2001), S. 92.

baut werden müssen.[209] Kooperationen ermöglichen es so, auf externes Know-How insbesondere vor- und nachgelagerter Stufen zurückzugreifen.[210]

Ziele von Kooperationen können z. B. das gemeinsame Tragen hoher Investitionskosten und das Durchsetzen von Standards am Markt (De facto-Standards) sein.[211] So können Kooperationen gerade mit Konkurrenten sinnvoll sein, um z. B. neue Märkte zu erschließen oder gemeinsam gegen neue Spieler zu verteidigen, wenn das einzelne Unternehmen nicht über ausreichende Ressourcen verfügt. Sie mildern damit den Marktdruck und machen das Marktumfeld berechenbarer.[212] Auf diese Weise kann ein Mehrwert geboten werden, den ein einzelnes Unternehmen nicht hätte erreichen können. Dabei gestalten die Unternehmen einen großen Teil ihrer Wertschöpfungskette gemeinsam mit Konkurrenten. In diesem Zusammenhang wurde der Begriff *Coopetition* geprägt.[213]

Kooperationen sind insbesondere dann effizienter als marktliche Koordinierung, wenn Güter über einen längeren Zeitraum bezogen werden sollen und somit ein Vertrag nur einmal für eine Vielzahl von Transaktionen geschlossen werden muß. Die Transaktionskosten sinken dann nahezu auf das Niveau einer hierarchischen Koordination; überbetriebliche Kooperationen können daher auch als semi-interne Abwicklung bezeichnet werden. Die ressourcentheoretische Sicht kommt zu einem ähnlichen Schluß: demnach bieten sich Kooperationen zum Austausch und zur Bündelung von Ressourcen an, wenn bestimmte Ressourcen erforderlich sind, im eigenen Unternehmen nicht vorliegen und auch nicht effizient über den Markt bezogen werden können.[214] Nachteilig ist allerdings – vor allem bei kritischen Ressourcen – der Kontroll- und Wissensverlust, der durch eine Verwendung externen Know-Hows entsteht.[215]

2.2.6 Netzwerke

Neben den klassischen Organisationsformen erlangen Netzwerkorganisationen verstärkt an Bedeutung.[216] Netzwerke bezeichnen wirtschaftliche Austauschbeziehungen zwischen interdependenten, aber rechtlich selbständigen Unternehmen. Die Beziehungen sind flexibel und verbin-

---

[209] Vgl. auch Frühschütz (1997), S. 133, Lehr (1999), S. 22, Hacker (1999), S. 161.
[210] Vgl. Amail (1996), S. 64, Lehr (1999), S. 21, Zerdick et al. (2001), S. 178.
[211] Vgl. Picot, Reichwald, Wigand (2001), S. 306 f.
[212] Vgl. Henkel (1999), S. 157, Bruck, Selhofer (1997), S. 18, Lehr (1999), S. 75 sowie Klein (1996), S. 27 und die dort zitierte Literatur.
[213] Vgl. Brandenburger, Nalebuff (1996), S. 23 ff., Browning, Reiss (1998), S. 112 f., Loebbecke, Van Fenema, Powell (1999), S. 14 f. Coopetition steht als Kunstwort für „Cooperation and Competition".
[214] Vgl. Klein (1996), S. 28 und Böing (2001), S. 163 f. und die dort zitierte Literatur.
[215] Vgl. auch Klein (1996), S. 205. Dieser Nachteil relativiert sich aber, wenn ein hinreichender zeitlicher Vorsprung gesichert ist, vgl. auch Klein (1996), S. 214.
[216] Vgl. z. B. Klein (1996), S. 141 und S. 162, Hess (1998), S. 3, Hacker (1999), S. 160 ff.

den üblicherweise eine Vielzahl von Unternehmen.[217] In der Literatur wird ausführlich diskutiert, ob Netzwerke als Zwischen- bzw. Hybridform zwischen Markt und Hierarchie, als eigenständige Organisationsform oder als Synthese der Merkmale von Markt und Hierarchie zu verstehen sind.[218] Der zuletzt genannte Ansatz geht davon aus, daß Netzwerke die Vorteile von Markt und Hierarchie vereinen. Im folgenden sollen sie als eigenständige Koordinationsform angesehen werden, die aber viele Merkmale der anderen Formen aufweist und für deren Gestaltung hohe Freiheitsgrade bestehen.

Netzwerke basieren auf Kooperation und Vertrauen und stellen im Gegensatz zu hierarchischen Organisationsformen eine eher flache Form dar. Im Gegensatz zu reinen Kooperationen handelt es sich um eine multilaterale Koordinationsform.[219] Sie stellen damit eine Spezialform zwischenbetrieblicher Kooperation dar.[220] Die Koordination in einem Netzwerk ist weniger formal als in Märkten und Hierarchien. Netzwerke bieten die Möglichkeit, marktliche Mechanismen wie z. B. Angebotsvergleiche in hierarchieähnliche Strukturen wie z. B. enge und rahmenvertraglich geregelte Lieferbeziehungen einzubinden. Die Beziehungen zwischen den Teilnehmern eines Netzwerkes sind im wesentlichen gleichgestellt und basieren meistens auf Kooperationen. Netzwerke zeichnen sich durch starke Interaktionen über formelle Grenzen hinweg aus. Die Verbindungen zwischen den Knoten werden zunehmend durch Informationstechnik unterstützt und können daher zu zunehmend reduzierten Kosten abgewickelt werden.[221]

Netzwerkstrukturen können eine hohe Dynamik abbilden und eignen sich besonders für komplexe und sich rasch ändernde Umstände. Sie können sich im Gegensatz zu hierarchischen Organisationen einfacher an veränderte Situationen anpassen und extrem flexibel auf differenzierte Kundenansprüche eingehen. So kann sowohl das einzelne Unternehmen im Netzwerk mit seiner geringen Wertschöpfungstiefe aufgrund der geringeren Komplexität flexibler reagieren als auch das Netzwerk insgesamt durch Änderungen der Konfiguration. Netzwerkorganisationen werden insofern häufig mit Marktmechanismen[222] verglichen. In Netzwerken können die einzelnen Einheiten den spezifischen Wettbewerbsvorteil zur Geltung bringen. Die kleineren Unternehmen im Netzwerk können sich auf ihre Kernbereiche beschränken und dort kreativ Forschungsarbeiten vorantreiben, was es ihnen erleichtert, auch bei hoher Branchendynamik das Ziel eines Innovationsführers anzustreben. Eigenständige spezialisierte Unternehmen kön-

---

[217] Vgl. Klein (1996), S. 88. Einen guten Überblick zur Klassifizierung in interne, stabile und dynamische Netzwerke liefert Fleisch (2001), S. 74 ff.
[218] Zur Diskussion vgl. ausführlich Klein (1996), S. 45 f. und S. 89 ff. sowie Hess (1998), S. 16 f.
[219] Typischerweise sind mindestens drei Partner beteiligt. Vgl. Picot, Reichwald, Wigand (2001), S. 304, Hess (1998), S. 10.
[220] Vgl. Hess (1998), S. 11.
[221] Vgl. z. B. Klein (1996), S. 91 f., Schubert, Selz, Haertsch (2001), S. 113 ff.
[222] Letztlich sind auch hierarchische Organisationsformen Netzwerke, allerdings sehr starr organisiert. Vgl. auch Schubert, Selz, Haertsch (2001), S. 114 f.

nen zudem gegenüber integrierten Abteilungen stärkere Skaleneffekte erzielen und damit Investitionen früher amortisieren.[223]

Die Einbindung in Netzwerke war schon traditionell für kleinere und mittlere Unternehmen wichtig, bei denen diese als Teil des Netzwerks auftraten. Dies gewinnt nun aber gerade in dynamischen Branchen für alle Unternehmen unabhängig von der Größe an Bedeutung.[224] Jedes Unternehmen mit Teilkompetenzen kann die restlichen Teile der Wertschöpfungskette ohne lange Aufbauzeit hinzukonfigurieren. Kleinere Spieler könnten damit zu einer Gefahr für Unternehmen mit traditionell hoher Wertschöpfungstiefe werden.[225] Die Einbindung in Netzwerke weist aber gerade aufgrund der Dynamik und der geringen Stabilität auch Risiken auf und bringt Unsicherheit mit sich. Der Erfolg des einzelnen Unternehmens hängt zudem stark vom Erfolg der übrigen Unternehmen und des gesamten Netzwerks ab.[226]

Problematisch kann gerade bei dynamischen Netzwerken der Einfluß der Informationstechnik sein. Zwar ermöglicht sie aufgrund des erleichterten Austausches von Informationen und der damit reduzierten Transaktionskosten erst viele Kopplungsstrukturen. Erforderlich ist dazu einerseits eine effiziente Kopplung der Prozeß- und Systemstrukturen. Die Kopplung muß aber lose genug sein, um Prozeß- und Konfigurationsänderungen ohne Systemänderungen vornehmen zu können. Die ggf. erforderliche Anpassung der Informationstechnik stellt einen Investitionsaufwand dar, der die Vorteilhaftigkeit beeinträchtigt. Wichtig sind daher gerade in Netzwerken Standards und ihre strikte Einhaltung.[227]

Netzwerke können in Technologie- und Kundennetzwerke unterschieden werden. Technologiegetriebene Netzwerke basieren in der Regel auf einem technologischen Standard, der den Mittelpunkt des Systemprodukts bildet. Zum Netzwerk gehören auch die Anbieter von hierzu komplementären Produkten. Bei kundengetriebenen Netzwerken steht eine bestimmte Kundengruppe im Vordergrund, der eine Systemleistung angeboten wird.[228]

Besondere Bedeutung durch den Electronic Commerce erlangen sogenannte „Business Webs", bei denen praktisch keinerlei formale Beziehung zwischen den Teilnehmern existiert und die sich dadurch von klassischen Kooperationen abgrenzen. Sie verfolgen eigene ökonomische Ziele, die sie aber am besten in einem netzwerkartigen Zusammenspiel erreichen können. Bekanntestes Beispiel ist das Netzwerk um Microsoft und Intel, bei denen die verschiedenen un-

---

[223] Vgl. auch Miles, Snow (1986), S. 64 f., Szyperski, Klein (1993), S. 194, Klein (1996), S. 28 f., Wirtz (2001), S. 189 f.
[224] Vgl. Geissler, Einwiller (2000), S. 4, Scheer, Erbach, Thomas (2000), S. 9, Zerdick et al. (2001), S. 184.
[225] Vgl. Schwarz, Allweyer (2000), S. 136.
[226] Vgl. Zerdick et al. (2001), S. 184, Wirtz (2001), S. 191.
[227] Vgl. auch Klein (1996), S. 137 f., S. 148 und S. 168, Sieber, Hunziker (1999), S. 31, Zerdick et al. (2001), S. 183.
[228] Vgl. z. B. Clement (2001), S. 1177 f. Vgl. auch Europäische Kommission (1998), S. 3-1 ff.

abhängigen Teilnehmer komplementäre Dienstleistungen anbieten und so ein erst als Ganzes wertvolles Produkt erzeugen.[229]

Die Position eines Unternehmens im Netzwerk wird vom Zweck des Unternehmens im Netzwerk, vom Einfluß auf andere Teilnehmer im Netzwerk und von der Position in anderen Netzwerken bestimmt.[230] Netzwerke weisen typischerweise ein führendes Unternehmen auf.[231] Die Koordination eines solchen Netzwerks beinhaltet angesichts der vielfältigen Interessen der möglicherweise auf anderen Teilgebieten konkurrierenden Teilnehmer eine erhebliche Komplexität.[232] Allerdings entwickeln Netzwerke auch eine erhebliche Eigendynamik, die kaum durch ein einzelnes Mitglied kontrolliert werden kann.[233]

In Netzwerken ist auch oft eine Fokussierung der Kundenschnittstelle auf ein Unternehmen des Netzwerks, häufig das führende Unternehmen, anzutreffen. Die Bedienung der Kundenschnittstelle, vielfach in Form eines Portals[234], stellt angesichts einer zunehmenden Individualisierung und Dienstleistungsorientierung einen komplexen Prozeß dar. Das betreffende Unternehmen konzentriert sich auf das Management der Kundenkontakte und des Netzwerks. Es ist ein virtueller Leistungsersteller, der auf eigene Leistungen zurückgreift, Vorleistungen von anderen Unternehmen des Netzwerks bezieht und zu Wertschöpfungspaketen bündelt. Ein solches Unternehmen kann dabei durchaus mehrere Schnittstellen zu verschiedenen Kundensegmenten unterhalten und daneben seine Leistungsangebote Dritten zur Verwertung anbieten.[235]

2.3 Geschäftsmodelle

2.3.1 Merkmale von Geschäftsmodellen

Der Begriff des Geschäftsmodells wird in der Literatur nicht einheitlich verwendet. Teilweise wird darunter sehr allgemein alles verstanden, was die Art und Abwicklung des Geschäfts be-

---

[229] Vgl. Tapscott, Lowy, Ticoll (2000), S. 17 ff., Hagel (2001), S. 72 ff., Zerdick et al. (2001), S. 182 f., Wirtz (2001), S. 191.
[230] Vgl. z. B. Klein (1996), S. 189 f. mit weiterführender Literatur sowie Schubert, Selz, Haertsch (2001), S. 114.
[231] Hinsichtlich der Steuerungsform sind polyzentrische und fokale Unternehmensnetzwerke zu unterscheiden. In polyzentrischen Netzen haben alle Partner bei wichtigen Entscheidungen das gleiche Gewicht. Auch hier existiert aber typischerweise ein Gesamtkoordinator, der von Miles, Snow (1986), S. 64 f. als Broker bezeichnet wird. In fokalen Unternehmensnetzwerken entscheidet ein einzelnes Unternehmen bzw. eine kleine Gruppe, alle anderen Partner haben sich diesen Entscheidungen zu fügen, vgl. Hess (1998), S. 13 und S. 22 f.
[232] Vgl. Szyperski, Klein (1993), S. 199 ff., Europäische Kommission (1998), S. 7-56, Hacker (1999), S. 160 ff.
[233] Vgl. Klein (1996), S. 189 und die dort zitierte Literatur.
[234] Vgl. Zerdick et al. (2001), S. 186.
[235] Vgl. Rißmann et al. (1999), S. 150, die solche Netzwerke als „BrandNets" bezeichnen, und Schwarz, Allweyer (2000), S. 137 ff., die in dieser Rolle vor allem Portal-, Shop- und Marktplatzbetreiber sehen.

schreibt, häufig ohne nähere Angabe einer Definition.[236] Viele Quellen beschränken ihn auf ein Erlösmodell.[237] PICARD weist darauf hin, daß der Begriff des Geschäftsmodells häufig mit dem der Strategie verwechselt wird, und arbeitet die Unterschiede heraus: Während Strategien von den Unternehmen bewußt verwendet werden, um ihre Geschäftsziele zu erreichen, sind Geschäftsmodelle fundamentaler und betrachten die Basis und Charakteristiken eines Geschäfts: „A business model involves the conception on how the business operates, its underlying foundations, and the exchange activities and financial flows upon which it can be successful."[238]

In der jüngeren Literatur wird überwiegend der Definition von TIMMERS gefolgt.[239] TIMMERS definiert „Business Models" umfassender: „An architecture for product, service and information flows, including a description of the various business actors and their roles; and a description of the potential benefits for the various business actors; and a description of the source of revenue."[240] Ein konkretes Geschäftsmodell wird damit durch die Ausprägungen der Dimensionen Erlösmodell, beteiligte Akteure mit der Art ihrer Beziehungen und ihr Zusammenwirken in Form einer Architektur, d. h. die Art des Nutzens für die beteiligten Akteure, beschrieben.

TIMMERS betrachtet dabei Geschäftsmodelle allerdings aus einer eher globalen Sichtweise, z. B. auf eine gesamte Branche bezogen. Zur Darstellung der Position eines einzelnen Unternehmens muß nach TIMMERS zusätzlich dessen Marketingstrategie bekannt sein. Sie beantwortet Fragen nach dem komparativen Konkurrenzvorteil, der Positionierung, dem Marketingmix und der Produktstrategie. Die Marketingstrategie bildet zusammen mit dem Geschäftsmodell das „marketing model".[241]

WIRTZ folgt im Grunde der Definition eines Geschäftsmodells von TIMMERS, bezieht sie aber auf das gesamte Produktions- und Leistungssystem allerdings nur eines einzelnes Unternehmens: „Ein Geschäftsmodell enthält damit Aussagen darüber, durch welche Kombinationen von Produktionsfaktoren die Geschäftsstrategie eines Unternehmens umgesetzt werden soll und welche Funktionen den involvierten Akteuren dabei zukommen."[242] Darüber hinaus unterteilt er ein Geschäftsmodell in verschiedene Partialmodelle (Abb. 9):

---

[236] Dies beklagen z. B. Timmers (1999), S. 32, Böning-Spohr, Hess (2000), S. 2, Wirtz (2001), S. 210, Alt, Zimmermann (2001), S. 3. Porter (2001), S. 73 lehnt ihn daher sogar grundsätzlich ab. Einen Überblick zu Definitionen in der Literatur geben z. B. Alt, Zimmermann (2001), S. 4 ff., Rentmeister, Klein (2001), S. 354, Hass (2002), S. 92 ff.
[237] Vgl. Rentmeister, Klein (2001), S. 354 f, Wirtz (2001), S. 210. So z. B. Clarke (1997), Zerdick et al. (2001), S. 173, Rappa (2000), Porra (2000), S. 617, Luxem (2000), S. 148.
[238] Picard (2000), S. 62.
[239] Vgl. Alt, Zimmermann (2001), S. 4. Vgl. auch z. B. Haertsch (2000), S. 32, Picard (2000), S. 62. Ähnlich auch Selz (1999), S. 106, der jedoch keine Quelle nennt.
[240] Timmers (1998), S. 4 sowie Timmers (1999), S. 32.
[241] Vgl. Timmers (1998), S. 4 sowie Timmers (1999), S. 32.
[242] Wirtz (2001), S. 211. Vgl. zu der folgenden Darstellung Wirtz (2001), S. 211 ff.

Geschäftsmodelle

[Diagram: Hexagon with "Geschäftsmodell" at center, surrounded by six partial models: Marktmodell (- Wettbewerbsmodell, - Nachfragermodell), Beschaffungsmodell, Leistungserstellungsmodell, Leistungsangebotsmodell, Distributionsmodell, Kapitalmodell (- Finanzierungsmodell, - Erlösmodell)]

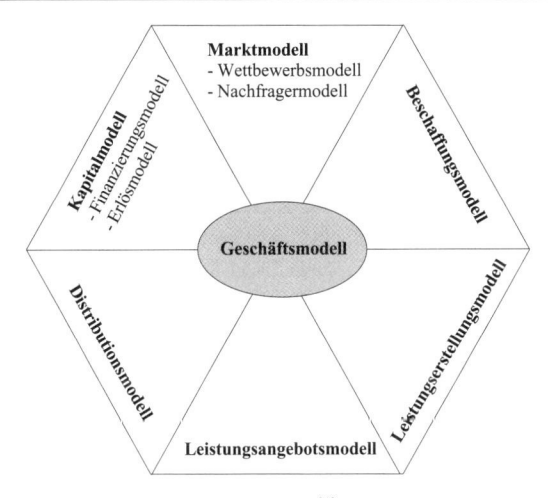

Abb. 9: Partialmodelle eines integrierten Geschäftsmodells[243]

- Das Marktmodell betrifft primär die externen Rahmenbedingungen und ist in ein Nachfrager- und ein Wettbewerbsmodell zu unterscheiden.
- Das Beschaffungsmodell definiert, welche Produktionsfaktoren von welchen Lieferanten beschafft werden müssen. Beeinflußt wird dies von Marktstruktur und Marktmodell der Beschaffungsmärkte: bei einer hohen Marktkonzentration stehen nur wenige Lieferanten zur Verfügung (Oligopol).
- Im Leistungserstellungsmodell wird die Transformation von Gütern und Dienstleistungen in Angebotsleistungen dargestellt, wobei insbesondere die ökonomischen Beziehungen zwischen den Mengen des Inputs- und Outputs interessieren.
- Im Leistungsangebotsmodell wird dargestellt, welches Leistungsspektrum welchen Nachfragern bzw. Nachfragergruppen angeboten werden soll.
- Im Distributionsmodell wird dargestellt, welche Güter wie in welcher Zeit und zu welchem Preis zum Nachfrager transportiert werden. Dabei ist zwischen materiellen Gütern, die physisch transportiert werden müssen, und digitalen Gütern, die on- oder offline distribuiert werden können, zu unterscheiden.
- Das Kapitalmodell ist in ein Finanzierungsmodell und ein Erlösmodell zu unterteilen. Das Finanzierungsmodell stellt dar, aus welchen Quellen das zur Finanzierung eingesetzte Kapital stammt. Das hier interessantere Erlösmodell beschreibt, auf welche Art und Weise Erlöse erzielt werden sollen. In der Regel werden mehrere Erlösformen kombiniert.

Mit dem Geschäftsmodell wird abgebildet, welche externen Ressourcen in die Unternehmung fließen und wie diese durch den innerbetrieblichen Leistungserstellungsprozeß in vermarktungsfähige Güter transformiert werden. Es stellt dar, durch welche Kombinationen von Pro-

---

[243] Nach Wirtz (2001), S. 211.

duktionsfaktoren die Strategie des Unternehmens umgesetzt werden soll und welche Funktionen den Akteuren dabei zukommen.

RENTMEISTER und KLEIN stützen sich auf TIMMERS und WIRTZ, verweisen aber auf die bisher vernachlässigten allgemeinen Merkmale eines Modells und führen einen Zweck- und Subjektbezug ein. Sie definieren schließlich: „Ein Geschäftsmodell ist ein Modell auf hoher Abstraktionsstufe, das wesentliche, relevante Aspekte des Geschäfts eines Unternehmens in aggregierter, überschaubarer Form abbildet, um daran Ideen und Konzepte für das Geschäft finden, überprüfen und/oder bewerten zu können. Geschäftsmodelle richten sich als Planungsinstrument hauptsächlich an Entscheidungsträger im Unternehmen und an (potentielle) Investoren, aber auch an Mitarbeiter und Kunden des Unternehmens. Ein Geschäftsmodell sollte insbesondere die Leistungs- und Informationsflüsse abbilden, an denen das Unternehmen beteiligt ist, die weiteren daran beteiligten Akteure und die Nutzen, die sich für die Akteure aus den genannten Flüssen ergeben."[244]

Geschäftsmodelle dienen der gesamthaften Ideen- und Konzeptfindung und deren Überprüfung u. a. beim Eintritt in neue Märkte oder Geschäftsfelder.[245] Sie eignen sich damit als theoretisches Leitschema der folgenden Untersuchungen. In dieser Arbeit soll weitgehend dem Geschäftsmodellverständnis von WIRTZ gefolgt und die weitere Diskussion in Anlehnung an die von ihm definierten Partialmodelle strukturiert werden. Hierbei erscheinen allerdings einige Abweichungen zweckmäßig:

WIRTZ interessieren im Rahmen des Leistungserstellungsmodells vor allem die ökonomischen Beziehungen zwischen den Einsatzmengen der Produktionsfaktoren und der damit erzielbaren Ausbringungsmenge.[246] Im hier betrachteten Mediensektor betrifft dies vor allem die besonderen Kosteneigenschaften, die unmittelbare Auswirkungen auf das Leistungsangebot haben und deswegen im Rahmen des Leistungsangebotsmodells diskutiert werden. Stattdessen sollen im Rahmen des Leistungserstellungsmodells die Fragen einer „Make or buy"-Entscheidung, die WIRTZ im Rahmen des Leistungsangebotsmodells diskutiert, sowie die von ihm nicht behandelten Koordinationsformen[247] betrachtet werden.

---

[244] Rentmeister, Klein (2001), S. 356.
[245] Vgl. Wirtz (2001), S. 212.
[246] Vgl. Wirtz (2001), S. 213.
[247] In Übereinstimmung mit Europäische Kommission (1998), S. 1-30, die das Organisationsmodell als Teil des Geschäftsmodells betrachtet.

2.3.2 Systematik von Geschäftsmodellen

Zur Typisierung von Geschäftsmodellen hat sich bisher kein einheitlicher Ansatz durchsetzen können.[248] So wird häufig der Begriff eines Geschäftsmodells nicht für das Modell einzelner Unternehmen, sondern für eine generalisierte Fassung, die auf eine Vielzahl ähnlicher Unternehmen zutrifft und deren Gemeinsamkeiten abbildet, verwendet. Der Übergang zu abstrakten Geschäftsmodelltypen ist insofern fließend. Die Mehrzahl der in der Literatur aufgeführten Geschäftsmodelltypen bestehen aus in der Praxis beobachteten Geschäftsmodellen, die anhand ihres Erlös- und Leistungsmodells charakterisiert werden.

Einige Autoren versuchen, Geschäftsmodelltypen nach verschiedenen Kriterien zu gliedern.[249] BAMBURY gliedert beispielsweise nach dem Grad der Innovation und unterscheidet Geschäftsmodelle zwischen übernommenen klassischen einerseits und reinen Internet-Modellen andererseits.[250] TIMMERS entwickelt ein Framework, mit dem neue Geschäftsmodelle systematisch entwickelt werden können. Es basiert auf der Dekonstruktion und Rekonstruktion von Wertschöpfungsketten. Er stützt sich dabei auf drei Elemente: die Elemente einer Wertschöpfungskette oder eines Geschäftsprozesses, die Art der Beziehungen der involvierten Spieler (1:1, 1:n, n:m) und die möglichen Kombinationen der einzelnen Elemente der Wertschöpfungskette. Als Beispiel nennt TIMMERS einen Online-Shop, der aus einer 1:1-Beziehung der Elemente Marketing und Vertrieb besteht. Eine elektronische Mall stellt den Fall einer 1:n-Beziehung der Elemente Marketing und Vertrieb dar. Die systematische Anwendung des beschriebenen Verfahrens, also die Kombinationen der Beziehungen und der Kombinationsmöglichkeiten der Elemente der Wertschöpfungskette würde zu einer sehr großen Zahl an möglichen Geschäftsmodellen führen, von denen jedoch nur eine kleine Zahl praxisrelevant ist.[251]

TIMMERS führt diese als verschiedene Typen von Geschäftsmodellen auf. Er systematisiert sie ebenfalls nach dem bereits von BAMBURY verwendeten Kriterium des Grades der Innovation und unterscheidet zusätzlich nach dem Grad der funktionalen Integration. Eine Darstellung der beiden Kriterien auf kontinuierlichen Achsen ermöglicht eine grafische Anordnung (Abb. 10).

---

[248] Vgl. zu den folgenden Ausführungen auch Rentmeister, Klein (2001), S. 358 f.
[249] Im folgenden werden ausgewählte Ansätze vorgestellt, die entweder in der Literatur allgemein zum Electronic Commerce breite Beachtung fanden oder auf denen Geschäftsmodelltypen speziell in der Literatur zur Medienindustrie aufbauen. Daneben existieren eine Vielzahl weiterer Ansätze, vgl. z. B. die bei Böing (2001), S. 74, Klein, Loebbecke (2000), S. 1 sowie Bieger, Rüegg-Stürm, von Rohr (2002), S. 36 ff. zitierte Literatur.
[250] Vgl. Bambury (1998), Section d1 ff.
[251] Vgl. Timmers (1998), S. 4 sowie Timmers (1999), S. 33 ff.

46 Grundlagen

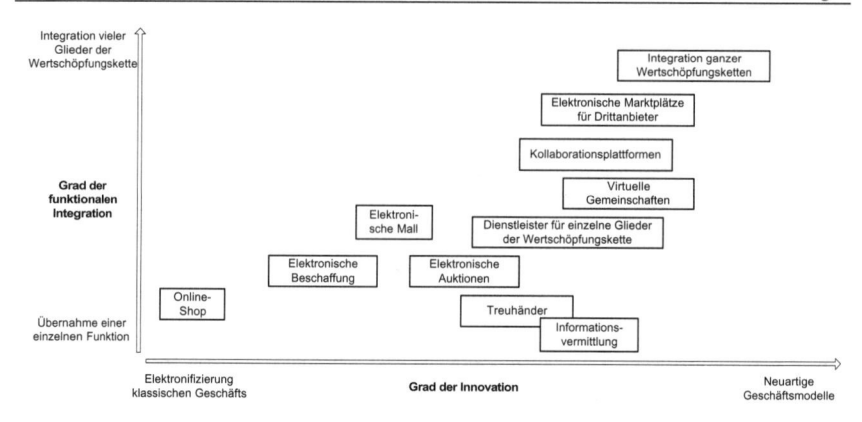

```
Integration vieler
  Glieder der                                    Integration ganzer
Wertschöpfungskette                             Wertschöpfungsketten

                                          Elektronische Marktplätze
                                              für Drittanbieter

                                          Kollaborationsplattformen

Grad der                                                Virtuelle
funktionalen                         Elektroni-       Gemeinschaften
Integration                          sche Mall    Dienstleister für einzelne Glieder
                                                   der Wertschöpfungskette

                              Elektronische      Elektronische
                              Beschaffung        Auktionen
                  Online-
Übernahme einer   Shop                            Treuhänder
einzelnen Funktion                                              Informations-
                                                                vermittlung

              Elektronifizierung                                           Neuartige
              klassischen Geschäfts       Grad der Innovation             Geschäftsmodelle
```

Abb. 10: Klassifikation von Internet-Geschäftsmodellen nach TIMMERS[252]

WIRTZ wählt andere Kriterien als TIMMERS und grenzt Geschäftsmodelltypen anhand des Leistungsangebots voneinander ab. Er ordnet Geschäftsmodelle im B2C-Bereich vier möglichen Basistypen zu:[253]

- *Content*: Hierunter fallen die wertgenerierenden Schritte Sammlung, Selektion, Systematisierung, Kompilierung (Packaging) und Bereitstellung von Inhalten.
- *Commerce*: Hierunter fällt insbesondere die Anbahnung, Aushandlung und Abwicklung von Transaktionen, wobei insbesondere die Ergänzung oder Substitution traditioneller Transaktionsphasen aufgrund niedrigerer Kosten im Vordergrund steht. Besonderes Gewicht erlangen die Transaktionsphasen Anbahnung und Aushandlung. Dieser Geschäftsmodelltyp ist typisch für Hersteller (Disintermediation), den Handel (Reintermediation) oder für Makler (Markt-Organisatoren).
- *Context*: Beim Geschäftsmodelltyp Context wird die Komplexitätsreduktion und bessere Orientierung und Navigation durch eine Klassifikation und Systematisierung der im Internet verfügbaren Informationen als Ziel verfolgt.
- *Connection*: Zielsetzung dieses Typs ist allgemein die Kommunikation zwischen Teilnehmern, die ohne Netzwerke nicht möglich wäre. Hierunter werden der physische Informationsaustausch z. B. durch Internet Access Services, kommerzielle Verbindungen wie z. B. Empfehlungssysteme und kommunikative Verbindungen wie z. B. Communities verstanden.

Die Geschäftsmodelle im B2B-Bereich entsprechen diesen weitgehend, weisen jedoch hinsichtlich einiger Ausprägungen Unterschiede auf. So steht beim Typ Commerce nicht so sehr der

---

[252] Nach Timmers (1998), S. 7 sowie Timmers (1999), S. 41. Entnommen aus Rentmeister, Klein (2001), S. 359.
[253] Vgl. hierzu Wirtz (2001), S. 217 ff., Wirtz (2000), S. 192 ff., Wirtz, Kleinecken (2000), S. 629 ff.

Vertrieb von Gütern, sondern vielmehr die Senkung von Transaktionskosten im Vordergrund. Auch ist im B2B-Bereich die Zahlungsbereitschaft der Nutzer höher ausgeprägt, so daß direkten Erlösen eine stärkere Bedeutung zukommt. Im Bereich Context könnten z. B. spezialisierte Suchmaschinen, die auf die Bedürfnisse professioneller Anwender zugeschnitten sind, gezielte Brancheninformationen anbieten und so die Entscheidungsfindung im Unternehmen unterstützen.[254]

RAPPA folgt den in der Praxis zu beobachtenden Geschäftsmodellen und verallgemeinert sie implizit, indem er sie in Form einer zweistufigen Hierarchie anordnet und Typen und Subtypen bildet.[255] Er unterscheidet auf der ersten Ebene

- *Brokerage Models*, die sich über Transaktionsgebühren finanzieren und zu denen insbesondere auch Marktplätze gehören,
- *Advertising Models*, zu denen insbesondere auch Portale gehören,
- *Infomediary Models*, die sich aus dem Verkauf von Nutzerprofilen finanzieren,
- *Merchant Models*, die klassische Händler abbilden,
- *Manufacturer Models*, die Herstellern Disintermediation und Direktvertrieb ermöglichen,
- *Affiliate Models*, die auf Provisionen für die Vermittlung von Käufern basieren,
- *Community Models*, die auf Kundenbindung und Interesse der Nutzer basieren,
- *Subscription Models*, bei denen die Nutzer für den Zugang zu Inhalten zahlen, und
- *Utility Models*, bei denen die Nutzer nutzungsabhängig zahlen.

Eine 1995 im Auftrag der EUROPÄISCHEN KOMMISSION erstellte Studie von Andersen Consulting definiert ein umfassendes Kompetenzmodell der interaktiven Serviceindustrie.

Dieses unterscheidet zunächst zwischen primär inhalts- und primär technologiegetriebenen Ansätzen und definiert als weiteres Kriterium die Kompetenzen entlang der Wertschöpfungskette. Auf diese Weise werden sechs Wertschöpfungsgruppen definiert (Abb. 11).[256]

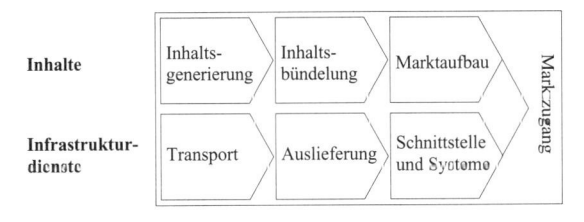

Abb. 11: Kompetenzmodell der interaktiven Serviceindustrie[257]

---

[254] Vgl. Wirtz (2001), S. 274 f.
[255] Vgl. hierzu Rappa (2000).
[256] Vgl. Europäische Kommission (1996), S. 34. Siehe auch Bruck, Selhofer (1997), S. 54 ff., Schlueter, Shaw (1997), S. 21 f., Shaw (2000), S. 10 f.

KILLIUS und MUELLER-OERLINGHAUSEN folgen nicht primär dem Ansatz der Wertschöpfungskette, sondern dem Bild eines virtuelles Marktplatzes mit Anbietern und Abnehmern. Sie definieren vier Typen von Geschäftsmodellen, die sie mit unterschiedlichen Rollen gleichsetzen: „Bereitsteller der Infrastruktur", „Makler", „Aggregatoren" und „Agenten". Aufbauend auf der Infrastruktur können die Makler das Angebot und die Nachfrage auf dem Marktplatz koordinieren. Hierzu gehören neben klassischen Maklern wie z. B. Stellenbörsen auch Suchmaschinen und Portale. Auf der Anbieterseite sind die Geschäftsmodelle der Aggregatoren einzuordnen, welche Inhalte und Transaktionen bündeln. Hierzu werden Content Aggregatoren gerechnet, die Inhalte sammeln und aufbereitet zur Verfügung stellen. Unter Transaktions-Aggregatoren werden klassische Händler physischer Güter wie z. B. Wein- oder Buchhändler verstanden. Auf der Abnehmerseite sind die sogenannten Agenten angesiedelt, die Abnehmer mit ähnlichen Interessen zu Gemeinschaften zusammenfassen. Hierunter werden Virtual Communities und Infomediäre, die als Informationsmittler agieren, verstanden.[258]

Geschäftsmodelle in einer der beschriebenen Reinformen bildeten im Regelfall nur den Startpunkt einer evolutionären Entwicklung der Modelle. WIRTZ stellt fest, daß der Trend zu hybriden Geschäftsformen geht, bei denen Elemente verschiedener Modelltypen kombiniert werden. Durch eine Diversifizierung des Angebots wird die ökonomische Grundlage gestärkt. Vor allem können die Erlösmodelle optimiert bzw. neue Erlösmodelle integriert werden. Daneben ermöglicht die größere Leistungsbreite ein Ausnutzen von Synergien und ein attraktiveres Angebot, mit dem z. B. besonders gut verschiedene Kundensegmente angesprochen werden können.[259]

---

[257] Europäische Kommission (1996), S. 34.
[258] Vgl. Killius, Mueller-Oerlinghausen (1999), S. 141 ff.
[259] Vgl. Wirtz (2001), S. 276 ff., Wirtz, Kleinecken (2000), S. 634 f.

3 Konzeptionelle Erwartungen für Implikationen auf das Geschäftsmodell juristischer Verlage

3.1 Marktmodell

Das Marktmodell kann in ein Nachfrager- und ein Wettbewerbsmodell untergliedert werden. Im Nachfragermodell wird beschrieben, welchen Akteuren das Unternehmen am Markt gegenübersteht, im Wettbewerbsmodell das Wettbewerbsumfeld des Unternehmens in Form der Marktstruktur und des Marktverhaltens.[260]

3.1.1 Nachfragermodell

Das Nachfragermodell gibt Auskunft darüber, auf welchen Märkten wer welche Leistung mit welcher Zahlungsbereitschaft nachfragt.[261] Zur Einordnung der Akteursstrukturen auf der Abnehmerseite kann eine Neun-Felder-Matrix herangezogen werden, welche die typischen Kombinationen charakterisiert:

von \ zu	Business	Consumer	Administration
Business	*Beschaffungsmarktplätze*	*Online-Shops*	*Umsatzsteuererklärungen*
Consumer	*Bewerberprofile*	*Privatauktionen*	*Einkommensteuererklärungen*
Administration	*Ausschreibungen*	*Angebote des Arbeitsamts*	*Zusammenarbeit von Behörden*

Tab. 4: Akteursstrukturen im Internet mit Beispielen[262]

Im Vordergrund der Betrachtung stehen üblicherweise die beiden Kombinationen Business to Business (B2B) und Business to Consumer (B2C). Sie unterscheiden sich in ihrer Ausrichtung deutlich: B2B dient vornehmlich der Transaktionskostenreduktion und damit der Effizienzsteigerung durch Prozeßoptimierungen. Ziel ist die intensivere Zusammenarbeit entlang von Wertschöpfungsketten. Bei B2C stehen dagegen Marketing und Vertrieb von (häufig informationsbasierten) Gütern im Vordergrund.[263]

Nachfrager juristischer Werke sind primär Rechtsanwälte und Notare, Institutionen wie Gerichte, Staatsanwaltschaften und öffentliche Einrichtungen, Unternehmen, Wissenschaftler und Studierende, Auszubildende und Referendare.[264] Juristen sind typische Vertreter eines berufli-

---

[260] Vgl. Wirtz (2001), S. 212 f.
[261] Vgl. Wirtz (2001), S. 212.
[262] Vgl. auch Hermanns, Sauter (2001), S. 25, Zerdick et al. (2001), S. 219.
[263] Vgl. Wirtz (2001), S. 274 f., Wirtz, Kleinecken (2000), S. 629, Klein (2000), S. 124.
[264] Zur Charakterisierung der Nachfragergruppe juristischer Verwender vgl. Klein-Blenkers (1995), S. 71 ff.

chen Dauernutzers von Literatur. So müssen Anwälte ständig Fachliteratur nutzen und sich weiterbilden. Ihre Tätigkeit besteht in hohem Maße in der Informationsbeschaffung aus Entscheidungssammlungen, Fachzeitschriften, Kommentaren und Fachbüchern.[265] Dementsprechend gaben bei einer Studie 97,7% der befragten Anwälte an, Fachliteratur für die tägliche Arbeit zu nutzen.[266] Fachliteratur soll mehrere Grundbedürfnisse erfüllen: hohe Aktualität, Vereinfachung des Tagesgeschäfts und die Vermittlung rechtlicher Kenntnisse.[267] Allerdings ist die Informationsüberlastung durch die dynamisch wachsende „Informationsflut" eine der größten Herausforderungen.[268] Dabei steht die anwaltliche Arbeit fast immer unter Zeitdruck bei gleichzeitig hohen Qualitätsanforderungen.[269]

Im Jahr 2002 praktizieren in Deutschland ca. 116.300 Rechtsanwälte.[270] WELB nennt zudem als Nachfrager auch Steuerberater, Steuerbevollmächtigte und Wirtschaftsprüfer, die ebenfalls mit der Anwendung staatlicher Vorschriften befaßt sind und 1998 etwa 70.000 Personen umfaßten. Demzufolge schätzt er den Markt als äußerst attraktiv ein.[271] WENGENROTH nannte 2001 50.000 Steuerberater und 10.000 Wirtschaftsprüfer und erwartete einen weiteren Zuwachs.[272] Die Zielgruppe juristischer Verlage ist damit zwar relativ klein, aber sehr zahlungskräftig. Zudem ist ein relativ starkes Wachstum von ca. 6.000 Rechtsanwälten bzw. 5,5% pro Jahr festzustellen.[273] Mittelfristig wird das Umsatzvolumen im juristischen Onlinebereich auf umgerechnet 50 Mio. € geschätzt.[274]

Der B2B-Bereich ist damit gerade im Kontext juristischer Verlage als besonders profitabel anzusehen. Berufliche Verwender wie z. B. Anwälte schätzen den Wert von Information und von geringeren Transaktionskosten – durch geringere Suchkosten – als sehr hoch ein. Spezifische Informationen weisen für sie einen echten geldwerten Nutzen auf und stellen nicht – anders als im B2C-Bereich – nur einen „Nice-to-have"-Effekt dar.[275] Allerdings sind die Größenklassen der skizzierten Nutzer juristischer Literatur sehr heterogen. HEUSSEN und GRIEBEL differenzierten im Jahr 2000 zwischen 56.000 Einzelanwälten, 14.000 kleinen Sozietäten mit bis zu

---

[265] Vgl. Beermann, Brück (1988), S. 516, Wolf (1989), S. 219, Klein-Blenkers (1995), S. 98 ff., Bauer (1996), S. 276, Hansen (1997), S. 439, Moritz (1998), S. 490, Disterer (1998), S. 4, Bock (2000), S. 2 f., Möllers (2000), S. 1204, Wengenroth (2001), S. 118, Wengenroth (2002a), S. 145. Ausführlicher zum Wertschöpfungsprozeß von Rechtsanwälten vgl. Disterer (1998), S. 2 ff.
[266] Vgl. Klein-Blenkers (1995), S. 82.
[267] Vgl. Sellier (1998), S. 185.
[268] Vgl. Wolf (1989), S. 219, Moritz (1998), S. 490, Welb (1998a), S. 110, Koehler (1999), S. 52, Möllers (2000), S. 1204. Wolf (1989), S. 219 berichtet von jährlich ca. 3,2 Mio. Entscheidungen bundesdeutscher Gerichte, von denen ca. 20.000 in Fachzeitschriften veröffentlicht werden. Hinzu kommen unzählige Fachbücher, Aufsätze und Neuerlasse bzw. Änderungen von Gesetzen und Verordnungen.
[269] Vgl. Bauer (1996), S. 274.
[270] Vgl. Bundesrechtsanwaltskammer (2002).
[271] Vgl. Welb (1998), S. 29, Welb (1998a), S. 110 ff.
[272] Vgl. Wengenroth (2001), S. 118.
[273] Basierend auf den Zahlen aus Bundesrechtsanwaltskammer (2002) für 2001/2002 sowie Heussen, Griebel (2000), S. 386 für die Vorjahre. Zum Marktwachstum vgl. Heussen, Griebel (2000), S. 390.
[274] Vgl. Wengenroth (2001), S. 118.
[275] Vgl. Laukamm (1997), S. 41, Behm et al. (1999), S. 24, Koehler (1999), S. 50.

drei Anwälten (durchschnittlich 2,5), 2.000 Sozietäten mit bis zu 20 Anwälten (durchschnittlich 6) und 50 großen Sozietäten mit bis zu 350 Anwälten (durchschnittlich 90).[276] Einer geringen Anzahl von großen Kanzleien und Einrichtungen steht damit eine Vielzahl sehr kleiner gegenüber. Diese werden häufig durch Junganwälte mit einer dünnen Erstausstattung gegründet.[277] Die wirtschaftliche Kluft zwischen diesen Größenklassen ist sehr groß. Sehr kleine Kanzleien, insbesondere Ein-Personen-Kanzleien, sind im Nutzungsverhalten eher mit Konsumenten (B2C) vergleichbar: Die Nutzer weisen eine geringere Professionalität im Umgang mit den Medien auf und haben eine tendenziell höhere Preissensibilität.[278] Ihre Tätigkeiten werden kaum durch vordefinierte technische Lösungen (z. B. Intranets) unterstützt; eine Effizienzsteigerung durch eine intensive, automatisierte Zusammenarbeit ist mangels entsprechender innerbetrieblicher Prozesse kaum das Ziel. Solche Kanzleien sollen im folgenden als „*Kleine und mittlere Kunden*"[279] bezeichnet werden. *Großkanzleien* ab etwa 30 Anwälten sind dagegen B2B-Strukturen zuzuordnen. Sie haben im allgemeinen ein hohes Umsatzvolumen und weisen einen hohen Professionalitätsgrad auch bezüglich der internen Organisation auf, wie z. B. arbeitsteiliges Vorgehen oder starke Spezialisierungen.[280] Der EDV-Einsatz ist bei ihnen selbstverständlich.[281] Großkanzleien weisen eine deutlich geringere Preiselastizität auf[282], nicht zuletzt da sie häufig gleichsam Marken darstellen, ein umfassendes Angebot bieten können und daher auch selbst im hochpreisigen Bereich arbeiten.

Aus Sicht der Kunden haben juristische Verlage ihren festen Platz. Sie werden als unverzichtbare Dienstleister wahrgenommen, um einerseits überhaupt an juristische Informationen zu gelangen und zudem möglichst eine Filterung auf Relevanz vorzunehmen. Ihre Kernkompetenz wird in der Aufbereitung und Kommentierung gesehen. Juristen sind darauf angewiesen, Informationen schnell und zuverlässig zu finden, da bereits ein nichtberücksichtigtes Urteil im Verfahren zur Niederlage führen oder Haftung auslösen kann.[283] Auch in der juristischen Fachverlagsbranche ist wie in anderen Fachbereichen seit einigen Jahren ein Trend zu einer zunehmenden Spezialisierung festzustellen. Er gilt als typisch für das zunehmende Alter eines Faches. Damit einher geht gleichzeitig eine rückläufige Höhe der Verkaufsauflagen.[284]

---

[276] Vgl. Heussen, Griebel (2000), S. 387 ff.
[277] Vgl. N. N. (1998b), S. 126 ff., Wengenroth (2002a), S. 145 ff. Zur Ausstattung von jungen Kanzleien vgl. auch Abel (2000).
[278] Vgl. auch Koehler (1999), S. 50, Wengenroth (2002a), S. 148.
[279] Der Begriff wird in Anlehnung an „KMU" für „Kleine und mittlere Unternehmen" verwendet. Im Regelfall handelt es sich dabei um kleine Kanzleien. Rechtsabteilungen von Unternehmen können auch darunter fallen, aber je nach Professionalisierungsgrad und Preissensibilität auch Merkmale von Großkunden aufweisen.
[280] Vgl. auch Disterer (1998), S. 12, Koehler (1999), S. 48 ff. So verfügen 35% der Großkanzleien über einen eigenen Bibliothekar für die Kanzleibibliothek, vgl. FORIS (2001), S. 25.
[281] Vgl. N. N. (1998b), S. 127 f., Ebbing (2001), S. 6.
[282] Wengenroth (2002a), S. 148 bezeichnet die Literaturausstattung in solchen Kanzleien als „purer Luxus".
[283] Vgl. Weber (1998a), S. 207, Möllers (2000), S. 1204.
[284] Vgl. Schwarz (1990), S. 226 und S. 232. Zur Spezialisierung von Juristen vgl. auch Wolf (1989), S. 219.

Rechtsberufe sind eigentlich traditionell sog. „Early Adopters", d. h. Vorreiter in der Anwendung neuer Medien wie z. B. CD-ROMs.[285] 1996 waren 43% aller Rechtsanwälte Nutzer von CD-ROMs und weitere 23% wollten diese zukünftig nutzen[286], was insgesamt eine relativ große Aufgeschlossenheit gegenüber elektronischen Medien signalisiert. Bei einer Studie im Jahr 1997 gaben 85% der befragten Anwälte an, persönlich einen PC zu benutzen. WELB schätzt 1998 einen Anteil von 70% der Anwälte, die mit elektronischen Produkten arbeiten.[287]

Allerdings dominieren Offlinemedien gerade im juristischen Segment noch deutlich vor dem Onlinebereich.[288] Die Nutzung von Online-Diensten ist vielmehr bisher eher gering. Juristen sind in der Informationsbeschaffung noch stark auf klassische Produkte fixiert[289]: „Noch immer stehen Juristen verängstigt, verärgert, ablehnend vor den virtuellen Toren. ... Ablehnend und trotzig verweigern sie sich den neuen Möglichkeiten der Informationsbeschaffung, die mit dem Medium mach- und denkbar sind."[290] Zudem warten Nutzer zunächst das Erreichen einer kritischen Masse ab, um – soweit vorhanden – Netzeffekte erzielen zu können.[291] Laut einer Studie aus dem Jahr 1997 verfügten 31% der Kanzleien über einen Online-Zugang, der jedoch nur in 8% der Kanzleien an jedem Arbeitsplatz verfügbar war.[292] Auch in 2001 verfügten selbst in Großkanzleien nicht alle Arbeitsplätze über einen Internetzugang.[293] Die geringe Nutzung könnte auf einen nicht ausreichenden Mehrwert von Onlineangeboten zurückzuführen sein, der die entstehenden Wechselkosten nicht rechtfertigt.[294] Es ist allerdings davon auszugehen, daß

---

[285] Vgl. Karpen, Schiel (1991), S. 528, Schleicher (1991), S. 1216, Riehm et al. (1992), S. 154, Bruck, Selhofer (1997), S. 45. Preuß Neudorf (1998), S. 9 hält die Mehrzahl der Juristen allerdings für eher technikavers. Auch Bauer (1996), S. 269 stellt fest, daß viele Juristen den Umgang mit Tastatur und Bildschirm scheuen.

[286] Vgl. Welb (1998), S. 31 f.

[287] Vgl. Welb (1998a), S. 110.

[288] Vgl. Wilking (1998a), S. 46. Bauer (1996), S. 268 f. stellt zwar eine relativ hohe Akzeptanz von Offline-Datenbanken auf CD-ROMs fest, gleichzeitig aber eine sehr niedrige Akzeptanzquote von Onlinedatenbanken. Verantwortlich hierfür sind seiner Einschätzung nach vor allem die technischen Hürden eines Onlinezugangs.

[289] Vgl. Heinold, Klems, Schulz (1997), S. 44, Wilking (1998c), S. 21, Hoeren (2000), S. 188, Luczak (2000), S. 160, Wengenroth (2002), S. 146, Wengenroth (2002a), S. 149. Vgl. auch Loebbecke (1999), S. 8. Schlüchter (2001), S. 106 und S. 219 schätzt dagegen das Problem einer möglichen Abneigung gegen das Internet im geschäftlichen Bereich als sehr gering ein und kann dies auch empirisch bestätigen.

[290] Hoeren (2000), S. 188.

[291] Vgl. Varian (1998), Antoni (zitiert nach N. N. (1999c), S. 58), Weyher (2000), S. 68 ff.

[292] Vgl. Haft (1998), S. T3-4. Welb (1998a), S. 112 nennt 1998 sogar nur einen Anteil von 25%. Disterer (1998), S. 64 f. stellt ebenfalls 1997 empirisch fest, daß 64% der großen Kanzleien das Internet nicht nutzen, von denen die Hälfte dies allerdings in naher Zukunft plant.

[293] Vgl. FORIS (2001), S. 13 und S. 26. Die Studie weist aber selbst auf den verzerrenden Effekt eines stark überwiegendes Anteils von Online gewonnenen Ergebnissen hin, vgl. FORIS (2001), S. 26.

[294] Wengenroth (2002a), S. 149 berichtet dies als einen von einem Praktiker genannten Grund. Svoboda (1987), S. 908 und Müller (1995), S. 669 weisen darauf hin, daß z. B. elektronische Nachschlagewerke mit Gesetzestexten für Praktiker kaum einen Mehrwert bieten können. Hess, Tzouvaras (2001), S. 235 stellen fest, daß die bisherige Erfahrung des Electronic Commerce gezeigt hätte, daß die Nutzer die Vor- und Nachteile alternativer Medien sehr kritisch gegeneinander abwägen. Edenhofer (1997), S. 124 schließt dagegen mangelndes Nutzenpotential als Ursache für die geringe Nutzung aus.

die Nutzung mit zunehmendem Berufseintritt von nachrückenden Studentengenerationen zunehmen wird.[295]

3.1.2 Marktstruktur

Im Vorfeld einer detaillierteren Untersuchung der Wettbewerbsstrukturänderungen durch den Electronic Commerce ist zunächst der relevante Markt zu bestimmen und zu untersuchen. In *räumlicher* Hinsicht kann der relevante Markt auf Verlage aus Deutschland sowie diejenigen Verlage, die auf einem Markt tätig sind, der deutschem Recht unterliegt, begrenzt werden.[296] Die Eingrenzung auf einen Sprachraum ist typisch für Medienmärkte, weltweite Märkte sind eher die Ausnahme.[297] Für juristische Verlage gilt dies umso mehr, da zu den Sprachbarrieren noch die eines unterschiedlichen Rechtssystems kommen.

Zur *sachlichen* Abgrenzung ist dem Bedarfsmarktkonzept zu folgen. Demnach gehören alle Güter, die geeignet sind, denselben gesellschaftlichen Bedarf zu befriedigen, demselben Markt an. Demzufolge ist bei näherer Betrachtung der Medienindustrie kein einheitlicher Markt festzustellen, sondern es ist eine Unterscheidung nach Teilmärkten und z. T. sogar innerhalb der Teilmärkte erforderlich. Neben den hier nicht weiter berücksichtigten Märkten für Zeitungen, Fernsehen und Rundfunk sind hier vor allem die Segmente des Zeitschriften-, Buch- und Onlinemarkts[298] zu betrachten. Untersucht wird in dieser Arbeit das Teilsegment des Online-Publizierens und dessen Ausstrahlungen auf die übrigen Teilsegmente. Eine weitergehende sachliche Eingrenzung kann thematisch durch Fokussierung auf den Markt für juristische Informationsprodukte und hier speziell die beruflichen Verwender vorgenommen werden.[299] Weitere Märkte, auf denen juristische Fachverlage tätig sind, werden behandelt, soweit dies für die Zwecke dieser Arbeit erforderlich ist. Hierzu gehören insbesondere die Inhalte-, Herstellungs- und Werbemärkte.[300]

---

[295] Vgl. Kohn-Lehnhoff (1995), S. 503, Haft (1998), S. T1-2, Haft (1997), S. 115. Koehler (1999), S. 50 ff. sieht einen Wandel der Einstellung der Nutzer auf Basis einer nicht näher bezeichneten Studie. Henssler, Killian (2001), S. 682 stellen fest, daß die Nutzung des Internets für fortschrittlich denkende Kanzleien selbstverständlich sei. Auch Soldan (2002), S. 27 stellt bei jüngeren Anwälten eine deutlich intensivere Internetnutzung fest.
[296] Vgl. auch Preuß Neudorf (1999), S. 117 f.
[297] Vgl. Schumann, Hess (2000), S. 30. Speziell zur nationalen Begrenzung von Anbietern von Printprodukten vgl. auch Heinrich (1994), S. 141. Allerdings ist auch in der Medienbranche zunehmend eine Internationalisierung festzustellen, vgl. Haenel (1998), S. 94. Dabei sind Verlage mit Ausnahme von Bertelsmann (Auslandsumsatz über 70%) aber eher zurückhaltend, vgl. Wirtz (2000), S. 41.
[298] Der Onlinemarkt stellt ein eigenes Segment innerhalb des Medienmarkts dar, vgl. Böning-Spohr, Hess (2000), S. 14 sowie in analoger Anwendung die Aussage von Frühschütz (1997), S. 8 zum elektronischen Publizieren.
[299] Vgl. hierzu ausführlicher das Nachfragermodell.
[300] Vgl. teilweise auch Frühschütz (1997), S. 2, Henkel (1999), S. 18, Althans (1989), S. 761.

Das *Marktvolumen* der gesamten Medienindustrie lag 2000 weltweit bei ca. 800 Mrd. US$, wovon etwa 40% auf Druckerzeugnisse entfallen.[301] Die Medienindustrie setzte 1999 in Deutschland etwa 80,7 Mrd. DM um, wovon etwa 51,6 Mrd. DM auf den Print-Bereich entfallen. Bezogen auf die gesamte Medienbranche teilen sich die genannten 80,7 Mrd. DM auf 52,4 Mrd. Vertriebserlöse und 28,3 Mrd. DM Werbeerlöse auf.[302]

Die Anzahl der *Anbieter* ist mit rund 2.100 Verlagen als recht hoch einzustufen. Bei den Fachverlagen führend ist BertelsmannSpringer mit 1.097 Mio. DM Umsatz in 2001 vor dem zweitplazierten Klett-Verlag (608 Mio. DM), dem Süddt. Verlag Hüthig (539 Mio. DM), der Vogel-Mediengruppe (536 Mio. DM) und der Weka-Firmengruppe (453 Mio. DM). Der größte der überwiegend juristischen Verlage findet sich mit dem C. H. Beck-Verlag auf dem neunten Rang mit 240 Mio. DM Umsatz. Die weiteren großen Spieler im juristischen Bereich sind danach die Verlage Neue Wirtschafts-Briefe (Platz 50, 67 Mio. DM), Dr. Otto Schmidt (Platz 53, ca. 61 Mio. DM) und Carl Heymanns (Platz 55, ca. 60 Mio. DM).[303] KLEIN-BLENKERS schätzt für das Jahr 1992 etwa 90-100 juristische Fachverlage in Deutschland, die ca. 3.000 Titel pro Jahr verlegten.[304]

Bei den Verlagen in Deutschland handelt es sich ganz überwiegend um kleinere und mittelständische Unternehmen. Anfang der 90er Jahre beschäftigten sie durchschnittlich ca. 40 Mitarbeiter mit einem Jahresumsatz von ca. 10,5 Mio. DM. Viele Kleinverlage verlegen weniger als 10 Titel pro Jahr. Auch die größte Umsatzgrößenklasse wies durchschnittlich nur weniger als 200 Mitarbeiter mit 59 Mio. DM Umsatz auf.[305]

---

[301] Vgl. König (2002), S. 6 ohne weiteren Nachweis.
[302] Vgl. Hess, Böning-Spohr (1999), S. 6.
[303] Vgl. N. N. (2002c), S. 15 ff. Das meistens und auch hier zitierte Buchreport-Ranking vernachlässigt allerdings teilweise Verlage, bei denen Fachzeitschriften dominieren (vgl. auch Heinold (2001), S. 171). Diese sind in einem Ranking der Zeitschrift Compact stärker berücksichtigt. Bei diesem findet sich für das Jahr 2000 BertelsmannSpringer ebenfalls an Platz 1. Der C. H. Beck-Verlag als größter juristischer Verlag findet sich hier auf Platz 9, Dr. Otto Schmidt auf Platz 18, Neue Wirtschafts-Briefe auf Platz 30 und Carl Heymanns auf Platz 31, vgl. N. N. (2001e), N. N. (2001f). Die Mitgliederstatistik des Börsenvereins des deutschen Buchhandels weist zum 30.4.2002 1.969 Verlage aus, vgl. Börsenverein des Deutschen Buchhandels (2002), S. 18. Im internationalen Vergleich sind die deutschen Verlage vergleichsweise klein: weltweiter Führer ist Thomson mit ca. 8,2 Mrd. € Umsatz in 2000, gefolgt von Reed Elsevier mit 7,8 Mrd. €, McGraw Hill mit 4,6 Mrd. € und Wolters Kluwer mit 3,7 Mrd. €; BertelsmannSpringer Fachinformationen als größter deutscher Fachverlag folgt auf Platz 9 mit 0,7 Mrd. € Umsatz, vgl. Detecon (2002), S. 12.
[304] Vgl. Klein-Blenkers (1995), S. 52 zur Verlagszahl, zur Titelzahl ebd. S. 62. Angaben über die Anzahl juristischer Verlage finden sich kaum in der Literatur. Ein aktuelleres Verlagsverzeichnis (N. N. (2002), S. 967 ff.) unterscheidet in die beiden Gruppen „Recht" mit 107 Verlagen sowie „Rechtswissenschaften / Jura" mit 61 Verlagen. Dabei wird allerdings das Abgrenzungskriterium nicht deutlich, da die hier interessierenden, überwiegend auf Praktiker ausgerichteten Fachverlage teils in der einen, teils in der anderen Gruppe zu finden sind und beide Gruppen auch Verlage aufweisen, die auf populäre Titel oder überwiegend andere Fachgebiete spezialisiert sind.
[305] Vgl. Antoni (1993), Sp. 4560 mit Angaben aus einer schon 1990 veröffentlichten Untersuchung. Ähnlich auch Stockem (1989), S. 62. Der größte juristische Anbieter C. H. Beck-Verlag, der daneben aber auch kultur- und humanwissenschaftliche Werke verlegt, beschäftigt über 400 Mitarbeiter, verfügt über ca.

Der *Konzentrationsgrad* kann als Kontinuum zwischen vollständiger Konkurrenz und reinem Monopol dargestellt werden. Zwischenformen sind neben dem reinen Monopol das dominante Unternehmen, das enge Oligopol, das breite Oligopol und die monopolistische Konkurrenz, an die sich die vollständige Konkurrenz anschließt.[306] Der Medienmarkt ist sehr stark konzentriert, u. a. aufgrund der hohen Bedeutung von Größeneffekten. Im Verlagsbereich gilt dies insbesondere für Zeitungs- und Zeitschriftenverlage.[307] 85% des Umsatzes entfielen im Jahr 2000 auf die 100 größten Buchverlage und Verlagsgruppen.[308] Die Bewertungen der Entwicklung in der Literatur scheinen allerdings widersprüchlich zu sein. Zahlreiche Autoren stellen starke und in den letzten Jahren forcierte Konzentrationstendenzen fest.[309] SCHLÜCHTER stellt dagegen für die Verlags- und Druckindustrie einen Anteil von 23% am Branchenumsatz für die 25 größten Unternehmen und damit einen niedrigen Konzentrationsgrad fest und bezeichnet sie als fragmentiert.[310] Ähnlich argumentiert auch FRÜHSCHÜTZ, daß auf die zehn größten Verlagsgruppen nur 25% des Branchenumsatzes entfalle, was im internationalen Vergleich und im Vergleich mit anderen Branchen niedrig sei.[311] Auch der BÖRSENVEREIN DES DEUTSCHEN BUCHHANDELS stellt einen im Vergleich zum verarbeitenden Gewerbe leicht unterdurchschnittlichen Konzentrationsgrad fest.[312] SCHUMANN und HESS ordnen sowohl das belletristische Segment als auch das Fachbuchsegment zwischen vollkommener Konkurrenz und Oligopol ein.[313] Eine genauere Betrachtung zeigt, daß die Unterschiede in den Feststellungen vor allem auf den niedrigen Ausgangspunkt zurückzuführen sind, zumal Konzentrationsprozesse der Verlagsbranche früher eher fremd waren und daher als besonders stark empfunden werden. So ist zwar eine – relativ gesehen – starke Konzentrationstendenz festzustellen, die aber ausgehend von einer sehr ausgeprägten mittelständischen Struktur zu noch immer vergleichsweise niedrigen Konzentrationsgraden und einer geringen Verbreitung von Konzernen führt.

Die beschriebenen Konzentrationstendenzen gelten auch für juristische Fachverlage. SIGMUND erwartet für die kommenden Jahre Fusionen von juristischen Fachverlagen, die heute noch undenkbar erscheinen.[314] BANZHAF stellt fest, daß der RWS-Bereich bereits zu den Segmenten

---

6.000 lieferbare Werke, 40 Fachzeitschriften und jährlich mehr als 1.000 Neuerscheinungen, vgl. Heinold, Klems, Schulz (1997), S. 40.

[306] Vgl. Sennewald (1998), S. 47.
[307] Vgl. Böning-Spohr, Hess (2000), S. 17 f., Hess, Böning-Spohr (1999), S. 7 ff. Zur Messung der Konzentration vgl. z. B. Heinrich (1994), S. 51 f., Schlüchter (2001), S. 48 f.
[308] Vgl. N. N. (2002c), S. 13.
[309] Vgl. Stockem (1989), S. 59, Höber (1992), S. 67 f., Wilking (1998b), S. 5, Vogel (1999), S. 76, Haenel (1998), S. 94, Schönstedt (1999), S. 43 ff., Henkel (1999), S. 28 f., Behm et al. (1999), S. 132 f., Hofer (2000), S. 171 ff., Sigmund (2000), S. 123, Wirtz (2000), S. 37, Weyher (2000), S. 17, Wolf (2002), Bahlmann (2002), S. 11 sowie die Europäische Kommission (1998), S. 4-11 speziell für den Bereich der Geschäftsinformationen.
[310] Vgl. Schlüchter (2001), S. 47 ff.
[311] Vgl. Frühschütz (1997), S. 116.
[312] Vgl. Börsenverein des Deutschen Buchhandels (2002), S. 33.
[313] Vgl. Schumann, Hess (2000), S. 24. Hess (1999a), S. 279 bezeichnet die Fachinformationsbranche in Deutschland als stark fragmentiert.
[314] Vgl. Sigmund (2000), S. 123. Dies gilt nach Ansicht von WINTERS vor allem angesichts auf absehbare Zeit noch doppelt zu bedienender Märkte Print und Online mit entsprechend hohen Kosten (zitiert in N.

gehört, die von 5-9 Spielern auf Verlagsseite dominiert werden.³¹⁵ Auch wenn neben den großen Spielern noch eine Vielzahl kleinerer Spieler auf dem Markt vorhanden ist, weist der juristische Markt damit starke oligopolistische³¹⁶ Tendenzen auf. Die ehemalige Präsidentin des Bundesverfassungsgericht, LIMBACH, warnt hiervor: „Es wäre für den gesamten Rechtsbereich folgenreich, wenn aufgrund finanzieller Zwänge und der IT die pluralistische Struktur des rechtswissenschaftlichen Verlagswesens in Frage gestellt würde."³¹⁷ Berücksichtigt man die besondere Struktur der juristischen Verlage, die, wenn auch rückläufig, noch sehr stark durch einzelne Verlegerpersönlichkeiten kontrolliert werden³¹⁸, so erhält diese Warnung besonderes Gewicht.

Die *Attraktivität des Marktes* kann als hoch eingestuft werden. Die Medienindustrie insgesamt ist zwar vergleichsweise klein, aber eine der dynamischsten Branchen mit einem hohen Wachstum.³¹⁹ Der deutsche Buchmarkt ist der drittgrößte weltweit.³²⁰ Er ist allerdings ein reifer Markt, in dem größere Umsatzsteigerungen nur durch Verdrängung zu erreichen sind. Er weist nur noch ein mäßiges Wachstum auf³²¹ und ist sehr wettbewerbsintensiv.³²² Das früher deutlich wachstumsträchtigere Fachbuchsegment weist mittlerweile ebenfalls nur noch mäßige Zuwachsraten auf.³²³ Dabei erweist sich das RWS-Segment als Ausnahme mit einem stark über-

---

N. (1998a), S. 108). Der früheren Einschätzung, wonach die Marktstrukturen der Verlagslandschaft mit einer breiten Masse an mittelständischen neben einigen wenigen großen Verlagen gefestigt seien und von den Mitbewerbern wettbewerbsfriedliches Verhalten gezeigt werde (vgl. Bühnemann et al. (1988), S. 157 und Klein-Blenkers (1995), S. 147), kann heute nicht mehr gefolgt werden.

³¹⁵ Vgl. Banzhaf (2001), S. 7.
³¹⁶ Man spricht von einem Oligopol, wenn nur wenige relativ große Anbieter oder Nachfrager auf einem Markt auftreten.
³¹⁷ Arbeitsgemeinschaft rechts- und staatswissenschaftlicher Verleger (1996), S. 3.
³¹⁸ Vgl. allgemein für die Verlagsbranche Heinrich (1994), S. 141, Dreppenstedt (1996), S. 151. So wird der C. H. Beck-Verlag in nunmehr sechster Generation immer noch als Familienunternehmen geführt, vgl. Heinold, Klems, Schulz (1997), S. 40.
³¹⁹ Vgl. Hacker (1999), S. 156.
³²⁰ Platz 1 belegt China, Platz 2 Großbritannien, vgl. Preuß Neudorf (1999), S. 7, wobei sich diese Zahlen auf die Titelproduktion beziehen, vgl. Preuß (1999), S. 16 f. Bruck, Selhofer (1997), S. 32 f. beziehen sich auf eine Studie von Datamonitor aus dem Jahre 1995 und bezeichnen den deutschen Verlagsmarkt sogar als den größten Europas; er sei mehr als doppelt so groß wie der zweitgrößte in Großbritannien. Preuß (1999), S. 9 bezeichnet den deutschen Buchmarkt als den – bezogen auf den Umsatz – zweitgrößten nach dem der USA.
³²¹ Für die Jahre 1997-2001 wurden für die 100 größten Buchverlage Zuwachsraten von 3,7%, 5,1%, 6,0%, 3,2% und -0,6% bei einem Marktanteil von 82%-85% festgestellt. Bezogen auf die gesamte Buchverlagsbranche ergeben sich Zuwachsraten von 1,2%, 5,3%, 2,9% und 2,1% (1997-2000). Vgl. zu diesen Zahlen N. N. (2001b), S. 15 f., N. N. (2002c), S. 13. König (2002), S. 6 nennt für die Jahre 1997-2000 für den deutschen „Buchmarkt" ohne weiteren Nachweis ein Wachstum von durchschnittlich 1%. Er bezieht sich damit mutmaßlich auf die zitierte Übersicht in N. N. (2001b), S. 15, die diesen Wert allerdings speziell für den Buchhandel nennt.
³²² Vgl. Höber (1992), S. 67, Sigmund (2000), S. 124, Luczak (2000), S. 16, König (2002), S. 6.
³²³ Vgl. Höber (1992), S. 68, Klein-Blenkers (1995), S. 60, Justus (2000), S. 155. Es verzeichnet nach 5,6% im Jahr 1997 in den letzten Jahren nur noch geringere Wachstumsraten von noch 4,3% im Jahr 1998, 1,3% im Jahr 1999, 2,5% im Jahr 2000 und 4,5% im Jahr 2001 (vgl. N. N. (2001b), S. 15, N. N. (2002c), S. 13). Allerdings ist der Fachbuchbereich weniger von sinkenden Gewinnmargen bedroht als der Belletristikbereich, vgl. Europäische Kommission (1998), S. 4-18.

durchschnittlichen und zudem recht stabilen Wachstum von zuletzt 6,9% im Jahr 2000.[324] Dieses starke Wachstum macht das RWS-Segment besonders attraktiv. Zu beachten ist allerdings, daß das juristische Segment bereits relativ stark besetzt ist.[325]

Attraktivitätssteigernd wirken speziell für das juristische Segment die geringe Preissensibilität der Nachfrager und ein hohes Preisniveau.[326] Hinzu kommt die hohe Bedeutung des Zeitschriftengeschäfts, das aufgrund des dominierenden abonnementbasierten Vertriebs stabile, wenig schwankungsanfällige Umsätze gewährleistet. Auch weist der RWS-Buchbereich im Vergleich zu anderen Segmenten niedrigere Remittendenquoten auf.[327] Schließlich ist der Bereich relativ unsensibel für konjunkturelle Schwankungen, da die Zielgruppe aus beruflicher Notwendigkeit auf die Werke angewiesen ist und die permanente Fortentwicklung der Gesetzgebung und Rechtsprechung für einen permanenten Aktualisierungsbedarf sorgt. Jüngstes Beispiel ist die am 1. Januar 2002 in Kraft getretene grundlegende Reform eines zentralen juristisches Bereichs, des Schuldrechts, die für stark gestiegene Umsätze bei den juristischen Fachverlagen sorgte.[328]

Als attraktivitätshemmend für potentielle Neueinsteiger ist der Trend einer zunehmenden Diversifikation und Titelzahl und daraus resultierender sinkender Auflagenhöhe zu bewerten, der die Produktion aufgrund des hohen First-Copy-Effekts zunehmend unwirtschaftlich macht.[329] Auch ist der Markt verletzlich, da er bisher nur geringem branchenexternem Wettbewerb ausgesetzt war. Hemmend wirken aber vor allem wesentliche Eintrittsbarrieren[330] wie etwa die Marke und damit der Kundenzugang sowie der Zugang zu den Inhalten.

---

[324] Vgl. N. N. (2001b), S. 17. Dies ist auch das Ergebnis einer Umfrage unter RWS-Verlagen, vgl. N. N. (2000), und wird auch bereits von Schwarz (1990), S. 225, sowie für den internationalen Bereich von Greco (2000), S. 6, festgestellt. In 1999 wiesen die RWS-Verlage mit 7,5% ebenso wie 1998 mit 9,1% und 1997 mit 7,7% das stärkste Wachstum aller Fachbuchsegmente auf, vgl. Schmidt (2000), S. 20 und Schmidt (1999a), S. 42. Langendorf (2002), S. 125 stellt zudem ein außerordentlich stabiles Wachstum auch in schwachen Branchenzeiten fest. Dies ist vor allem auf die permanenten gesetzlichen Änderungen zurückzuführen (vgl. Langendorf (2002a), S. 129 ff.). Zum weiterhin erwarteten Wachstum vgl. auch Koehler (1999), S. 18. Banzhaf (2001), S. 7 stellt allerdings überraschenderweise fest, das RWS Segment sei in einer Sättigungsphase.

[325] Zu dieser Markteinschätzung kommt eine Umfrage unter RWS-Verlagen, vgl. N. N. (1998a), S. 96 ff. Auch Luczak (2000), S. 162 sieht im RWS-Segment einen Verdrängungswettbewerb trotz eines langfristig stabilen Wachstums.

[326] Zum hohen Preisniveau vgl. ausführlicher Kap. 3.3.3.2.

[327] Vgl. Luczak (2000), S. 160.

[328] Vgl. Langendorf (2002a), S. 129 ff.

[329] Vgl. Höber (1992), S. 70, Frühschütz (1997), S. 87, Justus (2000), S. 155 sowie für das Publikumssegment Bahlmann (2002), S. 14 f.

[330] Zu Eintrittsbarrieren vgl. ausführlicher Kap. 3.1.3.3.1.

3.1.3 Wettbewerbssituation juristischer Verlage

Das Marktmodell der meisten Unternehmen wird durch die veränderten Eigenschaften der Wettbewerber und Nachfrager substantiell beeinflußt.[331] Die Verlagsbranche galt traditionell als stabile Branche. Das Internet wirkt jedoch auf die Fundamente des Verlagsgeschäfts ein und könnte daher Strukturänderungen nach sich ziehen. Dabei sind vor allem Änderungen des Wertschöpfungsanteils und der Beziehungen der Unternehmen untereinander und insbesondere zum klassischen Bucheinzelhandel zu untersuchen. Umsatzverschiebungen können die etablierte Verlagslandschaft aufbrechen, als Katalysator wirken und einen weiteren Änderungsprozeß auslösen, der zu veränderten Wertschöpfungsketten führt und neuartige Geschäftsmodelle und neue Marktstrukturen begünstigt.[332]

3.1.3.1 PORTERs Marktsicht als Analyseinstrument

Zur Analyse der Veränderungen der Wettbewerbssituation in der Verlagsbranche sollen im folgenden PORTERs „Five Forces"[333] als Basis herangezogen werden (Abb. 12). PORTER geht in seinem Modell davon aus, daß die Wettbewerbssituation maßgeblich von der Branchenstruktur beeinflußt wird. Sein Modell beschreibt fünf Kräfte, durch welche die Konkurrenz innerhalb einer Branche erzeugt wird und kann so zur Strukturanalyse von Branchen herangezogen werden.[334] Es erlaubt die Einschätzung der strategischen Positionierung vorhandener und eventueller neuer Marktteilnehmer. Durch das Internet können sich nach seiner Einschätzung insbesondere die Eintrittsbarrieren verschieben, die Abnehmermacht verändern oder neue Ersatzprodukte entstehen.[335]

Dabei kommt allerdings nicht allen Faktoren, die auf den Branchenwettbewerb wirken können, in jeder Branche gleich hohe Bedeutung zu.[336] PORTER betrachtet in seinem Modell lediglich die unmittelbare Umwelt des Unternehmens und vernachlässigt globale Aspekte. Diese Vorge-

---

[331] Vgl. Wirtz (2001), S. 30.
[332] Vgl. z. B. Hitzges, Köhler (1997), S. 49. Ähnliche Entwicklungen sind bereits in anderen Branchen zu beobachten, vgl. z. B. Klein (2001), S. 121 f., Sieber, Hunziker (1999), S. 20 ff.
[333] Vgl. Porter (1975), S. 1 ff.
[334] Vgl. auch z. B. Hutzschenreuter (2000), S. 40, Böing (2001), S. 121.
[335] Vgl. Porter (1999), S. 12.
[336] Vgl. Porter (1999), S. 69. Böing (2001), S. 121 ff. identifiziert als potentielle Einflußfaktoren speziell im Electronic Commerce u. a. die Rivalität der Unternehmen der Branche, die Internationalität des Wettbewerbs, den Innovationsgrad der Branche, unter der er neben der klassischen Bedrohung durch Ersatzprodukte auch neue Vertriebs- und Angebotsformen versteht, die Bedrohung durch bestehende Produkte und die preisliche Wettbewerbsintensität. Er stellt dann empirisch fest, daß die hierdurch beeinflußte Unternehmenssituation keinen Einfluß auf den Erfolg eines einzelnen Unternehmens hat. Er führt dies darauf zurück, daß in der aktuellen jungen Marktphase alle Unternehmen des Electronic Commerce gleichermaßen betroffen seien. Für diese Arbeit ist BÖINGs negativer Befund jedoch ohne Bedeutung, da nicht der Einfluß auf den Grad des Erfolg eines einzelnen Unternehmens, sondern der Einfluß auf die Branchenstruktur untersucht werden soll.

hensweise ist in der Literatur umstritten, erscheint jedoch für die Zwecke der vorliegenden Arbeit zweckmäßig, da eine nationale Branche betrachtet wird und insofern alle Unternehmen gleichermaßen von globalen Einflüssen betroffen sind.[337]

```
                    ┌─────────────────┐
                    │   Potentielle   │
                    │ neue Konkurrenten│
                    └─────────────────┘
                            │
                    Bedrohung durch
                    neue Konkurrenten
                            ↓
                    ┌─────────────────┐
    Verhandlungsstärke│   Wettbewerber  │ Verhandlungsmacht
    der Lieferanten  │   in der Branche│ der Abnehmer
┌──────────┐→        │        ↻        │        ←┌──────────┐
│Lieferanten│        ├─────────────────┤         │ Abnehmer │
└──────────┘        │ Rivalität unter den be-│   └──────────┘
                    │ stehenden Unternehmen │
                    └─────────────────┘
                            ↑
                    Bedrohung durch Ersatz-
                    produkte und -dienste
                    ┌─────────────────┐
                    │  Ersatzprodukte │
                    └─────────────────┘
```

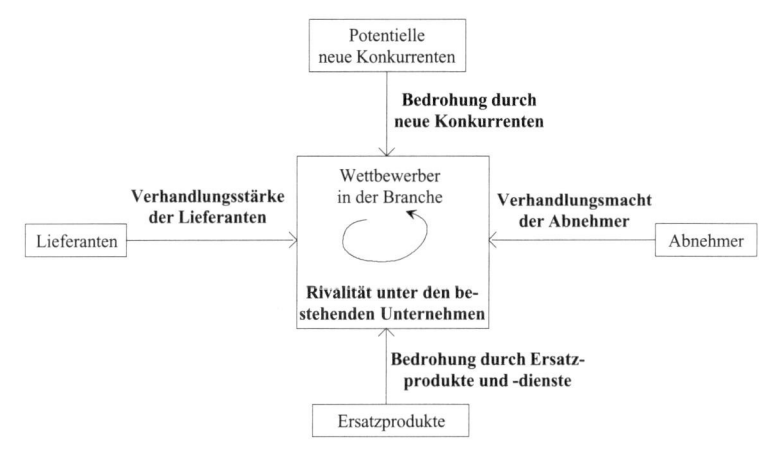

Abb. 12: Grundstruktur der fünf Kräfte nach PORTER[338]

Die fünf Kräfte nach PORTER haben sowohl in der Praxis als auch in der Literatur große Bedeutung erlangt und werden als „Meilenstein" der strategischen Planung bezeichnet.[339] Sie sind der prominenteste Vertreter der strategischen Perspektive einer „Marktsicht" („Market based View"). Diese stellt die Struktur einer Branche in den Vordergrund. Sie basiert vor allem auf Arbeiten zur Industrial Organization (IO), deren Anliegen die Analyse industrieller Marktprozesse ist. Grundlage der Industrial Organization ist das Structure-Conduct-Performance-Paradigma von MASON und BAIN aus den 30er bzw. 50er Jahren. Es basiert auf der Überlegung, daß die Struktur eines Marktes das Verhalten eines Unternehmens und damit indirekt – und wie später festgestellt wurde auch direkt – seine Performance beeinflußt.[340] Einen anderen Blickwinkel als die IO-Theorie nimmt die auf WERNERFELT und PENROSE zurückgehende „Resource based View" ein. Sie betrachtet nicht die Branchenentwicklung als maßgeblich für die Positionierung eines Unternehmens, sondern unternehmensinterne Faktoren wie seine spezifischen Stärken und Schwächen. Besonderes Augenmerk bei der Betrachtung von Wettbewerbsvorteilen wird auf die Einzigartigkeit von Ressourcen gelegt.[341]

---

[337] Vgl. auch Böing (2001), S. 120 und die dort zitierte Literatur.
[338] Nach Porter (1999), S. 34.
[339] Vgl. z. B. Eschenbach, Kunesch (1996), S. 246.
[340] Vgl. z. B. Haertsch (2000), S. 61 ff. Zur Kritik an der Market based View siehe z. B. die bei Haertsch (2000), S. 79 ff. zitierte Literatur.
[341] Vgl. Penrose (1959) und Wernerfelt (1984) sowie z. B. die Darstellungen bei Hess (1998), S. 31 f., Haertsch (2000), S. 83 ff. und Böing (2001), S. 60. Ressourcen sind die Werte, Fähigkeiten, Prozesse,

In empirischen Studien konnten sowohl Effekte der Ressourcen des Unternehmens als auch der Branche festgestellt werden. Beide schließen sich nicht aus, sondern sind nebeneinander gültig, stellen verschiedene Perspektiven dar und ergänzen sich so: die Market based View betrachtet das Unternehmensumfeld, während die Ressource based View die Situation im einzelnen Unternehmen analysiert.[342] Im Fokus der vorliegenden Untersuchung steht die Branchenentwicklung; zur Anwendung kommt daher das Analysemodell von PORTER.

Auch in evolutionären Veränderungen, wie sie durch die Ausbreitung des Electronic Commerce bewirkt werden können, bleiben PORTERs fünf Kräfte bedeutsam zur Identifizierung der relevanten Veränderungen des Branchenumfelds.[343] HAERTSCH hält allerdings die Ergänzung einer weiteren, sechsten Wettbewerbskraft für die Digital Economy für notwendig, welche die Gruppe der Komplementierer umfaßt. Er bezieht sich hierbei auf BRANDENBURGER und NALEBUFF, die einen Komplementierer wie folgt definieren: „Ein Spieler ist Ihr Komplementor, sofern Kunden Ihr Produkt höher bewerten, wenn sie das Produkt des anderen Spielers haben, als wenn sie nur Ihr Produkt allein haben."[344] Komplementierende Effekte basieren damit auf indirekten Netzeffekten. Jeder komplementierende Spieler ist am Aufbau eines gemeinsamen Marktes interessiert, verfolgt aber das Ziel, selbst einen möglichst großen Marktanteil zu erlangen.[345] Für die vorliegende Arbeit erscheint die Einführung einer sechsten Kraft nicht als zwingend notwendig, da indirekten Netzeffekten bei juristischen Fachverlagen keine überragend hohe Bedeutung zukommt.[346] Es soll daher der Intention von PORTER gefolgt werden, der sich bisher trotz zahlreicher Änderungen des wirtschaftlichen Umfelds weiterhin ausdrücklich auf die fünf Kräfte beschränkt.[347]

HAERTSCH ist darüber hinaus der Ansicht, daß PORTERs fünf Kräfte bei revolutionären Veränderungen nicht mehr angewendet werden können. Veränderungen sind revolutionär, wenn z. B. große Teile oder die gesamte Wertschöpfungskette verändert werden und dadurch ganze Geschäftsmodelle in sich zusammenfallen. In solchen Fällen existiere die zentrale Betrachtungseinheit „Branche" nicht mehr, da die alte Branche mit ihrem traditionellen Geschäftsmodell durch neue Geschäftsmodelle und Strukturen ersetzt würde. Wenn eine Branche aber nicht mehr existiere, so könne auch keine Analyse der Wettbewerbskräfte mehr durchgeführt werden. Erst nach Abschluß der Veränderungen und der Bildung neuer Strukturen sei eine Branchenanalyse wieder möglich.[348] Dieser Auffassung soll hier nicht gefolgt werden. Zum einen werden zumindest auf abstrakter Ebene nicht zwingend große Teile der Wertschöpfungskette

---

Merkmale, Informationen und das Wissen eines Unternehmens, die es in die Lage versetzen, Strategien zu entwickeln und zu implementieren, welche die Effektivität und Effizienz steigern.
[342] Vgl. Böing (2001), S. 59 und die dort zitierte Literatur. Vgl. auch Wirtz (2001), S. 145, der ein integratives Strategieverständnis als zukünftige Basis für die Strategieformulierung betrachtet.
[343] Vgl. Haertsch (2000), S. 128.
[344] Brandenburger, Nalebuff (1996), S. 29.
[345] Vgl. Haertsch (2000), S. 131 f.
[346] Vgl. Kap. 3.4.2.2.2.
[347] Vgl. Porter (1999), S. 14 ff. Speziell zur Rolle der Komplementierer vgl. auch Porter (2001), S. 69.
[348] Vgl. Haertsch (2000), S. 33 und 160 ff.

verändert.³⁴⁹ Entscheidend für die Eingrenzung der Branche soll zum anderen primär die Marktsicht sein, die dem Bedarfsmarktkonzept folgt.³⁵⁰ Der auf Bedürfnissen basierende Markt ist aber unabhängig von Modifikationen des Geschäftsmodells der beteiligten Spieler. Die beteiligten Spieler werden zwar Änderungen unterworfen sein und daher die Branche fortlaufend verändern. Derartige Änderungen sind allerdings nur als evolutionär einzustufen. Insofern kann auch dem von HAERTSCH genannten Beispiel einer revolutionären Veränderung, dem der Musikbranche, nicht gefolgt werden, bei der er Unternehmen wie MP3.com ausschließt. Im Sinne der hier vertretenen Ansicht sind sie auf dem Musikmarkt tätig und insofern sehr wohl zur Musikbranche zu zählen.

3.1.3.2 Gefahr durch substituierende Produkte

Substitutionsgüter sind Güter, die einander ersetzen können, weil sie aus Sicht des Benutzers die gleichen Bedürfnisse in gleichem Maße erfüllen. Substitutionseffekte werden insbesondere bei Preiserhöhungen für ein Gut sichtbar: bei steigendem Preis eines Produkts steigt die Nachfrage nach dem anderen Produkt (positive Kreuzpreiselastizität). Substituierende Produkte können eine Preisschranke für die bisherigen Produkte darstellen bzw. den Marktanteil der bisherigen Produkte reduzieren. Sofern ein Substitutionsprodukt ein anderes Produkt ersetzen kann und über ein besseres Preis-Leistungsverhältnis verfügt, so kann es zu einer ernsthaften Bedrohung werden. Entscheidend ist dabei die Veränderung des Nettonutzens für den Konsumenten.³⁵¹

Kannibalisierungsbefürchtungen, d. h. die Angst, sich durch Onlineprodukte selbst Konkurrenz für ihre traditionellen Produkte zu machen, könnten Verlage davon abhalten, Onlineprodukte zu entwickeln. Bereits seit langer Zeit werden dem Verlagswesen Substitutionswirkungen vorausgesagt.³⁵² Allerdings hat kaum ein Spieler genügend Marktmacht, durch einen Verzicht auf eigene Onlineprodukte diesen Wechsel insgesamt zu verhindern.³⁵³ Vielmehr würde er bei einer dennoch einsetzenden stärkeren Substitutionswirkung existentiell bedroht werden. ZERDICK ET AL. fassen dies zur strategischen Konsequenz „Kannibalisiere Dich selbst, bevor ein anderer es tut."³⁵⁴ zusammen.

ZIMMER sieht als Regel: „Am Bildschirm wird nachgeschlagen, gelesen wird auf Papier."³⁵⁵ Die größte Substitutionsgefahr könnte damit Publikationen mit hoher Informationsdichte und

---

349 Vgl. unten Kap. 3.2.2.
350 Vgl. Kap. 3.1.2.
351 Vgl. Porter (1999), S. 56 ff. Vgl. auch z. B. speziell für die Medienbranche Heinrich (1994), S. 35.
352 Vgl. auch die Diskussion bei Riehm et al. (1992), S. 6 und S. 145, Hitzges, Köhler (1997), S. 5.
353 Zudem könnten neue Spieler diesen Markt besetzen. Vgl. ausführlicher Kap. 3.1.3.3.1.
354 Zerdick et al. (2001), S. 179. Entsprechend auch Wirtz (2001), S. 28 ff. und speziell für juristische Verlage Konzelmann (2000a), S. 148.
355 Zimmer (1999), S. 12.

Aktualität, etwa Nachschlagewerken sowie aktuellen Informationsdiensten, drohen. Gerade diese sind aber die wichtigsten Angebote juristischer Verlage. Zum einen handelt es sich im Regelfall um hochpreisige Produkte mit relativ geringer Preissensibilität, zum anderen basieren z. B. Loseblattwerke auf einem Abonnementmodell und sichern so langfristig Erträge. Schließlich sind bei allen Printprodukten die hohen Skalenerträge zu beachten. Juristische Fachverlage mit einem typischen Sortiment könnten daher durch die Substitutionswirkungen in ihrem traditionellen Geschäft stark bedroht werden.

Das Ripilsche Gesetz besagt, daß neue Medien die alten immer nur ergänzen und nie ersetzen. Dies deckt sich mit den historischen Erfahrungen, obwohl bereits häufig eine Substitution eines alten Mediums durch ein neues vorhergesagt wurde.[356] Sowohl eine Studie des FRAUNHOFER-INSTITUTS aus dem Jahr 1996 als auch eine Studie des Börsenvereins aus dem Jahr 1999 zeigten ebenfalls, daß elektronische Produkte nach Ansicht der Verlage nicht zu einem Rückgang des Absatzes traditioneller Produkte führen.[357] Bei einer Studie aus dem Jahr 1997 sahen die befragten Anwälte kaum eine Substitutionsgefahr für klassische Printmedien. So hielten etwa 80% einen Verzicht auf Standardwerke aus dem Printbereich, z. B. Gesetzessammlungen, für nicht möglich.[358] Als ideal empfinden sie hybride Produkte, bei denen bei besonderem Aktualitätsbedarf eine Online-Recherche durchgeführt werden kann.[359] Auch die juristischen Verlage sehen kaum eine Substitutionsgefahr. Eine Umfrage im Jahr 1999 zum mittel- bis langfristigen Anteil elektronischer Produkte (inklusive Offlineprodukte) ergab etwa ein Drittel des Verlagsangebots.[360] Eine Studie Anfang 2001 zeigte ebenfalls, daß für Onlineprodukte höchstens ein Umsatzanteil von 10% bis 20% erwartet und das Internet eher als Markterweiterung und Zusatzangebot angesehen wird.[361]

Insgesamt zeigt sich, daß massive Kannibalisierungsbefürchtungen eher aus der Anfangszeit des elektronischen Publizierens stammen und inzwischen als überholt gelten können. Off- und Onlinemedien werden inzwischen vielmehr häufig als komplementär und sich durch einen Spillover-Effekt gegenseitig fördernd angesehen. Es ist entsprechend nicht von einer massiven Substitution der bisherigen klassischen Printprodukte durch Onlineprodukte auszugehen. Onlineprodukte werden neben gedruckte Werke treten.[362] ZERDICK ET AL. weisen denn auch darauf

---

[356] Vgl. Preuß Neudorf (1999), S. 121 f., Loebbecke (2001a), S. 243 und die dort zitierte Literatur. Zum Ripilschen Gesetz vgl. Picot (2002), S. 4.
[357] Vgl. Hitzges, Köhler (1997), S. 25 sowie Arbeitskreis Elektronisches Publizieren (1999), S. 13. Entsprechend auch eine britische Studie, vgl. Rowland (1999), S. 135.
[358] Vgl. Haft (1998), S. T2-3. Auch eine weitere Untersuchung aus 1997 kam zu dem Ergebnis, daß die deutliche Mehrheit der Juristen der Ansicht sei, daß in den nächsten Jahren das Internet konventionelle Medien nicht ersetzen kann, vgl. Trede (1997). Dies wurde durch eine Untersuchung im Jahr 2002 (Soldan (2002), S. 49) nochmals gestützt: 69% der Anwälte konnten sich eine Substitution nicht vorstellen.
[359] Vgl. Haft (1998), S. T2-3. Zu hybriden Produkten vgl. auch Kap. 3.4.5.3.
[360] Vgl. N. N. (1999c). Die quantitativen Nennungen der einzelnen Teilnehmer lauteten 10-20%, 50-90%, 25%, 50%, 25-30%, 25-50%.
[361] Vgl. N. N. (2001), S. 119 ff.
[362] Vgl. Thielen (1990), S. P-4-06, Schleicher (1991), S. 1216, Middelhoff (1997), S. 44 f., Haseloh (1997), S. 29, Bruck, Selhofer (1997), S. 25, Loebbecke (1999a), S. 312 f., Böning-Spohr, Hess (2000), S. 46 f.,

hin, daß höchstens eine kontinuierliche Verlagerung der Nachfrage zu erwarten sei.[363] Im einzelnen wird dies später ausführlicher untersucht.[364]

3.1.3.3 Gefahr durch Neueintritte

Bei einem Eintritt in einen Markt versuchen neue Konkurrenten, die zuvor nicht auf dem Markt tätig waren, Marktanteile zu gewinnen. Bei gleichbleibendem Marktvolumen bedeutet dies eine potentielle Reduktion der Marktanteile vorhandener Spieler und daher eine direkte Bedrohung, in anderen Märkten zumindest eine Reduktion der ansonsten möglichen Marktanteile. Der Eintritt neuer Spieler oder Gegenmaßnahmen etablierter Spieler erfolgen häufig über Preissenkungen im Markt und führen zu Mehrkosten bei den Beteiligten. Märkte werden häufig umgestülpt und die Rentabilität der Branche insgesamt gesenkt. Das Ausmaß der Bedrohung wird wesentlich von den Eintrittsbarrieren und den zu erwartenden Reaktionen der etablierten Spieler bestimmt. Es kann eine besonders scharfe Reaktion erwartet werden, wenn die etablierten Unternehmen über hohe Liquidität verfügen oder besonders stark getroffen werden, was z. B. bei hoher gebundener Liquidität oder einem langsamen Wachstum der Fall ist. Bei hohen Barrieren und/oder heftigen zu erwartenden Reaktionen der beteiligten Spieler, die letztlich nicht zur erhofften Rentabiliät eines Markteintritts führen, ist daher die Bedrohung durch Neueintritte eher klein.[365]

Die Attraktivität gerade der juristischen Verlagsbranche ist hoch.[366] Zudem ist der juristische Onlinemarkt im Gegensatz zum klassischen Markt noch nicht verteilt. Daher ist die Wahrscheinlichkeit eines Markteintritts branchenfremder oder ausländischer Anbieter, welche die Chance nutzen, hoch. Durch das Internet ermöglichte Neueintritte in den Markt sind daher als größte Gefahr für etablierte Spieler zu betrachten.[367]

3.1.3.3.1 Markteintrittsbarrieren

Markteintrittsbarrieren reduzieren die Attraktivität eines Marktes für potentielle neue Spieler. Sie sind Eigenschaften eines Marktes, welche geeignet sind, einen Markteintritt für neue Wett-

---

Wirtz (2000), S. 93, Hess, Schumann (2001), S. 27, Fantapié Altobelli (2002), S. 17, Hoffmann (2002), S. 67, Bahlmann (2002), S. 21 und Lang (2000), S. 15 ff. als Ergebnis einer Delphi-Studie sowie speziell zu juristischen Produkten Sigmund (2000), S. 124, Luczak (2000), S. 160, Konzelmann (2000a), S. 148, Wengenroth (2002a), S. 149.

[363] Vgl. Zerdick et al. (2001), S. 179. Entsprechend auch bereits Riehm et al. (1992), S. 219.
[364] Zu einer ausführlicheren Diskussion für die einzelnen Produktgattungen siehe Kap. 3.4.5.
[365] Vgl. Porter (1999), S. 37 ff., Haertsch (2000), S. 68.
[366] Vgl. Kap. 3.1.2.
[367] Vgl. auch Haseloh (1997), S. 47.

bewerber mit erheblichen Barrieren zu verbinden bzw. diese davon abzuhalten. Wesentlich sind im allgemeinen insbesondere folgende Barrieren:[368]

- Betriebsgrößenersparnisse (Economies of Scale),
- Verbundvorteile zu verwandten Geschäftsfeldern (Economies of scope),
- Produktdifferenzierung, die zu Käuferloyalität zu einer Marke führt,
- Kostenstrukturen (Anteil fixer Kosten),
- hoher Kapitalbedarf z. B. für Anfangsinvestitionen,
- Switching Costs für den Nachfrager bei Anbieterwechsel,
- Zugang zu Distributionskanälen, insbesondere wenn diese begrenzt verfügbar sind,
- größenunabhängige, d. h. über Economies of Scale hinausgehende, Kostennachteile wie z. B. Know-How oder Markenidentität.

WIRTZ unterscheidet Markteintrittsbarrieren in die drei Kategorien strukturelle, strategische und institutionelle Barrieren, wobei die zuvor genannten im wesentlichen zu den marktstrukturellen Besonderheiten gehören. Zu den strategischen Barrieren gehört das (Abwehr-) Verhalten der übrigen Spieler insbesondere gegenüber einem potentiellen Mitbewerber. Sie sind häufig eine Folgeerscheinung der strukturellen Barrieren. Institutionelle Barrieren sind in erster Linie auf regulatorische Gegebenheiten zurückzuführen.[369]

Die Literatur vertritt überwiegend die Ansicht, daß durch einen Einsatz des Internets die Höhe der Eintrittsbarrieren bestehender Branchen sinkt.[370] Zudem gelten Verlage bereits traditionell als Branche mit nur sehr geringen Eintrittsbarrieren, da u. a. die Investitionen und die notwendige Kapitalausstattung relativ gering seien, viele Tätigkeiten auszulagern seien und das Risiko überschaubar bleibe.[371] Allerdings gilt dies für die traditionelle juristische Verlagsbranche nicht uneingeschränkt, wie sich z. B. an der hohen Bedeutung von Marken zeigt. Sinnvoll ist daher eine genauere Betrachtung der veränderten Eintrittsbarrieren:

---

[368] Vgl. Porter (1999), S. 37 ff. Vgl. hierzu auch z. B. Böning-Spohr, Hess (2000), S. 19.
[369] Vgl. Wirtz (2001), S. 157 f.
[370] Vgl. z. B. Porter (2001), S. 66 f., Bloch et al. (1996), Pohl (2000), S. 51, Haertsch (2000), S. 125, Klein, Selz (2000), S. 5, Schneider (2001), S. 127. Für die Medienbranche vgl. Schumann, Hess (2000), S. 24, Hess, Schumann (2001), S. 27 sowie speziell für die Verlagsbranche Chellappa et al. (1997), S. 324, Arbeitskreis Elektronisches Publizieren (1999), S. 6, Heinold (1999a), S. 104 und Hess, Tzouvaras (2001), S. 245. Für neue, nur online aktive Verlage entfällt z. B. die Notwendigkeit eines Zugangs zur teuren Ressource „Druckkapazität", vgl. Göldi (1996), S. 16 f., Henkel (1999), S. 2.
[371] Vgl. Compaine (1978), S. 8, Höber (1992), S. 67, O'Reilly (1996), S. 79 f., Behm et al. (1999), S. 32, Bahlmann (2002), S. 14. PORTER stellt fest, daß die Möglichkeit zum Fremdbezug vieler Leistungen die Eintrittsbarrieren senkt (vgl. Porter (2001), S. 60), was aber genau ein typisches Merkmal von Verlagen ist, vgl. Kap. 2.1.3.3. Allerdings weist Lempert (1991), S. 64 darauf hin, daß dies z. B. für das Teilsegment der Lexika nicht gilt. Auch Wirtz (2000), S. 86 ff. kommt für Presseverlage angesichts der starken Konzentrationstendenzen zum entgegengesetzten Schluß und verweist auf strukturelle Eintrittsbarrieren in Form von Economies of Scale (geringere Durchschnittskosten), der Anzeigen-Auflagen-Spirale, des Risikos hoher Sunk costs bei Scheitern eines Angebots und Verbundvorteilen bei Produktion mehrerer Titel im gleichen Verlag.

- Juristischen *Marken* kommt bereits im traditionellen Bereich aufgrund der durch sie signalisierten Qualität eine entscheidende Bedeutung zu. Etablierte Verlage verfügen bereits über eingeführte Marken. Im Onlinebereich erhöht sich diese Anforderung und damit auch die Eintrittsbarriere.[372]

- WIRTZ verweist darauf, daß *technologische Barrieren* im Onlinebereich aufgrund einer meist homogenen Technologie eine gesunkene Bedeutung haben und damit ein Markteintritt aus technologischer Sicht weniger komplex und leichter wird.[373] Im Verlagsbereich kam bisher allerdings einer technischen Infrastruktur keine herausgehobene Rolle zu. Durch den Onlinebereich könnten zwar speziell in der Herstellung teure Infrastrukturen entfallen. Diese wurden aber bereits bisher schon häufig nur extern vorgehalten. Einfacher als im klassischen Bereich könnte sich im Onlinebereich bei geringer Spezifität die Selektion und Verteilung gestalten.[374] Erhöhte Anforderungen an die technische Infrastruktur entstehen allerdings durch die zumindest mittelfristige Parallelität von Off- und Onlineprodukten und die daraus resultierende Notwendigkeit eines integrierten Datenmanagements und integrierter Redaktionssysteme. Zunehmend verbreitete individualisierte Dienste können den Aufwand weiter erhöhen.[375] Speziell bei juristischen Verlagen stellt die erforderliche technische Infrastruktur daher eine erhöhte Markteintrittsbarriere dar.

- *Economies of Scale* zwingen potentielle Neuanbieter, mit hohen Produktionsvolumina in den Markt einzutreten, um durch ansonsten deutlich höhere Durchschnittskosten gegenüber etablierten größeren Anbietern nicht ins Hintertreffen zu geraten.[376] Economies of Scale machen sich im Verlagswesen mit seinen besonderen Kostenstrukturen in Form des First-Copy-Effekts besonders deutlich bemerkbar. Sie stellen eine Eintrittsbarriere dar, die große und damit etablierte Anbieter begünstigt.[377] Im Onlinebereich verstärkt sich die Bedeutung von Economies of Scale wegen der besonderen Kostenstrukturen, die dazu führen, daß auch die Reproduktions- und Distributionskosten weitgehend Fixkosten werden,[378] nochmals sehr deutlich.[379] WIRTZ bezeichnet Economies of Scale als zentralste Eintrittsbarriere für neue Spieler.[380]

- Auch Verbundvorteile (*Economies of Scope*) stellen im Medienbereich eine Zutrittsbarriere dar. So können etablierte Verlage insbesondere im Pressebereich Verbundvorteile durch die Produktion mehrerer Titel im gleichen Verlag nutzen, indem Rechercheleistungen oder Kor-

---

[372] Vgl. hierzu ausführlicher unten Kap. 3.4.3.4.
[373] Vgl. Wirtz (2001), S. 158.
[374] Vgl. Liedl (1999), S. 208.
[375] Vgl. zum Aufwand bei individualisierten Diensten ausführlicher Kap. 3.4.3.3.3.
[376] Vgl. Sennewald (1998), S. 46 sowie speziell für das Pressesegment Wirtz (2000), S. 86 ff.
[377] Vgl. Sjurts (1996), S. 65, Wirtz (2000), S. 86 f.
[378] Ausführlich zu den besonderen Kostenstrukturen siehe Kapitel 3.4.2.1.
[379] Vgl. Fritz (2000), S. 235.
[380] Vgl. Wirtz (2000a), S. 241.

respondentenberichte mehrfach von verschiedenen Titeln verwendet werden.[381] Für Fachverlage hat dies traditionell eine eher untergeordnete Bedeutung, wird aber im Zuge der stärkeren Spezialisierung bedeutsamer werden, da die Verlage dann auf einem gemeinsamen Grundstock aufbauend spezialisieren können.

- Bedarf an *Know-How* besteht im Onlinebereich in verschiedenen Bereichen. Zum einen ist dies fachliches, redaktionelles Know-How, das ebenso wie im klassischen Bereich unverändert nötig ist. Zum anderen wird Zielgruppen- und Markterfahrung mit detaillierter Kenntnis der Präferenzen der Kunden benötigt[382], insbesondere die Vorgehensweise der Zielgruppe mit elektronischen Medien. Neu im Onlinebereich sind schließlich das erforderliche technische Know-How sowie eine Kenntnis der Eigenschaften des Onlinebereichs und die Aufgeschlossenheit, einen Wandel zu gestalten. Insgesamt stellt der Know-How-Bedarf eine erhöhte Einstiegsbarriere dar. Dabei sind für fachliches Know-How die etablierten Spieler im Vorteil, während sich technische Kompetenz und Kenntnis der neuen Möglichkeiten stärker gegen etablierte Spieler als gegen Neueinsteiger richten.[383]

- Etablierte Spieler haben in stark traditionell orientierten Branchen einen besseren *Zugang zum Absatzmarkt*, insbesondere zu etablierten, indirekten Vertriebskanälen. Sie verfügen zudem im Gegensatz zu neuen Spielern bereits über eine Kundenbasis.[384] Dies könnte daher eine nennenswerte Eintrittsbarriere für neue Spieler sein. Allerdings ist diese nur von geringer Bedeutung, da der Onlinebereich vom Direktvertrieb dominiert wird.[385] Damit verliert ein wesentlicher Erfolgsfaktor des traditionellen Printmarktes, der Zugang zu den Distributionskanälen, an Bedeutung.[386] Zu neuen Vertriebswegen haben dagegen neue Spieler möglicherweise einen besseren Zugang, da sie eher über entsprechendes Know-How verfügen oder unbelasteter und aufgeschlossener an diese Kanäle herangehen können. Etablierte Verlage haben dagegen die möglichen Probleme einer Vertriebskanalkonkurrenz zu beachten.[387] Insofern senkt sich im Onlinebereich diese Eintrittsbarriere deutlich und richtet sich eher gegen etablierte Verlage.

- Voraussetzung für einen erfolgreichen *Zugang zum Werbemarkt* sind im klassischen Printbereich der Nachweis in der Werbeträger-Analyse[388] und das Erreichen der kritischen Masse

---

[381] Vgl. Schütz (1997), S. 471 ff., Wirtz (2000), S. 88. Auch Porter (1999), S. 67 verweist auf die hohe Bedeutung von Synergien im Zuge von Diversifikation.
[382] Vgl. Haertsch (2000), S. 125, Huisman (2000), S. 46.
[383] Vgl. auch Bird (1999), Schwarz, Allweyer (2000), S. 136, Klein, Selz (2000), S. 5.
[384] Vgl. Amail (1996), S. 50 f., Schwarz, Allweyer (2000), S. 136.
[385] Vgl. ausführlicher unten Kap. 3.6.3.
[386] Vgl. Middelhoff (1997), S. 44, Fritz (2000), S. 234, Porter (2001), S. 66.
[387] Vgl. Kap. 3.6.2.3.
[388] Der Nachweis in der Media- und Werbeträger-Analyse ist nur möglich, wenn zuvor über zwei Jahre eine hohe Auflage nachgewiesen wurde. Da jedoch gerade bei werbefinanzierten Zeitschriften hohe Auflagen nur mit entsprechender Werbung finanzierbar sind, ist dies dort eine sehr hohe Eintrittshürde. Vgl. hierzu Sjurts (1996), S. 65.

bei der Anzeigen-Auflagen-Spirale[389]. Beides sind hohe Eintrittshürden. Im Onlinebereich stellt der Zugang zum Werbemarkt eine geringere Barriere dar. Eine Entsprechung für die größte Barriere aus dem klassischen Bereich, die zweijährige Wartefrist, existiert nicht. Der Effekt der Anzeigen-Auflagen-Spirale gilt jedoch in analoger Form auch für den Onlinebereich: Je höher die Einnahmen aus der Werbung sind, desto attraktiver können die Inhalte für die Kunden gestaltet werden und desto mehr Kunden werden auf die Seite gelockt. Ein höherer „Traffic" zieht jedoch im Regelfall höhere Klickraten der Werbung nach sich.[390] Diese wiederum bestimmen die Werbeeinnahmen. SENNEWALD bezeichnet diesen Effekt als „Anzeigen-Nutzer-Spirale"[391], HEIL allgemeiner als „Kundenbasis-Angebots-Spirale"[392]. Der Effekt dieser modifizierten Anzeigen-Auflagen-Spirale gilt sogar verstärkt, da im Onlinebereich die Werbung häufig die einzige Erlösquelle darstellt und eine Abfederung der Effekte durch die zweite Säule Vertriebserlöse entfällt.

- Zunehmend bedeutsam wird der *Zugang zum Inhaltemarkt*. Bereits im klassischen Geschäft ist ein guter Zugang eine wesentliche Voraussetzung, da die Qualität der bezogenen Inhalte die Qualität des Endprodukts maßgeblich bestimmt. Hierbei handelt es sich meistens um direkte Kontakte zu den Autoren. Der Zugang wird vor allem vom Vorhandensein entsprechender, meistens informeller Kontakte beeinflußt. Voraussetzung ist ein gutes Renommee des Verlags bzw. eine starke Marke. Ein fester Autorenstamm stellt für Verlage im Printbereich eine sehr wertvolle Ressource dar.[393] Im Onlinebereich gewinnt ein Zugang zu Fachinformationen an Bedeutung[394], insbesondere bei individualisierten Diensten oder beim Engagement im Dienstleistungsbereich. Beide neuen Ausrichtungen setzen einen möglichst umfassenden Vorrat an Inhalten voraus, um spezifisch Informationen selektieren zu können. Diese Vorräte müssen entweder im Verlag selbst vorgehalten werden, was letztlich eine ent-

---

[389] Die *Anzeigen-Auflagen-Spirale* beschreibt im klassischen Markt das sich selbst verstärkende Phänomen, daß viele Anzeigen den werbefinanzierten Anteil der Zeitschriftenfinanzierung erhöhen und damit der Zeitschriftenpreis für Kunden gesenkt werden kann. Damit wird die Nachfrage nach der Zeitschrift und die Auflage erhöht. Eine erhöhte Auflage macht die Zeitschrift für werbende Unternehmen interessanter, so daß die Werbeeinnahmen weiter steigen. Zu den Spiraleffekten vgl. ausführlicher z. B. Zohlnhöfer (1987), S. 60 ff., Wirtz (1994), S. 42 f. Voraussetzung ist allerdings, zunächst eine kritische Masse an Kunden oder werbenden Unternehmen zu finden. Für beide ist die Zeitschrift jedoch zunächst uninteressant. Die Spiraleffekte führen daher zu aggressivem Marketing zur Gewinnung zusätzlicher Kunden und zu Konzentrationstendenzen, vgl. Heinrich (1994), S. 126. Der Spiraleffekt stellt insgesamt eine wesentliche Eintrittsbarriere dar, vgl. Schütz (1997), S. 471, Wirtz (2000), S. 87 f.

[390] Wirtz (2000), S. 182 vertritt allerdings ohne weitere Begründung die Auffassung, daß aus einer erhöhten Besucherzahl nicht auf eine Erhöhung der Anzahl an Klicks geschlossen werden kann. Dies ist insofern richtig, da zusätzliche Einflußfaktoren zu berücksichtigen sind. Dies ist einerseits die Qualität der Werbung, die naturgemäß einen Einfluß auf die Klickraten hat, und andererseits die (derzeit abnehmende) Akzeptanz und Wirkungsrate von Onlinewerbung. Beide Effekte gelten aber auch im Offlinebereich. Unabhängig von möglicherweise dämpfenden Einflüssen kann ein positiver Zusammenhang auch im Onlinebereich weiterhin angenommen werden.

[391] Sennewald (1998), S. 136. Sie hält den Spiraleffekt im Onlinebereich sogar für wirksamer als im traditionellen Bereich.

[392] Heil (1999), S. 168 f.

[393] Vgl. Amail (1996), S. 50 f.

[394] Die Beschaffung von Fachinformationen stellt auch den größten Kostenblock dar, vgl. Arbeitskreis Elektronisches Publizieren (1999), S. 23.

sprechende Kapitalbindung erfordert, oder jederzeit zum Abruf im Zugriff sein. Da für solche Inhalte bisher kein allgemein zugänglicher Markt etabliert ist, stellt der Zugang zu einer kritischen Masse an Inhalten eine erhöhte, wesentliche Eintrittsbarriere dar, die etablierte Spieler bevorzugt.[395]

- Für den Onlinebereich wird im allgemeinen ein geringerer *Kapitalbedarf* als für das klassische Geschäft angenommen. Verantwortlich hierfür sind neue Organisationsformen und Geschäftsmodelle, insbesondere der Verzicht auf umfassende physische Präsenz.[396] Im Verlagsbereich ist der Kapitalbedarf schon traditionell als vergleichsweise niedrig einzustufen, da kapitalintensive Tätigkeiten, wie z. B. die Herstellung, von externen Dienstleistern erbracht werden. Daher senkt der Electronic Commerce diese traditionell geringe Eintrittsbarriere nicht wesentlich weiter ab. Allerdings könnte der bereits diskutierte erhöhte Aufwand für die erforderliche technische Infrastruktur zu einem leicht erhöhten Kapitalbedarf führen. Starke Individualisierung führt auch zu erhöhtem Bedarf an verfügbaren Inhalten, was ebenfalls einen erhöhten Kapitalbedarf bedeuten kann, soweit diese Inhalte nicht erst im Bedarfsfall über den Markt bezogen werden können.[397] Zudem zeichnet sich der Electronic Commerce allgemein durch einen deutlich höheren Kapitalbedarf während einer Anlaufphase aus.[398] Es ist daher eine ausreichende Kapitalkraft erforderlich, um einen längeren Zeitraum mit Verlusten finanzieren zu können.[399] UEBELHÖDE sieht dies speziell für den juristischen Onlinebereich als eine sehr wesentliche Eintrittsbarriere.[400] Insgesamt kann davon ausgegangen werden, daß dem Kapitalbedarf als Eintrittsbarriere eine gestiegene Bedeutung zukommt. Entscheidend ist vor allem der erhöhte Kapitalbedarf zum Überbrücken einer längeren Anlaufphase mit operativen Verlusten. Hier haben finanzkräftige Spieler – sowohl etablierte Verlage als auch neue Spieler aus anderen Branchen – mit vorhandener Finanzstärke einen Vorteil gegenüber Neugründungen.[401]

Der folgende zusammenfassende Überblick verdeutlicht die speziell für die juristische Verlagsbranche erhöhten Markteintrittsbarrieren (Tab. 5):

---

[395] Vgl. de Kemp (1999), S. 251, Bird (1999), Schwarz, Allweyer (2000), S. 136, Uebelhöde (2001), S. 91.
[396] Vgl. Haertsch (2000), S. 125, Wirtz (2001), S. 159, Bughin et al. (2001a), S. 61. Bird (1999) sieht den Kapitalbedarf dagegen als gleichwertig.
[397] Hierzu gibt es aber bisher kaum entsprechende Infrastrukturen, vgl. hierzu auch Kap. 3.5.2.3.2.
[398] Vgl. auch Vogel (1999), S. 79. So müssen z. B. im Verlagsbereich Altdaten aufwendig aufbereitet werden oder spezielle Umgebungen für elektronische Zeitschriften oder Nachschlagewerke (vgl. Kap. 3.4.5.4) erstellt werden. Besonders kleine Verlage könnten hierdurch benachteiligt werden, vgl. Weyher (2000), S. 28. Eine Studie der Verlagsbranche aus dem Jahr 1999 identifiziert im Onlinebereich die Programmierung als den wesentlichsten Kostenblock, vgl. Arbeitskreis Elektronisches Publizieren (1999), S. 20.
[399] Vgl. z. B. Frühschütz (1997), S. 80, Welb (1998), S. 31, Knuf (1998), S. 108, Lehr (1999), S. 100, Arbeitskreis Elektronisches Publizieren (1999), S. 54, Böing (2001), S. 133, Bughin et al. (2001a), S. 68 f. Diese Feststellung gilt bereits seit längerem für den Bereich des elektronischen Publizierens, vgl. Amail (1996), S. 99.
[400] Vgl. Uebelhöde (2001), S. 91. Dies war auch das Ergebnis einer Delphi-Studie in der Buchbranche, vgl. Lang (2000), S. 20.
[401] Vgl. Bird (1999), Schwarz, Allweyer (2000), S. 136.

Eintrittsbarriere	Klassischer Markt	Onlinebereich
Marken	+	+++
Technische Infrastruktur	-	+
Economies of Scale	+	+++
Economies of Scope	o	+
Know-How	+	++
Zugang zum Absatzmarkt	+	-
Zugang zum Werbemarkt	-	-
Zugang zum Inhaltemarkt	+	++
Kapitalbedarf	o	+

Tab. 5:   Überblick über Veränderungen der Markteintrittsbarrieren

3.1.3.3.2 Mögliche neue Spieler

Branchenfremde Unternehmen versprechen sich – durch veränderte Wertschöpfungsketten – mittlerweile Perspektiven auf dem Gebiet der Inhaltsvermittlung und treten als neue Wettbewerber auf.[402] Dabei kann es sich um eine sogenannte „Business-Migration" handeln, d. h. die Wanderung eines Unternehmens in neue Geschäftsbereiche mit Übertragung und Rekonfiguration großer Teile der Wertschöpfungsstrukturen und damit der Transferierung von Kompetenzen.[403]

Softwareunternehmen wie Microsoft können von geänderten Anforderungen profitieren und gehören im Falle einer horizontalen Diversifikation zu den gefährlichsten neuen Konkurrenten für Verlage.[404] Sie überwinden die Eintrittsbarrieren Kapitalbedarf und technisches Know-How besonders leicht. Die technische Infrastruktur ist für sie ebenfalls relativ leicht zu entwickeln. Die dadurch reduzierten Fixkosten senken auch die Bedeutung von Skaleneffekten. Problematisch ist für sie die inhaltliche Seite, da sie weder über etablierte Zugänge zum Inhaltemarkt noch über Zielgruppen-Know-How[405] verfügen. Auch die fehlende etablierte Marke stellt für sie ein Problem dar. Zwar verfügen sie über Marken, die häufig für Computernutzer bekannt

---

[402]   Vgl. Stumpe (1998), S. 76, Bruck, Selhofer (1997), S. 27, Henkel (1999), S. 2, Ziegler, Becker (2000a), S. 84 f., Hofmann (2001), S. 176.
[403]   Vgl. z. B. die Darstellung bei Wirtz (2000a), S. 243 ff.
[404]   Vgl. Altmeppen (1996), S. 259, Neubauer (1998), S. 82, Frühschütz (1997), S. 6, Schick (1997), S. 87, Europäische Kommission (1996), S. 11, Europäische Kommission (1998), S. E-4, Haldemann (2000), S. 1, Schreiber (1999), S. 237, Ziegler, Becker (2000a), S. 85, Hofmann (2001), S. 176.
[405]   Vgl. Huisman (2000), S. 46.

sind. Relevant sind jedoch Marken, die sich auf die juristischen Inhalte und deren Qualität beziehen.

Für *junge Medienunternehmen* sowie *Start-ups* mit dem Internet als primärem Kommunikationsmedium wie z. B. Suchmaschinen- oder Portalbetreiber, die Wachstumsmärkte suchen, könnte ein Einstieg ebenfalls interessant sein. Sie begreifen ihre Tätigkeit nicht als die eines Verlages, obwohl ihre Geschäftsmodelle denen stark ähneln. Hierzu gehören auch z. B. Telekommunikationsunternehmen, die eine Diversifikationsstrategie verfolgen.[406] Ihr häufig aggressives Auftreten wirkt im eher traditionell orientierten Verlagsbereich besonders bedrohlich.[407] Die „Mega Player" unter ihnen sind finanz- und leistungsstark.[408] Dies erleichtert ihnen, die Markteinstiegsbarrieren zu überwinden. Die technische Infrastruktur stellt für sie im Regelfall keine nennenswerte Barriere dar. Ihre häufig noch jungen Marken haben zwar ebenso wie die der Softwarehersteller keine Bedeutung für den Markt juristischer Informationen. Sie verbürgen aber häufig Kompetenz in Online-Diensten, ragen so in den juristischen Online-Markt hinein und reduzieren so die Bedeutung dieser Eintrittsbarriere.[409] Gleiches gilt für die Inhalte: Zwar verfügen auch sie im Regelfall nicht über juristische Inhalte, aber über die Kompetenz, diese z. B. durch Kooperationen zu beschaffen.

Gut denkbar ist ein Einstieg auch für *etablierte Medienunternehmen*, die ihr Geschäftsfeld auf das attraktive Segment juristischer Informationen ausdehnen wollen. Sie können ebenfalls von reduzierten Eintrittsbarrieren profitieren: Sie verfügen bereits über sehr gutes Know-How bezüglich des Marktes, des Kundenzugangs und der Branchen-Usancen, einen guten Zugang zu Vertriebskanälen, eine gute Kapitalausstattung und etablierte Marken im Verlagswesen. Die technische Infrastruktur kann für mehrere Geschäftsfelder genutzt werden und stellt daher keine zusätzliche Eintrittsbarriere dar, sondern erlaubt zusätzliche Skaleneffekte. Ebenso wie junge Medienunternehmen verfügen sie zwar nicht über die juristischen Inhalte, aber über die Kompetenz, diese zu beschaffen und aufbereitet weiter zu verbreiten.

Als mögliche Konkurrenten sind auch *Unternehmen aus benachbarten Branchen* wie z. B. Druckereien[410], Buchhandlungen, Bibliotheken oder Datenbankanbieter besonders hervorzuheben. Zum einen sind sie durch Substitutionseffekte in der Verlagsbranche direkt betroffen und bedroht: Ihre Funktionen in der Wertschöpfungskette könnten entfallen (z. B. bei Druckereien) oder reintegriert werden (z. B. bei Buchhandlungen oder Datenbankanbietern). Zum anderen verfügen sie über Ressourcen (z. B. Know-How, weiterhin verwendbare Teile der Wertschöpfungskette, Marktkenntnis und Kundenzugang), die einen Teil der Eintrittsbarrieren senken und ihnen einen Einstieg in den Online-Markt erleichtern. Für solche Unternehmen kann daher

---

[406] Vgl. Amail (1996), S. 41 f., Hess, Böning-Spohr (1999), S. 11, Göldi (1996), S. 39, Haseloh (1997), S. 30, Kurz (1998), S. 19, Hofmann (2001), S. 176. Entsprechend auch bereits Kist (1988), S. 54 ff.
[407] Vgl. Frühschütz (1997), S. 6.
[408] Vgl. Kurz (1998), S. 19.
[409] Vgl. auch Europäische Kommission (1998), S. 4-49.
[410] Vgl. Ziegler, Becker (2000a), S. 85, Hess, Tzouvaras (2001), S. 245.

eine Erhöhung der eigenen Wertschöpfungstiefe sinnvoll sein. Hiermit können sie sowohl einer potentiellen Bedrohung ihres klassischen Geschäfts entgehen als auch ihr Geschäftsfeld ausweiten. Auch ihnen fehlt allerdings teilweise die Marke und die Erfahrung in Selektion, redaktioneller Aufbereitung oder Vermarktung der Inhalte.[411]

Vorteilhaft könnte ein Markteintritt auch für *ausländische Anbieter* werden.[412] Bisher war der deutsche Markt für sie aufgrund der besonderen Branchen-Usancen wenig attraktiv[413], zumal sie im juristischen Bereich ihre Inhalte speziell für den deutschen Markt herstellen müssen. Auch stellten für den Markt der juristischen Fachliteratur Sprachhürden und die starke Prägung durch nationale Faktoren in den Rechtsstrukturen hohe Eintrittsbarrieren für ausländische Anbieter dar. Ausländische Anbieter werden daher bevorzugt versuchen, durch enge Kooperationen oder Übernahmen landesspezifisches Know-How zu erwerben und gleichzeitig nationale Eintrittsbarrieren zu überwinden.[414] Zudem vermindern sich die Hürden relativ in dem Maße, in dem Know-How auf anderen Gebieten an Bedeutung gewinnt. Zu nennen ist hier insbesondere die erforderliche technische Infrastruktur z. B. für Datenbankanbieter, die bei ausländischen Anbietern häufig bereits vorhanden ist. Diese sind mit nahezu identischer Infrastruktur auf verschiedenen nationalen Märkten tätig, was erforderliche Investitionen deutlich senkt und Skaleneffekte ermöglicht.

Zunehmend werden auch die *originären Anbieter von Informationen*, z. B. Autoren, die bisher an den Verlag geliefert haben, statt dessen oder daneben selbst publizieren und so in Konkurrenz zu Verlagen treten.[415] Bei dieser Disintermediation wird die Vermittlungsfunktion der Verlage substituiert. Zu bedenken sind allerdings verschiedene mögliche Nachteile:

- Es fehlen typische Tätigkeiten eines Verlags wie z. B. die Selektions- und Qualitätssicherungsfunktionen[416], die Verbindung mit einer eingeführten Marke[417] oder die Ausnutzung

---

[411] Vgl. Welb (1999), S. 44. Zur möglichen Bedrohung durch Datenbankanbieter vgl. auch Kap. 3.4.5.3. In diese Kategorie sind auch neue Intermediäre wie BoD.de einzugruppieren, die letztlich eine Druckdienstleistung anbieten. Sie dehnen ihr Angebot zwar auch auf vor- und nachgelagerte Wertschöpfungsstufen aus, verzichten aber zumindest derzeit z. B. auf eine Selektion und redaktionelle oder lektoratsähnliche Aufbereitung. Zu BoD.de vgl. Hess, Tzouvaras (2001), S. 243, Riehm, Orwat, Wingert (2001), S. 114 ff., Conrad (2002), S. 114 ff

[412] Vgl. Hitzges, Köhler (1997), S. 49. Bereits Klein-Blenkers (1995), S. 54 erwartete einen zunehmenden Druck von ausländischen Anbietern auf den deutschen juristischen Fachverlagsmarkt.

[413] Vgl. Wilking (1998), S. 5.

[414] Vgl. auch Knuf (1998), S. 108. Dies ist typisch für die Internationalisierung eines geisteswissenschaftlichen Verlags, vgl. Klein-Blenkers (1995), S. 54. So auch Wirtz (2000), S. 109 f., der als Beispiel das Joint-Venture von Financial Times mit Gruner+Jahr für die Financial Times Deutschland anführt.

[415] Vgl. Brenner, Kolbe, Hamm (1997), S. 137 f., Europäische Kommission (1998), S. 5-25, de Kemp (1999), S. 251, Henkel (1999), S. 69, Liedl (1999), S. 206, Giaglis, Klein, O'Keefe (1999), S. 391 f., Porra (2000), S. 623 f., Ziegler, Becker (2000a), S. 85, Becker (2001), S. 10 sowie ausführlich Schönstedt (1999), S. 60 f. Dies erwarteten auch die Experten in einer Studie von Riehm, Orwat, Wingert (2001), S. 103 f.

[416] Vgl. Klostermann (1997), Kap. 3.d. Diese wurden allerdings z. B. im wissenschaftlichen Bereich schon immer außerhalb der Verlage erbracht, vgl. Clarke (1999).

einer etablierten Marktpräsenz[418]. Die Übernahme solcher Verlagsfunktionen wird von den Anbietern nicht gewünscht oder kann von ihnen nicht geleistet werden.[419]

- Die Herstellung wird häufig in Eigenleistung und damit oft in geringerer Qualität erbracht oder zu höheren Kosten fremd vergeben.[420]
- Der Anbieter trägt das unternehmerische Risiko.[421]
- Bei Angeboten von Privatpersonen ist häufig eine beständige Pflege nicht sichergestellt. Aus Abnehmersicht bedeutet dies eine erhöhte Unsicherheit und damit geringere Qualität.[422]

Diese Angebote sind aus Abnehmersicht untauglich[423] und stellen keine Substitute dar.

Vor allem öffentliche Institutionen treten zunehmend selber verlegerisch in Erscheinung. Durch solche originären Angebote entfallen hauptsächlich die Barrieren des Zugangs zum Inhaltemarkt und der Marke. Österreich stellt seit 1997 das Rechtsinformationssystem (RIS) des Bundes kostenlos im Internet zur Verfügung und tritt so in Konkurrenz zu kommerziellen Anbietern. In Deutschland stellen die meisten obersten Gerichte seit 2000 bzw. 2001 ihre Entscheidungen kostenlos zur Verfügung. Gleiches gilt in Deutschland für den Bereich der Gesetzestexte, die inzwischen kostenlos vom Staat angeboten werden.[424] Die Frage, inwieweit Gesetzestexte und Rechtsprechung kostenlos veröffentlicht werden sollen, ist umstritten. Es kristallisiert sich heraus, daß eine Grundversorgung – hierbei fehlt den Informationen ein Mehrwert etwa in Form einer besonderen Aufbereitung (Selektion, Kommentierung, Komprimierung) oder eines gebündelten Zugriffs – eine öffentliche, eine „Veredelung" aber eine private Aufgabe sei.[425]

Insgesamt werden originäre Informationsanbieter sich in ihrer Verlagstätigkeit auf die Nische der eigenen Inhalte konzentrieren. Verlage können dagegen durch Mehrwerte wie z. B. Aufbe-

---

[417] Vgl. Clarke (1999) und die dort zitierte Literatur, Arbeitskreis Elektronisches Publizieren (1999), S. 18, Hofer (2000), S. 141, Riehm, Orwat, Wingert (2001), S. 93. Eine Ausnahme sind etablierte Autorenmarken.

[418] Vgl. auch Brüggemann-Klein (1995), S. 173, Schönstedt (1999), S. 60 f., Riehm, Orwat, Wingert (2001), S. 93. Zariski (1997) hält eine Übernahme der Distributionsfunktion durch die Autoren für den wissenschaftlichen Bereich zwar für möglich, lehnt sie aber speziell für praktisch tätige Juristen ab.

[419] Vgl. Weyher (2000), S. 70, Hoffmann (2002), S. 59.

[420] Vgl. Schönstedt (1999), S. 60.

[421] Vgl. Schönstedt (1999), S. 60. Die übrigen Tätigkeiten der Produktion, Auslieferung und Fakturierung könnten nach Engelhardt, Rohde (1998), S. 136 von Dienstleistern übernommen werden.

[422] Vgl. Göldi (1996), S. 40, Lesch (1998), S. 54 f., de Kemp (1999), S. 255, Henderson (1999), S. 40 f., Kröger (2001), S. 160, Kroiß, Schuhbeck (2000), S. 2.

[423] Vgl. auch Müller (1995), S. 669, Möllers (2000), S. 1204 f.

[424] Vgl. zu solchen kostenlosen Angeboten Bruck, Selhofer (1997), S. 47 ff., Europäische Kommission (1998), S. 5-25, Schreiber (1998), S. 50, Sellier (2000), S. 40, Konzelmann (2002), Abs. 6 ff. Das BGBl. ist seit 1998 ohne Kopier- und Druckfunktion kostenlos, mit diesen Funktionen aber kostenpflichtig verfügbar (http://www.bundesanzeiger.de/bgbl1.htm), vgl. auch Konzelmann (1998). Inzwischen wird darüber hinaus ein kostenloser „Aktualitätendienst" angeboten (http://jurcom5.juris.de/bundesrecht/AKTUELL_ index.html). Das Land NRW stellt seine bereinigte Sammlung dagegen kostenpflichtig zur Verfügung (http://sgv.im.nrw.de/), vgl. Konzelmann (2000a), S. 148. Vgl. zur Veröffentlichungspraxis der Gerichte auch Eßer (2001).

[425] Vgl. Viefhues (2002), Abs. 2, Eßer (2001), Abs. 4 sowie Holenstein (2001), Abs. 10 ff. für die Schweiz.

reitungen oder Bündelungen verschiedener Anbieter die Kunden an sich binden.[426] Die Gefahr einer Disintermediation sollte daher nicht überschätzt werden, da – abgesehen von Nischen – durch originäre Anbieter kaum ein umfassendes, mit einem Verlag vergleichbares Angebot bereitgestellt werden kann.[427]

Ebenfalls als neue Spieler zu betrachten sind *andere Unternehmen oder Institutionen, die unbeabsichtigt als Verleger* auftreten. Sie gehen ihrem hauptsächlichen Geschäftszweck nach und bieten zusätzlich z. B. als Service oder zur Erhöhung der eigenen Reichweite juristische Informationen an.[428] Auch für diese Angebote gelten allerdings die wesentlichen Eintrittsbarrieren unverändert fort. So können sie kaum eine den Verlagen vergleichbare Marke und ein entsprechend umfangreiches Angebot bieten und verfügen im allgemeinen nur über einen eingeschränkten Zugang zum Inhaltemarkt.

Die größte Gefahr geht von einem *Verbund* aus. Neue Wettbewerber könnten z. B. in Form von Joint Ventures etablierter Spieler auftreten. So kann für klassische Inhaltsanbieter die Kooperation mit Datenbankanbietern, die das technische Know-How und Bündelungskompetenz mitbringen, eine sinnvolle Option sein.[429] Neue Spieler suchen als Markteinstieg ebenfalls häufig die Kooperation mit etablierten Spielern.[430] Vorteil einer solchen Kooperation ist die Vereinigung verschiedener Stärken. Jeder der Beteiligten kann durch seine Ressourcen einen Teil der Einstiegsbarrieren überwinden und so insgesamt den Markteinstieg deutlich erleichtern.

Am nächstliegenden ist insgesamt ein Einstieg für Unternehmen, die bereits in der Medienindustrie oder benachbarten Branchen tätig sind. Für diese Unternehmen stellen sich Eintrittsbarrieren nur sehr reduziert dar, während ein Einstieg für sie gleichzeitig auch sehr plausibel wäre. Hiermit könnten sie ihr Geschäftsfeld unter Nutzung von Synergien und Verbundvorteilen (Economies of Scope) diversifizieren[431] oder Bedrohungen entgehen. HENKEL stellte allerdings noch 1999 überrascht fest, daß faktisch bisher nur wenige neue Spieler tatsächlich aufgetreten seien.[432] Derzeit versucht der finanzkräftige amerikanische Datenbankanbieter Westlaw durch Kooperationen etablierte deutsche juristische Verlage für den Onlinebereich an sich zu binden.

---

[426] Vgl. auch Lesch (1998), S. 54 f.
[427] Vgl. entsprechend auch Wood (2001), S. 150 sowie tendenziell auch Hofer (2000), S. 141. Soldan (2002), S. 26 stellt dagegen mit 87% eine vergleichsweise hohe Nutzung von kostenlosen Internetangeboten durch Anwälte fest. Allerdings wird die Intensität der Nutzung solcher Informationen nicht weiter untersucht. Zudem ist dieser Wert systematisch verfälscht, da nur Nutzer des Online-Datenbankportals AlexIS befragt wurden, die ohnehin einer Internetnutzung aufgeschlossen gegenüberstehen.
[428] Vgl. Europäische Kommission (1998), S. 5-28, Henkel (1999), S. 84. Pointiert formuliert sind Verlage die einzigen, die mit Inhalten Geld verdienen müssen, vgl. Laukamm (2000), S. 44.
[429] Vgl. auch Frühschütz (1997), S. 6. Dies findet man entsprechend derzeit in Form des Anbieters Legios, an dem neben juristischen Verlagen die Datenbankplattform GENIOS beteiligt ist.
[430] Vgl. Kurz (1998), S. 19 entsprechend für die Tourismusbranche.
[431] Vgl. auch Heinrich (1994), S. 123.
[432] Vgl. Henkel (1999), S. 3.

3.1.3.4 Brancheninterner Wettbewerb

Die Rivalität unter den Unternehmen[433] hat starken Einfluß auf die Struktur der Branche. Strategische Schritte eines Unternehmens ziehen im Regelfall starke Reaktionen der anderen Unternehmen nach sich, so daß es zu einer „mörderischen" Wettbewerbssituation und einer Verschiebung der Kräftesituation der Unternehmen untereinander kommen kann. Starke Rivalitäten sind bei einer Branche allgemein dann besonders festzustellen, wenn folgende Merkmale gegeben sind:

- Geringes Branchenwachstum, d. h. ein Unternehmen kann seinen Umsatz nur durch eine Verschiebung der Marktanteile steigern.
- Hohe Fix- und Lagerkosten, d. h. eine hohe Kapazitätsauslastung ist erforderlich.
- Fehlende Differenzierung, d. h. die Switching Costs der Kunden sind nur gering.
- Kapazitätsveränderungen sind nur in großen Sprüngen möglich, d. h. es besteht kaum eine Möglichkeit zur Anpassung der Kapazität an die Nachfrage. Hieraus folgt das Ziel, den Umsatz möglichst nah an die eigene Kapazitätsgrenze vor dem nächsten „Sprung" heranzuführen.
- Unterschiedliche Strategien und Ziele der Spieler, d. h. es werden (z. B. durch ausländische Anbieter) Ziele und Wege verfolgt, die zu denen der übrigen Anbieter nicht kompatibel sind und Maßnahmen verlangen, die den Zielen der übrigen Anbieter entgegengesetzt laufen.
- Hohe Bedeutung der Branche für ein Unternehmen, d. h. mangelnde Diversifizierung.
- Hohe Austrittsschranken, d. h. ein Austritt bei Unattraktivität ist für die Unternehmen nicht oder nur mit hohen Kosten (bei hoher Spezifität der getätigten Investitionen) möglich.

Besonderes Merkmal der Verlagsbranche sind die Kostenstrukturen in Form des First-Copy-Effekts. Verlage haben im allgemeinen hohe Fix- und geringere Grenzkosten. Die Kostenstruktur begünstigt damit eine starke Anbieterkonzentration. In Branchen mit derartigen Kostenstrukturen ist typischerweise ein starker Verdrängungswettbewerb anzutreffen.[434] Hinzu kommt die mangelnde Diversifizierung der Branche (der überwiegende Teil der Verlage führt ausschließlich ein juristisches Angebot) und die damit verbundenen hohen Austrittsschranken.

Die juristische Verlagsbranche hat traditionell als Oligopol die Strategie einer Friedenswahrung verfolgt.[435] Die zunehmende Spezialisierung der letzten Jahre führte jedoch zu sinkenden Auflagenhöhen und damit rückläufigen Economies of Scale, so daß sich der Wettbewerb deutlich verschärft hat. So ist ein zunehmender Konzentrationsprozeß festzustellen. Das Internet verschärft diesen durch den möglichen Neueintritt neuer Spieler, die investieren und versuchen, Marktanteile zu erlangen.[436] Der Einfluß des Electronic Commerce wird daher zu einer ver-

---

[433] Vgl. zur Rivalität unter Wettbewerbern auch Porter (1999), S. 50 ff.
[434] Vgl. Hacker (1999), S. 156 f.
[435] Vgl. auch Klein-Blenkers (1995), S. 53.
[436] Vgl. Haertsch (2000), S. 127 f. Vgl. auch Picot, Reichwald, Wigand (2001), S. 373, Porter (2001), S. 66.

stärkten Rivalität unter den Unternehmen führen, um in dem jungen Teilsegment, in dem die Positionen noch nicht fest vergeben sind, eine möglichst günstige Ausgangsposition zu erlangen. Andererseits nimmt, wie noch zu zeigen sein wird, der Druck auf die Unternehmen zu, Kooperationen einzugehen. Daher werden künftig Wettbewerb und Kooperation – Coopetition – die Wettbewerbssituation gleichermaßen kennzeichnen.[437]

3.1.3.5 Verhandlungsmacht der Käufer

Die Verhandlungsmacht der Käufer hängt von den Merkmalen ihrer Marktsituation und der Wichtigkeit der Käufe im Verhältnis zu ihrem Gesamtgeschäft ab. Bei großer Verhandlungsmacht können die Käufer die Preise drücken, eine höhere Qualität verlangen oder Wettbewerber gegeneinander ausspielen und so auf die Rentabilität der liefernden Branche Einfluß nehmen. Ihre Macht ist von verschiedenen Faktoren abhängig:[438]

- Konzentrationsgrad der Käufergruppe bzw. Anteil am Umsatz des Verkäufers,
- Anteil an Produktkosten des Käufers (bei wesentlichem Kostenbestandteil besteht tendenziell eine größere Preissensibilität),
- Bedeutung des Produkts für die Qualität des Kundenprodukts (hohe Bedeutung führt zu geringerer Preissensibilität),
- Standardisierung des Produkts (d. h. Verfügbarkeit von Ersatzlieferanten),
- Höhe der Switching Costs,
- Profitabilität des Käufers (geringe Profitabilität führt zu größerer Preissensibilität),
- Transparenz für den Käufer hinsichtlich Nachfrage, Marktpreisen und Herstellungskosten und
- Möglichkeiten der vertikalen Rückwärtsintegration durch den Käufer.

Die Macht der Käufer kann von Unternehmen beeinflußt werden, indem sie z. B. gezielt nur Kunden mit geringer Macht auswählen oder auf die Drohung einer Rückwärtsintegration ihrerseits mit Vorwärtsintegration drohen.

Der klassische Buchmarkt ist durch ein zweistufiges Vertriebssystem gekennzeichnet. Käufer sind zunächst Buchhändler, die ihrerseits an die hier betrachtete Zielgruppe der beruflichen Verwender weitervertreiben. Diese Endkunden haben eine schwache Position[439]:

---

[437] Vgl. ausführlicher Kap. 3.2.4.
[438] Vgl. hierzu Porter (1999), S. 58 ff.
[439] Zum selben Schluß kommt auch Hutzschenreuter (2000), S. 81. Eine Betrachtung der Macht der Intermediäre findet sich unten in Kap. 3.6.2.2.

- Der Konzentrationsgrad und der Umsatzanteil einzelner Käufer ist aus Verlagssicht sehr gering; die Käufergruppen sind nicht nennenswert organisiert und stark zersplittert.[440]
- Die beim Käufer durch die Produkte verursachten Kosten sind vergleichsweise gering; es ist daher nur eine geringe Preissensibilität festzustellen.
- Die Qualität der Produkte ist bei der diskutierten Zielgruppe enorm wichtig, was eine geringe Preissensibilität weiter unterstützt.
- Ersatzprodukte existieren aufgrund der starken Markenbedeutung aus Kundensicht kaum.
- Die Switching Costs sind auf den ersten Blick gering, da Printprodukte keine weitere Infrastruktur benötigen. Gerade im juristischen Bereich weisen aber einige Werke bestimmte Eigenheiten in bezug auf die Benutzbarkeit (Aufbau, Art der Darstellung) auf. Zudem sind Loseblattsammlungen mit ebenfalls hohen Wechselkosten weit verbreitet.
- Die juristischen beruflichen Verwender haben im allgemeinen eine hohe Profitabilität, was zu einem geringen Kostendruck und damit einer weiter geringen Preissensibilität führt.
- Eine vertikale Rückwärtsintegration durch den Endkunden kommt in aller Regel nicht in Frage.

Unter dem Einfluß des Electronic Commerce ist allgemein von der Stärkung der Macht des Kunden auszugehen. Verantwortlich hierfür ist insbesondere eine größere Markttransparenz, d. h. die größere Anzahl potentieller Lieferanten vor allem in Form neuer Intermediäre, die nur „einen Mausklick entfernt"[441] sind. Angesichts der mangelnden Transparenz der Angebote im Internet und der durch Suchkosten eher erhöhten Transaktionskosten ist der Einfluß einer erhöhten Transparenz jedoch nicht überzubewerten[442], zumal sie nur eine von vielen Ursachen für eine schwache Verhandlungsposition von Verlagskunden ist. Ein erhöhter Preisdruck auf die Verlage kann aufgrund der Preisbindung nicht aufgebaut werden. Insgesamt ist eher von einer sinkenden Käufermacht durch den Electronic Commerce auszugehen.

Die schwache Position der Endkunden verdeutlicht, daß Verlage ein Interesse an einer Stärkung des Direktvertriebs haben könnten. Verlage könnten so versuchen, die Wechselkosten der Kunden zu erhöhen, insbesondere durch das verstärkte Erzeugen von Lock-In-Effekten.[443]

Als Kundengruppe ist neben diesen produktorientierten Kunden die Gruppe der Werbetreibenden zu sehen, deren Macht bei juristischen Verlagen gering bleibt. Als neue Kundengruppe tre-

---

[440] Vgl. auch Hutzschenreuter (2000), S. 81. Eine der zentralen Aufgaben des Buchhandels ist gerade, diese zersplitterte Nachfrage zu bündeln.
[441] Vgl. z. B. Haertsch (2000), S. 28 f., Hofer (2000), S. 239, Zerdick et al. (2001), S. 238, Picot, Reichwald, Wigand (2001), S. 373 sowie Schubert (2000), S. 119 f. und Fritz (2000), S. 234 und die dort jeweils zitierte Literatur.
[442] Vgl. auch Brandtweiner, Greimel (1998), S. 41, Picot, Reichwald, Wigand (2001), S. 380. Auch Schubert (2000), S. 120 verweist auf den erforderlichen Zeitaufwand. Juristen mit Zeitmangel werden ihn kaum aufbringen.
[443] Zum Aufbau von Wechselkosten und Lock-In-Effekten vgl. Haertsch (2000), S. 126 sowie Kap. 3.4.2.3.

ten schließlich noch die Kunden der Content Syndication auf. Ihre Macht hängt vom Umsatzanteil über diesen Zweig ab, wird aber voraussichtlich nicht dominierend werden.[444]

3.1.3.6 Verhandlungsmacht der Lieferanten

Ähnlich wie die Verhandlungsmacht der Käufer hängt die Macht der Lieferanten von den Merkmalen ihrer Marktsituation und der Wichtigkeit der Lieferungen im Verhältnis zu ihrem Gesamtgeschäft ab. Bei großer Verhandlungsmacht können die Lieferanten die Preise erhöhen oder die Qualität senken. Spiegelbildlich zur Käufermacht ist ihre Macht von verschiedenen Faktoren abhängig. Die Lieferanten sind in folgenden Fällen als mächtig einzustufen:[445]

- Der Konzentrationsgrad ist hoch bei geringem Konzentrationsgrad der Abnehmer.
- Es droht keine Gefahr durch Substitutionsprodukte.
- Die Abnehmerbranche ist ein höchstens durchschnittlich wichtiges Kundensegment des Lieferanten.
- Das Produkt ist für den Abnehmer wichtig, besonders bei eingeschränkter Lagerfähigkeit.
- Die Produktdifferenzierung ist hoch oder der Abnehmer hat hohe Wechselkosten.
- Die Lieferanten können glaubhaft mit Vorwärtsintegration drohen.

Eine starke Macht der Lieferanten ist für die Abnehmer besonders bedrohlich, wenn sie mögliche Preissteigerungen nicht an ihre Kunden weitergeben können. Andererseits kann das kaufende Unternehmen seinerseits z. B. mit Rückwärtsintegration drohen und sich so der Lieferantenmacht entgegenstellen.[446]

Betrachtet man die klassische Verlagsbranche, so sind die Autoren die wichtigsten Lieferanten; beschafft wird primär deren menschliche Arbeit.[447] Traditionell ist ihr Konzentrationsgrad sehr gering und auch eine Vorwärtsintegration nicht sehr erfolgversprechend[448], aber vor allem bei Autorenmarken sind Substitutionsprodukte praktisch nicht verfügbar und das Produkt ist für die abnehmenden Verlage existentiell. Bei Büchern haben Verlage damit nur eine geringe Verhandlungsmacht gegenüber Inhaltsproduzenten.[449] Im Onlinebereich nimmt die Macht der Autoren sogar tendenziell zu, da die Verlage zur Erzielung vieler Mehrwerte auf die Bereitschaft und Mitwirkung der Autoren angewiesen sind. Hierzu gehört z. B. die Bereitschaft zur aufwendigeren fachlichen Aufbereitung oder zur häufigeren Aktualisierung. Die Macht der origi-

---

[444] Vgl. zur Werbung ausführlicher unten Kap. 3.3.1.2.1, zu Content Syndication Kap. 3.4.7.3.
[445] Vgl. hierzu Porter (1999), S. 61 ff.
[446] Vgl. Porter (1999), S. 63.
[447] Vgl. Hess, Böning-Spohr (1999), S. 13.
[448] Zu den Aussichten von Autoren als Verlegern vgl. Kap. 3.1.3.3.2. Vgl. auch Behm et al. (1999), S. 77.
[449] Vgl. Europäische Kommission (1998), S. 4-17. Hoffmann (2002), S. 60 vertritt dagegen die Ansicht, die Autoren hätten nur eine schwache Position.

nären Anbieter von Fachinformationen kann dagegen durch den Electronic Commerce deutlich sinken.[450]

3.1.3.7 Preisbindung als regulative Rahmenbedingung

Regulative Rahmenbedingungen sieht PORTER nicht als eigenständigen Einflußfaktor auf die Wettbewerbssituation der Branche. Er ist vielmehr der Ansicht, daß diese Rahmenbedingungen auf die übrigen Wettbewerbskräfte einwirken, diese beeinflussen und so nur indirekt auf die Branche wirken.[451] Dem ist zuzustimmen. Es erscheint allerdings dennoch zweckmäßig, die Preisbindung aufgrund der besonderen Bedeutung separat zu betrachten.[452]

Die seit 1883 in Deutschland geltende *vertikale Preisbindung* ist prägend für die Marktstruktur des Buchhandels. Sie wird damit gerechtfertigt, daß sie durch die hohen Handelsspannen eine breite Verfügbarkeit des Angebots im verbreiteten Buchhandel sicherstellt. Etwa 90-95% der Verlagserzeugnisse in Deutschland sind preisgebunden. Einer der Hauptgründe der Preisbindung stellt dabei auf die Transaktionskostentheorie ab, wonach durch geographische Nähe und direkte Prüfbarkeit des Werks die Informationskosten für den Endkunden sinken. Dies fördert wiederum die Nachfrage. Ein Wegfall der Preisbindung würde den Wettbewerb im Buchhandel stark zunehmen lassen und bei diesem zu einer Konzentration auf umsatzstarke Titel führen. Andere Titel würden vom Handel vernachlässigt und als Folge möglicherweise nicht mehr verlegt.[453] Studien in anderen Ländern zeigten, daß nach einem Wegfall der Preisbindung die Zahl der Buchhandlungen abnahm, der Direktvertrieb und die Konzentration im Verlagswesen dagegen zunahmen.[454] Der immer wieder drohende Wegfall der Preisbindung ist auch eine Ursache für eine Sicherung der Vertriebswege durch die Verlage in Form eines zunehmenden Kaufs von Buchhandlungen und eine Forcierung des Direktvertriebs.[455]

Durch das Internet sinken die Informationskosten stark, denn Endkunden können durch das Netz Zugang zu den Produkten zu Grenzkosten von nahezu Null erhalten (dagegen muß man jedoch die erhöhten Informationskosten durch die Suche im Netz rechnen). Eine starke Reduzierung der Informationskosten entzieht der Preisbindung aber die transaktionskostengestützte

---

[450] Zur Beschaffung von Autorenleistungen und Fachinformationen vgl. ausführlicher Kap. 3.5.2.
[451] Vgl. Porter (1999), S. 64.
[452] Auch Wirtz (2001), S. 213 hebt deren Einfluß auf die Marktstruktur und das Marktverhalten hervor.
[453] Zur Preisbindung vgl. z. B. Antoni (1993), Sp. 4568, Henning (1998), S. 113 f., van Miert (1999), S. 25 ff., der die Preisbindung ablehnt, Jungermann, Heine (2000), S. 527 ff., Hofer (2000), S. 243 ff. und Riehm, Orwat, Wingert (2001), S. 34 ff. Zur transaktionskostentheoretischen Begründung vgl. Preuß Neudorf (1999), S. 85 f.
[454] Vgl. Preuß Neudorf (1999), S. 70 und die dort zitierten Studien. Van Miert (1999), S. 30 weist allerdings darauf hin, daß dieser Effekt von einem Bestehen oder Wegfall der Preisbindung nicht beeinflußt werde.
[455] Vgl. auch Behm et al. (1999), S. 132 f. sowie Kap. 3.6.2.

Rechtfertigung.[456] Im Ergebnis betreiben Verlage also mit einem Ausbau des Online-Services – unbeabsichtigt – den Wegfall der Preisbindung.

Der Fall der Preisbindung wird über kurz oder lang allgemein erwartet.[457] Primär ist von einem Wegfall der Preisbindung der Buchhandel betroffen, der sich einem deutlich stärkeren Wettbewerb über den Preis ausgesetzt sieht. Damit werden die Buchhandlungen preissensibler und sind in stärkerem Maße darauf angewiesen, ihre Macht gegenüber den Verlagen zu nutzen. Die Wettbewerbssituation der Verlage ist damit indirekt ebenfalls betroffen. Die Verlage müssen angesichts des härteren Wettbewerbs im Handel die Propagierung ihrer Produkte mit höheren Margen und hohen Remissionsquoten erkaufen.[458] Die Macht des Handels würde sich auch durch die als Folge des Preiskampfes zunehmende Konzentration verstärken. Die Verlage wären aber auch direkt betroffen: zwar könnten sie dem zunehmenden Druck des stärkeren Handels durch die – u. U. auslösende – Stärke ihres Direktvertriebs teilweise entgehen. Der Preiskampf würde sich bei einem Fall der Preisbindung aber auch direkt auf ihren Direktvertrieb auswirken, da er sich dem Preiskampf kaum entziehen kann.

Für Onlineprodukte ist die Preisbindung bisher ohne Bedeutung. Ob sie der Preisbindung unterworfen werden könnten, ist bisher unklar.[459] Onlineprodukte werden allerdings nahezu ausschließlich direkt vertrieben, so daß sich die Frage der Preisbindungsfähigkeit nicht stellt.

3.1.4 Hemmfaktoren einer offensiveren Internetstrategie juristischer Fachverlage

Allgemein ist in der Verlagsbranche noch eine sehr zurückhaltende Einstellung zum Engagement im Electronic Commerce festzustellen. Nach einem anfänglichen Abtasten der Möglichkeiten erproben die Verlage zwar mittlerweile verschiedene Produktformen und Positionierungen, ein strategisches konzeptionelles Vorgehen ist aber noch nicht festzustellen.[460] Mit Ausnahme weniger, sehr großer Spieler, wie z. B. Bertelsmann, gehen die Verlage im Regelfall defensiv vor und ergänzen lediglich ihre Printprodukte.[461]

KANTER untersuchte 2001 die Erfolgsfaktoren im Electronic Commerce und stellte fest, daß gravierende Veränderungen hauptsächlich in der Einstellung der Unternehmen erforderlich sind, die vor allem alteingesessenen Unternehmen schwer fallen.[462] Sie unterscheidet zwei Unternehmenstypen, die eine unterschiedliche Entwicklung aufweisen: die „Schrittmacher", die

---

[456] Vgl. Preuß Neudorf (1999), S. 97.
[457] Dies ist auch das Ergebnis einer Studie, vgl. Riehm, Orwat, Wingert (2001), S. 35 f.
[458] Vgl. Justus (2000), S. 156.
[459] Im Falle von CD-ROMs wurde die Möglichkeit zur Preisbindung nach längerem Rechtsstreit 1997 bejaht. Vgl. zur Preisbindungsfähigkeit digitaler Verlagsprodukte z. B. Jungermann, Heine (2000), S. 528 ff.
[460] Vgl. Henkel (1999), S. 4.
[461] Vgl. auch Hess, Schumann (1999), S. 14, Henkel (1999), S. 82.
[462] Vgl. hierzu ausführlicher Kanter (2001), S. 92 ff.

von dem Wunsch nach Veränderungen geprägt sind und zu den First Movern gehören, und die sogenannten „Bummler"[463]. Diese leugneten in einer ersten Stufe zunächst jede Bedrohung. Wenn eine Bedrohung unübersehbar sei, machten sie hierfür in einer zweiten Stufe neue Spieler verantwortlich, da diese sich nicht an die alten Branchenregeln hielten. In einer dritten Stufe würden sie selbst erste, allerdings nur unbedeutende („kosmetische") Änderungen durchführen. KANTER weist darauf hin, daß diese allerdings nicht ausreichten, sondern ein grundlegender Wechsel erforderlich sei. Schließlich stellt sie zehn provokante „Regeln" für einen falschen Weg im Electronic Commerce auf. Betrachtet man juristische Fachverlage nach den Kriterien KANTERs, so sind sie ganz überwiegend als Bummler einzustufen. Dabei befinden sie sich derzeit auf Stufe drei, indem sie zwar ein Webangebot bereithalten, neuartige Produkte aber nicht angeboten bzw. nachhaltig verfolgt werden. Eine Anwendung der zehn Mißerfolgsfaktoren auf juristische Fachverlage fällt allerdings schwer, auch wenn einige, etwa der fehlende Mehrwert der Onlineprodukte, derzeit durchaus überwiegend zutreffend sind.

Speziell in der juristischen Verlagsbranche lassen sich viele Hemmfaktoren tatsächlich auf die Einstellung in den Verlagen[464] zurückführen. In der Veränderung und Neuausrichtung der Unternehmenskultur liegen die größten Herausforderungen für Verlage. Dies gilt vor allem für traditionelle, auf Stabilität bedachte juristische Fachverlage, die höchste Qualität und Standards höher gewichten als Geschwindigkeit, Risikofreude und Kreativität.[465] In den Verlagen hemmen insbesondere die folgenden Faktoren:

- Mißbrauchsbefürchtungen, d. h. die Befürchtung vor Massenverbreitungen, sobald es einmal im Internet vorliegt.[466] Das Problem stellt sich insbesondere bei direkten Erlösen, wenn Kopien einfach anzufertigen (im Gegensatz etwa zu Dienstleistungen), Informationen nicht extrem zeitkritisch und die Informationen nicht so spezifisch sind, so daß sich nur wenige Abnehmer fänden und eine Weiterverbreitung nur mit hohen Transaktionskosten möglich wäre.[467] Tatsächlich kommt einer möglichen Mißbrauchsgefahr allerdings nur untergeordnete Bedeutung zu.[468] Juristische Entscheidungsdatenbanken sind beispielsweise kaum betroffen: aufgrund der sehr hohen Zahl breit gefächerter Entscheidungen würde eine Weiterverbreitung durch den Nutzer nur mit hohen Transaktionskosten möglich sein. Zudem kann kommerzielle Weiterverwertung vertraglich ausgeschlossen und aufgrund der relativ guten

---

[463] KANTER verwendet den Begriff der Laggards, der in der Diffusionstheorie die Gruppe der letzten Adoptoren bezeichnet, vgl. Rogers (1995), S. 262 ff.
[464] Vgl. hierzu auch Dietz (2000), S. 45, Laukamm (2000), S. 44.
[465] Vgl. auch Wirtz (2001), S. 186.
[466] Vgl. Riehm et al. (1992), S. 131 ff., Clarke (1999), Chapt. 4.3, Loebbecke (1999), S. 8, Rawolle, Hess (2000), S. 95, Porra (2000), S. 624, Tiedemann (2001), S. 51. Diese sind allerdings nicht überzubewerten, wie eine Umfrage unter juristischen und wirtschaftswissenschaftlichen Fachverlagen zeigte, vgl. N. N. (2001), S. 119 ff.
[467] Vgl. Göldi (1996), S. 25.
[468] Vgl. auch Hofmann (2001), S. 184.

Markttransparenz leicht festgestellt und verfolgt werden. Zunehmende Individualisierung senkt die Mißbrauchsgefahr zudem weiter.[469]

- Kannibalisierungsbefürchtungen von Printprodukten, verschärft durch die Befürchtung des Mißbrauchs und einer massenhafter Verbreitung digitaler Produkte.[470] Darin spiegeln sich starke Beharrungseffekte etablierter Strukturen und die mangelnde Bereitschaft wider, sich zu einer strategischen Ausrichtung des Geschäftsmodells auf den technischen und speziell den Onlinebereich zu bekennen.[471]
- Unsicherheit und hemmende kulturelle Einstellung in den Verlagen, die bisher in einem stabilen Wettbewerbsumfeld agiert haben, dessen Spielregeln sie kannten. Es fehlt die kulturelle Fähigkeit, in einem dynamischeren, von höheren Unsicherheiten geprägtem Wettbewerbsumfeld zu agieren.[472]
- Fehlende Bereitschaft oder wirtschaftliche Fähigkeit zu risikobehafteten Investitionen in die Zukunft[473] und zur Überbrückung von Verlusten im Rahmen von Penetrationsstrategien.
- Fehlende Bereitschaft in den eher konservativen Verlagen zu mehr Vertrauen insbesondere zu Mitbewerbern, wie es für eine Zusammenarbeit in Netzwerken (Coopetition) nötig wäre.[474]
- Fehlende Bereitschaft und Unsicherheit bezüglich einer grundsätzlichen Neuorientierung im Kundenkontakt, etwa zu dynamischen Preismodellen. Befürchtung, durch eine stärkere Produktdifferenzierung oder dynamische Preismodelle die Nutzer zu überfordern.
- Negative wirtschaftliche Erfahrungen mit elektronischem Offline-Publizieren, das die Verlage inzwischen viele Jahre beschäftigt.[475]
- Scheitern von Pilotprojekten im juristischen Onlinebereich, insbesondere ambitionierte Projekte wie Legalis und Fahnder.[476]
- Nachrangige Prioritäten gegenüber dem Tagesgeschäft, da aus Sicht der Verlage eine Bedrohung für das etablierte Leistungsangebot bzw. Potential durch neue Leistungsangebote nicht erkennbar ist.[477]
- Unsicherheit über Erlösmodelle und Zahlungswege.[478]

Hinzu kommt, daß auf kurze Sicht der Onlinebereich nicht wirtschaftlich betrieben werden kann.[479] Angesichts der starken Bedeutung der First-Copy-Kosten und kaum möglicher internationaler Marktausweitung müßte zum wirtschaftlichen Erfolg eine hohe Durchdringungsquo-

---

[469] Vgl. auch Beyer (2002), S. 202 sowie Kap. 3.4.7.3.4.
[470] Vgl. Bird (1999), Huisman (2000), S. 46, Bergmann (2000), S. 10
[471] Vgl. auch Clarke (1999), Chap. 4.1, Hess, Schumann (1999), S. 14, Loebbecke (1999a), S. 311, Laukamm (2000), S. 44, Kanter (2001), S. 92, Klein, Selz (2000).
[472] Vgl. Riehm et al. (1992), S. 146, Henkel (1999), S. 80 ff., Bird (1999), Langendorf (1999), S. 42.
[473] Vgl. auch Riehm et al. (1992), S. 139.
[474] Vgl. auch Klein (1996), S. 255 f. sowie speziell für Verlage Bruck, Selhofer (1997), S. 19.
[475] Vgl. auch Kap. 2.1.4.2.
[476] Vgl. auch Kap. 3.4.5.3.
[477] Vgl. auch Clarke (1999), Chap. 4.1, Kanter (2001), S. 94.
[478] Vgl. auch Clarke (1999), Chap. 4.1, Porra (2000), S. 624.
[479] Vgl. auch Luczak (2000), S. 161, Bergmann (2000), S. 9.

te erreicht werden. Dies ist angesichts der noch geringen Akzeptanzquote unrealistisch. Wirtschaftliche Hemmfaktoren sind daher:

- die geringe Zielgruppengröße aufgrund nationaler Beschränkung,[480]
- die geringe Marktentwicklung und damit Akzeptanzquote des Onlinebereichs in der Zielgruppe, da Juristen derzeit noch stark printorientiert sind.[481] Eine Penetration neuartiger Produkte, die Kunden zunächst ausführlich erläutert werden müssen, ist ein langwieriger Prozeß.[482] Langfristig verliert dieser Faktor als typisches Generationsproblem an Bedeutung.[483]
- die vor allem für kleinere Verlage (zu) hohen erforderliche Investitionen[484], zumal diese kurz- bis mittelfristig zusätzlich zu Printkosten anfallen.[485]

Daneben sind auch die folgenden eher technischen Gründe für die Zurückhaltung entscheidend:

- Mangelnde digitale Verfügbarkeit und Aufbereitung des Datenbestands; dies verhindert Datenmehrfachverwertung. Das Problem macht sich insbesondere bei etablierten Standardwerken wie Kommentaren bemerkbar, die über einen langen Zeitraum gewachsen sind. Die Verlage sind bisher vielfach nicht Herr ihrer Daten, die als Manuskripte an die Druckereien gingen, dort in Insellösungen als Satzdaten digital vorlagen und an die Verlage lediglich in gedruckter Form zurückgingen.[486] Eine systematische elektronische Aufbereitung erfordert eine langwierige redaktionelle Arbeit.[487] Das Problem stellt sich aber nicht nur für Altdaten, sondern selbst für aktuelle Publikationen werden diese Fehler teilweise wiederholt: Vorherrschend ist bei Printprodukten der Trend, das Layout auf den Autor zu übertragen und von diesem kamerafertige Vorlagen liefern zu lassen. Damit fehlt aber eine wiederverwendungsgerechte Form der Daten.[488]

---

[480] Vgl. auch Amail (1996), S. 125, Hess, Schumann (1999), S. 14.
[481] Vgl. hierzu Kap. 3.1.1.
[482] Vgl. Riehm et al. (1992), S. 138, Klein-Blenkers (1995), S. 204 ff., Hess, Tzouvaras (2001), S. 235. So weist etwa Zoubek (2001), S. 168 auf das Problem hin, der Zielgruppe zunächst Push-Dienste überhaupt erklären zu müssen.
[483] Vgl. N. N. (2000a), S. 16, Haft (1997), S. 115, Luczak (2000), S. 160, Sigmund (2000), S. 124, Ebbing (2001), S. 6.
[484] Vgl. Vogel (1999), S. 79, Bergmann (2000), S. 9.
[485] Vgl. N. N. (1998a), S. 108, Luczak (2000), S. 160, Konzelmann (2000a), S. 148.
[486] Vgl. Haseloh (1997), S. 10 ff., Hitzges, Köhler (1997), S. 7, Kukla (1998), S. 16 f., Vogel (1999), S. 79, Justus (2000), S. 157. Riehm, Orwat, Wingert (2001), S. 33 stellen zu Recht resignierend fest, daß das Bewußtsein in den Verlagen hierzu immer noch zu schwach ausgeprägt ist. Zu Problemen der Datenübernahme zwischen Druckereien und Verlagen vgl. Sandkuhl (1994), Schick (1997), S. 85 f.
[487] Bisher erfolgte Datenaufbereitungen in den Fachverlagen stellten einen sehr hohen Aufwand dar, vgl. z. B. die plastische Schilderung bei Riehm et al. (1992), S. 168 ff. sowie Haseloh (1997), S. 5 oder de Kemp (1999), S. 259 ff., für den Springer-Verlag (LINK), bei dem die hohen Konvertierungskosten einer der Gründe für den Verkauf an Bertelsmann waren (vgl. N. N. (1998g), S. 45).
[488] Vgl. zur Einbindung von Autoren auch Kap. 3.5.2.2.

- Mangelnde standardisierte Datenformate, die zur Senkung der Spezifität bei Kooperationen und marktlichen Beschaffungen benötigt werden.[489]
- Fehlende Standardisierungen der Zitationsformate, Oberflächen und Schnittstellen und damit ein erhöhtes Investitionsrisiko z. B. bei Onlinekommentaren.
- Die hohen Kosten zur Abwicklung von Bezahlungen.[490]

Hinzu kommen weitere allgemeine Nachteile von Onlineprodukten aus Anbietersicht[491], die ein Engagement der Verlage hemmen. Weniger hemmend als in anderen Segmenten wirken Befürchtungen vor einem Vertriebskanalkonflikt.[492]

3.1.5 Zusammenfassung zum Marktmodell

Betrachtet man das *Nachfragermodell*, so ist die juristische Zielgruppe relativ klein, aber sehr zahlungskräftig und weist vor allem bei spezifischen Informationen nur eine geringe Preissensitivität auf. Zu unterscheiden ist zwischen einem B2B-Geschäft mit professionell organisierten Großkunden und einem eher die Merkmale des B2C-Bereichs aufweisenden Bereichs mit kleineren und mittleren Kunden.

Der juristische *Markt* ist stark national orientiert. Derzeit steht wenigen großen Spielern eine Vielzahl relativ kleiner Verlage gegenüber. Im Vergleich zu anderen Unternehmen der Medienindustrie und anderen Branchen sind allerdings selbst große juristische Spieler als vergleichsweise klein einzustufen. Langfristig ist von einer stärkeren Konzentration und oligopolistischen Tendenzen auszugehen. Das juristische Segment weist im Gegensatz zu anderen Verlagssegmenten überdurchschnittliche Wachstumsraten und eine geringe Preissensibilität der Nutzer auf und ist damit für potentielle Neueinsteiger attraktiv.

Die genauere Betrachtung der *Wettbewerbssituation* basiert auf dem Modell der fünf Kräfte nach PORTER (Abb. 13). Die Gefahr durch *Substitutionsprodukte* ist als hoch einzuschätzen. Insbesondere Informationsdienste sowie Nachschlagewerke sind gefährdet. Allerdings ist nur mit einer allmählichen Akzeptanzsteigerung und daher eher mit einer kontinuierlichen Verlagerung zu rechnen.

Der Gefahr durch neue Konkurrenten kommt kurzfristig die größte Bedeutung zu. Die *Markteintrittsbarrieren* für Neueinsteiger entwickeln sich uneinheitlich. Während einige Barrieren an Bedeutung verlieren, steigt die Bedeutung der meisten übrigen Barrieren von einem allerdings eher geringen Ausgangsniveau. Dies steht im Gegensatz zur Literaturmeinung, die allgemein

---
[489] Vgl. auch de Kemp (2002), S. 176.
[490] Vgl. auch Luxem (2000), S. 204.
[491] Vgl. die Diskussion in Kap. 3.4.4.2.
[492] Vgl. ausführlicher Kap. 3.6.2.3.

durch das Internet eher ein Sinken erwartet. *Neue Spieler* könnten vor allem große, in Deutschland etablierte, aber branchenfremde Medienunternehmen oder große ausländische juristische Verlage sein. Dabei ist vor allem ein Markteintritt durch Übernahmen oder Kooperationen zu erwarten, um die erhöhten Eintrittsbarrieren zu umgehen. Die Gefahr einer in der Literatur oft zitierten Disintermediation, d. h. ein Direktangebot der originären Inhalteersteller, sollte aufgrund der fehlenden Bündelungsfunktion ebensowenig überschätzt werden wie die Gefahr einer Reintermediation durch neue Spieler aufgrund der hohen Eintrittsbarrieren.

```
                    ┌─────────────────────────────────┐
                    │ Große inländische Medienunternehmen │
                    │ Ausländische juristische Anbieter  │
                    │ Übernahmen/Kooperationen           │
                    └─────────────────────────────────┘
                                    │ Bedrohung durch
                                    │ neue Konkurrenten
                                    ▼
                         ┌──────────────────┐
                         │   Wettbewerber    │
         Verhandlungsstärke│  in der Branche  │ Verhandlungsmacht
         der Lieferanten  │       ↻          │   der Abnehmer
┌─────────────────┐ ────►│                  │◄──── ┌─────────┐
│    Autoren      │      │ Rivalität unter den│      │ Juristen │
│Fachinformations-│      │   bestehenden     │      └─────────┘
│   anbieter      │      │   Unternehmen     │
└─────────────────┘      └──────────────────┘
                                    ▲ Bedrohung durch
         Regulatorische              │ Ersatzprodukte
       Rahmenbedingungen              │ und -dienste
                                digitale Informationsdienste
    ┌──────────────┐           digitale Nachschlagewerke
    │ Schwächung der│           digitale Bücher
    │  Preisbindung │           digitale Zeitschriften
    └──────────────┘
```

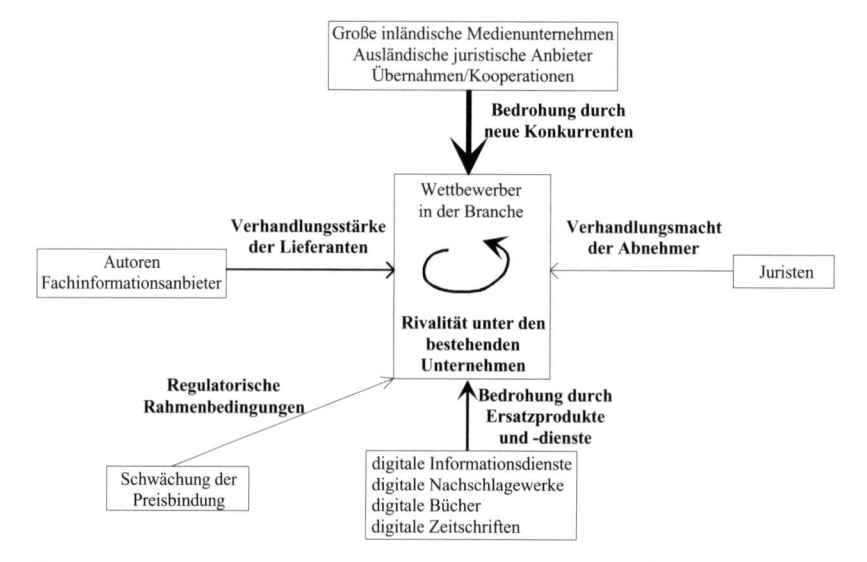

Abb. 13: Veränderungen der Wettbewerbssituation der juristischen Fachverlage im Überblick

Der *brancheninterne Wettbewerb* wird aufgrund eines zunehmenden Konzentrationsprozesses und des Eintritts neuer finanzkräftiger und z. T. aggressiver Spieler zunehmen. Maßgeblich ist aber vor allem der Kampf der Spieler um die Verteilung der neuen Marktanteile. Die *Käufermacht* bleibt auch unter dem Einfluß des Electronic Commerce insgesamt schwach bzw. wird sogar weiter abnehmen. Bei der *Lieferantenmacht* ist zwischen den Autoren als klassischen Lieferanten und den Inhaltslieferanten für Informationsdienste zu unterscheiden. Die Macht der Autoren gegenüber juristischen Verlagen steigt tendenziell, während die der übrigen Inhaltslieferanten dagegen sinken wird. Die *regulatorischen Rahmenbedingungen* insbesondere in Form der Preisbindung werden abgeschwächt werden. Verantwortlich hierfür ist ein Wegfall der transaktionskostentheoretischen Begründung. Damit betreiben die Verlage – ungewollt – den mittelfristigen Wegfall der Preisbindung.

Größter *Hemmfaktor* für eine stärkere Veränderung des juristischen Fachinformationsmarktes ist die kulturelle Einstellung sowohl der Nutzer als auch vor allem der Anbieter. In den Verlagen muß besonders eine auf Mißbrauchs- und Kannibalisierungsbefürchtungen beruhende Ablehnung der Digitalisierung bestehender Produkte und eine Scheu vor einer Zusammenarbeit mit anderen Verlagen überwunden werden. Daneben stehen die Verlage derzeit noch vor dem Problem, daß ein Großteil der für viele Produkte erforderlichen Altdaten nicht in digitaler Form vorliegt und zudem Investitionen mangels etablierter Standards risikobehaftet sind. Außerdem induziert die Zurückhaltung der Nutzer eine mangelnde Wirtschaftlichkeit aus Verlagssicht als weiteren Hemmfaktor. Eine Akzeptanz beim Kunden kann allerdings aufgrund der notwendigen Umstellung der Abläufe und Nutzungsgewohnheiten nur langfristig erreicht werden.

3.2 Leistungserstellungsmodell

Angesichts des veränderten Umfelds wie reduzierten Transaktionskosten und Spezialisierungsvorteilen ist die klassische betriebswirtschaftliche „make or buy"-Entscheidung neu zu treffen. Es stellt sich im Rahmen des Leistungserstellungsmodells die Frage, wie Rollen und Funktionen innerhalb des Wertschöpfungssystems neu aufgeteilt werden. Betroffen hiervon sind sowohl die (zwischenbetrieblichen) Abläufe zur Erstellung des Produkts als auch die Rollen der etablierten Handelsvermittler, die möglicherweise umgangen oder ersetzt werden.[493] Unternehmen müssen sich im Rahmen einer strategischen Entscheidung zwischen vertikaler Integration und Markttransaktionen entscheiden. Damit wird gleichzeitig auch das Ausmaß der unternehmensinternen Wertschöpfung und der Kernkompetenzen festgelegt.[494] Fokus der folgenden Überlegungen ist zunächst eine Betrachtung auf abstrakterem Niveau sowie dann eine detaillierte Betrachtung der Kernkompetenzen. Mögliche Veränderungen der Rollen von Handelsmittlern sind mit Veränderungen der Wertschöpfungskette eng verwandt[495], werden aber ausführlicher bei den entsprechenden Teilmodellen Beschaffung und Distribution behandelt.

3.2.1 Veränderungen der Wertschöpfungsketten in der Medienindustrie

Viel Beachtung in der Literatur fand eine bereits 1995 im Auftrag der europäischen Kommission erstellte Studie von ANDERSEN CONSULTING. Sie definierte zunächst sechs Wertschöpfungsgruppen, die sie grafisch anordnet.[496] Die Studie empfiehlt den Spielern der Medienbranche dann verschiedene zukünftige strategische Positionierungen in diesen Wertschöpfungsgruppen anhand von fünf grundlegenden idealtypischen Wettbewerbsrollen (Abb. 14).[497]

---

[493] Vgl. Wirtz (2001), S. 30, Beyer (2002), S. 200 f. Vgl. auch Klein, Szyperski (1997).
[494] Vgl. Porter (1999), S. 379 f., Szyperski, Klein (1993), S. 198. In der Industrieökonomie wird häufig der Begriff der Leistungstiefe synonym verwendet, vgl. auch Picot, Reichwald, Wigand (2001), S. 291.
[495] Vgl. Haertsch (2000), S. 35.
[496] Vgl. ausführlicher Kap. 2.3.2.
[497] Vgl. Bruck, Selhofer (1997), S. 57 ff.

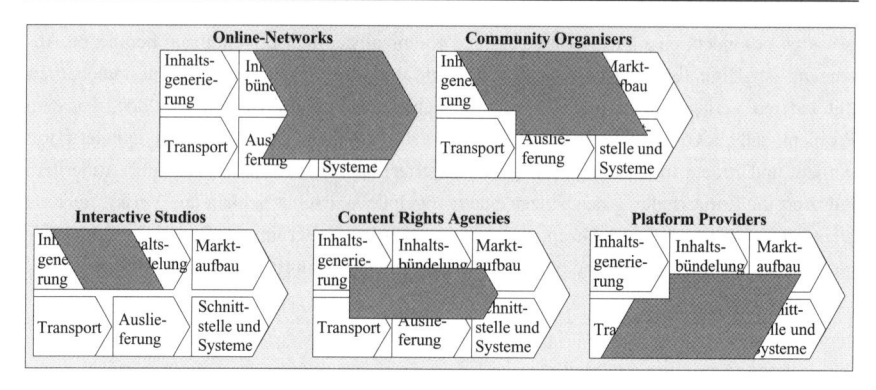

Abb. 14: Durch strategische Optionen abgedeckte Bereiche der Wertschöpfung[498]

Diese Rollen decken unterschiedliche Bereiche der Wertschöpfungsgruppen, die auch als Geschäftsmodelltypen interpretiert werden, ab:

- *Online Network*: Angebot eines umfassenden elektronischen Marktes. Hauptaufgabe von Online-Netzwerken ist die Vereinfachung, Organisation und Integration von Netzdiensten und -inhalten als „One Stop Shopping" mit starker Marke und Kundenbindung.
- *Community Organizer*: Fokus auf eine interessenszentrierte Zielgruppe. Community Organizer organisieren Interessensgemeinschaften und bereiten Inhalte für diese spezifisch auf. Sie bieten auch Inhalte für bestimmte fachliche Interessensgruppen an. Beispiele sind z. B. Rechtsdatenbanken.
- *Interactive Studio*: Schaffung von Inhalten und vielfältigen funktionalen Ebenen.
- *Content Rights Agency*: Verwaltung von Urheberrechten, Abstimmung von Inhalten und Zielgruppenbedürfnissen.
- *Platform Providers*: Schaffung einer technischen "plug-and-play" Plattform.

BÖNING-SPOHR und HESS kombinieren die allgemeinen Typologien der EUROPÄISCHEN KOMMISSION und von KILLIUS/MUELLER-OERLINGHAUSEN für die Medienindustrie und klassifizieren Geschäftsmodelle so, daß diese isoliert durchführbare Geschäfte darstellen.[499] Das Kriterium der funktionalen Schichten stellt heraus, ob das Online-Angebot technologiegetrieben in der Bereitstellung des Online-Zugangs besteht oder inhaltegetrieben, d. h. durch Inhalte bestimmt, ist. Weiteres Kriterium ist die Positionierung entlang der Wertschöpfungskette. Die Elemente der Wertschöpfungskette lehnen sich an die klassischer Medienunternehmen an, wonach Inhalte primär erzeugt, gebündelt oder distribuiert werden. Schließlich ist auch die Markt-

---

[498] In Anlehnung an Europäische Kommission (1996), S. 35.
[499] Vgl. zum folgenden Böning-Spohr, Hess (2000), S. 3 ff. Zu den zugrundeliegenden Ansätzen vgl. Kap. 2.3.2.

positionierung von Online-Angeboten ein Kriterium, wobei mögliche Ausprägungen die Anbieter-, Abnehmer- oder Maklerseite sind.

Aufgrund der Überschneidungen zwischen den Kriterien müssen Kombinationen gebildet werden, die dann eine Abgrenzung von Geschäftsmodellen erlauben. BÖNING-SPOHR und HESS lehnen sich dabei primär an die Wertschöpfungsstufen der Medienbranche an (Abb. 15):

- Inhalte erzeugen: Hierunter werden sowohl das Erstellen originärer Inhalte ausschließlich für Onlinemedien als auch Produktergänzungen klassischer Produkte für das Online-Angebot verstanden.
- Inhalte bündeln: Hierunter fallen einerseits Portale, zu denen neben Suchmaschinen auch normale Unternehmen gezählt werden, die zur Unterstützung ihres hauptsächlichen Geschäfts Navigationshilfen bereitstellen. Andererseits fallen hierunter Aggregatoren, bei denen Inhalte für bestimmte Zielgruppen (z. B. Communities wie BauNetz oder Multimedica), gebündelt werden.
- Inhalte distribuieren: Hierunter wird das Binden der Inhalte an einen materiellen Träger verstanden, für den im Kontext von Online-Angeboten nur das Internet oder geschlossene Online-Dienste und daher keine weiterführenden Ausprägungen in Frage kommen.

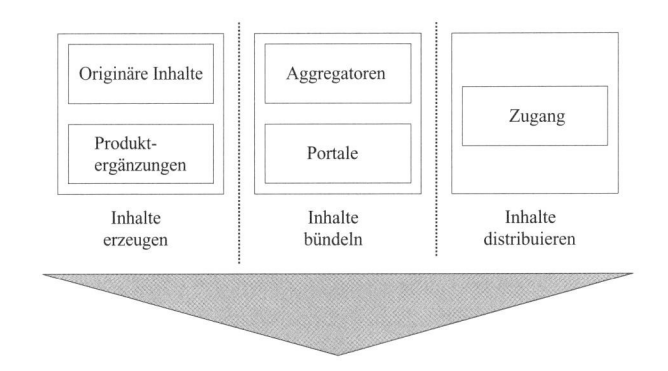

Abb. 15: Klassifikation der Geschäftsmodelle für Online-Anbieter nach BÖNING-SPOHR und HESS[500]

BÖNING-SPOHR und HESS sehen durch die ersten beiden Stufen der Wertschöpfungskette Medienunternehmen im engeren Sinne gekennzeichnet, während die Distribution auf Industrie- oder Handelsbetriebe übertragen werden kann. Sie bezeichnen daher die ersten beiden Stufen als „inhalteorientierte Online-Angebote". Den Handel mit physischen Produkten sowie elektronische Marktplätze fassen sie nicht unter die betrachteten Geschäftsmodelle.

---

[500] Vgl. Böning-Spohr, Hess (2000), S. 6.

HESS und BÖNING-SPOHR stellen dann auf abstrakter Ebene die veränderten Rollenbesetzungen der Wertschöpfungskette des Onlinebereichs dem klassischen Printgeschäft gegenüber (Abb. 16).[501] Das typische Verlagsgeschäft der Selektion wird nach ihrer Einschätzung von Online-Aggregatoren übernommen:

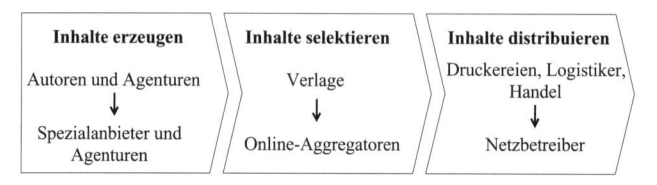

Inhalte erzeugen	Inhalte selektieren	Inhalte distribuieren
Autoren und Agenturen	Verlage	Druckereien, Logistiker, Handel
↓	↓	↓
Spezialanbieter und Agenturen	Online-Aggregatoren	Netzbetreiber

Abb. 16: Verschiebung der Rollen auf abstraktem Niveau nach HESS und BÖNING-SPOHR[502]

3.2.2 Zukünftige Kernkompetenzen und Wertschöpfungen von Verlagen

Verlage stehen vor der Entscheidung, ob sie ihre Wertschöpfungstiefe neu definieren. SCHIELE und LUBE bewerten hierzu verschiedene Alternativen. Sie sehen den Rückgang der Wertschöpfung durch eine Konzentration auf die Kernaufgabe „Markenführung" als „Worst Case". Als neutral bewerten sie einen Rückgang inhaltlicher und formeller Aufgaben und einen Wandel zum Informationsmakler. Positiv bewerten sie dagegen eine hohe Wertschöpfung durch die gleichbleibende Produktion eigener Inhalte bei veränderten Distributionswegen.[503]

Zukünftig einen Rückgang der Wertschöpfung sehen BRUCK und SELHOFER. Sie führen an, daß die klassische Wertschöpfung der Verlage in den Bereichen Inhalteentwicklung, Inhalteverpackung und Druck von bislang knapp 80% auf etwa die Hälfte zurückgehen werde, insbesondere durch den Wegfall der Druckstufe (Abb. 17). Dementsprechend sollten die Verlage versuchen, ihre Kompetenzen auszudehnen oder mit Unternehmen, die andere Teile der Wertschöpfungskette abdecken, zu kooperieren.[504] Dem ist allerdings entgegenzuhalten, daß der Druck als eigene Wertschöpfung nur für wenige Verlage gilt, insbesondere große Zeitungs- und Zeitschriftenverlage. Der ganz überwiegende Teil der übrigen Verlage hat auch schon bisher den Druck extern vergeben und ihn nicht zu seiner Wertschöpfung gerechnet. Legt man dann die Wertschöpfungsverteilung von BRUCK und SELHOFER und die Annahme, daß Entwicklung und Verpackung bei den Verlagen verbleiben, zugrunde, so steigt sogar der Wertschöpfungsanteil.

---

[501] Vgl. Hess, Böning-Spohr (1999), S. 11.
[502] In Anlehnung an Hess, Böning-Spohr (1999), S. 11.
[503] Vgl. Schiele, Lube (1996), S. 176 f.
[504] Vgl. Bruck, Selhofer (1997), S. 53.

Leistungserstellungsmodell

	41%		40%	19%
Gestaltung	Entwicklung	Verpackung	Druck	Distribution

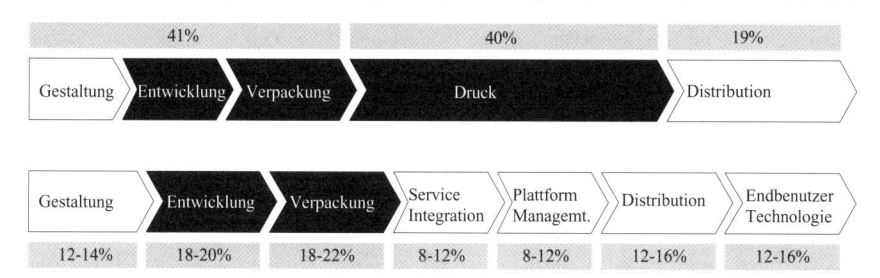

Gestaltung	Entwicklung	Verpackung	Service Integration	Plattform Managemt.	Distribution	Endbenutzer Technologie
12-14%	18-20%	18-22%	8-12%	8-12%	12-16%	12-16%

Abb. 17: Bedeutung der Digitalisierung für die Wertschöpfung bei Verlagen nach BRUCK und SELHOFER[505]

SENNEWALD sieht für eine Wertschöpfungskette der Verlage im Internet die Stufen Informationsbeschaffung, Redaktion, Einfügen fremder Inhalte, HTML-Programmierung, graphisches Layout und Abruf übers Netz.[506] Sie betont damit stark die veränderten technischen Abläufe der Herstellung, sieht die übrigen Stufen aber unverändert.

Insgesamt sieht die Literatur ganz überwiegend auch im Onlinebereich einen Schwerpunkt der Verlage weiterhin bei der Selektion und Bündelung von Inhalten.[507] Ebenfalls häufig genannt wird die Aufbereitung von Inhalten.[508] Daneben werden die Verwaltung von Inhalten[509], die Markenverbindung[510] und die Koordination[511] als auch im Onlinebereich von Verlagen auszufüllende Rollen gesehen, die zu denen im klassischen Bereich korrespondieren.

BIRD geht in seiner Auffassung deutlich über die übrige Literatur hinaus und sieht auf allen Wertschöpfungsstufen, also auch der Inhaltsgenerierung und dem Zugang zu Kunden, Kernkompetenzen der Verlage.[512] Daneben wird in der Literatur auch als umgekehrtes Extrem die Möglichkeit gesehen, daß sich Verlage zu reinen Rechteagenturen wandeln und auf diese Tätigkeit reduzieren.[513]

Die Studie der EUROPÄISCHEN KOMMISSION aus dem Jahr 1995 betrachtet ausführlich auf abstrakterem Niveau die Herausforderungen durch den Onlinebereich für Verlage. Demnach

---

[505] Nach Bruck, Selhofer (1997), S. 53.
[506] Vgl. Sennewald (1998), S. 102 ff.
[507] Vgl. Göldi (1996), S. 23, Lesch (1998), S. 55, Lehr (1999), S. 18 f., Koehler (1999), S. 52, Bröker (2000), S. 10, N. N. (2000), S. 174, Schick (1997), S. 87, Bird (1999), Folie 47, Hess, Tzouvaras (2001), S. 243 f., Hoffmann (2002), S. 59. Tiling (1988), S. 139 forderte bereits 1988 eine stärkere Fokussierung der Anbieter von elektronischen juristischen Informationen auf die Selektionsfunktion, unter der er insbesondere eine Individualisierung der Informationen versteht. de Kemp (2002), S. 166 betont, daß die Selektionsfunktion die wichtigste sei.
[508] Vgl. Schick (1997), S. 87, Lehr (1999), S. 18 f., Lesch (1998), S. 55, N. N. (2000), S. 174.
[509] Vgl. Schiele, Lube (1996), S. 161.
[510] Vgl. Schick (1997), S. 87, Bird (1999), Folie 47.
[511] Vgl. Hoffmann (2002), S. 60 f.
[512] Vgl. Bird (1999), Folie 47.
[513] Vgl. Bröker (2000), S. 10. Mit dieser Tendenz als mögliche Entwicklung auch Riehm et al. (1992), S. 283.

müssen die Community-Kompetenz und die Produktqualität von den Verlagen als zukünftige strategische Kernkompetenzen erkannt werden und diese sich zu Serviceanbietern wandeln. Klassische Verlage und Datenbankanbieter werden der Kompetenzgruppe „Inhaltsbündelung und Inhaltspräsentation" zugeordnet, die im wesentlichen aus den Teilaufgaben Inhaltsdigitalisierung, Leitung/Herausgabe/Layout und Individualisierung besteht.[514] Die Studie gibt dann konkrete Handlungsempfehlungen:[515]

- Große Verlage sollten aufbauend auf ihrem vielseitigen Angebot versuchen, sowohl die Rollen „Online Network" als auch „Community Organizer" zu übernehmen.
- Mittelständische Verlage sollten die engen Beziehungen zu Inhaltslieferanten ausbauen und sich besonders auf die Bündelung zielgruppengerechter Inhalte konzentrieren. Dies kann durch die Rollen „Community Organizer" sowie „Digital Rights Agency" geschehen. Kernpunkt hierbei ist der starke Fokus auf die Zielgruppe. Der zunehmende Wunsch nach einem umfassenden Serviceangebot verlangt eine Wandlung der Verlage über einen Produktfokus hinaus. Fehlende Kompetenzen sind durch Kooperationen zu substituieren.

Die hier besonders interessierenden Fachverlage sollten eine Rolle als „Community Organizer" übernehmen. Deren Zielgruppe zeichne sich durch Zeitrestriktionen aus und suche daher individuell zugeschnittene Angebote. Dabei sollten sich die Verlage auf einen klaren Zielmarkt konzentrieren und dort der führende Markenanbieter von Gemeinschaftsdiensten werden. Themenspezifische Kommunikationsdienste wie Expertenforen sollten einbezogen und die Inhalte aufgrund der Zeitrestriktionen der Zielgruppe individuell aufbereitet werden.[516]

Die möglichen Rollen und Empfehlungen der Studie sind recht eng gehalten und spiegeln nicht die gesamte mögliche Bandbreite wider. LOEBBECKE kritisiert dementsprechend, daß die Optionen für einen inhaltsorientierten klassischen Verlag wenig attraktiv erscheinen.[517]

3.2.3 Desintegration versus Reintegration für juristische Verlage

PORTER hat festgestellt, daß Unternehmen mit zunehmender Branchenreife dazu neigen, sich vertikal zu integrieren.[518] Derzeit ist denn auch in der Medienbranche ein Trend zum Aufbau großer Unternehmensverbünde mit vertikaler Integration festzustellen.[519] Vertikalisierung empfiehlt sich besonders, wenn den Tätigkeiten eine hohe Bedeutung zukommt und eine hohe Si-

---

[514] Vgl. Bruck, Selhofer (1997), S. 54 f.
[515] Vgl. Europäische Kommission (1996), S. 35 f.
[516] Vgl. Europäische Kommission (1996), S. 36 f.
[517] Vgl. Loebbecke (1999), S. 7.
[518] Vgl. Porter (1999), S. 66.
[519] Vgl. Kramer (1996), S. 1, Wirtz (2000), S. 235, O'Reilly (1996), S. 84 für das Internet sowie speziell für die Verlagsbranche Kukla (1998), S. 24 und Sieg (2001), S. 40. O'Reilly (1996), S. 84 erwartet dagegen mit fortschreitender Entwicklung des Internets eine Rückbesinnung auf Kernkompetenzen.

cherheit z. B. bezüglich der Kontrollierbarkeit, der Verfügbarkeit oder der Qualität gegeben sein muß.[520]

Vertikalisierung ist allerdings in Branchen mit unsicherem Umfeld oder raschem technologischem Wandel aufgrund der damit verbundenen Inflexibilität eine ungeeignete Koordinationsform.[521] Der Onlinebereich zeichnet sich aber gerade durch einen raschen technologischen Wandel aus. Hinzu kommen die bisher mangelnden Erfahrungen juristischer Verlage bezüglich valider Geschäftsmodelle im Onlinebereich. Verschiedene Autoren fordern daher von Verlagen die Dekonstruktion des eigenen Geschäftsmodells. Im Gegensatz zum traditionellen Printgeschäft werde es für die Verlage unmöglich, die gesamte Wertschöpfungskette zu kontrollieren. Das durch die Dekonstruktion eröffnete Virtualisierungspotential ermögliche vielmehr den Fremdbezug jeder Stufe der Wertschöpfungskette. Durch Kooperationen könnten auch die hohen Investitionen und das Risiko verteilt werden.[522] HOFER kommt dagegen angesichts der Vor- und Nachteile zu keiner eindeutigen Trendaussage, sondern hält eine Prüfung im Einzelfall für erforderlich.[523]

WIRTZ betrachtet speziell Buchverlage und sieht eine erhebliche Zunahme der Bedeutung von Integrationsstrategien. Horizontale Integration würde Buchverlagen das Nutzen von Synergien und vor allem die Erschließung neuer Absatzmärkte – aufgrund des gesättigten inländischen Marktes vor allem im Ausland – erlauben. Vertikale Integration erlaubt, Margen vor allem des Handels, aber auch der Inhaltelieferanten zu internalisieren.[524]

Bei einer Desintegration käme gerade für juristische Fachverlage ein von WIRTZ aufgeworfenes Problem zum Tragen: Die damit verbundene Abgabe von Wertschöpfung zieht typischerweise nicht in gleichem Maße einen Abbau von häufig administrativen Fixkosten nach sich, d. h. der Fixkostenblock des Unternehmens gewinnt an Bedeutung. Die Umsatzbasis verringert sich durch die reduzierte Wertschöpfungstiefe. Erforderlich sei daher eine Kompensation durch Expansion. Für eine solche Expansion käme nur eine Erweiterung hinsichtlich des Marktfokusses in Frage, was durch sinkende Eintrittsbarrieren unterstützt werde. Eine Expansion des Produktfokusses würde dagegen der angestrebten Spezialisierung zuwider laufen.[525] Eine Ausbreitung des Marktfokusses stellt sich für juristische Verlage allerdings schwierig dar. Zum einen sind die Kernkompetenzen – insbesondere die Inhalte und das Wissen über ihre Selektion und Aufbereitung – stark national geprägt, so daß eine internationale Ausdehnung schwer fällt.

---

[520] Vgl. Kap. 2.2.3.4.
[521] Vgl. auch Klein (1996), S. 21. Die erhöhte Inflexibilität resultiert z. B. aus dem gebundenen Kapital und einem erschwerten Wechsel und Marktaustritt. Vgl. zu Nachteilen einer vertikalen Integration der Leistungserstellung speziell für Medienunternehmen ausführlich Kramer (1996), S. 51 ff.
[522] Vgl. Schwarz, Allweyer (2000), S. 136, Killius, Mueller-Oerlinghausen (1999), S. 141 ff., de Kemp (1999), S. 251, Schmidt (1999), S. 5. Vgl. ausführlicher Kap. 2.2.5.
[523] Vgl. Hofer (2000), S. 160.
[524] Vgl. Wirtz (2000), S. 109 f.
[525] Vgl. Wirtz (2001), S. 192.

Zum anderen weist eine Vielzahl der juristischen Verlage eine mittelständische Größe auf und verfügt damit kaum über die erforderlichen Ressourcen und die Risikobereitschaft, in fremden, größtenteils bereits besetzten Märkten eine eigene Marke zu etablieren. Die Erfolgschancen für einen Eintritt eines deutschen Verlags in einen attraktiven ausländischen Markt sind daher gering.[526]

Nach Ansicht der Literatur werden die Kernkompetenzen der Verlage im wesentlichen auch für den Onlinebereich unverändert ihre Bedeutung erhalten.[527] Die hohe strategische Bedeutung dieser Funktionen spricht gegen eine Desintegration der primären Leistungserstellung. Sie könnte dann sinnvoll sein, wenn externe Dienstleister stärker als der Verlag Skalenvorteile geltend machen können und der Verlag die Aufgaben im Bedarfsfall auch wieder selbst übernehmen kann. Damit käme eine Desintegration höchstens für kleinere Teilbereiche und Teilaufgaben in Frage. WIRTZ weist zu Recht darauf hin, daß sich Integrations- und Netzwerkstrategien nicht gegenseitig ausschließen, sondern auch simultan zur Anwendung kommen können.[528] Die geeigneten Funktionen und sinnvolle Koordinationsformen sind daher im folgenden genauer zu prüfen.

3.2.4 Besondere Bedeutung von Coopetition für juristische Verlage

Verlage besitzen traditionell Erfahrung im Umgang mit Kooperationen, die sie zu einem Konkurrenzvorteil ausbauen können. Zudem weist die Literatur auf die zunehmende starke Bedeutung von Kooperationen – speziell von Kooperationen mit anderen Verlagen (Coopetition) – als kritische Erfolgsfaktoren hin.[529] Sie bieten damit gerade kleineren Verlagen die Möglichkeit, die Investitionen und das Risiko eines Einstiegs in neue Geschäftsfelder zu verteilen, schneller neue Technologien und Marken zu nutzen, eine virtuelle Größe zu erlangen und durch ein gemeinsames Vorgehens gegen drohende, ggf. internationale neue Spieler besser bestehen zu können. Sie entsprechen damit zudem den Markterfordernissen eines zunehmend umfassenderen Leistungsangebots, ohne selbst alle Ressourcen vorrätig halten zu müssen.[530]

Eine Kooperationsstrategie eignet sich für juristische Verlage speziell für den Onlinebereich in verschiedenen Gebieten:[531]

---

[526] Zu Kriterien für die Beurteilung der Erfolgschancen eines Markteintritts vgl. z. B. Fritz (2000), S. 225.
[527] Vgl. oben Kap. 3.2.2.
[528] Vgl. Wirtz (2000), S. 212.
[529] Vgl. z. B. Bruck, Selhofer (1997), S. 18 und S. 26, Knuf (1998), S. 108, Vogel (1999), S. 78, Lehr (1999), S. 22 f., Koehler (1999), S. 52, Ziegler, Becker (2000), S. 22, Ziegler, Becker (2000a), S. 85, Hofer (2000), S. 206.
[530] Vgl. auch Klein (1996), S. 2, Bruck, Selhofer (1997), S. 26, Vogel (1999), S. 78, Liedl (1999), S. 212. Zu den Vorteilen vgl. ausführlicher die Diskussion in Kap. 2.2.5.
[531] Vgl. ausführlicher die Diskussionen in den folgenden Kapiteln.

- Zum gemeinsamen Initiieren von Beschaffungsmarktplätzen. Der Leistungsaustausch selber erfolgt mittelfristig dann über marktliche Koordinierung.
- Beim Betrieb virtueller Gemeinschaften.
- Beim Angebot von umfassenden Datenbanken, d. h. zur Bildung einer virtuellen Datenbank.
- Bei individuellen Dienstleistungen vor allem für Großkunden zur Gewährleistung eines umfassenden Angebots.

Die Realisierbarkeit von Coopetition in der juristischen Verlagsbranche ist schwierig zu beurteilen. Bisher entwickelt sie sich nur langsam. HARENBERG hält Kooperationen unter Verlagen für Illusion. Vielmehr würde jeder Verleger bis zuletzt stark um seine Rechte streiten.[532] Er stellt damit zu Recht auf die gerade in der juristischen Verlagsbranche dominierenden Verlegerpersönlichkeiten ab. Sie verstärken die Bedeutung von Sympathien bzw. Antipathien. Das Projekt Legalis zeigt beispielhaft, wie die Verlage zwar einerseits die Notwendigkeit eines Zusammenrückens angesichts der hohen Investitionskosten und des harten Wettbewerbs sehen[533], aber andererseits aufgrund von Mißtrauen und Eigeninteressen der Verlegerpersönlichkeiten scheitern. BRUCK und SELHOFER verweisen dagegen auf die erfolgreiche österreichische Rechtsdatenbank RDB, bei der sich die führenden juristischen Verlage auf ein gemeinsames Vorgehen einigten und in diesem Teilbereich kooperieren. Auch in anderen Verlagssparten seien solche Kooperationen bereits üblich, etwa im Pressebereich das gemeinsame Nutzen von Druckkapazitäten oder die gemeinsame Gestaltung von TV-Beilagen. Allerdings stellen auch sie ansonsten Berührungsängste in den Verlagen fest.[534]

3.2.5 Besondere Bedeutung von Netzwerken für juristische Verlage

Mit der zunehmenden Verbreitung von Kooperationen einher geht mittelfristig ein Wandel zu einem Netzwerk von in Kooperationen eingebundenen Unternehmen, die gemeinsam eine Leistung erbringen. Vielfach wird auch für die Medienbranche eine Entwicklung der Wertschöpfungskette zum Wertschöpfungsnetz erwartet.[535] In solchen Netzwerken können die einzelnen Einheiten den spezifischen Wettbewerbsvorteil zur Geltung bringen. So kann ein Spieler einerseits ein Kompetenzfeld besetzen und sich andererseits für andere Aufgaben mit Dritten vernetzen. Netzwerkstrukturen eignen sich besonders für komplexe und sich rasch ändernde Umstände, wie die Verlage sie im Zuge der Erschließung des Onlinebereichs antreffen. Die einzelnen Leistungen und Rollen werden dabei zunehmend atomisiert, wobei Spieler durchaus mehrere

---

[532] Vgl. Harenberg (2001), S. 11. Im Vorgriff auf die Ergebnisse der Delphi-Studie kann festgestellt werden, daß diese Meinung auch von zahlreichen Experten geäußert wurde und sich als Tenor durch die gesamte Untersuchung zog. Vogel (1999), S. 67 erwartet auch tatsächlich auf lange Sicht einen Verlust der eigenen Identität, sieht diesen Weg aber als unabdingbar an.
[533] Vgl. auch Wilking (1998b), S. 5, N. N. (2000), S. 170.
[534] Vgl. Bruck, Selhofer (1997), S. 19 und S. 26.
[535] Vgl. Europäische Kommission (1998), S. 1-20, Hacker (1999), S. 163 ff., Ziegler, Becker (2000a), S. 85, Zerdick et al. (2001), S. 175 ff.

Rollen auf sich vereinen können. Sie werden dann bedarfsweise zu Leistungsangeboten konfiguriert, womit auch der im juristischen Bereich anzutreffenden zunehmenden Spezialisierung gut begegnet werden kann. Gleichzeitig sind die Partner je nach Spezifität und strategischer Bedeutung der angebotenen Leistungen austauschbar.[536]

Teil eines Netzwerks könnte vor allem die Beschaffungsfunktion für Fachinformationen sein, bei der großes Entwicklungspotential hinsichtlich einer Etablierung eines elektronischen Marktplatzes besteht. Bei dessen Etablierung ist sowohl eine Kooperation mit einem branchenfremden Marktplatzbetreiber für den technischen Betrieb als auch eine Kooperation mit anderen Verlagen sowie mit Inhaltslieferanten als Teilnehmer des Marktplatzes sinnvoll.[537] Über Kooperationen könnten im Zuge der Leistungserstellung auch verschiedene Dienstleistungsunternehmen eingebunden werden, die aufbauend auf beschaffte Fachinformationen deren Aufbereitung übernehmen und so ein Beschaffungsnetz bilden. Deren Einbindung eignet sich besonders dann, wenn eine hohe Spezialisierung für die Aufbereitung dieser Informationen erforderlich ist bzw. ihre Verarbeitung nur selten anfällt oder mit unsicherem langfristigem Markterfolg verbunden ist.

Daneben bietet sich gerade auch eine Netzbildung durch verschiedene Vertriebskooperationen an. Damit können auch kleinere Verlage eine virtuelle Größe erlangen, ein möglichst umfangreiches Angebot zur Verfügung stellen und so dem Konzentrationstrend der Branche widerstehen. Vorreiter kann hier der Datenbankbereich spielen, bei dem bereits erste Kooperationsversuche zu beobachten sind. Dabei geht überraschenderweise bisher die Initiative nicht von kleineren Spielern, sondern den führenden Verlagen aus. Motivation kann hierfür zum einen das Ziel sein, die führende Stellung zu festigen und eine Monopolisierung zu erreichen, zum anderen das Ziel, als – bezogen auf die gesamte Medienbranche – vergleichsweise kleine Spieler gegen einen möglichen Markteintritt branchenfremder Spieler gerüstet zu sein. Bestimmte Leistungsangebote wie z. B. Portale sind zwingend auf Kooperationen angewiesen, um eine erforderliche kritische Masse des Angebots zu erreichen. Sie werden häufig in Form von Netzwerken organisiert.[538]

Verlage verfügen traditionell über die Kompetenz, die Leistungserstellung durch Einbindung verschiedener Partner zu koordinieren und eignen sich daher besonders für die Rolle eines strategisch führenden Koordinators.[539] Die Höhe der eigenen Wertschöpfung im Netzwerk hängt stark vom gewählten Leistungsangebot, insbesondere der Höhe einer erforderlichen Systematisierung zur Unterstützung einer Individualisierung und einer redaktionellen Aufbereitung, und von der konkreten Konfiguration des Netzwerks ab. Die Diskussion in Kap. 3.2.2 zeigte, daß die Literatur von einer hohen Bedeutung der traditionellen Kernkompetenzen der Verlage, be-

---

[536] Vgl. auch Ziegler, Becker (2000), S. 23, Bahlmann (2002), S. 20.
[537] Vgl. ausführlicher Kap. 3.5.2.3.3.
[538] Beispielsweise das juristische Portal Marktplatz-Recht.de.
[539] Vgl. auch Chellappa et al. (1997), S. 328.

sonders der Selektion und der Aufbereitung, auch im Onlinebereich ausgeht. Gerade bezüglich der Aufbereitung ist aber eine genauere Unterscheidung erforderlich. Soweit hierunter eine redaktionelle Aufbereitung und eine Einbettung in einen Kontext zu verstehen ist, ist der Literaturauffassung zuzustimmen. Soweit es sich aber eher um eine syntaktische Aufbereitung und z. B. eine Anreicherung von Entscheidungen um Metainformationen geht, könnte diese Tätigkeit gut im Rahmen der Beschaffung an verschiedene Dienstleister vergeben werden.

Ziel solcher Netzwerke ist die möglichst umfassende Bedienung der Kundeninteressen einer definierten Zielgruppe durch eine einheitliche Kundenschnittstelle („One Face to the Customer").[540] Verlage eignen sich mittel- bis langfristig bei einer Zunahme des Direktvertriebs auch für diese wichtiger werdende Schnittstelle zum Kunden. Zukünftig wichtigere Leistungsangebote wie eine Individualisierung, die engen Kundenkontakt voraussetzt, und vor allem Dienstleistungsorientierungen mit langfristigen Kundenbeziehungen führen zu erhöhten Wechselkosten der Kunden und steigern den Wert der Kundenschnittstelle. Allerdings könnte die Schnittstellenfunktion auch von anderen Spielern beansprucht werden. Am aussichtsreichsten wären hier Buchhandlungen, deren Eignung aber nur begrenzt positiv zu beurteilen ist.[541]

Solche Netzwerke sind einem Wandel unterworfen. Zum einen resultiert er aus dem dynamischen technologischem Branchenumfeld, zum anderen aus der gerade erst beginnenden Akzeptanz des neuen Mediums in der Zielgruppe. Insbesondere der zeitliche Verlauf der Adaption durch die Zielgruppe ist schwer vorherzusagen. Mit langfristig steigender Etablierung sinkt die Bedeutung einiger Spieler, andere werden dagegen neu auftreten. Dies gilt besonders für die Intermediäre, die als Zugang zum Kunden besonders von einem veränderten Nachfrageverhalten betroffen wären.

Voraussetzung für die Entwicklung solcher Netzwerkstrukturen ist neben einer Überwindung der Kooperationsvorbehalte in den Verlagen vor allem die Etablierung eines integrierten und standardisierten Datenmanagements, um die resultierenden intensiven Datenverflechtungen effizient abwickeln zu können. Ansonsten würde der höhere Koordinationsaufwand eine mögliche stärkere zwischenbetriebliche Arbeitsteilung und damit letztlich den beschriebenen Strukturwandel verhindern.[542]

3.2.6 Zusammenfassung zum Leistungserstellungsmodell

Auf abstrakter Ebene bestehen die Wertschöpfungsketten in der Medienindustrie auch im Onlinebereich aus dem Erzeugen, Bündeln und Distribuieren von Inhalten. Dabei sieht die Litera-

---

[540] Vgl. Ziegler, Becker (2000), S. 22.
[541] Vgl. auch Kap. 3.4.7.2.2.
[542] Vgl. auch Klein (1996), S. 38.

tur auch im Onlinebereich die Kernkompetenzen der Verlage vor allem in der Selektion und der Aufbereitung von Inhalten. Auf Basis von abstrakten Rollenmodellen wird gerade Fachverlagen in der Literatur auch die Rolle eines Organisators von Gemeinschaften zugesprochen.

Vertikalisierung ist aufgrund der derzeit noch hohen Unsicherheit und der großen technischen Dynamik eine kurz- bis mittelfristig eher ungeeignete Strategie. Vielmehr sollte nach Ansicht der Literatur eine Konzentration auf Kernkompetenzen und die Nutzung von Kooperationen der geeignetere Weg sein. Problematisch daran kann allerdings der starke Rückgang der Umsatzbasis bei gleichzeitig nur sehr begrenzten Möglichkeiten zur Expansion sein. Teile der Literatur präferieren daher eine Integrationsstrategie. Diese könnte dann allerdings nur neben Kooperationen treten, da diese zumindest im Inhaltebereich aufgrund des zunehmenden Erfordernisses eines umfassenden Angebots für die meisten Verlage unabdingbar sind.

Im Falle von Kooperationen kommt einer Zusammenarbeit mit Wettbewerbern (Coopetition) gerade für kleinere Verlage in verschiedenen betrieblichen Funktionsbereichen besondere Bedeutung zu, ist aber aufgrund der starken Berührungsängste zwischen den Verlagen sehr problematisch. Eine Fortsetzung des Trends führt zur Ausbildung von Netzwerken, die letztlich zu einer Atomisierung der einzelnen Leistungen und ihrer bedarfsweisen Konfiguration führen. Verlage eignen sich dabei besonders für die Rolle eines Koordinators, übernehmen daneben aber auch weiterhin Teile der primären Wertschöpfung. Die aufgrund von möglichen Lock-In-Effekten zukünftig noch wertvollere Schnittstelle zum Kunden könnte auch vom Buchhandel beansprucht werden, wobei aber auch hier Verlage als geeigneter anzusehen sind.

3.3 Erlösmodelle

ZERDICK ET AL. unterscheiden bei der Entscheidung über die Finanzierung der Geschäftstätigkeit zwei Teilentscheidungen: die grundsätzliche Frage nach dem Erlösmodell, d. h. der Auswahl und ggf. Kombination verschiedener Erlösformen, und die Entscheidung über die Preispolitik. Dabei erhält die in einem ersten Schritt zu treffende Entscheidung über die Erlösformen gegenüber klassischen Geschäftsmodellen erhöhte Bedeutung. Verantwortlich für den Bedeutungszuwachs sind die erweiterten technischen Möglichkeiten und damit die erweiterten Freiheitsgrade, die neue Erlösmodelle entweder erst wirtschaftlich umsetzbar machen oder sogar erst ermöglichen.[543] Gerade im Onlinebereich sind im Gegensatz zum Printbereich noch nicht feste Erlösmodelle für bestimmte Medienangebote festgeschrieben.

---

[543] Vgl. Zerdick et al. (2001), S. 24 f.

3.3.1 Erlösformen

Bei der Auswahl der Erlösformen sind nach ZERDICK ET AL. zwei Zieldimensionen zu beachten: die Kostenstruktur und die Nutzenwahrnehmung. So kann die eigene Kostenstruktur bestimmte Erlösformen nahelegen, wie z. B. Abonnementgebühren bei regelmäßig wiederkehrenden Angeboten. Maßgeblich für eine Entscheidung wird im Regelfall die Akzeptanz beim Kunden sein, die im wesentlichen auf der Nutzenwahrnehmung beruht, da ein höherer wahrgenommener Nutzen zu einer höheren Zahlungsbereitschaft führt. Dies könnte zu einer Bevorzugung transaktionsbezogener Erlösformen führen, da bei diesen der gleichzeitige Nutzen am offensichtlichsten ist. Die beiden Zieldimensionen stehen häufig in einem Spannungsverhältnis zueinander. So ist z. B. trotz entsprechender Kostenstruktur des Anbieters eine einmalige Gebühr beim Kunden immer erklärungsbedürftig und aufgrund des selten parallel verlaufenden Nutzens nur schwer durchzusetzen.[544]

Einen Überblick über eine Systematik der Erlösformen anhand von Beispielen gibt Tab. 6. Die Bezeichnung als „indirekt" bezieht sich auf den Umstand, daß die Erlöse nicht direkt vom Nutzer, sondern zunächst von Dritten entrichtet werden. Diese finanzieren sich dann aber ihrerseits letztlich auch vom Nutzer. Typischerweise treten die Erlösformen in der Praxis in Mischformen auf. So kombinieren z. B. Zeitschriften Abonnement- mit Werbeerlösen und ermöglichen so eine Senkung der direkten Kosten für den Nutzer.[545]

Direkte Erlöse			Indirekte Erlöse	
Nutzungsabhängig	Nutzungsunabhängig		via Unternehmen	via Staat
	Einmalig	wiederkehrend		
Einzeltransaktionen	Anschlußgebühren Lizenzgebühren	Abonnement	Werbung Datamining Kommission Content Syndication	Subventionierung

Tab. 6. Systematik der Erlösformen[546]

---

[544] Vgl. Zerdick et al. (2001), S. 29 f.
[545] Vgl. Böning-Spohr, Hess (2000), S. 36.
[546] In Anlehnung an Zerdick et al. (2001), S. 26 f. Ergänzt wurde bei indirekten Erlösen die Zweitverwertung von Inhalten, auch als Content Syndication bezeichnet.

3.3.1.1 Direkte Erlöse

Im Onlinebereich ist eine nur geringe Bereitschaft zu Zahlungen festzustellen. Angesichts der zahlreichen Angebote ohne direkte Kosten fehlt den Nutzern ein Wertgefühl für digitale Informationen ohne physische Repräsentation.[547] LEHR bezweifelt sogar, ob sich überhaupt jemals Gebühren im Internet durchsetzen werden.[548] Wenn Unternehmen Nutzungsgebühren einführten, mußten sie in der Regel einen starken Abfall der Nutzerzahlen feststellen; andere abonnementfinanzierte Dienste haben ihren Betrieb einstellen müssen.[549] Aufgrund der stagnierenden indirekten Erlöse aus Werbung, die langfristig eine alleinige Finanzierung kaum leisten können, ist allerdings dennoch zu erwarten, daß Unternehmen verstärkt zumindest zusätzlich auf direkte Erlöse und damit eine Mischfinanzierung setzen werden[550], wie sie z. B. im klassischen Zeitschriftengeschäft üblich ist. Die Bereitschaft für direkte Zahlungen wird am ehesten bei qualitativ hochwertigen Angeboten bestehen.[551] Marken entfalten hier ihren Nutzen, indem sie hochwertige Inhalte kennzeichnen.[552]

3.3.1.1.1 Nutzungsabhängige Erlöse

Nutzungs- oder transaktionsabhängige Erlöse werden in Abhängigkeit vom in Anspruch genommenen Leistungsvolumen berechnet. Grundlage der Berechnung können z. B. die Datenmenge, die Anzahl der Abfragen, die Anzahl der digitalen Dokumente oder – für Inhalte im Internet allerdings eher unüblich – die benötigte Zeit sein.[553] Nutzungsabhängige Gebühren eignen sich besonders gut für Ad-Hoc-Abfragen, bei denen keine längerfristige Beziehung zwischen Kunden und Anbieter etabliert werden soll.[554] Vorteilhaft ist zudem die signifikante Senkung der preisbedingten Kaufbarrieren.[555] In der Praxis finden sich nutzungsabhängige Gebühren derzeit vor allem mengenabhängig beim Abruf von Volltexten aus Fachzeitschriften.[556]

---

[547] Vgl. z. B. Europäische Kommission (1998), S. 5-22, Lesch (1998), S. 55, Wilking (1998a), S. 44, Arbeitskreis Elektronisches Publizieren (1999), S. 18, Wirtz (2001), S. 433, Meffert (2001), S. 172, Fantapié Altobelli (2002), S. 15 f. Vogel (1999), S. 77 sieht dagegen eine wachsende Bereitschaft zu Zahlungen.
[548] Vgl. Lehr (1999), S. 90 f.
[549] Vgl. Europäische Kommission (1998), S. 5-22, Zerdick et al. (2001), S. 172 sowie Luxem (2000), S. 84 und die dort zitierte Literatur zum bekannten Fall des Wall Street Journals (http://www.wsj.com), dessen Nutzerzahlen von 650.000 auf 35.000 sanken. Diese Nutzerzahlen sind allerdings immer noch erheblich und zeigen eine gewisse Zahlungsbereitschaft im Bereich von Wirtschaftsnachrichten. Die New York Times sowie die Washington Post mit ihrem Focus auf den Breitenmarkt haben ihr Bezahlmodell dagegen wieder eingestellt.
[550] Vgl. auch Hartert (2001), S. 53.
[551] Vgl. Lehr (1999), S. 90 f., Henkel (1999), S. 150.
[552] Vgl. Henkel (1999), S. 150.
[553] Vgl. Zerdick et al. (2001), S. 27, Luxem (2000), S. 81 f.
[554] Vgl. Göldi (1996), S. 25.
[555] Vgl. Schiele, Lube (1996), S. 167.
[556] Vgl. Böning-Spohr, Hess (2000), S. 40.

Die nutzungsabhängige Abrechnung ist nach dem Zahlungszeitpunkt in eine sofortige Zahlung oder eine entkoppelte Zahlung weiter zu unterteilen. Am häufigsten ist in der Praxis derzeit die *entkoppelte Zahlung* anzutreffen. Vorherrschend als Abrechnungsverfahren sind nachträgliche papiergebundene Rechnungen mit Lastschrift bzw. Überweisung, gefolgt von der Kreditkarte. Die Abrechnung erfolgt in der Regel gebündelt über die in einem gewissen Zeitraum in Anspruch genommenen Leistungen. Voraussetzung hierfür ist eine Protokollfunktion und eine Verwaltung entsprechender Kundenstammdaten.[557] Damit eignen sich diese Abrechnungsverfahren primär für auf Dauer angelegte Kundenbeziehungen. Die klassischen entkoppelten Zahlungsverfahren haben aber gerade bei digitalen Produkten den Nachteil, daß das Risiko vollständig auf Seiten des Händlers liegt. Der Kunde hat die Möglichkeit, nachträglich die Zahlung zu verweigern bzw. ihr zu widersprechen. Da die Leistung allerdings bereits erbracht ist, besteht kaum eine beiderseitige Möglichkeit zur Rückabwicklung. Abhilfe könnten „Trusted Third Parties" schaffen, denen zunehmende Bedeutung zugesprochen wird.[558] Bisher mangelt es aber an solchen Intermediären mit entsprechender Marktmacht, Verbreitung und notwendigen Protokollen.[559]

Alternativ kommen auch Prepaid-Verfahren zur entkoppelten Zahlung in Betracht. Bei diesen muß der Kunde vorab auf ein Kundenkonto beim Anbieter eine bestimmte Summe einzahlen. Von diesem Kundenkonto werden dann die in Anspruch genommenen Leistungen bezahlt.[560] Vorteilhaft ist bei diesem Verfahren die hohe Zahlungssicherheit für den Anbieter und die damit geringeren Transaktionskosten. Nachteilig ist allerdings die geringere Akzeptanz beim Kunden, da dieser in Vorleistung treten muß. Zudem besteht zwangsläufig eine zeitliche Lücke zwischen der Anmeldung und Bezahlung und der Verbuchung beim Anbieter, ab der im Regelfall erst eine Angebotsnutzung möglich ist. Damit eignen sich von Verlagen angebotene Prepaid-Verfahren kaum für Ad-hoc-Abfragen ohne etablierte Kundenbeziehung. Intermediäre mit einer Prepaid-Zahlungsfunktion könnten aber hier bündelnd wirken.

Eine *sofortige Bezahlung* eignet sich häufig besser als eine entkoppelte Zahlung, da eine vorherige Anmeldung entfällt, Bezahlungsvorgang und Erbringung der Leistung direkt zusammenhängen und auf Anbieterseite kein Ausfallrisiko besteht. Zur sofortigen Bezahlung eignen sich insbesondere elektronische Zahlungsverfahren wie Micropayments[561]. Micropayments entspre-

---

[557] Vgl. Luxem (2000), S. 81. Eine Benutzer- und Zugriffsverwaltung stellt allerdings einen erheblichen Aufwand dar, vgl. Porra (2000), S. 624.
[558] Vgl. Giaglia, Klein, O'Keefe (1999), S. 100.
[559] Vgl. Luxem (2000), S. 188. Auch dieses Verfahren löst nicht das Problem einer einseitigen Rückabwicklung durch den Kunden. Allerdings können Trusted Third Parties aufgrund einer potentiell höheren Transaktionshäufigkeit sowie einer potentiell umfangreicheren Kundenhistorie eher das Ausfallrisiko abschätzen und verteilen.
[560] Ein solches Abrechnungsmodell wird z. B. bei Bildung-Online (http://www.bildung-online.de), eVerlage (http://www.everlage.de), XiPolis (http://www.xipolis.de) und Recht für Deutschland (http://www.recht.makrolog.de/) eingesetzt, vgl. auch Boles, Haber, Oldenettel (2000), S. 26, Niemann (2001), S. 106.
[561] Die Literatur zu Bezahlsystemen im Internet, speziell Micropaymentsystemen, ist nahezu unüberschaubar. Vgl. z. B. Kalakota, Whinston (1996), S. 299 ff., Wayner (1996), S. 75 ff., Panurach (1996), S. 47 ff., Asokan et al. (1997), S. 28 ff., Thome (1997), S. 114 ff., Knorr, Schläger (1997), S. 398 ff., Wrona

chen digitalem Bargeld, bei dem ein nachträgliches Rückfordern ohne Einverständnis der Gegenseite kaum möglich ist. Allerdings müssen die Kunden sich zunächst bei einem Anbieter von Micropaymentverfahren anmelden und im Regelfall spezielle Software installieren. Entgegen zahlreicher Vorhersagen[562] kommt Micropaymentsystemen aufgrund ihrer Komplexität bisher keinerlei Bedeutung zu.[563] In der Literatur wird dieses überwiegend als lediglich technisches Problem mit nur kurzfristiger Bedeutung bezeichnet.[564] Tatsächlich handelt es sich jedoch auf Kundenseite eher um ein Akzeptanz- und damit soziologisches Problem. Neben Sicherheitsbedenken[565] ist vor allem ein fehlendes übertragbares Erfahrungswissen ursächlich, da es für die Kunden ein radikal neues Verfahren darstellt. Aufgrund der Probleme haben sich die bisher am Markt positionierten Verfahren größtenteils zurückgezogen. Ersatzweise versuchen sich derzeit andere Systeme am Markt zu positionieren, können aber bisher ebenfalls keine nennenswerte Akzeptanz aufweisen.[566] Eine Delphi-Studie aus dem Jahr 2000 erwartet vor allem für die Geldkarte eine steigende Bedeutung: sie werde sich bis zum Jahr 2008 durchsetzen.[567]

Nutzungsabhängige Erlösmodelle sind aufgrund des Informationsparadoxons[568] für kurze Informationen, die eine vorherige Qualitätsbeurteilung durch den Kunden erfordern, weniger geeignet. Bei digitalen Informationen kann ein Kunde kaum die Qualität einer angebotenen Leistung beurteilen, solange er sie nicht gesehen hat. Insofern wäre ein vorheriges „Anschauen" oder eine Rückgabemöglichkeit zu fordern. Aufgrund der Untrennbarkeit von Konsum und Qualitätsbeurteilung hat der Kunde sie vor allem bei kurzen Informationen dann aber bereits vollständig zur Kenntnis genommen. Er hat dann kein Interesse mehr an einer Abwicklung des Kaufs. Daher wird der Anbieter die Informationen nicht vorab zur Qualitätsbeurteilung anbieten, der Kunde ohne vorherige Beurteilung aber kaum kaufen. Somit ergibt sich eine Deadlock-Situation, die letztlich das Geschäft verhindern kann.[569] Bei z. B. abonnementbasierten Modellen tritt das Problem nicht auf, wenn der Kunde sich einmal von der Qualität des abonnierten Dienstes insgesamt überzeugt hat.

---

et al. (1998), S. 4 ff., von Hammel, Borcherding (1998), S. 38 ff., Seipp (1999), S. 223 mit einer Bewertung der Einsatzgebiete, Heinemann, Priess (2001), S. 168 ff., Schinzer (2001), S. 392 ff.
[562] Vgl. z. B. Giaglis, Klein, O'Keefe (1999), S. 400, Thome (1997), S. 114.
[563] Vgl. Europäische Kommission (1998), S. 7-50 ff., Luxem (2000), S. 94.
[564] Vgl. z. B. Haldemann (2000), S. 82, Wirtz (2001), S. 623 f.
[565] Sowohl bezüglich betrügerischer Eingriffe Dritter als auch bezüglich der Sicherheit des auf der eigenen Festplatte gespeicherten „digitalen Geldes" im Falle eines technischen Defekts.
[566] Etwa „Net900" oder „Firstgate Click & Pay", vgl. zu diesen Systemen auch Niemann (2001), S. 105, Schinzer (2001), S. 401 f.
[567] Vgl. Beck, Glotz, Vogelsang (2000), S. 139 f.
[568] Zum Problem des Informationsparadoxons vgl. Picot, Reichwald, Wigand (2001), S. 358 sowie Detering (2001), S. 17 f., nach dem das Informationsparadoxon auf ein Werk von ARROW aus dem Jahr 1971 zurückgeht.
[569] Vgl. Preuß Neudorf (1999), S. 43. Ähnliche Mißbrauchserfahrungen machte z. B. der Verlag Recht und Praxis, vgl. Wilking (1998c), S. 21. Zur Qualitätsbeurteilung durch Nachfrager bei Unsicherheit vgl. auch Schlee (1996), S. 804 und die dort zitierte Literatur.

Nutzungsabhängigen Erlösen wird in der Literatur als Ergänzung zu den traditionellen Erlösformen Abonnement und Werbung überwiegend eine zunehmende Bedeutung prophezeit.[570] Insgesamt ist die Situation zur Abwicklung von nutzungsabhängigen Zahlungen allerdings als unbefriedigend zu bezeichnen. Insbesondere bei Informationsdiensten von Verlagen handelt es sich eher um kleine Abrechnungseinheiten mit Beträgen von häufig unter 5 €. Damit kommt den vergleichsweise hohen Transaktionskosten besondere Bedeutung zu. Nutzungsabhängige Erlöse sind derzeit bei kleinen Abrechnungsbeträgen kaum wirtschaftlich abzurechnen.[571]

3.3.1.1.2 Nutzungsunabhängige Erlöse

Unter nutzungsunabhängigen Erlösen sind einmalige oder regelmäßig wiederkehrende Erlöse zu verstehen, die durch eine pauschale Abrechnung gekennzeichnet sind. Im Verlagsgeschäft sind *Abonnements* die bedeutendsten Vertreter dieser Erlösform. Eine einmalige Kaufentscheidung zieht regelmäßig wiederkehrende Zahlungen nach sich.[572] Dementsprechend zeichnet sich dieses Erlösmodell durch eine dauerhafte Kundenbeziehung aus und sichert so dauerhafte Erlöse. Es ist für klassische Zeitschriften und Zeitungen sowie Loseblattwerke die dominante Erlösform.[573] Ein großer Vorzug aus Anbietersicht liegt in der einfachen Struktur der Fakturierung: es ist keine Messung des Verbrauchs notwendig. Auch sind die Erlöse zuverlässiger als bei nutzungsabhängiger Berechnung zu kalkulieren.[574] Auf Anbieterseite ist zwar eine Verwaltung der Kundendaten und der Abonnements erforderlich, die aber teilweise an die Kunden ausgelagert wird.

Untersuchungen von LINHART und anderen zeigen, daß auch Nachfrager eher zu als sicherer empfundenen Pauschaltarifen mit vorher bekannten fixen Kosten neigen, selbst wenn dies statistisch ungünstiger als nutzungsabhängige Berechnung ist.[575] CHOI, STAHL und WHINSTON kritisieren diese Untersuchungen allerdings als nicht auf den Electronic Commerce übertragbar, da dort kaum echte nutzungsabhängige Erlösmodelle angeboten wurden.[576] HAFT kam jedoch in einer Untersuchung speziell für Anwälte zu ähnlichen Ergebnissen wie LINHART.[577] Damit

---

[570] Vgl. z. B. Hitzges, Köhler (1997), S. 60, Luxem (2000), S. 83. Odlyzko (1996), S. 8 f. rechnet zwar auch mit einer weiteren Verbreitung von nutzungsabhängigen Erlösformen, sieht diese jedoch als nachrangig gegenüber Abonnementmodellen an.
[571] Vgl. Göldi (1996), S. 25. Direkte Erlösmodelle erfordern eine starke Integration in die Back-End-Systeme, die dann wesentlich komplexere Prozesse unterstützen müssen, um individuelle detaillierte Rechnungen automatisiert erstellen zu können und Transaktionskosten weitgehend zu senken, vgl. Hartert (2001), S. 49 ff.
[572] Vgl. Zerdick et al. (2001), S. 27. Die Studie der EUROPÄISCHEN KOMMISSION versteht unter Abonnements allerdings auch zeitabhängige Abrechnungsmodelle, vgl. Europäische Kommission (1998), S. 5-26.
[573] Eine Studie ermittelte eine sehr hohe Verbreitung von Abonnements in juristischen Kanzleien: so hielten über 30% der Anwälte mehr als 10 Abonnements, vgl. FORIS (2001), S. 22.
[574] Vgl. Riehm et al. (1992), S. 135 ff. Vgl. auch Bahlmann (2002), S. 19.
[575] Vgl. Odlyzko, Fishburn (1999), S. 2, Odlyzko (1996), S. 8 und die dort zitierte Literatur sowie Choi, Stahl, Whinston (1997), S. 364. Zu entsprechenden Aussagen kommt auch Heuser (1999), S. 47.
[576] Vgl. Choi, Stahl, Whinston (1997), S. 364, Choi, Stahl, Whinston (1998), S. 21.
[577] Vgl. Haft (1998), S. T2-5.

scheint sich ODLYZKOS Aussage zu bestätigen, der Abonnementmodelle für die maßgebliche Erlösform im Gegensatz zu nutzungsabhängigen Erlösen hält.[578]

ODLYZKO räumt einer Spezialform des Abonnements, der *Gruppenlizenz*, zukünftig eine besonders steigende Bedeutung ein. Typische Vertreter einer solchen Gruppenlizenz sind z. B. Campus-Lizenzen. Gruppenlizenzen stellen auch eine Spezialform von Bündelung dar, bei der unterschiedliche Nutzenbewertungen von verschiedenen Gruppenmitgliedern ausgeglichen werden.[579] Die zunehmende Bedeutung ist plausibel: die wichtigen Skaleneffekten stärken den Trend zu größeren Volumina, wobei gleichzeitig die Transaktionskosten für Zahlungsvorgänge gesenkt werden können.

3.3.1.2 Indirekte Erlöse

3.3.1.2.1 Werbeerlöse

Werbefinanzierung ist die derzeit maßgeblichste Form von indirekten Erlösen.[580] Werbung ist eine investive Dienstleistung.[581] Die werbenden Unternehmen sind an der Aufmerksamkeit der Nutzer interessiert. Daher suchen sie das Umfeld attraktiver Inhalte. Die sich so finanzierenden Unternehmen verschaffen den werbenden Unternehmen diese Aufmerksamkeit durch ein Angebot mit entsprechend großer Reichweite, auf dem sie Werbebanner und Verweise auf Produkte des werbenden Unternehmens einblenden.[582] Die hohe Reichweite wird durch ein im Regelfall für den Nutzer kostenloses Angebot erreicht, das durch diese Werbung finanziert wird.[583] Damit wird versucht, durch das Erreichen einer kritischen Masse den Effekt der Auflagen-Anzeigen-Spirale[584] zu nutzen und gleichzeitig Netzeffekte zu erzielen.[585] Werbung wird eher von

---

[578] Vgl. Odlyzko (1996), S. 7. Mit dieser Tendenz auch bereits Riehm et al. (1992), S. 140 und die dort zitierte ältere Diskussion in der Literatur sowie Bahlmann (2002), S. 19.
[579] Vgl. Odlyzko (1996), S. 9. Ausführlich hierzu mit einer formalen Betrachtung auch Varian (2000), S. 12 ff. Für die Datenbank LexisNexis wird z. B. eine Campus-Lizenz mit Kosten von 2-4 US$ pro Student angeboten, vgl. Europäische Kommission (1998), S. 5-25.
[580] Vgl. Choi, Stahl, Whinston (1997), S. 215, Europäische Kommission (1998), S. 1-30, Clarke (1999), Zerdick et al. (2001), S. 167, Picot, Reichwald, Wigand (2001), S. 367.
[581] Vgl. Henkel (1999), S. 27.
[582] Vgl. z. B. Zerdick et al. (2001), S. 50 f., Luxem (2000), S. 84. Von besonderer Bedeutung ist die Plazierung der Werbung in einem thematisch passenden Umfeld, d. h. zielgruppengerecht, da dort eine höhere Aufnahmebereitschaft besteht, vgl. Bughin et al. (2001a), S. 63 f.
[583] Ein bekanntes Beispiel für gescheiterte Werbeerlöse ist die Encyclopaedia Britannica, die zuletzt in gedruckter Form 32 Bände mit insgesamt 60 kg umfaßte und ca. 2.700 DM kostete. Dann erschien sie auf CD-ROM für ca. 140 DM und war im Internet zunächst kostenpflichtig, dann sogar kostenlos verfügbar und durch Werbeerlöse finanziert, vgl. Wilking (1999), S. 88 f., Hofer (2000), S. 205 f., Böning-Spohr, Hess (2000), S. 39 oder Zerdick et al. (2001), S. 179. Dies führte allerdings zu massiven Erlösproblemen und zur größten Krise seit dem Bestehen. Dann wurde nach 4 ½ Jahren im Herbst 2001 erstmalig wieder eine Druckversion vorgestellt, die auf rege Nachfrage stieß. In der Onlineversion wurden die vollständigen Einträge kostenpflichtig. Vgl. Jacobi (2002), S. 36 ff.
[584] Vgl. oben Kap. 3.1.3.3.1.
[585] Vgl. Armstrong, Hagel (1995), S. 130, Böning-Spohr, Hess (2000), S. 42.

Nutzern mit einer höheren Preissensibilität akzeptiert, die an einer zumindest teilweise indirekten Finanzierung des Angebots interessiert sind.[586] Werbefinanzierung ist insbesondere (Publikums-) Zeitschriftenverlagen als gängige Form der Finanzierung vertraut. Typische Beispiele für primär werbefinanzierte Online-Angebote sind Suchmaschinen und Portale.[587] Berufliche Verwender mit einer eher geringeren Preissensibilität wollen dagegen möglichst effektiv arbeiten ohne störende Werbung.[588]

Typischerweise bestehen die Kontakte zwischen Anbietern von Werbeplattformen und den werbenden Unternehmen über einen längeren Zeitraum, so daß von festen Geschäftsbeziehungen auszugehen ist.[589] Bei häufig wechselnden Geschäftspartnern im Werbebereich ist die Wertschöpfungskette zu modifizieren und zu erweitern.[590]

Ursprünglich wurde erwartet, daß sich ein wesentlicher Teil der Werbeausgaben vom Print- auf den Onlinebereich verschieben würde.[591] Das Volumen der Onlinewerbung ist aber bisher gering geblieben.[592] Um dieses Volumen steht zudem eine gegenüber dem Printmarkt deutlich erhöhte Zahl von Anbietern im Wettbewerb.[593] Das Werbevolumen konzentriert sich dagegen noch stärker als im Printbereich auf wenige Anbieter mit besonders hoher Reichweite.[594] LOEBBECKE kommt demzufolge zu dem Schluß, daß Werbeeinnahmen für viele kleine Anbieter als primäre Erlösquelle ausscheiden.[595]

3.3.1.2.2 Weitere indirekte Erlöse

Kommissionserlöse sind eine weiterführende Form von Werbung.[596] Dabei erhalten die Unternehmen, welche die Werbeplattform betreiben, Provisionen von werbenden Unternehmen, sofern Kunden über die Werbeplattform auf die Webseite der werbenden Unternehmen gelangen

---

[586] Vgl. auch Zerdick et al. (2001), S. 29.
[587] Vgl. z. B. Timmers (1999), S. 44, Böning-Spohr, Hess (2000), S. 42. Zur Entwicklung der Werbefinanzierung im Printbereich vgl. auch Ludwig (2002), S. 132 ff.
[588] Vgl. Schlüchter (2001), S. 180. Gezielte, auf die persönlichen Bedürfnisse zugeschnittene Werbung kann allerdings auch nutzenstiftend wirken.
[589] Vgl. Henkel (1999), S. 27.
[590] Vgl. zu Ansätzen hierzu Sennewald (1998), S. 58, Henkel (1999), S. 47 f., Detecon (2002), S. 15
[591] Vgl. Chellappa et al. (1997), S. 324 f., Timmers (1999), S. 44, Hitzges, Köhler (1997), S. 54. Zur zukünftig hohen Bedeutung von Werbeerlösen auch Armstrong, Hagel (1995), S. 134. Das könnte nach Frühschütz (1997), S. 219 dann die Existenz zahlreicher werbefinanzierter Printprodukte in Frage stellen.
[592] Vgl. Europäische Kommission (1998), S. 1-30 f., Henkel (1999), S. 88, Luxem (2000), S. 94, Fantapié Altobelli (2002), S. 15. Zudem ist im gesamten Werbemarkt (Off- und Online) derzeit eine Zurückhaltung festzustellen, die auch auf die allgemeine Wirtschaftsentwicklung zurückzuführen ist.
[593] Vgl. Henkel (1999), S. 2 f., Lehr (1999), S. 90 f., Bughin et al. (2001), S. 4.
[594] Vgl. Europäische Kommission (1998), S. 1-30 f., Zerdick et al. (2001), S. 168, Bughin et al. (2001), S. 4.
[595] Vgl. Loebbecke (1997), S. 13. Skeptisch zur zukünftigen Bedeutung von Werbeerlösen auch z. B. Lehr (1999), S. 91, Porter (2001), S. 76, Beier (2001), S. 261, König (2002), S. 6 f. sowie speziell für Buchbzw. Fachverlage Heinold, Klems, Schulz (1997), S. 93.
[596] Zu den verschiedenen Stufen der Werbeerlöse vgl. Europäische Kommission (1998), S. 5-18, Luxem (2000), S. 85 f., Hitzges, Köhler (1997), S. 55.

und dort Geschäfte tätigen.[597] Nachteilig ist bei diesem Verfahren die relativ aufwendige Abrechnung und die fehlende Kontrollmöglichkeit für den Betreiber der Werbeplattform.[598]

Zukünftig stärker an Bedeutung gewinnen wird die bisher noch eher selten anzutreffende *Vermarktung von Benutzerprofilen*. Das Wissen über die Benutzer stellt eine wertvolle Ressource dar.[599] Solche Profile basieren z. B. auf Beobachtung oder direkter Befragung der Nutzer bezüglich ihrer Gewohnheiten und Bedürfnisse oder werden durch Datamining gewonnen.[600] Die Vermarktung von Benutzerprofilen ist z. B. Teil des Erlösmodells von Amazon.[601] Allerdings ist die Vermarktung in Europa durch restriktive Datenschutzbestimmungen erschwert, soweit es sich um personenbezogene Daten handelt. Die Verarbeitung ist verboten, soweit sie nicht durch Gesetze oder die Einwilligung des Benutzers explizit erlaubt ist. Damit stellen die Benutzerprofile und das Recht, sie zu verarbeiten, einen eigenständigen Wert dar, den die Benutzer veräußern können.[602]

Im Verlagsbereich normalerweise eher selten anzutreffen sind *staatliche Subventionen*. Sie stellen keine Erlöse dar, sind aber dennoch eine mögliche Finanzierungsform. Sie kommen normalerweise für besonders förderungswürdige Leistungen in Betracht.[603] Auch im Onlinebereich ist an Subventionen zu denken, wenn Verlage im öffentlichen Interesse Informationen wie z. B. Entscheidungssammlungen zur Verfügung stellen. Eine Spezialform des Subventionsgedankens, die sich vom Staat als Quelle löst, ist das Content Owner Sponsoring. Bei dieser Erlösform zahlt der Besitzer der Information dafür, daß diese an Abnehmer verteilt wird.[604] Damit soll eine möglichst weite Verbreitung der Information in einer Zielgruppe erreicht werden. LUXEM sieht für diese Erlösform allerdings nur eine geringe Bedeutung im Online-Handel mit Informationen.[605]

Als weitere Erlösform dagegen deutlich an Bedeutung gewinnen könnte *Content Syndication*. Erlöse werden über Unternehmen erzielt; es ist daher den indirekten Erlösen durch Unternehmen zuzurechnen.[606] Nur indirekt den Erlösformen zuzurechnen ist die interne Verrechnung der Erlöse aus dem *Direktvertrieb klassischer Printprodukte* und der Förderung des Absatzes

---

[597] Vgl. Zerdick et al. (2001), S. 169. Soweit die Unternehmen das Kommissionsgeschäft auf Basis von Kundenprofilen und als hauptsächlichen Geschäftszweck betreiben, sind sie den Infomediären zuzurechnen, vgl. Hagel, Rayport (1997), S. 119.
[598] Vgl. Luxem (2000), S. 86.
[599] Vgl. auch Shapiro, Varian (1999), S. 34, Kannan, Chang, Whinston (2000), S. 572, Armstrong, Hagel (1995), S. 134 sowie speziell als Erlösquelle für Verlage Heinold (1999a), S. 105.
[600] Vgl. Shapiro, Varian (1999), S. 34 ff., Zerdick et al. (2001), S. 169 ff.
[601] Vgl. Luxem (2000), S. 142.
[602] Vgl. Hagel, Rayport (1997a), S. 53 ff., Shapiro, Varian (1999), S. 36, Kannan, Chang, Whinston (2000), S. 578.
[603] Vgl. Zerdick et al. (2001), S. 28.
[604] Vgl. Clarke (1997).
[605] Vgl. Luxem (2000), S. 90.
[606] Eine ausführliche Betrachtung findet sich in Kapitel 3.4.7.2.4.

klassischer Printprodukte auf traditionellen Kanälen, die allerdings gerade in der Anfangszeit sehr bedeutsam ist.[607]

3.3.2 Preisstrategien

Von einer Preisstrategie ist zu sprechen, wenn die zeitliche Entwicklung von Preisen (Penetrations- und Abschöpfungsstrategie) oder ihre Festlegung in verschiedenen Marktsegmenten (Preisdifferenzierung) Gegenstand ist.[608] Eine Preisdifferenzierung[609] erlaubt besonders gut, unterschiedliche Zahlungsbereitschaften abzuschöpfen.[610]

3.3.2.1 Zeitliche Variation

Bei Abschöpfungsstrategien erfolgt zunächst ein Markteintritt zu hohen Preisen. Damit läßt sich die Zahlungsbereitschaft von frühen Kunden abschöpfen, wenn das Produkt aus Nutzersicht wesentliche Alleinstellungsmerkmale aufweist. Anschließend werden die Preise zur sukzessiven Erschließung des gesamten Marktes gesenkt.[611] Im klassischen Verlagsgeschäft wird die Abschöpfungsstrategie traditionell vor allem im Belletristik- und Sachbuchbereich eingesetzt und mit Produktvariationen kombiniert: einer hochpreisigen gebundenen Buchausgabe folgen nach einiger Zeit Taschenbuch- und Lizenzausgaben. Im Fachbuchbereich sind Abschöpfungsstrategien dagegen selten anzutreffen. Im Gegenteil sind hier Subskriptionspreise gängig, um das Werk im Sortiment „in Bewegung" zu bringen.[612]

Besondere Bedeutung erlangt im Onlinebereich aufgrund der starken Skaleneffekte die Penetrationsstrategie. Sie erleichtert ein schnelles Erreichen einer kritischen Masse, um Netzeffekte, Anzeigen-Auflagen-Spiralen und Lock-In-Effekte nutzen zu können. Der Einsatz der Penetrationsstrategie ist bei einem intensiven Wettbewerb besonders wirkungsvoll, da die schnelle Nutzung von Skaleneffekten von der Konkurrenz nur schwer wieder aufgeholt werden kann. Die extremste Form der Penetrationsstrategie wird als „Follow the Free" bezeichnet.[613] Die durch die Penetrationsstrategie erreichte große Kundenzahl wird häufig in einem zweiten

---

[607] Vgl. auch O'Reilly (1996), S. 83, Heinold (1999a), S. 105. Böning-Spohr, Hess (2002), S. 104 ff. betrachten diese Wirkungen ausführlicher und bezeichnen sie als intermediale Nutzeffekte.
[608] Vgl. Zerdick et al. (2001), S. 24 f.
[609] Einen guten Überblick zur Preisdifferenzierung und seine ökonomische und rechtliche Bedeutung liefern z. B. Varian (1989), Bichler, Loebbecke (2000), S. 5 ff., Picot, Reichwald, Wigand (2001), S. 368 ff., Skiera (2001a), S. 269 ff.
[610] Vgl. Skiera (2001), S. 102, Skiera (2001a), S. 272. Bei natürlichen Monopolen ist sie aufgrund der besonderen Kostenstruktur nahezu zwangsläufig, vgl. Hutter (2000), S. 1662.
[611] Vgl. auch Graumann (1993), S. 1333.
[612] Vgl. auch Röhring (1997), S. 43.
[613] Vgl. Kelly (1998), S. 84 ff., Zerdick et al. (2001), S. 192 ff. Einschränkend zur Übertragbarkeit vgl. Skiera (2001), S. 98.

Schritt genutzt, um z. B. durch den Vertrieb von Komplementärleistungen, Updates, leistungsfähigeren Produktversionen oder Benutzerprofilen oder die Nutzung des eigenen Angebots als Werbeplattform Erlöse zu erzielen.[614] Eine Penetrationsstrategie birgt allerdings das Risiko, trotz der anfänglich getätigten Investitionen die für eine spätere Phase vorgesehenen Erlöse nicht realisieren zu können.[615] Insbesondere die hohe Dynamik im Internet, die schnelle Preisanpassungen der Anbieter und damit eine beschleunigte Preisspirale nach unten begünstigt, spricht gegen den Erfolg einer Niedrigpreisstrategie.

3.3.2.2 Kundengruppenbezogene Preisdifferenzierung

Gängigste Form der Preisdifferenzierung ist die Festlegung verschiedener Preise für verschiedene Kundengruppen[616], die zur Preisdifferenzierung dritten Grades gehört.[617] Im Onlinebereich hat sich eine Differenzierung nach Kundengruppen bisher allerdings nicht durchsetzen können. Problematisch ist die Überprüfung der Zugehörigkeit der Kunden zu einer bestimmten Gruppe durch einen entsprechenden Nachweis, der eine vollständige Onlinebearbeitung im Regelfall verhindert und somit hohe Bearbeitungskosten verursacht.[618] Soweit die verschiedenen Zielgruppen nicht a priori scharf getrennt sind, muß daher künstlich verhindert werden, daß Angehörige eines Marktsegments niedrigere Preise eines anderen Segments in Anspruch nehmen und Arbitragegewinne realisieren. Für eine künstliche Differenzierung der Kundensegmente ist daher die Variante der Kombination der Preisdifferenzierung mit einer Produktversionierung zu wählen.

3.3.2.3 Preisdifferenzierung durch Produktdifferenzierung

Die Nutzenbewertung aus Nutzersicht und die damit verbundene Zahlungsbereitschaft ist eine entscheidende Preisgrundlage. Problematisch ist am Kriterium der Nutzenbewertung allerdings, daß der Kundennutzen aus Herstellersicht kaum festzustellen ist. Dies gilt insbesondere für Informationsgüter, bei denen der Nutzen stark von der Verwendung abhängt und daher nicht alle Nachfrager den Nutzen gleich hoch bewerten werden. Sinnvoll ist daher eine Preisdifferenzierung, die durch Unterschiede des Produktangebots Käuferschichten mit unterschiedlichen Zahlungsbereitschaften anspricht.[619] Dies leistet die Preisdifferenzierung zweiten Grades.[620] Bei

---

[614] Vgl. Zerdick et al. (2001), S. 193 f., Hutter (2000), S. 1662, Skiera (2001), S. 108 ff.
[615] Vgl. Graumann (1993), S. 1333.
[616] Vgl. z. B. Varian (1996a), Section 6, Klein, Loebbecke (2000), S. 3, Bichler, Loebbecke (2000), S. 6, Skiera (2001a), S. 269 f.
[617] Die Grade der Preisdifferenzierung gehen auf ein Werk von PIGOU aus Jahr 1920 zurück. Vgl. hierzu Varian (1996a), Section 6, Shapiro, Varian (1999), S. 39, Picot, Reichwald, Wigand (2001), S. 368 ff., Hutter (2000), S. 1662, Detering (2001), S. 156 ff.
[618] Vgl. Wirtz (2001), S. 437, Bichler, Loebbecke (2000), S. 6, Skiera (2001), S. 103, Skiera (2001a), S. 272.
[619] Vgl. z. B. Varian (1995), S. 3.

dieser Form der Preisdifferenzierung kommt typischerweise das Verfahren einer Self-Selection zum Tragen, das eine indirekte Preisdifferenzierung darstellt.[621] Der Nutzer kann dabei ein seinen Vorstellungen entsprechendes Produkt mit dem damit verbundenen Preis auswählen und dadurch seine Nutzenpräferenz und Zahlungsbereitschaft bekunden.

3.3.2.3.1 Volumenbezogene Preisdifferenzierung

Das Verkaufsvolumen ist als Preisdifferenzierungskriterium sehr verbreitet.[622] Hierbei handelt es sich im Gegensatz zur Bündelung um Preisnachlässe, die bei der Abnahme großer Mengen desselben Produkts gewährt werden. Zielsetzung ist eine Steigerung des Absatzvolumens, was den besonderen Kostenstrukturen digitaler Produkte in Form marginaler Grenzkosten sehr entgegenkommt. Soweit das zusätzliche Absatzvolumen keine Umsätze über andere Preismodelle kannibalisiert, sondern zusätzliche Umsätze darstellt, führt ein Volumendiscount zu überproportionalen Gewinnsteigerungen. Vorteilhaft ist zudem die einfache Implementierung im Rahmen der normalen Fakturierung.[623] Nachteilig ist, daß hierbei die genauen Nutzeneinschätzungen und damit Zahlungsbereitschaften der einzelnen Kunden nicht abgebildet werden können.[624] Volumendiscounts sind zudem bei starker Segmentierung des Produktsangebots nur schwer umzusetzen, da eine hinreichend große Anzahl eines spezialisierten Produkts nachgefragt werden muß. Eine gerade im B2B-Bereich häufig anzutreffende Variante der mengenbezogenen Preisdifferenzierung bezieht sich daher auf die Menge eines bestimmten Produkts in einem festgelegten Zeitraum.[625] Sinnvoll kann daneben aber auch eine flexiblere Discountgewährung basierend auf einem insgesamt in der Geschäftsbeziehung abzunehmenden Volumen unabhängig vom konkreten Produkt sein. Diese Modelle ähneln damit den bereits diskutierten Gruppenlizenzen als Spezialform eines Abonnements.[626]

3.3.2.3.2 Leistungsbezogene Preisdifferenzierung

Eine Preisdifferenzierung durch Variation des Leistungsangebots trägt dem Gedanken der Selbstselektion der Nutzer basierend auf ihren heterogenen Nutzeneinschätzungen noch stärker

---

[620] Die Preisdifferenzierung zweiten Grades bezieht sich dabei nicht, wie teilweise fälschlich in der Literatur dargestellt, nur auf unterschiedliche Absatzmengen. Vgl. auch Hutter (2000), S. 1662, Varian (1996a), Section 6, Shapiro, Varian (1999), S. 39, Picot, Reichwald, Wigand (2001), S. 368 ff.
[621] Vgl. Varian (1995), S. 2, Varian (1996a), Section 6, Shapiro, Varian (1999), S. 54, Skiera (2001a), S. 272 f., Wirtz (2001), S. 434 sowie mit einer eher formalen Betrachtung Varian (1997), S. 4 ff.
[622] Vgl. Varian (1996a), Section 6, Wirtz (2001), S. 438, Bichler, Loebbecke (2000), S. 6, Skiera (2001a), S. 274.
[623] Vgl. Wirtz (2001), S. 439.
[624] Vgl. Klein, Loebbecke (2000), S. 4.
[625] Vgl. Wirtz (2001), S. 438.
[626] Sie finden sich z. B. in Form von Campus-Lizenzen von Datenbank-Nutzungen oder im Verkehrsbereich als Großkundenabonnements der Deutschen Bahn.

als die volumenbezogene Differenzierung Rechnung.[627] Den Nutzern werden verschiedene Produktvariationen und Preise angeboten. Produktversionierung folgt dem Trend einer fortschreitenden Marktsegmentierung. So kann z. B. zu geringen zusätzlichen Kosten eine „Professional"- und eine „Gold"-Marke neben eine Massenmarke gestellt werden.[628] Produktdifferenzierung erlaubt es, verschiedene situative Anforderungen der Kunden zu unterstützen, damit höhere Preise zu realisieren und insgesamt die Zahlungsbereitschaft besser abzuschöpfen.[629] Zudem wird eine Vergleichbarkeit der Produkte und damit ein Preiswettbewerb erschwert.[630] Bei der Auswahl der möglichen Produktvariationen wird das Ziel verfolgt, die Kundengruppen möglichst gut nach unterschiedlichen Zahlungsbereitschaften trennen zu können. Diejenigen Nutzer, die zur Zahlung höherer Preise fähig und bereit sind, sollen durch unkomfortablere niedrigpreisigere Produkte davon abgehalten werden, in die niedrigpreisigeren Segmente zu migrieren. Eine Abbildung möglicher unterschiedlicher Kostenstrukturen ist dagegen nicht primäres Ziel.[631]

Im klassischen Verlagswesen ist Produktdifferenzierung vor allem bei belletristischen und Sachbüchern z. B. in Form verschiedener Ausstattungen gängig.[632] Bei digitalen Produkten ist eine Variation aufgrund der erleichterten Datenmehrfachnutzung und der leichten Veränderbarkeit besonders gut umzusetzen. Mögliche Dimensionen der Versionierung im Onlinebereich wurden von VARIAN ausführlich untersucht.[633] Am häufigsten ist die zeitliche Versionierung anzutreffen: Aktualitätsgrad oder Nutzungszeiten der Information könnten Differenzierungskriterien sein.[634] Auch Funktionsmöglichkeiten könnten ein Differenzierungskriterium sein: eine umfangreiche Verlinkung auf zitierte Literatur könnte in Premiumversionen angeboten werden, in Basisversionen aber fehlen. Ähnlich gelagert ist das Kriterium des Ausmaßes der Nutzungsrechte: in einfacheren Versionen könnte z. B. die Möglichkeit fehlen, Texte zu drucken, während in komfortablen Versionen diese u. U. sogar verändert oder mit Anmerkungen versehen werden können.[635] Schließlich sind auch Zugriffsgeschwindigkeit oder Vollständigkeit als wei-

---

[627] Vgl. auch Varian (1996a), Section 6, Shapiro, Varian (1999), S. 54 ff.
[628] Dabei hat sich herausgestellt, daß es günstiger ist, mehr als zwei Varianten bereitzustellen, vgl. auch Varian (1997), S. 10 f. und die dort zitierte Literatur sowie Shapiro, Varian (1999), S. 70 ff.
[629] Vgl. auch Varian (1995), S. 2 ff., Shapiro, Varian (1999), S. 54, Bughin et al. (2001a), S. 68, Göldi (1996), S. 53 ff.
[630] Vgl. auch Giaglis, Klein, O'Keefe (1999), S. 399.
[631] Vgl. Varian (1995), S. 4 f., Varian (1996a), Varian (1997), S. 6.
[632] Vgl. Varian (1996a), Section 5, Varian (1997), S. 7, Shapiro, Varian (1999), S. 54 f. Preuß Neudorf (1999), S. 112 f. Hardcover-Ausgaben werden zu deutlich höheren Preisen angeboten, obwohl die Herstellungskosten nur minimal höher sind, vgl. Odlyzko (1996), S. 10, Varian (1997), S. 7.
[633] Vgl. Varian (1995), S. 4, Shapiro, Varian (1999), S. 56 ff. Beispiele liefern auch z. B. Zerdick et al. (2001), S. 189 f., Luxem (2000), S. 150, Skiera (2001), S. 105 ff.
[634] Vgl. auch z. B. Varian (1995), S. 3, Meffert (2000), S. 934. Skiera (2001), S. 104 f. und Skiera (2001a), S. 273 f. stellt sie allerdings als eigenständige Art neben die leistungsbezogene Preisdifferenzierung. Ein typisches Beispiel für digitale Informationen in verschiedenen Qualitäten sind Börsenkurse, vgl. Odlyzko (1996), S. 8. Die Zeitverzögerung stellt auf Anbieterseite sogar einen zusätzlichen technischen Aufwand dar.
[635] So wird die kostenlose Version des Bundesgesetzblatts nur ohne Druckfunktion bereitgestellt (http://www.bundesanzeiger.de/bgbl1.htm). Datenbanken von LexisNexis stellen die Ergebnisse wahlweise nur auf dem Bildschirm oder auch zum Download zur Verfügung, vgl. Wirtz (2000), S. 220. Häufig ist

tere Versionierungskriterien zu nennen, die insbesondere bei Datenbanken oder Nachschlagewerken zur Anwendung kommen können: gelegentliche Nutzer sind eher bereit, Wartezeiten bei Recherchen in Kauf zu nehmen.

3.3.2.4 Preisbündelung und -entbündelung

Eine Spezialform der Produktdifferenzierung ist die *Bündelung* von einzelnen Produkten.[636] Eine Bündelung besteht aus dem Anbieten verschiedener einzelner Produkte als ein Paket. Im klassischen Printbereich geschieht dies bereits traditionell implizit in Form von Zeitschriften: jede Zeitschrift ist eine Bündelung von Artikeln; jedes Zeitschriftenabonnement ist seinerseits ein Bündel von Zeitschriften.

Noch stärker als die Bündelung profitiert die Entbündelung von geänderten Distributionsmöglichkeiten im Onlinebereich. Der Kunde kann festlegen, welche Teile von bisher gebündelten Informationen, etwa einzelne Artikel aus Zeitschriften oder Handbüchern, ihn interessieren und diese einzeln beziehen. Die damit verbundene höhere Relevanz ist gerade für Juristen wertvoll. Im Extremfall führt dies zur Individualisierung der Informationen.[637] Entbündelung ermöglicht aber gleichzeitig auch größere Freiheitsgrade bei der Produktgestaltung. So entstehen durch Entbündelung einzelne „Informations-Bausteine", die durch Rebündelung neue Produkte ergeben und so neue Zielgruppen ansprechen können.[638]

Der ökonomische Vorteil von Bündelung gegenüber dem Einzelverkauf ggf. entbündelter einzelner Produkte hängt insbesondere von der Verteilung der Nutzerpräferenzen ab. Bündelung ist z. B. bei negativ korrelierten Interessen der Zielgruppe tendenziell eher profitabel, was aber keine notwendige Voraussetzung ist.[639] Eine Bündelung komplementärer Artikel führt zu suboptimalen Ergebnissen. Vielmehr sollten nicht-perfekt-korrelierende Nachfragepräferenzen genutzt werden.[640] Bündelung wird zudem bei sinkenden Grenzkosten profitabler. BAKOS und BRYNJOLFSSON zeigen mit einer Untersuchung auf, daß eine Bündelung von Produkten mit Grenzkosten bei Null besonders sinnvoll ist, da die höheren Umsätze in besonderem Maße zu

---

ein unterschiedlicher Komfort auch bei Büchern anzutreffen: vergleichsweise unkomfortable Bücher im HTML-Format werden kostenlos zum Download angeboten, während gleichzeitig „schönere" Versionen im Buchhandel erworben werden können. So etwa bei http://www.javabuch.de.

[636] Vgl. Varian (1995), S. 5, Shapiro, Varian (1999), S. 73 f., Choi, Stahl, Whinston (1997), S. 361 ff., Picot, Reichwald, Wigand (2001), S. 371. Das Phänomen der Bündelung von Produkten wird in der volkswirtschaftlichen Literatur umfassend diskutiert, vgl. z. B. Odlyzko (1996), S. 6 und Luxem (2000), S. 147 und die dort jeweils zitierte Literatur.
[637] Vgl. auch Klein-Blenkers (1995), S. 197 ff.
[638] Vgl. Choi, Stahl, Whinston (1997), S. 365 f., Kukla (1998), S. 15, Giaglis, Klein, O'Keefe (1999), S. 397.
[639] Vgl. Odlyzko (1996), S. 6 und die dort zitierte Literatur.
[640] Vgl. Luxem (2000), S. 148.

höheren Gewinnen führen.⁶⁴¹ Digitale Produkte können damit von einer Vorteilhaftigkeit der Bündelung besonders profitieren.⁶⁴² ADAMS und YELLEN haben gezeigt, daß es günstiger ist, gemischte Strategien zu verfolgen und zusätzlich zu den Bündeln die einzelnen Bestandteile getrennt anzubieten, um auch eine ansonsten unbefriedigte Nachfrage bedienen zu können (Mixed Bundling Strategy).⁶⁴³

Bündelungsstrategien sind in der Praxis häufig anzutreffen. Während sie bei Printprodukten wie Zeitschriften aus praktischen Kostenerwägungen zwangsläufig sind, ist auch bei Onlineprodukten eine Tendenz zur verstärkten Nutzung von Abonnementmodellen und Bündelungsstrategien festzustellen.⁶⁴⁴ Der Abnehmer verbindet mit einem Bündel thematisch passender Einzelprodukte zudem u. U. einen höheren Nutzen, da Suchkosten zu ähnlichen Produkten und damit Transaktionskosten gesenkt werden können.⁶⁴⁵

3.3.2.5 Perfekte Preisdifferenzierung durch dynamische Preisbildung

Eine extreme Form der Preisdifferenzierung ist die Personalisierung des Preises, durch die eine Preisdifferenzierung ersten Grades erreicht werden kann.⁶⁴⁶ Solche neuen Preismodelle basieren darauf, daß der erhöhte Koordinationsaufwand durch die geringeren Transaktionskosten des Internets erst wirtschaftlich möglich wird.⁶⁴⁷ Der erhöhte Koordinationsaufwand wird aufgrund möglicher Spezialisierungsvorteile und einer größeren Unabhängigkeit von traditionellen Vertriebsmodellen primär von Intermediären als neue Dienstleistung angeboten.⁶⁴⁸ Daneben können die Grundzüge der dynamischen Preismodelle aber auch direkt von Herstellern verwendet werden. In der Literatur wird dynamischen Preismodellen zukünftig eine hohe Bedeutung zugesprochen. CORTESE und STEPANEK formulierten dies griffig mit der Überschrift „Good Bye to Fixed Pricing".⁶⁴⁹

---

[641] Vgl. Bakos, Brynjolfsson (1999), S. 17 f., Bakos (1998), S. 38 f. Vgl. entsprechend auch Odlyzko (1996), S. 6, Skiera (2001a), S. 276.
[642] Vgl. Wirtz (2001), S. 449 und die dort zitierte Literatur.
[643] Vgl. Adams, Yellen (1976), S. 495. Vgl. entsprechend auch Choi, Stahl, Whinston (1997), S. 362 ff.
[644] Vgl. Odlyzko (1996), S. 2, Bichler, Loebbecke (2000), S. 7, Clement (2001), S. 1180. Bündelung hat zudem den Vorteil, die ansonsten derzeit noch sehr hohen Transaktionskosten der Bepreisung zu senken, vgl. Picot, Reichwald, Wigand (2001), S. 372.
[645] Vgl. Varian (1995), S. 6.
[646] Vgl. Varian (1996a), Section 6, Shapiro, Varian (1999), S. 39, Skiera (2001), S. 102, Picot, Reichwald, Wigand (2001), S. 368 sowie skeptisch zur Realisierbarkeit Skiera (2001a), S. 270 f.
[647] Eine frühere Studie außerhalb des Electronic Commerce zeigte, daß stark ausdifferenzierende Preismodelle bis hin zu individuellen Aushandlungen wegen der hohen Transaktionskosten nicht wirtschaftlich waren, vgl. Böing (2001), S. 178.
[648] Vgl. auch Klein (2000), S. 130.
[649] Vgl. Cortese, Stepanek (1998). Vgl. auch Klein (2000), S. 124, Kannan, Kopalle (2001), S. 63. Speziell für Verlage vgl. Ziegler, Becker (2000a), S. 87. Böing (2001), S. 181 konnte allerdings empirisch keinen Einfluß des Einsatzes dieser Modelle auf den Erfolg von Unternehmen feststellen, wenn man von speziellen Intermediären wie Auktionshäusern absieht. BÖING faßt dabei auch z. B. die als etabliert anzuse-

Erlösmodelle

Mit dynamischen Preismodellen werden verschiedene Ziele verfolgt:

- Eine verbesserte Kundenbindung durch eine aktive Einbeziehung des Abnehmers.
- Die vollständige Abschöpfung der Konsumentenrente. Dies setzt voraus, daß der Anbieter exakt die Nutzenbewertung des Nutzers für sein angebotenes Produkt kennt. Es ist daher derzeit in der Praxis nur bei sehr kleinen Kundengruppen anwendbar.[650]
- Durch Freiheitsgrade bei der Produktparametrisierung eine genauere Erhebung der Kundenwünsche und -nutzenpräferenzen.[651]
- Zusätzliches Absatzvolumen durch die Gewinnung neuer Kunden und so einen größeren Marktanteil erlangen oder überzählige Produktionskapazitäten nutzen zu können[652], was bei den besonderen Kostenstrukturen digitaler Produkte besonders profitabel ist. Hierzu muß allerdings eine Kannibalisierung bestehender Preismodelle durch eine ausreichende Trennung vermieden werden. Dies könnten z. B. individualisierte Produkte leisten.[653]

Auktionen sind die im Internet am häufigsten gewählte Variante dynamischer Preise.[654] Es gibt verschiedene Klassifikationsmöglichkeiten von Auktionen. VAN HECK and VERVEST unterscheiden Verkaufsauktionen und Beschaffungsauktionen.[655] Bei den am meisten verbreiteten Verkaufsauktionen werden von einem Anbieter bestimmte Güter angeboten, zu denen auch Rechte an Dienstleistungen wie z. B. Flügen gehören[656]. Bei Beschaffungs- oder Kaufauktionen (Reverse Auctions) dagegen wird eine Nachfrage versteigert: ein potentieller Kunde nennt sein Interesse für ein bestimmtes Gut oder eine Dienstleistung und Unternehmen können hierzu Angebote abgeben. Beschaffungsauktionen haben sich bisher primär im B2B-Bereich etabliert; für den Endkundenbereich stellen sie ein relativ neues Preismodell dar.[657] BECKMANN, KRÄKEL und SCHAUENBERG unterscheiden daneben nach der Art des gehandelt Guts, z. B. knappe Güter, Konsumgüter oder „Commodities".[658] Auktionen können z. B. für Commodities die Markttransparenz verbessern und Ad-Hoc-Preisbildungen ermöglichen, knappe Güter können

---

hende Bündelung unter die innovativen Modelle. Dies erscheint allerdings auch gerechtfertigt, da sie im Onlinebereich noch nicht etabliert ist. Schlüchter (2001), S. 158 f. konnte eine zunehmende Bedeutung dynamischer Verfahren ebenfalls nicht empirisch bestätigen.

[650] Vgl. Klein, Loebbecke (2000), S. 3. Vgl. zum Problem der Kenntnis der Nutzenbewertung auch Varian (1996a), Section 6.
[651] Vgl. auch Shapiro, Varian (1999), S. 40 ff.
[652] Vgl. Klein, Loebbecke (2000), S. 10.
[653] Vgl. auch Riemer, Totz (2001), S. 4.
[654] Vgl. Klein (1997a), S. 3, van Heck, Vervest (1998), S. 99, Klein (2000a), S. 628, Meffert (2000), S. 934 f., Wirtz (2001), S. 454, Bichler (2001), S. 535, Skiera, Schäfers (2001), S. 283. Eine ausführliche Darstellung zu Auktionen kann z. B. Wolfstetter (1996), S. 369 ff., Klein (2000a) sowie Bichler (2001), S. 533 ff., Skiera, Schäfers (2001), S. 283 ff. entnommen werden.
[655] Vgl. van Heck, Vervest (1998), S. 99. Vgl. auch z. B. Heydenreich (2001), S. 552 f.
[656] Vgl. z. B. Klein (1997a), S. 3, Klein (2000), S. 125 f.
[657] Vgl. Klein, Loebbecke (2000), S. 6, Bichler (2001), S. 535.
[658] Vgl. Beckmann, Kräkel, Schauenberg (1997), S. 45 bei einer Untersuchung allerdings für den klassischen Markt.

von der Preisfindungsfunktion profitieren.[659] Schließlich kann noch nach der Art der Preisfindung unterschieden werden.[660]

KLEIN hat die verschiedenen Vor- und Nachteile von Auktionen für die Spieler untersucht[661], wobei hier primär die Herstellerperspektive interessiert. Vorteilhaft ist vor allem die Distributionsfunktion, die es erlaubt, die Kundenakquisitionsbasis deutlich zu vergrößern.[662] Auch das vollständige Abschöpfen der Konsumentenrente durch Ausnutzung der tatsächlichen Zahlungsbereitschaft ist ein Ziel aus Herstellersicht.[663] Allerdings müssen die Auktionserlöse gegenüber möglichen alternativen Erlösen über andere Vertriebskanäle und möglichen Vertriebskanalkonflikten abgewogen werden. Positive Seiteneffekte können die Marketingwirkung, eine Verbesserung der Kundenbeziehung und vor allem Marktstudien sein, insbesondere das Untersuchen der Preispräferenzen der Nutzer.[664] Die Kosten für die Hersteller setzen sich aus den Kosten für einen Auktionator, die Einrichtung und die Abwicklung der Auktion zusammen. Sie müssen mit denen eines alternativen Vertriebskanals und dessen Erfolgsquote verglichen werden.

STEPANEK bezeichnet mit *Weblining* bzw. „Apartheid-Marketing" die Differenzierung von Angeboten basierend auf einer Mikrosegmentierung. Es ist damit eine dynamische Form einer kundenorientierten Preisdifferenzierung. Ausgehend von einer Auswertung eines detaillierten Kundenprofils, das hauptsächlich auf der Basis früherer Transaktionen gewonnen wird, wird der aktuelle und/oder künftige Wert des Kunden für das Unternehmen ermittelt bzw. prognostiziert. Darauf aufbauend werden auf Basis der Preisstrategien des Unternehmens nutzerspezifische Angebote mit speziellen Preisen erstellt. So können die Unternehmen besonders guten Kunden eine privilegierte Behandlung ermöglichen und sie enger an das Unternehmen binden. Unwirtschaftlichere Kunden profitieren dagegen nicht davon. Weblining wird durch den Einsatz der Informationstechnik zur kundenbezogenen Dokumentation von Transaktionen und darauf basierender Profilbildung erst ermöglicht. Nur identifizierte Kunden können persönliche Preise erhalten.[665]

Nachfragepoolsysteme („Sammelkäufe") sind ein weiteres neuartiges Preismodell, das aufgrund der durch das Internet gesenkten Transaktionskosten erst ermöglicht wurde. Es setzt auf

---

[659] Vgl. z. B. Klein (2000a), S. 633.
[660] Vgl. Wolfstetter (1996), S. 370 ff., Beckmann, Kräkel, Schauenberg (1997), S. 43, Klein (2000a), S. 628, Hepp, Schinzer (2000), S. 1517 f., Wirtz (2001), S. 455 ff., Skiera, Schäfers (2001), S. 285.
[661] Vgl. Klein (1997a), S. 4 ff., Klein (2000a), S. 637 f.
[662] Vgl. Klein (1997a), S. 3, Wirtz (2001), S. 454.
[663] Vgl. auch Wolfstetter (1996), S. 369, Klein (1997a), S. 3. Dies ist jedoch nur unter bestimmten Bedingungen möglich, vgl. Wirtz (2001), S. 457. und die dort zitierte Literatur. Meffert (2000a), S. 3 hebt diese Alternative zur Erzielung eines Verkaufs unterhalb des Listenpreises allerdings besonders hervor.
[664] Vgl. auch Skiera, Schäfers (2001), S. 288 f.
[665] Vgl. Stepanek (2000) mit einer gleichzeitig kritischen Betrachtung aus soziologischer Sicht, Klein, Loebbecke (2000), S. 5. Zur Bestimmung und Bedeutung des individuellen Kundenwerts vgl. z. B. Verhoef, Donkers (2001), S. 190 ff., Peppers, Rogers (1997), S. 199 f. sowie ebd., S. 123 f. zum möglichen negativen Wert von Kunden. Swift (2001) weist allerdings darauf hin, daß das Bestimmen des Wertes von Kunden noch in den Anfängen steckt und noch keine ausreichende Verbreitung gefunden hat.

Volumendiscounts, die von Herstellern angeboten werden. Eine heterogene Gruppe von Kunden schließt sich zusammen, um gemeinsam den Mengenrabatt des Anbieters in Anspruch zu nehmen. Das Zusammenführen der heterogenen Gruppe ist typischerweise eine Dienstleistung von neuen Intermediären. Durch die Bündelung der Nachfrage können Kostensenkungseffekte auftreten, die für alle Spieler zu einer win-win Situation führen.[666]

Hohe Aufmerksamkeit erlangte auch das Verfahren der *Preisbietung* („Value-based Pricing"). Bei diesem Ansatz gibt der Kunde vor, welchen Preis ihm ein Produkt oder eine Dienstleistung wert ist. Kennzeichnend ist, daß der Kunde dem Anbieter bestimmte Freiheitsgrade zur Erfüllung seines Wunsches läßt. Ein bekanntes Beispiel ist Priceline.com, bei dem Kunden z. B. für ein Flugticket eine verbindliche Kaufnachfrage zu einem bestimmten Preis abgeben. Priceline.com fungiert als Intermediär und leitet diese Anfrage an Fluggesellschaften weiter, die entscheiden können, ob sie zu diesem Preis den Kauf abwickeln wollen. Die ermittelten Preise werden nicht publiziert und haben so keinen Einfluß auf die Preisbildung in den übrigen Vertriebskanälen.[667]

KLEIN und LOEBBECKE sehen einen Trend zu einer weiteren Dynamisierung der Preise, die zunehmend Verhandlungen zwischen Anbietern und Nachfragern mit sich bringt. Produkte bzw. Dienstleistungen entfernen sich von fixen Angeboten, und an ihre Stelle werden mehrdimensionale Verhandlungen über Produktbündel bzw. Produktattribute und angemessene Preise treten. KLEIN und LOEBBECKE sehen sie z. B. in folgenden Bereichen:[668]

- Variable Festlegung der Produkt- und Serviceattribute durch den Nutzer mit gleichzeitiger Festlegung einer Trade-Off-Funktion.[669]
- Verstärkter Austausch zwischen Anbieter und Nachfrager bezüglich ähnlicher, alternativer Produkte und Verhandlungen über die konkreten Parameter.
- Innovationsaufforderungen durch Nachfrager, bei denen sie die von ihnen gewünschten Parameter neuer Produkte oder Bedürfnisse spezifizieren.

---

[666] Vgl. ausführlicher Klein, Loebbecke (2000), S. 6 f. Vgl. auch Meffert (2000), S. 935, Meffert (2000a), S. 3, Kannan, Kopalle (2001), S. 67 f. Bekannte Beispiele in Deutschland sind z. B. Powershopping.de oder LetsBuyIt.com.
[667] Vgl. ausführlicher Klein, Loebbecke (2000), S. 7 f., Bilstein (2000), Kannan, Kopalle (2001), S. 74 ff., Skiera (2001a), S. 279. Vgl. auch Meffert (2000a), S. 3.
[668] Vgl. Klein, Loebbecke (2000), S. 12 f.
[669] Vgl. auch Bichler (2001).

3.3.3 Erlösmodelle für juristische Verlage im Onlinebereich

3.3.3.1 Erlösformen

Im hier betrachteten Segment der beruflich genutzten Fachinformationen werden *direkte Erlöse* eher akzeptiert als im Breitenmarkt.[670] Bei den direkten Erlösen eignen sich vor allem *nutzungsunabhängige* Erlöse besonders gut. Für sie spricht die generelle Vorliebe von Nutzern für Pauschaltarife mit vorher bekannten fixen Kosten. Dies gilt auch für juristische Nutzer. Realisiert werden nutzungsunabhängige Erlöse typischerweise durch der Zielgruppe vertraute Abonnements.[671] Aus Verlagssicht zeichnen sie sich durch eine dauerhafte Kundenbeziehung aus, sichern langfristige Erlöse und sind vergleichsweise einfach zu fakturieren. Insbesondere Gruppenlizenzen werden aufgrund der geringeren Transaktionskosten eine zunehmende Bedeutung erlangen.

In einer Marktstudie von SOLDAN wurden allerdings *nutzungsabhängige* Preismodelle insbesondere von jüngeren Anwälten bevorzugt.[672] Bei ihnen macht sich möglicherweise der Vorteil gesenkter preisbedingter Kaufbarrieren bemerkbar, der ansonsten bei juristischen Verlagen angesichts der geringen Preissensibilität der Nutzer kaum zum Tragen kommen sollte. Vorteilhaft könnte auch die Abrechnungsmöglichkeit von ad hoc im Bedarfsfall zu nutzenden Informationen sein. Allerdings finden sich für sofortige Zahlungen ohne Anmeldung bisher keine akzeptierten Systeme am Markt. Diese scheiden daher kurz- und mittelfristig aus. Häufiger ist in der Praxis die entkoppelte Zahlung anzutreffen. Das mit einer nachträglichen Rechnungsstellung und Zahlung verbundene Risiko für den Verlag sollte nicht überbewertet werden. Massenhaftem Mißbrauch kann durch die Berücksichtigung vernünftiger Nutzungsobergrenzen bis zur erstmaligen zuverlässigen Legitimierung auf dem Postweg oder einer Verifizierung der Kontoverbindung begegnet werden. Rechnungsbasierte nachträgliche Abrechnungen bedeuten aber einen gewissen Aufwand. In Betracht kommen daher auch Prepaid-Angebote. Sie sind im juristischen Verlagsbereich Angebote weniger problematisch als im Breitenmarkt, da für einen Nachfrager die Anzahl der für ihn relevanten Anbieter überschaubar ist, er im Regelfall häufiger auf deren Angebote zurückgreift und er daher bei diesen Prepaid-Konten einrichten könnte. Zur weiteren Senkung der Transaktionskosten bei Prepaid-Angeboten könnte auch der

---

[670] Dies gilt auch für Angebote mit einem hohen persönlichen Interesse der Nutzer. Vgl. Zerdick et al. (2001), S. 172. Schröder (zitiert nach N. N. (2001), S. 124) weist allerdings darauf hin, daß das kostenlose Angebot von Publikumszeitschriften auch im Fachinformationsmarkt falsche Erwartungen geweckt hat. Bei einer Studie der deutschen Fachpresse von 1999 zeigte sich ebenfalls auch bei professionellen Nutzern eine geringe Akzeptanz von direkten Zahlungen, vgl. N. N. (1999e), S. 21.
[671] Eine Umfrage aus dem Jahr 1999 unter Verlagen aller Fachgebiete identifizierte dies als maßgebliche Bezahlform im Onlinebereich, vgl. Arbeitskreis Elektronisches Publizieren (1999), S. 17 f.
[672] Vgl. Soldan (2002), S. 57 ff.

Buchhandel eingebunden werden.[673] Insgesamt sollten entsprechend den Überlegungen zur Produktbündelung nutzungsabhängige Preismodelle zusätzlich angeboten werden.[674]

Betrachtet man die Relevanz *indirekter Erlöse*, so wird deutlich, daß die häufig maßgeblichen *Werbeerlöse* besonders für juristische Verlage problematisch sind. Die Werbetreibenden konzentrieren sich ganz überwiegend auf Anbieter mit besonders großer Reichweite. Bei juristischen Fachverlagen ist, soweit diese sich an berufliche Verwender richten, die erreichbare Zielgruppe aber nur relativ klein. Übrig bleibt ihr Vorzug einer sehr spezifischen und genau abgrenzbaren Zielgruppe. Allerdings engagieren sich daran potentiell besonders interessierte Unternehmen wie z. B. fachspezifische Zulieferer (etwa Büromöbelhersteller, Systemhäuser, die Hard- und Softwarelösungen für Anwälte anbieten, Anwaltsbekleidungs-, Seminar- oder Diensteanbieter) kaum in Medienwerbung. Bereits im Printbereich wird die geringe vorhandene Werbung typischerweise von anderen Verlagen geschaltet und im Tauschverfahren abgerechnet. Abhilfe könnten im Onlinebereich auf dem Werbemarkt tätige Intermediäre wie Doubleclick schaffen, für deren Kunden das Merkmal der Zahlungskräftigkeit und geringen Preissensibilität der Zielgruppe der juristischen Verlage interessant sein könnte. Bisher zeigten allerdings auch diese Intermediäre aufgrund der vergleichsweise geringen Reichweite der Angebote kaum Interesse. Solange die Zielgruppe damit eng eingegrenzt ist, bleibt die Attraktivität für werbetreibende Unternehmen begrenzt.[675] Zudem weist die Zielgruppe als berufliche Nutzer nur eine geringe Akzeptanzbereitschaft von Werbung auf. Damit besteht für juristische Verlage kaum die Möglichkeit, Werbeeinnahmen zu erzielen.

Kommissionserlöse könnten sich durch Verweisung von eigenen Kunden auf das Angebot von Dritten erzielen lassen. So könnte ein weiterführender Link – beispielsweise auf einen Urteilsvolltext – aus dem eigenen Angebot heraus auf das Angebot eines Dritten führen, wenn die Information im eigenen Angebot nicht vorhanden ist.

Die Bedeutung einer *Vermarktung von Benutzerprofilen* sollte nicht überschätzt werden. Als Gründe sind das eingeschränkte Interesse möglicher Werbetreibender und die Zurückhaltung bei der aktiven Vermarktung in den Verlagen aufgrund möglicher Vertrauensverluste in der sehr sensiblen Zielgruppe zu nennen.

Ein Beispiel für *staatliche Subventionen* als Finanzierungsform im juristischen Bereich ist die Datenbank juris. Im Onlinebereich könnte an Subventionen zu denken sein, wenn Verlage im öffentlichen Interesse Informationen, wie z. B. Entscheidungssammlungen, zur Verfügung stellen. Allerdings erlauben die gesenkten Kosten der technischen Infrastruktur es den originären Anbietern wie Gesetzgebern und Gerichten, einfache Angebote selbst zur Verfügung zu stellen.

---

[673] Vgl. ausführlicher Kap. 3.6.3.2.
[674] Vgl. Choi, Stahl, Whinston (1997), S. 364 sowie Kap. 3.3.2.4.
[675] Vgl. auch Loebbecke (1999), S. 9.

Der *Direktvertrieb klassischer Produkte* wird deutlich an Bedeutung gewinnen und durch Internalisierung der Händlermarge dem Onlinebereich zuzurechnende Erlöse generieren.

Content Syndication ist bei juristischen Verlagen bisher kaum anzutreffen, eignet sich aber sehr gut auch dort als Erlösquelle. Es ist daher von steigender Bedeutung auszugehen, wenn die Verlage stärker als bisher hieraus mögliche Erlöse realisieren. Es wird absolut gesehen in seiner Bedeutung aber deutlich hinter den direkten Erlösen und den Erlösen aus einem Direktvertrieb zurückbleiben.

Insgesamt wird langfristig bei juristischen Verlagen im Onlinebereich stärker eine Mischfinanzierung zu erwarten sein als die Verlage es bisher aus dem Printbereich gewohnt sind. Dabei werden Abonnementerlöse ihre dominierende Rolle behalten. Zusätzlich werden aber Erlöse aus Gruppenlizenzen, dem Direktvertrieb, aus Content Syndication und nutzungsabhängiger Abrechnung zum Erlösmodell beitragen.

3.3.3.2 Preisstrategien

Die Preispolitik hat bei Fachverlagen traditionell nur untergeordnete Bedeutung, da Produktvariation bei klassischen Produkten nur begrenzt möglich ist.[676] Typisch für den juristischen Markt ist das objektiv hohe Preisniveau.[677] Die hohe Bedeutung von Marken im juristischen Bereich führt zu stark begrenzten Substitutionsmöglichkeiten und einer geringen Preiselastizität. Schließlich ist noch zu bedenken, daß gerade im juristischen Bereich Zeit eine kritische Rolle spielt. Eine kurzfristige Verfügbarkeit dringend benötigter Informationen erlaubt deutlich erhöhte Preise.[678] Insgesamt zeichnet sich die Zielgruppe durch eine geringe Preissensibilität aus, da es sich nur um einen vergleichsweise geringen Kostenblock handelt und die Zielgruppe die Qualität deutlich höher gewichtet.

Für den Onlinebereich erwarten die Verlage überwiegend ein ähnliches Preisniveau wie im Printbereich.[679] Allerdings sollte die Preisdifferenzierung eine deutlich größere Rolle spielen. Sie erlaubt es, auch bei einem insgesamt hochpreisigen Niveau unterschiedliche Zahlungsbereitschaften besser abzuschöpfen, insbesondere bei Nachfragern, die über eine besonders hohe Bereitschaft verfügen.

---

[676] Vgl. Klein-Blenkers (1995), S. 349 f.
[677] Vgl. Klein-Blenkers (1995), S. 338 f., Luczak (2000), S. 160, Langendorf (2002), S. 125. Dies ist ein typisches Merkmal von Fachverlagspublikationen, vgl. Klock (1990), S. 90 ff. sowie auch Weyher (2000), S. 15 f. So wurde z. B. die CD-ROM „BGHZ" für 3.360 DM vertrieben (inzwischen ist sie für 298 € erhältlich).
[678] Vgl. Amail (1996), S. 68.
[679] Vgl. N. N. (2001), S. 119 ff.

Die Erschließung zusätzlicher Nachfrage ist dagegen nur begrenzt möglich: Die bisherige Zielgruppe arbeitet aus beruflicher Notwendigkeit mit den Produkten juristischer Fachverlage. Sie hat dabei im Regelfall wenig Wahlfreiheit, ein Werk zu nutzen oder nicht. Bei Notwendigkeit wird ein Werk benutzt werden, unabhängig vom Preis oder der Preiswertigkeit aus Nutzersicht. Es treten selten Fälle auf, in denen die Nutzung von Werken oder Fachinformationen optional ist. Am ehesten gilt dies für den Bereich klassischer Fachbücher. Insbesondere bei Fachinformationen ist dagegen nur eine sehr geringe Quote optionaler und preisabhängiger Nutzung zu erwarten. Ob neue, zusätzliche Zielgruppen, etwa Laien, erschlossen werden können, ist fraglich. Für diese sind die vorhandenen Produkte juristischer Verlage, die sich bisher an berufliche Verwender richten, ohne nennenswerte Aufbereitung der Inhalte kaum zu verwenden.

3.3.3.2.1 Zeitliche Variation

Im Electronic Commerce wird allgemein eine Penetrationsstrategie favorisiert, um größere Volumina zu realisieren, starke Skaleneffekte nutzen und kritische Massen erreichen zu können. Niedrige Preisniveaus zur Penetration könnten vor allem bei juristischen Onlineangeboten wünschenswert sein, um angesichts der neuartigen Dienste die Aufgeschlossenheit der Zielgruppe zu fördern und sie an diese Dienste heranzuführen.

Speziell bei juristischen Verlagen ist die Wirksamkeit einer Penetrationsstrategie angesichts der geringen Preissensibilität allerdings fraglich. Niedrige Preise könnten im stark qualitäts- und markenbewußten Segment der beruflich tätigen Juristen sogar kontraproduktiv wirken.[680] Bei starkem Wettbewerb kann eine Penetrationsstrategie auch aufgrund von Preiskämpfen der Anbieter zudem schnell zu ruinösen Preisen führen, die direkte Erlöse als Erlösquelle nahezu ausschließen. Direkte Erlöse erlangen aber, wie gezeigt, verstärkt an Bedeutung. Insofern sollte einer Penetrationsstrategie bei juristischen Verlagen nicht zu große Bedeutung beigemessen werden. Sinnvoll kann z. B. die Kombination einer Penetrationsstrategie mit einer Produktvariation sein, bei der parallel auch höherpreisige Varianten angeboten werden. Die niedrigpreisige Variante bedient dabei das Segment von preissensibleren Kunden und senkt preisbedingte Einstiegsbarrieren für Neukunden. Die hochpreisigen Varianten ermöglichen dagegen das Abschöpfen der tendenziell eher großen Zahlungsbereitschaft und signalisieren hohe Qualität.

3.3.3.2.2 Klassische Preisdifferenzierungsinstrumente

Basis einer klassischen Preisdifferenzierung kann insbesondere das Verkaufsvolumen sein. Dabei ermöglicht es das Internet aufgrund gesenkter Transaktionskosten, den Volumenbegriff weit zu fassen und nicht nur auf einen Transaktionsvorgang mit einem Produkt zu beziehen.

---

[680] Die Untersuchung von Trede (1997) zeigte einen nennenswerten Anteil von 34% der befragten Juristen, die kostenlose Angebote mit niedrigerer Qualität verbinden.

Vielmehr kann der Preis sich auf ein insgesamt mit einem Anbieter in einem bestimmten Abrechnungszeitraum realisiertes Volumen beziehen. Kundengruppen eignen sich als Differenzierungsmerkmal weniger, da eine verläßliche automatische Zuordnung mit geringen Kosten im Onlinebereich kaum möglich ist und die Kundengruppe juristischer beruflicher Nutzer bereits relativ homogen ist. Wirkungsvoller ist eher eine indirekte Preisdifferenzierung durch Selbstselektion verschiedener leistungsbezogener Produktvarianten. Für juristische Verlage bieten sich im Onlinebereich insbesondere die folgenden Produktdifferenzierungsmöglichkeiten an:

- Aktualität der Information,
- Selektionsmöglichkeiten, d. h. Ausmaß der nutzerspezifischen Paßgenauigkeit der Informationen,
- Grad der Relevanz, d. h. Genauigkeit des Filters,
- Umfang und Vollständigkeit der Information (z. B. bei Entscheidungen nur Leitsatz oder auch Volltext),
- Qualität der Information (z. B. bei Entscheidungen nur Pressemitteilung, Orientierungssatz oder amtlicher Leitsatz),
- Nutzungszeiten,
- Antwortzeitverhalten des Systems,
- Funktionsmöglichkeiten, etwa Ausmaß der automatischen Nutzbarkeit (Verlinkung) weiterführender Informationen,
- Individualisierungsmöglichkeiten einer Arbeitsumgebung, z. B. hinsichtlich Voreinstellungen, Lesezeichen- und Anmerkungsfunktionen,
- Ortsunabhängigkeit des Zugriffs (z. B. beliebig oder nur von einem festen Arbeitsplatz aus) oder
- Unterstützung einer möglichen Weiterverwendung (z. B. mit oder ohne Druckfunktion oder Exportmöglichkeit in einem Textformat zur Weiterverwendung in einer Textverarbeitung).

3.3.3.2.3 Dynamische Preismodelle

Für Verlage ist der Einsatz dynamischer Preismodelle zumindest für klassische Produkte wie Bücher kaum geeignet, da diese im Regelfall der Preisbindung unterliegen. Sinnvoll kann ihr Einsatz dagegen für klassische Verlagsprodukte außerhalb der Preisbindung, etwa ältere Auflagen oder Remittenden, sein. Auch für Onlineprodukte ist ihre Eignung nicht offensichtlich, da CORTESE und STEPANEK ihr Einsatzgebiet vor allem im Endkundenbereich sehen.[681] Da das Geschäft juristischer Fachverlage Merkmale sowohl des B2C- als auch des B2B-Bereichs vereint, ist eine genauere Betrachtung von besonderem Interesse.

---

[681] Vgl. Cortese, Stepanek (1998), Klein (2000), S. 124 f.

SHAPIRO und VARIAN halten *Auktionen* für gut geeignet für Produkte mit einer fixen Angebotsmenge, nicht jedoch für digitale Produkte mit geringen Grenzkosten.[682] Dem ist allerdings entgegenzuhalten, daß Auktionen sehr wohl zur Realisierung zusätzlicher Absatzmengen genutzt werden könnten, wenn ein Anbieter mit einer monopolartigen Stellung ein begrenztes Angebotskontigent zur Verfügung stellt und hinreichend von den übrigen Vertriebskanälen separiert. Im hier betrachteten Bereich ergibt sich eine solche Separierung bereits durch die erhöhten Transaktionskosten, die diesen Weg im Regelfall z. B. für Kanzleien uninteressant machen. Fraglich ist allerdings, ob die zu erschließende zusätzliche Zielgruppe hinreichend groß ist und eine Auktion angesichts starker Segmentierung die erforderliche kritische Masse erreichen würde. Daneben könnte aber in speziellen Konstellationen eine künstliche Verknappung des Angebots und dessen Versteigerung sinnvoll sein, wenn etwa bestimmte Nachfragergruppen auf das Angebot zwingend angewiesen sind und nicht durch Marktsegmentierungen getrennt werden konnen. Ansonsten kommen Verkaufsauktionen fur Verlage als Preisfindungsmechanismus für digitale Informationsgüter kaum in Frage. Soweit sie für klassische Produkte außerhalb der Preisbindung, etwa ältere Auflagen oder Remittenden, eingesetzt werden, tritt der Erlös hinter den möglichen positiven Seiteneffekten wie z. B. eine Werbewirkung zurück. Da es sich dabei aber insgesamt um ein eher geringes Volumen handelt, sind die Kosten gegenüber dem Nutzen abzuwägen.

Weblining mit seinen individuellen Preisen in Abhängigkeit vom Kundenwert kann für juristische Verlage ein sehr interessantes Preisdifferenzierungsinstrument für den Onlinebereich darstellen. Hier sind z. B. folgende Kriterien zur Wertbestimmung denkbar:

- die Kundengröße: so kann z. B. zwischen wertvolleren Großabnehmern wie großen Kanzleien und uninteressanteren Kleinabnehmern unterschieden werden.
- die fachliche Ausrichtung des Kunden und dessen Übereinstimmung mit dem fachlichen Profil des Verlags: Gerade mittlere juristische Verlage weisen häufig eine Fokussierung auf spezielle Fachgebiete wie z. B. Versicherungsrecht auf. Dabei kann die fachliche Orientierung des Kunden entweder explizit oder durch Auswertung des historischen Verhaltens ermittelt werden. Kunden, die normalerweise auf anderen Gebieten tätig sind und nur ausnahmsweise ein Werk des Verlags benötigen, stellen einen geringeren Wert dar als Kunden, die einen deckungsgleichen Schwerpunkt haben und deshalb enger gebunden werden sollten. Sofern der Verlag allerdings eine Monopolstellung in einem fachlichen Bereich hat, kann sich die Wirkung auch umdrehen: Kunden mit nahezu deckungsgleichem Schwerpunkt sind bereits auf den Verlag fokussiert und müssen daher nicht über attraktive Angebote gebunden werden. Eher zufällige Kunden dagegen können mit preisgünstigen Angeboten angelockt werden und so zusätzlichen Umsatz erbringen.[683]

---

[682] Vgl. Shapiro, Varian (1999), S. 23. Skiera, Schäfers (2001), S. 285 f. sehen dagegen keine Einschränkungen für das Handelsobjekt, ohne allerdings digitale Produkte zu diskutieren.
[683] Vgl. auch Shapiro, Varian (1999), S. 41.

- die Art der bisher vom Verlag bezogenen Produkte: so sind Abonnenten, etwa Bezieher von Loseblattwerken, wertvolle Kunden, die möglichst langfristig an den Verlag gebunden werden sollten und denen daher besonders entgegengekommen werden sollte.[684]

Die Realisierung von *Nachfragepoolsystemen* durch Intermediäre für juristische Verlagsprodukte erscheint schwierig. Produkte aus dem Onlinebereich, etwa Datenbankabfragen oder zunehmend individuelle Informationsdienste, sind kaum ausreichend homogen und stellen eher Dienstleistungen dar. Denkbar wäre der Erwerb eines Kontingents an Rechten, bestimmte Dienstleistungen nutzen zu können. Da solche produktübergreifenden Volumenrabatte im Onlinebereich bisher nicht angeboten werden, wäre ein organisierender Intermediär auf die Zusammenarbeit mit den Verlagen angewiesen, denn die meisten indiuduellen Angebote sind auf direkte Interaktion mit den Kunden angelegt, etwa in Form von individuellen Benutzerkennungen und Paßwörtern. In technischer Hinsicht wären sie anbieterseitig so zu modifizieren, daß sie „mandantenfähig" werden, d. h. daß ein Partner mehrere Profile verwalten kann. Aus Sicht des Intermediärs ist wichtig, daß sämtliche Kundenkontakte über ihn laufen, um der Gefahr einer Disintermediation zu begegnen. Für den Verlag bestehen die Vorteile in gesenkten Transaktionskosten aufgrund der Reduktion auf nur einen Partner und dem Zugang zu einem weiteren Vertriebskanal. Letzteres kann gerade bei neuartigen Produkten besonders wertvoll sein, da sie besonders erklärungsbedürftig sind und einer starken Kundenorientierung und aktiver Kommunikation bedürfen.[685] Diese Leistungen kann ein spezialisierter Intermediär besser erbringen als klassische Intermediäre oder der Direktvertrieb.

Ein neuer Vertriebskanal birgt allerdings die Gefahr von Kanalkonflikten und Kannibalismus. Fraglich ist, ob für einen Intermediär ein solches Geschäftsmodell langfristig valide ist angesichts vielfältiger Unsicherheiten wie geringerer Preissensibilität und damit möglicherweise geringem Interesse der Nutzer, möglicher Ablehnung eines noch unbekannten Intermediärs durch markenorientierte Nutzer, starker Abhängigkeit von der Bereitschaft der Verlage zur Zusammenarbeit und der Gefahr einer späteren Disintermediation durch die Verlage.

Unter bestimmten Voraussetzungen ist das *Preisbietungsverfahren*, bei dem der Kunde entsprechend seiner individuellen Nutzenbewertung einen Preis vorgibt, für Angebote von Verlagen im Onlinebereich geeignet. Wichtiges Merkmal ist das Einräumen von Freiheitsgraden durch den Kunden gegenüber dem Hersteller zur Erfüllung der Nachfrage. Solche Freiheitsgrade können bei den meisten Punkten eingeräumt werden, die bereits im Zuge einer möglichen Produktvariation genannt wurden. So ist in Randgebieten der einen Nutzer interessierenden Rechtsgebiete eine sehr hohe Aktualität eher verzichtbar, so daß diese zur Disposition gestellt werden könnte und z. B. die Aktualisierungsfrequenz eines Produkts gesenkt wird.

---

[684] Vgl. auch Klein-Blenkers (1995), S. 306.
[685] Vgl. auch Klein (2000), S. 130.

Verfahren der Preisbietung könnten verwendet werden, um mögliche zusätzliche Absatzvolumina durch kundengetriebene Produktvariationen zu realisieren, die ansonsten nicht erschlossen werden könnten. Voraussetzung für wirtschaftlichen Erfolg ist allerdings, daß die Kosten für die Produktvariationen unter den zusätzlichen Erlösen liegen, was aber bei der leichten Variierbarkeit elektronischer Produkte häufig möglich sein wird. Weitere Voraussetzung ist die Vermeidung von Kannibalismuseffekten: Es muß sichergestellt werden, daß diese Erlöse nicht andere Erlöse substituieren, indem ausschließlich zusätzliche Nutzer angesprochen werden, die auf andere Weise (z. B. statische Preisdifferenzierung) nicht gewonnen werden könnten.[686] Den regulären Zielgruppen muß der Zugang zu solchen Vertriebskanälen verwehrt werden. Hierzu muß durch die genannten Freiheitsgrade eine künstliche Produktvariation anhand der bereits diskutierten Kriterien vorgenommen werden, die dieses Produkt für reguläre Zielgruppen uninteressant macht. Damit wird auch ein Einfluß des niedrigeren Preisniveaus auf andere Vertriebskanäle reduziert: Im Gegensatz zu privaten endkundenorientierten Märkten wie z. B. Priceline.com besteht eine solche Gefahr durchaus, da auch hier zwar die Preise nicht publiziert werden, die potentielle Nutzergruppe aber begrenzt ist und im Rahmen eines fachlichen Austausches miteinander im Kontakt stehen könnte.

Darüber hinaus sind *weitergehende Verfahren* mit einem Trend zu stärkerer Kommunikation zwischen Anbieter und Nachfrager und parametrisierten Produkten mit variablen, situationsabhängigen Preisen denkbar. Gegenstand einer Verhandlung könnte die Preisgabe bestimmter Profildaten des Nutzers und die Einwilligung zu deren Verwendung sein. Der Preis für diesen Nutzer könnte dann sowohl von dessen Einwilligung oder Verweigerung einer weiteren Verwendung als auch von den Profildaten und dem damit kommunizierten Kundenwert selbst abhängig gemacht werden.

Weiter könnte der besonderen Bedeutung der Aktualität dadurch Rechnung getragen werden, daß der Preis variabel direkt von der Aktualität abhängt. Bisher schöpfen die Verlage den vor allem in einer frühen Phase hohen Nutzen nicht ab. Ein Preisverlauf, der dem Verlauf des Nutzens folgt[687], würde auch diese Zahlungsbereitschaft abschöpfen (Abb. 18).

---

[686] Vgl. auch Kap. 3.3.2.
[687] Zum zeitlichen Verlauf des Nutzens juristischer Informationen vgl. auch Kap. 3.4.3.1.

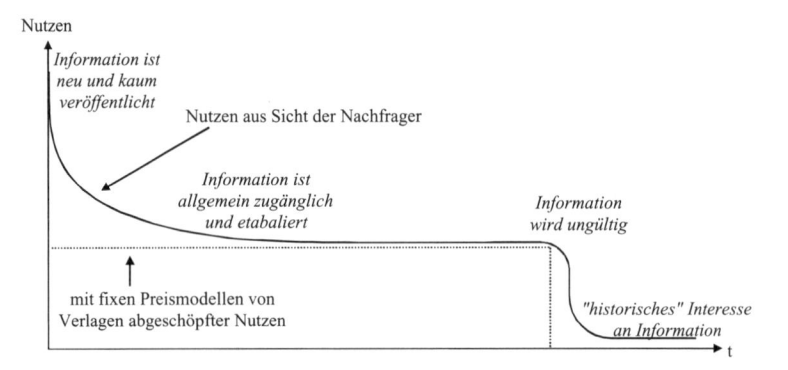

Abb. 18: Nutzenabschöpfung durch dynamische Preismodelle

Konkret wäre z. B. folgendes Szenario denkbar: Eine Kanzlei bestellt den Volltext einer soeben ergangenen, aktuell bedeutsamen Entscheidung bei einem Verlag. Der Preis sinkt, je mehr Zeit zwischen der Veröffentlichung des Volltextes bei Gericht und der Verfügbarmachung durch den Verlag vergeht. Damit erhält der Verlag einen Anreiz und gleichzeitig eine „Belohnung" für besonders schnelle Verfügbarkeit und seine damit verbundenen besonderen Anstrengungen.[688] Dieses Modell ist in vielerlei Hinsicht modifizierbar: so kann eine Kanzlei, die z. B. auf dem Gebiet des ständig Änderungen unterworfenen Domainrechts tätig ist, alle Entscheidungen auf diesem Gebiet abonnieren, wobei sich der Preis der einzelnen Entscheidung nach dem beschriebenen Verfahren richtet. Eine andere mögliche Modifikation liegt in der Kombination dieses an die Preisbietung angelehnten Verfahrens mit einer Beschaffungsauktion, womit sich die Aktionsseiten verschieben: Die Kanzlei schreibt einen Bedarf automatisiert aus und bezieht die Entscheidung von demjenigen Anbieter, der sie als schnellster besorgen kann. Der Preis berechnet sich, wie beschrieben, fallend nach der Aktualität. Dieses Preismodell ist gleichzeitig ein Beispiel dafür, daß Preisbietung nicht automatisch zu niedrigen Preisen und Kannibalismusgefahren führen muß. Es stellt eher eine dynamische Abschöpfungsstrategie mit Produktvariation dar, da der Verlag parallel die Entscheidungen zu anderen, durchschnittlich niedrigeren Preisniveaus anbieten kann. Eine weitere Modifikation ist durch die Verwendung eines dualen Parameters in Form der Aktualität und Qualität möglich: schnell verfügbare Informationen über Entscheidungen wie z. B. Presseerklärungen des Gerichts haben häufig nur eine geringe Qualität, können aber aufgrund ihrer Trendaussage durchaus kurzfristig wertvoll sein.

Vorstellbar wäre auch eine Kopplung mit einer Rückmeldung des Benutzers: Der Kunde könnte bei der Information bewerten, ob sie sehr wertvoll war (dies würde zu einem höheren Preis führen) oder weniger relevant. Auf Basis dieser Bewertungen würde dann nicht nur der Preis ermittelt, sondern auch das Profil weiter verfeinert. Durch den Einfluß auf die Profilbildung

---

[688] Der Preis wandelt sich damit zu einem dienstleistungsorientierten erfolgsabhängigen variablen Honorar.

sinkt der Anreiz für den Kunden, durch falsche Angaben den Preis zu senken. Gleichzeitig werden durch eine zunehmende Verfeinerung Lock-in-Effekte erzeugt und die Wechselkosten erhöht.[689] Einflußfaktor kann aber auch die Relevanz von individualisierten Informationen für den Kunden sein, bei der nur ein vorhandenes Nutzerprofil zum Tragen kommt: so könnten Informationen, die nur am Rande zum Nutzerprofil passen, kostengünstiger angeboten werden.

Eine Verwendung dynamischer Preismodelle sieht sich allerdings bei juristischen Fachverlagen verschiedenen *Hemmfaktoren* gegenüber. Bei weiter zunehmender Verhandlungsorientierung sind die steigenden Transaktionskosten im Verhältnis zum Erlös problematisch. Abgefangen werden könnten diese z. B. durch individuelle Rahmenverträge, die etwa den Kundenwert zugrunde legen und darauf basierend einen festen Abschlag auf reguläre Preise gewähren. Zudem wirkt die aus der Buchpreisbindung herrührende starke Fixpreisorientierung sowohl anbieter- wie auch nachfragerseitig hemmend. Nachfragerseitig ist zudem aufgrund der geringen Preissensibilität kein starker Änderungsdruck zu erwarten: Die Nutzer stehen unter permanentem Zeitdruck und sind auf eine hohe Qualität angewiesen, was sowohl die Bereitschaft zu Verhandlungen[690] als auch die Parametrisierbarkeit einschränkt.

3.3.4 Zusammenfassung zum Erlösmodell

Zukünftig wird auch für Verlage eine Mischung verschiedener Erlösformen (Multi-revenue-stream) vorherrschend sein. Dabei eignen sich entgegen der vielfach anzutreffenden Meinung nutzungsabhängige Erlöse auf mittlere Sicht nur bedingt. Dominierend werden dagegen nutzungsunabhängige Erlöse sein, wobei hier Gruppenlizenzen besondere Bedeutung zukommt. Erlöse aus dem Direktvertrieb klassischer Produkte werden weiterhin bedeutsam bleiben. Zunehmende Bedeutung erlangt Content Syndication. Andere indirekte Erlösformen wie z. B. Werbeerlöse oder die Vermarktung von Benutzerprofilen werden für juristische Verlage kaum eine Rolle spielen.

Produktvariation wird wie auch bei anderen digitalen Produkten deutlich erleichtert und hat das Potential, seine bisher in der Fachverlagsbranche geringe Verbreitung deutlich zu steigern. Sie erlaubt es besonders gut, in Verbindung mit einer Preisdifferenzierung auch im insgesamt bereits hochpreisigen juristischen Segment unterschiedliche, insbesonders stark ausgeprägte Zahlungsbereitschaften abzuschöpfen. Verlage können damit ihr Angebot deutlich besser als im Offlinebereich auf Zielgruppen konzentrieren und nach deren Wert differenzieren.

---

[689] Zu Wechselkosten und Lock-In-Effekten vgl. Kap. 3.4.2.3.
[690] Porter (2001), S. 69 konstatiert denn auch, daß die Kunden das Interesse z. B. an Preisbietungsverfahren aufgrund der Abwicklungsmühen bereits wieder verlieren würden. Abhilfe könnten hier automatisierte Verhandlungen durch spezifische Agenten bringen, vgl. auch Rebstock (2001) sowie Bichler (2001), S. 536 und die dort zitierte Literatur.

Gut eignen sich auch dynamische Preismodelle. Vor allem könnte sich bei juristischen Verlagen das Weblining mit seiner Betonung des Kundenwertes anbieten. Intermediäre als Betreiber von Nachfragepoolsystemen könnten zur Heranführung der Kundengruppen genutzt werden, wobei deren Etablierung aber fraglich ist. Die Preisbietung würde sich als interessantes Preisinstrument im Rahmen der Produktdifferenzierung anbieten, mit dem neue Nischen und Randgruppen des bisherigen Angebots erschlossen werden könnten. In allen Fällen ist aber abzuwägen, ob dynamische Preise überhaupt in der klassischen Zielgruppe von den Kunden akzeptiert werden oder von diesen als zu verwirrend und nicht vorhersehbar abgelehnt werden. Dies erscheint aufgrund der geringen Preissensibilität der Zielgruppe durchaus möglich, kann aber bisher mangels Erfahrungen nicht abschließend beurteilt werden. Voraussetzung für eine Akzeptanz wäre in jedem Fall, daß die erforderlichen Verhandlungen etwa durch einen automatischen Profilabgleich weitestgehend automatisiert werden.

3.4 Leistungsangebotsmodell

WIRTZ diskutiert im Rahmen eines Leistungsangebotsmodells vor allem die Frage, welches Leistungsspektrum welchen Nachfrager- bzw. Kunden(gruppen) angeboten werden soll.[691] Verlage müssen sich in einem dynamischen Markt mit neuen Wettbewerbsstrukturen und „Spielregeln" als bevorzugte Informationsvermittler positionieren.[692] Im folgenden sollen dazu zunächst als Grundlage das Leistungsangebot juristischer Verlage und die besonderen Merkmale diskutiert werden, welche die Entscheidung über das Leistungsspektrum maßgeblich beeinflussen.

3.4.1 Traditionelles Leistungsangebot juristischer Verlage

Juristische Werke werden sowohl von spezialisierten wie auch unspezialisierten Fachverlagen angeboten. Verleger von juristischen Werken sind daneben auch allgemeine Verlage, die primär andere Literaturgattungen anbieten.[693] Juristische Fachverlage setzen sich hauptsächlich aus den beiden Typen Buch- und Zeitschriftenverlag zusammen. Im folgenden sollen unter *juristischen Fachverlagen* diejenigen Verlage oder Verlagsteile betrachtet werden, die sich ganz überwiegend mit juristischen Angeboten für berufliche Verwender[694] beschäftigen.

---

[691] Vgl. Wirtz (2001), S. 213. Hass (2002), S. 95 ff. diskutiert ähnliche Fragestellungen unter dem Begriff der Produktarchitektur.
[692] Vgl. Henkel (1999), S. 2.
[693] Vgl. Klein-Blenkers (1995), S. 33 f.
[694] Zu dieser Eingrenzung vgl. ausführlicher Kap. 3.1.1.

Die Produkte von Fachverlagen sind in aller Regel digitalisierbar und können als *digitales Gut* vorliegen. Der Begriff „digitale Güter" wird in der Literatur nicht einheitlich verwendet.[695] Synonym, teilweise aber auch homonym, werden die Begriffe immaterielles Gut, Informationsprodukt und Online delivered Content verwendet. Digitale Güter liegen vollständig in digitaler Form vor und können über Datennetze vertrieben werden. Digitale Güter sind auch immaterielle Güter. Umkehrt sind aber immaterielle Güter nicht in jedem Fall digitale Güter, da z. B. Know-How nicht in digitaler Form vorliegen muß. Umstritten ist in der Literatur, ob Dienstleistungen zu den digitalen Produkten zu zählen sind wie z. B. bei CHOI, STAHL und WHINSTON.[696] LUXEM lehnt dies aufgrund der deutlich unterschiedlichen Prozesse ab und stellt Produkte als Kategorie neben Dienstleistungen, faßt aber beide unter den Oberbegriff der Güter.[697] BIEBERBACH und HERMANN verweisen darauf, daß die klare Trennung zwischen Produkten und Dienstleistungen verschwimmt, und sehen eine zunehmende Substitution bestimmter Dienstleistungen durch digitale Produkte.[698] In der vorliegenden Arbeit soll zwischen Produkten und Dienstleistungen getrennt werden, wo dies erforderlich ist. Generalisierend soll der Begriff des Guts verwendet werden.[699]

Juristische Verlage sind Anbieter von *Fachinformationen*. Fachinformation ist das Wissen, das für die Bewältigung fachlicher Aufgaben u. a. im Beruf benötigt wird.[700] Es sind verschiedene Arten von Fachinformationen zu unterscheiden, von denen wirtschaftlichen und wissenschaftlichen die größte Bedeutung zukommt.[701] Zur Vereinfachung der Darstellung soll im folgenden der Begriff der Fachinformationen in einem engeren Sinne verwendet werden. Unter Fachinformationen sollen wirtschaftliche und juristische Fachinformationen verstanden werden, die nicht wissenschaftlich und nicht Ergebnis einer intellektuellen Leistung eines konkreten Autors sind und z. B. in Form eines Fachaufsatzes erscheinen. Insbesondere sollen hierunter Entscheidungen, Leitsätze und Registerauszüge fallen. Sie nehmen im Produktangebot juristischer Verlage eine besondere Stellung ein. Wissenschaftliche und sonstige Informationen, wie sie auch in anderen Fachgebieten auftreten, sollen, wie es gemeinhin üblich ist, als Fachliteratur bezeichnet werden. Hierzu sollen auch z. B. Kommentare gezählt werden.

Typische *Produkte* von juristischen Verlagen sind:[702]

---

[695] Vgl. zu den folgenden Ausführungen auch die ausführliche Diskussion bei Luxem (2000), S. 14 ff
[696] Vgl. Choi, Stahl, Whinston (1997), S. 62 ff.
[697] Vgl. Luxem (2000), S. 16 f.
[698] Vgl. Bieberbach, Herrmann (1999), S. 73.
[699] Zu den besonderen Eigenschaften und einer Taxonomie möglicher Ausprägungen digitaler Güter vgl. z. B. Luxem (2000), S. 24 ff., Loebbecke (1999), S. 1 ff.
[700] Vgl. auch Schumann, Hess (2000), S. 41, Klein-Blenkers (1995), S. 44 und die dort zitierte Literatur. Zu einer analogen Definition von Rechtsinformationen vgl. Bock (2000), S. 8 f.
[701] Motyka (1989), S. 139 unterscheidet zwischen Fakten, Neuigkeiten und Wissen. Vgl. ausführlicher Klein-Blenkers (1995), S. 45 f. und die dort zitierte Literatur.
[702] Vgl. auch Welb (1998a), S. 112, Haft (1998), S. T1-1, Weber (1997), S. 135 ff. Diese Produktkategorien sind nicht zwingend disjunkt. In einer Studie von Soldan (2002), S. 17 ff. wurden Aufsätze in Fachzeitschriften und Praktikerbücher als wichtigste Informationsquellen von Anwälten identifiziert.

- Gesetzestexte,
- Entscheidungssammlungen,
- Muster und Formulare,
- Kommentare,
- Fachzeitschriften und Infodienste,
- Fachbücher und
- weitere spezifische Datensammlungen wie z. B. Registerdaten.

Kennzeichnend für den juristischen Markt ist die *nationale Fokussierung*. Maßgeblich ist die nationale Gesetzgebung, was zur Folge hat, das nur wenige ausländische Anbieter auf dem deutschen Markt tätig sind und diese sich im wesentlichen als Quelle für internationales Recht anbieten. Umgekehrt können die nationalen Verlage in aller Regel ihre Produkte auch nur ausschließlich auf dem deutschen Markt anbieten. Ausnahmen betreffen lediglich kleinere Teilbereiche, die aber insgesamt nicht ins Gewicht fallen. Selbst vor dem Hintergrund zunehmender europäischer Regelungen muß die zugehörige Literatur doch in aller Regel den jeweiligen nationalen Kontext berücksichtigen. Demzufolge kommt ausländischer juristischer Information auf dem deutschen Markt kaum Bedeutung zu.[703] Einige große Spieler des deutschen Marktes wie z. B. der C. H. Beck-Verlag dehnen in jüngerer Zeit ihre Aktivitäten vornehmlich ins benachbarte Ausland aus, insbesondere Polen, Rußland, Rumänien, Tschechien und die Schweiz.[704] Allerdings sind auch hier die Inhalte nur begrenzt übertragbar und ein wesentlicher Teil der ausländischen Verlagsaktivitäten bezieht sich auf den nichtjuristischen Teil der Verlagsaktivitäten wie z. B. Wirtschaft.

Von besonderer Bedeutung ist die hohe *Aktualitätsanforderung*[705] und das teilweise daraus resultierende hohe *Preisniveau*[706]. Als weitere Besonderheit gilt für den juristischen Markt die relative hohe strukturelle *Homogenität* bestimmter Güter. Während z. B. belletristische Bücher schlecht beschreibbare und damit nur schwer vergleichbare Inhalte haben, was zu hohen Informationskosten als nahezu einzigen Transaktionskosten führt[707], gilt dies für juristische Fachinformationen nicht. Diese sind im allgemeinen aufgrund weniger Ordnungsmerkmale wie z. B. Aktenzeichen recht gut beschreibbar.[708]

---

[703] Vgl. Klein-Blenkers (1995), S. 278, Frühschütz (1997), S. 95, Wengenroth (2001), S. 120. So gaben bei einer Studie nur 2,7% der Befragten an, auf internationale Rechtsdaten zuzugreifen, vgl. Haft (1998), S. T1-1.
[704] Vgl. N. N. (1998e), S. 64.
[705] Vgl. ausführlicher Kap. 3.4.3.1.
[706] Vgl. ausführlicher Kap. 3.3.3.2.
[707] Vgl. Preuß Neudorf (1999), S. 37.
[708] Vgl. ausführlicher Kap. 3.5.2.3.1.

3.4.2 Ausgewählte Merkmale einer Internet-Ökonomie

Mit dem von ZERDICK ET AL. geprägten Begriff der „Internet-Ökonomie" werden generalisierend verschiedene ökonomische Gesetzmäßigkeiten bezeichnet und auf digitale Güter angewendet, die im weiteren Sinne mit dem Internet in Verbindung stehen.[709] Dabei werden keine völlig neuen ökonomischen Gesetzmäßigkeiten beschrieben. Insbesondere die Dominanz der insignifikanten Reproduktions- und Distributionskosten als Folge der Digitalisierung (starke Skaleneffekte), Netz- und Lock-in-Effekte können aber unter bestimmten Voraussetzungen zu neuen Marktmodellen mit besonders starken Wettbewerbspositionen führen. Durch das Wachstum der Internet-Ökonomie werden diese Wirkungseffekte immer häufiger zu beobachten sein.[710] Im folgenden sollen die Besonderheiten und ihre Auswirkungen auf das Leistungsangebot speziell vor dem Hintergrund juristischer Fachverlage diskutiert werden.

3.4.2.1 Besondere Kostenstrukturen

3.4.2.1.1 Kostenstrukturen im klassischen Medienbereich

Medienunternehmen weisen besondere Kostenstrukturen auf. Der Faktoreinsatz ist bei ihnen kurz- und mittelfristig unabhängig von der Ausbringungsmenge, d. h. der Anzahl der Rezipienten. Bei langfristiger Betrachtung sind dagegen sprungfixe Kostenverläufe festzustellen: um eine nennenswert größere Menge an Rezipienten zu erreichen, ist eine erhebliche Ausweitung des Angebots mit durchaus höheren Kosten erforderlich.[711]

Die kurzfristige Unabhängigkeit des Faktoreinsatzes von der Menge führt zur für die Medienbranche typischen hohen Bedeutung der Stückkostendegression. Sie wird auch als „First Copy Cost Decreasing Phenomenon" (im folgenden verkürzt „First-Copy-Effekt") oder Blaupausen-Effekt bezeichnet. Sie besagt, daß der größte Teil der Kosten Fixkosten der Produktion sind und damit bereits durch das erste Exemplar verursacht werden (First-Copy-Kosten). Die Medienbranche erzielt damit in hohem Maße Skaleneffekte (Economies of Scale).[712] Die nahezu fixen Gesamtkosten werden bei zusätzlichen Rezipienten auf mehr Nutzer verteilt, so daß die Kosten pro Nutzer und damit pro Stück aufgrund der Fixkostendegression sinken (Abb. 19).[713] Das Ausmaß der Degression ist abhängig von der Höhe der Grenzkosten und damit medien-

---

[709] Synonyme sind z. B. digitale Wirtschaft, Network Economy, New Economy. Vgl. ausführlicher Zerdick et al. (2001), Stelzer (2000), S. 835 f., Wirtz (2001), S. 18 ff. und die dort zitierte Literatur. Eine Betrachtung aus volkswirtschaftlicher Sicht findet sich z. B. bei Hutter (2000).
[710] Vgl. Stelzer (2000), S. 841 f., Wirtz (2001), S. 23 ff., Fleisch (2001), S. 80. Böing (2001), S. 237 kam in seiner empirischen Untersuchung ebenfalls zu dem Schluß, daß im Electronic Commerce keine völlig neuen Regeln gelten.
[711] Vgl. Hess, Böning-Spohr (1999), S. 14, Böning-Spohr, Hess (2000), S. 15.
[712] Vgl. Owen (1975), S. 16 ff., Heinrich (1994), S. 118 f., Varian (1995), S. 1, Zerdick et al. (2001), S. 165 f., Kruse (1996), S. 37.
[713] Vgl. Böning-Spohr, Hess (2000), S. 58 f.

spezifisch. ALTMEPPEN führt empirische Untersuchungen an, wonach 50% der Kosten eines Zeitungsverlags und sogar 65% der Kosten eines Zeitschriftenverlags mit angeschlossener Druckerei Fixkosten darstellen. Im Rundfunkbereich liegen die fixen Kosten sogar über 90%.[714] Eine hohe Ausbringungsmenge führt damit zu überproportionalen Vorteilen. Im Medienmarkt führt diese hohe Bedeutung von Skaleneffekten zu einer starken Anbieterkonzentration in Form von Mono- bzw. Duopolen.[715]

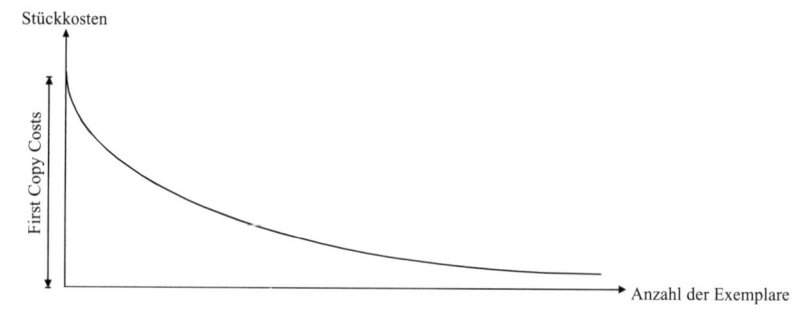

Abb. 19: Abnahme der Stückkosten mit steigender Kopienzahl[716]

Eine nähere Betrachtung des Fixkostenblocks ist schwierig, da er stark vom verfolgten Geschäftsmodell abhängt. BÖNING-SPOHR und HESS identifizieren allgemein die Erstellung oder Beschaffung der Inhalte, die technische Infrastruktur bzw. das erforderliche Personal und das Marketing als die größten Kostenblöcke. Ihr Anteil an den Gesamtkosten beträgt etwa 70 bis 90 Prozent. Die Kosten für Technik oder Personal hängen davon ab, ob sich das Geschäft maßgeblich auf automatisierte oder manuelle Abwicklung stützt.[717]

Von Bedeutung ist auch die Betrachtung der Kostenstrukturen der gesamten Wertschöpfung bis hin zum Endverbraucher.[718] Die Kostenverteilungsangaben in der Literatur sind allerdings nicht einheitlich[719] und dürften stark von der konkreten Ausgestaltung des Werks abhängen.

---

[714] Vgl. Altmeppen (1996), S. 266. Vgl. entsprechend auch Sennewald (1998), S. 61, Varian (1995), S. 1. Schätzungen über die Aufteilung und Höhe der Kosten z. B. bei Zeitschriften finden sich kaum in der Literatur, vgl. Odlyzko (1998).
[715] Vgl. z. B. Heinrich (1994), S. 118, Varian (1996), S. 1, Sennewald (1998), S. 51, Hess, Böning-Spohr (1999), S. 14, Böning-Spohr, Hess (2000), S. 17.
[716] In Anlehnung an Owen (1975), S. 17.
[717] Vgl. Böning-Spohr, Hess (2000), S. 32. Insbesondere die redaktionelle Bündelung und Aufbereitung verbleibt als kaum zu automatisierender personalintensiver Bereich, vgl. Göldi (1996), S. 29.
[718] Wirtz (2000), S. 106 beklagt, daß nahezu keinen quantitativen Daten zu tatsächlichen Kosten- und Erlösstrukturen verfügbar seien.
[719] Hansen (1998), S. 129 f. verweist darauf, daß der Verlag mit Layout, Satz, Druck, Werbung und Verkauf zu 45% der Kosten beiträgt, der Großhandel mit Sortimentsgestaltung, Lagerhaltung, Transport und Verkauf zu 10% und der Einzelhandel, der ebenfalls Sortimentsgestaltung, Lagerhaltung und Verkauf sowie die Kundenberatung wahrnimmt, zu 35%. Liedl (1999), S. 206 nennt für den belletristischen Bereich ähnliche Größenordnungen: 45-50% des Ladenverkaufspreises entfallen auf Handel und Distribution, 10-18% auf den Druck, 10-15% gehen an die Autoren und 17-35% an den Verlag. Bruck, Selhofer (1997), S.

Der Kalkulation in den Verlagen liegt typischerweise ein Drittelmix zugrunde: 34% der Kosten sind auf das Autorenhonorar (10%), die Gemeinkosten und die Werbung (14%) und den Verlagsanteil (10%) zurückzuführen, weitere je 33% entfallen auf die technische Herstellung und den Buchhandelsrabatt.[720] WEYHER nennt als eine der wenigen Quellen absolute Zahlen. Demnach betragen die First-Copy-Kosten, die z. B. den Review-Aufwand beinhalten, bei wissenschaftlichen Journalen ca. 2.000 - 4.000 US$ pro Artikel. Die variablen Kosten für Druck und Versand betragen lediglich 3 US$ pro Heft.[721]

3.4.2.1.2 Kostenstrukturen für Onlineprodukte

Auch für Onlineprodukte gilt die besondere Bedeutung der First-Copy-Kosten. Es wird angenommen, daß ihre variablen Kosten mit denen des Rundfunkbereichs vergleichbar sind.[722] Vergleicht man die Kosten von Printprodukten mit denen von Onlineprodukten, so verändern sich insbesondere die Reproduktions- und Distributionskosten. Bei der Reproduktion entfallen die traditionell hohen Druckkosten vollständig und werden durch Kosten für die technische Infrastruktur (z. B. Serverkapazität) ersetzt. Die traditionell hohen Distributionskosten für die erforderliche Lagerfläche und vor allem den physischen Transport der Ware entfallen ebenfalls und werden durch geringe Kosten der technischen Infrastruktur wie z. B. Leitungskapazitäten ersetzt.[723] Diese sind genaugenommen überwiegend sprungfixe Kosten, denn bei einer sehr hohen Ausbringungsmenge sind erhöhte Aufwendungen für die Infrastruktur erforderlich. Hierbei kann es sich sowohl um eine höhere Bandbreite als auch um leistungsfähigere oder mehr Server handeln, die ihrerseits erhöhte Administrationskosten verursachen.[724] Da diese Intervalle jedoch sehr groß sind, ist dieser Effekt vernachlässigbar und die Kosten sind als weitgehend fix zu betrachten. Insgesamt sind die Grenzkosten bei der Reproduktion und Distribution digitaler Produkte über das Internet insignifikant und liegen bei nahezu Null.[725] Onlineanbieter können daher eine extreme Stückkostendegression erreichen und erzielen im Gegensatz zum Printbe-

---

53 sehen 41% bei der Gestaltung, Entwicklung und Verpackung, 40% beim Druck und 19% bei der Distribution. Odlyzko (1998) nennt für Druck und Versand einen Kostenanteil von 30%. Nach Hutzschenreuter (2000), S. 82 beansprucht ein Zwischenhändler 20% des Nettoverkaufspreises und läßt dem Handel eine Marge von 30%. Hoffmann (2002), S. 59 nennt für gedruckte Fachbücher 5-10% der Kosten als Autorenhonorar, 30-50% gehen an den Verlag, 10-20% an die Druckerei, 15-25% an den Großhandel und 25% an den Bucheinzelhandel.

[720] Vgl. Schönstedt (1999), S. 143 f.
[721] Vgl. Weyher (2000), S. 31 f.
[722] Vgl. Hess, Böning-Spohr (1999), S. 14. HESS und BÖNING-SPOHR verweisen darauf, daß hierzu bisher keine empirischen Untersuchungen vorliegen. Eine Abschätzung der Kosten zu elektronischen Zeitschriften findet sich allerdings bei Odlyzko (1998).
[723] Diese, wenn auch nur geringen, Kosten werden allerdings in der Literatur häufig übersehen. So stellt WIRTZ fest: „..., während ein Download für den Hersteller vollständig kostenfrei ist." (Wirtz (2001), S. 167).
[724] Vgl. auch Hess, Schumann (1999), S. 14.
[725] Vgl. z. B. Day (1995), Rayport, Sviokla (1995), S. 84, Bakos, Brynjolfsson (1999), S. 1, Shapiro, Varian (1999), S. 21, Böning-Spohr, Hess (2000), S. 16, Stelzer (2000), S. 838, Hutter (2000), S. 1659 f.

reich bereits bei geringen Mengen hohe Skalenerträge, die bei sehr hohen abgesetzten Stückzahlen eine nachhaltige Wirkung auf die Wettbewerbssituation haben können.[726]

Im klassischen Bereich anfallende Kapitalbindungskosten für auf Vorrat (aufgrund der hohen Rüstkosten und für eine schnelle Verfügbarkeit) produzierte Ware entfallen für Onlineprodukte, da erst im Moment des Bedarfs reproduziert wird.

Damit sinkt im Onlinebereich der Anteil der variablen Kosten an den Gesamtkosten deutlich, während der Anteil der Fixkosten bedeutsamer wird (Abb. 20).[727]

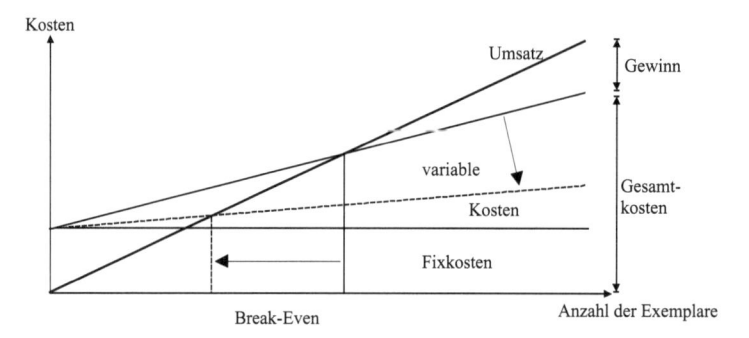

Abb. 20: Skizzierung eines früheren Break-Even-Punktes als Folge sinkender variabler Kosten (bei konstanten Fixkosten)[728]

Aussagen über die Höhe der Fixkosten bei Onlineprodukten im Vergleich zu denen bei Printprodukten sind schwierig. STELZER unterscheidet zwischen Entwicklungs- und Produktionskosten.[729] Die Produktionskosten bestehen bei Onlineprodukten nur aus Reproduktionskosten und den Kosten für die Bereitstellung der erforderlichen technischen Infrastruktur (z. B. Server). Sie verschieben sich zwar von variablen Kosten bei Printprodukten hin zu (sprung-)fixen Kosten bei Onlineprodukten. Die Einstufung der restlichen fixen First-Copy-Costs als Entwicklungskosten lehnt sich begrifflich zwar an die Softwareentwicklung an und ist daher nicht immer treffend, aber üblich und soll zur Abgrenzung von Reproduktionskosten daher auch hier beibehalten werden. Es ist nicht generell anzunehmen, daß die Entwicklungskosten für Onlineprodukte nennenswert kostengünstiger als für klassische Produkte sind. Der Aufwand könnte vielmehr aufgrund einer aufwendigeren Aufbereitung (z. B. anspruchsvollere Tätigkeit des Herstellens von Verknüpfungen) höher sein. Maßgeblich sind damit die speziellen

---

[726] Vgl. Zerdick et al. (2001), S. 166 f., Böning-Spohr, Hess (2000), S. 15, Stelzer (2000), S. 838.
[727] Vgl. z. B. Hofer (2000), S. 189 und die dort zitierte Literatur.
[728] Teilweise in Anlehnung an Hofer (2000), S. 190.
[729] Vgl. Stelzer (2000), S. 837.

Aufwendungen für die Aufbereitungen von Onlineprodukten im Einzelfall.[730] Insgesamt liegen die Fixkosten daher bei Onlineprodukten im Regelfall höher als bei Printprodukten.[731]

Die Höhe der Fix- und variablen Kosten wird über diese Überlegungen hinaus auch wesentlich vom Ausmaß einer Individualisierung und der Homogenität der Information (redaktioneller Aufwand oder Agenteneinsatz), dem Beschaffungsmodell und konkreten Erlösmodellen (Verwaltungsaufwand) bestimmt.[732]

Eine Studie aus dem Jahr 1999 betrachtete konkret die Kostenstrukturen für juristische Onlineprodukte: Demnach verursachen – überraschenderweise im Gegensatz zu anderen Fachgebieten – erwartungsgemäß die Inhaltsbeschaffung und -aufbereitung die größten Kosten, gefolgt von Programmierungsarbeiten.[733]

3.4.2.2 Bedeutung von Netzeffekten

3.4.2.2.1 Allgemeine Eigenschaften von Netzeffekten

Bestimmte Produkte haben die Eigenschaft, ihren Nutzen nur dann in voller Höhe zu entfalten, wenn möglichst viele andere Nutzer sich ebenfalls zur Nutzung dieses Produkts entschließen. Es sind Produkte, deren Nutzen von der Größe eines Nutzernetzwerks – im Regelfall positiv – abhängt („Skaleneffekte auf der Nachfragerseite"). Jeder neue Teilnehmer erhöht den Nutzen für die übrigen Akteure. Die Produkte haben damit externe Effekte, die als Netzwerkexternalitäten oder verkürzt Netz- oder Netzwerkeffekte bezeichnet werden.[734] Der Wert des Zugangs zum Netzwerk dominiert dabei häufig den Wert des Produkts.[735] Der Onlinebereich ermöglicht stark interaktive Dienste und ist damit prädestiniert für Netzeffekte.[736]

---

[730] Vgl. hierzu auch ausführlich Rawolle, Hess (2001), S. 236 ff.
[731] Vgl. Schiele, Lube (1996), S. 162, Schick (1997), S. 85.
[732] Vgl. ausführlicher die Diskussion in den entsprechenden Teilmodellen.
[733] Vgl. Arbeitskreis Elektronisches Publizieren (1999), S. 23.
[734] Vgl. z. B. Wiese (1991), S. 43, Graumann (1993), S. 1332, Choi, Stahl, Whinston (1997), S. 66 ff., Varian (1998), Shapiro, Varian (1999), S. 173 ff., Picot, Reichwald, Wigand (2001), S. 65, Zerdick et al. (2001), S. 157 ff., Lehr (1999), S. 16, Fleisch (2001), S. 81 ff. Wendt, v. Westarp, König (2000), S. 422 f. geben einen Überblick über die Diskussion von Netzeffekten für IT-Güter in der betriebswirtschaftlichen Literatur. Zur Kritik an der Netzeffekttheorie vgl. Buxmann (2001), S. 548. Genaugenommen ist zwischen Netzeffekten und Netzwerkexternalitäten zu unterscheiden: Während Netzeffekte abgegolten werden, gilt dies nicht für Netzwerkexternalitäten, vgl. Choi, Stahl, Whinston (1997), S. 522 f. In der Literatur werden beide Begriffe aber weitgehend synonym verwendet. Aus Gründen der Vereinfachung sollen sie daher auch in dieser Arbeit synonym verwendet werden.
[735] Vgl. Zerdick et al. (2001), S. 157. Ein Beispiel für die Dominanz des Netzzugangs über den eigentlichen Produktnutzen ist der Widerspruch zwischen der technischen Überlegenheit des Mac-Betriebssystems gegenüber dem präferierten Windows-System.
[736] Vgl. z. B. Böning-Spohr, Hess (2000), S. 12, Wirtz, Lihotzky (2001), S. 289.

Netzeffekte lassen sich nach KATZ und SHAPIRO in direkte und indirekte Effekte unterteilen: Bei direkten Effekten entsteht die Steigerung des Nutzens typischerweise durch Kommunikationsvorteile in Form physischer Netzverbindungen zwischen den Teilnehmern (z. B. beim Telefon oder Fax), d. h. ein neuer Teilnehmer verschafft allen Teilnehmern eine neue potentielle Kommunikationsmöglichkeit, aber auch durch Nutzung des gleichen Dateiformats z. B. bei Textdateien.[737] Bei indirekten Netzeffekten steigt der Nutzen der Teilnehmer zwar auch mit der Netzgröße, die Akteure sind aber nur virtuell miteinander verbunden. Indirekte Netzeffekte treten bei vielen Gütern auf und sind für Systemprodukte, wie z. B. Betriebssysteme, und Komplementärprodukte, wie z. B. Anwendungssoftware, charakteristisch: die Verbreitung des Basisprodukts (also die Größe des Netzwerks) hat Auswirkungen auf die Verfügbarkeit von Komplementärleistungen. Hierdurch wird das Basisprodukt für alle Nutzer attraktiver. Neben solchen Komplementärgütern können auch Lerneffekte Wechselkosten und indirekte Netzeffekte verursachen, etwa Standards bei Benutzeroberflächen, welche die Bedienung vereinfachen.[738] Bei indirekten Netzeffekten ist es sinnvoll, früh z. B. Schnittstellen zu veröffentlichen und so die Entstehung von kompatiblen Komplementärprodukten zu fördern.[739]

Netzeffektprodukte zeichnen sich durch einen von der klassischen s-förmigen Wachstumskurve abweichenden Diffusionsverlauf im Markt aus, der von der Theorie der kritischen Masse geprägt ist. Die Bereitschaft der Nutzer, sich auf ein neues Produkt einzulassen, korreliert bei Netzeffektprodukten positiv mit der Anzahl der Verwender des Produkts. In der Anfangsphase ist bei Netzeffektprodukten zunächst nur eine flache Kurve festzustellen. Die ersten Nutzer können aufgrund der noch geringen Verbreitung kaum Nutzeffekte erzielen. Zudem halten sich potentielle Nutzer zurück, solange sie eine künftige stärkere Verbreitung nicht für ausreichend sicher halten, da sonst die Realisierung von Netzeffekten und damit ein Großteil des Nutzens eines Gutes für sie in Frage gestellt ist. Entscheidend ist daher das frühzeitige Erreichen einer kritischen Masse, wozu z. B. eine Penetrationsstrategie sinnvoll sein kann. Von einer kritischen Masse ist hier zu sprechen, wenn ein Netzwerk eine ausreichende Teilnehmerzahl hat, so daß weitere Teilnehmer durch den erzielbaren Nutzen des Netzwerks angelockt werden. Ab diesem Punkt ist ein zunehmendes Wachstum des Kurvenverlaufs festzustellen, sofern der Wert des Netzwerks aus Nutzersicht auch als zukünftig dominant angesehen wird: Ein größerer Wert eines Netzes zieht aufgrund eines positiven Rückkopplungseffekts weitere Nutzer an (positive Feedbacks). Sind die Anwender von der Durchsetzung eines Netzeffektgutes überzeugt, so wird es sich auch durchsetzen. Der Wert des Netzes steigt weiter und entwickelt einen sich selbst tragenden Kreislauf („Increasing returns").[740] Netzeffektgüter fördern so eine natürliche

---

[737] Vgl. Katz, Shapiro (1985), S. 424, Graumann (1993), S. 1334 f., Wirtz (2000), S. 24, Picot, Reichwald, Wigand (2001), S. 65.

[738] Vgl. Shapiro, Varian (1999), S. 121 f., Picot, Reichwald, Wigand (2001), S. 65, Zerdick et al. (2001), S. 158, Wirtz (2000), S. 24.

[739] Vgl. Hess (2000), S. 97.

[740] Vgl. Wiese (1991), S. 44 ff., Graumann (1993), S. 1338 f., Schoder (1995), S. 20 ff., Arthur (1996), S. 100 f., Kelly (1998), S. 41, Shapiro, Varian (1999), S. 176 ff., Hess (2000), S. 97, Buxmann (2001), S. 556 sowie kritisch zum theoretischen Hintergrund Kubicek, Reimers (1996), S. 56 f. Man spricht auch

Monopolisierung, solange sie nicht von neuen Netzeffektgütern bedroht werden. Gelingt es, die kritische Masse schneller und effizienter als die Konkurrenz aufzubauen und somit über eine „installierte Basis" zu verfügen, so ist ein deutlicher Wettbewerbsvorsprung erreicht und eine Markteintrittsbarriere für Nachfolger aufgebaut.[741]

Standardisierungen haben Einfluß auf die Kompatibilität von Gütern und damit auf die Durchsetzung von Netzeffektgütern. Sie beeinflussen somit zunehmend den Wettbewerb.[742] Standards fördern das Vertrauen der Nutzer, daß sich darauf basierende Produkte am Markt durchsetzen werden und damit die Realisierung von Nutzeffekten aus dem Netzeffekt wahrscheinlicher wird.[743] Damit sinkt die erforderliche kritische Masse. Sind mehrere Konkurrenten auf einem Netzeffektmarkt tätig, so kann eine Absprache über eine Standardisierung sinnvoll sein, um das erforderliche Vertrauen der Nutzer in die dauerhafte Durchsetzung zu sichern.[744] Offene Standards verhindern allerdings das Entstehen der wertvollen, auf Lock-In- und Netzeffekten basierenden Eintrittsbarrieren.[745] Gelingt es dagegen einem Unternehmen, eigene proprietäre Vorgaben als dominierenden Standard zu etablieren, so hat es einen Wettbewerbsvorteil, da keiner umhin kommt, diesen Standard zu nutzen und daher die Wettbewerber auf diesen Standard wechseln müssen bzw. die Nutzer in diesem Standard „gefangen" sind.[746]

3.4.2.2.2 Netzeffekte für juristische Fachverlage

Netzeffekte fördern aufgrund des monopolisierenden Effekts den Druck auf online anbietende Verlage, zu den führenden Anbietern zu gehören und selbst Träger von Netzeffektprodukten zu sein. In der Wirkung ist dieser Effekt vergleichbar der Anzeigen-Auflagen-Spirale aus dem

---

von einer virusartigen Ausbreitung. Dies besagt auch das Metcalfe'sche Gesetz, wonach die Nützlichkeit eines Netzgeräts gleich dem Quadrat der Anzahl seiner Anwender ist (Wert = n x (n - 1) = n^2 - n mit n = Anzahl der Nutzer), vgl. Kelly (1998), S. 39 ff., Shapiro, Varian (1999), S. 184, Hutter (2000), S. 1661, Wirtz, Lihotzky (2001), S. 289. Zur kritischen Masse vgl. auch Rogers (1995), S. 313 ff., Hagel, Armstrong (1997), S. 58 ff., Kelly (1998), S. 48 f., Buxmann (2001), S. 547 f.

[741] Vgl. Kelly (1998), S. 41 ff., Zerdick et al. (2001), S. 160 f., Schumann, Hess (2000), S. 29, Hess (2000), S. 97 sowie Hutter (2000), S. 1661 f., der die stark temporäre Eigenschaft solcher Monopole untersucht. Buxmann (2001), S. 555 weist entsprechend darauf hin, daß auf Netzeffektmärkten die Koexistenz mehrerer Standards selten ist.

[742] Vgl. Graumann (1993), S. 1335 f., Klein (1996), S. 163. Standards unter der Kontrolle eines Unternehmens festigen zudem dessen Position und benachteiligen Mitbewerber.

[743] Vgl. Graumann (1993), S. 1337 f., Shapiro, Varian (1999), S. 230, Picot, Reichwald, Wigand (2001), S. 365, Zerdick et al. (2001), S. 161 f. Umgekehrt kann fehlendes Vertrauen der Nutzer in die Durchsetzung eines Produkts den Markteintritt von technisch ausgereiften Produkten verhindern. So hat sich z. B. ein Durchsetzen der DVD am Markt wegen fehlenden Vertrauens der Nutzer in das Erreichen einer kritischen Masse lange verzögert, vgl. Österle (2000), S. 38.

[744] Vgl. Hess (2000), S. 97. HESS nennt als Beispiel für fehlgeschlagene Bemühungen zur Standardisierung das digitale Fernsehen in Deutschland.

[745] Vgl. Porter (2001), S. 68, Shapiro, Varian (1999), S. 230.

[746] Vgl. auch Shapiro, Varian (1999), S. 196 ff., Schlüchter (2001), S. 186.

klassischen Printbereich.[747] Auch Zeitschriften weisen einen (eingeschränkten) direkten Netzeffekt auf: erst wenn eine Zeitschrift eine gewisse Verbreitung hat, ist es möglich, mit anderen über die Inhalte zu diskutieren.[748] Netzeffekte im Onlinebereich sind für juristische Fachverlage bisher noch nicht etabliert. Für Verlage stellt sich die Aufgabe, insbesondere durch das frühzeitige Herangehen an mögliche Einsatzbereiche von Netzeffekten eigene Standards zu setzen und so das Bilden von Netzeffektprodukten aktiv zu gestalten. Bei juristischen Verlagen sind Netzeffektgüter in verschiedenen Bereichen denkbar:

- bei der Etablierung eines Standardwerks im Onlinebereich: Prinzipiell weist bereits im klassischen Printbereich jedes Standardwerk die Merkmale eines Netzprodukts auf: mit zunehmender Verbreitung steigt der Nutzen, da es von anderen als zuverlässige Quelle anerkannt wird. Es steigt damit auch die Zahl derjenigen, die einen Zugriff auf dieses Werk haben, die das Werk als Quelle akzeptieren und mit denen über dieses Werk diskutiert werden kann (Kommunikationseffekt) bzw. die Anzahl der Stellen in anderen Werken, die auf dieses Werk verweisen (indirekter Netzeffekt). Diese Effekte könnten analog auf Produkte im Onlinebereich übertragen werden. Es ist allerdings fraglich, ob es gelingen kann, im Onlinebereich neue Standardwerke und damit Marken zu etablieren.
- bei einem integrierenden Angebot, wie es z. B. Datenbanken derzeit anstreben. Denkbar wäre hier z. B. ein Online-Kommentar mit einer speziellen Arbeitsumgebung, die das integrierte und effiziente Ansteuern und Anzeigen weiterführender Informationen, etwa Normen und relevante Rechtsprechung, erlaubt. Solche weiterführenden Informationen würden Komplementärprodukte darstellen, die bedarfsweise eingebunden werden. Wenn die kritische Masse erreicht würde, läge neben diesem indirekten Netzeffekt ein weiterer Netzeffekt im Lerneffekt der Bedienung einer solchen speziellen Arbeitsumgebung.
- bei spezieller Software, z. B. für den mobilen Zugriff mittels PDA. Wenn es hier gelänge, ein eigenes Softwaresystem zu etablieren, könnten ebenfalls Netzeffekte durch Komplementärprodukte und Lerneffekte erzielt werden.
- bei einem Standardformat für den automatisierten Datenaustausch von Fachinformationen zwischen verschiedenen Spielern. Zu denken ist hier vor allem an den Datenaustausch bei Beschaffungen und Content Syndication. Insoweit handelt es sich um direkte Netzeffekte. Verlage könnten durch einen frühen Eintritt in solche Beschaffungsmärkte auf die eigenen Bedürfnisse und Produkte zugeschnittene Standards definieren und versuchen, durch das Erreichen einer kritischen Masse diese zu etablieren. Die freie Verfüg- und Nutzbarkeit eines solchen Standards fördert dessen Verbreitung und steigert damit die Zahl der möglichen Geschäftspartner für den Verlag. Darüber hinaus sind indirekte Netzeffekte möglich, wenn Anwendungssysteme entwickelt werden, die dieses Format voraussetzen.

---

[747] Vgl. auch Loebbecke (1999a), S. 311, Böning-Spohr, Hess (2000), S. 18. Zur Anzeigen-Auflagen-Spirale vgl. Kap. 3.1.3.3.1. So empfiehlt z. B. die Europäische Kommission (1998), S. 1-14 Verlagen, Netzeffektprodukte zu fördern.
[748] Vgl. Henkel (1999), S. 79. Wirtz (2000), S. 25 vertritt dagegen die Ansicht, daß Netzeffekte im Printbereich zu vernachlässigen sind.

- bei einem elektronischen Marktplatz, etwa einem Stellenmarkt.[749]
- bei virtuellen Gemeinschaften.[750]

Netzeffekte erfordern, eine Anlaufphase mit nur geringer Akzeptanz der Nutzer zu überbrücken und hierbei das Produkt durch eine Penetrationsstrategie, die Verluste beinhalten kann, stark zu fördern.[751] Dies ist gerade für Fachverlage neu und verlangt eine kulturelle Einstellung, die bisher oftmals nicht vorhanden ist. PORTER warnt zudem, daß ein sehr kostspieliges Etablieren von Netzeffekten möglicherweise durch die daraus zu generierenden Erlöse nicht zu rechtfertigen sei.[752] Tatsächliche Realisierungschancen dürften Netzeffektgüter damit nur in Bereichen haben, in denen die Erzielung des Netzeffekts nicht primärer Grund für hohe Investitionen und entscheidend für den Erfolg sind. Netzeffektgüter können für Spieler aufgrund der monopolisierenden Eigenschaft auch gefährlich sein, wenn das eigene Unternehmen nicht Nutzer des Netzeffekts ist, da Netzeffekte auch negative Effekte verstärken.[753] Die identifizierten möglichen Netzeffektgüter stellen damit auch besonders riskante Leistungsangebote dar.

3.4.2.3 Schaffung von Lock-In-Effekten

Lock-In-Effekte werden durch Wechselkosten erzeugt. Sie entstehen, wenn für einen Kunden die Wechselkosten höher sind als der durch einen Wechsel hervorgerufene Nutzen. Die Wechselkosten beziehen sich dabei insbesondere auf „Sunk costs", d. h. in der Vergangenheit getätigte Investitionen.[754] Das Erzeugen von Lock-In-Effekten ist ein wertvolles Hilfsmittel, Kunden langfristig zu binden und beim Kunden eine monopolähnliche Stellung aufzubauen. Damit wird gleichzeitig die Preisunempfindlichkeit des Kunden erhöht.[755] Lock-In-Effekte sind bei Netzeffektgütern vor allem in Wachstumsphasen vor dem Erreichen einer kritischen Masse von Bedeutung.[756]

WIRTZ unterteilt Wechselbarrieren der Internetökonomie im wesentlichen in die drei Klassen technologische, ausbildungsbezogene und psychologische Wechselbarrieren. Die ersten beiden gehören zu den wertbasierten Wechselkosten wie z. B. Treuerabatte, bei denen der Nachfrager

---

[749] Kleinanzeigenmärkte sind typische Netzeffektprodukte, vgl. Lehr (1999), S. 97.
[750] Vgl. ausführlicher Kap. 3.4.7.1.
[751] Vgl. Clement (2001), S. 1176 f.
[752] Vgl. Porter (2001), S. 69.
[753] Vgl. auch Shapiro, Varian (1999), S. 174 ff.
[754] Vgl. z. B. Stelzer (2000), S. 840, Zerdick et al. (2001), S. 162. Vgl. ausführlicher zu Lock-In-Effekten Shapiro, Varian (1999), S. 103 ff.
[755] Vgl. Graumann (1993), S. 1339 f., Müller, Ott (2001), S. 733. Zur Kundenbindung vgl. ausführlicher Wirtz, Lihotzky (2001).
[756] Vgl. Graumann (1993), S. 1339 f., Shapiro, Varian (1999), S. 184 ff., Zerdick et al. (2001), S. 162.

mit einem Wechsel einen Wert verliert. Zu den psychologische Wechselkosten gehören z. B. Marken.[757]

Lock-In-Effekte können im Onlinebereich auf vielfältige Weise gebildet werden.[758] Hierzu zählt z. B. das Erzeugen eines Profils durch den Kunden, soweit dadurch eine aus Kundensicht bessere Leistung wie z. B. eine Individualisierung erbracht werden kann.[759] Auch der Einarbeitungsaufwand (z. B. Schulungen, Eingewöhnungen) in bestimmte spezifische Systeme gehört zu den Sunk Costs, die Lock-In-Effekte nach sich ziehen können.[760] Aber auch kumulative Treueprämien oder Netzeffekte können Lock-In-Effekte erzeugen.[761]

Teilweise werden Lock-In-Effekte als Argument für einen möglichst schnellen Markteintritt in den Onlinebereich herangezogen. So besitzen Pioniere, denen ein schneller Aufbau eines großen Kundenstamms gelingt, aufgrund der Wechselkosten Vorteile gegenüber Konkurrenten, die erst zu einem späteren Zeitpunkt in den Markt eintreten.[762] PORTER hält die Notwendigkeit eines frühen Markteintritts allerdings für einen Mythos. Er vertritt wie auch andere Autoren die Auffassung, daß durch das Internet Wechselkosten eher sinken.[763] BÖING belegt auch empirisch, daß ein früher Markteintritt keinen Einfluß auf den Erfolg des Unternehmens hat.[764]

Lock-In-Effekte bei juristischen Verlagen könnten bei folgenden Leistungsangeboten aufgebaut werden:

- Umfassende Komplettangebote,
- Virtuelle Gemeinschaften,
- Individualisierte Angebote, die auf direkt oder indirekt gewonnenen Profilen beruhen und die sehr speziell auf die Bedürfnisse des einzelnen Kunden zugeschnitten sind,
- Kumulative Treueprämien, die allerdings aufgrund der Preisbindung im Regelfall nur im Onlinebereich zum Tragen kommen können,

---

[757] Vgl. Wirtz (2001), S. 155 ff. Shapiro, Varian (1999), S. 116 f. nehmen stattdessen eine Unterscheidung in sieben Klassen vor.
[758] Zu verschiedenen Quellen von Lock-In-Effekten vgl. Shapiro, Varian (1999), S. 116 ff., Wirtz, Lihotzky (2001), S. 290 f., Müller, Ott (2001), S. 734 ff.
[759] Vgl. Wirtz, Lihotzky (2001), S. 289, Riemer, Totz (2001), S. 2. Auch die durch die Auswertung des früheren Kundenverhaltens indirekt gewonnenen Kundenprofile können Lock-In-Effekte erzeugen, da bei einem neuen Anbieter ohne diese Profilkenntnis dessen Beratung von minderer Qualität ist, vgl. auch Zerdick et al. (2001), S. 197.
[760] Vgl. Shapiro, Varian (1999), S. 121 f., Stelzer (2000), S. 840, Wirtz, Lihotzky (2001), S. 290, Zerdick et al. (2001), S. 162.
[761] Vgl. Zerdick et al. (2001), S. 162, Shapiro, Varian (1999), S. 127 ff.
[762] Vgl. z. B. Shapiro, Varian (1999), S. 168 f., Barsh, Lee, Miles (1999), S. 126.
[763] Vgl. Porter (2001), S. 68. Vgl. auch z. B. Wirtz (2001), S. 156 zur sinkenden Bedeutung klassischer Wechselkosten sowie Haertsch (2000), S. 141 und Hess (2000), S. 98 zur sinkenden Bedeutung von auf Informationstechnologie basierenden Wechselkosten.
[764] Vgl. Böing (2001), S. 161 ff. und die dort zitierte Literatur.

- Abonnements von Zeitschriften mit Nachschlagecharakter, bei denen der Lock-In-Effekt im Bestreben der Nachfrager besteht, die Jahrgänge möglichst vollständig zu haben oder
- Content-Syndication und Beschaffungslösungen, bei denen ein eigenes Datenformat verwendet wird und der Geschäftspartner daher spezifische Investitionen tätigen muß.[765]

3.4.3 Qualitätsmerkmale juristischer Informationsangebote

Im Business-Bereich und speziell im juristischen Bereich kommt der Qualität eine entscheidende Bedeutung zu. Die Publizistik betrachtet als Kriterien für die *Qualität* eines Medienprodukts hauptsächlich die Aktualität, Relevanz, Richtigkeit und Vermittlung.[766] Die Qualität juristischer Information richtet sich neben dem als zwingend notwendig anzusehendem Kriterium der Korrektheit vor allem nach der Aktualität, der schnellen Verfügbarkeit, bei der fachlichen Beurteilung nach der Berücksichtigung der herrschenden Meinung (soweit es sich nicht z. B. um Gesetzestexte, Urteilsbegründungen oder offizielle Leitsätze handelt) und – vor allem angesichts der Informationsmenge bei gleichzeitig knappem Zeitbudget – der Relevanz, d. h. der Auswahl der Informationen unter Berücksichtigung ihrer Vollständigkeit.[767] Eine hohe Qualität der Information, insbesondere die Richtigkeit und Vollständigkeit, ist für Nutzer jedoch schwer zu beurteilen. Dies gilt vor allem für den Direktvertrieb und den Onlinebereich, bei dem anders als im klassischen Sortimentsgeschäft zur Beurteilung kaum die Gestaltung des vorliegenden Werks herangezogen werden kann. Die Qualität wird daher vielmehr durch Marken signalisiert.[768]

Speziell durch das Internet erhoffen sich die Anwälte eine höhere Qualität und Wettbewerbsvorteile.[769] In einer aktuelleren und schnelleren Informationsbeschaffung sehen sie einen Mehrwert, der entsprechend höhere Kosten rechtfertigt.[770]

---

[765] Wenn dieses Datenformat gleichzeitig als Standard etabliert wird und andere Spieler ebenfalls eigene Angebote auf Basis dieses Formats erstellen, sinken allerdings die Wechselkosten. In diesem Fall führen Netzeffekte nicht unbedingt zu Lock-In-Effekten.

[766] Vgl. Heinrich (1994), S. 93. Zu Qualitätsaspekten bei Internetangeboten aus dem Blickwinkel von Zeitungsverlagen vgl. Henkel (1999), S. 211 ff.

[767] Vgl. auch Schlaghöhmer (1990), S. 262 ff., Tiling (1988), S. 437 f., Mielke (2000), S. 38 sowie speziell zur Qualität von Rechtsdatenbanken Bock (2000), S. 278 ff. Svoboda (1987), S. 906 und Stöhr (1993), S. 2082 sehen die Vollständigkeit bei der Zielgruppe der Praktiker (im Gegensatz zur Zielgruppe der Wissenschaftler) als nachrangig an. Vgl. zur Qualität von Fachinformationsdatenbanken auch Riehm et al. (1992), S. 217. Die Qualität von Datenbanken wird meistens anhand der beiden Standardmaße Recall und Precision gemessen, vgl. ausführlicher Mielke (2000), S. 93 ff., Bock (2000), S. 39 ff.

[768] Vgl. ausführlicher Kap. 3.4.3.4.

[769] Vgl. Haft (1998), S. T2-5 f., Koehler (1999), S. 52. Trede (1997) ermittelte dagegen als Kritik an der Eignung des Internets die Punkte Unübersichtlichkeit und damit erforderlicher Zeitaufwand, Unzuverlässigkeit, fehlende Aktualität und zu geringe Geschwindigkeit. Die empirische Untersuchung wird zeigen, daß fehlende Qualität nach Ansicht der Experten einen der größten Hemmfaktoren darstellt, vgl. Kap. 5.2.3.

[770] Vgl. Haft (1998), S. T1-4 und Haft (1998), S. T2-2. Eine Untersuchung von MORITZ konnte allerdings in der Praxis keinen Zeitgewinn nachweisen, vgl. Moritz (1998), S. 492.

3.4.3.1 Aktualität

Neben den in allen wissenschaftlichen Fachgebieten üblichen Erfordernissen stellt sich im juristischen Bereich in besonderem Maße das Problem einer hohen Aktualität.[771] Der Informationswert ist an die zeitliche Verfügbarkeit gekoppelt; eine hohe und schnelle Verfügbarkeit und Zugriffsmöglichkeit bedeutet eine Wertsteigerung des Produktangebots und ist entscheidend für die Akzeptanz.[772] Dies betrifft beispielsweise

- gesetzliche Änderungen: juristische Normen unterliegen einem ständigen Änderungsprozeß. Für Juristen ist der aktuelle Stand der Gesetze zwingend erforderlich. Üblicherweise sind dabei nicht komplette Gesetze Änderungen unterworfen, sondern durch spezielle Änderungsgesetze werden an zahlreichen Stellen quantitativ kleine Änderungen vorgenommen. Von hoher Bedeutung sind daher zeitnah konsolidierte Fassungen.[773]
- Rechtsprechung: Es kann vor allem bei Entscheidungen der oberen Gerichte wichtig sein, möglichst schnell nach Verkündigung eines Urteils dessen Volltext und ggf. redaktionell erstellten Leitsatz zur Verfügung zu stellen.
- Fachinformationen: neben den bereits erwähnten Leitsätzen und Volltexten gerichtlicher Entscheidungen gehören hierzu z. B. Insolvenzdaten, bei denen aufgrund enger Fristsetzungen besondere Eilbedürftigkeit und Aktualitätserfordernis gegeben sind.

Aktualitätsbedürftige Produkte haben allgemein nur eine begrenzte Lagerfähigkeit, da der Nutzen vom Zeitpunkt der Bereitstellung der Information abhängig ist und daher abnimmt.[774] Für juristische Produkte gilt diese Regel nicht uneingeschränkt: zwar verfügen hochaktuelle Produkte im Regelfall zunächst über einen höheren und dann abfallenden Nutzwert, doch bleibt dieser nach einer gewissen Zeit konstant. Er fällt erst deutlich später und dann relativ steil auf nahe Null, wenn die betreffende Rechtsinformation nicht mehr gültig ist.

Ein Großteil der klassischen Verlagsprodukte wird nicht permanent aktualisiert wie z. B. Datenbanken. Vielmehr wird das Werk nach einer bestimmten Zeit einer Aktualisierung unterworfen, die entweder von der Dynamik des Fachgebiets und dem Absatzerfolg (z. B. bei Büchern)

---

[771] Vgl. z. B. Schlarmann (1984), S. 70 f., Tiling (1988), S. 437, Abel (1988), S. 1 f., Beermann, Brück (1988), S. 515 ff., Mielke (2000), S. 42. Eine Studie des Börsenvereins betrachtet ebenfalls die Aktualität als ein wesentliches Merkmal von Verlagsprodukten, insbesondere im Onlinebereich, vgl. Arbeitskreis Elektronisches Publizieren (1999), S. 15.
[772] Vgl. Klein-Blenkers (1995), S. 390, Walker (1998), S. 42, Weber (1998a), S. 207, Schiele, Lube (1996), S. 165, Wengenroth (2001), S. 118.
[773] Schnelligkeit ist nach Konzelmann (2000a), S. 147 mangels inhaltlicher Differenzierungsmöglichkeiten dabei das einzige mögliche Differenzierungskriterium der Verlage. Differenzierungsmöglichkeit könnte aber darüber hinaus sehr wohl z. B. die Art der Darstellung sein.
[774] Vgl. Hess, Böning-Spohr (1999), S. 15.

oder einem im Vorfeld festgelegten Aktualisierungszyklus (bei Loseblattwerken) festgelegt wird. Klassische Produkte erfüllen damit die Aktualitätsanforderung nur unzureichend.[775]

Die hohe Aktualitätsanforderung prädestiniert das juristische Fachgebiet vielmehr in besonderem Maße für den Einsatz elektronischer Onlinemedien. In der Schnelligkeit und Aktualität sahen Juristen in einer Untersuchung die wesentlichsten Vorteile von elektronischen Medien gegenüber Printmedien.[776] Sie zeichnen sich gegenüber klassischen Medien durch eine kürzere Herstellungszeit und durch eine einfachere Distribuierbarkeit aus und ermöglichen so die höhere Aktualität.[777] Zu bedenken ist allerdings, daß diese technische Machbarkeit einer höheren Aktualität alleine nicht ausreichend ist. Erforderlich sind hierfür sowohl organisatorische Änderungen im Verlag als auch vor allem ein verändertes Rollenverständnis des Autors. Der Wandel von einem zeitlich befristeten Buchprojekt hin zu einer ständigen Begleitung und Aktualisierung des Werks bedeutet einen deutlich höheren Aufwand und eine andere Vorgehensweise, zu der Autoren die Bereitschaft mitbringen müssen. Dies wird allerdings bisher in der Literatur – insbesondere in der zum Print on Demand – nicht beachtet, die vielmehr einseitig die hohe Aktualität als Vorteil hervorhebt.[778]

3.4.3.2 Schnelligkeit des Zugriffs

Auch die Schnelligkeit des Zugriffs ist bei permanent überlasteten Juristen von besonderer Bedeutung, da sie wertvolle Zeit spart.[779] Bei klassischen Medien stellen sich zwei Probleme einem schnellen Zugriff entgegen: zunächst muß die Fundstelle einer benötigten Information bekannt sein. Typischerweise erfolgt der Zugriff hier über wenige vorgegebene sachliche Navigationsinstrumente, etwa Inhalts- und ausgewählte Sachverzeichnisse oder durch direkte numerische Zugriffsmöglichkeiten (etwa bei Normen). Gerade bei sachlichem Zugriff kann sich das Problem stellen, daß mangels verfügbarer Metaverzeichnisse mehrere Einzelverzeichnisse sequentiell manuell durchsucht werden müssen. Dann muß das benötigte Werk, auf das sich die Fundstelle bezieht, ad hoc verfügbar sein. Das kann vor allem bei in Zeitschriften veröffentlichten Entscheidungen problematisch sein. Soweit diese in einer eigenen Bibliothek vorrätig gehalten werden, sind sie zwar zumindest am primären Arbeitsplatz verfügbar. Ansonsten müssen aber Wege in eine geeignete Bibliothek zu deren Öffnungszeiten einkalkuliert oder Dokumentenlieferdienste beauftragt werden, was in jedem Fall eine sofortige Verfügbarkeit verhindert.

---

[775] Vgl. auch Abel (1988), S. 2, Sendler (2002), S. 1177. Eine häufigere Aktualisierung als einmal jährlich ist im Buchgeschäft sehr unüblich und schon aus logistischen Gründen schwierig.
[776] Vgl. Haft (1998), S. T1-4 und ebd., S. T2-2.
[777] Vgl. Amail (1996), S. 34, Haseloh (1997), S. 18.
[778] Vgl. etwa Engelhardt, Rohde (1998), S. 137, nach denen ein solches Buch den Wissenstand am Tag des Verkaufs widerspiegele. Ähnlich auch Ziegler, Becker (2000a), S. 85, Hess, Tzouvaras (2001), S. 242.
[779] Vgl. Schleicher (1991), S. 1217.

Eine Anforderung aus Sicht von Juristen ist damit auch die schnelle und ortsunabhängige Verfügbarkeit: Die Informationssuche sollte durch eine schnell zu erzielende gute Trefferquote beschleunigt werden. Dabei wird besonders auf ein umfassendes, breit angelegtes Angebot mit quellenübergreifender Recherche Wert gelegt.[780] Informationen sollen zudem dann zur Verfügung stehen, wenn sie gebraucht werden, damit eine Unterbrechung der Arbeit wegen fehlender und erst noch zu beschaffender Informationen vermieden werden kann. Die Arbeit kann damit effizienter ausgeführt und beschleunigt werden. Dies gilt auch für die typischerweise anzutreffende Arbeit am häuslichen Arbeitsplatz.[781] Die zentrale ständige Bereitstellung von Onlineangeboten leistet dies.

3.4.3.3 Relevanz

Seit langem ist von einer Informationskrise des Rechts die Rede[782], d. h. Juristen sind informationsüberlastet und verfügen über wenig Zeit, so daß effizienten Recherchemöglichkeiten und schnellen Verfügbarkeiten von zielgruppengenauen, spezialisierten Informationen besondere Bedeutung zukommt.[783] Die Relevanz der präsentierten Information speziell für die eigenen Bedürfnisse ist daher gerade für Juristen ein bedeutendes Qualitätsmerkmal. Die Selektionsleistung muß dabei möglichst durch die Anbieter erfolgen; die relevanten Informationen dürfen nicht in einem „Rauschen" irrelevanter Informationen untergehen. Dies gebietet auch die Wirtschaftlichkeit, da ein Abonnement mit einer nur geringen Anzahl relevanter Artikel aus Zeit- und Kostengründen nicht rentabel wäre.[784] Ein Mittel zur Steigerung der Relevanz ist eine möglichst starke Produktdifferenzierung. Dies wird bereits in Ansätzen im klassischen Markt versucht, bei dem ein Trend zur Fragmentierung festzustellen ist, d. h. zu sinkender Auflagenhöhe und steigender Titelzahl.[785] Die Bedienung kleiner und mittlerer Marktsegmente wird im Internet durch die geringeren Kosten deutlich erleichtert. Damit können Gruppen mit einem sehr eng begrenzten Spezialinteresse bedient werden, die eine sehr homogene und daher wertvolle Zielgruppe bilden.[786] Dies stellt eine Form der Produktvariation dar, mit der Teilmärkte gebildet werden können und so die Gewinnoptimierung gefördert wird.[787]

Allerdings hat das Wachstum des Informationsangebots bei gleichzeitig immer stärkerer Spezialisierung auch Nachteile. VON LUCIUS beklagt zu Recht eine Überflutung mit Fachzeitschrif-

---

[780] Vgl. Uebelhöde (2001), S. 92, Wengenroth (2001), S. 118.
[781] Vgl. Hansen (1997), S. 439 f.
[782] Vgl. Simitis (1970). Vgl. auch Abel (1988), S. 1, Bühnemann et al. (1988), S. 154, Möllers (2000), S. 1204.
[783] Vgl. Klein-Blenkers (1995), S. 222 ff.
[784] Vgl. auch Klein-Blenkers (1995), S. 65.
[785] Vgl. Europäische Kommission (1998), S. 4-12, Henkel (1999), S. 36, Hacker (1999), S. 157.
[786] Vgl. Zerdick et al. (2001), S. 200, Böning-Spohr, Hess (2000), S. 13, Göldi (1996), S. 16 f. Vgl. auch Henkel (1999), S. 144, die Segmentierung von Individualisierung abgrenzt.
[787] Vgl. Schönstedt (1999), S. 205.

ten, die selbst bei Beschränkung niemand ausreichend vollständig zu lesen vermag.[788] Sinnvoller ist daher der Extremfall einer Produktdifferenzierung in Form einer Individualisierung der Informationen.

3.4.3.3.1 Eigenschaften von Individualisierungen

Unter Individualisierung soll eine flexible Leistungsgestaltung durch ein spezifisches, auf die Interessen eines einzelnen Nutzers zugeschnittenes Informationsangebot verstanden werden. Im Vordergrund steht das „Maßschneidern" der Informationen. Ziel ist es, möglichst genau auf die individuellen Bedürfnisse des Kunden einzugehen und auf diese Weise eine einzigartige Leistung zu erbringen. Mit einer solchen Mass Customization versuchen Unternehmen, die Kostenvorteile einer standardisierten Massenproduktion zu nutzen und gleichzeitig den Produkten einen individuellen Anspruch zu geben.[789] Die Begriffe Individualisierung, Personalisierung und Customization werden weitgehend synonym verwendet.[790]

Durch Individualisierung können Unternehmen unterschiedlichen Kunden unterschiedliche Produkte anbieten.[791] Sie ermöglicht so, neue Produkte und Geschäftsfelder zu definieren. Dadurch wird für die Kunden ein erkennbarer Mehrwert geschaffen, der eine erhöhte Zahlungsbereitschaft nach sich zieht. Dies gilt besonders für Bereiche mit einem großen Informationsangebot, also z. B. juristische Informationen.[792] Die zu erreichende Kundenbindung ist zwar ebenfalls von hoher Bedeutung[793], aber nicht primäres Ziel. Individualisierung unterscheidet sich insofern vom verwandten Gebiet des One-to-One-Marketing, das primär die Marketingsicht und die Kundenansprache in den Vordergrund stellt.[794]

---

[788] Vgl. von Lucius (1990), S. 217 ff.
[789] Vgl. Wirtz (2001), S. 173 f. Mass Customization geht auf Arbeiten von DAVIS aus dem Jahr 1987 und KOTLER aus dem Jahr 1989 zurück, vgl. ausführlicher Gräf (1999), S. 52 ff. Es verbindet die Vorteile von Massenproduktion mit denen der individuellen Einzelfertigung. Individualisierung und Massenfertigung schließen sich nicht mehr aus, vgl. Picot (1999), S. 3. PORTERs gegenseitiger Ausschluß der Strategien der Kostenführerschaft und der Differenzierung (vgl. Porter (1999), S. 78 f.) gilt damit auch nur noch begrenzt, vgl. Fritz (2000), S. 231 f.
[790] Vgl. Reiß, Koser (2001), S. 135 f. So nutzen etwa Riemer, Totz (2001), S. 1 Personalisierung und Individualisierung als Synonyme. Dabei ist Personalisierung strenggenommen weitergehender als Individualisierung, indem es eine persönliche, soziale Komponente einbezieht. Die meisten heutigen Angebote beinhalten nur Individualisierung.
[791] Gegenstand einer Individiualisierung können daneben z. B. die optische Gestaltung oder die Wahl des Kommunikationsmediums sein. Diese Bereiche dienen aber primär einer anderen Zielsetzung und sollen hier nicht weiter betrachtet werden.
[792] Vgl. Klein-Blenkers (1995), S. 222 f., Shapiro, Varian (1999), S. 32, Brenner, Zarnekow (1999), S. 36, Henkel (1999), S. 178, Piller, Deking, Meier (2001), S. 136.
[793] Vgl. hierzu ausführlicher Riemer, Totz (2001), S. 1.
[794] Reiß, Koser (2001), S. 136 sehen Individualisierung in diesem Sinne als die engere Sichtweise, One-to-One-Marketing als die weitere Sichtweise. Zum One-to-One-Marketing vgl. Peppers, Rogers (1997), Klein, Güler, Lederbogen (2000), S. 88.

Individualisierung senkt darüber hinaus die Vergleichbarkeit von Produkten und führt damit zu einer Alleinstellung im Markt.[795] Dies erlaubt zum einen, die Vorteile einer Monopolstellung insbesondere im Rahmen der Preisgestaltung zu nutzen. Zum anderen erschwert es die Nutzung der Produkte durch Dritte z. B. durch legalen oder illegalen Weitervertrieb, denn Ergebnisse aus Suchabfragen in Datenbanken lassen sich nur schwerlich weiterverkaufen. Dies wirkt sich insbesondere bei nur einmalig gebrauchten Informationen aus.[796] Darüber hinaus gewinnt das Unternehmen Profildaten über den Kunden, die u. a. im Rahmen der Preisfindung in Form von Weblining[797] genutzt werden können.

Individualisierung bedeutet im Regelfall auch Disintermediation, da das individualisierende Unternehmen auf direkte Kundenkontakte zur expliziten oder impliziten Profilgewinnung angewiesen ist.[798] Gleichzeitig verändert sich das Tätigkeitsprofil eines Herstellers, indem er verstärkt produktkonfigurierend tätig wird, was klassische Intermediärsaufgabe ist.[799]

3.4.3.3.2 Verfahren zur Individualisierung

Es sind drei Funktionen im Rahmen der Individualisierung zu unterscheiden: Datengewinnung, Datenspeicherung und Datenverwendung (Matching).[800] Die auch als Nutzermodellierung bezeichnete Datengewinnung dient der Erstellung eines Kundenprofils.[801] Häufig anzutreffen ist die Gewinnung auf direktem Wege durch explizite Eingabe durch den Kunden. Der Kunde wird aktiv einbezogen und rutscht in die Rolle eines „Prosumers".[802] Sofern derartige Filter von den Nutzern als wertvoll empfunden werden, schaffen sie gleichzeitig Lock-In-Effekte, da das „Füttern" des Systems mit dem eigenen Profil Wechselkosten aufbaut.[803] Problematisch ist, daß diese Übertragung eines Teils der Individualisierungsleistung an den Kunden bei diesem die Bereitschaft und vor allem die Fähigkeit hierzu voraussetzt. Dies gilt vor allem für eine erhöhte Komplexität z. B. durch umfangreiche Anmeldevorgänge oder eine komplizierte Definition der Interessen. Sie führt zu einer Abschreckung gerade überlasteter Kunden und senkt damit das Absatzpotential.[804] Ein Problem ist gerade im hier betrachteten Kontext der erforderliche Zeitaufwand. Ein Lösungsansatz kann eine teilweise Abkehr von der Individualisierung

---

[795] Vgl. Wirtz, Lihotzky (2001), S. 289, Riemer, Totz (2001), S. 4, Giaglis, Klein, O'Keefe (2002), S. 237 f.
[796] Vgl. Choi, Stahl, Whinston (1997), S. 82, Luxem (2000), S. 152.
[797] Vgl. ausführlicher Kapitel 3.3.2.5.
[798] Vgl. auch Kap. 3.6.3.
[799] Vgl. auch Klein (1996), S. 35.
[800] Vgl. hierzu auch Klein, Güler, Lederbogen (2000), S. 92 ff.
[801] Zur Nutzermodellierung vgl. Orwant (1996), S. 399 ff., Brenner, Zarnekow (1999), S. 38, Reiß, Koser (2001), S. 136 f.
[802] Ein Kunstwort aus „Produce" und „Consumer", vgl. Toffler (1980), S. 24 f., Kelly (1998), S. 169.
[803] Vgl. Zerdick et al. (2001), S. 197, Wirtz, Lihotzky (2001), S. 289.
[804] Vgl. auch Peppers, Rogers (1997a), S. 135 ff., Hess (1999a), S. 282, Luxem (2000), S. 141 und S. 154, Heuser (1999), S. 47, Henkel (1999), S. 178 und die dort zitierte Literatur. Zoubek (2001), S. 166 fordert daher zu Recht, das Selektionsverfahren vor allem für Laien zu vereinfachen und ggf. einen intelligenten Assistenten zur Seite zu stellen.

darstellen, indem vorkonfigurierte Pakete zu bestimmten Rechtsgebieten, z. B. für Fachanwälte für Familienrecht, angeboten werden, die der Nutzer übernehmen, bei Bedarf aber auch anpassen kann.

Möglich ist daneben auch eine implizite Datengewinnung durch Beobachtung von Kundeninteraktionen mit dem System. Gerade in der Medienindustrie sind die dafür erforderlichen ausgefeilten CRM-Systeme allerdings bisher noch nicht etabliert.[805]

Das so gewonnene Profil muß in einer geeigneten Profildatenbank gespeichert werden. Die Datenverwendung besteht aus dem Bereitstellen der Informationen. Als Bereitstellung bezeichnet man die Zusammenstellung und Distribution von Inhalten durch einen Anbieter.[806] Kernstück der Zusammenstellung und damit der Individualisierung ist das Matching, d. h. der Abgleich der Kundenprofile mit den Informationen des Verlags. Häufig wird für diese Tätigkeit die Metapher eines Agenten herangezogen.[807] Im Rahmen der Informationsfilterung unterscheiden MALONE ET AL. zwischen inhaltsorientierten, sozialen und ökonomischen Filterungsalgorithmen.[808]

Inhaltsorientierte Algorithmen versuchen, den Inhalt einer Information zu analysieren und bezüglich seiner Relevanz für einen einzelnen Kunden zu bewerten. Hierfür eignen sich besonders gut feldorientierte Informationen mit homogener Datenstruktur.[809] Im typischerweise anzutreffenden „Rule-Based-Matching" werden Kundenprofile und verfügbare Informationen anhand bestimmter Regeln verglichen. Solche Regeln basieren häufig auf sachlogischen Zusammenhängen. Im hier betrachteten Kontext können solche Regeln simpel lauten: „Wenn ein Kunde ein Interessensgebiet Y angegeben hat, dann sende ihm alle Informationen, die zum Gebiet Y gehören".

Alternativ könnte ein Abgleich auch anhand eines „Collaborative Filtering" erfolgen.[810] Diese Algorithmen sind den sozialen Filterungsalgorithmen zuzuordnen. Sie basieren auf der Bewer-

---

[805] Vgl. Hartert (2001), S. 47 f.
[806] Vgl. Brenner, Zarnekow (1999), S. 34.
[807] „Als intelligenten Softwareagenten bezeichnet man ein Softwareprogramm, das für einen Benutzer bestimmte Aufgaben erledigen kann und dabei einen Grad an Intelligenz besitzt, der es befähigt, seine Aufgaben in Teilen autonom durchzuführen und mit seiner Umwelt auf sinnvolle Art und Weise zu interagieren." (Brenner, Zarnekow, Wittig (1998), S. 21). Zu Agenten vgl. z. B. Hitzges, Köhler (1997), S. 61 ff., Brenner, Zarnekow, Wittig (1998), Europäische Kommission (1998), S. 7-23 ff., Tolle, Chen (2000), S. 374 ff., Brenner, Zarnekow (1999), S. 38 f.
[808] Vgl. Malone et al. (1987), S. 392 ff. Eine andere Aufteilung der Verfahren findet sich z. B. bei Schackmann, Schü (2001), S. 624.
[809] Vgl. Zoubek (2001), S. 164.
[810] Der Begriff wurde bei der Entwicklung eines filternden E-Mail-Systems bei XEROX namens Tapestry geprägt, vgl. Goldberg et al. (1992), S. 61. Zum Collaborative Filtering vgl. z. B. Goldberg et al. (1992), S. 62 ff., Shardanand, Maes (1995) mit dem RINGO-System, Brenner, Zarnekow (1999), S. 36 f., Schubert (2000), S. 134 f., Schubert, Selz, Haertsch (2001), S. 167 ff. sowie die bei Schmitt, Schneider (2001), S. 9 zitierte Literatur.

tung von Beziehungen zwischen Personen und ihren Einschätzungen. Zum Einsatz kommen hier auch Verfahren des Data Mining.[811] Die Selektion von Informationen erfolgt aufgrund eines heuristischen Abgleichs mit dem früheren Verhalten von Kunden. Die Präferenzen eines Kunden werden zu denen anderer Kunden in Beziehung gesetzt. Aus historisch erkennbaren Zusammenhängen von Interessensgebieten (z. B. „typischerweise interessieren sich Kunden, die sich für X interessieren, auch für Y") wird der Schluß gezogen, daß sich Kunden auch für andere als die bisher explizit bekannten Interessensgebiete interessieren könnten. Derartige Filtermethoden eignen sich am besten für Bereiche, in denen der Geschmack oder nicht scharf bzw. abschließend zu benennende Interessensgebiete eine Rolle spielen. So können gleichzeitig auch virtuelle Gemeinschaften von in gewisser Hinsicht ähnlichen Personen gebildet werden.[812] Es ist zudem einfacher für den Benutzer, „dasselbe wie xyz" zu bestellen als einen komplexen Auswahlprozeß zu wiederholen.[813] Damit könnte Collaborative Filtering einer weiteren Verbreitung der Nutzung unter den Kunden Vorschub leisten, die weniger geübte Nutzer sind und daher bei der expliziten Definition der Interessensgebiete Schwierigkeiten haben. Bisher hat das Collaborative Filtering für das hier diskutierte Anwendungsfeld keine praktische Bedeutung. Zukünftiges Potential des Collaborative Filtering ist jedoch auch in diesem Umfeld nicht von der Hand zu weisen: Gerade die Rechtswissenschaften zeichnen sich in vielen Bereichen durch unscharfe Begrenzungen aus. Collaborative Filtering könnte den Kunden einen zusätzlichen Mehrwert bieten, indem es ihnen ermöglicht, Informationen zu selektieren, die nicht explizit ihren genannten Interessen entsprechen, aber dennoch für sie interessant sind. Problematisch ist bei der Anwendung des Collaborative Filtering derzeit noch die geringe Nutzerzahl, die kaum eine ausreichende Basis verschafft.

3.4.3.3.3 Auswirkungen der Individualisierung auf die Kostenstrukturen

Sowohl das explizite Management der Kundenprofile durch die Kunden als auch das implizite durch automatische Filter erfordert normalerweise kaum manuelle Eingriffe. Etwaige hohe Personalkosten fallen damit nicht an; die variablen Kosten können gering gehalten werden.[814]

Schwieriger sind die Kosten für die individuelle Bereitstellung der Informationen zu beurteilen. Im hier betrachteten Kontext werden die Informationen typischerweise um Metainformationen, auf denen die Selektion basiert, ergänzt werden müssen. Damit werden aus un- oder nicht einheitlich strukturierten Fließtexten wie z. B. Urteilstexten strukturierte Informationen, die einer automatisierten Verarbeitung zugänglich sind. Da erst im Nachhinein klar ist, welche Informationen aufzubereiten sind und für die individualisierten Dienste benötigt werden, ist keine Einschränkung der aufzubereitenden Informationen auf Basis der Kundenwünsche möglich. Somit

---

[811] Vgl. ausführlicher Schackmann, Schü (2001), S. 624 f.
[812] Vgl. Zerdick et al. (2001), S. 196, Schubert (2000), S. 98 f.
[813] Vgl. Schubert (2000), S. 122, Schubert, Selz, Haertsch (2001), S. 165.
[814] Vgl. auch Hess, Böning-Spohr (1999), S. 15.

müssen alle Informationen aufbereitet werden und die Kosten sind als Fixkosten einzustufen. Der First-Copy-Effekt kommt damit vollständig zum Tragen. Die Verlage müssen daher zusätzliche Fixkosten für die Aufbereitung in Kauf nehmen[815], können dann aber auch in besonders hohem Maße Skalenerträge erzielen.

Die Höhe der Kosten wird weiter vom Ausmaß der Aufbereitung wie z. B. manuelle redaktionelle Ergänzungen bestimmt: Werden die Informationen ohnehin für eine Kundengruppe nennenswerter Größe bereitgestellt, so handelt es sich eher um Fixkosten, da sich durch Wegfall einzelner Kunden die Kosten nicht wesentlich ändern. Diese Situation ist insbesondere bei einer relativ großen Kundenzahl gegeben. Bei kleiner Kundenzahl muß zwar ebenfalls die Gesamtmenge der Informationen gesichtet und überprüft werden, aber es ist anzunehmen, daß nicht alles benötigt wird und daher auch redaktionell aufbereitet werden muß. Die Kosten hängen in diesem Fall von der Nachfrage der Kunden ab und sind variabel. Insgesamt sind die Aufbereitungskosten für z. B. redaktionelle Ergänzungen daher als zunehmend sprungfix einzustufen.

Die Situation stellt sich anders dar, wenn die Aufbereitung der Informationen von Dritten übernommen wird.[816] Sofern die Verlage die Beschaffung auf die benötigten Informationen beschränken können, handelt es sich um sprungfixe Kosten. Sobald ein Kunde erstmalig eine Information benötigt, fallen diese Kosten an; für weitere Kunden jedoch nicht.[817] Denkbar wäre aber auch, daß die Verlage lediglich die tatsächlich verwerteten Informationen pro Kunde an den Lieferanten zahlen würden. In diesem Fall würde es sich um variable Kosten handeln; ein First-Copy-Effekt käme aber nicht zum Tragen und der Verlag könnte kaum Skalenerträge realisieren. Ein solches Vorgehen bietet sich daher nur bei stark streuenden Informationsinteressen der Kunden und einer eher kleinen Kundenbasis an. Diese Überlegungen sind jedoch in der aktuellen Situation eher theoretischer Natur. In der Praxis hat sich noch kein Markt für Informationen herausgebildet. Eine Selektion der abzunehmenden Informationen ist kaum möglich. Insgesamt sind daher die Aufbereitungskosten als zusätzliche fixe Kosten anzusehen.

Zu diesen Selektions- und Aufbereitungskosten kommen weitere durch Funktionen zur Abwicklung der Dienste. Dies umfaßt z. B. die Erstellung individueller Produkte wie z. B. Mails gemäß der vorher definierten Profile, deren Versand in größeren Stückzahlen und die effiziente Bearbeitung von rücklaufenden Fehlermeldungen.[818]

---

[815] Diese zusätzlichen Fixkosten können einen Großteil der Gesamtkosten ausmachen, wenn die Aufbereitung manuell erfolgen muß und daher nennenswerte Personalkosten verursacht. Giaglis, Klein, O'Keefe (1999), S. 397 gehen allerdings nur von leicht erhöhten Kosten durch die Individualisierung insgesamt aus.
[816] Vgl. hierzu auch Kap. 3.5.2.3.
[817] Sennewald (1998), S. 107 ist allerdings der Auffassung, daß bei individualisierten Push-Diensten die Kosten aufgrund der Übertragungskosten mit der Anzahl der Nutzer variieren. Diese Kosten sollen hier aber vernachlässigt werden.
[818] Eine Darstellung der erforderlichen Arbeitsschritte findet sich z. B. bei Luxem (2000), S. 174 ff.

3.4.3.4 Bedeutung von Marken

Unter einer Marke versteht man ein in der Psyche des Konsumenten verankertes, unverwechselbares Vorstellungsbild von einem Produkt oder einer Dienstleistung. Marken dienen mit dem transportierten Image eines Produktes der Kundenbindung und dem Erzeugen von psychologischen Wechselkosten.[819] Eine Marke soll Orientierung geben, zum Synonym für die Leistungsfähigkeit des Produkts werden und so Qualität signalisieren und Vertrauen erzeugen.[820] Die mit einer Marke verbundenen Eigenschaften führen zu einer aus Kundensicht geringeren Substituierbarkeit, was höhere Preise erlaubt.[821] Marken erlangen ihre Bedeutung vor allem im hochpreisigeren Premium-Marktsegment.[822] Insbesondere bei ansonsten homogenen Produkten wirken sie Substitutionswirkungen entgegen. Dies gilt vor allem auch für den Verlagsbereich: über Marken versuchen Verlage, Fachbücher zu Unikaten zu machen. Für den Anbieter bieten sie eine Kontinuität des Absatzes.[823] Sind Marken etabliert, so stellen sie eine wertvolle Ressource dar. Starke Marken machen die Stellung der Inhaber noch stärker, da sie sowohl mehr Inhaltslieferanten als auch mehr Kunden anziehen und so ihre Stellung festigen können.[824] Nicht unterschätzt werden sollte auch die durch Marken zu schaffende Markteintrittsbarriere: Bei etablierten starken Marken fällt potentiellen Wettbewerbern der Markteintritt und insbesondere die Etablierung eigener Marken deutlich schwerer, da ihr Aufbau zumindest mit erheblichem Kapitalbedarf verbunden ist.[825] Zur Senkung der Eintrittsbarrieren und zur Förderung des Wettbewerbs fordert BOCK daher die Etablierung von Gütezeichen für Rechtsdatenbanken.[826]

FRÜHSCHÜTZ unterscheidet für den Verlagsbereich Autoren-, Einzelprodukt-, Reihen- und Firmenmarken.[827] Reihenmarken, die sich durch eine gleichbleibende Aufmachung und einen Reihentitel auszeichnen, kommt im Buchmarkt die größte Bedeutung zu. Die Wirkung einzelner Titel einer Reihe überträgt sich auf die anderen Werke derselben Reihe. Dies gilt ebenfalls für Firmenmarken, die auch als Dachmarken bezeichnet werden. Während sie früher häufig mit den Verlegerpersönlichkeiten eng verbunden waren, versuchen Verlage seit einiger Zeit, sich von

---

[819] Vgl. Meffert (2000), S. 847. Die davon abweichende Definition von Marken im juristischen Sinne (§§ 3, 4 MarkenG) soll hier nicht herangezogen werden, da die dort vorgenommene Abgrenzung zwischen Marken und geschäftlichen Bezeichnungen für die Zwecke dieser Arbeit nicht erforderlich ist.
[820] Vgl. Meffert (2000), S. 847 f., Henkel (1999), S. 23 f. und die dort zitierte Literatur sowie S. 115, Klein-Blenkers (1995), S. 244, Rißmann et al. (1999), S. 148, Frühschütz (1997), S. 201, Althans (1994), S. 1541, Gräf (1999), S. 136 f., Europäische Kommission (1998), S. 4-49, Wirtz (2000), S. 69, Detering (2001), S. 18.
[821] Vgl. Meffert (2000a), S. 848, Klein-Blenkers (1995), S. 95 f. und S. 340, Böning-Spohr, Hess (2000), S. 38, Wirtz (2001), S. 199.
[822] Vgl. Groothuis (2000), S. 40.
[823] Vgl. Frühschütz (1997), S. 201.
[824] Vgl. Bird (1999). Vgl. auch Haertsch (2000), S. 151 zur Stellung der Big Player im traditionellen Musikmarkt angesichts der Bedrohung durch kleine Labels.
[825] Zu aus Marken resultierenden Eintrittsbarrieren vgl. auch Wirtz (2001), S. 199, Liedl (1999), S. 208, de Kemp (1999), S. 251, Henkel (1999), S. 150.
[826] Vgl. Bock (2000), S. 261 ff. Einschränkend weist ebd., S. 272 aber auf die schwierige Umsetzbarkeit in oligopolistischen Märkten hin.
[827] Vgl. zum folgenden Frühschütz (1997), S. 203 ff. Vgl. auch Althans (1994), S. 1543 f.

Personenmarken zu lösen und das Unternehmen insgesamt als Marke zu etablieren.[828] Autorenmarken liegen vor, wenn vom Nutzer explizit Werke eines bestimmten Autors verlangt werden. Einzelproduktmarken sind dagegen typischerweise Zeitschriften. Bei ihnen wird der Verlag nicht unbedingt wahrgenommen. Eine empirische Untersuchung von KLEIN-BLENKERS zeigte, daß speziell im juristischen Bereich Autorenmarken und Firmenmarken die größte Bedeutung zukommt.[829]

Die Bedeutung von Marken im Onlinebereich wird kontrovers diskutiert.[830] Vor allem in der älteren Literatur wird primär von einer sinkenden Bedeutung ausgegangen. Argumentationen stellen dabei auf die steigende Transparenz und Vergleichbarkeit von Preisen, Kosten und Leistungen durch den Einsatz spezialisierter Suchmaschinen und durch den Erfahrungsaustausch in virtuellen Gemeinschaften ab.[831] Empirische Untersuchungen wie auch zahlreiche Autoren weisen aber auf eine steigende Bedeutung von Marken im Onlinebereich hin. So zeichnet sich der Onlinebereich durch eine erhöhte Angebotsvielfalt aus. Damit entstehen für den Nutzer beim Suchen von Informationen Kosten. Marken dienen hier angesichts mangelnder Vorselektion der Orientierung und erleichtern die Akzeptanz neuer Dienste. Sie dienen so der Differenzierung im Wettbewerb. Darüber hinaus signalisieren sie Qualität und Glaubwürdigkeit, da sie im Distanzgeschäft an die Stelle eines persönlichen Kontaktes treten.[832] Starke Marken stellen damit im Onlinebereich einen wesentlichen Wert dar.[833] Nutzer begegnen auch im Onlinebereich starken Marken mit einer geringeren Preissensibilität.[834]

Für den Onlinebereich können evtl. vorhandene etablierte Marken aus dem klassischen Geschäft genutzt oder neue Marken geschaffen werden.[835] Die Vorteile einer Nutzung des Bekanntheitsgrades etablierter Marken liegen auf der Hand. So entfällt der nennenswerte Aufwand für die Einführung einer neuen Marke. Auch kann die etablierte Marke von einer erweiterten Nutzung profitieren.[836] Der Erfolg einer neuen Marke ist dagegen mit Unsicherheit be-

---

[828] Vgl. Stockem (1989), S. 63 f.
[829] Vgl. Klein-Blenkers (1995), S. 244. Hess, Tzouvaras (2001), S. 244 stellen dagegen – allgemein für die Buchbranche – fest, daß Autorenmarken eher selten anzutreffen seien.
[830] Vgl. Meffert (2000b), S. 1, Specht (2001), S. 257 f. Zur kontroversen Diskussion vgl. ausführlich Böing (2001), S. 157 ff.
[831] Vgl. z. B. Hagel, Armstrong (1997), S. 217, Göldi (1996), S. 51.
[832] Vgl. Shapiro, Varian (1999), S. 5 f., Rißmann et al. (1999), S. 148, Göldi (1996), S. 50 f., Kurz (1998), S. 17, Rißmann et al. (1999), S. 148, Loebbecke (1999), S. 6, Meyer (1999), S. 17 f., Meffert (2000b), S. 2 f., Specht (2001), S. 258.
[833] Vgl. Europäische Kommission (1998), S. 4-11, Rißmann et al. (1999), S. 148, Henkel (1999), S. 150 f., Schumann, Hess (2000), S. 53, Wirtz (2000), S. 69, Bahlmann (2002), S. 20. Zu diesem Ergebnis kommt auch eine von Böing (2001), S. 166 durchgeführte Expertenbefragung. Eine parallel von ihm durchgeführte breitere empirische Untersuchung kann die Relevanz von Marken als Erfolgsfaktor zwar nicht bestätigen, was aber auf Mängel bei der Operationalisierung zurückzuführen ist.
[834] Vgl. Böing (2001), S. 159 und die dort zitierte empirische Studie, Henkel (1999), S. 150.
[835] Vgl. zu dieser Fragestellung auch Meffert (2000b), S. 4 f.
[836] Vgl. Frühschütz (1997), S. 180 f., Meyer (1999), S. 18 f. sowie Henkel (1999), S. 221 ff. und die dort zitierte Literatur.

haftet, wie sich am Beispiel „MyWorld" von Karstadt zeigte.[837] Damit ist im Regelfall der Nutzung etablierter Marken gegenüber der Etablierung neuer Marken der Vorzug zu geben[838], zumal die Risiken[839] einer Verwendung etablierter Marken nicht überzubewerten sind. Etablierte Spieler weisen somit gegenüber möglichen neuen einen Vorteil auf. Die Situation ist lediglich anders zu beurteilen, wenn im Onlinebereich ein Gemeinschaftsauftritt verschiedener Spieler realisiert wird. Hier steht im Regelfall keine vergleichbare etablierte Marke zur Verfügung, so daß eine neue Marke (z. B. Legios) etabliert werden muß.

In der traditionell ausgerichteten juristischen Verlagsbranche kommt Marken eine besondere Bedeutung zu, da hier Informationsleistungen das maßgebliche Gut sind.[840] Juristische Informationsleistungen sind als Vertrauensgüter einzustufen.[841] Insbesondere bei Anwälten ist ein ausgeprägtes Markenbewußtsein anzutreffen, bei dem bekannte Marken zu einer geringen Preiselastizität führen. Über den Markennamen versuchen Anwälte den hohen Informationskosten und der schlechten Meßbarkeit der Qualität entgegenzuwirken. Bei ihnen steht vor allem die Vertrauensfunktion im Vordergrund. Marken sind das herausragende Mittel, um Qualität zu signalisieren („Qualitäts-Siegel"). Markennamen können dabei sowohl die Verlagsnamen (z. B. „C. H. Becksche Verlagsbuchhandlung"), Produktnamen (z. B. „NJW"), Reihenbezeichnungen (z. B. „Beck'sche Kurz-Kommentare") als auch Autorennamen (z. B. „Medicus") darstellen.[842] Der notwendige Aufbau einer Marke stellt gerade bei juristischen Verlagen eine wesentliche Eintrittsbarriere dar und bevorzugt etablierte Spieler.[843]

---

[837] Vgl. auch Porter (2001), S. 69.
[838] Vgl. auch Bahlmann (2002), S. 20. Dies zeigt sich auch daran, daß der Beck-Verlag, der auch über eine ihm inzwischen allein gehörende neue Onlinemarke (Legalis) verfügt, derzeit nur die etablierte Marke offensiv verwendet.
[839] So könnte die etablierte Marke aus dem klassischen Geschäft Merkmale beinhalten, die nur schwer mit möglichen innovativen Geschäftsmodellen zu vereinbaren sind bzw. diese nur ungenügend repräsentiert. Zu den schädlichen Rückkopplungen aufgrund von negativen Erfahrungen mit unausgereiften neuen Angeboten vgl. Henkel (1999), S 135 f. Die Risiken sind möglicherweise der Grund dafür, daß im sensiblen Bankensektor sehr häufig neue Marken etabliert wurden, vgl. Pagé, Ehring (2001), S. 54.
[840] Vgl. Wengenroth (2001), S. 119. Auch allgemein für das Verlagsgeschäft kommt O'Reilly (1996), S. 81 zu einem entsprechenden Ergebnis.
[841] Teilweise stellen sie auch Erfahrungsgüter dar, wenn es nach Konsum möglich ist, die Qualität zu beurteilen. Dies dürfte aber nur Fachleuten in ihren jeweiligen Spezialgebieten möglich sein. Vgl. zu Vertrauens- und Erfahrungsgütern auch z. B. Shapiro, Varian (1999), S. 5 f. sowie speziell zu juristischen Gütern Bock (2000), S. 173 f.
[842] Vgl. Höber (1992), S. 18 f., Klein-Blenkers (1995), S. 188, Welb (1998), S. 36, Frühschütz (1997), S. 203 ff., Henkel (1999), S. 23 f., Preuß Neudorf (1999), S. 48 ff. und S. 133. Zur Bedeutung und Schaffung einer Marke in Form des Verlagsnamens siehe auch ausführlich Klein-Blenkers (1995), S. 308 ff. Ein Beispiel für eine Produktmarke ist auch der „Palandt", der ursprünglich eine Autorenmarke war, die sich aber verselbständigt hat und auch nach dem Tod des Autors weiterlebt.
[843] Vgl. auch Europäische Kommission (1998), S. 4-16. Dies wurde zudem auch im Rahmen der Delphi-Studie angemerkt (Frage A.5.2).

3.4.4 Vor- und Nachteile von Onlinemedien

3.4.4.1 Nutzersicht

Onlinemedien erlauben insbesondere eine erhöhte Produktivität, die gerade für überlastete und hochpreisige Juristen besonders wertvoll ist.[844] Sie folgt aus den Vorteilen im Vergleich zu klassischen Angeboten:[845]

- Onlinemedien erlauben eine deutlich höhere mögliche Aktualität aufgrund einer verkürzten Durchlaufzeit im Herstellungs- und Distributionsprozeß.[846] Sie können auf einem Server jederzeit aktuell gehalten und gepflegt werden.
- Wege in die nächste (eigene oder – räumlich u. U. weit entfernte – öffentliche) Bibliothek mit u. U. beschränkten Öffnungszeiten werden vermieden und Zeitersparnisse und ein konzentrierteres Arbeiten ermöglicht.[847] Onlinemedien bieten direkt am Schreibtisch eine zeitunabhängigere Verfügbarkeit.
- Eine Bibliothek ist auch an mehreren räumlich entfernten eigenen Arbeitsplätzen, z. B. im Büro und am häuslichen Arbeitsplatz, ohne physischen Transport unmittelbar verfügbar.[848]
- Das bedarfsweise verfügbare Angebot ist breiter. Dies ist vor allem für kleinere Kanzleien wertvoll, da die Kosten für die Unterhaltung einer umfassenden Bibliothek diese angesichts der Menge der zu beschaffenden Werke vor große Probleme stellen kann. Es entfällt eine Anschaffung auf Verdacht.[849] Bei Bedarf, etwa in zeitkritischen Fällen, sind Informationen sofort zu erwerben und verfügbar.[850] Eine gezieltere und nutzungsorientiertere Abrechnung,

---

[844] Ebenhoch (2000), S. 143 f. sieht zwar auch diese Vorteile, verneint aber wegen eines ständig notwendigen Anpassungsaufwands eine erhöhte Produktivität.

[845] Vgl. zu diesem Vergleichskriterium Beermann, Brück (1988), S. 517.

[846] Vgl. z. B. N. N. (1999a), S. 31, wonach dies Nutzer bei einer Umfrage als am wichtigsten hervorhoben, sowie Kohn-Lehnhoff (1995), S. 503, Haseloh (1997), S. 16 und Luxem (2000), S. 100, Klein-Blenkers (1995), S. 66, Zimmer (1999), S. 13, Tiedemann (2001), S. 50. Der Springer-Verlag verfolgt z. B. die Leitlinie „Online First", d. h. Beiträge in Zeitschriften werden noch vor dem Druck ins Netz gestellt. Es entfällt damit auch die Wartezeit auf einen freien Platz in den nächsten Ausgaben, was insbesondere bei Zeitschriften mit speziellen Themenschwerpunkten problematisch sein kann. Vgl. hierzu Amail (1996), S. 94, de Kemp (1999), S. 262 ff., Weyher (2000), S. 33.

[847] Vgl. Thomann (1984), S. 103 f., Abel (1988), S. 2, Klein-Blenkers (1995), S. 66, Haseloh (1997), S. 16 und Houston, Chen (2000), S. 342 und die dort jeweils zitierte Literatur, Endres, Fellner (2000), S. 16, Engelbrecht (1999), S. 14, Viefhues (1996), S. 254 ff., Weyher (2000), S. 37, Kraft (2001), S. 53. Die Nutzung von Universitäts- oder Gerichtsbibliotheken ist bisher gängige Praxis, vgl. Wengenroth (2002a), S. 148. Gerade in ländlichen Gebieten kann dies aber ein großes Problem darstellen, vgl. Abel (1988), S. 3.

[848] Vgl. Engelbrecht (1999), S. 14, Loebbecke (1999), S. 8, Weyher (2000), S. 69, Endres, Fellner (2000), S. 16, Kraft (2001), S. 53. Möllers (2000), S. 1204 weist plakativ darauf hin, daß eine gesamte Schrankwand durch einen Laptop ersetzt werde.

[849] Vgl. Bauer (1988), S. 1050, Abel (1988), S. 2, Kohn-Lehnhoff (1995), S. 503, Weyher (2000), S. 38, Endres, Fellner (2000), S. 16, Wengenroth (2002a), S. 148. Dies gilt offenbar auch für öffentliche Institutionen, vgl. Hoeren (2000a), S. 3112.

[850] Vgl. Riehm et al. (1992), S. 218, Brüggemann-Klein (1995), S. 172, Houston, Chen (2000), S. 342, Weyher (2000), S. 37, Endres, Fellner (2000), S. 16, Hoffmann (2002), S. 66.

bei der nur für die tatsächlich verwendete Information gezahlt werden muß, wird ermöglicht.[851]
- Bibliotheken und Großkunden werden besser unterstützt, weil sie besonders von der ortsunabhängigen Verfügbarkeit und der durch die Nichttrivialität des Konsums ermöglichten Mehrfachnutzungsmöglichkeit (Gruppenlizenzen) profitieren.[852]
- Die Retrievalfunktionen sind deutlich effizienter als bei gedruckten Werken.[853] Hierzu gehören neben Suchfunktionen auch umfangreichere mehrdimensionale sachliche Zugriffsmöglichkeiten über Verzeichnisse, als dies typischerweise in Printwerken möglich ist. Dies gilt vor allem auch für archivierte Zeitschriften, für die ansonsten kaum jahrgangsübergreifende Verzeichnisse vorhanden sind.
- Wartungsarbeiten, wie z. B. bei Loseblattsammlungen, oder Verwaltungstätigkeiten, wie z. B. bei Zeitschriften, entfallen.[854]
- Onlinemedien können stärker auf die speziellen Interessen fokussierte und damit relevantere (bis hin zu individuellen) Informationen liefern.[855]
- Mengenrestriktionen entfallen aufgrund des (nahezu) unbegrenzten Speichervolumens.[856]
- Multimediale Elemente zur Veranschaulichung und konsistente weiterführende Hinweise können eingebunden werden.[857] Hierzu gehört auch die einfache Verknüpfung verschiedener Leistungsangebote, etwa Kommentare mit Entscheidungen. Der vereinfachte Zugriff auf weiterführende, zitierte Informationen würde auch die Qualität der juristischen Arbeit steigern, da bisher häufig Rechtsprechungsnachweise ungeprüft übernommen werden.[858]
- Es können individuellere Preise angeboten werden, die stärker die individuelle Situation berücksichtigen.

---

[851] Vgl. auch z. B. Haseloh (1997), S. 18, Brüggemann-Klein (1995), S. 176. Dies deckt sich mit den Ergebnissen einer Studie von Soldan (2002), S. 61, bei der insbesondere jüngere Anwälte nutzungsabhängige Preismodelle bevorzugten. Vgl. auch ausführlicher die Diskussion in Kap. 3.3.1.1.1.
[852] Vgl. auch Varian (1998), Engelbrecht (1999), S. 14, de Kemp (1999), S. 262 ff., Endres, Fellner (2000), S. 16.
[853] Vgl. Thomann (1984), S. 103 f., Abel (1988), S. 3, Thielen (1990), S. P-4-03, Riehm et al. (1992), S. 141, Kohn-Lehnhoff (1995), S. 503, Amail (1996), S. 28 f., Norek (1997), S. 141 f., Zimmer (1999), S. 13, Loebbecke (1999), S. 8 f., Weyher (2000), S. 38. Vgl. auch N. N. (1999a), S. 31, wonach dies Nutzer bei einer Umfrage als am zweitwichtigsten hervorgehoben haben. Genutzt werden allerdings primär freie Suchbegriffe; systematische Navigationen wurden zumindest in traditionellen Datenbanksystemen von Endnutzern kaum verwendet, vgl. Riehm et al. (1992), S. 210.
[854] Vgl. auch Konzelmann (2000a), S. 146, Tiedemann (2001), S. 51.
[855] Vgl. auch Amail (1996), S. 29 f., Chellappa et al. (1997), S. 326, Haldemann (2000), S. 3, Weyher (2000), S. 38.
[856] Vgl. auch Schleicher (1991), S. 1216 f., Riehm et al. (1992), S. 282, Klein-Blenkers (1995), S. 66, Haseloh (1997), S. 16 und dort zitierte Literatur, Haldemann (2000), S. 3, Möllers (2000), S. 1204, Endres, Fellner (2000), S. 16.
[857] Vgl. auch Amail (1996), S. 32 f., Haseloh (1997), S. 16 und die dort zitierte Literatur, Chellappa et al. (1997), S. 326, Varian (1998), N. N. (1999a), S. 31, Norek (1997), S. 142, Loebbecke (1999), S. 8, Ebenhoch (2000), S. 143 f., Weyher (2000), S. 37 sowie O'Reilly (1996), S. 82 und Detering (2001), S. 97 f., die darin eine Fortsetzung der Tradition bisher begrenzter Verweise wie Fußnoten, Querverweise und Sachregister sehen. Schweighofer (1999), S. 61 f. diskutiert kurz die verschiedenen Formen von juristischen Verweisen sowie auf S. 81 f. die Eignung multimedialer Aufbereitung.
[858] Vgl. Bauer (1996), S. 281 f.

- Platzsparende Archivierbarkeit.[859]
- Vielschichtigeres Informationsangebot, bei dem z. B. verschiedene Zeitschichten (Vorversionen) vorgehalten werden können.[860]
- Weiterverarbeitbarkeit, d. h. eine leichte Übernahmemöglichkeit von Textpassagen.[861]

Onlinemedien weisen allerdings auch eine Reihe von Nachteilen gegenüber klassischen Printprodukten auf. Als Referenzmaßstab dienen dabei die in fünf Jahrhunderten entwickelten Darstellungs- und Nutzungsgewohnheiten für Printmedien.[862] Hemmfaktoren bei einer möglichen weiteren Verbreitung von Onlineprodukten können z. B. sein:

- Die spontane Handhabung ist aufgrund der technischen Infrastruktur umständlicher, sie sind nicht so schnell „griffbereit".[863]
- Es ist kaum ein konzentriertes Querlesen oder „Stöbern", z. B. in verschiedenen Werken, möglich.[864]
- Sinnverstehendes Lesen vor allem längerer Texte ist am Bildschirm schlechter möglich.[865]
- Die potentiellen Nutzer haben – teilweise aufgrund ihres Alters – keine Übung im Umgang oder haben Probleme mit der Benutzeroberfläche.[866]
- Onlineprodukte erfordern eine Umstellung der traditionellen Art und Weise der juristischen Arbeitstechnik und Informationsverarbeitung.[867]
- Onlineprodukte kann der Nutzer nicht unmittelbar physisch besitzen, d. h. je nach Produktdesign erwirbt ein Nutzer lediglich eine Lizenz, Informationen (z. B. eine Datenbank) online

---

[859] Vgl. Thielen (1990), S. P-4-03, Amail (1996), S. 34, Wengenroth (2002a), S. 145.
[860] Vgl. zur hohen Bedeutung gerade für Juristen Svoboda (1987), S. 906, Müller (1995), S. 669, Ebenhoch (2000), S. 143 f., Konzelmann (2000a), S. 146.
[861] Vgl. Riehm et al. (1992), S. 141, Amail (1996), S. 33 f., Haseloh (1997), S. 16 und die dort zitierte Literatur, Klostermann (1997), Kap. 2.c, Möllers (2000), S. 1204, Endres, Fellner (2000), S. 16. Warnend hierzu Hoeren (2000), S. 189. Laut Soldan (2002), S. 47 nutzen allerdings nur 11% der Kanzleien diese Möglichkeit.
[862] Vgl. Haseloh (1997), S. 15. Zu den entwickelten Darstellungsformen vgl. Schweighofer (1999), S. 31 f.
[863] Vgl. auch Riehm et al. (1992), S. 141, Haseloh (1997), S. 16 und die dort zitierte Literatur, Haft (1998), S. T1-4, Engelbrecht (1999), S. 14, Weyher (2000), S. 68, Endres, Fellner (2000), S. 18, Konzelmann (2000a), S. 148. Soldan (2002), S. 49 ermittelte nur eine nachrangige Bedeutung dieses Problems.
[864] Vgl. Riehm et al. (1992), S. 230, Haft (1998), S. T2-4, Zimmer (1999), S. 12 f., Wirtz (2000), S. 93 f., Wengenroth (2002a), S. 149, Soldan (2002), S. 49.
[865] Vgl. Thielen (1990), S. P-4-03, Riehm et al. (1992), S. 42 ff. und S. 227 ff. mit einer Übersicht zu empirischen Studien, Haseloh (1997), S. 16 und die dort zitierte Literatur, Weyher (2000), S. 26 f., Wirtz (2000), S. 93 f., de Kemp (2002), S. 171, Norek (1997), S. 145 sowie speziell zum juristischen Lesen Möllers (2000), S. 1204. Zimmer (1999), S. 13 sieht das Limit, das noch elektronisch gelesen werden kann, bei etwa zweitausend Wörtern. In einer Untersuchung von TREDE sahen allerdings 84% der befragten Juristen die schlechtere Lesbarkeit am Bildschirm nicht als Grund an, bevorzugt klassische Medien zu verwenden, vgl. Trede (1997). Hansen (1998), S. 133 sieht dies derzeit als Hemmfaktor, der aber durch technisch bessere Geräte bald beseitigt sei. Zariski (1997) betrachtet elektronische Texte nicht als schlechter lesbar, da z. B. ein Medienwechsel beim Anfertigen von Notizen entfalle.
[866] Vgl. bereits Tiling (1988), S. 437, Bauer (1996), S. 269, Haseloh (1997), S. 16 und die dort zitierte Literatur und Stöhr (1993), S. 2080. In jüngerer Zeit als häufigster Kritikpunkt bestätigt durch Haft (1997), S. 115, Mielke (2000), S. 47, Soldan (2002), S. 49.
[867] Vgl. Abel (1988), S. 3, Haft (1997), S. 104, Wengenroth (2002a), S. 149, Soldan (2002), S. 49. Vgl. auch die visionäre Skizzierung eines veränderten Arbeitsverhaltens bei Hoeren (2000), S. 188 f.

nutzen zu können; die Daten gelangen aber nicht unmittelbar vollständig in seinen Verfügungsbereich.[868] Der fehlende physische Besitz ist kritisch bei möglichen Ausfallzeiten der technischen Infrastruktur, die einen Onlinezugriff verhindern.[869] Zudem ist bei Onlineprodukten eine langfristig unbegrenzte Nutzung, vergleichbar zu Datenbanken auf CD-ROMs, nicht möglich, sondern es wird – wenn nicht eine Information per Download auf den eigenen PC gelangt – nur ein zeitlich befristeter Zugang eröffnet.[870]

- Die Nutzung ist an einen Netzzugang gebunden; sie ist unterwegs kaum möglich.[871]
- Onlineprodukte haben keine ausreichende Verbreitung bzw. Bekanntheit (mangelnde Netzeffekte).
- Onlineprodukte haben möglicherweise eine schlechtere inhaltliche Qualität.[872]
- Die Kosten könnten als zu hoch empfunden werden.[873]
- Das Angebot ist zu begrenzt.[874]
- Die Angebote sind gerade in der Startphase noch unzureichend miteinander verknüpft.
- Die erforderliche technische Ausstattung ist nicht verfügbar.[875]

BAUER weist zu Recht darauf hin, daß einige dieser Punkte inzwischen überholt, aber in den Köpfen noch präsent sind.[876] Andere Faktoren, insbesondere die für den Alltagsgebrauch erschwerte Handhabung, sind aber tatsächlich als schwerwiegend zu betrachten und können für bestimmte Situationen Ausschlußkriterien darstellen. Dies betrifft vor allem den spontanen Zugriff und das schnelle Erfassen von Texten.

Wenig Beachtung findet bislang das sich aus Nutzersicht stellende Zitationsproblem, das aber gerade für Juristen relevant sein kann. Es basiert vor allem auf der ungelösten Archivfrage elektronischer Dokumente.[877] Juristen sind auf eine langfristige Überprüfbarkeit von Texten angewiesen. Das Zitationsproblem läßt sich in mehrere Teilprobleme aufspalten:

---

[868] Vgl. auch Thielen (1990), S. P-4-03, Weyher (2000), S. 58 ff., Konzelmann (2000a), S. 148, Klostermann (1997), Kap. 4.d, Knolmayer (2000), S. 341.
[869] Soldan (2002), S. 49 ermittelte dabei nur eine nachrangige Bedeutung dieses Problems.
[870] Vgl. auch Houston, Chen (2000), S. 343.
[871] Vgl. von Raden (1989), S. 76, Riehm et al. (1992), S. 141, Chellappa et al. (1997), S. 325, Wirtz (2000), S. 93 f., Weyher (2000), S. 68. Dies ist allerdings mittelfristig durch mobile Angebote technisch zu lösen, vgl. auch Kap. 3.4.7.5. Soldan (2002), S. 49 ermittelte nur eine nachrangige Bedeutung dieses Problems.
[872] Befürchtungen, daß Online-Journale geringere Qualität haben, haben sich bei Untersuchungen von GINSPARG nicht bestätigt. Die Qualität war eher noch größer, da die Gefahr für die Autoren, sich zu blamieren, aufgrund der potentiell größeren Reichweite von Online-Journalen größer ist, vgl. Houston, Chen (2000), S. 358.
[873] Vgl. Bauer (1996), S. 271 f. Dies war auch das Ergebnis einer empirischen Studie, vgl. Haft (1998), S. T1-4. Es überrascht etwas angesichts der geringen Preissensibilität. Er kann jedoch mit den noch relativ hohen Zugangskosten zum Zeitpunkt der Unteruchung erklärt werden. Soldan (2002), S. 49 ermittelte nur eine nachrangige Bedeutung dieses Problems.
[874] Vgl. Weyher (2000), S. 69.
[875] Vgl. auch von Raden (1989), S. 76, Thielen (1990), S. P-4-03.
[876] Vgl. Bauer (1996), S. 268 ff.
[877] Zur ungelösten Archivfrage elektronischer Dokumente vgl. Blume (1993), Norek (1997), S. 146, Klostermann (1997), Kap. 4.d, Clarke (1999), Konzelmann (2000), Abs. 17.

- Gravierendstes Problem ist die Gefahr, daß ein Dokument entfernt und aus diesem Grund nicht mehr verfügbar ist. Im Gegensatz zu Printprodukten ist die Frage der Zuständigkeit zur Archivierung von Onlinedokumenten noch ungelöst.[878] Klassisch wurde die Archivfunktion von Bibliotheken vorgenommen, die aber angesichts der möglichen hohen Dynamik von Onlinedokumenten kaum alle Versionen verfolgen können. Verlage als im Wettbewerb stehende und damit von der Einstellung des Geschäftsbetriebs bedrohte Unternehmen können aber ebenfalls kaum eine dauerhafte Verfügbarkeit gewährleisten[879], zumal höchstens indirekt eine Wirtschaftlichkeit herzuleiten ist. Archivlösungen (wie die „WaybackMachine" unter http://www.archive.org) sind nahezu zwangsläufig unvollständig und haben zudem keinen Zugriff auf z. B. geschützte Verlagsbereiche. Zudem können sie nicht zuverlässig die Qualität der Dokumente garantieren.
- Problematisch ist auch die Lokalisierbarkeit, d. h. die dauerhafte Verfügbarkeit eines Dokuments an einem bestimmten Standort. Neben der Gefahr, daß ein Dokument entfernt wurde, könnte sich auch die Adresse geändert haben. Ihre Dauerhaftigkeit ist nicht gewährleistet, da inzwischen ein Großteil der Adressen innerhalb einer Domain von Content-Management-Systemen dynamisch vergeben wird und aus technischen Gründen geändert werden kann.[880] Ein Verweis auf eine Literaturstelle, der nicht mehr gültig ist, verliert aber seinen Wert.[881] Wenig hilfreich ist auch die gängige Praxis, bei verwendeten URLs das Datum des erfolgreichen Abrufs anzugeben.[882] Damit diese Angabe wertvoll wird, müßten Archivlösungen wie die bereits angesprochene „Wayback-Machine" zuverlässig und vollständig sein. Lösungsansätze wie der 1997 eingeführte Digital Object Identifier (DOI)[883] haben sich bisher noch nicht durchgesetzt.
- Problematisch ist auch die (mögliche) Dynamik von Onlinedokumenten.[884] Printprodukte werden, soweit eine Aktualisierung erfolgt, zu diskreten Zeitpunkten in neuen Auflagen angeboten. Onlinedokumente dagegen können ständig aktualisiert werden. Erforderlich wäre die Verwendung eines Versionsmanagements mit Nennung von Versionsnummern (ver-

---

[878] Vgl. Pieper (1998), S. 147 f., Weyher (2000), S. 58 ff.
[879] Vgl. auch Houston, Chen (2000), S. 343.
[880] Vgl. auch Alberth (1998), S. 1369. Auch manuelle Umorganisationen eines Servers können zu einem geänderten Pfad führen.
[881] Vgl. Weyher (2000), S. 60 ff.
[882] Empfohlen wird eine solche Angabe z. B. von Alberth (1998), S. 1371 und Willamowski (2000). Sie gibt zwar Anhaltspunkte dafür, wann das Dokument spätestens erschienen ist (wegen des häufig fehlenden Erscheinungsdatums im Dokument selber) und – aufgrund des aktuellen zeitlichen Abstands zum erfolgreichen Abruf – wie hoch die Wahrscheinlichkeit ist, daß die URL noch stimmt. Sie löst aber nicht das Problem der mangelnden dauerhaften Verläßlichkeit von URLs.
[883] Das DOI-System besteht aus einem eindeutigen Identifikator und einem Routing- und Auflösungssystem. Jeder Anbieter (z. B. Verlag) kann ein Präfix für einen Identifikator beantragen und dieses um eigene Identifikatoren (Suffixe) ergänzen und mit diesem Handle Objekte eindeutig bezeichnen. Das zentrale, von der DOI-Foundation betriebene Auflösungssystem (Handle-Server) weist für jeden Identifikator seinen aktuellen Standort nach und liefert ihn als Umleitung an den Browser des Nutzers zurück. Vgl. Weyher (2000), S. 77 sowie http://www.doi.org. Zu alternativen Ansätzen vgl. Norek (1997), S. 146 sowie z. B. Doyle (1999), S. 52 ff. mit dem System APS.
[884] Zu diesem Problem vgl. Riehm et al. (1992), S. 291 f., Klostermann (1997), Kap. 4.d, Clarke (1999), Houston, Chen (2000), S. 342, Knolmayer (2000), S. 341, Endres, Fellner (2000), S. 18.

gleichbar Auflagenummern) im Dokument und die Gewährleistung der Abrufbarkeit aller früheren Versionen, um im Diskurs einen Bezug auf feststehende Sachaussagen zu ermöglichen.[885]

- Schließlich kann auch die häufig noch fehlende Struktur elektronischer Dokumente, etwa von einfachen HTML-Texten, ein Problem darstellen. Juristen sind auf eine exakte Zitierfähigkeit angewiesen und verwenden klassischerweise mindestens Seitennummern, häufiger aber feiner untergliedernde Randnummern. Bisher wird das Problem dadurch umgangen, daß bei Onlineprodukten häufig die Struktur, insbesondere die Seitenaufteilung, parallel erscheinender Printprodukte nachempfunden bzw. angegeben wird (so etwa bei den Zeitschriften „NJW" oder „Computer und Recht"). Das Zitationsproblem in dieser Hinsicht wird daher vor allem für Produkte an Bedeutung gewinnen, die rein elektronisch erscheinen. Hier müssen sich noch Regeln und Zitationsstandards etablieren.

3.4.4.2 Anbietersicht

Aus Anbietersicht weisen Onlineprodukte ebenfalls einige Vorteile auf:

- Onlineprodukte bieten, wie zuvor gezeigt, einen Mehrwert für die Kunden und erhöhen damit den Wert der Produkte.
- Herstellungskosten werden reduziert und damit die Profitabilität erhöht oder Spielraum für Preissenkungen geschaffen.[886]
- Neuartige Leistungsangebote werden überhaupt erst ermöglicht.[887]
- Erweiterte Produktdifferenzierungsmöglichkeiten führen zu größeren Freiheitsgraden bei der Preisgestaltung und erlauben eine bessere Abschöpfung der Zahlungsbereitschaft.
- Die Mehrfachnutzung von Daten für Print- und Onlineprodukte erlaubt Synergieeffekte.[888]
- Lock-In-Effekte können besser erzeugt und ausgenutzt werden.
- Netzeffekte erlauben monopolartige Marktstellungen.
- Die unsichere Kalkulation von Auflagenhöhen mit den Gefahren einer Makulatur unverkäuflicher Auflagen bzw. einer wegen zu geringer Auflagenhöhe nicht zu befriedigender Nachfrage entfällt.[889]

---

[885] Vgl. auch Houston, Chen (2000), S. 346 und die dort zitierte Literatur. Zariski (1997) verweist exemplarisch auf ein solches „Living Document" mit verschiedenen Versionen. In Deutschland versucht das Projekt Webkommentar (http://www.webkommentar.de) einen solchen Ansatz mit eindeutig vergebener historischer ID zu verwirklichen, vgl. Konzelmann (2002), Abs. 13, ist aber bisher nicht über eine Experimentierphase hinausgekommen. Als Beispiel im internationalen juristischen Bereich kann auch z. B. Hibbitts (1997) herangezogen werden.
[886] Vgl. auch Chellappa et al. (1997), S. 324.
[887] Vgl. ausführlicher Kap. 3.4.6.
[888] Vgl. z. B. Chellappa et al. (1997), S. 324.
[889] Vgl. auch z. B. Tzouvaras, Hess (2001), S. 39 f.

- Durch die Möglichkeit nutzungsabhängiger Abrechnung sinkt die Eintrittsschwelle, da ein Bereitstellungspreis gedruckter Informationen entfallen kann. Dies bietet das Potential, neue Käufergruppen zu erschließen.
- Eine Entbündelung und eine stärkere Fokussierung und Bearbeitung von Nischen durch kostengünstigere Segmentierung wird ermöglicht.

Auch aus Anbietersicht sind Nachteile festzustellen:

- Autoren sind im Regelfall aus Reputationsgründen mehr an einer Veröffentlichung in Druckwerken interessiert.[890]
- Autoren müssen an der aufwendigeren und neuartigen Aufbereitung, z. B. der Herstellung von Verknüpfungen, mitwirken und zu einer häufigeren Aktualisierung bereit sein.
- Die Vervielfältigung der Daten durch die Nutzer und damit theoretisch auch eine unzulässige Weitergabe (Mißbrauch) wird erleichtert.[891]

Diese Nachteile ergänzen die bereits diskutierten[892] Hemmfaktoren einer stärkeren Nutzung des Onlinebereichs durch Verlage.

3.4.5 Implikationen für klassische Verlagsprodukte

3.4.5.1 Zeitschriften

Zeitschriften sind ein Lösungsansatz für das Problem eines hohen Aktualitätsbedürfnisses, dem klassische Werke wie Bücher oder Nachschlagewerke nicht ausreichend nachkommen können. Sie sind damit insbesondere für Juristen sehr bedeutsam.[893] Zeitschriften werden im Regelfall nicht vollständig, sondern in Auszügen gelesen. Dies gilt vor allem für einen Großteil der juristischen Zeitschriften. Sie sind häufig Kombinationsprodukte und enthalten neben Aufsätzen von grundlegender Bedeutung im Regelfall auch redigierte oder mit Anmerkungen versehene Entscheidungen. Gerade die Aufbereitungen anstelle von bloßen Primärinformationen machen diese Inhalte wertvoll.[894] Solche aktuell veröffentlichten Entscheidungen sind die Erfolgsbasis zahlreicher juristischer Zeitschriften.[895]

---

[890] Vgl. Riehm et al. (1992), S. 126 und die auf S. 274 zitierte Studie, die Studie von Rowland (1999), S. 133 sowie Weyher (2000) S. 31.
[891] Zur Relevanz dieser Mißbrauchsbefürchtungen vgl. die Diskussion in Kap. 3.1.4.
[892] Siehe oben Kap. 3.1.4.
[893] Vgl. Weber (1998a), S. 207.
[894] Vgl. Bauer (1996), S. 281.
[895] Vgl. Walker (1998), S. 42.

Das Leistungsangebot von Zeitschriften als Vermittler von aktuellen Informationen ist verletzlich gegenüber Substitutionsgefahren durch internetbasierte Dienste.[896] Für elektronische Zeitschriften[897] sind drei verschiedene Grundformen zu unterscheiden:[898] als Push-Dienst in Form einer Mail an alle Abonnenten, als webbasiertes Angebot und als Inhalt von Datenbanken. Elektronische Zeitschriften konvergieren damit in Richtung der übrigen Leistungsangebote.

Eine weitergehende Substitution wird insbesondere durch Preprint-Server sowie eine Veröffentlichung direkt durch die Autoren im Web gesehen.[899] Dabei wird die Selektions- und Qualitätssicherungsfunktion durch Gemeinschaftsfunktionen im Web ersetzt. Der Filterprozeß erfolgt dabei im nachhinein durch den Erfolg, den das Werk hat (Anzahl Downloads) bzw. die hinterlassenen Bewertungen („Social recommender system"). Dieses Konzept wird in Deutschland von einem juristischen Webkommentar verfolgt, bei dem sich jeder beteiligen kann, sich aber im nachhinein der Kritik stellen muß.[900] Diese Formen sind jedoch für die hier betrachtete Zielgruppe der juristischen Praktiker ungeeignet. Ihnen fehlt vor allem die Qualitätssicherungsfunktion der Verlage. So ist die Anzahl der Downloads kein geeigneter Indikator für die Qualität eines Werkes, da auch extrem schlechte Werke Leser anziehen können und die Zahl der Zugriffe primär durch das „Marketing" und den Bekanntheitsgrad beeinflußt wird. Bewertungen Dritter als Kriterium sind angesichts der zeitlichen Belastung von Praktikern (hinsichtlich der Zeit sowohl zum Erstellen als auch zum Lesen der Kritiken) ebenfalls skeptisch zu beurteilen, zumal die Qualifikation der Beurteiler unbekannt ist und solche Bewertungen auch von Autoren manipuliert werden könnten.[901]

Die bereits diskutierten Vorteile elektronischer Medien treffen in vollem Umfang auch auf elektronische Zeitschriften zu. Insbesondere Archive mit umfangreichen Navigationsmöglichkeiten sind als wertvoll anzusehen, zumal sich viele Kanzleien angesichts des großen Zeitschriftenangebots kaum umfangreiche eigene Bibliotheken leisten können.[902] Durch webbasierte elektronische Zeitschriften könnten sie entbündelt bedarfsweise Artikel beziehen. Dies spricht für deutliche Substitutionswirkungen. Allerdings sind auch die Nachteile wesentlich. So können

---

[896] Vgl. Varian (1996), Varian (1998), Norek (1997), S. 137 f., Henkel (1999), S. 2 sowie speziell für juristische Zeitschriften Sellier (1998), S. 186. Die Diskussion fokussiert sich vornehmlich auf wissenschaftliche Zeitschriften, vgl. z. B. Brüggemann-Klein (1995), Norek (1997), Weyher (2000). Die Literatur geht dabei überwiegend davon aus, daß langfristig wissenschaftliche Zeitschriften vollständig substituiert werden, vgl. etwa Odlyzko (1998), Zariski (1997) sowie Middelhoff (1997), S. 45 und Liedl (1999), S. 206 f. Ein Marktüberblick vom Börsenverein des Deutschen Buchhandels (2002), S. 26 stellt bereits einen deutlichen Umsatzverlust (8,8% im letzten Jahr) bei Fachzeitschriften fest.

[897] Zu einem Überblick über Definitionsansätze vgl. Norek (1997), S. 138.

[898] Knolmayer (2000), S. 332 faßt allerdings ohne weitere Begründung nur WWW-Veröffentlichungen hierunter.

[899] Vgl. Zariski (1997), der diese radikaleren Ansätze als Bedrohung für die selbst noch jungen E-Journale ausmacht. Vgl. als Befürworter dieser Ansätze Varian (1998) sowie speziell für den juristischen Bereich Hibbitts (1997).

[900] Vgl. Konzelmann (2002), Abs. 13.

[901] Zum möglichen Engagement von Praktikern zur Beurteilung vgl. auch Kap. 3.4.7.1, zur Manipulierbarkeit vgl. Zariski (1997).

[902] Vgl. Kap. 3.4.4.1.

elektronische Zeitschriften nur eingeschränkt etwa auf Reisen gelesen werden. Zudem ist ihre Handhabung umständlicher und sowohl ein Querlesen als auch sinnverstehendes Lesen der typischerweise längeren Textpassagen erschwert. Eine vollständige Substitution ist daher zumindest mittelfristig nicht zu erwarten. Es ist vielmehr von einem parallelen Angebot auszugehen.[903] Dieses vereinigt aus Nutzersicht die Vorteile beider Medien[904], da situationsadäquat die geeignete Version gewählt werden kann.

Betrachtet man den aktuellen Stand, so ist ein heterogenes Bild festzustellen. Rein elektronische Zeitschriften sind nur selten anzutreffen und werden meistens von Universitäten organisiert.[905] Soweit elektronische Versionen angeboten werden, ist ein Parallelangebot zu Druckversionen die vorherrschende Form.[906] Große Spieler außerhalb der Rechtswissenschaften wie z. B. der Springer-Verlag sind sehr weit und bieten inzwischen nahezu das gesamte Zeitschriftenangebot unter der Marke LINK online an.[907] Der Onlinezugriff auf Fachzeitschriften ist häufig an ein Abonnement der Printversion gekoppelt. Gegen Aufpreis werden teilweise zusätzliche Dienste im Abonnement bereitgestellt.[908] Damit versuchen die Verlage, Kannibalismuseffekten vorzubeugen und den ökonomischen Bündelungsvorteil[909] zu wahren, verhindern aber auch den beschriebenen möglichen Nutzervorteil, auf umfangreiche eigene Bibliotheken verzichten und nur bedarfsorientiert beziehen zu können.

3.4.5.2 Informationsdienste

Informationsdienste (Infodienste) sind seit einigen Jahren neu etablierte Spezialisierungen von Fachzeitschriften und eine typische Erscheinungsform von Fachinformationen im Sinne dieser Arbeit. Bei einem Infodienst handelt es sich um ein Periodikum, das – häufig in einfacherer Aufmachung und Herstellung – den Fokus auf die schnelle Weitergabe aktueller Fachinforma-

---

[903] Vgl. Weyher (2000), S. 27, Wengenroth (2002a), S. 149. Bei wissenschaftliche Archivzeitschriften ist allerdings noch am ehesten von einer vollständigen Substitution auszugehen, vgl. z. B. Brüggemann-Klein (1995), S. 174. Lang (2000), S. 18 stellt als Ergebnis einer Delphi-Studie sogar insgesamt fest, daß (Fach-) Zeitschriften zu elektronischen Medien konvertieren, wobei seine Studie allerdings aufgrund eines systematischen Fehlers zu optimistisch sein dürfte (vgl. auch Fußnote 1307).

[904] Allerdings stellte eine Studie, deren Grundaussagen immer noch zutreffend sein dürfte, fest, daß die meisten elektronischen Journale kaum über eine Digitalisierung der Printversion hinausgehen und zusätzliche Möglichkeiten kaum genutzt werden, vgl. Hitchcock, Carr, Hall (1996).

[905] Vgl. Weyher (2000), S. 37 sowie Brüggemann-Klein (1995), S. 174 und die dort zitierte Übersicht. Zu einem Überblick über die ersten juristischen elektronischen Zeitschriften vgl. Hibbitts (1997), Abs. 3.12 ff. Im juristischen Bereich gilt dies z. B. für die der Universität des Saarlandes nahestehende Zeitschrift Jur-PC, bei der die Druckversion vor wenigen Jahren eingestellt wurde. LEGAmedia bezeichnet sich selbst als elektronische Zeitschrift und Portal (http://www.legamedia.de), stellt aber mangels einer festen periodischen Erscheinungsweise nur ein Portal dar.

[906] Vgl. Odlyzko (1998).

[907] Vgl. Stumpe (1998), S. 65, de Kemp (1999), S. 262 ff., Hess (1999), S. 79.

[908] Die Frage der Kopplung ist insbesondere in der Diskussion um das Angebot von Bibliotheken von großer Bedeutung. Vgl. de Kemp (1999), S. 262 f. zur Angebots- und Abonnementpolitik des Springer-Verlags. Bei Springer LINK ist z. B. die Basic Licence im Printpreis enthalten, vgl. Weyher (2000), S. 45.

[909] Vgl. Kap. 3.3.2.4.

tionen wie z. B. Entscheidungen oder Kurzbeiträge und Kurzmeldungen setzt. Dabei wird der Urteilstext oft in bearbeiteter, teilweise auf einen Leitsatz reduzierten Form wiedergegeben.[910] Die Erscheinungsfrequenz ist mit typischerweise wöchentlicher oder zweiwöchentlicher Erscheinungsweise höher als bei Fachzeitschriften und erlaubt damit eine kurzfristige Publikation. Ihr Umfang ist allerdings geringer. Gerade Informationsdienste tragen dem hohen Aktualitätsbedarf besonders Rechnung.[911]

Solche Informationsdienste eignen sich besonders gut für eine Abbildung durch internetbasierte Dienste und können von deren Vorteilen, insbesondere einer zusätzlich möglichen Individualisierung und damit höheren Relevanz, besonders profitieren.[912] Aufgrund der typischerweise hohen Aktualitätsbedürftigkeit werden sie im Regelfall in Form von Push-Diensten angeboten. Neben den typischen E-Mail-basierten Realisierungsformen ist auch ein Einsatz proprietärer Software denkbar, der sich allerdings nicht durchgesetzt hat.[913] In der Praxis sind bereits Angebote auf dem Markt vertreten, etwa für Gerichtsentscheidungen und Insolvenzdaten.[914]

Elektronischen Informationsdienste sollte zukünftig eine noch stärkere Bedeutung zukommen. Sie eignen sich als zentrales Medium für aktuelle juristische Informationen und gerade in dieser Hinsicht als Substitut für Zeitschriften. Sie hätten die Chance, schneller und – durch eine Individualisierung – fokussierter auf die individuellen Bedürfnisse Informationen zu liefern, der Relevanzanforderung besser Rechnung zu tragen und so die Tätigkeit von Juristen deutlich besser unterstützen. Dies ist angesichts der zunehmenden Informationsflut bei gleichzeitig steigender Spezialisierung sehr wichtig. Die Verlage könnten ihrer Selektionsfunktion damit noch besser gerecht werden.

Aufgrund der beschriebenen Merkmale ist gerade für Informationsdienste bereits mittelfristig mit einer weitgehenden Substitution der Printprodukte durch elektronische Versionen zu rechnen.[915] Die Vorteile, insbesondere die Individualisierbarkeit, die höhere Aktualität sowie die

---

[910] Bekannte Beispiele sind etwa die Rechtsprechungsreporte NJW-RR und NVwZ-RR oder die OLG-Reporte, die sich auf Entscheidungen bestimmter Oberlandesgerichte konzentrieren. Vgl. auch Walker (1998), S. 42.
[911] Vgl. Klein-Blenkers (1995), S. 283, Frühschütz (1997), S. 164.
[912] Vgl. auch Schreiber (1998), S. 44 sowie speziell für juristische Informationsdienste Sellier (1998), S. 186, Zoubek (2001), S. 164.
[913] Zu Push-Diensten vgl. Horstmann, Timm (1998), Brenner, Zarnekow (1999), S. 43 ff. sowie speziell zu juristischen Push-Diensten Zoubek (2001), S. 163 f. Push-Dienste wurden für eine kurze Zeit stark propagiert. Insbesondere proprietäre Push-Dienste in Form von Kanälen verschwanden dann aber aus dem Fokus, vgl. Europäische Kommission (1998), S. 7-28.
[914] Vgl. N. N. (1998), S. 81 zum „Eildienst Bundesrecht". Vgl. auch Zoubek (2001), S. 169 sowie das Angebot JurM@il unter http://www.zap-verlag.de.
[915] So auch N. N. (1998a), S. 108, Schwarz (zitiert nach N. N. (2001), S. 121). Eine Umfrage unter Verlagen und Buchhändlern ergab, daß diese, wenn überhaupt, Substitutionswirkungen am ehesten bei Nachschlagewerken und Informationsdiensten erwarteten, vgl. N. N. (2001), S. 119 ff. und N. N. (2001a), S. 129. Derzeit werden elektronische Pushdienste von Juristen nach Beobachtungen von Zoubek (2001), S. 170 aufgrund der Unerfahrenheit der Nutzer nur zögerlich angenommen. Er rechnet aber mittelfristig durchaus mit relevanten Marktanteilen.

gute Archivierbarkeit, fallen besonders schwer ins Gewicht. Die Nachteile kommen dagegen hier weniger zur Geltung. Das Medium E-Mail weist zudem auch bei unerfahrenen Nutzergruppen aufgrund der einfachen Handhabung eine zunehmende Verbreitung auf.

3.4.5.3 Fachinformationsdatenbanken

Juristische Datenbanken gibt es bereits seit relativ langer Zeit, vor allem in den USA mit LexisNexis und Westlaw sowie in Österreich mit der RDB.[916] Als Vorläufer aller juristischen Volltextdatenbanken in Deutschland kann das vergleichsweise junge juris-System bezeichnet werden, dessen Vorplanungen 1967 begonnen wurden. Einer der Gründe für dessen Gründung Mitte der siebziger Jahre war die rechtspolitische Erwägung, daß einer breiten Masse der Zugriff auf juristische Fachinformationen möglich sein muß. juris sollte Transparenz in der Entscheidungsflut verschaffen.[917] Als klassische Online-Datenbank konnte es sich allerdings unter Anwälten bisher nicht entscheidend durchsetzen. In diesem Nutzersegment erfuhren in den letzten Jahren vielmehr Volltextdatenbanken auf CD-ROM weite Verbreitung.[918] Diese werden periodisch – z. B. vierteljährlich oder jährlich – gegen neue Ausgaben ausgetauscht.

Volltextdatenbanken werden bevorzugt für Entscheidungssammlungen eingesetzt. Sie werden rege in Anspruch genommen: Etwa 75% der befragten Juristen gaben bei einer Studie im Jahr 1997 an, sie häufig zu nutzen.[919] Während eine mögliche Zeitersparnis bei der Nutzung von juristischen Datenbanken umstritten ist[920], stellte MORITZ in einer Untersuchung bei Richtern eine höhere Qualität von Entscheidungen aufgrund der Inanspruchnahme von Datenbanken fest.[921] Datenbankangebote bewegen sich gerade im juristischen Bereich im allgemeinen im hochpreisigen Segment und treffen in Unternehmen und Kanzleien auf weiter zunehmende Ak-

---

[916] Einen Überblick über die Entwicklung internationaler juristischer Datenbanken liefern z. B. Schlagböhmer (1990), S. 262 ff., Riehm et al. (1992), S. 162 f. sowie Schweighofer (1999), S. 50 ff. Trede (1997) ermittelte in seiner Untersuchung, daß juristische Datenbanken neben den Informationsangeboten der juristischen Fakultäten die von Juristen am häufigsten genutzten Informationsquellen im Internet sind. Juristische Datenbanken lagen 1997 mit weltweit 1.146 Datenbanken auf Platz 3 aller Fachgebiete, vgl. Kroiß, Schuhbeck (2000), S. 1. Ausführlich zum Aufbau von juristischen Datenbanken vgl. Schweighofer (1999), S. 44 ff.

[917] Vgl. Schenk, Lobeck, Kling (1990), S. 93 f., Klein-Blenkers (1995), S. 109, Bühnemann et al. (1988), S. 155 und S. 162. Ausführlich zur Notwendigkeit und Geschichte von juris auch Fiedler (1996), Stöhr, Tolzmann (1996), S. 18 ff.

[918] Vgl. Riehm et al. (1992), S. 154, Klein-Blenkers (1995), S. 89, Müller, Schallbruch (1995), S. 138 ff. und zu den Produkten S. 170 ff., Mielke (2000), S. 17. Soldan (2002), S. 25 stellt allerdings bereits fest, daß 93% aller befragten Anwälte Online-Datenbanken und nur 76% CD-ROMs nutzen. Dieser Wert ist allerdings verfälscht, da sich die Grundgesamtheit aus Nutzern des Online-Datenbankportals AlexIS zusammensetzt.

[919] Vgl. Haft (1998), S. T1-1. Soldan (2002), S. 20 ff. ermittelte bei einer Studie, daß Rechtsprechungsdatenbanken von allen Befragten eingesetzt würden, gefolgt von Handelsregisterinformationen und Gesetzesdatenbanken. Die absolute Nutzungshäufigkeit ist allerdings kaum aussagekräftig, da sich die Grundgesamtheit der Befragten aus Nutzern des Datenbankportals AlexIS zusammensetzte.

[920] Vgl. auch die bei Mielke (2000), S. 35 ff. referierte Literatur.

[921] Vgl. Moritz (1998), S. 492.

zeptanz und eine hohe Zahlungsbereitschaft.[922]

Bereits seit längerem etabliert sind die folgenden großen, für den deutschsprachigen Raum relevanten Online-Datenbanken:[923]

- Das bereits erwähnte juris-System beinhaltet im wesentlichen die Entscheidungen der Bundesgerichte (seit 1985 größtenteils im Volltext), wesentliche Entscheidungen der Instanzgerichte, weitere nicht publizierte Entscheidungen, Aufsatzabstracts aus über 600 Fachzeitschriften, Nachweise zu Monographien einiger Rechtsgebiete und die Normen des Bundes und einiger Länder. Damit weist diese Datenbank gegenwärtig die deutsche Rechtsprechung am umfassendsten nach.[924] 2000 wurde die Teilprivatisierung von juris durch Verkauf von 45,33% der Anteile an die bereits 1988 privatisierte niederländische Verlagsgruppe sdu beschlossen. juris hat zumindest derzeit noch den Wettbewerbsvorteil gegenüber anderen Spielern, auf die Zuarbeit von öffentlichen Angestellten und staatlichen Institutionen in Form der Dokumentationsstellen setzen zu können.[925]
- RDB ist die führende österreichische Rechtsdatenbank, die über 40 Zeitschriften der wichtigsten Verlage enthält und daneben den Zugang zu weiteren Datenbanken anbietet.[926]
- GENIOS ist eine fachübergreifend tätige Tochter des Handelsblattes, die 1985 gegründet wurde und sich auf ein partnerschaftliches Pool-Modell konzentriert, in dem 70 Anbieter Datenbanken anbieten, davon unter „Recht online" etwa 24 mit juristischem Bezug.[927]

Der Markt für juristische Datenbanken ist seit langem hart umkämpft.[928] SELLIER bezeichnet denn auch den deutschen Markt als zu klein für zwei große juristische Datenbanken.[929] Verantwortlich hierfür ist die hohe Bedeutung von Skalen- und Netzeffekten, die eine natürliche Monopolisierung fördern. Dennoch sind bzw. waren in jüngerer Zeit in Deutschland einige neue große Datenbankangebote auf dem juristischen Sektor geplant:

- Das populärste Beispiel – LEGALIS – als Kooperationsprojekt der drei größten Spieler C. H. Beck, Heymanns und Dr. Otto Schmidt sollte neben Zeitschriften auch Gesetzestexte,

---

[922] Vgl. Wirtz (2001), S. 274, Sellier (1998a), S. 116, Frühschütz (1997), S. 214.
[923] Einen Überblick zu aktuellen juristischen Datenbanken und Zeitschriften geben auch Walker (1998), S. 46 ff., Kröger (2001), Möllers (2000), S. 1205. Soldan (2002), S. 31 liefert eine Rangfolge der Bekanntheit der Angebote unter Anwälten.
[924] Die Literatur zu juris ist vielfältig. Einen Überblick über die Literatur bis 1995 liefert Siebert (1996). Vgl. darüber hinaus die Beiträge in Herberger, Berkemann (1996), Weis (1996), S. 10 ff., Walker (1998), S. 45 f., Moritz (1998), S. 490, Kröger (2001), S. 113 ff.
[925] Zur Ausstattung und Tätigkeit der Dokumentationsstellen vgl. z. B. Weis (1996), S. 12 f.
[926] Vgl. auch Riehm et al. (1992), S. 3, Bruck, Selhofer (1997), S. 26 und S. 61 f., Kröger (2001), S. 238 ff.
[927] Vgl. Frühschütz (1997), S. 140 und S. 211 ff., Walker (1998), S. 48. Einen Überblick über für Juristen bedeutsame Datenbanken von GENIOS gibt Kröger (2001), S. 84 ff.
[928] Ein Beispiel dafür ist der Konkurrenzkampf zwischen Lexis und Eurolex (Thomson-Verlag) von 1980 bis 1985 in Großbritannien, an dessen Ende Eurolex von Lexis aufgekauft, der Dienst eingestellt und die Belegschaft entlassen wurde, vgl. Kist (1988), S. 132.
[929] Vgl. Sellier (2000), S. 40. Entsprechend auch bereits Thomann (1984), S. 108 für die Schweiz.

Entscheidungssammlungen, Kommentare und Handbücher enthalten und auf nutzungsabhängigen Erlösen basieren. Es ist jedoch nach einer langen, seit 1998 andauernden Pilotphase nach einem Rückzug des Mehrheitsgesellschafters C. H. Beck-Verlag im Jahr 2000 wieder eingestellt worden.[930] Die Marke LEGALIS ist im Eigentum des C. H. Beck-Verlags verblieben, der aber derzeit die Marke „beck-online" verwendet. Darunter werden seit Mitte 2001 in verknüpfter Form eigene Kommentare, Rechtsprechung, Zeitschriften und Gesetze angeboten. Eine Ausweitung von LEGALIS auf weitere Kooperationspartner ist weiterhin geplant.[931]

- Als Nachfolger wird das Portal LEGIOS angesehen, da in der Gesellschafterstruktur an die Stelle des Beck-Verlags die Handelsblatt-Tochter GENIOS und später zusätzlich die Mediengruppe Haufe trat. Es beinhaltet daneben das Angebot weiterer kleinerer Partner und bietet neben juristischen Informationen vor allem auch Wirtschaftsthemen und Tagesnachrichten mit juristischem Bezug.[932]
- Daneben plante die Gruppe Weka mit ihrem Verlag Recht und Praxis (VRP) mit dem „Fahnder" den Aufbau einer umfassenden Datenbank für Europa nach dem Vorbild von LexisNexis. Im Oktober 2000 wurde eine eigene Aktiengesellschaft namens iConneXX AG gegründet, um die Kooperation mit anderen Verlagen zu erleichtern und diese als Mitgesellschafter beteiligen zu können. Der Fahnder konkurrierte vor allem mit juris mit seinem umfassenden Angebot. Angeboten wurden neben Informationen der Weka-Gruppe auch Datenbanken anderer Verlage (z. B. LexisNexis, MBO), die nicht in direkter Konkurrenz standen. Nach weniger als einem Jahr mußte mangels ausreichender Kooperationspartner der geplante Börsengang abgesagt werden.[933] Zum 31.07.2001 wurde der Dienst eingestellt.
- Westlaw als indirekte Tochter von Thomson International konzentriert sich traditionell schwerpunktmäßig auf das amerikanische Recht, bemüht sich aber aktuell um einen Ausbau in Europa und auch speziell in Deutschland.[934]
- LexisNexis als weltweit bedeutendste juristische Datenbank ist unter der Führung des weltweit größten Fachinformationsverlags Reed Elsevier ein Zusammenschluß juristischer Verlage aus den USA und dem europäischen Ausland. Es beinhaltet eine auf das Jahr 1973 zurückgehende Sammlung von fachübergreifenden Datenbanken mit einem Schwerpunkt in

---

[930] Vgl. Weber (1998a), S. 208, Wilking (1998c), S. 20 f., Wengenroth (2001), S. 119.
[931] Vgl. Wengenroth (2001), S. 119. Zu beck-online vgl. auch Kraft (2001), S. 52 f., Junker (2001), Abs. 7 f., Wengenroth (2002), S. 146 f.
[932] Vgl. Uebelhöde (2001), S. 92, Wengenroth (2001), S. 119 f., N. N. (2001d), S. 14, Wengenroth (2002), 146 f.
[933] Zum Fahnder vgl. Wilking (1998c), S. 20 f., N. N. (1998d), S. 32, Hoffmann (2000), S. 98, N. N. (2000b), S. 11, N. N. (2000a), S. 16, Friedel, Weiss (2001), C. 48, Rosener (zitiert nach N. N. (2001), S. 120 f.), N. N. (2001c), S. 18, Uebelhöde (2001), S. 92, Wengenroth (2001), S. 120. Vom Portalbetreiber wurde das mangelnde Interesse anderer Verlage an einer Kooperation beklagt.
[934] Vgl. Kist (1988), S. 134, Hibbitts (1997), Part III, Schweighofer (1999), S. 51 f., Uebelhöde (2001), S. 91 f., Kröger (2001), S. 338 ff.

Lexis auf amerikanischem Recht. Ein Ausbau auf Europa ist geplant; Deutschland ist allerdings nicht vorrangiger Zielmarkt. Derzeit werden erste Übernahmen getätigt.[935]

Datenbanken wandeln sich zu integrierenden Datenplattformen und tragen so einer zunehmenden Konvergenz der Angebotstypen Rechnung.[936] Sie positionieren sich als Online-Bibliotheken von originär verschiedenen Informationstypen. So migrieren ehemals eigenständige Leistungsangebote wie Zeitschriften und Nachschlagewerke[937] zunehmend in Richtung von Datenbanken und komplettieren deren Angebot. Gerade diese sind für Anwälte besonders wichtig, da sie keine nackten Primärinformationen, sondern aufbereitete Informationen enthalten. Zur Erreichung eines umfassenden Angebots sind Datenbanken auf eine Zusammenarbeit mit Informationsanbietern, für aufbereitete Informationen insbesondere Verlagen, angewiesen. Denkbar wäre sogar, daß Datenbanken verstärkt eine Disintermediation vornehmen und die Inhalte direkt von originären Anbietern beziehen. Sie würden dann als neuer Spieler eine Konkurrenz für Verlage darstellen.[938]

Einzelne Verlage können aufgrund des erforderlichen umfassenden Angebots nur bedingt von den gesunkenen Kosten des Onlinebereichs und einer möglichen Disintermediation profitieren. Insbesondere für kleinere Verlage ist – abgesehen von Nischen – vielmehr die Strategie einer Coopetition sinnvoll, um ein umfassenderes Angebot am Markt anzubieten. Zudem erlaubt die Marktgröße kaum mehrere Datenbanken parallel. Die bereits beschriebene Datenbank RDB ist dabei ein frühes Musterbeispiel von Coopetition, bei dem Wettbewerber zusammen Synergien nutzen, um den Einstieg in einen neuen Markt zu bewältigen.[939]

Unter dem Begriff der Datenbanken sind genaugenommen verschiedene Typen und Spieler zu verstehen (Abb. 21).[940]

---

[935] Vgl. Kist (1988), S. 131 ff., Hibbitts (1997), Part III, Schweighofer (1999), S. 51, Weyher (2000), S. 17, Europäische Kommission (1998), S. 5-25, Möllers (2000), S. 1205, Wengenroth (2001), S. 120, Kröger (2001), S. 296 ff. LexisNexis übernimmt zum November 2002 den deutschen MBO-Verlag, vgl. N. N. (2002g), S. 36.
[936] So etwa bei beck-online, vgl. Junker (2001), Abs. 7. Zur Bedeutung von Aufsatzdatenbanken vgl. auch Bauer (1996), S. 281.
[937] Vgl. Sellier (1998a), S. 116.
[938] So sah sich das Datenbankportal Fahnder mit seiner angestrebten umfassenden Sammlung langfristig als Alternative und Bedrohung zu den klassischen Verlagsangeboten, vgl. N. N. (2000a), S. 16. Entsprechend auch Schreiber (1998), S. 49. Vgl. auch Kap. 3.1.3.3.2.
[939] Vgl. Bruck, Selhofer (1997), S. 26.
[940] Kuhlen (1996), S. 287 ff. unterscheidet zwischen Datenbasisproduzenten, die originäre Informationen in strukturierte Bezugseinheiten umwandeln, und Datenbankanbietern, die diese Datenbasen in recherchierbare Datenbanken umwandeln. Letztere entsprechen damit weitgehend den hier als Datenbankbetreiber bezeichneten Hosts. West (2000), S. 63 unterscheidet „Producers", „Vendors" und „Gateway Services", wobei letztere weitgehend den Datenbankportalen entsprechen.

Leistungsangebotsmodell 163

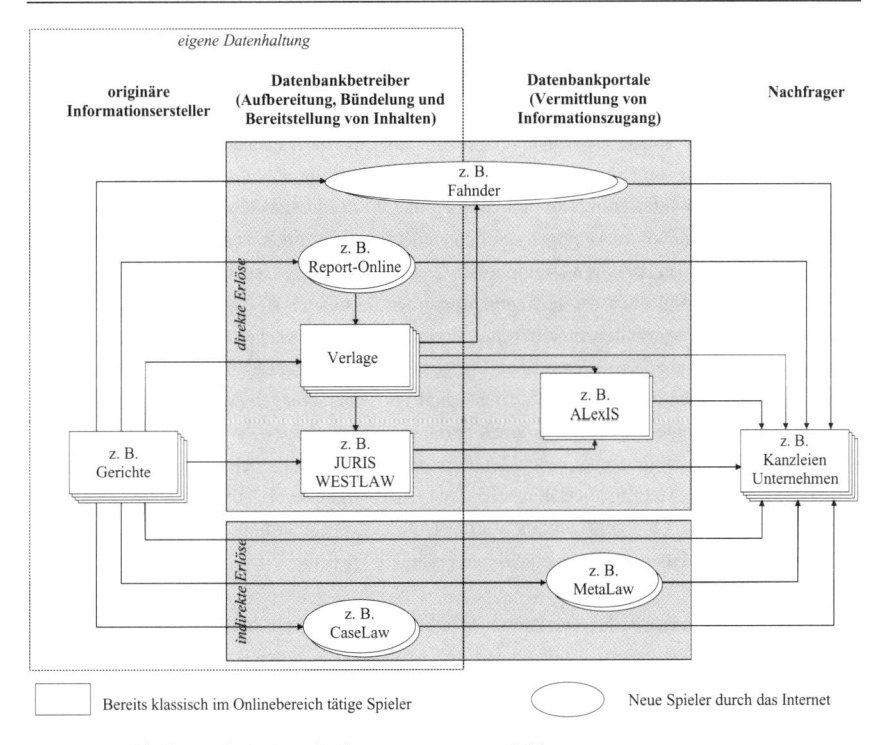

Abb. 21: Positionierung der im Datenbanksegment vertretenen Spieler

Klassisch sind dies vor allem *Datenbankbetreiber*. Diese übernehmen die Bündelung von Informationen, unterhalten eigene Datenvorräte und die hierzu erforderlichen technischen Plattformen. Vor der Verbreitung des Internets stellte die erforderliche Infrastruktur wie z. B. eigene Netze und spezifischere Hardware eine wesentliche Barriere für mögliche Wettbewerber im Segment der Datenbankbetreiber dar. Diese Barriere entfällt mit sinkenden Kosten weitgehend. Andere Informationsanbieter, etwa Verlage, können nun die hohen Kosten, die früher von Datenbankbetreibern für Informationsanbieter in Rechnung gestellt wurden[941], vermeiden und selbst als Datenbankbetreiber tätig werden. Auch die originären Informationsanbieter, insbesondere die öffentlichen Institutionen wie der Gesetzgeber und die Gerichte, gehen zunehmend dazu über, ihre originären Informationen ohne direkte Kosten zur Verfügung zu stellen und damit in Konkurrenz zu Verlagen und/oder Datenbankbetreibern zu treten. Nachteilig ist bei diesen Angeboten allerdings die fehlende Bündelungsfunktion des Datenbankbetreibers.[942] Dennoch haben gerade bei Fachinformationen originäre Anbieter das Potential, einen Teil des

---

[941] Die Kosten waren für Anbieter vor dem Aufkommen des Internets relativ hoch, vgl. etwa die bei Frühschütz (1997), S. 141 genannten Preise.
[942] Vgl. Kap 3.1.3.3. Streng genommen werden sie dann auch als Datenbankbetreiber tätig. Im Interesse einer einfacheren Darstellung sollen sie hier aber von diesen abgegrenzt werden.

Umsatzes von Datenbankbetreibern zu bedrohen.[943] Teilweise ist zur Bündelung auch eine Reintermediation und Einschaltung neuer Intermediäre wie MetaLaw.de festzustellen.

Daneben treten neue Spieler als *Datenbankportale* auf, die von Datenbankbetreibern abzugrenzen sind.[944] Aufgabe von Datenbankportalen ist im Regelfall die Schnittstelle zum Kunden, das Marketing und die Fakturierung.[945] Sie betreiben damit ein Streckengeschäft eines Handelsunternehmens[946], fungieren als Aggregatoren und stellen insofern einen elektronischen Marktplatz von Fachinformationen dar. Sie vermitteln den Zugang zu verschiedenen Datenbankbetreibern. Dieses Modell verfolgt etwa der seit langem etablierte Anbieter ALexIS, der die von Datenbankbetreibern bereitgestellten Inhalte unter einer eigenen Oberfläche anbietet und die Fakturierung übernimmt, aber keine technische Plattform für Inhalte betreibt.[947] Datenbankbetreiber profitieren von einem zusätzlichen Vertriebskanal und einer höheren Nutzerzahl, Datenbankportale von der erhöhten Attraktivität eines umfangreicheren Angebots.[948] Zu den Datenbankportalen sind auch Unternehmen wie MetaLaw.de zu zählen, die sich über indirekte Erlöse finanzieren und als Metasuchmaschine die Angebote originärer Inhaltslieferanten gebündelt zugänglich machen.[949] Sie verfügen als Startup-Unternehmen allerdings über keine etablierten Marken und bieten daher aus Nutzersicht eine geringere Qualität.[950]

Angesichts des zu erwartenden verstärkten Wettbewerbs stellt sich die Herausforderung, über Zusatzleistungen Wechselkosten aufzubauen. Mehrwerte könnten z. B. in einer Aufbereitung der Daten durch eine Dokumentationsstelle liegen, der besondere Bedeutung für eine möglichst effiziente Suche zukommt.[951] Mehrwerte bestehen auch in zunehmender Vollständigkeit der Angebote. Bisher noch weitgehend ungenutztes Potential bietet daneben die Bündelung mit Leistungsangeboten insbesondere im Bereich individualisierter Informationsdienste, die z. B. fokussiert über Veränderungen der Datenbank informieren.

Für Betreiber bieten sich neue Erlösformen in Form von Provisionen an. So besteht die Möglichkeit, in den Angeboten Verweise auf Leistungsangebote Dritter, etwa zitierte Quellen, anzubieten.

---

[943] Insbesondere dann, wenn z. B. die Bündelungsfunktion kaum erforderlich ist, weil etwa eine konkrete Entscheidung eines konkreten Gerichts benötigt wird. Allerdings weisen originäre Angebote immer noch den Nachteil von z. B. heterogenen Benutzerführungen auf.
[944] Kuhlen (1996), S. 319 ff. bezeichnet sie als Gateways.
[945] Vgl. Motyka (1989), S. 148, von Lucius (1990), S. 220 ff.
[946] Vgl. auch Frühschütz (1997), S. 211 ff. Zu Streckengeschäften bei digitalen Produkten vgl. Luxem (2000), S. 70 f.
[947] Vgl. auch Luczak (2000), S. 162. Zum 1986 gestarteten Anbieter AlexIS vgl. z. B. Bauer (1986), S. 360 ff., Andreae (1987), S. 71 f.
[948] Vgl. Bühnemann et al. (1988), S. 161, Riehm et al. (1992), S. 202, Bauer (1996), S. 281, Frühschütz (1997), S. 178, Käfer (1996), S. 77 ff.
[949] Vgl. kritisch zur Qualität dieser neuen Intermediäre (z. B. metalaw.de, meta-JUR.de, jura-suche.de) auch Friedel, Weiss (2001), S. 46 f., Pflaumer (2000), S. 50.
[950] Soldan (2002), S. 31 ff. ermittelte in einer Studie eine geringere Glaubwürdigkeit für solche Anbieter.
[951] Vgl. exemplarisch für juris Meine (1996) sowie für LexisNexis Europäische Kommission (1998), S. 5-25.

Die bisher etablierten CD-ROM-Produkte könnten durch Substitution bedroht sein. Sie bieten zwar die Vorteile, auch ohne Netzzugang und damit ortsunabhängiger nutzbar zu sein und jederzeit einen Zugriff unabhängig von fremden Einflüssen zu gestatten. Allerdings ist die Speichermenge begrenzt und vor allem ist eine übergreifende Abfrage mehrerer Datenbanken nicht und ein schneller Wechsel kaum möglich. Durch die Unmöglichkeit einer nutzungsabhängigen Berechnung muß immer das gesamte Datenvolumen im voraus unabhängig von dem tatsächlichen Bedarf erworben werden. CD-ROMs bedürfen zudem einer periodischen Aktualisierung und weisen eine geringere Aktualität auf. Seit einiger Zeit war daher ein Trend zu hybriden Produkten zu beobachten: zusätzlich zur Recherche auf CD-ROMs wird von der Suchsoftware parallel eine Onlinerecherche durchgeführt, um neue Informationen ebenfalls berücksichtigen zu können. Dies war eine sinnvolle Kombination, um Massendaten lokal verfügbar zu halten und nur relativ geringe Datenmengen online beziehen und übertragen zu müssen.[952] Mit sinkenden Kosten des Onlinezugangs verliert dieses Argument allerdings an Bedeutung und bindet CD-ROM-Produkte dann doch an einen Onlinezugang. Komfortabler sind dann vollständig online gepflegte Angebote, so daß die CD-ROM insgesamt im wesentlichen ein Übergangsmedium darstellt. Bei Datenbanken ist daher langfristig durchaus eine völlige Substitution zu erwarten.[953]

3.4.5.4 Nachschlagewerke

Kennzeichnend für Handbücher, Kommentare, Gesetzestexte und Entscheidungssammlungen ist der Nachschlagecharakter. Sie sollen daher im folgenden generalisierend als *Nachschlagewerke* bezeichnet werden. Kommentare und Gesetzestexte sind die wichtigsten Informationsquellen von Juristen: 96,4% bzw. 91,3% der Befragten gaben bei einer Studie an, diese häufig oder sehr häufig zu nutzen.[954] Sie werden oftmals in Form von Loseblattwerken verlegt. Basierend auf einem Abonnementmodell werden hierzu periodisch – zwei bis zweiundfünfzig[955] Mal pro Jahr – Aktualisierungen versendet. Gemäß jeweils beigefügter Anleitung müssen dann in den – häufig mehrbändigen – Loseblattwerken manuell einzelne Seiten entfernt, ausgetauscht oder ergänzt werden. Diese Wartungstätigkeit ist fehleranfällig und stellt eine erhebliche Belastung für den Elementarfaktor Personal dar.[956] Daneben können auch Nachschlagewerke in Buchform dem hohen Aktualitätsbedarf Rechnung tragen. Bekanntester Vertreter ist in dieser Hinsicht der C. H. Beck-Verlag. Er verfolgt die Linie, anstelle von Loseblattsammlungen in

---

[952] Zu einer solchen Differenzrecherche vgl. z. B. Abel (1988), S. 6, Hochstein (1990), S. 600 f., Welb (1998a), S. 112.
[953] Vgl. auch bereits Haft (1997), S. 107, Vogel (1999), S. 74. Sigmund (2000), S. 125 geht von einem zukünftig geringeren Marktanteil für CD-ROMs als heute aus, sieht aber langfristig für sie eine Nische für den Inhouse-Zugriff auf große Datenmengen. Kuhlen (1996), S. 309 meint noch, es sei noch nicht sicher, welches Medium sich durchsetzen würde.
[954] Vgl. Haft (1998), S. T1-1. Entsprechend auch Bauer (1996), S. 281 f.
[955] So bei den Neuen Wirtschaftsbriefen (NWB-Verlag).
[956] Vgl. Frühschütz (1997), S. 164 und dort zitierte Literatur.

kurzen Zeitabständen – z. B. jährlich – jeweils aktualisierte Neuauflagen ganzer Werke zu erstellen. In diese Richtung geht auch das Konzept der „PermaNova", bei dem von Loseblattsammlungen auf thematisch geordnete Einzelbände umgestellt wird und diese bei Aktualisierungen komplett ausgetauscht werden. Dieses Konzept hat sich jedoch bisher nicht durchgesetzt.[957]

Nachschlagewerke profitieren besonders von den Vorzügen elektronischer Medien.[958] Sie weisen eine hohe Informationsdichte auf und werden angesichts des typischerweise großen Umfangs nicht vollständig, sondern in Auszügen gelesen und können so von einer bedarfsgerechten Abrufmöglichkeit profitieren. Vorteilhaft ist auch angesichts des meist erheblichen Umfangs die deutlich vereinfachte Navigation.[959] Die höhere Aktualität und vor allem der Wegfall von Wartungstätigkeiten mit den entsprechenden Fehlerquellen und damit die höhere Nutzerfreundlichkeit sind weitere wesentliche Vorzüge aus Nutzersicht. Aus Verlagssicht bieten sie aufgrund sinnvoller Verweismöglichkeiten z. B. auf digitale Entscheidungsvolltexte sehr gute Möglichkeiten zum Cross-Selling, was aus Nutzersicht einen Mehrgewinn an Effizienz bei der Arbeit bedeuten kann. Nachschlagewerke werden daher ganz überwiegend als prädestiniert für eine Substitution angesehen.[960] SELLIER dagegen sieht keinen Markt für elektronische Kommentare. Bei diesen Produkten sei ein „Querlesen" in vielen Werken erforderlich, das aber mit elektronischen Medien kaum konzentriert möglich sei. Auch FRÜHSCHÜTZ erwartet eine Substitution vor allem nicht für Werke mit hoher Auflage.[961]

Nachschlagewerken, insbesondere Kommentaren, kommt zukünftig im Bereich elektronischer Medien für Juristen eine zentrale Rolle zu. Aufgrund ihrer Anlage, eine *systematisch* aufbereitete Übersicht anderer Quellen zu sein und sich auf diese zu stützen, eignen sie sich in besonderer Weise als zentrales, integrierendes Portal für andere Informationen. Sie können damit zukünftig eine zentrale Säule eines Onlineangebots sein, das neben der Kommentierung praktisch alle anderen Angebote einbinden kann. Daraus folgt eine hohe Bedeutung eines umfassenden Angebots. Integriert und „auf Knopfdruck" verfügbar sein müssen Gesetzestext, systematische

---

[957] Vgl. Klein-Blenkers (1995), S. 284.
[958] Vgl. Klein-Blenkers (1995), S. 304 f., Haenel (1998), S. 94, Neubauer (1998), S. 83.
[959] Vgl. Bauer (1996), S. 283.
[960] Vgl. z. B. Wösner (1997), S. 28, Klein-Blenkers (1995), S. 66 f., Middelhoff (1997), S. 45, Stumpe (1998), S. 69, Rossbach (1998), S. 23, Zimmer (1999), S. 13, Engelbrecht (1999), S. 14, Liedl (1999), S. 206 f., Schwarz (zitiert nach N. N. (1999c), S. 66), Böning-Spohr, Hess (2000), S. 46 f., Schlüchter (2001), S. 18. Eine Umfrage unter Verlagen und Buchhändlern ergab, daß diese, wenn überhaupt, Substitutionswirkungen am ehesten bei Nachschlagewerken und Informationsdiensten erwarteten, vgl. N. N. (2001), S. 119 ff. und N. N. (2001a), S. 129.
[961] Vgl. Sellier (1998), S. 186, Frühschütz (1997), S. 165. Entsprechend auch Justus (2000), S. 156, Hohoff als Vertreter des C. H. Beck-Verlags (zitiert nach Wengenroth (2002), S. 147) und Wengenroth (2002a), S. 148. Ein bekanntes Beispiel für ein Scheitern einer erwarteten Substitution ist auch die Encyclopedia Britannica, siehe Kap. 3.3.1.2.1.

Erläuterung, Rechtsprechung sowie gerade für Praktiker auch Mustertexte und aktuelle Kurzinformationen.[962]

Als Integrationskonzept für einen solchen Online-Kommentar könnte das in anderen Bereichen bereits erfolgreich verwendete „Ebenenkonzept" zum Einsatz kommen.[963] Dabei werden die verschiedenen Informationsarten – systematischer Kommentar, Gesetzestext, Rechtsprechung, etc. – als verschiedene, parallel verlaufende „Ebenen", also Sichtweisen auf denselben rechtlichen Anknüpfungspunkt betrachtet. Dabei kann je nach Bedarf jederzeit eine andere Sichtweise eingenommen werden, wobei lediglich die Informationsschicht gewechselt, aber die fachliche Stelle beibehalten wird. So wird z. B. bei einem Wechsel von der Kommentar- auf die Rechtsprechungsebene unmittelbar die hierzu passende Rechtsprechung im Volltext bereitgestellt.

Neben solchen speziellen Online-Umgebungen können Nachschlagewerke auch in Form elektronischer Bücher[964] realisiert werden. Diese würden ebenfalls eine einfache Aktualisierbarkeit ermöglichen und hätten zudem den Vorzug, jederzeit ad hoc verwendbar zu sein und ein Stöbern besser zu unterstützen. Sie weisen damit weniger Nachteile als online angebotene Versionen auf und bieten daher auf sehr lange Sicht ein höheres Potential. Elektronische Bücher eignen sich jedoch derzeit weniger für die umfangreiche Verknüpfung mit weiterführenden Informationen. Bisher sind sie mit juristischen Angeboten ebenso wie spezielle Umgebungen nicht am Markt verfügbar.

Am Markt ist dagegen derzeit eine Migration von Nachschlagewerken zu Datenbanken zu beobachten, nicht zuletzt aufgrund der bereits etablierten Technik. Solche Angebote umfaßt z. B. die Datenbank Westlaw mit dem Standardwerk „Staudinger".[965] Nachschlagewerke in der beschriebenen Konzeption würden sich aber besser eignen als Datenbanken. Im Gegensatz zu diesen stellen sie eine möglichst fachlich und systematisch gute Informationsaufbereitung und -verknüpfung in den Vordergrund.[966] Datenbanken sind dagegen eher auf effiziente Suchfunktionen spezialisiert; die datensatzorientierte Darstellung läuft zudem einem Dokumentcharakter und dem schnellen Erfassen von etwas längeren Textabschnitten zuwider.

Zu beachten sind bei jeder Form die Nachteile von Onlinemedien, insbesondere die eingeschränkte, ortsabhängige Verfügbarkeit und die nur schleppend zunehmende Akzeptanz, die kurz- bis mittelfristig einer weiten Verbreitung entgegenstehen. So sind gedruckte Werke – an-

---

[962] Vgl. Diessl (zitiert nach N. N. (2000), S. 165 f.), Junker (2001), Abs. 7 f., Viefhues (1996), S. 265. Mielke (2000), S. 87 sieht darin allerdings keinen Nutzen und zudem große Probleme.
[963] Vgl. hierzu ausführlicher Schüngel et al. (1998), S. 82 ff., Schüngel et al. (2001), S. 30 f. Das Konzept verschiedener Darstellungsweisen wird auch vom Projekt Webkommentar unterstützt (vgl. hierzu Konzelmann (2002), Abs. 13), der aber nicht das Ziel eines jederzeit möglichen Perspektivwechsels verfolgt.
[964] Vgl. ausführlicher zu elektronischen Büchern Kap. 3.4.5.5.
[965] Vgl. Sellier (1998a), S. 116.
[966] Zur erfolgreichen Recherche in Datenbankangeboten ist es dagegen entscheidend, die richtigen Schlagwörter zu verwenden. Synonyme werden z. B. häufig nicht berücksichtigt. Vgl. auch Möllers (2000), S. 1204.

gesichts der „Rüstkosten" bei einer Nutzung von Onlineprodukten – umso besser, je häufiger sie gebraucht werden, was gerade für Nachschlagewerke zutrifft. Nachteilig ist gerade bei elektronischen Nachschlagewerken auch die schlechte Möglichkeit zum Stöbern, da ein schnelles Überfliegen und Erfassen größerer Textabschnitte kaum möglich ist. Auf Anbieterseite wirkt primär der hohe Aufwand für die Erstellung hemmend, zumal die vorhandenen Textbestände jahrzehntelang durch viele Autoren gewachsen und Querverweise nicht formal systematisch sind. Eine elektronische Verwertung erfordert umfangreiche redaktionelle Aufbereitungen mit entsprechendem Zeit- und Kostenbedarf.[967] Hinzu kommt, daß die Autoren zum Ausnutzen des Mehrwerts elektronischer Dokumente angehalten werden und hierzu bereit sein müssen.[968]

Derzeit gelangen lediglich erste Angebote elektronischer Nachschlagewerke auf den Markt[969]; Substitutionswirkungen sind noch nicht festzustellen. Insbesondere aufgrund der nur langsam zunehmenden Akzeptanz elektronischer Medien wird eine nennenswerte Substitution nur langfristig zu erwarten sein.[970] Eine vollständige Substitution erscheint entgegen der Literaturmeinung als unwahrscheinlich, da in bestimmten Situationen die beschriebenen Nachteile aus Nutzersicht, insbesondere die „Rüstkosten" zur Nutzung und die eingeschränkte schnelle Erfaßbarkeit, auch langfristig überwiegen werden.

3.4.5.5 Fachbücher

Substitutionswirkungen für gedruckte Bücher werden neben Nachschlagewerken vor allem Fachliteratur vorhergesagt, da diese von einer häufigeren Aktualisierung und einer möglichen Entbündelung besonders profitieren.[971] Maßgebliche Substitute sind vor allem mobile elektronische Bücher (E-Books)[972] und Büchervolltexte im Internet, typischerweise im PDF-Format[973], die von den Nutzern ausgedruckt werden können. Sie stellen damit eine Form von Print

---

[967] Vgl. Justus (2000), S. 157.
[968] Vgl. ausführlicher Kap. 3.5.2.2.
[969] Vgl. Konzelmann (2002), Abs. 13 sowie die Übersicht unter http://www.jura.uni-sb.de/internet/Kommentare.html zu „freien" Kommentaren. Erstmals stehen im Rahmen von beck-online Beck'sche Kommentare zur Verfügung, vgl. z. B. Junker (2001), Abs. 7 f. KLEWITZ-HOMMELSEN entwickelt derzeit einen freien Webkommentar, vgl. Konzelmann (2002), Abs. 13. Das BGBl wird vom Staat selber im Internet kostenlos verfügbar gemacht, vgl. Konzelmann (1998). Für Anfang 2003 plant juris die Herausgabe eines neuen Online-Kommentars mit relativ weitgehenden technischen Funktionalitäten wie der Verknüpfung mit der Datenbank und der Kombination mit einem Pushdienst bei aktuellen Entwicklungen zu einzelnen Paragraphen, vgl. N. N. (2002f), S. 11.
[970] Diese Einschätzung teilt speziell für Praktikerliteratur auch Engelbrecht (1999), S. 14. Wissenschaftliche Nutzer seien dagegen in ihrem Nutzungsverhalten deutlich weiter.
[971] Vgl. Klein-Blenkers (1995), S. 119 f., Clarke (1997). Klein-Blenkers (1995), S. 67 sieht Substitutionswirkungen allerdings nicht für Fachbücher mit geringer Informationsdichte, etwa Monographien, Lehrbücher und Sammelwerke, da diese nicht nennenswert von Vorteilen profitieren und die Nachteile überwiegen. Dem ist nur eingeschränkt zuzustimmen, da auch für sie die Vorteile zum Tragen kommen können, wenn auch nicht im gleichen Maße.
[972] Zu elektronischen Büchern vgl. z. B. Meier et al. (2000), S. 90 ff., Rawolle, Hess (2000), S. 95 ff., Hofer (2000), S. 211 ff., Riehm, Orwat, Wingert (2001), S. 122 ff., Tiedemann (2001), S. 48 ff.
[973] Vgl. auch Clarke (1997).

on Demand[974] (im folgenden als nutzerseitiges Print on Demand bezeichnet) dar. Beide Formen werden im folgenden generalisierend als digitale Bücher bezeichnet.[975]

Solche neuartigen Buchformen eröffnen den Verlagen die Option, neue Werke zunächst zu geringeren Kosten[976] nur in digitaler Form und erst bei entsprechender Marktakzeptanz in gedruckter Form zur Verfügung zu stellen. Damit kann dem zunehmenden Wettbewerbsdruck und der Notwendigkeit zu unsicheren Projekten begegnet werden.[977] Zudem können digitale Bücher auch der Produktdifferenzierung und damit der besseren Abschöpfung der Zahlungsbereitschaft dienen. Eine Produktdifferenzierung zur Druckversion kann zeitlich durch den Erscheinungstermin oder durch unterschiedliche Qualitäten und Funktionalitäten (z. B. Lesbarkeit und Nutzungskomfort) erreicht werden.[978] Nutzerseitiges Print on Demand bietet den Vorzug einer sofortigen Verfügbarkeit am Arbeitsplatz im Bedarfsfall. Bei Bedarf können nur die tatsächlich benötigten Kapitel bezogen werden. Mobile elektronische Bücher bieten vor allem den Vorzug einer leichten Aktualisierbarkeit. Nachteilig ist zumindest derzeit bei ihnen die schlechtere Lesbarkeit längerer Textpassagen und die etwas umständlichere Handhabung.

Obwohl seit einigen Jahren kommerziell angeboten, konnten sich bisher weder Print on Demand noch mobile elektronische Bücher[979] durchsetzen. Volltexte im Internet haben bislang – forciert durch Projekte wie Dissertationen Online – die größte Bedeutung erfahren, vor allem im wissenschaftlichen Bereich.[980] Elektronische Bücher scheitern bisher an den Preisen, der Verfügbarkeit der erforderlichen spezifischen Hardware und der Verfügbarkeit entsprechend

---

[974] Unter Print on Demand wird in der Diskussion typischerweise der Druckvorgang durch leistungsfähige Spezialhardware verstanden, insbesondere durch professionelle Druckereien, die auf dieser technologischen Basis für Verlage kleine Auflagenhöhen realisieren, aber auch den Druck am Point of Sale z. B. in stationären oder Versandbuchhandlungen. Dies ist zwar derzeit das beherrschende Einsatzgebiet, schließt aber einen Einsatz im Endnutzerbereich mit durchschnittlicher Druckhardware nicht aus. Vgl. zu Print on Demand z. B. Schack (2000), S. 107 f., Wirtz (2000), S. 114 ff., Tzouvaras, Hess (2001), S. 39 ff., Hess, Tzouvaras (2001), S. 235 ff. Eine Studie aus dem Jahr 1999 identifizierte Print on Demand als das Verlagsangebot mit der stärksten geplanten Wachstumsrate, vgl. Arbeitskreis Elektronisches Publizieren (1999), S. 9. Dies deckt sich mit den Ergebnissen einer Delphi-Studie, vgl. Lang (2000), S. 21.
[975] Riehm, Orwat, Wingert (2001), S. 109 ff. bezeichnen sie als elektronische Bücher und geben einen Überblick über Kategorisierungsansätze.
[976] Vor allem entfallen wesentliche fixe Herstellungskosten, aber auch die Kosten für unverkäufliche Exemplare können gesenkt werden. Zu den veränderten Kostenstrukturen vgl. auch Hess, Tzouvaras (2001), S. 241 f
[977] Vgl. Haenel (1998), S. 92, Behm et al. (1999), S. 129 f.
[978] Vgl. Shapiro, Varian (1999), S. 65, Schönstedt (1999), S. 204, Zerdick et al. (2001), S. 189. Loebbecke, Powell, Gallagher (1999), S. 299 und Shapiro, Varian (1999), S. 65 f. berichten von einer Erfahrung der National Academy Press, bei der das (unkomfortable) kostenlose Angebot von Büchern online zu einem erhöhtem Verkauf der Printwerke führte, da die Leute die Onlineversion durchstöberten und, wenn sie alles lesen wollten, doch die gedruckte Fassung kauften. Eine entsprechende Erfahrung konnte auch am ITM der Universität Münster gemacht werden, bei dem die aktuellste Fassung eines Buches zum Internetrecht online kostenlos angeboten wird und dennoch eine nennenswerte Nachfrage nach der gedruckten kostenpflichtigen Variante existiert.
[979] Vgl. Luxem (2000), S. 94, Rawolle, Hess (2000), S. 96 f., Albrecht (2002), S. 35.
[980] Vgl. Weyher (2000) S. 29, Knolmayer (2000), S. 335 ff. Im juristischen Bereich bietet die Sellier-Tochter European Law Publishers seit Herbst 2001 erste digitale Bücher an.

aufbereiteter Inhalte.[981] Für die Hardwareanbieter könnte es daher sinnvoll sein, mit Fachverlagen mit dem Ziel der Verfügbarmachung entsprechender Inhalte zusammenzuarbeiten und so einen Sog für die Abspielgeräte zu erzeugen.[982] Auch zielen die Anbieter aufgrund der möglichen höheren Volumina eher auf den belletristischen Bereich. Die größeren Erfolgsaussichten bestehen aber bei Fachbüchern und Nachschlagewerken, da dort Vorteile wie ständige Aktualisierbarkeit eher zum Tragen kommen und die Nachteile eher akzeptiert werden.[983] Insgesamt ist frühestens mittelfristig und insgesamt von einer eher schleichenden Substitution klassischer durch elektronische Bücher in Teilbereichen auszugehen.[984] Eine nennenswerte Substitution klassischer Fachbücher ist nicht zu erwarten. Bei nutzerseitigem Print on Demand wird es sich kurz- bis mittelfristig um ein zusätzliches Angebot zur Abdeckung von spezieller Nachfrage in bestimmten Situationen handeln.

3.4.6 Parallelität von klassischen und Onlineprodukten

Die Diskussion zeigte, daß Substitutionswirkungen auf mittlere Sicht nur partiell in nennenswertem Umfang eintreten werden. Auf breiterer Basis sind sie erst zu erwarten, wenn die Zielgruppe online angebotene Leistungsangebote als überlegen ansieht und die Akzeptanz steigt. Damit ist auch auf lange Sicht bei den meisten Angeboten eine Parallelität von Off- und Onlineprodukten zu erwarten. Dies ist aus Verlagssicht wünschenswert, wenn sich dadurch entsprechend das Marktvolumen bzw. die Zahlungsbereitschaft steigert.[985] Auch stellt es eine Form der Produktdifferenzierung dar, die es ermöglicht, unterschiedliche Zahlungsbereitschaften der Nutzer besser abzuschöpfen. Es wird möglich, sowohl Leistungsbündel On-/ Offline als auch die Medien einzeln anzubieten.[986] Vielfach wird in diesem Zusammenhang ein Trend zu hybriden Produkten propagiert. Die Relevanz solcher hybriden Produkte für juristische Praktiker ist allerdings zweifelhaft, da sie eine deutlich aufwendigere Handhabung bedeuten.[987] Eine Parallelität bedeutet für die Verlage aber auch erhöhte Fixkosten. Zwar können sie versuchen, durch Optimierungen des Datenmanagements (medienneutrale Datenhaltung) und der Prozesse zusätzliche Kosten weitgehend zu reduzieren. Das vermag allerdings frühestens mittelfristig Wirkung zu zeigen.

---

[981] Vgl. auch Riehm, Orwat, Wingert (2001), S. 136, Albrecht (2002), S. 35. Tiedemann (2001), S. 48 macht die Zurückhaltung der Verlage mangels eines einheitlichen technischen Standards hierfür verantwortlich.
[982] Derartige Bemühungen gab es z. B. bei der Entwicklung von CD-Interactive, vgl. Amail (1996), S. 44.
[983] Vgl. auch Rawolle, Hess (2000), S. 95, Tiedemann (2000), Abs. 1.
[984] Vgl. Zerdick et al. (2001), S. 179.
[985] Vgl. Odlyzko (1998). Vgl. auch Brüggemann-Klein (1995), S. 174.
[986] Vgl. auch Shapiro, Varian (1999), S. 66.
[987] Zu einem aktuellen Überblick vgl. z. B. Langendorf (2002b), S. 134. Eine Ausnahme könnten lediglich die bereits diskutierten Datenbanken darstellen, da hier ein Medienbruch entfallen würde.

3.4.7 Neuartige Angebotsformen

Neben den Implikationen des Internets für bestehende Verlagsprodukte müssen als zweite Linie auch mögliche neuartige Produkte betrachtet werden. In den Verlagen wird der Onlinebereich aber erst allmählich als neues strategisches Geschäftsfeld eingestuft.[988] Fachverlage schlagen nur selten den schwierigen Weg zu innovativen und medienadäquaten Produkten ein.[989] Auch in der Literatur finden sich kaum Angaben zu neuartigen Angebotsformen für Verlage[990], insbesondere Fachverlage. Die einfache Übertragung bewährter Printkonzepte ins Internet, wie man sie auf vielen Verlagsservern sieht, reicht aber nicht aus, um langfristigen Erfolg zu erzielen. Vielmehr ist eine Ausnutzung der spezifischen Merkmale des Internets wie z. B. eine individuell zugeschnittene Informationsversorgung nötig, um gleichzeitig den besonderen Anforderungen der Juristen noch besser als bisher Rechnung tragen und einen echten Mehrwert generieren zu können.[991] Damit könnte die Tradition der Rechtsinformatik wiederbelebt werden, die Landschaft der juristischen Informationsverarbeitung durch neue Angebotsformen voranzubringen.[992]

3.4.7.1 Portale und virtuelle Gemeinschaften

3.4.7.1.1 Eigenschaften

Virtuelle Gemeinschaften werden in der Literatur als sehr wertvoll sowohl für Nutzer als auch für Betreiber empfunden.[993] Der Begriff der virtuellen Gemeinschaft im kommerziell bedeutsamen Sinne wurde von HAGEL und ARMSTRONG geprägt.[994] Sie definieren fünf Merkmale einer solchen „virtual community":[995]

- Inhaltsangebote von Mitgliedern, d. h. diese können unabhängig von bestimmten Anbietern Informationen austauschen, auf kollektive Erfahrungen zurückgreifen und so die Informationsasymmetrien zumindest teilweise zu ihren Gunsten verschieben. Es kann eine hohe Sachkenntnis aufgebaut werden, die von einzelnen Experten kaum erreicht werden kann.

---

[988] Vgl. auch Henkel (1999), S. 80 ff.
[989] Vgl. Riehm et al. (1992), S. 281 f.
[990] So auch Henkel (1999), S. 5.
[991] Vgl. auch Bruck, Selhofer (1997), S. 18.
[992] Vgl. hierzu auch Haft (1997), S. 100, der ein Fehlen solcher Anstrengungen beklagt.
[993] Vgl. Brown, Tilton, Woodside (2002), S. 1, Huisman (2000), S. 47.
[994] Vgl. Hagel, Armstrong (1997), S. 12 ff. sowie davor bereits mit der Idee einer starken kommerziellen Ausrichtung Armstrong, Hagel (1995), S. 129 ff. Rheingold (1993) hat sich bereits sehr früh mit seinem Erfahrungsbericht von der ersten bedeutenden Online-Gemeinschaft „The Well" Mitte der achtziger Jahre mit der sozialen Dimension von Netzen beschäftigt und so eine andere Sichtweise auf dasselbe Phänomen eingenommen. Vgl. ausführlicher zu virtuellen Gemeinschaften auch Schubert (2000), S. 29 ff.
[995] Vgl. Hagel, Armstrong (1997), S. 23 f. Vgl. auch Schinzer, Steinacker (2000), S. 82 ff., Dietz (2000), S. 42 f., Haldemann (2000), S. 120 f.

- ein konkretes Thema, d. h. es sollte ein spezifischer Interessenschwerpunkt vorhanden sein, um den Interessen der Mitglieder der Gemeinschaft am besten entsprechen zu können und so potentielle Mitglieder anzusprechen.[996]
- integrative Verbindung von Content und Kommunikation. Hierzu gehören z. B. Chatrooms, virtuelle schwarze Bretter und Mailfunktionen.
- konkurrierende Anbieter: Soweit die Gemeinschaften eine Werbe- bzw. Transaktionsplattform darstellen und sich als Interessenvertretung ihrer Mitglieder verstehen, werden sie versuchen, umfassende Informationen von unterschiedlichen und durchaus konkurrierenden Anbietern zu sammeln und so die Markttransparenz zu steigern.
- kommerzielle Ausrichtung des Anbieters, d. h. die Betreiber werden zunehmend als Unternehmen operieren. Der wirtschaftliche Erfolg wirkt dabei als Anreiz, innovativ ein reichhaltiges Angebot aufzubauen.

Virtuelle Gemeinschaften müssen von einem Anbieter im Rahmen des Community Building entwickelt werden. Dazu präsentiert er zunächst spezielle Themen, die den Kern des Lebens in der Gemeinschaft darstellen sollen. Die Themen müssen so gestaltet werden, daß die Teilnahme und Kommunikation der Gemeinschaftsmitglieder angeregt wird. Die Fortentwicklung dieser Themen wird dann von den Mitgliedern der Gemeinschaft mitgeprägt. Die Gemeinschaften leben damit von der Kommunikation der Mitglieder untereinander. Beim Aufbau einer Gemeinschaft ist es entscheidend, schnell eine kritische Masse zu erreichen, da sich sonst die notwendige Eigendynamik in Form von bei Gemeinschaften besonders bedeutsamen Netzeffekten nicht entfaltet.[997] Wenn ein Anbieter die kritische Masse schneller und effizienter als die Konkurrenz aufbauen kann, so stellt dies einen Wettbewerbsvorsprung und eine Markteintrittsbarriere dar: Der Wert einer Gemeinschaft besteht aus den Mitgliedern und ihren Beziehungen, die sich nur schwer „abwerben" lassen. Gemeinschaften eignen sich damit insbesondere zur Kundenbindung. Nachahmer haben es schwerer, ähnliche Communities zu bilden.

WIRTZ unterscheidet zwei Formen virtueller Gemeinschaften nach dem initiierenden Akteur: zum einen können Gemeinschaften sich mit Hilfe von Rundbriefen organisieren, die unter den Mitgliedern verschickt werden, so daß keine Initiative von seiten der Mitglieder erforderlich ist (Push). Zum anderen besteht die Möglichkeit, Gemeinschaften auf einem Forum wie z. B. einer Webseite basierend zu organisieren, welche die Mitglieder auf eigene Initiative besuchen müssen, um an der Gemeinschaft teilzunehmen (Pull).[998]

Virtuelle Gemeinschaften lassen sich grundsätzlich von Portalen abgrenzen. Ein Portal bietet Benutzern den Einstiegspunkt für eine systematische Informationssuche im Internet entspre-

---

[996] Vgl. Beier (2001), S. 250.
[997] Vgl. z. B. Paul, Runte (2001), S. 126, Wirtz (2000), S. 204, Schoberth, Schrott (2001), S. 518.
[998] Vgl. Wirtz (2001), S. 176 sowie entsprechend auch Schoberth, Schrott (2001), S. 518 f. Armstrong, Hagel (1995), S. 131 f. unterscheiden vier Formen virtueller Gemeinschaften. Ausführlicher zur Kategorisierung von virtuellen Gemeinschaften vgl. Schubert (2000), S. 32 ff., Schubert, Selz, Haertsch (2001), S. 157 ff. sowie Schinzer, Steinacker (2000), S. 88 ff.

chend seiner Interesses. Sein Geschäftsmodell basiert damit primär auf den zunehmenden Suchkosten im Internet.[999] Zu unterscheiden sind horizontale von im folgenden näher betrachteten vertikalen, z. B. branchenbezogenen, Portalen.[1000] Virtuelle Gemeinschaften fassen Inhalte in einem Angebot zusammen, während Portale die Nutzer auf fremde Inhalte lenken. Vom Portal ausgehend können andere Seiten fremder Anbieter im Netz erreicht werden, d. h. das Portal wird verlassen. Dabei läuft das Verlassen des Portals allerdings dem Interesse des Betreibers zuwider. Bei virtuellen Gemeinschaften steht dagegen im Mittelpunkt, die Nutzer möglichst lange an das eigene Angebot zu binden und zu aktiver Gestaltung in Form von Beiträgen anzuregen.[1001] Der Wandel von der bloßen Suchmaschine oder einem Online-Dienst zum Portal entspricht dem in den letzten Jahren verstärkt festzustellenden Trend.[1002]

Bereits seit einiger Zeit zeichnet sich ein Trend zum Zusammenwachsen von Portalen und virtuellen Gemeinschaften ab: Betreiber von virtuellen Gemeinschaften bieten zusätzlich Adressen von weiterführenden Inhalten an, während Portalbetreiber ergänzend z. B. redaktionelle Inhalte oder Transaktionsmöglichkeiten anbieten.[1003]

3.4.7.1.2 Zielsetzungen und Erlösquellen

Mit Portalen und virtuellen Gemeinschaften werden ähnliche Ziele verfolgt, nämlich eine hohe Reichweite durch Markenbildung, eine möglichst starke Nutzerbindung und daraus resultierend möglichst hohe Transaktionszahlen.[1004] Es ist wichtig, möglichst zahlreiche Anbieter von Gütern zum Thema des Portals oder der Gemeinschaft zu integrieren, da dies die Attraktivität für die Nutzer steigert. Für anbietende Unternehmen sind Portale und Gemeinschaften als Absatzmärkte interessant. Bei genauerer Betrachtung ist zwischen den Unternehmen zu unterscheiden, die ein Portal oder eine virtuelle Gemeinschaft als eigenständiges Geschäft betreiben, und denen, die damit ein anderes hauptsächliches Geschäft unterstützen[1005].

---

[999] Dies ist besonders wertvoll angesichts eines wachsenden Suchraums, vgl. Giaglis, Klein, O'Keefe (1999), S. 398.
[1000] Vgl. Wirtz, Lihotzky (2001), S. 293 und die dort zitierte Literatur.
[1001] Vgl. Hess, Herwig (1999), S. 551, Wirtz, Lihotzky (2001), S. 297, Schinzer, Steinacker (2000), S. 105.
[1002] Vgl. Europäische Kommission (1998), S. 5-10, Hess, Herwig (1999), S. 551, Zerdick et al. (2001), S. 186.
[1003] Vgl. Hess, Herwig (1999), S. 553, Böning-Spohr, Hess (2000), S. 8, Schinzer, Steinacker (2000), S. 105, Huisman (2000), S. 46 f.
[1004] Vgl. z. B. Europäische Kommission (1998), S. 5-10, Picard (2000), S. 66, Schinzer, Steinacker (2000), S. 100. Dieser Effekt läßt sich empirisch belegen, vgl. Brown, Tilton, Woodside (2002), S. 3 ff. Zu weiteren Nutzeffekten von virtuellen Gemeinschaften vgl. z. B. Schinzer, Steinacker (2000), S. 85 f.
[1005] Ein solches anderes Geschäft könnte z. B. im Vertrieb eines Produkts liegen, zu dem das Portal weiterführende Informationen bereitstellt.

Soweit Portale und Gemeinschaften das eigenständige Geschäft darstellen, sind verschiedene Erlösquellen denkbar. Derzeit werden sie primär durch Werbeeinnahmen finanziert.[1006] Gemeinschaften und Portale sind für Werbetreibende als Werbeplattform interessant, da sie eine gezielte Ansprache ermöglichen und so Streuverluste vermeiden und die Kaufwahrscheinlichkeit erhöhen. Portale und Gemeinschaften sorgen für eine natürliche Aufteilung in Teilmärkte mit homogenen Abnehmergruppen in bezug auf Interessen, Bedürfnisse oder Einstellungen. Produkte, Werbung und Preise können gezielt auf diese Segmente zugeschnitten werden. Damit sinken die Kundenakquisitionskosten und Preisdifferenzierungen werden ermöglicht.[1007] Neben diesen Werbeerlösen werden Kommissionserlöse sowie die Vermarktung von Profildaten an Bedeutung gewinnen.[1008] Diese sind wichtig, da damit Anbieter von Gütern sehr gezielt potentielle Kunden ansprechen, besonders wertvolle Kunden identifizieren und so Streuverluste vermeiden und die Akquisitionskosten weiter senken können.[1009] Denkbar ist als Erlösquelle aber auch die Belastung von Benutzern durch indirekte Erlöse.[1010]

Soweit Portale und Gemeinschaften nur ergänzend zu einem anderen Geschäft betrieben werden, stehen nicht die Erlöse im Vordergrund. Zielsetzung ist es vielmehr, die Kunden untereinander in Kontakt zu bringen und weiterzubilden. Damit wird eine Loyalität gegenüber den Produkten erhöht und die Kundenzufriedenheit gesteigert. Gleichzeitig kann eine eigene Hotline entlastet werden, was zur Kostenreduktion beiträgt.[1011] Besucher von problemlösungsorientierten Portalen und Gemeinschaften sind zudem in höherem Maße kaufwillig, wenn durch diskutierte Produkte eine Lösung ihres Problems erreicht werden kann.[1012] Die generierten Benutzerprofile ermöglichen den Einsatz von Individualmarketing. Damit bietet sich ein solcher Betrieb besonders für Handelsunternehmen oder Unternehmen mit Direktvertrieb an. Diese können so zusätzlich ein Interesse an den Wünschen der Abnehmer kommunizieren, Anregungen für Produktentwicklungen erhalten und ggf. gezielt in die Diskussion eingreifen.[1013]

[1006] Vgl. Armstrong, Hagel (1995), S. 134, Hagel, Armstrong (1997), S. 61 f., Hess, Herwig (1999), S. 551, Timmers (1999), S. 45, Schubert, Selz, Haertsch (2001), S. 176, Zerdick et al. (2001), S. 186. Portale und Gemeinschaften sind der typische Vertreter für werbefinanzierte Dienste.
[1007] Vgl. Dietz (2000), S. 44, Behm et al. (1999), S. 14.
[1008] Vgl. Armstrong, Hagel (1995), S. 134, Hagel, Armstrong (1997), S. 62 f., Hess, Herwig (1999), S. 553, Schubert, Selz, Haertsch (2001), S. 176.
[1009] Vgl. Dietz (2000), S. 44.
[1010] Vgl. Hagel, Armstrong (1997), S. 60 ff., Loebbecke (1999), S. 5, Timmers (1999), S. 45, Hess (1999a), S. 280, Huisman (2000), S. 47, Schubert, Selz, Haertsch (2001), S. 176, Beier (2001), S. 259. Skeptisch zu direkten Erlösen Schinzer, Steinacker (2000), S. 100 sowie Skiera (2001), S. 101 f., der auf den primären Nutzen der Erzielung von Netzeffekten verweist.
[1011] Vgl. Schubert, Selz, Haertsch (2001), S. 175 f.
[1012] Vgl. auch Brown, Tilton, Woodside (2002), S. 5, Paul, Runte (2001), S. 130.
[1013] Vgl. Luxem (2000), S. 158.

3.4.7.1.3 Rollen von Verlagen

Verlage werden in der Literatur sehr häufig zukünftig in den Rollen eines Betreibers und ggf. Moderators von Portalen[1014] und Gemeinschaften[1015] gesehen. So gibt es einige Gemeinsamkeiten mit dem Verlagsgeschäft: beide richten sich an klar definierte Zielgruppen mit einem gemeinsamen Interesse, beide wollen zwischen Informationsanbietern und -nachfragern vermitteln und in beiden Fällen werden wirtschaftliche Interessen verfolgt. Ebenso wie bei Verlagsobjekten ist auch bei Portalen und Gemeinschaften der Erfolg von der Reichweite, d. h. der Anzahl und Bindung der Nutzer, abhängig. Diese bestimmen die direkten und indirekten Erlöse. Ein wesentlicher Unterschied liegt allerdings gerade bei Gemeinschaften in der Interaktivität: während es sich im Verlagsgeschäft im wesentlichen um eine einseitige Kommunikation handelt, bauen Gemeinschaften stark auf eine zweiseitige Kommunikation und Aktivitäten ihrer Mitglieder. Dies verlangt eine veränderte Einstellung in den Verlagen.

Umfassende Portale fremder Anbieter könnten eine Bedrohung für Fachverlage darstellen.[1016] So findet sich eine ähnliche Übereinstimmung der Merkmale von Portalen und Gemeinschaften auch beim Buchhandel. Dieser versteht ebenfalls die Unterstützung bei der Informationssuche, die Vermittlung von Informationsnachfragern und -anbietern und das Vertreten der Interessen einzelner Nutzer als sein Kerngeschäft. Daher sieht auch er sich als prädestiniert für die Etablierung von Portalen an.[1017] Verlage verfügen gegenüber möglichen Konkurrenten über den Vorteil etablierter Marken im Printbereich und dort über entsprechende Kommunikationsmöglichkeiten. Der Buchhandel verfügt zwar ebenfalls über einen direkten Kundenzugang. Allerdings ist der überwiegende Teil des Buchhandels – mit Ausnahme von auf das RWS-Segment spezialisierten Ketten – nur lokal etabliert und kann kaum Skaleneffekte im Kommunikationsbereich erzielen.

3.4.7.1.4 Aktuelle Verbreitung juristischer Portale und Gemeinschaften

Die derzeit in der Praxis angebotenen Portale mit juristischen Informationen richten sich ganz überwiegend an Endkunden und weniger an Juristen, d. h. an die betriebliche Nutzung.[1018]

[1014] Vgl. Lesch (1998), S. 54 f., Huisman (2000), S. 46 sowie speziell für juristische Verlage Friedel, Weiss (2001), S. 46.
[1015] Vgl. Göldi (1996), S. 35, Bruck, Selhofer (1997), S. 59 f., Haenel (1998), S. 94, Barsh, Lee, Miles (1999), S. 129, Huisman (2000), S. 46, Ziegler, Becker (2000a), S. 85. Zu den Rollen bei Gemeinschaften vgl. z. B. Armstrong, Hagel (1995), S. 134 ff.
[1016] Vgl. N. N. (2000a), S. 16.
[1017] Vgl. Thurner (1998), S. 13.
[1018] Ein Überblick zu Portalangeboten für berufliche Nutzer findet sich z. B. bei Friedel, Weiss (2001), S. 46 ff. Bekannte Beispiele waren die inzwischen gescheiterten Datenbankportale LEGALIS, bei dem ein kostenloses Portal um eine kostenpflichtige Datenbank ergänzt wurde, und Fahnder, vgl. Kap. 3.4.5.3.

Betrachtet man virtuelle Gemeinschaften im B2B-Bereich genauer, so könnten die Erfolgsaussichten skeptischer zu beurteilen sein.[1019] Mitglieder in Gemeinschaften sind in der Regel emotional stark eingebunden[1020], was für berufliche Nutzer nicht in gleichem Maße gilt. Auch verfügen Anwender im betrieblichen Umfeld im Regelfall kaum über ausreichend Zeit, insbesondere die interaktiven Aspekte so umfassend zu nutzen, wie dies von den Verfechtern propagiert wird und für eine lebendige Gemeinschaft erforderlich ist. WEBER hält denn auch die Nutzung von Diskussionsforen durch Juristen für unsicher.[1021] Bei einer Studie von TREDE aus dem Jahr 1997 gaben 26% bzw. 39% der Befragten an, Newsgroups oder Mailinglisten zu nutzen.[1022] Die direkte Beobachtung der Praxis zeigt ebenfalls kein eindeutiges Bild, wie die folgenden Fallbeispiele zeigen:

- Der ZAP Verlag für die Rechts- und Anwaltspraxis ist als Praktikerverlag für Juristen ausgerichtet. Er betreibt seit Anfang 2000 unter dem Namen „ZInsO-Forum" ein Diskussionsforum zum Thema Insolvenzrecht. Das Forum ist webbasiert; Beiträge müssen im WWW eingestellt und dort gelesen werden (Pull). Der Verlag ist in diesem Rechtsgebiet bereits durch eine Zeitschrift (ZInsO) positioniert. Das Forum wurde lange Zeit nur mäßig genutzt, weist aber inzwischen steigende Nutzungszahlen auf.[1023] Eine Diskussion findet dort allerdings kaum statt, die Beiträge beschränken sich in der Regel auf Frage und Antwort.
- Die 1998 gegründete Mailingliste ANWALT verzeichnet über 500 Teilnehmer.[1024]
- Die zivilrechtliche Abteilung des Instituts für Informations-, Telekommunikations- und Medienrecht (ITM) der Universität Münster betreibt seit 1997 unter dem Namen „Netlaw-Liste" ein Diskussionsforum zum Thema Internetrecht. Das Forum ist als Mailingliste (Push) mit webbasiertem Archiv organisiert. Das Forum wird außerordentlich rege genutzt und ist eines der aktivsten Foren eines wissenschaftlichen Betreibers im deutschsprachigen Raum. Derzeit sind etwa 900 Teilnehmer eingetragen. Täglich werden durchschnittlich zehn Beiträge über die Liste versendet; in Spitzenzeiten reger Diskussion bis zu 150.[1025] Es zeigt sich allerdings, daß nur ein Kern von etwa 30-40 Teilnehmern ständig an den Diskussionen aktiv teilnimmt. Die Teilnehmer stammen etwa gleichmäßig aus wissenschaftlichen Institutionen, Kanzleien und Unternehmen. Überraschend ist, daß die Praxisvertreter besonders aktiv sind.

[1019] Schlüchter (2001), S. 176 ermittelte für virtuelle Gemeinschaften als Kundenbindungsinstrument im B2B-Bereich im Rahmen einer empirischen Untersuchung eine skeptische Einstellung der Experten und wies auf die gleichzeitig hohen Realisierungskosten hin. Huisman (2000), S. 47 liefert dagegen mit BauNetz.de ein erfolgreiches Gegenbeispiel.

[1020] Vgl. auch Schoberth, Schrott (2001), S. 518 und die dort zitierte Literatur.

[1021] Vgl. Weber (1998a), S. 210.

[1022] Vgl. Trede (1997). Das Design der Studie weist allerdings einen systematischen Fehler auf, da offensichtlich ein Großteil der Befragten mit Hilfe des Internets befragt wurde (genaue Angaben werden nicht gegeben). Die tatsächliche Zahl der Nutzer dürfte daher niedriger liegen. Edenhofer (1997), S. 122 stellt ebenfalls kaum eine qualifizierte Nutzung fest.

[1023] Früher nur etwa 1-2 Beiträge pro Woche, inzwischen allerdings etwa 1-2 Beiträge pro Tag.

[1024] Vgl. Sagawe (2000), Abs. 16, Abel (2001), S. 40 ff.

[1025] Stand: 12.10.2002.

Betrachtet man die Motivation der Teilnehmer der beschriebenen Foren, die in verschiedenen Diskussionen zum Ausdruck kam, so werden die Foren typischerweise genutzt, um

- im Rahmen der vorgeschriebenen Fortbildung auf dem laufenden Stand der rechtlichen Entwicklung zu bleiben,[1026]
- für schwierige Fragen in fremden Sachgebieten Meinungen von möglicherweise im Forum vertretenen Spezialisten einholen und in der beruflichen Praxis nutzen zu können,[1027]
- andere Teilnehmer durch Verweise auf weiterführende Angaben auf eigene Webseiten zu ziehen und so dort für höhere Reichweite zu sorgen, oder
- die eigene Kompetenz den übrigen Teilnehmern demonstrieren und so insbesondere bei den Unternehmensvertretern ggf. neue Mandanten gewinnen zu können (indirekte Form der Werbung angesichts standesrechtlich stark eingeschränkter Werbemöglichkeiten[1028]).

Insgesamt ist allerdings eine eher geringe aktive Nutzung von Gemeinschaften festzustellen[1029], wofür sicherlich auch die traditionelle Einstellung der Juristen verantwortlich ist: typischerweise sind sie – nicht zuletzt aus Haftungsgründen – sehr zurückhaltend mit juristischen Bewertungen. Eine kostenlose Weitergabe des eigenen Wissens ist zudem eher unüblich, da auch z. B. Beiträge sowie ihre Begutachtung in Zeitschriften in aller Regel vergütet werden. Erforderlich ist daher eine Änderung der Einstellung und Verinnerlichung anderer Gepflogenheiten als grundlegende Idee von Gemeinschaften.[1030]

3.4.7.1.5 Juristische Gemeinschaften und Portale als Angebot juristischer Fachverlage

Die Eignung juristischer Portale und virtueller Gemeinschaften für beruflich tätige Juristen ist damit nicht uneingeschränkt positiv zu bewerten. Sie können als Teil eines Leistungsangebotsmodells sinnvoll sein, wenn beim Design bestimmte Erfolgsfaktoren beachtet werden. Erlösmöglichkeiten bestehen dann in indirekten Erlösen wie z. B. Werbeerlösen oder Kommissionen, bei entsprechender Qualität und Akzeptanz des Angebots auch in direkten Erlösen sowie in einer Stützung eines Direktvertriebs anderer Produkte. Zudem könnte das Marktsegment besetzt und so mögliche neue Spieler von einem Markteintritt abgehalten werden.

Die Extraktion von Erfolgsfaktoren aus den Fallbeispielen zeigt einige Merkmale auf, die beim Design speziell juristischer Portale und Gemeinschaften beachtet werden sollten[1031], um den Nutzungsgewohnheiten und dem knappen Zeitbudget der Zielgruppe Rechnung zu tragen. Sie sollten

---

[1026] Vgl. auch Abel (2001), S. 42 f.
[1027] Vgl. auch Abel (2001), S. 42 f.
[1028] Vgl. § 43b BRAO.
[1029] Dies gilt allgemein für den Business-to-Business-Bereich, vgl. Schinzer, Steinacker (2000), S. 94.
[1030] Diese Bereitschaft attestiert Abel (2001), S. 43 den Teilnehmern der ANWALT-Liste.
[1031] Zu allgemeinen Grundsätzen für den Aufbau virtueller Gemeinschaften vgl. Schubert (2000), S. 194 ff.

- zumindest optional als Push-Dienste organisiert werden und so weniger aktives Handeln erfordern, da angesichts des knappen Zeitbudgets ein Pull der Nutzer nur selten zu erwarten ist. Eine hohe Nutzungsfrequenz ist aber zum Erreichen einer kritischen Masse unabdingbar.
- eine sehr enge thematische Fokussierung auf bestimmte Rechtsgebiete beinhalten, um ausreichende Relevanz zu bieten.
- mit der Themenfokussierung eine Nutzergruppe ansprechen, die neuen Medien aufgeschlossen gegenüber steht und mit deren Nutzung vertraut ist, um aus einer großen Grundgesamtheit eine hinreichend große kritische Masse gewinnen zu können. Eine geringe Aufgeschlossenheit, teilweise auch aufgrund des höheren Durchschnittsalters, kann z. B. von Notaren erwartet werden.
- sich vorzugsweise auf dynamische Rechtsgebiete konzentrieren, die momentan in der Diskussion und im Umbruch stehen, d. h. bei denen noch keine gefestigten Rechtspositionen existieren, die schriftlich z. B. in Kommentaren ausführlich niedergelegt sind. Die Foren bieten dann ein Mittel, um auf dem aktuellen Stand der laufenden Veränderungen zu bleiben. Verlage können den Nutzern in ihrer Unsicherheit eine Informationsplattform bieten.
- auch dazu dienen, vorzugsweise sehr kleinen Kanzleien einen Erfahrungsaustausch zu Spezialproblemen zu bieten, da gerade diesen aufgrund begrenzter Ressourcen häufig ein kurzfristig ansprechbarer Spezialist fehlt oder die Spezialliteratur nicht verfügbar ist.[1032]
- (zurückhaltend) Bezug nehmen auf weiterführende Produkt- und Dienstleistungsangebote der Verlage, um die Fortbildungsmotivation abzuschöpfen.
- auf etablierte Marken und Vertriebskanäle zurückgreifen, um die Einstiegsschwelle zu senken und potentielle Nutzer so an das Angebot heranzuführen.

Um die notwendige Breite des Angebots[1033] sicherstellen zu können, ist für mittelständische Verlage eine Kooperation mit Mitbewerbern sinnvoll.[1034] Eine solche Kooperation erlaubt, die technische Plattform und das übrige Angebot wie Verweise auf Komplementärprodukte, Entscheidungen, Gesetzestexte, Kleinanzeigen, Stellenangebote etc. gemeinsam zu erstellen und zu nutzen und so die Kosten für den einzelnen Anbieter zu senken. Idealerweise stellen die Verlage in ihrer thematischen Ausrichtung keine direkte Konkurrenz dar, sondern decken möglichst umfassend verschiedene Rechtsgebiete ab. Dabei könnte das Angebot unter einer gemeinsamen Marke auftreten und von deren wahrnehmbarer Neutralität profitieren, wobei die einzelnen Rechtsgebiete aber von den spezialisierten Verlagen betreut werden und alternativ unter deren Marke direkt erreichbar sind. Damit hätten auch kleinere Verlage die Möglichkeit, ein umfassendes Angebot zu bieten, das mit dem der großen Spieler vergleichbar ist und dennoch die Ressourcen und Risikobereitschaft der einzelnen Verlage nicht überfordert. Zudem senkt dies angesichts von Netzeffekten und natürlichen Monopolisierungstendenzen die Zahl der möglichen konkurrierenden Angebote.

[1032] Vgl. Sagawe (2000), Abs. 2.
[1033] Zu möglichen Inhalten eines juristischen Portals bzw. einer juristischen virtuellen Gemeinschaft vgl. z. B. Bruck, Selhofer (1997), S. 73 ff., Weber (1998a), S. 210.
[1034] Dieses Konzept verfolgt auch das BauNetz.de, vgl. Huisman (2000), S. 47.

3.4.7.2 Dienstleistungen

3.4.7.2.1 Wandel der Verlagsorientierung

Verlagen wird in der Literatur empfohlen, neue Geschäftsfelder zu erschließen und sich stärker als Anbieter von integrierten Informations- und Wissensdienstleistungen zu positionieren.[1035] Nach WIRTZ handelt es sich bei Medienprodukten um Leistungsbündel, bei denen der Dienstleistungscharakter überwiegt. Er stuft sie daher bereits als Dienstleistungen ein.[1036] KLEIN-BLENKERS stellte bereits 1995 fest, daß der Wandel des juristischen Verlags vom Informationsanbieter zum Informationsdienstleister von existentieller Bedeutung sei.[1037] Dabei stand zum Zeitpunkt der Überlegungen von KLEIN-BLENKERS allerdings der Service im Sinne einer Zusatzleistung zum Hauptprodukt im Vordergrund (Sekundärdienstleistungen).[1038] Erst allmählich wandelte sich der Fokus auf Dienstleistungen als eigenes Leistungsangebot.[1039] So forderte die EUROPÄISCHE KOMMISSION 1998 die Verlage auf, jeweils für das gesamte Unternehmen Geschäftslösungen zu liefern und dem Intranetmarkt gleich hohe Bedeutung wie dem Internetmarkt zuzumessen.[1040] Dies erfordert von den Verlagen eine Änderung des Tätigkeitsprofils: anstelle der Herstellung fertiger Pakete müssen individuelle Dienstleistungen angeboten werden.[1041]

Eine stärkere Betonung des Dienstleistungsgeschäfts weist verschiedene Vorteile auf. Angesichts geringer Werbeerlöse und der geringen Bedeutung von direkten Erlösen digitaler Produkte, die aufgrund der niedrigen Grenzkosten kostenlos bereitgestellt werden könnten, ist eine stärkere Betonung von anderen Erlösen wichtig. Das Dienstleistungsgeschäft erweist sich hier mit einer anzustrebenden langfristigen Kundenbindung und zudem damit relativ geringen Transaktionskosten als sinnvolle Option. Zudem kann sich eine Diversifizierung in das Dienstleistungsgeschäft auch als Verteidigungs- und Ausweichstrategie gegen die Bedrohung auf den angestammten Geschäftsfeldern anbieten.

3.4.7.2.2 Arten von verlagsorientierten individuellen Dienstleistungen

Im Dienstleistungsbereich von Verlagen können verschiedene Grade des Dienstleistungscharakters unterschieden werden. Im weiteren Sinne können die bereits beschriebenen individualisierten Informationsdienste hierunter verstanden werden, die jedoch kein eigenständiges Lei-

---

[1035] Vgl. Göldi (1996), S. 45 f., Heinold, Klems, Schulz (1997), S. 6, Europäische Kommission (1998), S. 5-26, Haenel (1998), S. 94, Lingenfelder, Loevenich (1998), S. 557, Heinold (1999), S. 20, Ziegler, Becker (2000a), S. 85, Detecon (2002), S. 23.
[1036] Vgl. Wirtz (2000), S. 28.
[1037] Vgl. Klein-Blenkers (1995), S. 224.
[1038] Vgl. Klein-Blenkers (1995), S. 294. So auch noch z. B. Wirtz (2000), S. 71 f.
[1039] Vgl. Klein-Blenkers (1995), S. 295, Haldemann (2000), S. 3.
[1040] Vgl. Europäische Kommission (1998), S. 5-26.
[1041] Vgl. Bruck, Selhofer (1997), S. 17 f., Göldi (1996), S. 23.

stungsangebot darstellen, sondern andere Angebote ergänzen. Zum engeren Dienstleistungsbereich gehört ein individuell auf bestimmte Kunden zugeschnittenes umfassendes Informationsangebot, das aus der Kombination verschiedener Einzelprodukte oder -dienstleistungen besteht. Die engste Definition einer Dienstleistung ist die individuelle Tätigkeit auf Aufforderung eines Kunden.[1042]

Die individuelle Recherche kann in eine fallweise und eine permanente Tätigkeit unterschieden werden. Die fallweise Tätigkeit entspricht der eines klassischen Informations-Brokers. Dieses Geschäft ist bereits etabliert. Zielsetzung eines Informations-Brokers ist es, für fallweise Anfragen aus der Vielzahl zur Verfügung stehender, dem Nachfrager möglicherweise nicht bekannter Quellen qualitativ hochwertige Informationen zu extrahieren und in dem gewünschten Detaillierungsgrad zusammenzustellen. Wichtig ist hier neben der Grundvoraussetzung einer hohen Qualität der Information im allgemeinen die Schnelligkeit einer solchen Recherche. Die permanente Tätigkeit dagegen versorgt den Kunden aktiv mit Informationen, indem sie fortlaufend mögliche relevante Informationen überprüft und diese ggf. aufbereitet und an den Kunden weitergibt. Neben der Qualität kommt hier der Verläßlichkeit und Vollständigkeit eine besondere Bedeutung zu.

Verlage eignen sich für die individuelle Recherche und sind daher in der Lage, Informations-Brokern in dem Spezialgebiet des Verlagsschwerpunkts Konkurrenz zu machen und inhaltlich orientierte Dienstleistungen anzubieten. Die Fachlektorate und Redaktionen der Verlage sind ohnehin gezwungen, sich permanent auf dem aktuellen Stand der Fachdiskussion zu halten und – mit ihrem Wandel zu Produktmanagern – zunehmend auch die Tätigkeit anderer Informationsanbieter zu beobachten und zu nutzen. Auf dieses fachliche Wissen und die vorhandenen Informationsangebote im Spezialgebiet könnte also gut zurückgegriffen werden. Eine Studie aus dem Jahr 1999 nennt für Informations-Brokering eine Verbreitung von 9%, wobei weitere 26% der Verlage zukünftig ein Angebot von Informations-Brokering planen.[1043] Nachteilig gegenüber etablierten Informations-Brokern ist möglicherweise der eingeschränkte Zugang und das fehlende Know-How über Spezialdatenbanken. Dies macht sich besonders bei fallweisen Recherchen bemerkbar, die typischerweise unter besonderem Zeitdruck stehen oder eine besondere Tiefe erfordern, so daß Informations-Broker hier über einen Wettbewerbsvorteil verfügen. Bei permanenten Recherchen kehrt sich dieser Wettbewerbsvorteil dagegen zugunsten von Verlagen um: Da die Redakteure und Lektorate permanent an ihren fachlichen Spezialgebieten arbeiten, können sie mit starken Synergien auch die Spezialinteressen des Kunden im Auge behalten und ggf. Informationen filtern. Informations-Broker dagegen beobachten nicht

---

[1042] Henkel (1999), S. 177 f. unterscheidet demgegenüber zwischen der Individualisierung als Dienstleistung und der eigenständigen Recherche durch die Verlage als Auftragsleistung. Nach ihrer Auffassung wirkt der Kunde bei der Individualisierung, unter der sie auch z. B. eine Datenbankrecherche versteht, durch Vorgabe seines Profils oder seiner Suchanfrage mit. Bei der Auftragsleistung wirkt der Kunde dagegen nicht mit.

[1043] Vgl. Arbeitskreis Elektronisches Publizieren (1999), S. 8 ff., wobei die Studie die ermittelten Zahlen für leicht überhöht hält, vgl. ebd. S. 7. Heinold (1999), S. 22 sieht dies ebenfalls als gut geeignete Option.

die Fachwelt und bekommen im Gegensatz zu den Verlagen nicht die neuesten Entwicklungen mitgeteilt, um deren Eignung für eigene Produkte zu überprüfen.

Neben Informations-Brokern als mittlerweile etablierten Spielern auf dem Informations-Dienstleistungsmarkt könnten auch Buchhandlungen als neue Spieler auftreten, um ihrer möglichen Bedrohung im angestammten Geschäftsfeld durch eine mögliche Disintermediation der Verlage auszuweichen. Deren Vorteil gegenüber Verlagen ist ebenso wie bei Informations-Brokern aus Nutzersicht die größere Unabhängigkeit von einem Anbieter.[1044] Sie verfügen zudem über gute Kontakte zu Verlagen als Informationslieferanten und über Bündelungs- und Selektionskompetenz. Allerdings eignen sie sich weniger als z. B. Redaktionen von Informationsdiensten für eine permanente Beobachtung aktueller, möglicherweise relevanter Fachinformationen.[1045]

3.4.7.2.3 Individuelles Dienstleistungsangebot juristischer Fachverlage

Auch für juristische Verlage wird ein Trend zu „zielgruppengerechten und lösungsorientierten Rundum-Serviceangeboten" erwartet.[1046] Dies würde ihnen ermöglichen, die Tätigkeit der Anwaltskanzleien wirkungsvoller zu unterstützen[1047] und damit zusätzliche Geschäftsfelder zu definieren. Im Falle individueller Recherchen ist die umgehende Beantwortung auftretender Fragen eine wichtige Anforderung. Die externe Beschaffung solcher Informationen erspart dem Kunden eigene Recherchen – besonders unter Zeitdruck – und das Vorhalten nur zeitweise benötigter eigener Ressourcen.[1048] KLEIN-BLENKERS identifiziert insbesondere folgende Bereiche, wobei sie die beiden zuerst genannten Bereiche dem Ziel der Vereinfachung der Informationsaufnahme, die übrigen dem der Personalisierung zuordnet:[1049]

- Bereits gängige Seminare zu Problemkreisen, die das Verlagsangebot widerspiegeln.
- Newsletters, die komprimierte Informationen zu den aktuellen Ereignissen eines Themenbereiches bieten, werden ebenfalls teilweise bereits angeboten.
- Beratung (schriftlich oder mündlich), z. B. das Anbieten von Zusatzleistungen, bei der den Kunden z. B. aktuelle Rechtsprechung zu einem spezifischen Bereich oder Anwendungshilfen angeboten werden.

[1044] Vgl. auch Amail (1996), S. 38, Preuß Neudorf (1998), S. 8, Luxem (2000), S. 57 ff., Hutzschenreuter (2000), S. 107, Justus (2000), S. 157.
[1045] So sieht Pentzel (1999), S. 16 bei Buchhandlungen weniger Recherchekompetenz im Vergleich zu anderen Spielern. Thurner (1999), S. 66 f. sieht Potential bei der Information über Neuerscheinungen in Form von direkt in das Intranet integrierten Neuerscheinungslisten, übersieht aber, daß dies gegenüber möglichen direkten Inhaltslieferungen durch Verlage nur die zweitbeste Lösung ist.
[1046] Vgl. Klein-Blenkers (1995), S. 160, Laukamm (1997), S. 51, Justus (2000), S. 156.
[1047] So mahnt Disterer (1998), S. 1, daß die Rechtsanwälte durch steigenden Wettbewerbsdruck gezwungen würden, die interne Leistungserstellung effektiver zu gestalten. Verlage können dies durch Dienstleistungsangebote unterstützen.
[1048] Vgl. auch Klein-Blenkers (1995), S. 224.
[1049] Vgl. Klein-Blenkers (1995), S. 297 ff.

- Informationssuchdienste, z. B. die nachträgliche Bestimmung von Quellenangaben oder die Suche von Textstellen zu einem gegebenem Stichwort.
- Zusammenstellung von Informationspaketen, die nicht nur einzelne Textstellen bzw. Quellen, sondern sämtliche zu einem Themenbereich verfügbaren Informationen umfassen. Das Packing ermöglicht hierbei die Nutzung von Synergien bei personalintensiven Recherchetätigkeiten.
- Komprimierte Angebote, die eine Erweiterung der zuvor genannten Angebote darstellen und die recherchierten Informationen zusätzlich zusammenfassen und so beim Rezipienten eine Zeitersparnis nicht nur bei der Suche, sondern auch bei der Verarbeitung ermöglichen.

Bisher wird für Recherchetätigkeiten in Kanzleien kaum die Tätigkeit externer Dienstleister in Anspruch genommen. Die Anwälte führen die Recherchen selber durch und wenden dafür einen nennenswerten Teil der gesamten Zeit der Fallbearbeitung auf.[1050] Dies ist gleichzeitig ein Grund für die typischerweise hohe Spezialisierung: sie senkt die benötigte Zeit für Recherchen. In einer Studie konnten sich die Anwälte kaum vorstellen, künftig für Recherchetätigkeiten auf externe Dienstleister zurückzugreifen.[1051] In öffentlichen Verwaltungen, der Justiz und einigen Großkanzleien wurde dagegen traditionell vor allem die Recherche in juris-Datenbanken aufgrund der früher geringen Benutzerfreundlichkeit häufig an professionelle Rechercheure vergeben.[1052]

Verlage könnten aber als eine Art „Outsourcingpartner" auftreten und die gesamte permanente juristische Informationsversorgung für Kanzleien oder Unternehmen übernehmen. Ihr Angebot würde damit nicht wie bisher vor den Kanzlei- und Unternehmensgrenzen aufhören, sondern in die Intranets der Kanzleien und Unternehmen hineinreichen.[1053] So verfügen vor allem die großen Kanzleien, Unternehmen und Verbände über bisher intern manuell geführte private Archive, z. B. private Entscheidungssammlungen.[1054] Es wäre möglich, daß Verlage die Pflege die-

---

[1050] Soldan (2002), S. 38 ermittelte, daß etwa jeder zweite Anwalt täglich zwischen 30 und 60 Minuten mit der Suche nach juristischen Informationen zubringt.
[1051] Vgl. Haft (1998), S. T3-3. Soldan (2002), S. 46 ermittelte, daß 58% der Anwälte selbst in (kostenpflichtigen) Datenbanken recherchieren. Dabei gibt es bereits seit längerem spezialisierte Angebote wie z. B. den schriftlichen Recherchedienst der juris GmbH, bei dem von Juristen im Auftrag von Kanzleien Rechercheaufträge in juris durchgeführt werden, oder spezialisierte juristische Recherchedienstleister wie ComPlex, vgl. Rings (1993), S. 113 f., Mielke (2000), S. 157 ff. Daneben beschäftigen zahlreiche Großunternehmen entsprechende Dokumentations- und Rechercheabteilungen. Ursächlich für die Zurückhaltung könnte z. B. die Haftung der Anwälte sein, die sich aufgrund dieser drohenden Gefahr nicht auf Vorleistungen verlassen wollen.
[1052] Vgl. Grae (1987), S. 71, Schultze (1987), S. 251 f. und Mielke (2000), S. 108 f. Zu den Vor- und Nachteilen einer Suche durch einen Dritten vgl. die bei Mielke (2000), S. 109 zitierte Literatur.
[1053] Erwähnt wurde dies bereits 1999 unter dem Namen „Intranet-Publishing", wobei die Verlage dies aber ganz überwiegend noch nicht anbieten würden, da die Kundenanforderungen noch unbekannt seien, vgl. Arbeitskreis Elektronisches Publizieren (1999), S. 9. Vgl. auch Heinold (1999), S. 20 ff. Erste Schritte in diese Richtung unternimmt das Angebot „Customized Solutions" von LexisNexis, vgl. LexisNexis (2001).
[1054] Vgl. Wolf (1989), S. 219 ff., Bauer (1996), S. 276. Zu diesem Datenbanken vgl. ausführlicher Walker (1998), S. 43 f. Soldan (2002), S. 25 ermittelte, daß 33% der Anwaltskanzleien über intern aufgebaute Datenbanken verfügen.

ser Datenbanken übernehmen und deren Qualität durch die selektive Aufnahme auch nicht veröffentlichter Entscheidungen verbessern.[1055]

Als Informationsverteiler sollten sie darüber hinaus auf dem Arbeitsplatz der einzelnen Mitarbeiter bedarfsgerecht aktiv die typischerweise speziell dort benötigte Information bereitstellen und daneben ggf. zusätzlich situativ tätig werden. Im Zentrum steht dabei eine stärker fokussierte Informationsversorgung für den einzelnen Mitarbeiter der Kanzlei, der eine persönliche Arbeitsumgebung vorfindet. In diese gehen die gesamten Leistungsangebote des Verlags und weiterer Kooperationspartner ein.

Der Verlag übernimmt damit die Aufgabe, die Mitarbeiter ständig mit aktuellen Informationen zu versorgen und einen aktuellen Wissensstand in deren jeweiligem Spezialgebiet zu gewährleisten.[1056] Das Interessenprofil des Mitarbeiters sollte zunächst direkt erhoben, dann aber durch Verfahren des Collaborative Filtering verfeinert werden. Das hierdurch gewonnene Wissen kann zudem verwendet werden, typische Nutzerprofile als Ausgangsbasen zusammenzustellen und so die Einstiegshürden für neue Mitarbeiter zu senken. Der Mitarbeiter profitiert von der Entbündelung der Informationsangebote und der Selektion gemäß seinem persönlichen Arbeits- und Interessenprofil. So können neue Artikel in Zeitschriften und Neuzugänge in Datenbanken gemäß dem Interessenprofil zur Verfügung gestellt werden. Elektronische, in das Intranet eingebundene Nachschlagewerke und Zeitschriften gewährleisten jederzeit einen aktuellen Stand und eine gleichzeitige Verfügbarkeit für alle Mitarbeiter. Recherchen in Datenbanken, Zeitschriftenarchiven und Nachschlagewerken berücksichtigen ebenfalls primär das definierte Interessenprofil, um Streuverluste zu reduzieren und die Effizienz zu erhöhen. Da der Verlag die Informationen, insbesondere Nachschlagewerke und Fachbücher, ständig auf dem aktuellen Stand halten kann, entfallen Wartungsarbeiten auf Nutzerseite. Durch die Nutzung einer Onlineversion sind zudem Querverweise, etwa aus Nachschlagewerken auf den Leitsatz bzw. Volltext zitierter Entscheidungen, möglich. Die Arbeitsumgebung des Mitarbeiters sollte von verschiedenen Arbeitsplätzen, insbesondere auch dem häuslichen, verfügbar sein. Dies kann einerseits durch das Unternehmen durch entsprechende Zugriffsmöglichkeiten auf ein Intranet angeboten werden, zum anderen aber auch durch eine Benutzerverwaltung auf Verlagsseite mit entsprechenden Zugangsberechtigungen.

Individuell konfigurierte Dienstleistungsangebote setzen erhebliche Koordinationsleistungen des Verlags voraus. Der Aufwand bestimmt sich dabei auch nach den erforderlichen technischen Integrationsleistungen, deren Höhe sich nach dem Grad standardisierter Datenformate richtet. In diesem Zusammenhang können neue Intermediäre eine Rolle spielen, die Datenauf-

---

[1055] Vgl. Bauer (1996), S. 276.
[1056] Vgl. auch Heinold (1999), S. 22. Kalakota, Whinston (1996), S. 444 sehen hierfür mobile Agenten vor.

bereitungen und -konvertierungen übernehmen oder eine Plattform für den Handel bereitstellen.[1057]

KLEIN-BLENKERS sieht solche umfassenden Dienstleistungsangebote nur für juristische Großkunden als ökonomisch an.[1058] Bei Großkunden ist zum einen das mögliche Leistungsspektrum breiter, da die Informationsversorgung bei ihnen speziellere Anforderungen für eine passende Individualisierung stellt. Zudem können die Verlage durch das größere Volumen eher Skaleneffekte erzielen und ein größeres Angebot vorhalten.[1059] Zum anderen ermöglichen Großkunden eher als Kleinkunden geringere Kosten der Dienstleistung, da der Verlag die mögliche fachliche Ausrichtung nachgefragter Dienstleistungen absehen und so seine Ressourcen darauf einstellen kann. Dagegen würde eine hohe Anzahl kleinerer Nutzer ein wechselndes Nutzungsverhalten aufweisen und zu hohen Rüst- und Transaktionskosten führen. Kleineren Kunden sollten daher eher standardisierte Dienstleistungsangebote oder durch Großkunden ohnehin vorhandene Netzkonfigurationen zur Verfügung gestellt werden. Für individuelle Netzkonfigurationen ist dagegen bei kleineren Kunden im Regelfall der Koordinationsaufwand zu groß.

3.4.7.2.4 Fortbildungsangebote

Bereits im klassischen Bereich bieten Verlage als Dienstleistungsangebot häufig Seminare an.[1060] Diese ließen sich im Onlinebereich durch eine Migration zu E-Learning-Angeboten ausbauen, wobei der Verlag Inhalte bereitstellen und so neben klassischen Lehrbüchern ein neues Produktfeld eröffnen könnte.[1061] Besonderes Potential liegt hier im Bereich der beruflichen Weiterbildung. Zu beachten ist allerdings, daß die Entwicklung von anspruchsvollen Lernumgebungen sehr aufwendig ist und daher ein Markteintritt in dieses Segment mit erheblichem Risiko verbunden ist. Gegenüber Mitbewerbern, etwa allgemeinen Schulungsinstituten, verfügen juristische Verlage allerdings über den Vorteil einer in der Zielgruppe etablierten Marke und eines guten Zugangs zu Inhalten.

[1057] Vgl. ausführlicher Kap. 3.5.2.3.
[1058] Vgl. Klein-Blenkers (1995), S. 224 f., die aber insbesondere auf den hohen Aufwand einer permanenten Erreichbarkeit abstellt. Vgl. zur besseren Eignung von Großkunden auch Arbeitskreis Elektronisches Publizieren (1999), S. 53, Heinold (1999), S. 22.
[1059] Diese Effekte lassen sich allerdings auch auf andere Weise erzielen, z. B. ein hohes Volumen auch ohne Großkunden durch eine hohe Durchdringung bei Kleinkunden, oder durch Kooperationen mit anderen Verlagen. Großkunden erleichtern jedoch die Erreichung des Effekts.
[1060] Nach einer Studie aus dem Jahr 1999 bieten 31% der Verlage ein Seminarangebot an, vgl. Arbeitskreis Elektronisches Publizieren (1999), S. 8, wobei die Studie die ermittelten Zahlen für leicht überhöht hält, vgl. ebd. S. 7. Vgl. auch Lingenfelder, Loevenich (1998), S. 557.
[1061] Zu juristischer Lernsoftware vgl. z. B. die Übersichten bei Müller, Schallbruch (1995), S. 253 ff., Schüngel et al. (1998), S. 45 ff., Schüngel et al. (2001), S. 2 ff.

3.4.7.3 Content Syndication

3.4.7.3.1 Überblick

Seit neuerer Zeit werden große Hoffnungen auf neue Modelle der Zusammenarbeit vor allem im Inhalte-Bereich gesetzt.[1062] Dies wird unter dem Begriff Content Syndication diskutiert. Hierunter versteht man die Übertragung von Verfügungsrechten über Inhalte mit dem Ziel einer kommerziellen Weiternutzung, wobei in aller Regel das Internet als Übertragungsmedium verwendet wird.[1063] Unter Content werden in der Medienindustrie jene Informationen eines Unternehmens verstanden, die als Produkt am Markt angeboten werden.[1064] Content Syndication entspricht der Lizenzierung von Nutzungsrechten an Inhalten.[1065] Von diesem Geschäftsfeld könnten damit insbesondere Verlage profitieren.[1066] Entscheidene Merkmale für den Wert solcher Informationen sind die Exklusivität[1067], die verknüpfte Marke[1068], die Art der Datenhaltung und -aufbereitung[1069], vorhandene Metainformationen und die Aktualität.

Als Nachfrager von Content Syndication kommen die eigenen Kunden wie z. B. Kanzleien (die ihrerseits ihren Kunden diese Informationen anbieten), andere branchenfremde Unternehmen oder Institutionen (die für ihre Kunden Informationen bereitstellen), spezialisierte Intermediäre als Syndikatoren und andere Verlage der eigenen Branche in Betracht.

Neben Verlagen könnten auch die originären Inhaltelieferanten, z. B. Autoren, direkt als Anbieter tätig werden. Für Nachfrager haben diese jedoch den Nachteil einer starken Streuung und damit hoher Transaktionskosten. Die Einschaltung eines bündelnden Anbieters wie z. B. eines Verlags oder eines Intermediärs (d. h. eines Syndikators) bietet sich daher an. Solche Syndikatoren traten in jüngerer Zeit als neue Intermediäre verstärkt auf dem Markt auf. Aufgabe von Syndikatoren ist zum einen der Einkauf von Inhalten originärer Anbieter. Anbieter können damit die operativen Kosten einer sekundären Inhaltevermarktung senken und gleich-

---

[1062] Vgl. Dreppenstedt (1996), S. 163, Europäische Kommission (1998), S. 5-53, Niemann (2000), S. 34, Kleinken-Palma (2001), S. 43, Hess, Schumann (2001), S. 27, Christ, Bach (2002), S. 31. Hess, Anding (2002), S. 164 berichten allerdings bereits von einer Ernüchterung. Zerdick et al. (2001), S. 173 erwähnen es nur am Rande.
[1063] Vgl. Werbach (2000), S. 86 f., Hess (2001), S. 83, Hess, Anding (2002), S. 165.
[1064] Vgl. Hess (2001), S. 83. Vgl. auch die Diskussion bei Hess, Anding (2002), S. 165 f.
[1065] Vgl. Werbach (2000), S. 86, Althans (1994), S. 1545. Im Verlagsbereich ist eine Mehrfachverwertung bereits traditionell vor allem im Belletristikbereich üblich. Hierunter fallen z. B. Vorabdruck und Sonder- oder Buchclubausgaben, vgl. Höber (1992), S. 21 f. Eine Sonderform des Lizenzgeschäfts ist das Imprintgeschäft, bei dem nicht nur die Inhalte, sondern auch Marke und ggf. Logo des Lizenzgebers verwendet werden dürfen, vgl. Schönstedt (1999), S. 90 ff.
[1066] Vgl. Europäische Kommission (1998), S. 1-21.
[1067] Vgl. Hess (2001), S. 84.
[1068] Vgl. Hess (2001), S. 84. Hierbei kommt wieder die bereits diskutierte schwierige Qualitätsbeurteilung von Informationen zum Tragen, bei der die Marke ersatzweise eine Signalisierungsfunktion übernimmt.
[1069] Medienneutrale Informationen erlauben eine leichte Transformation und Aufbereitung, besonders bei der Einhaltung von definierten Standards. Bereits fertige Informationen in einem passenden Zielformat können allerdings noch einen höheren Wert darstellen, wenn sich jeder Aufbereitungsaufwand auf Nutzerseite erübrigt.

zeitig von den Skaleneffekten und dem – je nach Marktposition – verbesserten Marktzugang des Spezialisten profitieren. Der Intermediär baut mit diesen eingekauften bzw. permanent einzukaufenden Informationen einen Inhaltepool auf, aus dem er Nachfrager bedienen kann. Zum anderen kann ein Intermediär individuell oder nach typischen Anforderungen Inhalte bündeln und diese den Interessenten herstellerübergreifend anbieten. Intermediäre haben gerade in der Anfangsphase des entstehenden Marktes für die Zweitverwertung von Inhalten eine wichtige Rolle als Ansprechpartner. Bisher ist es mangels eines etablierten Marktes sowohl für Produzenten als auch für Nachfrager von Inhalten mit sehr hohen Suchkosten verbunden, Abnehmer bzw. Anbieter zu finden. Die konkrete Gestaltung eines Geschäftsmodells zur langfristigen ökonomischen Stabilität von Intermediären ist allerdings heute noch ungeklärt.[1070]

Zur technischen Umsetzung ist eine Kopplung der Anwendungssysteme der beteiligten Unternehmen über Datenschnittstellen nötig. Die Intensität der Kopplung hängt von dem Umfang und der Häufigkeit des Datenaustausches ab. Auszutauschen sind vor allem die Inhalte und beschreibende Metadaten, zu denen HESS vor allem die Klassifikation, die Quelle und die Nutzungsrechte zählt.[1071] Von besonderer Bedeutung ist gerade bei mehreren Syndikationspartnern die Verwendung von Standards.[1072]

3.4.7.3.2 Ziele bei der Nutzung von Content Syndication

Inhaltsanbieter können im allgemeinen indirekte Erlöse aus der Zweitverwertung von Inhalten erzielen. Dies ist aufgrund der geringen Grenzkosten besonders attraktiv und mit hohen Gewinnspannen verbunden.[1073] Vorteilhaft ist daneben die häufig vorhandene Möglichkeit, zusammen mit den Inhalten auch Werbung zu plazieren, die eigene Marke zu verankern oder aber Interessenten durch Links auf das eigene Angebot zu ziehen. Die geringen Grenzkosten fördern zudem die Entstehung von natürlichen Monopolen.[1074]

Aus Nachfragersicht werden Inhalte benötigt, um das eigene Angebot im Internet thematisch passend zu ergänzen und für Nutzer zum Wecken des Kundeninteresses vor der Kaufphase und zur Erhöhung der Kundenloyalität nach der Kaufphase attraktiver zu machen.[1075] Auch Intra-

---

[1070] Vgl. Hess (2001), S. 84, Hess, Anding (2002), S. 164. Zur Vorteilhaftigkeit der Einschaltung eines Syndikators vgl. ausführlich Hess, Anding (2002), S. 171 ff. Der Markt ist aktuell stark im Umbruch und zahlreiche Syndikatoren mußten ihren Betrieb einstellen. Zu einem Schlaglicht auf die Marktsituation in Deutschland vgl. Kleinken-Palma (2001), S. 44 f., Hess, Anding (2002), S. 182 ff.
[1071] Vgl. ausführlicher zur technischen Realisierung und den auszutauschenden Informationen Hess (2001), S. 84 ff.
[1072] Vgl. auch Rawolle, Hess (2001), S. 230 ff.
[1073] Vgl. Europäische Kommission (1998), S. 5-5, Hess (2001), S. 83.
[1074] So hat der Anbieter Teledata im Finanzbereich in Deutschland einen Marktanteil von 90%, vgl. Beier (2001), S. 252.
[1075] Vgl. z. B. Kleinken-Palma (2001), S. 43 f., Fricke, Ha (2002), S. 26. Dies gilt vor allem für Portale und virtuelle Gemeinschaften, vgl. auch Niemann (2000), S. 33 f., Beier (2001), S. 252, Christ, Bach (2002), S. 33 ff.

nets können durch fremdbezogene Informationen die Informationsbasis für die Mitarbeiter verbessern.[1076] Gleiches gilt für Extranets, um z. B. Händler enger an das eigene Unternehmen zu binden. Content Syndication erlaubt dem Nachfrager aufgrund von anbieterseitigen Skaleneffekten eine kostengünstigere Beschaffung als es durch eine Eigenfertigung möglich wäre. Zudem werden Fixkosten vermieden, was eine höhere Flexibilität erlaubt.

3.4.7.3.3 Gegenstand von Content Syndication bei Verlagen

Studien zeigen, daß Content Syndication bisher vor allem in den Bereichen Wirtschaft, Finanzen und Technologie genutzt wird, wobei hochwertige Inhalte begehrter sind als Unterhaltungsinformationen.[1077] Etabliert hat sich der Fremdbezug von Informationen besonders für stark aktualitatsbedurftige Informationen. Dies gilt vor allem für aktuelle Nachrichten und Börsenkurse. Deren geringe zeitliche Stabilität und permanente Produktion verursacht hohe Kosten, so daß sich Skaleneffekte und geringe Grenzkosten besonders auswirken können.

Besondere Aufmerksamkeit ist zukünftig auch dem bisher im Rahmen des Content Syndication vernachlässigten *E-Learning* zu widmen. Hierbei können Nachfrager neben internem Wissen nach Bedarf auch zugekauftes Wissen verwenden und so eine virtuelle Corporate University realisieren. Dabei kommt einer hohen Qualität der Informationen eine wesentliche Rolle zu. Verlage könnten neben Inhalten gut ihre Qualitätssicherungsfunktion und Marke einbringen.

Ein wesentliches Nachfragepotential entsteht im Bereich des *Corporate Publishing*, für das große Wachstumraten erwartet werden. Unter Corporate Publishing versteht man das Verlegen eigener Publikationen durch Unternehmen und Institutionen.[1078] Im Zuge einer Konzentration auf Kernkompetenzen ist ein Aufbau eigenen Wissens für diese Unternehmen nicht unbedingt sinnvoll. Daher sind sie auf das Wissen von Inhaltsfirmen angewiesen. Eine Diversifikation der Verlage als Experten in diesem Bereich erscheint daher besonders vielversprechend.[1079] Im Printgeschäft ist dies für Kundenmagazine bereits gängig. So können Autohäuser, die eigene Kundenmagazine herausgeben wollen, Inhalte z. B. von Autojournalen und Herstellern beziehen. Auch im juristischen Bereich gibt es bereits Beispiele: so geben zahlreiche Kanzleien Mandanteninformationen heraus, die sie fertig von Verlagen beziehen.[1080]

[1076] Vgl. Hess (2001), S. 83. Damit spricht Content Syndication dann den bereits im Kap. 3.4.7.2 beschriebenen Fall einer Dienstleistung an, wenn für Intranets einzelner Kanzleien oder Unternehmen bedarfsgerechte, aber vorgefertigte Informationen zur Verfügung gestellt werden. Intranets gehören demnach zum Randgebiet von Content Syndikation, unter dem eigentlich die mehrfache Veröffentlichung von Inhalten verstanden wird. Die Verwendung in Intranets entspricht aber nur bedingt einer Veröffentlichung.
[1077] Vgl. Kleinken-Palma (2001), S. 43.
[1078] Vgl. Bruck, Selhofer (1997), S. 34, Behm et al. (1999), S. 88.
[1079] Vgl. Europäische Kommission (1998), S. 1-23.
[1080] Ein solches Angebot bietet z. B. der ZAP Verlag für die Rechts- und Anwaltspraxis.

3.4.7.3.4 Perspektiven für juristische Verlage

Betrachtet man die Perspektiven für juristische Verlage, so stellt sich Content Syndication als ein interessantes Geschäftsmodell zur Ergänzung des eigenen Leistungsangebots dar. Juristische Informationen könnten Unternehmen oder Institutionen angeboten werden, die einen anderen Geschäftszweck verfolgen und diese Informationen als zusätzlichen Service zur Abrundung des eigenen Angebots anbieten wollen. Juristische Verlage würden damit auf dem umkämpften Inhaltemarkt die Position eines Spezialitätenanbieters einnehmen.[1081] Derzeit ist allerdings keine nennenswerte Aktivität auf dem deutschen Syndikationsmarkt für juristische Onlineprodukte für berufliche Verwender festzustellen. Verantwortlich hierfür ist die starke Zurückhaltung der Verlage bei der Weitergabe von Inhalten und der Kooperation mit Syndikatoren.[1082] Die Zurückhaltung hat mehrere Ursachen:

- Die Verlage scheuen, ihre Inhalte in digitaler Form zur Verfügung zu stellen.[1083] Sie befürchten, angesichts eines noch unzureichenden technischen Kopierschutzes die Kontrolle über die Verbreitung zu verlieren und ihr Stammgeschäft zu kannibalisieren. Abhilfe könnte eine Produktversionierung schaffen.[1084] Auch wenn die Bewertung in den Verlagen von der skeptischen Einstellung zum Kopierproblem dominiert wird, sollte es bei objektiver Betrachtung nicht überbewertet werden. Als mögliche illegale Kopierer kommen zwei Gruppen in Betracht. Dies sind zum einen die direkten Abnehmer, also z. B. Kanzleien, die Mandateninformationen herausgeben wollen. Ein illegales Kopieren erscheint unwahrscheinlich, weil diese Gruppe tendenziell wenig preissensitiv ist und daher nur ein geringes „Motiv" hätte und sich zudem eine unrechtmäßige Benutzung ohne rechtmäßigen Bezug angesichts der gerade erwünschten Außenwirkung relativ leicht nachweisen ließe. Schwierig nachzuweisen wäre lediglich eine Verletzung einer bestimmten Auflagenhöhe. Daher sollten sich Preise an anderen indirekten Kriterien wie z. B. Kanzleigröße orientieren oder Fixpreise gewählt werden. Zum anderen kommen als mögliche unrechtmäßige Nutzer die Kunden der Kanzleien, also Endkunden, in Frage. Eine Weiterverbreitung in dieser Gruppe ist im kleinen Rahmen wie z. B. dem persönlichen Bekanntenkreis zwar durchaus möglich, aber wirtschaftlich zu vernachlässigen, weil diese kaum zu den regulären Kunden des Verlags zählen und so keinen Umsatz kannibalisieren können. Gegen eine größere Verbreitung durch diese Kundengruppe spricht auch der fehlende Marktplatz und die fehlende Motivation, da der mögliche Interessentenkreis zu klein ist.

- Die Existenz von möglichen Abnehmern für juristische Fachinformationen, d. h. eines Marktes, wird von den Verlagen bezweifelt. Die meisten auf dem Markt befindlichen juristischen Syndikationsinhalte richten sich an Konsumenten und haben Ratgebercharakter. Hierzu ge-

---

[1081] Vgl. auch Christ, Bach (2002), S. 37.
[1082] Vgl. Kleinken-Palma (2001), S. 45.
[1083] Vgl. auch Kap. 3.1.4.
[1084] Vgl. die ausführliche Diskussion in Kap. 3.3.2.3.2.

hört z. B. das Angebot der Cocomore AG, die exklusiver Vertriebspartner von juristischen Ratgebermodulen der Janolaw AG ist.[1085] Für solche Gruppen müßten die vorhandenen Inhalte, die sich eher an Fachleute richten, im Regelfall entsprechend redaktionell aufbereitet werden. Diesen Aufwand scheuen die Verlage angesichts der unsicheren Marktlage. Die dadurch entstehenden Kosten reduzieren zudem deutlich den Vorteil der geringeren Kosten einer Zweitverwertung, so daß die Angebote in direkte Konkurrenz zu auf diesen Bereich spezialisierten Anbietern treten würden, die aber über einen besseren Marktzugang verfügen. In ähnlichen Segmenten sind aber Syndikationsmöglichkeiten ohne weiteren Aufwand beim Verlag vorhanden. Zu denken ist hier beispielsweise an Institutionen wie Verbraucherschutzverbände, die ihrerseits ihren Kunden, den Endkunden, Informationen wie z. B. Urteilsdatenbanken oder Gesetzestexte zum Mietrecht anbieten und bisher selbst Sammlungen pflegen.[1086] Naheliegender ist eine direkte Übertragung der Erfahrungen aus dem Printbereich: so besteht die Möglichkeit, analog zu den bisher als Printversion zur Verfügung gestellten Mandanteninformationen Inhalte elektronisch zur Verfügung zu stellen, die z. B. Kanzleien nutzen können, um ihre eigenen Internet-Angebote für ihre Kunden attraktiv zu machen.[1087] Als weitere Diversifikation in den Dienstleistungsbereich bietet es sich für Verlage an, für diese Kunden den kompletten Internetauftritt zu übernehmen und so als Internet Service Provider aufzutreten.

- Die Verlage haben noch keine klare Position zu ihrer eigenen Rolle. Sie könnten zum einen mit Syndikatoren zusammenarbeiten, zum anderen aber auch selbst direkt ihre Inhalte anbieten. Die Vorteile einer Zusammenarbeit mit Intermediären liegen vor allem in den geringeren Transaktionskosten, den möglicherweise erhöhten Absatzchancen und der Risikoverteilung. Derzeit hat aber keiner der etablierten Syndikatoren am Markt die Chance, eine kritische Masse zu erreichen. Die Verlage verfügen aufgrund ihrer starken Markenstellung über einen besseren Zugang zu möglichen Abnehmern und könnten die Vorteile einer Disintermediation nutzen.

- Die juristischen Verwertungsrechte für die vorhandenen Inhalte sind ungeklärt, etwa, ob die Zweitverwertung im Rahmen der bestehenden Nutzungsvereinbarungen möglich ist oder ob gesonderte Vereinbarungen und Entgeltzahlungen erforderlich sind.[1088]

- Die unzureichende Verfügbarkeit der Inhalte in einem verwertbaren digitalen Format.[1089]

[1085] Hinter der Cocomore AG stehen vorwiegend Verlage, u. a. Bertelsmann. Die Janolaw AG ist ein Startup, das offensichtlich auf eigenen Inhalten aufsetzt und keinen Verlag im Hintergrund hat.
[1086] Ausführlicher zu diesen privaten Entscheidungssammlungen vgl. Walker (1998), S. 43 f. Eine zukünftige Speisung solcher Datenbanken durch Verlage stellt gleichzeitig auch die Schnittstelle zwischen Content Syndication und dem in Kap. 3.4.7.2 diskutierten Dienstleistungsgeschäft dar.
[1087] Ein ähnliches Angebot bietet neuerdings der Anbieter rechtpraktisch.de, vgl. N. N. (2002e), S. 63.
[1088] Vgl. Protokoll des Arbeitskreises Elektronisches Publizieren (AKEP) des Börsenvereins des deutschen Buchhandels, Task Force Content Syndication, Kernteam „Urheberrechtsfragen und Content Contracting/ Content Syndication Rules", Sitzung vom 2.2.2001.

Insgesamt sind die hemmenden Probleme primär in der Unsicherheit des Marktes und der skeptischen Einstellung in den Verlagen verankert. Demgegenüber sollten die Potentiale aber nicht außer Acht gelassen werden, die insbesondere in den geringen Grenzkosten und hohen Erlösen liegen. Chancen bieten sich wie gezeigt z. B. bei einer Verwertung durch Weitergabe an Kanzleien zur Ergänzung von deren Online-Angebot oder in der Vermarktung der eigenen Datenbanken an endkundenorientierte Institutionen wie z. B. Verbraucherschutzeinrichtungen. Die vom ungelösten Kopierschutzproblem ausgehenden möglichen Risiken sind wie gezeigt als nicht relevant einzustufen. Voraussetzung für einen wirtschaftlichen Erfolg ist allerdings, die Kosten gering zu halten. Hierzu müssen die Daten bereits in verwertbarer Form vorliegen. Für die Vermarktung ist zu prüfen, ob Syndikatoren auf dem Markt aktiv sind, die über einen guten Zugang zum angestrebten Zielmarkt verfügen. Ansonsten kann eine Kooperation mit anderen Verlagen sinnvoll sein, um die Bündelungsvorteile und einen guten Kundenzugang gleichzeitig zu nutzen. Auch eine doppelgleisige Nutzung beider Vertriebswege kann sinnvoll sein, um den eigenen guten Zugang zur spezifischen Zielgruppe der Juristen und den guten Zugang der Syndikatoren zu eher allgemein orientierten Abnehmern zu nutzen.

3.4.7.4 Expertensysteme

Die Diskussion eines Einsatzes von Expertensystemen hat eine lange Tradition in der Rechtsinformatik und ist eines ihrer begründenden Themen. Unter Expertensystemen sind Programme zu verstehen, die in einem eng abgegrenzten Anwendungsbereich die spezifischen Problemlösungsfähigkeiten eines menschlichen Experten zumindest annähernd erreichen oder sogar übertreffen.[1090] Sie sind von klassischen Rechtsinformationssystemen, die im wesentlichen Information Retrieval-Systeme sind und andere Ziele verfolgen, abzugrenzen[1091], auch wenn eine Kopplung an Rechtsinformationssysteme sinnvoll sein kann. Einsatzmöglichkeiten von Expertensystemen wurden im juristischen Bereich überwiegend bei der Entscheidungsfindung gesehen.[1092] In jüngerer Zeit wurden verstärkte Anstrengungen hinsichtlich eines Einsatzes neuronaler Netze unternommen. Unabhängig von der erreichbaren Ergebnisqualität sind sie allerdings schon aus prinzipiellen Erwägungen für das juristische Anwendungsfeld weitgehend abzulehnen, da sie eine Grundvoraussetzung – die Transparenz der Entscheidungsfindung – systembedingt nicht erfüllen können.

[1089] Vgl. ausführlicher Kap. 3.1.4.
[1090] Vgl. Kurbel (1992), S. 22. Im Gegensatz zu Europäische Kommission (1998), S. 7-23 ff. sollen Individualisierungsagenten nicht als Expertensysteme eingeordnet werden.
[1091] Vgl. Schlagböhmer (1990), S. 262 und die dort zitierte Literatur sowie Mielke (2000), S. 8 f., Bock (2000), S. 39. Vgl. zur Abgrenzung von klassischen Informationssystemen auch Kurbel (1992), S. 19 ff. Henssler, Killian (2001), S. 683 verstehen dagegen unter Rechtsinformationssystemen Programme mit den Funktionen eines Expertensystems, ohne sie als solches zu bezeichnen.
[1092] Vgl. zu diesen Einsatzmöglichkeiten auch Jandach (1993), S. 20 ff., Ring (1994), S. 66 ff., Haft (1997), S. 116 ff., Fiedler (1999), 179 ff., Kohlbach (2000), S. 180 ff., Henssler, Killian (2001), S. 683, Bund (1991), S. 302 ff. Zu einem Überblick über den Einsatz von künstlicher Intelligenz im Rechtswesen vgl. Schweighofer (1999), S. 90 ff. und Ring (1994).

Bisher sind praktisch keine juristischen Expertensysteme für berufliche Nutzer am Markt verfügbar. Neben Akzeptanzproblemen sind inzwischen die noch immer ungelösten konzeptionellen Probleme als Haupthemmfaktor auszumachen. Dies betrifft zum einen die unverändert ungelöste Problematik einer Formalisierung insbesondere angesichts der zahlreichen unscharfen Begriffe, der Homonym/Synonym-Problematik und der Schwierigkeit, ein Wissensgebiet vollständig und abschließend zu modellieren.[1093] Zum anderen wirkt sich vor allem das Komplexitätsproblem mit dem angesichts der hohen Änderungsfrequenz von juristischem Wissen daraus resultierenden Wartungsproblem stark hemmend aus.[1094] Die bisher fehlende Wartbarkeit der Wissensbasen unmittelbar durch Juristen ohne spezielle EDV-Kenntnisse verdeutlicht das Repräsentationsproblem.

Das Internet ermöglicht, die Benutzeroberfläche von Expertensystemen sehr einfach in der Handhabung zu machen und sie kostengunstig fur eine breite Masse anbieten zu konnen. Zudem existieren mittlerweile verbesserte Möglichkeiten zur Wartung, z. B. durch graphische Darstellungen oder durch Modularisierung des Problems und die Verwendung eines Multi-Agenten-Ansatzes. Insofern könnte online angeboten Expertensystemen eine stärkere Bedeutung zukommen.

Auf dem Markt befindliche jüngere Expertensysteme richten sich vor allem an Endkunden und wollen diesen eine erste grobe juristische Orientierung bieten. Hierzu gehören z. B. Janolaw und Legalcity.[1095] Letzteres konnte allerdings bisher den Status eines Prototypen nicht überwinden und fand als Startup keine Mittelgeber. Verantwortlich hierfür ist vor allem das Erlösmodell und die Ausrichtung: Diese Expertensysteme zielen darauf ab, in Portalen als kostenlose Servicedienste eingebunden und über Werbung finanziert zu werden.[1096] Angesichts der rückläufigen Bedeutung von Werbeerlösen wird dies zunehmend schwieriger. Verlage könnten allerdings aktiv werden und die Benutzung solcher Expertensysteme als eigenständigen Dienst kostenpflichtig anbieten. Voraussetzung hierfür ist eine stärkere Fokussierung auf den weniger preissensitiven Bereich der beruflichen Verwender.

Expertensysteme werden auch künftig kaum die Leistungsfähigkeit von Spezialisten in einem bestimmten Bereich erlangen. Damit ist ihr Einsatz zur vollautomatisierten Rechtsfindung weiterhin weder möglich noch wünschenswert. Sie können aber hilfreich sein, wenn Juristen in Randgebieten, die nicht zu ihren Spezialisierungen gehören, eine erste juristische Einschätzung eines bestimmten Sachverhalts benötigen.[1097] Dies wäre z. B. in Unternehmen denkbar. Die dort tätigen Juristen müssen häufig ein relativ breites Spektrum an juristischen Aufgaben ab-

---

[1093] Vgl. Schlagböhmer (1990), S. 264 f., Schweighofer (1999), S. 47 ff. und S. 91 ff., Schreiner (2000), S. 210, Haft (1997), S. 116 ff.
[1094] Vgl. auch Schweighofer (1999), S. 92.
[1095] Vgl. zu einem kleinen Überblick Henssler, Killian (2001), S. 683. Vgl. auch Fiedler (1999), S. 183 f. mit dem System Jurex-Miete.
[1096] Vgl. Henssler, Killian (2001), S. 683 f.
[1097] Vgl. auch Fiedler (1999), S. 184.

decken. Juristische Expertensysteme könnten in nur sporadisch anfallenden Aufgabengebieten eine wertvolle Subsumtionsunterstützung darstellen. Abseits von solchen Subsumtionsunterstützungen könnten juristische Expertensysteme in engerer Kopplung an klassische Rechtsinformationssysteme z. B. eine automatische Schlüsselwortanalyse vorliegender Sachverhalte und deren Komprimierung auf wesentliche Merkmale durchführen, zu denen dann in einem zweiten Schritt passende weiterführende Informationen (Normen, Kommentare, Rechtsprechung) bereitgestellt werden könnten. Solche Ansätze sind bisher allerdings nicht realisiert. Insgesamt ist ein Durchbruch für juristische Expertensysteme abgesehen von extrem eng umgrenzten Bereichen aufgrund des technischen Stands auf absehbare Sicht nicht zu erwarten.[1098]

3.4.7.5 Einfluß mobiler Zugriffsmöglichkeiten

Mobile Dienste werden in jüngerer Zeit unter dem Stichwort Mobile Commerce vor allem seit der Versteigerung von UMTS-Lizenzen verstärkt diskutiert.[1099] Hierunter wird die elektronisch gestützte Abwicklung von Geschäftsprozessen auf Basis der Nutzung mobiler Endgeräte verstanden.[1100] Aus technischer Sicht ist derzeit die zweite Mobilfunkgeneration mit dem Standard GSM und einer nur geringen Datenübertragungsrate von 9,6 Kb pro Sekunde vorherrschend. Dies ist ausreichend für Servicetechnologien wie SMS oder das Mitte 1999 eingeführte WAP. Längere Texte können aber kaum sinnvoll übertragen werden. GPRS als nächste wesentliche technologische Stufe mit dem Wechsel zu einer Paketorientierung, die aber auf GSM basiert, erreicht eine Rate von 115 bis 171 Kb/Sekunde. Mit UMTS als dritte Generation könnten ab etwa 2004 Übertragungsraten von theoretisch bis zu 2 Mb/Sekunde erreicht werden.[1101] Mit einer Etablierung von drahtlosen Zugängen in Deutschland ist frühestens 2006 zu rechnen.[1102] Wesentlich ist für eine Akzeptanz ein kurzfristiger Ad-hoc-Zugriff. Dies bieten die mit GPRS beginnenden paketorientierten Dienste, die eine „Always On"-Funktionalität und damit verkürzte Inbetriebnahmezeiten erlauben.[1103] WAP scheidet aufgrund der erforderlichen Einwahlprozedur aus.

Als Endgeräte kommen vor allem Mobiltelefone und Personal Digital Assistants (PDA) in Frage.[1104] Mobiltelefone selber scheiden für juristische Fachinformationen nach derzeitigem Stand

---

[1098] Vgl. auch Ring (1994), S. 171 f., Mielke (2000), S. 8 f. und die dort zitierte Literatur.
[1099] Vgl. Schmitzer, Butterwegge (2000), S. 355, Wirtz, Mathieu (2001), S. 615, Graeve (2001), S. 5.
[1100] Vgl. Wirtz, Mathieu (2001), S. 615 sowie Wirtz (2001), S. 43 ff. mit einer Übersicht zur unscharfen Verwendung des Begriffs.
[1101] Einen Überblick zu den technischen Eigenschaften geben z. B. Schmitzer, Butterwegge (2000), S. 356, Pott, Groth (2001), S. 11 ff., Arnold, Eßig, Kemper (2001), S. 103 ff., Wirtz, Mathieu (2001), S. 615 f., Möhlenbruch, Schmieder (2001), S. 16 f. Wirtz (2001), S. 47 ff. bezeichnet allerdings unüblicherweise die GSM-Generation als die erste und modifiziert die anderen Generationen entsprechend.
[1102] Vgl. Rink (2001), S. 107.
[1103] Vgl. auch Möhlenbruch, Schmieder (2001), S. 18.
[1104] Vgl. Schmitzer, Butterwegge (2000), S. 355, Pott, Groth (2001), S. 34 ff., Arnold, Eßig, Kemper (2001), S. 108 f., Wirtz (2001), S. 44.

aus, da sie lediglich über sehr begrenzte Anzeigefelder verfügen. Sie können allerdings als Schnittstelle für Notebooks diesen einen Internetzugang verschaffen.[1105] Spezielle Endgeräte für mobile elektronische Bücher sind derzeit noch nicht abzusehen.[1106]

Neben diesen mobilfunkbasierten mobilen Zugriffsmöglichkeiten stehen in jüngerer Zeit lokale Funktechniken verstärkt im Fokus der Diskussion. Für diese als FunkLAN oder WLAN („Wireless LAN") bezeichnete drahtlose Datenübertragung nach dem IEEE-Standard 802.11 werden derzeit an verschiedenen, stark frequentierten Stellen sogenannte „Hotspots" eingerichtet. Sie bieten bereits jetzt hohe Übertragungsraten und können auf eine relativ gesicherte Technik zurückgreifen. Nachteilig könnte aber die eingeschränkte Ortsunabhängigkeit sein. Unter der Annahme, daß z. B. Rechtsanwälte im wesentlichen an verschiedenen Orten in der eigenen Kanzlei, zuhause und bei Gericht arbeiten, könnte die erreichbare Ortsunabhängigkeit allerdings hinreichend sein. Während am heimischen Arbeitsplatz eine festnetzbasierte Anbindung genügen würde, könnte in Gerichten und in der Kanzlei auf FunkLAN-Techniken zurückgegriffen werden. Für Geschäftsreisende werden Zugangsmöglichkeiten in stark frequentierten Bereichen wie Flughäfen, Bahnhöfen und Hotels diskutiert und derzeit eingerichtet. Damit könnten sie eine kurzfristig verfügbare und ausreichende Alternative zu Mobilfunktechniken darstellen.[1107]

Von den diversen Vorteilen mobiler Dienste[1108] ist speziell im hier betrachteten Anwendungsfeld die ortsunabhängige Verfügbarkeit von Bedeutung. Hierdurch könnte wertvolle, ansonsten „tote" Zeit z. B. auf Dienstreisen genutzt werden.[1109] Ein umfassender Zugriff auf eine vollständige Bibliothek (ein „mobiles Schrankregal")[1110] erlaubt eine mobile Aktenbearbeitung und würde die Arbeitsproduktivität erhöhen. Daneben könnte diese Zeit auch für die Nutzung von Fortbildungsangeboten der Verlage („E-Learning") verwendet werden. Der dadurch generierte Nutzen würde eine erhöhte Zahlungsbereitschaft nach sich ziehen. Die zunächst offenkundige Verwendungsmöglichkeit durch mobile Dienste im Gericht ist dagegen verhaltener zu beurteilen. Hier werden eher selten Zugriffsmöglichkeiten auf Verlagsangebote benötigt, da dort typischerweise keine Bearbeitung von Schriftsätzen stattfindet. Die eher benötigten Gesetzestexte werden aufgrund der deutlich kürzeren und einfacheren Zugriffsmöglichkeiten und der einfacheren Handhabung gerade dort auf absehbare Zeit eher in gedruckter Form oder als elektronisches Buch verwendet werden.

Zur Förderung der Nutzung könnten Verlage in Kooperation mit Netzbetreibern und Softwareanbietern den „mobilen Arbeitsplatz" anbieten, d. h. ein komplettes Paket inklusive der er-

---

[1105] Vgl. Pott, Groth (2001), S. 34 f.
[1106] Rink (2001), S. 107 erwartet sie erst gegen Ende des Jahrzehnts.
[1107] Vgl. zu Wireless LAN auch Mielke (2002), S. 60.
[1108] Vgl. Schmitzer, Butterwegge (2000), S. 356, Wirtz, Mathieu (2001), S. 616 f., Wirtz (2001), S. 46, Möhlenbruch, Schmieder (2001), S. 19 f.
[1109] Vgl. auch Sauerwald (2002), S. 38.
[1110] Erste entsprechende Angebote gibt es derzeit bei beck-online, vgl. N. N. (2002d), S. 63.

forderlichen Soft- und Hardware. Dabei könnten sie sich zunutze machen, daß derzeit vor allem die Netzbetreiber, die mit ihrer Kontrollmöglichkeit des Zugangs eigentlich eine starke Position haben, stark auf Inhalte, Marken und den Zugang zu Endkunden angewiesen sind.[1111]

3.4.8 Zusammenfassung zum Leistungsangebot

Von den durch die sogenannte Internet-Ökonomie veränderten Merkmalen sind einige für das Leistungsangebot juristischer Verlage von besonderer Bedeutung. Herausragendes Merkmal sind die besonderen Kostenstrukturen mit ihren nahe bei Null liegenden variablen Kosten. Daneben eröffnet sich für juristische Verlage erstmalig in größerem Maß die Möglichkeit, durch Produkte mit Netzeffekt- und Lock-In-Eigenschaften eine stärkere Kundenbindung mit dem Idealziel einer Monopolisierung zu erreichen.

Zudem erlaubt der Onlinebereich, die Anforderungen der Nachfrager an das Angebot juristischer Fachverlage besser zu erfüllen. In erster Linie kann der Anforderung einer hohen Relevanz durch eine Individualisierung weitaus besser Rechnung getragen werden. Hier ist das Potential in der Praxis noch völlig unerschlossen. Daneben könnte die Aktualität von Fachinformationen im Onlinebereich deutlich besser als im Offlinebereich gewährleistet werden. Erste Push-Dienste gehen in der Praxis in diese Richtung. Weitere Vorteile der Onlinemedien betreffen vor allem eine höhere Produktivität am Arbeitsplatz. Aus Verlagssicht bietet der Onlinebereich neben diesem aus dem erhöhten Kundennutzen resultierenden höheren Produktwert und den verbesserten Kundenbindungsmöglichkeiten vor allem die Möglichkeit, neue Leistungsangebote zu definieren. Auch können kleinere Marktsegmente kostengünstiger erschlossen werden.

Allerdings wird die Entwicklung des Leistungsangebots von verschiedenen Faktoren gehemmt. Der Onlinebereich verstärkt die Beziehungen zu und damit die Abhängigkeiten von den Autoren, da Verlage bei zahlreichen Mehrwerten auf die Mitwirkung der Autoren angewiesen sind. Insbesondere die häufig hervorgehobene höhere Aktualität erfordert für eine nahezu permanente Aktualisierung eine nur langfristig zu erreichende Neuausrichtung der Autorentätigkeit. Auf Nutzerseite stehen den Vorteilen Nachteile vor allem in der Handhabung gegenüber, die für bestimmte Situationen eine Verwendung verbieten und neben anderen Faktoren zu einer zumindest anfänglichen skeptischen Grundhaltung der Nutzer beitragen.

Elektronische Zeitschriften bieten gerade für Juristen einige bedeutsame Vorteile, insbesondere die umfassende Archivfunktion und die schnelle Zugriffsmöglichkeit im Bedarfsfall, weisen aber in bestimmten Situationen wesentliche Nachteile, wie der eingeschränkte mobile Zugriff und die schlechtere Lesbarkeit, auf. Mittelfristig wird die parallele Verfügbarkeit die Bedürfnis-

---

[1111] Vgl. auch Gren, Maor, Ubinas (2001), S. 77 f.

se der Nachfrager am besten befriedigen. *Informationsdienste* werden von den veränderten Rahmenbedingungen am meisten betroffen. Durch die Möglichkeiten der Individualisierung können sie zu einem nahezu völlig neuen Leistungsangebot ausgebaut werden.

Bei *Fachinformationsdatenbanken* profitieren Verlage von gesunkenen Kosten und der Möglichkeit, klassische Datenbankbetreiber umgehen zu können. Festzustellen ist allerdings eine Zunahme der Wettbewerbsintensität bei gleichzeitig monopolisierenden Eigenschaften des Marktsegments. Ein eigenständiges Angebots ist daher, mit Ausnahme von Nischen, riskant. Insbesondere für kleinere Verlage ist vielmehr die Strategie einer Coopetition sinnvoll. Insgesamt sind Datenbanken als eigenständiges Leistungsangebot – von Nischen abgesehen – für die Mehrzahl der Verlage langfristig nur bedingt aussichtsreich. Vielmehr ist das Angebot von Mehrwerten entscheidend für eine Marktakzeptanz. Dem entspricht auch der aktuelle Trend, zunehmend weitere Leistungsangebote wie Zeitschriften in Datenbanken zu integrieren und diese so zum umfassenden Informationspool weiterzuentwickeln.

Der für *Nachschlagewerke* in der Literatur erwartete starke Substitutionseffekt ist skeptisch zu beurteilen. Bisher ist auf diesem Markt keine nennenswerte Bewegung festzustellen. Selbst bei Beseitigung der mittelfristigen Hemmfaktoren, wie mangelnde digitale Verfügbarkeit und Aufbereitung von Altdaten und insbesondere wegen der im Vergleich zum Printprodukt schlechteren Handhabung schleppenden Akzeptanz der Nutzer, ist langfristig keine vollständige Substituierung zu erwarten. Online angebotene Nachschlagewerke mit einer speziellen Arbeitsumgebung können zwar erhebliche Vorzüge gegenüber den gedruckten Versionen aufweisen. Insbesondere sind sie besser als Datenbanken geeignet, als Integrationsplattform für andere Angebote zu dienen. In bestimmten Situationen, etwa bei einem spontanen ad-hoc Zugriff außerhalb des Arbeitsplatzes oder beim Stöbern nach Informationen, werden aber gedruckte Werke ihre Vorzüge gegenüber Onlineversionen behalten. Vollständiges Substitutionspotential weisen auf sehr lange Sicht eher elektronische Bücher auf, die auch diese Nachteile umgehen können.

Digitale Fachbücher ermöglichen aus Verlagssicht kleine Auflagen und eine erleichterte Produktdifferenzierung, weisen aus Nutzersicht aber auch wesentliche Nachteile auf. Elektronische Bücher werden klassische Fachbücher höchstens langfristig in Teilbereichen ersetzen können. Nutzerseitiges Print on Demand wird seine Bedeutung dagegen vor allem als zusätzliches Angebot in bestimmten Situationen erlangen.

Insgesamt werden Substitutionswirkungen für klassische Produkte damit frühestens mittelfristig und auch nur partiell in nennenswertem Umfang festzustellen sein. Vielmehr werden auch auf längere Sicht Onlineprodukte ganz überwiegend neben klassischen Produkten angeboten werden. Dies ermöglicht das stärkere Ausnutzen von Bündelungsvorteilen. Nachteilig sind die erhöhten Kosten bis zu einer frühestens mittelfristig zu erreichenden Umstellung der verlagsinternen Abläufe und Datenhaltung.

Neben diesen etablierten Leistungsangeboten bietet das Internet das Potential zur Erweiterung des Angebotsportfolios. Neuartige Produkte können die Merkmale des Onlinebereichs nutzen, um die Anforderungen der Nachfrager noch besser zu erfüllen. *Portale und Gemeinschaften* eignen sich entgegen den Erwartungen in der Praxis und der Literatur durchaus für juristische Praktiker, z. B. besonders für dynamische und momentan im Umbruch stehende Rechtsgebiete bzw. für kleinere und mittlere Kunden. Vorteilhaft ist eine Kooperation mit anderen Verlagen.

Daneben eignen sich Verlage besonders für eine zunehmende Orientierung in Richtung von *Dienstleistungen*. Hierzu gehört vor allem die permanente Informationsrecherche, in deren Rahmen fortwährend Informationen daraufhin überprüft werden, ob sie für den speziellen Kunden interessant sind, diese dann ggf. aufbereitet und an den Kunden weitergegeben werden. Verlage könnten insbesondere für Großkunden die gesamte Informationsversorgung für Kanzleien oder Unternehmen übernehmen. Als Informationsverteiler würden sie auf dem Arbeitsplatz der einzelnen Mitarbeiter bedarfsgerecht aktiv die typischerweise speziell dort benötigte Information bereitstellen und zudem situativ tätig werden. Bedarfsweise wäre es möglich, hierzu auch die Angebote anderer Anbieter einzubeziehen.

Der Markt für *Content Syndication* ist im juristischen Umfeld aufgrund von befürchtetem Mißbrauch und bezweifelter Nachfrage bisher noch weitgehend unbesetzt, aber aufgrund der geringen zusätzlichen Kosten eine sinnvolle Ergänzung des Leistungsangebots- und Erlösmodells. Es ist anzunehmen, daß online angebotene *Expertensysteme* als Angebot von Verlagen langfristig eine moderate Bedeutung erlangen. Als Subsumtionsunterstützungssysteme bietet sich ihre Verwendung vor allem für einen ersten Orientierungspunkt einer Beurteilung für Juristen an, bei denen das nachgefragte Wissen höchstens zu ihren fachlichen Randfeldern gehört. Hierzu gehören z. B. in Unternehmen tätige Juristen, die häufig ein breites Feld abdecken. *Mobile Zugriffsmöglichkeiten* können die Vorteile von Onlineprodukten besonders gut zur Geltung bringen und daher deren Verbreitung fördern. Sie könnten vor allem die Tätigkeit von Juristen auf Geschäftsreisen positiv unterstützen. Diese würden von einer umfassenden mobilen virtuellen Bibliothek profitieren.

3.5 Beschaffungsmodell

Im Beschaffungsmodell wird festgelegt, welche Produktionsfaktoren von welchen Lieferanten beschafft werden.[1112] Durch die zunehmende Vernetzung von Käufern und Verkäufern ändert sich das Beschaffungsmodell eines Unternehmens, wobei die elektronische Beschaffung umfangreiches Effizienzsteigerungs- und Kostensenkungspotential beinhaltet.[1113] Untersucht werden sollen im folgenden die Auswirkungen des Internets auf die verschiedenen Beschaffungs-

---

[1112] Vgl. Wirtz (2001), S. 213 und die dort zitierte Literatur.
[1113] Vgl. Dowling (1999), S. 50, Wirtz (2001), S. 29, Brenner, Zarnekow (2001), S. 488.

vorgänge, die in juristischen Verlagen stattfinden. Dabei soll ein Schwerpunkt auf die verwendeten Koordinationsformen gelegt werden. Die eigene Wertschöpfungstiefe und damit die Entscheidung über die zu beschaffenden Gegenstände wird im Rahmen des Leistungserstellungsmodells behandelt. Nicht behandelt wird die Beschaffung auf weiteren Märkten wie z. B. Finanz- oder Personalmärkten, da diese kaum verlagsspezifische Eigenheiten aufweisen.[1114]

Die Beschaffung unterscheidet typischerweise nach der Bedeutung der zu beschaffenden Ware in der Wertschöpfungskette direkte und indirekte Güter. Indirekte, sogenannte „C-Güter", die auch als MRO-Güter („Maintenance, Repairs and Operations") bezeichnet werden, sind von direkten Gütern abzugrenzen, die unmittelbar in die Produktion eingehen und deren rationelle Beschaffung bisher im Fokus stand und durch ERP-Systeme und EDI unterstützt wird. C-Güter sind typischerweise Güter mit einem geringen Wert wie z. B. Bürobedarf.[1115]

3.5.1 Beschaffung von indirekten Gütern

Die Verlagsbranche unterscheidet sich hinsichtlich ihres Bedarfs an C-Gütern nicht nennenswert von anderen Branchen. Indirekte Güter zeichnen sich typischerweise durch einen hohen administrativen Bearbeitungsaufwand in der Beschaffung aus, der in krassem Mißverhältnis zum wertmäßigen Beschaffungsvolumen steht.[1116] In der aktuellen Diskussion zur internetgestützten Beschaffung werden daher unter dem Schlagwort des „Electronic Procurement" vor allem Verfahren diskutiert, die durch die Nutzung von Skalenvorteilen das Ziel verfolgen, diese hohen Prozeßkosten deutlich zu senken und die Durchlaufzeiten zu verkürzen.[1117] E-Procurement eignet sich insbesondere bei geringer Marktkomplexität und bei – wegen zahlreicher Alternativen – geringerem Beschaffungsrisiko.[1118] WIRTZ definiert Electronic Procurement als „die Integration der Informations- und Kommunikationstechnologie zur Unterstützung der operativen Tätigkeiten sowie der strategischen Aufgaben in den Beschaffungsbereich von Unternehmen".[1119] Im Fokus steht die Senkung der dominierenden Prozeßkosten durch weniger

---

[1114] Vgl. auch Wirtz (2000), S. 16 f.
[1115] Zu direkten bzw. indirekten MRO-Gütern vgl. auch z. B. Dolmetsch (2000), S. 50 f. sowie Wirtz (2001), S. 314 f. und die dort zitierte Literatur.
[1116] Verantwortlich hierfür sind vor allem die aufwendigen Beschaffungsprozesse, die häufig nach der dezentralen Bedarfsentstehung zentrale Bearbeitungs-, Genehmigungs-, Bestell-, Wareneingangs- und -kontrollvorgänge vorsehen. Vgl. auch z. B. Hepp, Schinzer (2000), S. 1514.
[1117] Vgl. auch Brenner, Zarnekow (2001), S. 490 f.
[1118] Vgl. Wirtz (2001), S. 315. Schlüchter (2001), S. 150 f. bestätigt die Bedeutung dieser Kriterien empirisch, wobei aber auch Marktplätzen für strategisch bedeutsame Güter eingeschränkt positive Erfolgschancen eingeräumt werden.
[1119] Wirtz (2001), S. 309. Im Rahmen des E-Procurement wird angestrebt, daß dezentral an denjenigen Stellen, an denen Bedarf entsteht, die betroffenen Mitarbeiter direkt über das Internet Waren bei einem oder mehreren Lieferanten bestellen können. Typischerweise decken diese Systeme zumindest einfache Workflow-Regeln ab, nach denen in der Regel die Mitarbeiter bis zu einem bestimmten Grenzwert eigenverantwortlich Waren ohne weitere Genehmigung bestellen können. Auf diese Weise wird eine zentrale Einkaufsabteilung von operativen Aufgaben entlastet. Das Supply Chain Management ist vom E-Procurement dadurch abzugrenzen, daß die Koordinationsperspektive zwischen allen Mitgliedern der Wertschöp-

involvierte Mitarbeiter, die Vermeidung von Medienbrüchen und die Reduktion der Quote an Fehlbestellungen. Die durch die Bündelung entstehende bessere Verhandlungsposition mit ggf. günstigeren Preisen ist nur sekundäre Zielsetzung des E-Procurement.[1120]

3.5.2 Beschaffung von direkten Gütern bei juristischen Verlagen

Eine Besonderheit juristischer Verlage ist die Beschaffung von direkten Gütern. Sowohl die Beschaffung wie auch die Verarbeitung wird in aller Regel kaum durch spezielle Software wie ERP-Systeme unterstützt.[1121] Betrachtet man die zu beschaffenden Güter, so handelt es sich zum einen um „Rohwaren". Hier sind fachliche Beiträge von Autoren von Fachinformationen im engeren Sinne zu unterscheiden, die von originären Informationsanbietern bezogen werden. Zum anderen werden im Rahmen des Herstellungsprozesses Verarbeitungsdienstleistungen wie z. B. Druckvorgänge bei Printprodukten benötigt.[1122]

3.5.2.1 Lieferanten juristischer Verlage

Lieferanten von Verlagen sind üblicherweise die Autoren. Juristische Verlage weisen hier allerdings einige Besonderheiten auf, die teilweise auch für andere Fachverlage gelten. Zu nennen sind in erster Linie Fachinformationen, bei deren Beschaffung nicht Autoren, sondern z. B. Institutionen als Inhaltslieferanten auftreten. Sowohl Autoren als auch solche Institutionen sollen hier als „originäre Informationslieferanten" bezeichnet werden, um sie so von Intermediären oder anderen Dienstleistern abzugrenzen. Die möglichen Lieferanten von Fachinformationen sollen im folgenden exemplarisch für den Bereich der Gerichtsentscheidungen[1123] verdeutlicht werden:

---

fungskette in den Vordergrund gestellt wird, vgl. Baldi, Borgmann (2001), S. 590. Brenner, Zarnekow (2001), S. 492 sieht das Supply Chain Management dagegen als fortgeschrittene Entwicklungsstufe des E-Procurement. Ausführlicher zur traditionellen und elektronischen Beschaffung vgl. z. B. Dörflein, Thome (2000), Wirtz (2001), S. 300 ff.

[1120] Vgl. auch Schlüchter (2001), S. 42 und die dort zitierte Literatur, Dörflein, Thome (2000), S. 55, Brenner, Zarnekow (2001), S. 490 f. Schlüchter (2001), S. 149 f. konnte den primären Nutzen auch empirisch bestätigen.

[1121] Die Beschaffung in Verlagen wurde bisher in der Literatur nicht thematisiert. Lediglich eine Studie aus dem Jahr 1999 fragt Verlage, ob „Online-Verbindungen" mit Lieferanten oder Autoren bestehen würden und ob darüber gemeinsame Datenbestände genutzt würden oder Datenfernübertragung stattfinden würde, ohne dies näher zu konkretisieren, vgl. Arbeitskreis Elektronisches Publizieren (1999), S. 33 ff. Derzeit kommt SAP mit einer in Kooperation mit der Heidelberger Druckmaschinen AG entwickelten Lösung SAP R/3 MediaManagement auf den Markt, vgl. auch Vogel (1999), S. 79.

[1122] Die analog im Onlinebereich benötigten Dienstleistungen wie z. B. Serverbetrieb können in aller Regel nicht fallweise beschafft werden, sondern stellen langfristige Partnerschaften dar, die hier nicht weiter betrachtet werden sollen.

[1123] Daneben sind auch beispielsweise Insolvenzanzeigen von Interesse, die in öffentlichen Bekanntmachungen wie z. B. dem Bundesanzeiger veröffentlicht werden.

Richtungsweisende Entscheidungen mindestens der Bundesgerichte und der Obergerichte müssen seitens der Gerichte zur Veröffentlichung herausgegeben oder von ihnen selbst veröffentlicht werden. Dabei besteht für die Gerichte eine Neutralitätspflicht, d. h. Verleger von Fachzeitschriften wie auch von sonstigen Publikationsorganen haben Anspruch auf Gleichbehandlung im publizistischen Wettbewerb. Die Veröffentlichung der Entscheidungen kann in einem zweistufigen Verfahren abgewickelt werden und so neben der Verwaltung der Gerichte die Richter einschließen. Auf der ersten Stufe findet eine Auswahl der Entscheidungen statt: Es ist gängige Praxis, daß der mit der Materie befaßte Richter bzw. Spruchkörper eine erste „amtliche Auswahl" trifft. Darüber hinaus ist die Gerichtsverwaltung gehalten, die Auswahl um diejenigen Entscheidungen zu ergänzen, an deren Veröffentlichung ersichtlich ein öffentliches Interesse besteht. Das ist in der Regel bei entsprechenden Anfragen aus der Öffentlichkeit zu bejahen. Dies gilt auch für die private Anforderung durch einen Richter zu Zwecken der privaten Veröffentlichung. Zur ersten Stufe zählt auch die sich dann anschließende Herstellung einer herausgabefähigen, d. h. insbesondere anonymisierten, Fassung der Entscheidungen. Die zweite Stufe besteht aus der Herstellung einer veröffentlichungsfähigen Fassung und dem weiteren Vorgang der Veröffentlichung als solcher. Hier kann die Gerichtsverwaltung auf Dritte einschließlich etwa der im Gericht tätigen Richter zurückgreifen. Auch die Richter müssen dazu die Entscheidungen im Rechtssinne bei ihrem Gericht „anfordern", da sie ohne Anforderung nicht legal in den privaten Besitz eines herausgabefähigen Exemplars der Entscheidung gelangen können.[1124]

Es besteht keine Pflicht zur Verfassung von Leitsätzen. Es handelt sich um „amtliche Leitsätze", wenn sie aus dem Bereich des Gerichts stammen, also etwa vom Entscheidungsverfasser (einzelne Richter, Kammer oder Senat als Spruchkörper) oder von einer bei Gericht bestellten Veröffentlichungskommission verfaßt werden. Nichtamtliche Leitsätze (häufig Orientierungssätze genannt) können von den Parteien, deren Bevollmächtigten, von Wissenschaftlern, Interessenverbänden oder Redaktionen von Zeitschriften selbständig formuliert werden.[1125]

Damit treten sowohl die Gerichte als auch Privatpersonen als unterschiedliche potentielle Lieferanten von Entscheidungen auf.[1126] Der Versand der Entscheidungen durch die Gerichte ist in aller Regel kostenpflichtig. Die Vergütung soll den Aufwand der Bündelung und Verteilung ersetzen. Andere Einsender erhalten darüber hinaus für ihren privaten Versand einer für die Veröffentlichung etwa durch Kürzung oder Ergänzung eines Leitsatzes aufbereiteten Entscheidung

---

[1124] Vgl. BVerwG (1998), Abs. 19 ff., Huff (1997), S. 2652 f., Albrecht (1998), S. 374 ff. Zur Veröffentlichungspraxis der Gerichte vgl. auch VG Hannover (1993), S. 2322 ff., Walker (1998), S. 29 ff., zur Verpflichtung zur Veröffentlichung Walker (1998), S. 117 ff., zum Gleichbehandlungsgrundsatz ebd., S. 113 ff.

[1125] Vgl. Ullmann (1996), S. 136 ff., BVerwG (1998), Abs. 22, Albrecht (1998), S. 374 ff., Eßer (2001). Allerdings genießen sowohl Entscheidungen wie auch amtliche Leitsätze keinen Urheberschutz, vgl. § 5 Abs. 1 UrhG. Zum teilweise irreführenden Begriff der „Amtlichkeit" vgl. Walker (1998), S. 29. Zu einer möglichen Verpflichtung zur Veröffentlichung vgl. Ullmann (1996), S. 141 f., Walker (1996), S. 208 ff.

[1126] In der Praxis haben sich teilweise Organisationen wie Richtervereine oder Veröffentlichungskommissionen gebildet, die als Lieferant auftreten.

eine mit dem jeweiligen Abnehmer ausgehandelte Vergütung.[1127] Aus Verlagssicht können daher identische Entscheidungen mehrfach eintreffen mit entsprechender Verpflichtung zur Vergütung.

Als Lieferanten für Verlage treten daneben in jüngerer Zeit neue Dienstleister mit Intermediärsfunktion auf. Diese beziehen Informationen von den herausgebenden Stellen elektronisch oder papierbasiert und versehen sie mit einem Mehrwert. Dies kann z. B. die erstmalige elektronische Erfassung, die Auszeichnung mit einem nichtamtlichen Leitsatz oder zusätzlichen Metainformationen oder die Aufbereitung in einem bestimmten Datenformat sein.[1128]

3.5.2.2 Beschaffung von Autorenleistungen

Der Bezug fachlicher Beiträge von Autoren wird bisher in aller Regel durch direkte Kontakte zwischen Verlag und Autor mit manuellen Verhandlungen abgewickelt. Marktplätze oder andere automatisierte Beschaffungslösungen haben sich bisher nicht etabliert. Abhängig von der Machtverteilung geht die Initiative im Regelfall von demjenigen Partner mit der geringeren Macht aus. Dabei verfügen im Regelfall etablierte Autoren mit einer Autorenmarke über hohe, unbekannte Autoren dagegen nur über sehr wenig Macht.

Eine Abbildung dieser Beziehungen in einer technisch unterstützten Beschaffungslösung ist schwierig und lediglich in Ansätzen realistisch. Verlage könnten ihren Bedarf an Autoren ausschreiben. Für mächtige Autoren bestünde die Möglichkeit, ihre vorhandenen oder potentiellen Werke im Rahmen eines Sell-Side-Katalogs anzubieten[1129], für unbekanntere Autoren käme ein Marktplatz in Betracht. Problematisch ist in allen Fällen eine Qualitätsbeurteilung, die über einen Katalog hinausgehende Funktionen weitgehend unmöglich macht. Kataloge könnten lediglich zur Herstellung einer größeren Markttransparenz und eines größeren Angebots- bzw. Nachfragevolumens dienen. Die genauere Prüfung der Angebote verbleibt in aller Regel bei Lektoren. Damit ist eine informationstechnische Beschaffungslösung von Autorenleistungen in der Stufe der Autorenauswahl und Vertragsanbahnung insgesamt als ungeeignet zu beurteilen.

Bei der Erstellung und Lieferung der Autorenleistungen muß eine informationstechnische Unterstützung dagegen stärker ausgebaut werden. Bisher werden von Autoren flache, lineare

---

[1127] Beim BVerfG ist für die Veröffentlichung ein Richterverein zuständig, der nach Walker (1998), S. 53 die Entscheidungen für max. 5 DM pro Entscheidung erwirbt und dann für einen Betrag zwischen 8 und 120 DM pro Verlag weitergibt. Walker (1998), S. 51 ff. verweist zudem darauf, daß gesicherte Angaben über die Vergütung kaum erhältlich seien, und daß die finanziellen Interessen der Richterschaft an der Veröffentlichung seit langem in der Kritik stehen würden.

[1128] Ein Beispiel für einen solchen Dienstleister ist Report-Online.de. Vgl. auch Kuhlen (1996), S. 288 f.

[1129] Solche Autoren schreiben allerdings eher selten „auf Halde" und angenommene Werke werden meistens exklusiv vermarktet, so daß kaum Inhalte für einen solchen Katalog zur Verfügung stehen würden. Allgemein zu möglichen Katalogarchitekturen und ihren Vor- und Nachteilen vgl. z. B. ausführlich Brenner, Zarnekow (2001), S. 494 ff., Wirtz (2001), S. 329 ff.

Texte, gerade von juristischen Praktikern häufig noch in Papierform, abgeliefert. Für Onlineprodukte sind aber zunehmend mit Mehrwert versehene Texte erforderlich. Das beinhaltet insbesondere, daß über die flachen Texte hinausgehend inhaltliche Querverweise innerhalb des Textes, aber vor allem auch auf andere Textressourcen zu setzen sind. Das Setzen von sinnvollen Querverweisen erfordert aber inhaltliche Kenntnisse und kann daher am besten von den Autoren vorgenommen werden.[1130] Auch eine Auszeichnung der Daten in SGML oder XML wird aber von den wenigsten Autoren zu leisten sein, zumal Fachautoren über ein nur geringes Zeitbudget verfügen.[1131] Hierzu müssen noch spezielle Arbeitsumgebungen entwickelt werden, die Autoren, die fachliche Experten, aber häufig technische Laien sind, unterstützen, keinerlei Programmierkenntnisse erfordern, auch eine spätere einfache Wartung ermöglichen und projektneutral verwendet werden können.[1132]

Erforderlich ist neben diesen technischen Voraussetzungen aber auch eine Fähigkeit und Bereitschaft zur verstärkten Mitwirkung bei Autoren. Diese umfaßt neben der beschriebenen Aufbereitung auch eine häufigere Aktualisierung – im Idealfall nahezu permanent –, um die technisch mögliche und fachlich wünschenswerte größere Aktualität tatsächlich erreichen zu können. Beide Veränderungen bedeuten eine weitgehende Veränderung der Tätigkeit eines Autors. Die dazu erforderliche Bereitschaft der Autoren[1133] wird im juristischen Bereich bestenfalls langfristig zu erreichen sein.

3.5.2.3 Beschaffung von Fachinformationen

Fachinformationen wie z. B. Entscheidungen werden sowohl von originären Anbietern wie z. B. Richtern als auch von Dienstleistern bezogen. Hier sind automatisierte Beschaffungslösungen zwar ebenfalls nicht am Markt etabliert, aber durchaus denkbar. Fachinformationen im engeren Sinn sind ähnlich wie C-Güter Massengüter und lassen sich relativ gut beschreiben. Insofern ist eine Übertragbarkeit entsprechender Lösungen vorstellbar.[1134]

[1130] Vgl. Schüngel et al. (2001), S. 32 f., Riehm, Orwat, Wingert (2001), S. 135.
[1131] Vgl. auch Frühschütz (1997), S. 22 ff.
[1132] Skeptisch zur Durchsetzung solcher Arbeitsumgebungen in der Praxis der Autoren äußern sich Riehm et al. (1992), S. 280, Riehm, Orwat, Wingert (2001), S. 135. Eine Arbeitsumgebung wurde exemplarisch für den analogen Bereich juristischer Lernsoftware bereits entwickelt, vgl. Schüngel et al. (1998), S. 87 ff., Schüngel et al. (2001), S. 32 f. Muller (2001), S. 92 fordert speziell für den juristischen Bereich ein „Office Tool" für XML.
[1133] Vgl. Arbeitskreis Elektronisches Publizieren (1999), S. 53. Ebenhoch (2000), S. 142 f. sieht dies allerdings eher als zusätzliche Möglichkeiten und Chancen.
[1134] Zur Beschaffung von A- und B-Gütern über E-Procurement vgl. auch Brenner, Zarnekow (2001), S. 493, Wirtz (2001), S. 318 ff.

3.5.2.3.1 Standardisierte Beschreibbarkeit

Voraussetzung für den Einsatz von Procurement- und Marktplatzlösungen ist die eindeutige Beschreibbarkeit der Informationen wie z. B. Entscheidungen. Es sind sowohl für die Identifizierung der Entscheidung als auch für die weitergehende Charakterisierung eindeutige, maschinell verwertbare Kriterien festzulegen. Die Möglichkeiten und Schwierigkeiten bei der Festlegung solcher Kriterien sollen im folgenden exemplarisch für Entscheidungen aufgezeigt werden.

Die Auswahl von Metaangaben zur ausreichend eindeutigen Kennzeichnung ist gerade bei Entscheidungen nicht trivial. Notwendige Kriterien sind in jedem Fall der Name des Gerichts, das Aktenzeichen, das Datum und die Art (Urteil oder Beschluss) der Entscheidung. Mit diesen Angaben ist eine Entscheidung jedoch nicht eindeutig zu identifizieren, da die Gerichte teilweise am gleichen Tag unter dem gleichen Aktenzeichen mehrere gleichartige Entscheidungen treffen, z. B. wenn gegen verschiedene betroffene Parteien einzelne Entscheidungen ergehen. Letztlich ist es nicht möglich, diese Entscheidungen anhand von eindeutigen, als Metainformationen sinnvoll verwendbaren Kriterien auseinanderzuhalten, da z. B. die betroffenen Parteien aus Datenschutzgründen in veröffentlichten Entscheidungen nicht genannt werden dürfen. Dieses Problem ist allerdings nicht so schwerwiegend, daß daran die gesamte Abwicklungsmöglichkeit scheitern sollte. Es ist vielmehr in Kauf zu nehmen, daß in einigen – eher seltenen Fällen – aus Vollständigkeitsgründen mehrere Entscheidungen im Bündel anzubieten und zu beziehen sind.

Als weitere beschreibende Kriterien sollten die Angaben verwendet werden, die von den Gerichten im Regelfall angegeben werden, also z. B. Stichworte oder Vorschriften. Diese Metainformationen erleichtern die automatisierte Verwendung in Datenbanken oder Individualisierungsdiensten. Darüber hinaus könnten Attribute angegeben werden, welche die Qualitätsbeurteilung unterstützen, etwa Art (amtlich oder redaktionell) und Autor des Leitsatzes. Sehr aufwendig ist eine systematische Kategorisierung, wie sie das Klassifikationsschema der juristischen Datenbank juris liefert.

Je marktnäher die gewählte Koordinierungsform ist, desto bedeutsamer wird zudem deren Standardisierung. Etablierte Normen existieren in diesem Bereich bisher nicht. Von den originären Anbietern wie z. B. Gerichten wird in aller Regel Fließtext ohne maschinell auswertbare Metainformationen geliefert, obwohl sich seit längerer Zeit SGML und in jüngerer Zeit XML auch im juristischen Bereich zunehmend ausbreiten[1135]. Dienstleister wie z. B. Report-Online

---

[1135] Zur Eignung möglicher Datenformate für juristische Fachinformationen vgl. Kukla (1998), S. 16 ff. Zum Stand des Einsatzes von XML allgemein im Rechtsbereich vgl. Gantner (2001), S. 75. SGML wird schon länger im Rechtsbereich eingesetzt, vgl. z. B. Salminen et al. (2001), S. 2 ff. für den legislativen Bereich, Konzelmann (2000a), S. 151 ff. sowie Gantner (2001), S. 76 und die dort jeweils zitierte Literatur. Eine deutsche Studie aus dem Jahr 1999 ergab eine besonders starke Eignung von SGML, wobei XML ebenfalls bereits als geeignet angesehen wurde, vgl. Arbeitskreis Elektronisches Publizieren (1999), S. 30 f.

bereiten den von Gerichten gelieferten Fließtext in einem proprietären Format auf. Ansonsten wird der Text häufig in HTML, also ohne Trennung von Layout und Inhalt, angeboten. Einen ersten XML-basierten Standardisierungsansatz in Form einer DTD bietet der sogenannte „Saarbrücker Standard für Gerichtsentscheidungen", der auf dem 9. EDV-Gerichtstag im September 2000 beschlossen wurde.[1136] Er weist bisher allerdings keine praktische Relevanz auf.[1137] In den USA versucht das Projekt „legalxml" seit über drei Jahren, DTDs allgemein für die juristische Welt zu definieren. Deren Vielfalt macht dies bisher unmöglich und verhindert damit eine Vereinheitlichung.[1138]

Ob sich ein Standard durchsetzen kann, ist fraglich. Proprietäre Formate haben aus Anbietersicht den Vorteil, die Nachfrager durch Wechselkosten enger an sich zu binden. Syntaktische Standards wie XML senken die möglichen Wechselkosten und vermeiden so Lock-In-Effekte, welche die Verlage binden könnten. Aus Verlagssicht sind dagegen Standards anzustreben, die einen Wechsel bzw. eine parallele Nutzung mehrerer Marktplätze erlauben. Die Entscheidung über die Verwendung eines solchen Standards ist damit eine Machtfrage. Soweit Marktplätze von Verlagen betrieben werden[1139], hätten sie die Möglichkeit, eigene erwünschte Standards zu definieren.

Sinnvoll könnte ansonsten eine Ebene über den einzelnen DTDs sein, die deren Elemente einander zuordnet. Dies wäre durch ein juristisches RDF-Vocabulary zu erreichen, mit dem verschiedene DTDs ineinander „übersetzt" würden. Hierzu gibt es erste Ansätze.[1140]

3.5.2.3.2 Beschaffung über Intermediäre

Neben den originären Anbietern treten in jüngerer Zeit Dienstleister mit Intermediärsfunktion als Lieferanten von Fachinformationen auf. Die Macht solcher Dienstleister ist bisher eher hoch einzuschätzen, da nur wenige Anbieter vorhanden sind. Auch bestehen Wechselkosten, wenn die Verlage auf die konkrete Art der Aufbereitung der Informationen eingestellt sind und zudem spezifische technische Infrastrukturen bereitgestellt haben. Mit zunehmender Bedeutung des Electronic Commerce wird sich aber die Macht der Informationslieferanten ändern. Ihre Macht könnte steigen, da die Verlage zunehmend auf ein umfassendes Angebot angewiesen sind und damit der Nachfragedruck zunimmt. Zu einem Machtverlust könnte es kommen, da solche relativ homogenen Güter gut auf elektronischen Märkten mit höherer Angebotstranspa-

---

Kukla (1998), S. 21 f. liefert beispielhaft einen Auszug aus einer DTD für eine juristische Entscheidungssammlung.
[1136] Vgl. hierzu Gantner, Ebenhoch (2001) sowie Gantner (2001), S. 78 f.
[1137] Im Vorgriff auf die Ergebnisse der Delphi-Studie kann festgestellt werden, daß auch die Experten seine Durchsetzung bezweifeln.
[1138] Vgl. Muller (2001), S. 91.
[1139] Vgl. hierzu Kap. 3.5.2.3.3.
[1140] Vgl. Muller (2001), S. 96.

renz gehandelt werden könnten. Auch könnte die Zahl der Anbieter steigen, da die Kosten für diese Dienstleistung sinken.[1141] Die gesunkenen Kosten, u. a. aufgrund der besseren elektronischen Verfügbarkeit der ursprünglichen Information, ermöglichen den Verlagen zudem, glaubhafter mit Rückwärtsintegration zu drohen.[1142]

Allerdings könnte ein Machtverlust die Lieferanten veranlassen, Investitionen zurückzustellen bzw. keine neuen Geschäftsfelder zu erschließen, deren Ertrag ungewiß ist. Die Verlage benötigen aber für neue Geschäftsmodelle wie z. B. umfassende Dienstleistungen einen erweiterten Zugriff auf Informationen. Vor allem aber bieten solche Intermediäre die Chance, das bisherige Monopol der originären Anbieter, wie z. B. einzelne Richter oder Geschäftsstellen von Gerichten, ansatzweise zu durchbrechen. Bisher findet ein Preiswettbewerb nicht statt. Die Bezahlung wird als Rahmenvereinbarung individuell ausgehandelt, wobei die Verlage sich in einer relativ schwachen Position befinden, da sie auf weitestgehende Vollständigkeit angewiesen sind und keine Ersatzlieferanten zur Verfügung stehen.

Intermediäre sind zwar ihrerseits auf die originären Anbieter als Lieferanten angewiesen. Diese sind aber aufgrund des Gleichbehandlungsgrundsatzes verpflichtet, an alle Interessenten gleichermaßen zu liefern und können solche Intermediäre daher nicht ausschließen.[1143] Intermediäre können die Entscheidungen dann aber zu eigenen Konditionen weiter verbreiten und so zumindest eine Oligopolstellung herbeiführen.

Ein solcher durch Intermediäre herbeigeführter Bruch des bisherigen Monopols ist im Interesse der Verlage. Zur Förderung solcher Intermediäre sollten Verlage daher darauf verzichten, ihre Macht zu nutzen und einen Teil des Geschäftsrisikos auf die Intermediäre abzuwälzen. Vielmehr kann es sinnvoll sein, freiwillig die Macht der Lieferanten zu erhöhen und sich z. B. durch vertragliche Vereinbarungen längerfristig an diese zu binden.[1144]

Falls Verlage die Verwaltung der Datenbestände nicht zu ihren Kernkompetenzen zählen[1145], wäre analog zu einem sog. „Vendor Managed Inventory"[1146] auch die komplette Verwaltung des Datenbestands durch die Lieferanten – hier die Intermediäre – denkbar.

[1141] Vgl. auch zum leichteren Zugang und gestiegenen Wettbewerb für Nachrichtenlieferanten Europäische Kommission (1998), S. 4-7.
[1142] Vgl. auch Haertsch (2000), S. 126 f.
[1143] Vgl. ausführlicher Kap. 3.5.2.1. Ggf. ist es erforderlich, daß ein solcher Intermediär sich als publizistischer Wettbewerber positioniert, um in den Genuß des Gleichbehandlungsgrundsatzes zu kommen.
[1144] Vgl. auch Bakos, Brynjolfsson (1992), S. 8, Klein (1996), S. 155, Klein (2000a), S. 640.
[1145] Vgl. hierzu auch Kap. 3.2.2. Dies erscheint allerdings als sehr unwahrscheinlich.
[1146] Vgl. Braunstetter, Hasenstab (2001), S. 506.

3.5.2.3.3 Beschaffung über elektronische Marktplätze

Einer erweiterten Marktsituation aufgrund zusätzlicher Anbieter könnten elektronische Marktplätze besonders gut Rechnung tragen und das Entstehen eines Anbieter- und Preiswettbewerbs unterstützen. Bisher haben sich keine derartigen Plattformen etabliert. Sie bieten sich aber gerade vor dem Hintergrund einer zersplitterten Anbietergruppe zur Bündelung des Angebots besonders an. Die Verlage würden von einem gebündelten Angebot mit größerer Markttransparenz bezüglich der möglichen Lieferanten profitieren. Wichtig ist dafür eine schnelle Transaktionsabwicklung auf einem solchen Marktplatz. Damit besteht insbesondere für kleinere Verlage die Chance, ihr Angebotsspektrum virtuell zu vergrößern[1147], nur im Bedarfsfall die benötigten Informationen ad hoc zu beziehen und damit auf eine „Lagerhaltung" und die damit verbundene Kapitalbindung zu verzichten. Gerade bei in der Anfangsphase noch kleinen Kundengruppen oder bei eher selten tatsächlich benötigten, aber für ein umfassendes Angebot dennoch anzubietenden Informationen ist eine solche marktliche Beschaffung besonders wertvoll. Nur bei Zugriff auf den Volltext würde dieser idealerweise innerhalb von Sekunden vom günstigsten Anbieter bezogen werden, wobei bei dynamischen Preisverhandlungen zusätzlich die aktuell tatsächlich benötigte Konfiguration, z. B. hinsichtlich Qualität, Leitsatz etc., berücksichtigt werden könnte. In einem solchen Modell stellen Metainformationen einen eigenständigen Wert dar, wenn die Verlage zunächst nur vollständig die Metainformationen beziehen und für Datenbanken und Individualisierungsabgleiche heranziehen.

Für die Anbieter wäre vorteilhaft, von einer größeren Markttransparenz mit einem größeren potentiellen Abnehmerkreis zu profitieren. Bei ihnen kann sich die Markttransparenz allerdings auch negativ auswirken. Hierzu gehört vor allem die größere Transparenz hinsichtlich möglicher Konkurrenten sowie hinsichtlich des Preises. Es wäre anzunehmen, daß als Anbieter auf einem solchen Markt neben den originären Anbietern die erwähnten Dienstleister, aber auch andere Verlage im Rahmen einer Zweitverwertung (Content Syndication[1148]) auftreten. Dies würde einen deutlich stärkeren Preiswettbewerb auslösen, da z. B. Verlage die Informationen beliebig vervielfältigen und unter ihren Einstandspreisen anbieten können. Als Nachfrager kommen neben Verlagen auch die Endkunden, also z. B. Kanzleien, in Betracht.

Als Betreiber kommen insbesondere Käufer-Konsortien, also Kooperationen von Verlagen, so wie unabhängige Dritte in Frage. Verlage würden damit das Entstehen eines aus ihrer Sicht sinnvollen Marktplatzes fördern und gleichzeitig das Risiko verteilen. Als Betreiber hätten sie die Möglichkeit, ungewünschte Kunden vom Marktplatz auszuschließen. Hierzu zählen insbesondere die eigenen Kunden, für die es sonst unter Umgehung der Verlage möglich wäre, direkt die Informationen zu beziehen. Gerade für Großkunden wie Großkanzleien würde dies sonst eine sinnvolle Option darstellen. Wichtig ist es daher für die Verlage, frühzeitig einen sol-

---

[1147] Vgl. auch Henkel (1999), S. 157.
[1148] Vgl. ausführlicher hierzu Kap. 3.4.7.2.4.

chen Marktplatz zu etablieren, um früh die kritische Masse und damit eine Monopolstellung zu erreichen. Damit könnten sie gewährleisten, auch weiterhin als bündelnde Informationslieferanten am Markt tätig zu sein und einer Disintermediation durch ihre Kunden vorzubeugen. Selbst wenn doch eine solche Disintermediation stattfinden sollte, wären sie weiterhin beteiligt.

Neben Verlagen könnten auch andere Anbieter als Betreiber eines solchen Marktplatzes auftreten. Hierzu würden sich z. B. die bereits erwähnten Dienstleister eignen, die sich schon jetzt um ein möglichst umfassendes Angebot bemühen und durch den Betrieb eines Marktplatzes die Akzeptanz auch des eigenen Angebots erhöhen könnten. Als Betreiber hätten sie die Möglichkeit zu kontrollieren, daß andere Anbieter nur insoweit zugelassen werden, wie sie keine Konkurrenz zum eigenen Angebot darstellen. Da sie an einer größeren Markttransparenz kein direktes Interesse haben, ist es für sie sinnvoller, frühzeitig diesen Markt zu besetzen und eine eigene Lösung zu etablieren, die ihren Interessen möglichst wenig schadet bzw. diesen dient. So könnte ein Marktplatz so gestaltet werden, daß er nur eine geringe Preistransparenz aufweist und über einen Nachweis möglicher Anbieter kaum hinausgeht. Ziel eines solchen Marktplatzes ist dann – neben der direkten Förderung des eigenen Umsatzes – durch eine möglichst hohe Kundenbindung das Entstehen alternativer Marktplätze zu verhindern.

Als Betreiber eines Marktplatzes wären auch öffentliche Institutionen denkbar, die einen möglichst breiten Zugang zu juristischen Informationen als öffentlichen Auftrag sehen und so sicherstellen wollen. Hierzu zeichnen sich derzeit jedoch keine Tendenzen ab und eine politische Realisierbarkeit, die von Verlagen als direkte Bedrohung begriffen und zu massivem Protest führen würde, erscheint derzeit als eher unrealistisch.

Als weitere Betreiber eines solchen Marktplatzes kommen auch branchenfremde Dritte in Frage, die primär ein Interesse an einem Zugang zur Zielgruppe haben und daher eine möglichst hohe Reichweite anstreben. Ihre Zielsetzung läge neben der Erzielung direkter Erlöse durch Umsätze auf dem Marktplatz in möglichen indirekten Erlösen. Allerdings wurde bereits auf die eher geringen Erfolgsaussichten insbesondere bezüglich Werbeeinnahmen als derzeit vorherrschende indirekte Erlösquelle hingewiesen, vor allem bei der eher engen Gruppe der beruflich tätigen Juristen.[1149] Dennoch stellt das Betreiben eines solchen Marktplatzes für branchenfremde Dritte eine reale Option dar. Hierzu böten sich z. B. Betreiber etablierter vertikaler oder horizontaler Marktplätze an, die entsprechendes Know-How mitbringen und in hohem Maße Skaleneffekte erzielen.

Am günstigsten wäre daher als Betreiberstruktur eine Kooperation mehrerer Verlage mit einem branchenfremden etablierten Marktplatzbetreiber. Mit einer solchen Lösung könnte eine Zugangskontrolle zum Marktplatz gewährleistet und gleichzeitig von den Skaleneffekten und spezifischen technischen Kenntnissen eines etablierten Betreibers profitiert werden. Verlage hätten

---

[1149] Vgl. Kap. 3.3.1.2.1.

die Möglichkeit, ein bestimmtes Umsatzvolumen sicherzustellen und so die Attraktivität für den technischen Betreiber zu erhöhen.

3.5.2.4 Beschaffung von Druckdienstleistungen

Druckdienstleistungen werden bisher von der Herstellungsabteilung an eine begrenzte Anzahl langjähriger Partnerunternehmen vergeben, von deren Qualitätsleistung sie überzeugt ist.[1150] In einem ersten Schritt bietet sich die Nutzung des Internets an, um Druckdienstleistungen für einen größeren potentiellen Teilnehmerkreis auszuschreiben. In einem weitergehenden, zweiten Schritt bestünde die Möglichkeit, Marktplätze zu nutzen. SCHLÜCHTER sieht gerade die fragmentierte Verlags- und Druckbranche als für Marktplätze besonders geeignet an.[1151] So versuchen in jüngerer Zeit Intermediäre wie die „Druckbörse", sich am Markt zu etablieren. Sie will Nachfragern die Möglichkeit einer möglichst umfassenden Markttransparenz bieten, um so jeweils bedarfsweise die Druckerei mit den richtigen maschinellen und zeitlichen Voraussetzungen (als wesentlichen Randbedingungen) zu finden. Damit soll der Einkauf rationalisiert werden, da Nachfrager nur noch eine Anfrage pro Druckauftrag stellen müssen und damit das preisgünstigste Angebot des Marktplatzes erhalten. Gerade die Verlagsbranche könnte davon profitieren, da im Zuge der langjährigen Partnerschaften mit einer begrenzten Auswahl an Druckereien das Marktpreisniveau möglicherweise aus den Augen verloren wurde. Der Marktplatz könnte zumindest zur Ermittlung von marktgerechten Referenzpreisen genutzt werden. Aus Sicht des Marktplatzes würde ein solches Verhalten allerdings langfristig die Validität des eigenen Geschäftsmodells in Frage stellen.

3.5.3 Zusammenfassung zum Beschaffungsmodell

Vor allem für die Beschaffung von Fachinformationen bietet die Nutzung des Internets wesentliches Potential zur Effizienzsteigerung und zur Reduktion der Kapitalbindung. Eine Folge davon wären erhebliche Strukturveränderungen. Voraussetzung für dynamischere Beschaffungslösungen ist allerdings die Schaffung eines einheitlichen Branchenstandards für die Datenbeschreibung. Er kann automatische schnelle Verhandlungen unterstützen und Wechselkosten senken. Von einer durchgängigen elektronischen Unterstützung der Beschaffung von Fachinformationen würden vor allem kleinere und mittlere Verlage profitieren, da sie ihr Angebotsspektrum virtuell vergrößern und nur bei konkreter Nachfrage ad hoc Informationen tatsächlich beziehen könnten.

[1150] Vgl. Behm et al. (1999), S. 74
[1151] Vgl. Schlüchter (2001), S. 129.

In einem ersten Schritt hätte das Entstehen von Intermediären und Dienstleistern die positive Auswirkung, die Zahl der Anbieter zu erhöhen und den bisherigen größtenteils monopolistischen Strukturen entgegenzuwirken. Solche Intermediäre böten die Chance, die Kosten für die Beschaffung von originären Anbietern auf mehrere nachfragende Verlage zu verteilen. Als Dienstleistungsfunktion würde sich darüber hinaus die Aufbereitung der Daten anbieten. In einem zweiten Schritt wäre dann das Etablieren von elektronischen Beschaffungsmarktplätzen vorteilhaft, die eine weitere Bündelung und erhöhte Preistransparenz erlauben. Diese sollten aus Verlagssicht als Kooperation verschiedener Verlage und ggf. eines technischen Dienstleisters organisiert sein, um die Möglichkeit zu haben, Endnutzern den Zugang zu verwehren. Auf solchen Marktplätzen bestünde auch für Verlage die Chance, ihrerseits Fachinformationen, ggf. in aufbereiteter Form, anzubieten und so Erlöse aus der Zweitverwertung von Inhalten zu generieren.

Elektronische Marktplätze stellen im Beschaffungsbereich damit eine sehr sinnvolle Ergänzung dar. Es ist allerdings nicht davon auszugehen, daß sich mittel- bis langfristig ein vollständiges Angebot über elektronische Marktplätze beschaffen läßt. Für marktenge und sehr wichtige Informationen bietet sich anstelle einer marktlichen Beschaffung eine vertragliche Bindung von Lieferanten an. Marktplätze werden daher neben die Beschaffung über Intermediäre und die Beschaffung von originären Anbietern treten. Sie eignen sich besonders bei nur sporadisch benötigten Informationen, etwa aus Randbereichen, die im Interesse eines umfassenden Angebots aber dennoch anzubieten sind. Insgesamt ist daher für Verlage im Beschaffungsbereich ein Mixed-Mode Ansatz zu erwarten. Da sich Lieferanten und Verlage auch untereinander beliefern können, ist aus einer globalen Branchenperspektive im Beschaffungsbereich von Fachinformationen die Bildung eines Netzwerkes zu erwarten.

3.6 Distributionsmodell

Das Distributionsmodell wird durch das Auftreten des Internets als neuem Distributionskanal erweitert, erfährt aber auch potentielle neue Vertriebskanalkonflikte durch eine mögliche Substitution des klassischen Zwischenhandels.[1152] Eine Vorhersage, welche Bedeutung die verschiedenen Vertriebskanäle zukünftig haben werden, ist schwierig.[1153] Im folgenden sollen daher die Eignungen der verschiedenen Vertriebskanäle für Off- und Onlineprodukte untersucht werden.

[1152] Vgl. Wirtz (2001), S. 30.
[1153] Vgl. Giaglis, Klein, O'Keefe (1999), S. 404.

3.6.1 Die Diskussion um die Bedeutung von Intermediären im Electronic Commerce

Intermediäre haben allgemein die Aufgabe, Ineffizienzen eines dezentralisierten, nicht perfekten Marktes auszugleichen. Ihre Funktionen bestehen typischerweise aus der Versorgung mit Informationen, der Bündelung und Vermittlung von Angebot und Nachfrage und damit der Komplexitätsreduktion[1154], einer Vertrauensbildung und der Durchführung von Marketingmaßnahmen.[1155]

3.6.1.1 Trend zum Direktvertrieb

Zu untersuchen ist die vieldiskutierte Frage, ob die besonderen Kommunikationsmöglichkeiten des Internets den Einsatz von Handelsmittlern – den Intermediären – weiterhin erfordern oder ihn überflüssig machen. Folgt man der Disintermediationsthese[1156], so könnte die Händlerspanne durch die Hersteller übernommen werden, soweit die Technologie es ihnen ermöglicht, den Vertrieb kostengünstiger abzuwickeln. Zudem würden die Hersteller durch den direkten Kontakt zum Kunden und die Dekonstruktion traditioneller Distributionsketten eine Beherrschung des Distributionskanals erreichen. Dies ist einerseits defensiv aufgrund der möglichen neuen Spieler, aber auch offensiv mit dem Ziel einer besseren Kontrolle motiviert.

3.6.1.2 Cybermediäre als neue Intermediäre

Es kann allerdings davon ausgegangen werden, daß Intermediäre durch den Electronic Commerce nicht völlig verdrängt werden, sondern daß sich vielmehr die Funktionen wandeln werden.[1157] Die Mehrwerte und die zu erzielenden Economies of Scale und Scope werden Hersteller weiterhin veranlassen, auf Intermediäre zurückzugreifen, auch wenn sie in der Lage wären, die Leistung selbst zu erbringen. Für die Einschaltung von Intermediären spricht auch der in den letzten zehn Jahren festzustellende Trend einer Rückbesinnung auf Kernkompetenzen.[1158] Neue Intermediäre können auch zwischen etablierte Intermediäre und die Kunden treten und so

---

[1154] Bei n Anbietern und m Nachfragern liegt die Zahl der potentiellen Verbindungen im Direktvertrieb bei n x m, bei Einschaltung eines Intermediärs dagegen bei n + m. Wählt man als Blickwinkel nicht diese Vogelperspektive, sondern die entscheidungsrelevantere Sicht eines Herstellers, so liegt der Vorteil immer noch bei einer Beziehung zu einem Intermediär gegenüber m Beziehungen im Direktvertrieb.

[1155] Vgl. ausführlicher zu den Aufgaben z. B. Biglaiser (1993), S. 216 ff., Bailey, Bakos (1997), S. 8 ff., Bakos (1998), S. 35 ff., Albers, Peters (1997), S. 70 ff., Giaglis, Klein, O'Keefe (1999), S. 394 ff., Klein, Teubner (2000), S. 21 ff. und die dort zitierte Literatur, Luxem (2000), S. 57 ff., Picot, Heger (2001), S. 130 ff., Becker (2001), S. 11. Speziell zur Vertrauenssicherung vgl. auch Kuhlen (2000), S. 221 ff. Bakos (1998), S. 35 f. unterteilt die Aufgaben von Intermediären in die Hauptfunktionen „Matching Buyers and Sellers" und „Facilitation of Transactions" mit jeweils verschiedenen Subfunktionen. Eine solche systematische Untergliederung ist für die Zwecke dieser Arbeit hier allerdings nicht erforderlich.

[1156] Siehe ausführlicher Kap. 2.2.3.2.

[1157] Vgl. Bakos (1998), S. 42.

[1158] Vgl. Prahalad, Hamel (1990), S. 80. Vgl. auch Luxem (2000), S. 53.

die Wertschöpfungskette sogar verlängern. SARKAR, BUTLER und STEINFIELD widersprechen daher der These der Disintermediation.[1159] Sie wenden sich zwar nicht gegen die Möglichkeit einer Disintermediation, erwarten aber daneben auch eine fortdauernde Rolle von Intermediären und dabei insbesondere das Auftreten neuer Intermediäre, die ihr Geschäftsmodell auf den elektronischen Handel ausgerichtet haben, den *Cybermediären*. Solche Cybermediäre sind neue, ausschließlich elektronisch operierende Intermediäre. Diese neuen Intermediäre im Electronic Commerce übernehmen hauptsächlich informationsbezogene Tätigkeiten. HAGEL und RAYPORT führen daher die Bezeichnung *Infomediäre* ein. Für solche Unternehmen ist der Handel mit Informationen, z. B. die Tätigkeit eines Agenten basierend auf Kundenprofilen, der zentrale Bestandteil des Geschäfts.[1160]

Cybermediären kommen primär zwei Funktionen zu: Zum einen handelt es sich dabei um eine Such- und Informationsfunktion. Im Rahmen dieser Funktion haben sie die Aufgabe, angesichts eines zunehmenden Angebots Markttransparenz herzustellen, Informationen über Marktpartner zu liefern oder als vertrauenswürdiger, neutraler Dritter aufzutreten. Zum anderen handelt es sich um eine Bündelungsfunktion. Sie bündeln Nachfrage für die Anbieter und ermöglichen damit Nachfragern, in den Genuß von Volumendiscounts zu gelangen und von einer professionelleren Verhandlung und Abwicklung mit den Herstellern zu profitieren.[1161] Die Intermediäre werden durch die Unübersichtlichkeit des Internets darin begünstigt, Arbitragemöglichkeiten zwischen Teilmärkten zu nutzen und Interessen eines Spielers gegenüber anderen Spielern zu vertreten oder die Markttransparenz zu erhöhen. Dabei impliziert die Bündelungsfunktion eine intensivere Bindung des Intermediärs an die übrigen Spieler als die Such- und Informationsfunktion.[1162] KLEIN und TEUBNER warnen allerdings, daß die Chancen durch die Ausnutzung der Wirkungen von Informationstechnologie, von Markineffizienzen und von Arbitragemöglichkeiten volatil sind und zu einer hohen Dynamik in der Marktstruktur führen.[1163]

Aus Herstellersicht ist besonders vorteilhaft, daß Cybermediäre einen speziellen Vertriebskanal darstellen, der vergleichsweise gut von anderen abzugrenzen ist und so Spill-Over Effekte insbesondere bezüglich der Preisdifferenzierung vermeidet.[1164]

[1159] Vgl. Sarkar, Butler, Steinfield (1995), Sarkar, Butler, Steinfield (1998), S. 216. Vgl. entsprechend auch schon Schmid (1993), S. 478, der das Eintreten neuer Intermediäre anstelle der etablierten erwartet.
[1160] Vgl. Hagel, Rayport (1997), S. 119 f., Hagel, Rayport (1997a), S. 54 und S. 60 ff., Hagel, Singer (1999), S. 28 ff., Sarkar, Butler, Steinfield (1998), S. 217 sowie z. B. Wirtz (2000), S. 201 f., Klein, Teubner (2000), S. 22.
[1161] Vgl. Klein, Teubner (2000), S. 21 f., Klein (2001), S. 121, Polzin, Lindemann (1999), S. 531, Becker (2001), S. 9.
[1162] Vgl. Klein, Teubner (2000), S. 27, Klein (2001), S. 121.
[1163] Vgl. Klein, Teubner (2000), S. 26.
[1164] Vgl. z. B. Klein, Teubner (2000), S. 24.

3.6.1.3 Fazit zur Bedeutung von Intermediären im Electronic Commerce

Der Trend geht hin zu Mehrkanalsystemen in der Distribution. Je nach Fallkonstellation kann bezüglich der Intermediation das gesamte Spektrum von Disintermediation, Reintermediation oder das Etablieren von Cybermediären angemessen sein. Diese müssen sich nicht gegenseitig ausschließen und können zu einer Vielfalt an hybriden Formen von hierarchischen, marktlichen und netzwerkförmigen Koordinationsstrukturen führen.[1165] Für die Verlagsbranche sind sie im folgenden genauer zu untersuchen.

3.6.2 Intermediäre im klassischen Verlagsgeschäft

Der juristische Buchhandel in Deutschland ist relativ stark konzentriert. So gibt es nur etwa 40 Buchhandlungen, die das RWS-Segment intensiv und wirtschaftlich sehr stabil betreiben. Kleinere RWS-Abteilungen werden zusätzlich von etwa 300 Buchhandlungen angeboten.[1166] Daneben ist mit dem Zukauf eigener Buchhandlungen zunehmend ein Trend zur Vorwärtsintegration insbesondere durch die Marktführer festzustellen. So betreibt der Marktführer C. H. Beck-Verlag mit dem Schweitzer Sortiment eine führende RWS-Buchhandelskette.[1167] Dessen Geschäftsführung geht sogar von einer völligen Abkehr von verlagsunabhängigen Buchhandlungen und damit von einer Rückkehr zu den historischen Ursprüngen aus.[1168]

3.6.2.1 Disintermediationsthese im Verlagsgeschäft

Das Verlagsgeschäft wird aufgrund seiner bisherigen zweistufigen Vertriebsstruktur als besonders geeignet für eine zunehmende Disintermediation und radikale Umgestaltung der Wertschöpfungskette angesehen.[1169] Eine Kostenbetrachtung[1170] zeigt, daß durch Umgehung aller Intermediäre die Kosten fast völlig vermieden werden könnten, wenn der Autor zusätzlich – wie heute teilweise üblich[1171] – Layout und Satz übernimmt und auf Book on Demand setzt. Insgesamt sind für die Verkürzung der Wertschöpfungskette im Buchhandel verschiedene Zwi-

---

[1165] Vgl. Klein (1996), S. 195 ff., Klein, Teubner (2000), S. 20 f. Zum Management von Mehrkanalsystemen vgl. Schögel (1997), S. 108 ff.
[1166] Vgl. Luczak (2000), S. 161. Zu den spezialisierten juristischen Buchhandlungen vgl. auch N. N. (1999g), S. 19.
[1167] Vgl. N. N. (1998b), S. 128, Preuß Neudorf (1998), S. 8, N. N. (1999), S. 76, N. N. (1999g), S. 19, Diessl (zitiert nach N. N. (2000), S. 165), Wengenroth (2002a), S. 145, Langendorf (2002c), S. 152.
[1168] Vgl. Sigmund (2000), S. 124. Vgl. entsprechend auch Langendorf (1999), S. 42.
[1169] Vgl. z. B. Schiele, Lube (1996), S. 175, Brenner, Kolbe, Hamm (1997), S. 134, Porra (2000), S. 623.
[1170] Vgl. oben Kap. 3.4.2.1.1.
[1171] Vgl. Becker (2001), S. 10. Hier ist allerdings einzuwenden, daß diese Beobachtung hauptsächlich auf den wissenschaftlichen Bereich zutrifft. Soweit Praktiker als Autoren gewonnen werden, wie dies z. B. im juristischen Bereich oft anzutreffen ist, liefern diese aus Zeitmangel häufig höchstens das Manuskript, teilweise aber auch nur diktierte Bänder ab.

schenstufen möglich (Abb. 22). Zunächst wurde eine Ersetzung des klassischen Intermediärs Sortimentsbuchhandel durch elektronische Buchhändler erwartet, ggf. unter Ausschaltung des Großhandels, was bereits eine Verkürzung der Wertschöpfungskette bedeutet hätte. Zusätzlich ist aber eine weitere Verkürzung durch vollständige Umgehung der Handelsmittler und einen Direktvertrieb der Verlage denkbar. Im Extremfall wäre auch eine Umgehung der Verlage und eine direkte Publikation durch Autoren denkbar, die Vorwärtsintegration betreiben würden und dann als neue Spieler, die Verlagstätigkeiten übernehmen, anzusehen wären.[1172]

Traditionelle Wertschöpfungskette

Autor → Verlag → Großhandel → Sortiment → Kunde

Direktvertrieb durch Großhandel

Autor → Verlag → Großhandel → Sortiment → Kunde

Direktvertrieb durch Verlag

Autor → Verlag → Großhandel → Sortiment → Kunde

Direktvertrieb durch Autor

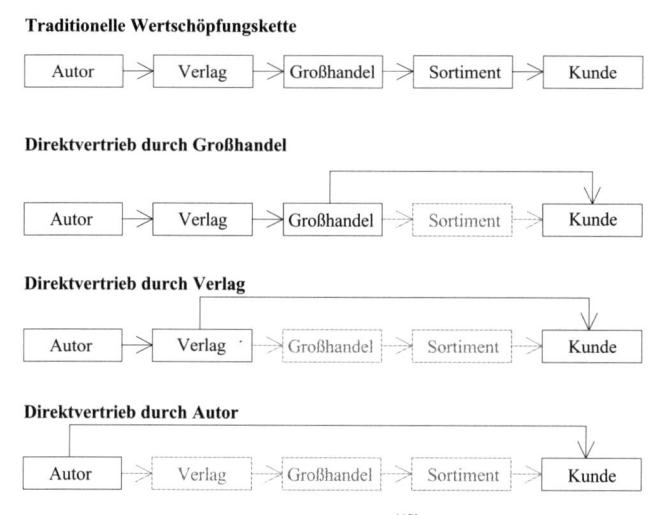

Autor → Verlag → Großhandel → Sortiment → Kunde

Abb. 22: Verkürzung der Wertschöpfungskette im Buchbereich[1173]

Betrachtet man die derzeitige Situation, so dominiert das Sortiment als Vertriebskanal. Dies gilt auch für das Fachbuchsegment, obwohl hier der Anteil des Direktvertriebs größer als z. B. im belletristischen Bereich ist.[1174] Lediglich im Infodienst- und Zeitschriftensegment dominiert der Direktvertrieb und dem Buchhandel kommt lediglich geringe Bedeutung zu.[1175] Eine Studie aus dem Jahr 2001 ermittelte für das juristische Segment eine Dominanz von Bestellungen über den örtlichen Buchhandel, aber immerhin eine Quote zwischen 35% und 47% für Direktbestellungen beim Verlag.[1176]

[1172] Diese Konstellation ist allerdings kaum als Bedrohung einzustufen vgl. auch oben Kap. 3.1.3.3.
[1173] In Anlehnung an Brenner, Kolbe, Hamm (1997), S. 135 ff. Entsprechend auch Hofer (2000), S. 31.
[1174] Riehm, Orwat, Wingert (2001), S. 15 stellen eine Übersicht zur Entwicklung der Vertriebswege im Buchgeschäft zusammen. Der Direktvertrieb weist danach ein beständiges Wachstum auf und lag 1999 bei 16,7% des Umsatzes. Zur hohen Bedeutung des Direktvertriebs als Vertriebskanal von Fachverlagen vgl. Höber (1992), S. 148, Klein-Blenkers (1995), S. 321 ff., Behm et al. (1999), S. 24.
[1175] Vgl. Bruck, Selhofer (1997), S. 40.
[1176] Vgl. FORIS (2001), S. 18, Wengenroth (2002a), S. 145.

Dem direkten Vertrieb wird für die Zukunft weiter steigende Bedeutung besonders für Fachverlage zugesprochen, da bei diesen die Zielgruppe soziodemographisch und sozioökonomisch erfaßt werden kann.[1177] Die Ansprache der Kunden kann z. B. über Rezensionen oder Anzeigen in zielgruppengerechten Fachzeitschriften erfolgen, um durch Pull-Marketing Direktbestellungen zu bewirken.[1178] GIAGLIS, KLEIN und O'KEEFE halten allerdings eine Zunahme des Direktvertriebs momentan für eher unwahrscheinlich. Der Buchmarkt sei stark fragmentiert und setze traditionell auf den indirekten Vertrieb, so daß die Verlage über keine Erfahrungen im Direktvertrieb verfügen würden.[1179] Ihnen ist für den populären Belletristikbereich zuzustimmen, nicht jedoch für das spezielle Segment der Fachverlage. Gerade der Markt der juristischen Fachliteratur weist eher die Merkmale eines Oligopols auf. Zudem verfügen Fachverlage bereits traditionell über Erfahrungen im Direktvertrieb. Schlußfolgerungen aus dem Belletristikbereich lassen sich daher kaum auf das Segment der Fachbücher übertragen.

Verlage können bei einem Direktvertrieb die eigene Wertschöpfungstiefe ausbauen und von der Internalisierung der sonst dem Sortimentsbuchhandel sowie dem Zwischenhandel zufließenden Rabatte profitieren. Zudem können sie den Vertriebskanal kontrollieren und einen direkten Kontakt zum Kunden aufbauen.[1180] Hinzu kommt, daß die hohe Remissionsquote des Handels gesenkt werden kann.[1181] Bei einer geeigneten technischen Infrastruktur sind die zusätzlichen Kosten sehr gering, da häufig die Versandkosten von den Kunden zu tragen sind und die Logistik häufig bereits an effiziente Verlagsausliefer ausgelagert ist. Die Auslieferung an Endkunden unterscheidet sich nicht wesentlich von den häufig kleinen Losgrößen der Lieferungen an einzelne Buchhandlungen.[1182]

Gegen die Vorteilhaftigkeit einer Disintermediation könnte aus Verlagssicht eine drohende Substitution von Teilen des klassischen Leistungsangebots sprechen. Ein externer Vertrieb erhöht die Flexibilität der Verlage bezüglich des Mediums der angebotenen Leistung und senkt mögliche Wechselkosten. Da aber z. B. für klassische Fachbücher, die den größten Teil des über Buchhandlungen abgesetzten Leistungsangebots darstellen, auf absehbare Sicht keine nennenswerten Substitutionswirkungen zu erwarten sind, kommt dieses mögliche Gegenargument nicht zum Tragen.

Fraglich ist jedoch, welche Anreizstrukturen die Verlage den Nachfragern bieten können. Aus Kundensicht ist eine Direktbestellung zunächst nachteilig, da sie die Anzahl der Geschäftspartner und damit die Transaktionskosten erhöht.[1183] Eine Weitergabe zumindest eines Teils der

---

[1177] Vgl. Heinold (1989), S. 84, Klein-Blenkers (1995), S. 320 f. und S. 332, Frühschütz (1997), S. 177 sowie speziell für das RWS-Segment Welb (1999), S. 45.
[1178] Vgl. Heinold (1989), S. 84 f.
[1179] Vgl. Giaglis, Klein, O'Keefe (1999), S. 405.
[1180] Vgl. auch Wirtz (2001), S. 162 f., Welb (1999), S. 45.
[1181] Vgl. Detering (2001), S. 44 f.
[1182] Vgl. auch Wirtz (2001), S. 162.
[1183] Vgl. O'Reilly (1996), S. 84, Preuß Neudorf (1998), S. 8.

eingesparten Handelsmarge an den Kunden ist aber nur bei Aufhebung der Preisbindung für das Werk möglich, was einen aus Verlagssicht unerwünschten Preiswettbewerb auslösen würde. LUCZAK führt als Argument für einen Direktvertrieb juristischer Fachverlage die notwendige flächendeckende Versorgung an. Es gibt lediglich etwa 40 große RWS-Buchhandlungen, die aber kaum Randgebiete außerhalb von Ballungszentren abdecken können.[1184]

Eine Studie von FORIS untersuchte den oft zitierten direkten Kundenkontakt genauer. Sie zeigte speziell für juristische Nachfrager, daß diese am örtlichen Buchhandel vor allem die kostenfreie und kurzfristige Lieferung, die Rücknahme von Altauflagen, die permanente Information über Neuerscheinungen und Ansichtsexemplare mit Rückgaberecht schätzen. Dieser Service wird allerdings primär größeren Kanzleien angeboten. Einzelanwälte sind für den Buchhandel weniger interessant und haben nicht die Möglichkeit, den Service in Anspruch zu nehmen. Sie nutzen daher primär andere Kanäle.[1185] Aus Verlagssicht bedeutet dies, daß er zunächst vor allem Einzelanwälte gut an sich binden könnte. Aber auch die von größeren Kunden geschätzten Vorteile ließen sich von Verlagen gut, teilweise – etwa die Information über Neuerscheinungen – besser erfüllen.

3.6.2.2 Die Macht des Bucheinzelhandels bei klassischen Produkten

Der Buchhandel hat traditionell eine starke Position:

- Der Buchhandel ist der faktisch wichtigste Vertriebskanal der Verlage.[1186]
- Praktisch alle Verlage haben sich grundsätzlich an den Buchhandel als primären Vertriebskanal gebunden.[1187]
- Die Verlage sind aufgrund des First-Copy-Effekts mit hohen Fix- und geringen Stückkosten besonders auf hohe Umsätze angewiesen. Dem Buchhandel sind die Kostenstrukturen und die Absatzzahlen im allgemeinen bekannt.
- Der Buchhandel hat die Macht, Käufer im direkten Kundenkontakt zu beeinflussen. Dies reicht von der passiven Entscheidung, Werke vorrätig zu halten bis hin zur aktiven Entscheidung, diese besonders hervorzuheben oder im Verkaufsgespräch zu bewerben.[1188] Im

---

[1184] Vgl. Luczak (2000), S. 161 f. Vgl. auch allgemein für die Buchbranche Rossbach (1998), S. 22.
[1185] Vgl. FORIS (2001), S. 30 f.
[1186] Siehe Kap. 3.6.2.1.
[1187] Das Spartenpapier (Börsenverein des Deutschen Buchhandels (1985)) regelt unter I Nr. 3, daß das Sortiment der Hauptvertriebspartner der Verlage ist und die Verlage dies bei ihren Vertriebs- und Werbemaßnahmen beachten. Das Spartenpapier hat allerdings nur empfehlenden und keinen juristisch bindenden Charakter. Zudem wird die Regelung nicht tatsächlich gelebt: Seine Einhaltung wird immer wieder vom Buchhandel angemahnt (vgl. etwa N. N. (1999d), S. 67, N. N. (1999f), S. 1) und ist seit langem Gegenstand intensiver Diskussionen. Vgl. zur Bindung durch das Spartenpapier auch Klein-Blenkers (1995), S. 245 und S. 252.
[1188] Dies gilt vor allem im belletristischen Bereich, vgl. Heinold (1989), S. 84 f. Juristische Praktiker legen dagegen im allgemeinen keinen Wert auf fachliche Beratung, vgl. Wengenroth (2002a), S. 148.

Rahmen dieser Beeinflussung kann er durchaus dem Kunden Substitutionsprodukte[1189] eines anderen Verlags, die gleiche Themen behandeln, empfehlen. Eingeschränkt wird diese Substituierbarkeit durch die Bedeutung von Marken, die Produkte aus Kundensicht nicht gleichwertig erscheinen lassen. Soweit Kunden ein bestimmtes Produkt wünschen, muß er dieses liefern.
- Für den Buchhandel stellen Verlagsprodukte im allgemeinen das gesamte Sortiment dar. Der Handel kann aufgrund der Preisbindung der Werke seine Gewinnsituation neben evtl. internen Maßnahmen nur durch eine Veränderung des Einkaufspreises beeinflussen. Er ist daher existentiell auf günstige Einkaufskonditionen und möglichst große Spannen angewiesen und sehr preissensibel.[1190]
- Switching Costs fallen praktisch nicht an.
- Der Buchhandel übernimmt aus Nachfragersicht wertvolle Zusatzfunktionen ohne zusätzliche direkte Kosten. In einer Studie wurde allerdings darauf hingewiesen, daß in fachlich engen Bereichen die Nachfrager relativ gut die Verlage kennen und daher kaum z. B. eine Bündelungsfunktion benötigen.[1191]

3.6.2.3 Problem der Vertriebskanalkonkurrenz

Ein Direktvertrieb durch die Verlage führt zu den in der Praxis weit verbreiteten Mehrkanalsystemen, die durch den Electronic Commerce weiter forciert wurden. Ein mögliches Hindernis ist dabei angesichts der Macht des Handels das Problem der Vertriebskanalkonkurrenz.[1192] Durch eine Stärkung des Direktvertriebs könnte sich der Buchhandel unmittelbar bedroht fühlen und mit Boykott drohen.[1193] Besondere Bedeutung hat daher gerade in der Anfangsphase eines neuen Vertriebskanals ein ausgeprägtes Vertriebskanalmanagement.[1194] SCHREIBER be-

---

[1189] Verlagsprodukte stellen zwar im allgemeinen ein Unikat dar, vgl. oben Kap. 2.1.3.4. Fachliteratur insbesondere für Praktiker kann allerdings durchaus Substitutionseffekte aufweisen, vgl. Schwarz (1990), S. 233. Preuß Neudorf (1999), S. 109 f. weist darauf hin, daß mehrere Bücher dennoch in Substitutionswirkung zueinander stehen können, wenn nicht ein Autor auf einem Gebiet die einzige anerkannte Autorität ist, da aus Nutzersicht der gestiftete Nutzen entscheidend für die Substitutionswirkung ist.
[1190] Vgl. Höher (1992), S. 23.
[1191] Vgl. Riehm, Orwat, Wingert (2001), S. 96 f.
[1192] Vgl. Armstrong, Hagel (1995), S. 141, Schögel (1997), S. 29 und die dort zitierte Literatur. Porter (2001), S. 73 vertritt allerdings die Auffassung, daß das Problem der Vertriebskanalkonkurrenz überschätzt würde.
[1193] Vgl. Gerth (1999), S. 261, Henning (1998), S. 114, Behm et al. (1999), S. 23, Klein, Selz (2000), S. 5. Die Umsetzbarkeit von Boykottdrohungen ist allerdings kritisch zu sehen. Die bisher realisierten Boykottmaßnahmen konnten nicht umfassend umgesetzt werden, da aufgrund der besonderen Marken- bzw. Unikateigenschaften bestimmte Bücher nicht substituierbar sind. Vgl. N. N. (1998c), S. 6.
[1194] Vgl. Wirtz (2001), S. 164.

zeichnet dies sogar als neue Kernkompetenz von Verlagen.[1195] Als Reaktion auf das Problem des Kanalkonflikts bieten sich Herstellern vier strategische Optionen:[1196]

- Anpassung: Hierbei ist der Hersteller bemüht, sich den Vorgaben des Handels anzupassen und dessen Macht zu dulden.
- Konflikt: Der Hersteller nimmt Vorgaben seitens des Handels nicht an und strebt seinerseits Marketingführerschaft im Absatzkanal an.
- Umgehung: Der Hersteller weicht einer Abstimmung mit dem Handel durch den Aufbau eines eigenen Absatzkanals mit internet-exklusiven Produkten oder Marken aus.
- Kooperation: Hersteller und Handel versuchen, ihre Ziele gemeinsam zu erreichen und eine Win-Win-Situation zu schaffen. Dies basiert auf der Überlegung, daß unter ökonomischen Gesichtspunkten die Geschäftsbeziehungen zum Handel aufrecht erhalten werden sollen und eine Konfrontation nicht geeignet erscheint.

Konflikt- und Kooperationsstrategie werden von Herstellern gewählt, wenn sie die Macht des Handels nicht akzeptieren wollen. Umgehungs- und Anpassungsstrategie akzeptieren die Nachfragemacht des Handels dagegen. BÖING weist als Ergebnis einer empirischen Untersuchung darauf hin, daß Unternehmen mit diesen Strategien auf Grund der eingeschränkten Handlungsmöglichkeiten weniger erfolgreich agieren. Die Kooperationsstrategie führt dagegen ebenso wie die Konfliktstrategie zu einem erfolgreicheren Gesamtengagement im Electronic Commerce.[1197]

Ein in der Verlagsbranche gängiger Ansatz zur Lösung eines Vertriebskanalkonflikts ist es, das Sortiment in die Distribution mit einzubinden und somit eine Anpassungs- oder Kooperationsstrategie zu verfolgen. Verlage bieten dann zwar ihr Verlagsprogramm im Internet direkt den Endkunden an und ermöglichen auch den Kauf, verweisen aber gleichzeitig auf die Möglichkeit, auch im Buchhandel zu bestellen bzw. bieten teilweise sogar die Möglichkeit, die Bestellungen an den Buchhandel weiterzuleiten und von diesem ausliefern zu lassen. Die Verlage bieten damit die Infrastruktur auf verschiedenen Kanälen an und überlassen den Kunden die Entscheidung. Die Verlage können so – zumindest vordergründig – die Stellung des Buchhandels stärken und einen offenen Angriff auf das Sortiment vermeiden.[1198] Auch den Verpflichtungen des Börsenvereins wird damit Rechnung getragen. Gleichzeitig führen die Verlage die Kunden an den direkten Vertriebskanal heran und behalten für die Zukunft die Option, diesen verstärkt

---

[1195] Vgl. Schreiber (1998), S. 71.
[1196] Vgl. Böing (2001), S. 168 ff. und die dort zitierte Literatur sowie Loebbecke (2001), S. 106 mit drei möglichen Optionen.
[1197] Vgl. Böing (2001), S. 172 f.
[1198] Vgl. z. B. Heinold, Klems, Schulz (1997), S. 43, N. N. (1998), S. 81. Vgl. hierzu auch Schwarz, Allweyer (2000), S. 139. Eine derartige Lösung wird auch von Grossisten angewendet, vgl. Kilander (zitiert nach N. N. (1998f), S. 40 f.) sowie Schneider (2001), S. 135 mit dem Beispiel Libri.

zu nutzen.[1199] Eine aggressivere Strategie ist auf mittlere Sicht unwahrscheinlich. Die Verlage befinden sich hierbei in einer dem Gefangenen-Dilemma aus der Spieltheorie vergleichbaren Situation. Die Situation könnte durch neue Spieler aufgebrochen werden, die von Anfang an auf den Direktvertrieb setzen und daher keine Rücksicht zu nehmen haben.[1200] Dies würde die Position der Buchhandlungen deutlich schwächen.

3.6.2.4 Neue Intermediäre im Onlinebereich für klassische Verlagsprodukte

Neue Intermediäre für klassische Verlagsprodukte sind primär Online-Buchhandlungen wie z. B. das vielbeachtete Unternehmen Amazon.com.[1201] Auch die Barsortimente, also der Großhandel, wird durch Online-Engagements zunehmend im direkten Kundenkontakt tätig.[1202] Diese Online-Buchhandlungen sind allerdings in aller Regel nicht auf juristische Angebote spezialisiert. Daneben sind spezialisierte Portale zu finden, die häufig gleichzeitig als Intermediäre juristische Werke vertreiben.[1203] Solche fachlich spezialisierten Online-Buchhandlungen wurden in einer Studie als besonders gut geeignet beurteilt.[1204] Auch diese betreiben bisher lediglich ein normales Handelsgeschäft und sind aus Verlagssicht dem klassischen Sortiment im wesentlichen vergleichbar. Sie weisen allerdings eine ortsunabhängige Verfügbarkeit auf und entziehen so dem Direktvertrieb das Argument einer notwendigen flächendeckenden Versorgung.

Neue, auf den juristischen Bereich spezialisierte Intermediäre könnten entstehen, die versuchen, die insbesondere durch Marken verliehende Unikatseigenschaft von Büchern zu umgehen. Sie würden die Macht der Kunden erhöhen, indem sie fachlich fundiert thematisch gleiche Bücher miteinander vergleichen und ggf. bei gleicher Qualität preisgünstigere Werke empfehlen. Fraglich erscheint allerdings, ob ein solcher Anbieter angesichts der hohen Markenorientierung bei gleichzeitig überwiegend geringer Preissensibilität der Nachfrager wirtschaftlich lebensfähig wäre.

Infomediärsfunktionen übernehmen Dienste wie der „Zeitschriften-Inhalts-Dienst" des Kuselit-Verlags. Er wertet permanent neuerscheinende Beiträge von über 500 Zeitschriften aus und stellt entsprechende bibliographische Angaben als Push-Dienst basierend auf vordefinierten Profilen Nutzern zur Verfügung.[1205]

[1199] Eine derartige Absicht wird von den Anbietern allerdings bisher geleugnet, vgl. Kilander (zitiert nach N. N. (1998f), S. 40 f.).
[1200] Vgl. auch Kanter (2001), S. 92.
[1201] Vgl. ausführlich zu verschiedenen Rollen und Typen von Online-Buchhandlungen und vergleichbaren Intermediären Riehm, Orwat, Wingert (2001), S. 67 ff.
[1202] Vgl. Riehm, Orwat, Wingert (2001), S. 76 ff.
[1203] Beispielsweise das Angebot der Soldan-Stiftung unter Marktplatz-Recht.de.
[1204] Vgl. Riehm, Orwat, Wingert (2001), S. 96 f. Nach Wengenroth (2002a), S. 145 kommt Online-Buchhandlungen bei juristischen Nutzern nur eine geringe Bedeutung zu.
[1205] Zum Zeitschriften-Inhalts-Dienst vgl. N. N. (2002h).

Andere neue Intermediäre könnten die im Electronic Commerce verbesserten Realisierungsmöglichkeiten eines elektronischen Marktplatzes nutzen und versuchen, einen Marktplatz für gebrauchte Werke (Antiquariat) zu etablieren. Hierzu würden sich angesichts des kurzen Aktualisierungsintervalls juristischer Werke vor allem Altauflagen anbieten. Neben juristischen Verlagen, die auf diese Weise die Möglichkeit hätten, Remittenden oder Restauflagen abzusetzen, würde dies vor allem Nutzern die Möglichkeit geben, Altauflagen sinnvoll zu verwerten.[1206] Als Nachfrager kommen vor allem Juristen in Frage, die in fachlichen Randgebieten nicht auf die aktuellsten Auflagen angewiesen sind oder Zweitexemplare zur ortsunabhängigen Verfügbarkeit benötigen und bei diesen auf größte Aktualität verzichten. Daneben kommen auch Juristen in der Ausbildung als Nachfrager in Betracht. Auch aus Verlagssicht könnten solche Marktplätze vorteilhaft sein: Der Absatz aktueller Werke würde unterstützt, wenn die Nachfrager für ihre vorherigen Auflagen Erlöse erzielen und so die Möglichkeit hätten, den neu aufzubringenden Betrag zu senken. Voraussetzung hierfür wäre allerdings, daß durch die Altauflagen zusätzliche Nachfrage befriedigt wird und keine Kannibalisierung stattfindet. Diese zusätzlichen Nutzer würden so zudem an die Verlagsprodukte herangeführt (Niedrigpreisstrategie). Die geringe Preissensibilität des überwiegenden Teils der Zielgruppe stellt allerdings auch hier einen wirtschaftlichen Erfolg eines solchen Ansatzes in Frage. Auch könnten sie im Erfolgsfall durch spezialisierte Anbieter (z. B. ebay, Booklooker) angegriffen werden.

3.6.3 Distribution von Onlineprodukten

3.6.3.1 Direktvertrieb

Informationsanbieter profitieren in besonderem Maße von den durch den Electronic Commerce gesunkenen Transaktionskosten. Für sie kann daher eine Disintermediation mit einem Wandel zum Direktvertrieb besonders sinnvoll sein.[1207] Auch die Eigenschaften von online angebotenen Produkten erfordern angesichts eines stark interaktiven und individuellen Charakters typischerweise einen direkten Kontakt mit dem Verlag.[1208] Der Vertrieb von Onlineprodukten wird daher bisher vom Direktvertrieb dominiert.

Allerdings ist eine Vertikalisierung in Branchen mit unsicherem Umfeld oder raschem technologischem Wandel aufgrund der damit verbundenen Inflexibilität eine ungeeignete Koordinationsform.[1209] Der Onlinebereich zeichnet sich aber gerade durch einen raschen technologischen

---

[1206] Bisher werden solche Altauflagen nur in 10-12% der Kanzleien verkauft, während etwa 28-38% der Kanzleien sie vernichten und etwa 35-47% sie verschenken. In 18-30% der Fälle werden Altauflagen von den Buchhandlungen zurückgenommen. Vgl. FORIS (2001), S. 23.
[1207] Vgl. auch Giaglis, Klein, O'Keefe (1999), S. 397.
[1208] Vgl. auch Haseloh (1997), S. 39, Giaglis, Klein, O'Keefe (2002), S. 236.
[1209] Vgl. auch Klein (1996), S. 21. Die erhöhte Inflexibilität resultiert z. B. aus dem gebundenen Kapital und einem erschwerten Wechsel und Marktaustritt. Vgl. zu Nachteilen einer vertikalen Integration der Leistungserstellung speziell für Medienunternehmen ausführlich Kramer (1996), S. 51 ff.

Wandel aus. Hinzu kommen die bisher mangelnden Erfahrungen juristischer Verlage bezüglich valider Geschäftsmodelle im Onlinebereich. Dies spricht gegen eine starke Fokussierung auf den Direktvertrieb. Zudem könnten Vertriebskanalkonflikte aufgrund der Macht des klassischen Sortiments auch im Onlinebereich zum Tragen kommen. Mögliche Konflikte und die Eignung von Alternativen sollen daher im folgenden untersucht werden.

3.6.3.2 Die Rolle des klassischen Sortiments bei Onlineprodukten

Die Macht des klassischen Sortiments beim Vertrieb neuartiger, ausschließlich online zur Verfügung gestellter Produkte ist differenzierter als im klassischen Printmarkt zu beurteilen. Zum einen handelt es sich um ein neues Teilsegment und neuartige Geschäftsmodelle, so daß Buchhandlungen keine „Besitzstandswahrung" reklamieren können. Zum anderen erfolgt die Auslieferung in aller Regel digital direkt vom Verlag zum Kunden. Ein indirekter Vertrieb würde sich gerade bei stark individualisierten Produkten deutlich aufwendiger gestalten.

Allerdings versuchen die etablierten Verlage bisher aufgrund der starken Macht des Buchhandels im klassischen Geschäft, dennoch Rücksicht zu nehmen.[1210] So ermöglichen sie neben dem Direktvertrieb auch dem Buchhandel, Bestellungen für Onlineprodukte entgegenzunehmen und die entsprechende Provision zu erhalten.[1211] Je nach Abrechnungsmodell erfordert dies neue Provisionsmodelle und ggf. aufwendigere technische Infrastrukturen.[1212] Die Auslieferung erfolgt aufgrund der speziellen technischen Infrastruktur aber in aller Regel direkt vom Verlag an den Endkunden.

Die Einschaltung des Buchhandels ist allerdings nicht nur negativ zu sehen. Bisher ist noch kein Erfolg der (wenigen) Onlineprodukte am Markt feststellbar. Ursächlich hierfür ist möglicherweise gerade die fehlende Marktmacht des Handels. Eine stärkere Propagierung elektronischer Produkte durch den klassischen Buchhandel mit dessen guten Marktzugang könnte die bisher schleppende Verbreitung wesentlich beschleunigen.[1213] Die damit verbundenen Kosten

---

[1210] Vgl. Preuß Neudorf (1998), S. 8. Der Buchhandel sieht sich bisher auch mangels Erfolg der Verlage im Onlinebereich kaum bedroht, vgl. Langendorf (2000a), S. 181.
[1211] So etwa beim Eildienst Bundesrecht (vgl. N. N. (1998), S. 81), juris und Legios, vgl. N. N. (2001), S. 124. Diesem Vertriebsweg kommt allerdings faktisch kaum Bedeutung zu. In einem eigenen Praxisprojekt wurde die Erfahrung gemacht, daß deutlich weniger als 5% aller Bestellungen elektronischer Dienste über den Buchhandel erfolgen. Luczak (2000), S. 162 vermag entsprechend die Rolle des klassischen Sortiments bei Onlineprodukten noch nicht einzuschätzen.
[1212] Denkbar wäre etwa eine Zugangsvermittlung über Homepages des Sortiments auf Kommissionsbasis, vgl. N. N. (2001), S. 124. Abonnement-Modelle eignen sich aufgrund fixer Zahlungen relativ gut und verfügen über etablierte Provisionsmodelle; nutzungsabhänge Angebote wie z. B. Datenbankrecherchen oder Maildienste dagegen erfordern neue Provisionsmodelle.
[1213] Vgl. Klein-Blenkers (1995), S. 215 ff., Wilking (1998c), S. 20, Weber (1998), S. 20, Welb (1999), S. 45, Langendorf (2000a), S. 181, Schwarz, Allweyer (2000), S. 139. Dies wurde auch verschiedentlich (allerdings allgemein für elektronische Produkte) bei einer Umfrage unter RWS-Verlagen hervorgehoben, vgl. N. N. (1999c), S. 62 ff.

könnten irrelevant sein, wenn durch die Einschaltung dieses Intermediärs die Geschäftsabwicklung überhaupt erst in größerem Umfang ermöglicht wird. Das Sortiment hat die Möglichkeit, durch Beratungen unterstützend beim Aufbau von Erfahrungswissen in der Zielgruppe zu wirken. Vorteilhaft wäre auch im Onlinebereich die Bündelungsfunktion von Intermediären. So würden Nutzer davon profitieren, nicht mehrere Server absuchen und deren Oberflächen und Preismodelle kennen zu müssen.[1214] Wenig Beachtung findet bisher die bereits relativ alte Einschätzung der Europäischen Kommission, die eine Rolle des Buchhandels in einer Bezahlplattform sieht.[1215] Die Einbindung beim Verkauf von Zugangsberechtigungen (z. B. TAN-Verfahren) zur Realisierung von Prepaid-Abrechnungsmodellen (analog dem Mobilfunkbereich) ist eine Möglichkeit, um für eine Übergangszeit das Problem einer fehlenden Infrastruktur für elektronische Zahlungen mit vergleichsweise geringen Transaktionskosten zu lösen.[1216]

Von einer stärkeren Einbindung des Buchhandels würde aus Verlagssicht vor allem das Geschäft mit kleineren und mittleren Kunden profitieren. Der Buchhandel könnte zum einen angesichts überproportional hoher Transaktionskosten eine Bündelungsfunktion übernehmen. Zum anderen bietet er die Chance, vor allem die häufig noch weniger professionell organisierten und unerfahreneren Kunden an die neuen Möglichkeiten des Onlinebereichs heranzuführen.

Voraussetzung für eine stärkere Einbindung des Buchhandels ist allerdings eine ausreichende Kompetenz. Der Buchhandel muß sich für die Distribution elektronischer Medien auf neue Anforderungen einstellen. Neben entsprechenden Schulungen der Mitarbeiter muß z. B. die Infrastruktur für Vorführungen bereitgehalten werden.[1217] In der Vergangenheit scheiterte der Vertrieb elektronischer Produkte im Buchhandel häufig an dieser fehlenden Kompetenz.[1218]

Aufgrund der beschriebenen Vorteile ist in einer anfänglichen Übergangszeit der Handel als Vertriebsweg bei der Gestaltung neuer Geschäftsmodelle zu berücksichtigen und die Strategie der Kooperation zu wählen. Damit könnten die etablierten Spieler aufgrund ihres guten Zugangs zu diesen klassischen Vertriebskanälen, der sie vordergründig in ihrer Aktionsfreiheit einschränkt, sogar einen Wettbewerbsvorteil vor neuen Spielern haben.

3.6.3.3 Neue Intermediäre für Onlineprodukte

Ebenso wie der Buchhandel könnten auch andere, neue Intermediäre einige der dort diskutierten Vorteile bieten, insbesondere die Vorteile einer Bündelungsfunktion oder einer Heranführung unerfahrener Nutzer. Neue Intermediäre mit zukünftig steigender Bedeutung sind Daten-

---

[1214] Vgl. Preuß Neudorf (1998), S. 8, Weyher (2000), S. 69.
[1215] Vgl. Europäische Kommission (1996), S. 39.
[1216] Von entsprechenden Überlegungen bei XiPolis berichten z. B. Riehm, Orwat, Wingert (2001), S. 142.
[1217] Vgl. z. B. Amail (1996), S. 37 f.
[1218] Vgl. Riehm, Orwat, Wingert (2001), S. 32.

bank-Aggregatoren. Ein bekanntes juristisches Beispiel ist ALexIS der Versandbuchhandlung Soldan. Dieser Intermediär vertreibt auf eigene Rechnung und unter eigenem Namen Informationen aus Datenbanken von mit Soldan kooperierenden Verlagen. Die Verlage haben dabei keinen direkten Kontakt zum Kunden, d. h. ALexIS fungiert als Kundenschnittstelle und übernimmt das Marketing und die Fakturierung. Die Inhalte liegen aber ausschließlich auf Verlagsservern.[1219]

Bisher kaum Beachtung finden Branchensoftware-Anbieter als Vertriebskanal für Onlineprodukte. Dabei würden gerade diese sich sehr gut eignen: Eine Integration des Zugangs zu online von Verlagen angebotenen Leistungen in Branchensoftware würde Medienbrüche vermeiden und die Nutzung besonders effizient ermöglichen, idealerweise völlig automatisiert im Hintergrund. Dies böte die Chance, auch unerfahrene Nutzer durch eine geschickte Integration in die Benutzeroberfläche gut an das Angebot heranzuführen. Dieser Vertriebskanal würde somit helfen, Hemmnisse auf Nutzerseite zu überwinden.

Denkbar wäre die Etablierung von elektronischen Märkten für Fachinformationen. So bieten gerade juristische Fachinformationen in Form von Entscheidungstexten ein typisches Beispiel eines digitalen Gutes, das sich anhand weniger Merkmale nahezu eindeutig kennzeichnen läßt.[1220] Elektronische Märkte würden den Endkunden in diesem neuen Marktsegment zu einer erhöhten Macht verhelfen. Allerdings stellen gerade juristische Fachinformationen Vertrauensgüter dar, die im Endkundenbereich eine eher geringe Eignung für elektronische Märkte aufweisen.[1221] Fraglich bleibt auch das Verhalten der Verlage. Marktplätze würden zu einer aus Anbietersicht unerwünschten erhöhten Preistransparenz führen[1222] und könnten die Macht der Nachfrager stärken. Andererseits können einzelne Verlage das Entstehen solcher Marktplätze nicht verhindern, so daß eine Verweigerung unklug wäre. Lediglich eine einmütige Verweigerung praktisch aller Informationsanbieter könnte mit hinreichender Sicherheit eine Entstehung verhindern. Insgesamt ist ein Erfolg von endkundenorientierten elektronischen Märkten für juristische Fachinformationen damit unsicher. Allerdings sind schon Vorläufer von elektronischen Marktplätzen (z. B. metalaw.de) auf dem Markt anzutreffen.

Weitere Intermediärsfunktionen sind vorstellbar. So wäre denkbar, daß ein Infomediär wie newBooks.de auch speziell für juristische Praktiker Informationen zu Neuerscheinungen sammelt und thematisch gebündelt weitergibt. Bibliotheken könnten gerade im Onlinebereich gut als „Verkaufsagenturen" der Verlage auftreten und ihren Nutzern bedarfsweise den Zugang zu

---

[1219] Vgl. auch Kap. 3.4.5.3. Vgl. entsprechend für Journale auch Weyher (2000), S. 45.
[1220] Zur Eignung von juristischen Fachinformationen, insbesondere Entscheidungen, für elektronische Marktplätze vgl. Kap. 3.5.2.3.1.
[1221] Vgl. Picot, Reichwald, Wigand (2001), S. 356 ff.
[1222] Schlüchter (2001), S. 95 vertritt allerdings die Auffassung, daß abnehmende Gewinnmargen wegen höherer Markttransparenz durch sinkende Prozeßkosten wegen elektronischer Abwicklung in etwa ausgeglichen werden. Vgl. auch Bakos (1991), S. 42 f.

kostenpflichtigen Informationen bieten.[1223] Mobile Agenten von Infomediären wären ein weiterer denkbarer, zusätzlicher Vertriebskanal, indem ein Verlag einem solchen Agenten die Plattform für eine kostenpflichtige Recherche im eigenen Angebot zur Verfügung stellt.[1224]

3.6.3.4 Vertriebskooperationen von Verlagen (Coopetition)

Kooperationen haben im Buchhandelssystem eine lange Tradition.[1225] Insbesondere im Vertriebsbereich können Kooperationen sinnvoll sein. Hierbei können Verlage ihre eigenen Inhalte und Marken einbringen, zusätzlich die Angebote fremder, kooperierender Anbieter mit einbinden (Coopetition) und das Gesamtangebot insgesamt vermarkten. Umgekehrt können die einzelnen Inhalte daneben auch bei – ggf. mehreren – Anbietern eingebracht und vermarktet werden.[1226] Hierdurch kann[1227]

- ein umfassendes Angebot unter einer Oberfläche (One-Stop-Shopping) geboten werden,
- ein Markt entwickelt werden durch gemeinsame Kommunikationsmaßnahmen und akzeptanzfördernde einheitliche Oberflächen,
- das Risiko der Marktentwicklung verteilt werden,
- eine Konkurrenzauseinandersetzung und damit gegenseitige Schwächung zugunsten Dritter vermieden werden,
- die Flexibilität gegen mögliche neue Mitbewerber erhöht werden,
- die Macht gegenüber Mitbewerbern außerhalb der Kooperation erhöht werden, und
- auf lange Sicht durch eine größere Reichweite und damit stärkere Attraktivität für weitere sich beteiligende Anbieter eine profitable Monopolstellung erreicht werden.

Wichtig ist bei einem Gesamtangebot verschiedener, kooperierender Verlage die zumindest virtuelle Integration, die allerdings eine erhebliche Komplexität mit sich bringen kann. So muß aus einem Handbuch des einen Anbieters direkt eine zitierte Entscheidung bei einem anderen Anbieter aufrufbar sein.[1228] Standards kommt daher besondere Bedeutung zu.

[1223] Vgl. zu den Möglichkeiten von Bibliotheken auch z. B. Neubauer (1998), S. 87.
[1224] Zu mobilen Agenten siehe z. B. Siegemund, Cap, Heuer (2001).
[1225] Vgl. Klein-Blenkers (1995), S. 190.
[1226] Erste Ansätze hierzu finden sich in jüngster Zeit bei juristischen Verlagen. So sind die Inhalte des Nomos-Verlags sowohl bei beck-online als auch bei Legios eingebunden, die Zeitschrift „Betriebsberater" des Verlags Recht und Wirtschaft ist bei Juriforum, bei Legios und bei beck-online eingebunden, vgl. Wengenroth (2002), S. 147, N. N. (2002b), S. 8. Legios kooperiert zudem mit der österreichischen Datenbank RDB; beide Anbieter ermöglichen ihren Kunden jeweils den wechselseitigen Zugriff, vgl. N. N. (2002a), S. 28.
[1227] Vgl. teilweise auch Bird (1999), Amail (1996), S. 117 ff., Henkel (1999), S. 158, Wilking (1998c), S. 21.
[1228] Vgl. auch N. N. (1999h), S. 16. Dies war auch die Idee bei Legalis, vgl. Weber (1998a), S. 209, und ein technischer Grund für Verzögerungen.

Je nach konkreter Ausgestaltung bedingen Vertriebskooperationen, daß Kooperationspartner direkt den Kunden des Verlags bedienen und betreuen.[1229] Verlage müssen sich daher bewußt sein, daß gerade bei Vertriebskooperationen der Schnittstelle zum Kunden besondere Bedeutung als eigenständige Rolle zukommt.

3.6.4 Zusammenfassung zum Distributionsmodell

SCHÖNSTEDTs These, wonach die Buchbranche in ihrer Grundstruktur immer dreistufig bleiben wird[1230], wird im klassischen Offlinebereich durch den Electronic Commerce nicht in Frage gestellt. Neue Intermediäre werden die alten kaum verdrängen können. Der Trend zur Disintermediation durch die Verlage wird sich allerdings fortsetzen. Eine vollständige Verdrängung ist aufgrund der etablierten Strukturen und Kundenbeziehungen dagegen nicht zu erwarten. Der Direktvertrieb durch Autoren eignet sich aufgrund der für die Nachfrager deutlich erhöhten Transaktionskosten nur in Ausnahmefällen. Neu hinzu kommen werden vor allem fachspezifische Intermediäre, die daneben auch Betreiber von Portalen und Gemeinschaften sind. Damit wird die Vertriebsstruktur klassischer Produkte durch Dis- und Reintermediation und daher eine zunehmende Vielfalt gekennzeichnet sein (Abb. 23).

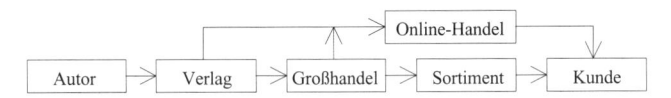

```
                              ┌──────> Online-Handel ──────┐
                              │                             ▼
   Autor ──> Verlag ──> Großhandel ──> Sortiment ──> Kunde
```

Abb. 23: Mögliche Effekte der Dis- und Reintermediation auf die Wertschöpfungskette[1231]

Für Onlineprodukte ist der Direktvertrieb in der Praxis als die nahezu ausschließliche Vertriebsform zu beobachten. Intermediäre, insbesondere das klassische Sortiment, weisen allerdings kurz- bis mittelfristig Entwicklungspotenzial auf. Insbesondere eignen sie sich zur Heranführung der unerfahrenen Zielgruppe an neuartige Leistungsangebote. Auch könnten sie, solange Verlage mangels ausreichender Kooperationen noch keine umfassenden Angebote bieten, die Bündelung von Angeboten übernehmen, denn eine zu starke Fragmentierung erhöht die Transaktionskosten für die Nutzer deutlich und hemmt die Akzeptanz. Schließlich eignen sich Intermediäre auch als Bezahlplattformen, solange elektronische Zahlungssysteme im Internet noch keine ausreichende Verbreitung gefunden haben. Dem wird bisher in der Praxis allerdings nicht Rechnung getragen. Mittel- und langfristig, nachdem die Zielgruppe die neuen Medien und das neue Leistungsangebot akzeptiert hat, wird dagegen die Bedeutung von klassischen Intermediären deutlich zugunsten des Direktvertriebs abnehmen. Von möglichen neuen Intermediären sind Datenbank-Aggregatoren und – bei allerdings großem Risiko – elektronischen Marktplätzen die größten Chancen einzuräumen.

[1229] Vgl. Henkel (1999), S. 157.
[1230] Vgl. Schönstedt (1999), S. 43.
[1231] In Anlehnung an Giaglis, Klein, O'Keefe (1999), S. 392.

Kooperationen mit anderen Verlagen, in die jeder seine gemeinsam zu vertreibenden Inhalte einbringt, bieten gerade im Onlinebereich für die Verlage besondere Vorzüge. Hierzu gehören vor allem die Möglichkeiten, gemeinsam ein bedeutsamer werdendes umfassendes Angebot anbieten zu können und Märkte zu entwickeln.

Insgesamt sollte damit die Distribution von Onlineprodukten vor allem kurz- und mittelfristig von einer größeren Vielfalt an Vertriebswegen geprägt sein.[1232] Einen Überblick gibt Abb. 24. Dies spiegelt sich allerdings derzeit in der Praxis noch nicht wider.

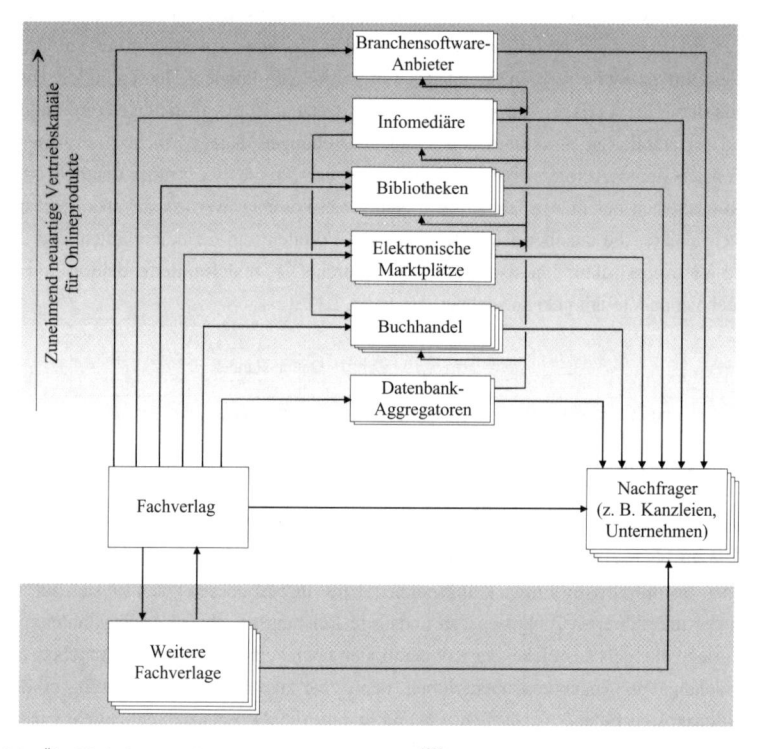

Abb. 24: Überblick über Vertriebskanäle für Onlineprodukte[1233]

[1232] Vgl. auch Luczak (2000), S. 162.
[1233] Die Verflechtungen der Intermediäre untereinander hängen stark von den konkret gewählten Geschäftsmodellen der Intermediäre und künftigen Branchenentwicklungen ab. Da diese bisher aber noch nicht ausgeprägt sind, können die dargestellten Verflechtungen der Intermediäre untereinander nur einen ersten Anhaltspunkt geben.

3.7 Wesentliche Strukturänderungen auf Basis der theoretischen Überlegungen

Insgesamt ist für die juristische Fachverlagsbranche mit der Zielgruppe beruflicher Verwender eher eine evolutionäre denn revolutionäre Veränderung zu erwarten. Die Branche wird weiterhin ihre Kernkompetenzen im inhaltlichen Bereich behalten und auch im Onlinebereich zur Geltung bringen können. Die Schnittstellen nach außen werden allerdings langfristig vielfältiger werden und können zu einer Einbettung in eine netzwerkförmige Wertschöpfung führen. So sind im Beschaffungsbereich für Fachinformationen innovative Szenarien denkbar, die zu einer vollständigen Reorganisation der Strukturen führen. Die Nutzung des Internets bietet wesentliches Potential zur Effizienzsteigerung und Reduktion der Kapitalbindung. Eine Voraussetzung für dynamischere Beschaffungslösungen ist allerdings die Schaffung eines einheitlichen Branchenstandards für die Datenbeschreibung. In einem ersten Schritt könnte das Entstehen von Intermediaren und Dienstleistern die Zahl der Anbieter erhöhen und den bisherigen größtenteils monopolistischen Strukturen entgegenwirken. Marktplätze, betrieben von kooperierenden Verlagen, erlauben dann eine weitere Bündelung und erhöhte Preistransparenz.

Das Leistungsangebot wird erst langfristig wesentliche Veränderungen erfahren, da eine Akzeptanz beim Kunden erst durch eine allmähliche Diffusion zu erreichen ist. Neben einer grundsätzlich eher ablehnenden Haltung, die im wesentlichen ein Generationsproblem darstellt, sind auch typische Nachteile von Onlineprodukten bei gleichzeitig nicht ausreichendem Mehrwert für eine anfängliche Zurückhaltung verantwortlich.

Im Bereich des Leistungsangebots sind zukünftig drei wesentliche Säulen zu erwarten:

- Eine zunehmende Bedeutung von online angebotenen Kommentaren, die als Integrationsplattform („Portal") für andere, bedarfsweise zu ergänzende Leistungsangebote auch fremder Anbieter dienen können und so über den ursprünglichen Inhalt eines Kommentars hinauswachsen. Hierzu müssen spezielle Arbeitsumgebungen entwickelt werden, die den besonderen Anforderungen Rechnung tragen. Sie eignen sich dann aufgrund ihrer produktimmanenten systematischen Ausrichtung besser als etwa Datenbanken, die derzeit zunehmend diese Rolle übernehmen.
- Eine stark zunehmende Bedeutung von individuellen Pushdiensten. Damit könnte die Rolle vanz- und Aktualitätsanforderung der Zielgruppe deutlich besser als bisher erfüllt werden. Hier ist das Potential in der Praxis noch fast völlig ungenutzt.
- Eine stark zunehmende Bedeutung von für Großkunden individuell konfigurierten Dienstleistungsangeboten. Hierunter ist vor allem eine permanente Informationsversorgung zu verstehen. Die Verlage reichen in die Kanzleien und Unternehmen „hinein" und stellen mitarbeiterspezifisch Arbeitsumgebungen zur Verfügung. Bedarfsweise können sie hierzu auch die Angebote anderer Anbieter einbeziehen.

Weniger optimistisch aus Sicht eines einzelnen Verlags sind Fachinformationsdatenbanken zu bewerten. Das Marktsegment weist tendenziell monopolisierende Eigenschaften auf und wird von einer erhöhten Wettbewerbsintensität gekennzeichnet sein. Andererseits verstärkt sich derzeit der Trend, andere Leistungsangebote wie Zeitschriften in Fachinformationsdatenbanken zu integrieren, was deren Bedeutung weiter erhöhen wird. Aufgrund der zunehmenden Bedeutung eines umfassenden Angebots ist hier die Strategie einer Coopetition am sinnvollsten.

Mit den Veränderungen einher geht ein schleichender Bedeutungsverlust der klassischen Produkte, der allerdings zu großen Teilen Kernprodukte juristischer Verlage mit hohen Skalenerträgen und traditionell stabilen Kundenbeziehungen betrifft und daher bei Nichtbeachtung zu einer Verschlechterung der Wettbewerbssituation führen kann. Substitutionswirkungen betreffen vor allem Informationsdienste und CD-ROM-Datenbanken. Bei den übrigen Angeboten ist – entgegen der Literatur auch bezüglich der Nachschlagewerke – keine vollständige Substitution, sondern eine Parallelität von Off- und Onlineprodukten zu erwarten. Auf Nutzerseite stehen den Vorteilen Nachteile vor allem in der Handhabung gegenüber, die für bestimmte Situationen eine Verwendung ausschließen und neben anderen Faktoren zu einer zumindest anfänglichen skeptischen Grundhaltung der Nutzer beitragen. Größere Substitutionswirkungen werden daher erst langfristig eintreten, wenn in der Zielgruppe die Akzeptanz deutlich gestiegen ist.

Das klassische Leistungsangebot wird durch weitere neue Produkte ergänzt werden, die allerdings auf absehbare Sicht keine dominante Bedeutung erlangen werden. Diese können die Merkmale des Onlinebereichs nutzen, um die Anforderungen der Nachfrager noch besser zu erfüllen. Portale und Gemeinschaften eignen sich entgegen den Erwartungen in der Praxis durchaus für juristische Praktiker, insbesondere z. B. für dynamische und momentan im Umbruch stehende Rechtsgebiete bzw. für kleinere und mittlere Kunden. Auch die Literatur sieht auf abstrakter Ebene für Fachverlage die Rolle eines Organisators von Gemeinschaften. Zunehmende Bedeutung wird aufgrund der geringen Kosten und guten Erlösaussichten Content Syndication erlangen. Online angebotene Expertensysteme werden auch langfristig aufgrund der technischen Probleme höchstens eine moderate Bedeutung erlangen.

Insbesondere dort, wo zukünftig einem umfassenden Angebot besondere Bedeutung zukommt, also etwa bei Datenbanken, Nachschlagewerken und Dienstleistungen, bietet sich eine Zusammenarbeit mit Wettbewerbern (Coopetition) gerade für kleinere Verlage an. Damit könnte der Online-Markt gemeinsam entwickelt werden. Sie ist aber aufgrund der starken Berührungsängste zwischen den Verlagen sehr problematisch. Eine Fortsetzung des Trends führt zur Ausbildung von Netzwerken und letztlich zu einer Atomisierung der einzelnen Leistungen und ihrer bedarfsweisen Konfiguration. Gerade das Dienstleistungsangebot kann von einer solchen dynamischen Konfiguration profitieren. Verlage eignen sich dabei besonders für die Rolle eines Koordinators, übernehmen daneben aber auch weiterhin Teile der primären Wertschöpfung. Die aufgrund von möglichen Lock-In-Effekten zukünftig noch wertvollere Schnittstelle zum Kunden könnte auch vom Buchhandel beansprucht werden, wobei aber auch hier Verlage als geeigneter anzusehen sind.

Speziell im Vertriebsbereich könnten Netzwerke so gestaltet werden, daß Verlage sowohl ihre Inhalte in Angebote anderer Verlage einbinden als auch parallel selbst anbieten und dabei ggf. selbst Angebote Dritter hinzukonfigurieren. Intermediäre, vor allem das klassische Sortiment, weisen kurz- bis mittelfristig Entwicklungspotential auf. Insbesondere eignen sie sich zur Heranführung der unerfahrenen Zielgruppe an neue Leistungsangebote und als Bezahlplattformen, solange elektronische Zahlungssysteme im Internet noch keine ausreichende Verbreitung gefunden haben. Diesem Potential wird bisher in der Praxis allerdings nicht Rechnung getragen. Mittel- und langfristig, nachdem die Zielgruppe die neuen Medien akzeptiert hat, wird dagegen die Bedeutung von klassischen Intermediären deutlich zugunsten des Direktvertriebs abnehmen.

Betrachtet man die Auswirkungen der beschriebenen Strukturänderungen auf den Wertschöpfungsanteil von Verlagen, so ist insgesamt ein leichter Anstieg festzustellen. Im Beschaffungsbereich ist es sinnvoll, Teile der bisherigen Wertschöpfung zur Realisierung von Kostenvorteilen abzugeben. Dies gilt auch für geringqualifizierte, vor allem syntaktische Teile der Aufbereitungsfunktion. Die Selektionsfunktion wird weiterhin bei den Verlagen liegen. In der Summe deutlich reintegriert wird dagegen die Distributionsfunktion, auch wenn hier die Strukturen durch die Bildung von Netzwerken vielfältiger werden. Die Distribution macht im klassischen Bereich aufgrund des zweistufigen Distributionssystems einen wesentlichen Anteil der Wertschöpfung von Verlagsprodukten aus, der bisher ganz überwiegend außerhalb von Verlagen erbracht wurde. Durch die Digitalisierung wird zudem der Wertschöpfungsanteil der Distribution sinken, so daß die übrigen Teile bedeutsamer werden. Aufgrund der größeren Vielfalt an Bedeutung gewinnen wird dagegen die Koordination der gesamten Wertschöpfungskette, die ebenfalls in der Hand der Verlage liegt.

Im Erlösbereich sind drei wesentliche Änderungen gegenüber dem klassischen Offlinegeschäft zu erwarten. Gruppenlizenzen, die im Printbereich keine direkte Entsprechung haben, werden bedeutsamer werden. Eine erleichterte Produktvariation hat das Potential, ihre bisher in der Fachverlagsbranche geringe Verbreitung deutlich zu steigern. Dadurch kann besser als bisher in Verbindung mit einer Preisdifferenzierung eine unterschiedliche – vor allem eine besonders hohe – Zahlungsbereitschaft abgeschöpft werden. Steigende Bedeutung könnten daneben dynamische Preismodelle erlangen. Vor allem würde sich bei juristischen Verlagen das Weblining mit seiner Betonung des Kundenwertes anbieten.

Voraussetzung für die beschriebenen Strukturänderungen ist aus technischer Sicht vor allem eine auf mittlere Sicht zu lösende, aber kapitalintensive digitale Verfügbarkeit und systematische Aufbereitung der Altdaten. Hinzu kommt vor allem aber eine entsprechende Bereitschaft der Verleger, eine bisher vorhandene Scheu vor dem Onlinebereich und seinen Chancen und

Risiken abzulegen. Dies gilt insbesondere auch in wirtschaftlicher Hinsicht. Im Gegensatz zum klassischen Printbereich mit relativ gut abschätzbaren und begrenzbaren Risiken ist ein wirtschaftlicher Erfolg im Onlinebereich deutlich unsicherer, was für die Verlage kulturelles Neuland bedeutet. Eine erforderliche kritische Masse zum Durchbruch von Onlineprodukten ist bisher bei weitem nicht erreicht. Vielmehr reagiert auch die Zielgruppe noch zögerlich in der Akzeptanz neuer Medien, wobei Angebot und Nachfrage derzeit noch wechselnd hemmend rückkoppeln.

WIRTZ faßt die durch den Electronic Commerce induzierten Veränderungen im Unternehmensumfeld zu vier Entwicklungen zusammen, die er als die vier Kräfte des Electronic Business bezeichnet:[1234]

- Intensivierung des *Wettbewerbs*, zurückzuführen auf eine erhöhte Markttransparenz, den Abbau von Marktfriktionen, die Erosion von Markteintritts- und Wechselbarrieren sowie eine allgemeine Tendenz zur Disintermediation,
- Entwicklung zur *Virtualisierung* sowohl der Produkte als auch der Organisationen,
- *Komplexitätszunahme*, zurückzuführen auf eine höhere Innovationsgeschwindigkeit und eine zunehmende Fragmentierung der Märkte als Folge einer zunehmenden Individualisierung,
- Verändertes *Kundenverhalten*, vor allem ein gestiegener Informationsgrad der Nachfrager, eine geringere Bindung und eine gestiegene Marktmacht.

Die These eines erhöhten Wettbewerbs trifft in Teilfaktoren auch auf die juristische Verlagsbranche zu. Neben einem erhöhten brancheninternen Wettbewerb droht insbesondere ein Einstieg eines starken ausländischen Spielers, der am ehesten von veränderten – wenn auch nicht gesenkten – Markteintrittsbarrieren und geringeren Friktionen profitieren kann. Die Faktoren einer zunehmenden Virtualisierung und Komplexität treffen in vollem Umfang auf die juristische Verlagsbranche zu. Veränderungen des Kundenverhaltens sind derzeit aufgrund der zurückhaltenden Einstellungen noch nicht zu abzusehen. Die Merkmale der Zielgruppe lassen dies aber als eher unwahrscheinlich erscheinen.

WIRTZ stellt weiter zu Recht einen Trend zu hybriden, multifunktionalen Geschäftsmodellen fest[1235], so daß ihre Klassifizierung der zukünftigen Positionierung juristischer Fachverlage entlang der eingangs erörterten Reinformen kaum möglich ist. Auch zukünftig wird der Schwerpunkt der Verlage eindeutig beim Typ *Content* liegen, dort insbesondere beim Subtyp *E-Information*. Denkbar ist eine leichte Ausweitung auf den Bereich *E-Education*. Zukünftig deutlich bedeutsamer wird der Geschäftsmodelltyp *Commerce* werden, insbesondere der Subtyp *Transaction* aufgrund der zunehmenden Bedeutung des Direktvertriebs. Bei den Typen *Context* und

---

[1234] Vgl. hierzu Wirtz (2001), S. 151 f.
[1235] Vgl. Wirtz (2001), S. 276. Zu den verschiedenen Typen vgl. Kap. 2.3.2 sowie ausführlich zu den Subtypen Wirtz (2001), S. 219 ff. und Wirtz, Becker (2002), S. 86 ff.

Connection, denen bisher praktisch keinerlei Bedeutung zukommt, könnten die Subtypen *Web-Kataloge* und *Intra-Connection* mit der zunehmenden Bedeutung von virtuellen Gemeinschaften und Portalen als Angebot von Fachverlagen wichtiger werden. Diese werden aber in ihrer Bedeutung deutlich nachrangig bleiben.

Legt man die verschiedenen möglichen Wettbewerbsrollen der frühen Studie der europäischen Kommission aus dem Jahr 1995 zugrunde[1236], so kommt man zu ähnlichen Ergebnissen. Die Studie hatte insbesondere Verlagen die Rollen „Online Network" und „Community Organizer" empfohlen. Abgesehen von den eher beengenden Bezeichnungen entsprechen deren breite Positionierungen in der Wertschöpfungskette im wesentlichen den zukünftig als geeignet anzusehenden Positionen für juristische Verlage, wie sie im Rahmen der theoretischen Überlegungen erarbeitet wurden.

[1236] Vgl. ausführlicher die Darstellung im Kap. 3.2.1.

4 Durchführung einer Delphi-Studie zur zukünftigen Entwicklung juristischer Fachverlage

Die Diskussion in Kap. 3 zeigte Bereiche auf, in denen die theoretisch als sinnvoll erachteten Optionen von den in der Literatur dargelegten Praktikereinschätzungen abweichen oder einen deutlichen Strukturwandel zum derzeitigen Zustand darstellen. Ihr zukünftiges Eintreffen ist daher mit Unsicherheit behaftet. Zur verläßlicheren Fundierung der Ergebnisse sollen diese daher im Rahmen einer empirischen Untersuchung durch Branchenexperten validiert oder als aus deren Sicht für die praktische Umsetzung eher ungeeignet identifiziert werden.

4.1 Vorhandene Studien

Es gibt bisher eine begrenzte Anzahl von Studien, die sich mit der Einschätzung des Onlinebereichs durch die Verlage bzw. mit seiner Akzeptanz bei Juristen befassen.[1237] Zu nennen ist vor allem die jährlich vom Buchreport veröffentlichte Umfrage unter typischerweise sieben bis neun RWS-Verlagen und dem RWS-Handel, bei der mit kurzen Statements die Einschätzung zur Marktlage und zu aktuellen Themen abgefragt wird. In den letzten Jahren waren dies folgende Bereiche:[1238]

- 1998: Wettbewerbsintensität, zukünftige fachliche Schwerpunkte, zukünftige Vertriebskanäle; fokussiert eine Meinung zum Thema der Akzeptanz elektronischer Medien.
- 1999: Wachstumsaussichten, Chancen und Risiken durch elektronische Produkte, Konzentrationsbestrebungen; fokussiert die Stellung des Sortiments.
- 2000 zum Onlinebereich: Inhalt eines Onlineangebots, Verbreitung und Gestaltung direkter Erlöse im Onlinebereich und zukünftige Bedeutung eines Direktvertriebs über das Internet.
- 2001 zum Onlinebereich: Art und Gründe des Engagements, Verbreitung direkter Erlöse, Preisniveau, Sicherheit, zukünftige Bedeutung der Vertriebsschiene Internet, Substitutionsgefahren für Printprodukte, Bedrohung des Sortiments durch Direktvertrieb.

Daneben sind folgende Studien zum elektronischen Publizieren durch Fachverlage zu nennen:

- Börsenverein des Deutschen Buchhandels (1997) mit einer breiten Marktstudie (Konsumentenmarkt) zu elektronischen (Offline-) Publikationen.
- Haseloh (1997) mit einer kleinen empirischen Studie zum elektronischen Publizieren.

[1237] Dabei finden sich allerdings keine Studien aus dem Bereich der Wirtschaftsinformatik oder der Betriebswirtschaftslehre. Die umgekehrte Sichtweise in Form einer Übersicht zu empirischen Studien zum Electronic Commerce aus betriebswirtschaftlicher Sicht (Wirtz, Krol (2001), S. 336 ff.) bestätigt dies.
[1238] Vgl. N. N. (1998a), N. N. (1998b), N. N. (1999c), N. N. (2000), N. N. (2001). In 2002 wurde keine entsprechende Umfrage durchgeführt.

- Heinold, Klems, Schulz (1997) mit einer Studie zur Art und zum Ausmaß des Internetengagements von Verlagen.
- Hitzges, Köhler (1997) ebenfalls zur Verbreitung des elektronischen Publizierens, zur Konkurrenz zu traditionellen Produkten, zur Wirtschaftlichkeit, Motivation und zur Einschätzung der strategischen Lage.
- Arbeitskreis elektronisches Publizieren (1999) des Verleger-Ausschusses im Börsenverein des deutschen Buchhandels zum medienneutralen Publizieren, insbesondere zu den aktuellen und künftigen Dienstleistungen, zum Datenmanagement, zu den Geschäftsprozessen und zu Veränderungen in der Organisation.
- Ziegler, Becker (2000a) zu den Auswirkungen des Internets auf das Selbstverständnis, Geschäftsmodelle, Marketing, Mitarbeiter und Organisation deutscher Verlage.
- Lang (2000) mit einer sehr knappen Delphi-Studie zur Zukunft der Buchbranche.
- Riehm, Orwat, Wingert (2001) zu den Herausforderungen für die Buchhandelsbranche durch das Internet.

Mit der Zielgruppe der juristischen Praktiker befaßten sich seit 1997 folgende Studien:

- Trede (1997) zur Art des Internetzugangs und der Nutzung des Internets als Informationsquelle und Marketingmedium für Juristen.
- Haft (1998) zur Informationsbeschaffung in der Anwaltskanzlei und im Jurastudium: Nutzungsverhalten und Einstellungen zu verschiedenen Medien.
- Disterer (1998) zur Nutzung von Informationstechnologien durch große Anwaltskanzleien.
- FORIS (2001) mit einer knappen Marktumfrage zur Internetnutzung und Bibliotheksorganisation in deutschen Kanzleien.
- Soldan (2002) zur computergestützten Wissensanwendung in Anwaltskanzleien, insbesondere zur Informationsbeschaffung, zur Stellung von elektronischen im Vergleich zu Printmedien und zur Bekanntheit von Online-Anbietern.

Studien, die sich mit Geschäftsmodellveränderungen für juristische Fachverlage durch das Internet befassen, sind bisher nicht publiziert worden.

4.2 Erhebungsmethode

4.2.1 Auswahl der Methode

Bei empirischen Untersuchungen sind als Forschungsmethoden generell die Befragung, die Beobachtung, die Inhaltsanalyse von Dokumenten und das Experiment zu unterscheiden. Die Inhaltsanalyse eignet sich besonders bei Gegenstandsbereichen, die ein Produkt menschlicher Aktionen darstellen. Experimente eignen sich für vom Forscher kontrollierte Situationen. Die Befragung und Beobachtung eignen sich für Feldstudien, wobei die Beobachtung besonders bei zeitgebundenen Aktionen zum Tragen kommt.[1239] ATTESLANDER unterscheidet weiter verschiedene Vorgehensweisen: Exploratives Vorgehen, etwa bei Fallstudien- oder Aktionsforschung, hat den Vorteil der Erfassung qualitativer Werte in spezifischen Situationen und detaillierter Befunde, aber auch den Nachteil einer fehlenden statistischen Repräsentativität und einer schwierigen Übertragbarkeit, eines sehr begrenzten Fokusses und eines langen persönlichen Einsatzes des Forschers. Bei repräsentativem Vorgehen ist zwischen Querschnittsuntersuchungen mit einer Vielzahl von Variablen, aber begrenzter Detailliertheit, und Längsschnittuntersuchungen, genauer Panel- oder Trenduntersuchungen, zu unterscheiden.[1240] Experimente scheiden für die vorliegende Studie aufgrund der strategischen Bedeutung des Gegenstandsbereiches aus. Die Beobachtung und Inhaltsanalyse wurden bereits im Rahmen der Arbeit zur Herleitung von Thesen verwendet. Zur Verifizierung der Ergebnisse eignet sich daher eine Befragung als anzuwendende Methode. Befragungen können nach verschiedenen Kriterien unterschieden werden wie Medium, Standardisierungsgrad oder Teilnehmerzahl.[1241]

Nach dem *Medieneinsatz* ist zwischen mündlichen oder schriftlichen Befragungen zu unterscheiden. Eine mündliche Befragung (Interview) kann persönlich („face to face") oder telefonisch erfolgen. Eine telefonische Befragung ist jedoch nur für kurze Interviews geeignet und scheidet daher hier aus. Eine schriftliche Befragung hat folgende Vorteile:[1242]

- Niedrige Kosten,
- Abdeckung eines großen geographischen Raums,
- hohe Neutralität, weil eine Beeinflussung durch den Interviewer nicht möglich ist,
- überlegtere Antworten, da die angesprochene Person nicht von einem Interviewer unter Zeitdruck gesetzt wird, sowie
- eine höhere Erreichbarkeit, weil durch die asynchrone Bearbeitungsmöglichkeit auch Personen mit Terminschwierigkeiten teilnehmen können.

Den Vorteilen der schriftlichen Befragung steht auch eine Reihe von möglichen Problemen gegenüber. Ihre Ausschaltung ist gleichzeitig der Vorteil einer mündlichen Befragung:[1243]

- Rücklaufproblem: Bei einer schriftlichen Befragung sind deutlich geringere Rücklaufquoten zu erzielen als bei anderen Erhebungsarten. Dies liegt u. a. daran, daß die stimulierende Anwesenheit eines Interviewers entfällt.

[1239] Vgl. z. B. Atteslander (1995), S. 71 f. sowie Schnell, Hill, Esser (1999), S. 297, die lediglich die Datenerhebungsverfahren Befragung, Beobachtung und Inhaltsanalyse als Grundtypen unterscheiden.
[1240] Vgl. Atteslander (1995), S. 80.
[1241] Vgl. zu weiteren Kriterien Müller-Böling, Klandt (1994), S. 27 ff.
[1242] Vgl. Möhrle, Hoffmann (1994), S. 247, Atteslander (1995), S. 167 f. und Berekoven, Eckert, Ellenrieder (2001), S. 113, Schnell, Hill, Esser (1999), S. 336.
[1243] Vgl. Atteslander (1995), S. 167 f. und Berekoven, Eckert, Ellenrieder (2001), S. 113 f., Schnell, Hill, Esser (1999), S. 336 f.

- Identitätsproblem: Nicht die angeschriebene Person, sondern eine oder mehrere andere Personen füllen den Fragebogen aus.
- Interpretationsproblem: Insbesondere schwierige Fragen können dazu führen, daß der Beantworter sie nicht versteht und deshalb nicht beantwortet oder sie fehlinterpretiert. Klärungsmöglichkeiten bestehen nicht.
- Steuerungsproblem: Es kann insbesondere dann auftreten, wenn Vorgaben während des Bearbeitungsvorgangs, etwa Bearbeitungszeitpunkte bzw. -räume oder Reihenfolgen, einzuhalten sind. Es fehlt die steuernde und kontrollierende Instanz des Interviewers.

Bezüglich des *Standardisierungsgrads* ist zwischen einer unstrukturierten, halbstandardisierten und standardisierten Befragung zu unterscheiden. Eine standardisierte Befragung bietet sich an, wenn in gut erforschten Teilbereichen bereits bekannte Hypothesen konfirmatorisch überprüft werden sollen.[1244] Ist zu Beginn einer Untersuchung nicht genügend gesichertes Wissen als Grundlage für eine standardisierte Befragung vorhanden, so bietet sich beispielsweise ein halbstandardisiertes Interview als Untersuchungsform an. So können Fragen neu formuliert bzw. zu einem anderen Zeitpunkt gestellt werden. Bei Bedarf ist es möglich, weitere Fragen zu einem bestimmten Themenbereich hinzuzufügen, um Sachverhalte möglichst detailliert aufzunehmen. Die Motivation des Befragten zu überlegten Antworten wird erhöht, da die Hintergründe der Fragen beschrieben werden können. Zudem besteht die Möglichkeit, unverstandene Fragen näher zu erläutern.[1245]

Daneben ist nach der *Teilnehmerzahl* zwischen einer Gruppen- und Einzelbefragung zu unterscheiden.[1246] Dabei bietet eine Einschätzung durch eine Gruppe gegenüber Einschätzungen einzelner Personen eine Reihe von Vorteilen. So können mehr Informationen verarbeitet, unterschiedliche Perspektiven und Ansätze berücksichtigt, komplementäre Sachverhalte verknüpft und Denkfehler überprüft und ggf. korrigiert werden. Eine Gruppe besitzt damit ein eingehenderes Problemverständnis und kann fundiertere Urteile abgeben.[1247] Nachteilig sind speziell bei Gruppendiskussionen oder Brain Storming dysfunktionale Effekte wie Gruppendynamik und -zwang, dominante Gruppenmitglieder bzw. „Schweiger", Partikularinteressen und/oder irrelevante Information und Kommunikation im Rahmen gruppendynamischer Prozesse (z. B. Rollendifferenzierung). Hinzu kommt die Befürchtung vor einem möglichen Prestigeverlust bei einer Meinungsänderung im Laufe der Diskussion. Hochrangige Personen scheuen sich, unsichere Ideen zu äußern und üben andererseits einen kanalisierenden Einfluß auf die Meinungen der anderen Teilnehmer aus.[1248] Auch die eingeschränkte Verfügbarkeit von Diskutanten auf-

---

[1244] Vgl. Atteslander (1995), S. 183 f. und Müller-Böling, Klandt (1994), S. 29.
[1245] Vgl. Atteslander (1995), S. 161 f., Müller-Böling, Klandt (1994), S. 29 sowie Heinrich (1995), S. 7.
[1246] Vgl. Müller-Böling, Klandt (1994), S. 29.
[1247] Vgl. Heinzl (1996), S. 130 f. und die dort zitierte Literatur.
[1248] Zu den verzerrenden Wirkungen einer direkten Kommunikation vgl. auch Dalkey (1969), S. 14, Gisholt (1976), S. 141, Martino (1993), S. 16, Schnell, Hill, Esser (1999), S. 330 ff., Turoff, Hiltz (2000) sowie die Diskussion bei Krüger (1975), S. 219 f.

grund der erforderlichen geographischen und zeitlichen Konzentration auf einen Sitzungsort und mögliche voreilige Antworten im Zuge dynamischer Diskussionen stellen ein Problem dar.

Die Delphi-Methode vereint die Vorteile einer Gruppenbefragung mit denen einer schriftlichen Befragung.[1249] Dabei vermeidet sie aufgrund der Anonymität der Teilnehmer die Nachteile von Gruppendiskussionen oder Brain storming.[1250] Allein schon praktische Gründe wie die geographische Verteilung der Experten lassen die Delphi-Methode häufig als einzig mögliche erscheinen.[1251] Sie führt aufgrund ihrer strukturierten Vorgehensweise zu einer höheren Ergebnisqualität[1252] und eignet sich besonders bei komplexen Problemen. Die Nachteile einer standardisierten schriftlichen Befragung wie z. B. das starre Befragungsschema werden durch einen dynamischen Prozeß mit verschiedenen Runden zumindest teilweise ausgeglichen. Nachteilig ist bei einer Delphi-Studie der lange Durchführungszeitraum sowie der hohe Aufwand auf Seiten des Moderators für die Expertenauswahl, die Fragenformulierungen, die Auswertungen und die Informationsübermittlungen.[1253] Aufgrund dieses erheblichen Aufwands ist sie bisher nicht sehr verbreitet.[1254]

4.2.2 Merkmale der Delphi-Methode

Die Delphi-Methode gehört zu den Prognoseverfahren. BEREKOVEN, ECKERT und ELLENRIEDER ordnen sie den heuristischen Prognoseverfahren zu, da ihr kein mathematisches Prognosemodell zugrunde liegt.[1255] Sie wurde seit Ende der vierziger Jahre von DALKEY und HELMER in der RAND Corporation, Santa Monica, entwickelt und wird seitdem vielfach eingesetzt.[1256] In

---

[1249] Vgl. Albach (1970), S. 15, Häder, Häder (1994), S. 10.
[1250] Vgl. Geschka (1977), S. 32 ff., Götze (1991), S. 249 ff., Häder, Häder (2000), S. 22 f., Riggs (1983), S. 93, Welters (1989), Sp. 262 f., Beck, Glotz, Vogelsang (2000), S. 18. Vgl. auch die Zusammenstellung von Beurteilungen der verschiedenen Methoden bei Wechsler (1978), S. 193 ff., Heinzl (1996), S. 134 ff. und Gisholt (1976), S. 116 ff. Eine Übersicht über Prognoseverfahren liefern z. B. Berekoven, Eckert, Ellenrieder (2001), S. 258 ff., Schuster (1998), S. 70 ff., Grupp (1994), S. 67 ff., Blind (1996), S. 161 ff. und Steinmüller (1999), S. 660 f.
[1251] Vgl. Häder, Häder (1998), S. 16.
[1252] Es konnte empirisch belegt werden, daß Delphi anderen eher unstrukturierten Vorgehen wie z. B. Gruppenbefragungen überlegen ist. Vgl. auch Kap. 4.2.4. Verantwortlich für die hohe Qualität ist vor allem der zunehmende Informationsstand der Experten in verschiedenen Runden bei gleichzeitigem Ausschluß von Verzerrungsfaktoren, wie sie etwa bei nicht anonymen Verfahren auftreten können.
[1253] Vgl. Albach (1970), S. 17, Geschka (1977), S. 36, der als Mindestdauer für eine Studie sieben Monate veranschlagt und auf die sehr aufwendigen Auswertungen verweist, Gisholt (1976), S. 156, Wechsler (1978), S. 190 f., Grupp (1993), S. 12 ff. sowie Götze (1991), S. 251 f. und die dort zitierte Literatur. Gisholt (1976), S. 156 nennt exemplarisch für eine Delphi-Studie für das Moderatorenteam einen Aufwand von etwa 3.000 Stunden.
[1254] Vgl. Grupp (1993), S. 12 ff.
[1255] Vgl. Berekoven, Eckert, Ellenrieder (2001), S. 268. Steinmüller (1999), S. 660 f. differenziert heuristische Modelle jedoch von den Prognoseverfahren, denen er die Delphi-Methode zuordnet.
[1256] Vgl. Dalkey, Helmer (1963), Häder, Häder (2000), S. 11 f. Vorarbeiten dienten u. a. der Verteidigungspolitik der USA und befassen sich mit der Frage der möglichen Ziele und Folgen eines sowjetischen Bombenangriffs. Die erste Anwendung geht allerdings auf das Jahr 1948 zur Vorhersage der Sieger von Pferderennen zurück. Vgl. hierzu ausführlich Krüger (1975), S. 203 ff., Häder, Häder (2000), S. 11, Grupp

Deutschland hat es eine erste nennenswerte Phase in den siebziger Jahren gegeben, in der die Delphi-Methode vor allem als Prognose- und Planungsinstrument in der Betriebswirtschaftslehre rezipiert wurde, dann aber kaum noch beachtet wurde. Erst in den neunziger Jahren gelang der Delphi-Methode im Rahmen verschiedener Technikbewertungen der Durchbruch.[1257] Im Umfeld der deutschsprachigen Wirtschaftsinformatik wurde sie nach Kenntnis des Verfassers bisher eher selten eingesetzt:[1258]

- Vorreiter[1259] waren 1993/1994 HEINZL und SRIKANTH mit Studien über die Entwicklung der betrieblichen Informationsverarbeitung.
- MÖHRLE führte 1993/1994 eine computergestützte Delphi-Befragung zum computerunterstützten Lernen durch.
- KÖNIG und HEINZL erstellten 1994 und 1999 Delphi-Studien zur Entwicklung der Wirtschaftsinformatik.
- SCHUSTER befaßte sich 1997 in einer Studie mit Erfolgsfaktoren für elektronische Distributionskanäle der Reisemittler.
- FLORIAN, LÜHRS und LEHMANN-JESSEN untersuchten 1997 im Rahmen des Ladenburger TeleDelphi die Zukunft der Sicherheit in der Kommunikationstechnik.
- KLIMESCH und HERMANN erstellten 1998 eine Untersuchung über den Einsatz und die Auswirkungen neuer Medien im Privatkundengeschäft der Banken.
- ALPAR veröffentlichte 1999 eine Untersuchung über die kritischen Erfolgsfaktoren für EDI-Dienstleistungsanbieter.
- FINK, ROITHMAYR und KOFLER führten 2000 eine Studie zu den Rahmenbedingungen für die Teledemokratie durch.
- SCHLÜCHTER untersuchte 2001 elektronische B2B Marktplätze in der Zukunft.

Das Verständnis der Delphi-Methode hat inzwischen eine deutliche Diversifikation erfahren.[1260] Neben Prognosen wird sie allgemein zur Lösung von Sachverhalten verwendet, über die nur unsicheres und unvollständiges Wissen vorliegt. Weitgehend anerkannt ist die allgemeine Defi-

---

(1993), S. 15. Bekannt und erstmals in größerem Rahmen publiziert wurde die Delphi-Methode durch eine 1964 erarbeitete Studie über die langfristige Voraussage technischer Entwicklungen im Zeithorizont von bis zu 50 Jahren, vgl. Gordon, Helmer (1964), S. 2 ff. Einen umfassenden Überblick über die ersten Anwendungen in den USA geben Linstone, Turoff (1975).

[1257] In Deutschland wurde die Methode erstmalig 1970 als Instrument der Betriebswirtschaftslehre eingeführt, vgl. Albach (1970), S. 15 ff. Überraschend ist, daß die Delphi-Methode in der einschlägigen Literatur zur empirischen Sozialforschung mit Ausnahme von Bortz (1984) und Atteslander (1995) kaum eine Rolle spielt, vgl. Häder, Häder (1994), S. 3.

[1258] Vgl. Heinzl, Srikanth (1995), S. 10 ff. und Heinzl (1996), S. 129 ff., Möhrle (1996), S. 85 ff., König, Heinzl, von Poblotzki (1995), Heinzl, König, Hack (2001), Schuster (1998), S. 102 ff., Florian, Lührs, Lehmann-Jessen (1998), Klimesch, Hermann (1999), Alpar (1999) und Alpar (2002), Fink, Roithmayr, Kofler (2001) und Schlüchter (2001), S. 125 ff.

[1259] International gab es entsprechende Studien allerdings schon früher, etwa die bei Niederman, Brancheau, Wetherbe (1991), S. 476 ff. beschriebene Serie von Delphi-Studien zum Informationsmanagement.

[1260] Vgl. Häder, Häder (1998), S. 6. Dabei hat sich der Einsatz in verschiedensten Gebieten bewährt, vgl. zu einem Überblick Häder, Häder (1998), S. 7 ff. und Häder, Häder (2000), S. 13 ff.

nition von LINSTONE und TUROFF: „Delphi may be characterized as a method for structuring a group communication process so that the process is effective in allowing a group of individuals, as a whole, to deal with a complex problem."[1261] Die Grundidee von Delphi besteht in einem anonymisierten Expertendialog. Kennzeichen der klassischen Delphi-Methode sind:[1262]

- die Verwendung eines weitgehend formalisierten Fragebogens,
- die Befragung von ausgewählten Experten, die gemeinsam das „Panel" bilden, aber in keinerlei sozialen Kontakt zueinander treten,
- die Anonymität der Einzelantworten zur Vermeidung persönlicher Einflußnahmen und gruppendynamischer Effekte,
- die Ermittlung einer statistischen „Antwort" der Gruppe zu den einzelnen Fragen,
- die Rückmeldung der Einschätzungen der Gruppe,
- die mehrfache Wiederholung der Befragung in Form von „Runden" für eine erneute Urteilsbildung der Experten im Lichte der rückgemeldeten Gruppenurteile,
- die Beendigung der Befragung bei einer hohen Konvergenz der einzelnen Einschätzungen (synthetische "Gruppenmeinung").

TUROFF und HILTZ betonen, daß Delphi kein Verfahren zur (schnellen) Konsenserzielung im Sinne eines Kompromisses sei, sondern eine Kommunikationsstruktur zur detaillierten und kritischen Diskussion.[1263] Einen Überblick zum Ablauf gibt Abb. 25.

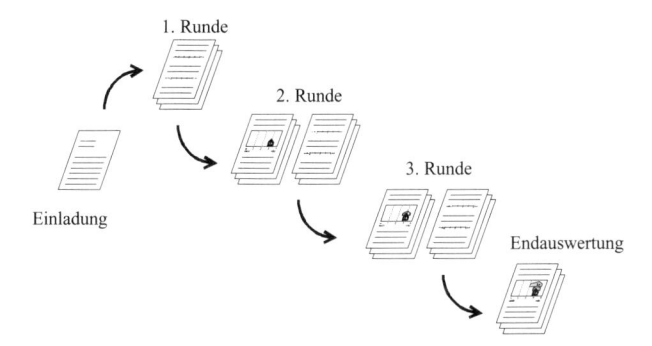

Abb. 25: Ablauf der Delphi-Befragung

[1261] Linstone, Turoff (1975), S. 3.
[1262] Vgl. zur Delphi-Methode Dalkey, Helmer (1963), S. 458 f. sowie z. B. Linstone, Turoff (1975), Sackman (1975), S. 8 ff., Wechsler (1978), S. 23 ff., Seeger (1979), S. 12 ff., Martino (1993), S. 17 ff., Häder, Häder (1994), S. 15 ff., Häder, Häder (2000), S. 15 ff., Götze (1991), S. 243 ff., Florian, Lührs, Lehmann-Jessen (1998), S. 465 ff. und die dort jeweils zitierte Literatur.
[1263] Vgl. Turoff, Hiltz (2000).

4.2.3 Variationen

Geschlossenen Fragen wird entgegengehalten, sie würden die Weitsicht der Experten und mögliche Entdeckungen behindern. Eine Modifikation des klassischen Verfahrens besteht daher im Start auf der Basis offener Fragen zu bestimmten Themen (teilweise auch als „Vorstudie" bezeichnet). Die Einschätzungen der Teilnehmer werden dann vom Moderator gesammelt. Dabei werden ähnliche Aussagen zusammengefaßt, unwichtige Meinungen fallengelassen und daraus geschlossene Fragen für die kommende Runde gebildet.[1264] Sie bedeuten jedoch einen erheblich höheren Aufwand und stärkere Barrieren auf Expertenseite, was die Bereitschaft zur Mitwirkung deutlich senken würde.[1265] Zudem wird die Bedeutung des Moderators gestärkt, was der Objektivität abträglich ist. Bei geschlossenen Fragen liegt die Struktur der Diskussionsführung sofort klar vor und möglicherweise unnötige Diversitäten können umgangen werden. Insgesamt verringert sich damit die Abbruchwahrscheinlichkeit. HEINZL sieht ebenfalls die Gefahren aus der starken Moderatorenrolle insbesondere in der ersten Runde, gewichtet dies allerdings schwächer als die Gefahr, durch begrenztes Moderatorenwissen umfassenderes Expertenwissen und facettenreichere Antworten auszuschließen.[1266]

Weitere Variationsmöglichkeiten betreffen beispielsweise:[1267]

- die Anzahl der Runden.[1268]
- die erforderliche Zahl und die Auswahl der Experten. Wichtig ist bei der Auswahl der Experten, auch solche zu befragen, die zwar kundig, auf dem betreffenden Gebiet aber nicht selbst aktiv sind. GRUPP weist zu Recht darauf hin, daß Fachleute, die an einer bestimmten Entwicklung beteiligt sind, häufig zu besonders optimistischen Einschätzungen neigen.[1269]

[1264] Die ursprüngliche Delphi-Konzeption sah eine solche Startrunde mit offenen Fragen, im Extremfall die Versendung von leeren Blättern, vor, ging dann aber bereits Ende der 60er Jahre davon ab, um eine Fokussierung auf die interessierenden Fragestellungen zu erreichen, vgl. Seeger (1979), S. 89 f. Die Mehrzahl der Untersuchungen startet mit einem geschlossenen Fragenkatalog, etwa Schuster (1998), S. 89, Wildemann (1997), S. 19 oder Grupp (1993), S. 18, der zudem darauf hinweist, daß die Ausarbeitung des initialen Fragenkatalogs die Hauptarbeit darstellt. Vgl. auch Sackman (1975), S. 9, der ebenfalls geschlossene Runden vorsieht. Aus Alpar (1999), S. 5 f. und Alpar (2002), S. 30 f. kann man einen direkten Vergleich der Praktikabilität ableiten: beim Start mit offenen Fragen ergab sich eine Antwortquote von lediglich 13%, während geschlossene Fragen beim gleichen Panel zu einer Quote von 28% führten
[1265] Vgl. auch Martino (1993), S. 22, Atteslander (1995), S. 345.
[1266] Vgl. Heinzl (1996), S. 246.
[1267] Vgl. auch Geschka (1977), S. 37, Häder, Häder (1998), S. 11 f. und Häder, Häder (2000), S. 16 ff.
[1268] Das klassische Delphi-Verfahren besteht aus vier Runden, vgl. Martino (1993), S. 22. In vielen Fällen wird berichtet, daß bei drei Runden ein befriedigendes Ergebnis erzielt wird, vgl. Häder, Häder (1994), S. 20. Experimente zeigten, daß bereits ab der zweiten Runde der Konsenswert in Form des Medians relativ nahe am wahren Wert lag, vgl. Krüger (1975), S. 229. Schlüchter (2001), S. 253 f. kommt zum Schluß, daß für Delphi-Studien, die sich mit einem aktuellen und vieldiskutierten Thema beschäftigen, zwei Runden optimal sind. Zwei Runden werden auch von Cuhls, Blind (1999), S. 545 f., Grupp (1993), S. 17 und Florian, Lührs, Lehmann-Jessen (1998), S. 475 vorgesehen. Zur Zahl der Runden vgl. auch die bei Seeger (1979), S. 89 ff., Götze (1991), S. 247 f., Martino (1993), S. 22 f. und Häder, Häder (1998), S. 19 f. zitierte Literatur.
[1269] Vgl. Grupp (1993), S. 12, Grupp (1994), S. 70. Entsprechend auch Blind (1996), S. 165.

- die vorzeitige Aussonderung von Items, über die frühzeitig Konsens besteht.[1270]
- die Gestaltung des Feedbacks. Als Feedback werden typischerweise statistische Angaben wie Median und Quartile verwendet, teilweise auch verbale Kommentare sowie Argumente für und gegen bestimmte Positionen.[1271]
- die Einbeziehung von Meinungen des Moderators in die Diskussion.[1272]
- das Verfahren, ab einer Folgerunde bereits im Fragebogen die bisherige Antwort des Experten in Relation zu der aggregierten Antwort des Panels vorzugeben. Jeder Teilnehmer erhält einen individuellen Fragebogen. Damit kann der Bearbeitungsaufwand der Experten reduziert und die Motivation erhöht werden.[1273]
- die Bitte um eine Begründung von Panelisten mit abweichender Meinung von der Mehrheitsposition, warum sie ihre Einschätzung für richtig und die der Mehrheit für falsch halten.[1274]
- die Erfragung von Selbsteinschätzungen der Experten über ihren Kompetenzgrad und eine entsprechende Gewichtung der Urteile.[1275]

Über das Internet durchgeführten, computergestützten Delphi-Studien, die in Deutschland in jüngerer Zeit unter dem Schlagwort TeleDelphi diskutiert werden, wird wachsende Bedeutung prophezeit. Sie haben den Vorteil, einen Zeitgewinn zu bieten und damit die Interaktionshäufigkeit zu steigern, unklare Fragestellungen schneller korrigieren zu können und Information medienbruchfrei speichern zu können.[1276] Online durchgeführte Delphi-Studien sind zudem

---

[1270] Vgl. hierzu die Diskussion bei Häder, Häder (1998), S. 20 f.
[1271] Vgl. Sackman (1975), S. 9, Wechsler (1978), S. 104 ff., Seeger (1979), S. 73, Riggs (1983), S. 90, Häder, Häder (1994), S. 21 ff., Häder, Häder (2000), S. 20 sowie Götze (1991), S. 248 f. und die dort zitierte Literatur. In der Literatur wird teilweise die hohe Bedeutung des Medians kritisiert, die ein Einpendeln auf diesen Wert provoziert, vgl. Seeger (1979), S. 74 ff. Um dem entgegenzuwirken, wurde auf die hohe Bedeutung und Unabhängigkeit der fachlichen Expertenmeinung hingewiesen.
[1272] Dies wird aufgrund der Manipulationsgefahren beispielsweise von Martino (1993), S. 25 f. und Gisholt (1976), S. 156 strikt abgelehnt. Die Studie von Heinzl, König, Hack (2001) verwendet dagegen in den Feedback-Bögen umfangreiche Stellungnahmen der Moderatoren.
[1273] Vgl. Gisholt (1976), S. 153, Seeger (1979), S. 92, Heinzl, König, Hack (2001), S. 224.
[1274] Vgl. Sackman (1975), S. 9, Riggs (1983), S. 90, Häder, Häder (1994), S. 22 sowie Häder, Häder (2000), S. 20 und die dort zitierte Literatur. Dalkey (1969), S. 59 kam allerdings bei Laborexperimenten zu dem Ergebnis, daß ein zusätzliches Feedback von Begründungen nicht zu einer wesentlichen Verbesserung der Schätzwerte führt.
[1275] Dies geht auf DALKEY zurück, vgl. Dalkey, Brown, Cochran (1970), S. 283, ist in der Literatur aber umstritten. Vgl. hierzu Krüger (1975), S. 223 f., Wechsler (1978), S. 91 ff., Gisholt (1976), S. 151 und Götze (1991), S. 248 und die dort zitierte Literatur. Grupp (1993), S. 25 erhebt den Kompetenzgrad beispielsweise in vier Abstufungen. Cuhls, Blind (1998), S. M 12 f. weisen die Meinung der fünf Experten mit der größten Qualifikation sogar in allen graphischen Darstellungen separat aus, weisen aber selbst darauf hin, daß sich die Selbsteinschätzung der Experten von der ersten zur zweiten Runde stark verändert.
[1276] Eine computergestützte „Real-Time"-Durchführung wurde bereits seit den Anfängen diskutiert, vgl. Seeger (1979), S. 73 und die dort zitierte Literatur sowie Linstone, Turoff (1975a), S. 5, Wechsler (1978), S. 143 ff. Vgl. zur computergestützten Durchführung Welters (1989), Sp. 264, Möhrle (1996), S. 85 ff. und Möhrle (1997), S. 461 ff. (der die Experten mit Offline-Software ausstattet), Häder, Häder (1998), S. 28 ff., Häder, Häder (2000), S. 20, Beck, Glotz, Vogelsang (2000), S. 25 sowie ausführlich Turoff, Hiltz (2000). Das Internet als Kommunikationsmedium ist bisher für Delphi nur vereinzelt eingesetzt worden, vgl. Häder, Häder (2000), S. 20. TeleDelphi wurde in Deutschland auf breiterer Basis erstmals 1997 von Florian, Lührs, Lehmann-Jessen (1998) eingesetzt.

nicht mehr an das Rundenmodell gebunden, sondern können es durch einen kontinuierlichen Feedback-Prozeß ersetzen („Real-Time Delphi").[1277] FLORIAN, LÜHRS und LEHMANN-JESSEN berichten jedoch von ambivalenten Erfahrungen, die insbesondere auf technische Schwierigkeiten zurückzuführen sind.[1278] Bei den meisten bisherigen internetbasierten Befragungen kam daher auch immer eine Papierversion des Fragebogens zum Einsatz, was allerdings einen möglichen Zeitgewinn verhindert.[1279]

4.2.4 Güte einer Untersuchung mittels der Delphi-Methode

Speziell bei Prognoseverfahren wie der Delphi-Methode ist das entscheidende Gütemaß die Voraussagegenauigkeit.[1280] Eine Prognose ist dann genau, wenn sie die Kriterien der Zuverlässigkeit (Reliabilität) und Gültigkeit (Validität) erfüllt. Die *Reliabilität* einer empirischen Untersuchung ist gegeben, wenn sie unter formalen Gesichtspunkten genau das mißt, was gemessen werden soll. Die Reliabilität bezeichnet damit den Grad der formalen Genauigkeit. Zur Feststellung der Reliabilität muß die Untersuchung unter gleichen Bedingungen wiederholt werden und dabei die gleichen Ergebnisse liefern. Die Streuung der Werte liefert dann einen Grad für die Reliabilität. Neben diesem Test-Retest-Verfahren kann auch die Split-Half-Methode zur Feststellung der Reliabilität verwendet werden.[1281] Experimente zeigten für die Delphi-Studie ein relativ hohes Maß an Zuverlässigkeit.[1282]

Mit der *Validität* wird die Gültigkeit einer Operationalisierung bezeichnet. Notwendige Voraussetzung für Validität ist Reliabilität. Die Gültigkeit einer Operationalisierung gilt als gegeben, wenn die Untersuchung genau den Sachverhalt (inhaltlich) erfaßt, der auch erfaßt werden

---

[1277] Vgl. Turoff, Hiltz (2000).
[1278] Vgl. Florian, Lührs, Lehmann-Jessen (1998), S. 471. Schlüchter (2001), S. 255 f. berichtet dagegen von guten Erfahrungen bei allerdings hohen Kosten.
[1279] So etwa bei Florian, Lührs, Lehmann-Jessen (1998), S. 471, Beck, Glotz, Vogelsang (2000), S. 25, Schlüchter (2001), S. 137. Lang (2000), S. 12 hat dagegen eine reine Online-Befragung durchgeführt.
[1280] Vgl. Gisholt (1976), S. 174.
[1281] Vgl. Atteslander (1995), S. 263 f., Berekoven, Eckert, Ellenrieder (2001), S. 87. Sackman (1975), S. 25 f. bezweifelt die Reliabilität von Delphi-Studien. Vgl. dagegen Wechsler (1978), S. 177 ff., der SACKMAN weitgehend widerlegt, sowie Hill, Fowles (1975), S. 180 ff.
[1282] So reproduzierte AMENT 1969 eine fünf Jahre ältere Delphi-Studie von GORDON und HELMER über den Eintritt langfristiger technischer Innovationen mit anderen Experten. Seine Ergebnisse waren im wesentlichen konsistent mit denen der älteren Studie, vgl. Gordon, Helmer (1964), S. 10 ff., Ament (1970). Zur Kritik an dieser Untersuchung vgl. Wechsler (1978), S. 179. DUFFIELD berichtete 1993 von zwei parallel durchgeführten Delphi-Studien mit identischem Inhalt die zu 93% zu identischen Ergebnissen kamen, vgl. Häder, Häder (1998), S. 24. CUHLS und BLIND wiederholten 1998 eine 5 Jahre ältere Studie und erhielten ebenfalls eine generelle Übereinstimmung der Ergebnisse, vgl. Cuhls, Blind (1998), S. M-21 f. Eine umfangreiche japanische Studie zeigte, daß die Delphi-Methode zu den zuverlässigsten Verfahren bei Langzeitbetrachtungen gehört, vgl. Grupp (1993), S. 12 ff. Zu einem Überblick auf weitere Studien, die das Ergebnis einer hohen Reliabilität stützen, vgl. Gisholt (1976), S. 175 ff., Wechsler (1978), S. 179, Geschka (1977), S. 34 f., Riggs (1983), S. 91, Häder, Häder (1998), S. 13 ff., Schlüchter (2001), S. 122.

soll. Ihre praktische Prüfung ist jedoch sehr schwierig.[1283] Für die vorliegende Arbeit wird daher die begründete Vermutung, daß sie gegeben ist, als ausreichend betrachtet. Die Vermutung basiert auf der ausführlichen Recherche vorhandener Literatur im Vorfeld der Untersuchung, der sorgfältigen Gestaltung der Fragebögen, den Ergebnissen des Pretests und der intensiven Beschäftigung der Experten mit den Fragebögen.[1284]

Weiteres gängiges Kriterium für die Qualität einer empirischen Untersuchung ist die Objektivität. Sie kann als *objektiv* bezeichnet werden, wenn ihre Ergebnisse unabhängig vom Untersucher sind. Eine Berechnung der Objektivität ist nur bei mindestens zwei identischen Untersuchungen möglich und kommt daher hier nicht in Frage. Beeinflussungsmöglichkeiten bestehen im Rahmen der Durchführung, der Auswertung und der Interpretation. Betrachtet man bei der vorliegenden Arbeit allein die Fragebögen, so kann ein Einfluß während der Durchführung aufgrund der Neutralität der gewählten schriftlichen Erhebungsform ausgeschlossen werden. Auch die Auswertung kann aufgrund des weitgehenden Verzichts auf offene Fragen und der Vorgabe von Antwortkategorien als objektiv bezeichnet werden. Die Interpretation ist objektiv, wenn unabhängig vom Auswerter die gleichen Schlüsse gezogen werden. Je weniger Freiheitsgrade zur Interpretation bestehen, desto mehr nimmt die Objektivität zu.[1285] Um die Freiräume bei der Interpretation einzuschränken, wurde der theoretische Bezugsrahmen ausführlich erarbeitet und offengelegt. Die Delphi-Studie könnte aber einen geringeren Grad an Objektivität aufweisen als eine typische Querschnittsstudie, da dem Moderator eine hohe Bedeutung beim Zusammenfassen und damit Interpretieren der Diskussion in den einzelnen Runden zukommt.[1286] Allerdings werden die Interpretationen mit Ausnahme der letzten Runde, in der keine wesentlichen Veränderungen mehr auftreten sollten, zum großen Teil in der Folgerunde vom Panel überprüft, so daß eventuelle verzerrende Einflüsse durch Fehlinterpretationen des Moderators aufgedeckt und korrigiert werden können. Experimente bestätigten, daß selbst bei manipulierten fehlerhaften Rückmeldungen die Experten zwar kurzfristig beeinflußt werden, in späteren Runden aber zum „wahren" Wert zurückfinden.[1287]

Die *Repräsentativität* ist ein Kriterium dafür, ob die Ergebnisse einer Untersuchung der Stichprobe für die Grundgesamtheit verallgemeinert werden können. Eine Stichprobe kann als repräsentativ betrachtet werden, wenn die Verhältnisse in der Stichprobe denen in der Grundgesamtheit entsprechen. Die Delphi-Studie erhebt jedoch nicht den Anspruch der Repräsentativität. Vielmehr sollen ausgesuchte Experten mit ihrem Erfahrungswissen die Lage und zukünfti-

---

[1283] Vgl. Atteslander (1995), S. 263 und S. 343, Müller-Böling, Klandt (1994), S. 18 f., Berekoven, Eckert, Ellenrieder (2001), S. 88 sowie speziell bei der Delphi-Methode Gisholt (1976), S. 177, Wechsler (1978), S. 177 ff., Hill, Fowles (1975), S. 185 ff. Sackman (1975), S. 64 ff. bezweifelt die Gültigkeit der mittels der Delphi-Methode abgeleiteten Ergebnisse.
[1284] Vgl. entsprechend auch Gisholt (1976), S. 177.
[1285] Vgl. Berekoven, Eckert, Ellenrieder (2001), S. 86.
[1286] Dies ist ein häufiger Kritikpunkt an der Delphi-Methode, vgl. z. B. Götze (1991), S. 244 und die dort zitierte Literatur.
[1287] Vgl. die bei Häder, Häder (2000), S. 26 f. zitierte Literatur.

ge Entwicklung der juristischen Verlagsbranche beurteilen. Die Auswahl der Experten hat nicht das Ziel eines repräsentativen Querschnitts, sondern einer möglichst hohen Qualifikation.[1288]

BLIND stellt 1996 fest: „Das nach heutigem Kenntnisstand bestmögliche Instrumentarium zur langfristigen Technikvorschau sind Delphi-Untersuchungen."[1289] Zu beachten ist aber immer, daß die Ergebnisse von Delphi-Untersuchungen lediglich Meinungen darstellen – allerdings von Experten mit hoher Sachkompetenz mit einem sinnvoll aufgebauten Verfahren gewonnen und zudem diskursiv überprüft.[1290]

4.2.5 Kritik an der Delphi-Methode

Die Vorhersage zukünftiger Ereignisse und Entwicklungstrends ist ein schwieriges und umstrittenes Feld wissenschaftlicher Betätigung. Es gibt kein Prognoseverfahren, das die Zukunft sicher voraussagen kann. Alle Aussagen über die Zukunft sind mit Ungewißheiten und dem Problem der Zuverlässigkeit belastet. Angesichts des Prognose-Dilemmas könnte die wissenschaftliche Behandlung prognostischer Fragestellungen als spekulativ und unwissenschaftlich grundsätzlich abgelehnt werden. Es kann aber auch versucht werden, die Unsicherheit der Aussagen über die Zukunft zumindest ein Stück weit zu reduzieren. Trotz der Probleme aller Prognoseverfahren stellt die Delphi-Methode hierzu ein besonders gut geeignetes Verfahren dar. Es räumt den subjektiven Einschätzungen von Experten einen hohen Stellenwert bei der Beurteilung zukünftiger Ereignisse ein.[1291]

Die Delphi-Methode wurde allerdings in der Literatur verschiedentlich kritisiert, insbesondere im Hinblick auf mangelnde Wissenschaftlichkeit aufgrund einer Mißachtung methodischer Anforderungen. SACKMAN faßte 1975 in einer teilweise polemischen Diskussion die Kritikpunkte zusammen.[1292] Er kritisiert besonders

- den Verstoß gegen empirische und statistische Minimalanforderungen, etwa bezüglich der Durchführung von Pretests und der Anwendung von statistischen Testverfahren,
- den fehlenden Bezugsrahmen und das Fehlen eines Begleitdokuments, das ein einheitliches Verständnis bei den Panelisten sicherstellen soll,

---

[1288] Vgl. auch die Diskussion zur Repräsentativität bei Heinzl (1996), S. 243.
[1289] Blind (1996), S. 165.
[1290] Vgl. Geschka (1977), S. 38, Beck, Glotz, Vogelsang (2000), S. 17.
[1291] Vgl. auch König (1996), S. 104.
[1292] Vgl. Sackman (1975), S. 11 ff. SACKMAN beendet seine umfassende Kritik 1975 mit dem Hinweis: „It is time for the oracles to move out and for science to move in" (Sackman (1975), S. 76). Zur Kritik an Delphi vgl. auch Hill, Fowles (1975), S. 188 ff., Gisholt (1976), S. 184 und die aktuelleren Überblicke bei Welters (1989), Sp. 264 f., Götze (1991), S. 250 f. und schließlich Häder, Häder (1998), S. 12 ff., die zu dem Schluß kommen, daß sich grundlegende Zweifel an der Delphi-Methode in der neueren Literatur nicht mehr finden.

- mangelhafte Dokumentation der Expertenauswahl und systematische Fehler durch hohe Panelmortalität, und
- mangelnde Reliabilität, da die Studien nicht wiederholt werden.

Die Delphi-Methode ist Gegenstand fortdauernder Evaluation und Weiterentwicklung, um die Legitimation als Prognosemethode weiter zu festigen.[1293] Insofern ist die Kritik von SACKMAN heute relativierbar. Laborexperimente konnten einige seiner Kritikpunkte wie etwa mögliche systematische Fehler durch Panelmortalität nicht bestätigen.[1294] Dennoch stellte seine Kritik einen wesentlichen Meilenstein zu einer wissenschaftlichen Fundierung dar und führte zu einer Sensibilisierung im Umgang mit der Methode.

4.3 Design der Studie

4.3.1 Größe und Zusammensetzung des Panels

Die optimale Größe des Panels ist umstritten. Als Minimalgröße werden zehn Teilnehmer genannt, auch Maximalgrößen von 25 bis 30 Teilnehmern finden sich in der Literatur. Experimente zeigten, daß eine größere Teilnehmerzahl kaum zu einer Verbesserung der Ergebnisse beiträgt.[1295]

Als Panelmitglieder wurden Experten herangezogen, die sich professionell mit der strategischen Ausrichtung der Verlagsbranche beschäftigen. Bei der Auswahl der Teilnehmer handelt es sich um eine bewußte Auswahl, die u. a. angestrebte Quoten berücksichtigt. Als Adressatenkreis wurden drei Gruppen von Experten vorgesehen: Neben Vertretern juristischer Verlage als originäre Experten mit einer brancheninternen Sicht auch Experten allgemein aus der Verlagsbranche sowie Experten aus dem Bereich der Wissenschaft, die sich in Veröffentlichungen besonders mit dem Mediensektor im Zusammenhang mit Electronic Commerce beschäftigt haben. Gerade die beiden letzteren Gruppen mit ihrer eher externen Sichtweise sind wichtig, da die juristische Verlagsbranche sich, wie gezeigt, überwiegend durch eine sehr defensive Haltung auszeichnet. Dabei wurde angestrebt, daß die maßgeblichen juristischen Informationsanbieter, insbesondere Fachverlage, aber auch juristische Datenbankbetreiber, etwa 2/3 des Panels stellen sollten. Die externe Sicht sollte etwa 1/3 des Panels ausmachen. Die Alternative, auch Nutzer

---

[1293] Vgl. hierzu ausführlicher Häder, Häder (2000), S. 21 ff.
[1294] Vgl. Häder, Häder (2000), S. 19.
[1295] Vgl. den Literaturüberblick bei Gisholt (1976), S. 165 ff., Häder, Häder (1998), S. 24 und Häder, Häder (2000), S. 18 f.

in die Studie einzubeziehen, wurde verworfen, da diese im Regelfall nur das bewerten können, was ihnen bereits angeboten wird.[1296]

Es stellte sich die Frage, ob für die drei genannten Gruppen unabhängige Studien durchgeführt werden sollen oder ob sie in einer Studie zusammenzufassen sind. Für eine getrennte Durchführung spricht, daß eine unabhängige Abschätzung der Entwicklungsrichtungen einen Vergleich ermöglicht. Ein solcher Vergleich ist zwar von Interesse, sollte aber nicht überbewertet werden, da primäre Zielsetzung der Studie nicht das Aufzeigen unterschiedlicher Auffassungen verschiedener Akteure, sondern eine konsistente Zukunftsprognose ist. Sie kann durch zwei Studien mit möglicherweise divergierenden Ergebnissen aber gerade nicht gefunden werden, da es dann dem Moderator überlassen bleibt, einen Konsens zu definieren. Gerade dies sollte aber Aufgabe des Panels sein. Daher sind die drei Gruppen in einer Studie zusammenzufassen, wobei bedarfsweise ergänzend getrennte statistische Auswertungen je nach Gruppenzugehörigkeit vorgenommen werden können.[1297]

Als Adressaten wurden ausgewiesene Experten oder Personen ausgewählt, die als Ansprechpartner für eine zielsichere Weiterleitung fungieren. Zusätzlich konnte jeder Teilnehmer weitere Vorschläge für Einladungen an andere Personen aussprechen.[1298] Zudem kann man davon ausgehen, daß die überwiegende Mehrzahl der angesprochenen Teilnehmer, die keine ausreichende Qualifikation besitzen, die Teilnahme von sich aus verweigert.[1299]

Insgesamt wurden 60 Teilnehmer angesprochen und um Mitwirkung gebeten. Die Teilnehmerzahlen der einzelnen Runden sind Tab. 7 zu entnehmen. Ein Teilnehmer wurde nachnominiert und nahm nur an der dritten Runde teil. Damit nahmen 32 Experten an wenigstens einer Runde teil und sind daher zu den Experten der Studie zu zählen. Die Teilnahmequote von 53% ist im Vergleich zu anderen Studien als gut zu bezeichnen.[1300] Die Panelmortalität ist mit lediglich zwei Experten nach der ersten Runde[1301], keinem Experten nach der zweiten Runde und damit

---

[1296] Vgl. auch Gisholt (1976), S. 170, Beck, Glotz, Vogelsang (2000), S. 24, Möhlenbruch, Schmieder (2001), S. 22.
[1297] Heinzl (1996), S. 141 entscheidet sich dagegen bei seiner Studie für getrennte Durchführungen, mischt aber zu geringen Teilen andere Gruppenmitglieder ein. Zu getrennten Durchführungen vgl. auch Wechsler (1978), S. 68 f.
[1298] Vgl. hierzu auch Gisholt (1976), S. 148, Martino (1993), S. 29.
[1299] Vgl. Beck, Glotz, Vogelsang (2000), S. 27.
[1300] Seeger (1979), S. 92 beziffert die Bereitschaft zur Mitwirkung im deutschsprachigen Raum auf 25-40% des eingeladenen Expertenkreises. Cuhls, Blind (1998), S. M-8 berichten von 30-50%, was die bisherigen Erfahrungswerte in Deutschland übertreffe. In jüngeren anderen Studien aus dem Umfeld der Wirtschaftsinformatik wurden Teilnahmequoten von 63% bzw. 48% (vgl. Heinzl (1996), S. 142 ff.), 75% (König, Heinzl, von Poblotzki (1995), S. 559), 67% (Heinzl, König, Hack (2001), S. 223), 65% (Schuster (1998), S. 90 f.), 13% bzw. 28% (Alpar (1999), S. 5 f. und Alpar (2002), S. 30 f.), 29% (Fink, Roithmayr, Kofler (2001), S. 335), unter 35% (Florian, Lührs, Lehmann-Jessen (1998), S. 474) und 46% (Schlüchter (2001), S. 132 bezogen auf den Verlagsbereich) erzielt.
[1301] Davon war ein Experte aufgrund eines plötzlichen Ausscheidens aus dem Verlag postalisch, telefonisch und elektronisch nicht mehr erreichbar.

insgesamt 6% extrem niedrig[1302], was als Indiz für ein hohes Interesse der Zielgruppe gewertet werden kann.

Gruppe	Angesprochen insgesamt		Teilnahme Runde 1		Teilnahme Runde 2		Teilnahme Runde 3	
jur. Fachverlag	38	63%	21	68%	19	66%	20	67%
nichtjur. Verlagsbranche	9	15%	3	10%	3	10%	3	10%
Wissenschaft	13	22%	7	23%	7	24%	7	23%
Summe	60		31		29		30	

Tab. 7: Teilnehmerzahlen in den verschiedenen Runden

4.3.2 Zeitlicher Ablauf

Der zeitliche Ablauf wurde relativ straff geplant. Für den Postversand wurden zwei und für die Bearbeitung acht Tage veranschlagt, für eine Runde insgesamt etwa ein Monat (Abb. 26).

11.01.2002 — Versand der Einladungen

25.01.2002 — Runde 1: Versand der Fragebögen
05.02.2002 — Runde 1: Offizieller Einsendeschluß

26.02.2002 — Runde 1: Absoluter Einsendeschluß

12.03.2002 — Runde 2: Versand der Fragebögen
22.03.2002 — Runde 2: Offizieller Einsendeschluß

05.04.2002 — Runde 2: Absoluter Einsendeschluß

15.04.2002 — Runde 3: Versand der Fragebögen
25.04.2002 — Runde 3: Offizieller Einsendeschluß

15.05.2002 — Runde 3: Absoluter Einsendeschluß

Abb. 26: Zeitlicher Verlauf der Delphi-Studie

[1302] Geschka (1977), S. 43 berichtet von üblichen Abbruchquoten von 50%-80% pro Runde. Auch Grupp (1993), S. 49 bezeichnet einen Rücklauf von 30% als in vollem Umfang zufriedenstellend. Seeger (1979), S. 92 und Heinzl (1996), S. 149 und S. 242 nennen aus der Literatur Absprungquoten von 20-50%. In den oben aufgeführten Studien aus dem Umfeld der Wirtschaftsinformatik wurden Abbruchquoten zwischen 8% und 37% bei durchschnittlich 18% erzielt

Dies liegt unter den in der Literatur typischerweise genannten Werten, hat aber den Vorteil, eine gewisse Dynamik aufrechtzuerhalten. Größere Zeitabstände beinhalten die Gefahr einer größeren Panelmortalität.[1303]

Auf eine Vorrunde mit wenigen, ausschließlich offenen Fragen wurde verzichtet. Die hier vorliegende Aufgabenstellung stellt eine Zwischenposition zwischen explorativer und konfirmatorischer Fragestellung dar. Aufgrund der bisherigen theoretischen und empirischen Untersuchungen konnte das Untersuchungsfeld anhand von Literaturanalysen und Beobachtungen erschlossen werden. Der Gefahr einer zu starken Fokussierung im Vorfeld wird in der Studie zum einen durch die verwendete Methode bereits bei der Herleitung der Hypothesen, die u. a. eine Beobachtung und die Auswertung von Praxisliteratur beinhaltete und daher bereits recht nah an den Experten war, begegnet. Zum anderen wurden die Experten in den Fragebögen ermuntert, nicht abgedeckte Bereiche oder weitergehende Gedanken zu ergänzen.

Vor dem Versand der Fragebögen wurde jeweils ein Pretest[1304] durchgeführt. Mit Hilfe des Pretests sollte festgestellt werden, ob die Fragen eindeutig und verständlich formuliert sowie alle Begriffe mit verschiedenen Auslegungsmöglichkeiten eindeutig definiert waren. Die vorgegebenen Antwortkategorien wurden auf Vollständigkeit und Überschneidungsfreiheit geprüft. Als Folge des Pretests konnten einige Verbesserungen, etwa zusätzliche Erläuterungen oder eindeutigere Formulierungen, in den Fragebogen eingearbeitet werden.

Nach dem offiziellen Einsendeschluß wurden die Experten, die noch nicht abgegeben hatten, zunächst per E-Mail und dann telefonisch um Abgabe gebeten.[1305] Dadurch verzögerte sich die ursprünglich auf etwa eine Woche veranschlagte Nachfaßzeit deutlich. Dies wurde im Interesse eines hohen Rücklaufs in Kauf genommen.

Nach Rücklauf der Fragebögen wurden die Angaben erfaßt. Die Auswertung der Angaben führte zur Erstellung eines Feedback-Bogens für die kommende Runde. Die Ergebnisse der Auswertung wurden bei einer Überarbeitung des Fragebogens für die kommende Runde berücksichtigt und führten zum Ausschluß von Fragen, wenn eine Wiederholung keinen nennenswerten zusätzlichen Erfolg versprach, zur Modifikation oder zur vertiefenden Ergänzung von Fragen. Bei mit Rängen zu versehenden Aufzählungslisten wurden umfangreiche Korrelationsanalysen durchgeführt, um eine mögliche Mehrdeutigkeit erkennen und ggf. durch eine eindeutigere Formulierung beheben zu können.[1306]

[1303] Vgl. zur zeitlichen Gestaltung auch Krüger (1975), S. 227 f. und die dort zitierte Literatur sowie Geschka (1977), S. 43, Wechsler (1978), S. 144, die jeweils längere Zeiträume aus Abwicklungsgründen als notwendig erachten. Die Studie von SCHUSTER mit ebenfalls drei Runden erstreckt sich beispielsweise über sieben Monate, vgl. Schuster (1998), S. 90.
[1304] Zu den Zielen von Pretests vgl. Schnell, Hill, Esser (1999), S. 324 ff.
[1305] Zu „Nachfaßaktionen" vgl. auch Berekoven, Eckert, Ellenrieder (2001), S. 116 f.
[1306] Vgl. auch Sackman (1975), S. 15 f., Heinzl (1996), S. 355.

4.4 Design der Fragebögen

4.4.1 Verwendetes Medium

Für die vorliegende Untersuchung erschien der ausschließliche Einsatz einer internetbasierten Befragung angesichts der spezifischen Situation nicht als sinnvoll, da aufgrund der angestrebten Zusammensetzung des Panels nicht mit einer vollständigen Akzeptanz zu rechnen war. Angesprochen werden sollten auch Experten, die bereits seit langer Zeit im juristischen Verlagsgeschäft tätig sind. Diese weisen teilweise eine geringe Technikaffinität auf und haben wenig eigene praktische Erfahrungen im Umgang mit dem Internet, was insbesondere bei möglichen technischen Problemen schnell zu einem Abbruch der Beteiligung und damit – durch eine Selbstselektion der Experten – möglicherweise zu einem systematischen Fehler geführt hätte.[1307] Durch einen Verzicht auf die ausschließliche Verwendung des Mediums Internet können aber die strategischen Vorteile eines Zeitgewinns und eines dynamischeren Prozeßes nicht realisiert werden. Die verbleibenden operativen Vorteile wie z. B. die Vermeidung einer separaten Datenerfassung wiegen den Nachteil eines erhöhten Aufwands für die parallele Erstellung einer Onlineversion jedoch nicht auf.

Aus diesem Grund wurde alternativ zu einer Papierfassung angeboten, die Fragebögen auch in elektronischer Form per E-Mail zu verteilen und, soweit gewünscht, in Form einer RTF-Version auch eine elektronische Rückmeldung zu ermöglichen. 16 Experten (50%) nutzten den gedruckten und per Post zur Verfügung gestellten Fragebogen, sieben (22%) die per E-Mail zugesandte PDF-Version und neun (28%) die ebenfalls per E-Mail zur Verfügung gestellte RTF-Version.

4.4.2 Umfang und Aufbau der Fragebögen

Beim Design des Fragebogens wurde versucht, die potentiellen Probleme einer schriftlichen Befragung durch gegensteuernde Maßnahmen zu mildern oder zu beseitigen. Um die *Rücklaufquote* zu erhöhen, wurde der Aufwand zur Bearbeitung möglichst gering gehalten und es wurden verschiedene Anreize geboten.[1308] Zur Verringerung des *Interpretationsproblems* wurden

---

[1307] Lang (2000), S. 10 führt eine reine Online-Befragung mit einer ähnlichen Zielgruppe durch, ohne dieses Problem anzusprechen. Seine Untersuchung dürfte daher diesen systematischen Fehler aufweisen und tendenziell zu optimistischen Einschätzungen hinsichtlich des Onlinebereichs ergeben.

[1308] So z. B. die Motivation der Untersuchung im Anschreiben, Zusicherung einer optionalen Anonymität, Zusendung einer Zusammenfassung der Untersuchungsergebnisse, Verwendung eines nicht zu umfangreichen Fragebogens, Angabe einer maximal erforderlichen Zeit zum Ausfüllen des Fragebogens, nachvollziehbare Gliederung des Fragebogens in überschaubare Teilgebiete, Vorgabe von anzukreuzenden Antwortkategorien sowie telefonische Erinnerung nach Ablauf der Rücksendefrist. Vgl. auch Geschka (1977), S. 42, Atteslander (1995), S. 168 f., Müller-Böling, Klandt (1994), S. 30 f. sowie Berekoven, Eckert, Ellenrieder (2001), S. 114 ff.

Antwortkategorien als Hilfestellung vorgegeben und im Vorfeld ein Pretest durchgeführt. Das *Identitätsproblem* trat nicht auf, da es im Gegenteil wünschenswert war, daß der Fragebogen an die Person mit der größten Sachkompetenz weitergeleitet wurde. Auch das *Steuerungsproblem* war ohne Bedeutung, da keine entsprechenden Vorgaben notwendig waren.

Verwendet wurde jeweils ein achtseitiger Fragebogen. Aufgrund von Warnungen in der Literatur und der Rückmeldung einiger Praktiker wurde angestrebt, den zu versendenden Fragebogen möglichst knapp zu halten. Bei einem zu umfangreichen Fragebogen wäre die Hemmschwelle zur Beantwortung zu groß geworden.[1309] Aus diesem Grund wurden bewußt einige Teilgebiete vollständig ausgeklammert, bei anderen Teilgebieten erfolgte eine Konzentration auf einige wesentliche Gesichtspunkte. Die erste Runde umfaßte 34 Fragen mit 154 Items, die zweite Runde 26 Fragen mit 144 Items und die dritte Runde 27 Fragen mit 130 Items.[1310]

Von hoher Bedeutung bei der Durchführung von Delphi-Studien ist eine ansprechende Gestaltung des Fragebogens. Zur besseren Übersichtlichkeit wurden die Bögen mit Hilfe von Zwischenüberschriften und durch die Numerierung der Fragen gegliedert. Die Einteilung im Fragebogen verfolgt primär die Ziele, möglichst kleine Kapitel zu bilden und Sprünge im Ablauf der Bearbeitung zu vermeiden. Ähnlich gelagerte Fragestellungen sollten zusammenhängend bearbeitet werden. Die Anordnung der Fragen folgt im wesentlichen dem logischen Aufbau der Prognosefelder:

A   Aktuelle Branchensituation
B   Leistungsangebote
C   Erlösmodelle
D   Beschaffung
E   Distribution
F   Leistungserstellung
G   Thesen zur langfristigen zukünftigen Entwicklung

Als Ausnahme von der inhaltlichen Strukturierung sollten im Block G teilmodellübergreifende Thesen zur langfristigen zukünftigen Entwicklung zur Diskussion gestellt werden. Die Erfahrung während der Studie zeigte jedoch, daß sich dieser Ansatz nicht bewährte. Die teilmodellübergreifenden Thesen beinhalteten mit ihren vorgestellten Szenarien zwangsläufig viele Einzelaspekte, die zudem z. T. bereits in den vorherigen Blöcken alleine zur Diskussion gestellt wurden. Damit erlaubten die Fragen in Block G allerdings keine fokussierte Diskussion. In Anmerkungen zeigte sich, daß die Experten häufig bestimmten Teilen der Thesen zustimmten, anderen dagegen nicht, so daß das zwangsläufig zu bildende Gesamturteil kaum Aussagekraft be-

---

[1309] Vgl. Müller-Böling, Klandt (1994), S. 43 sowie Atteslander (1995), S. 67 f.
[1310] SCHLÜCHTER verwendete einen noch umfangreicheren Fragebogen mit 230 Items in der ersten und 303 Items in der zweiten Runde, vgl. Schlüchter (2001), S. 133. Dies erwies sich allerdings als zu umfangreich, vgl. ebd., S. 254.

saß.[1311] Daher wurde in den Runden zwei und drei der Anteil der Fragen in Block G stark reduziert.

Wichtig ist auch die richtige Dramaturgie des Fragebogens. Die erste Frage sollte eng am Thema orientiert sein und eine allgemein einsehbare Relevanz haben, um die Erwartung des Befragten nicht zu enttäuschen, zur Bearbeitung nur wenige Sekunden erfordern, und eine neutrale Einschätzung erfordern, d. h. keine Zustimmung oder Ablehnung eines Sachverhalts. SCHNELL, HILL und ESSER schlagen sogar die Verwendung einer „Wegwerf-Frage" vor, die lediglich der „Einstimmung" dient.[1312]

In neuen Runden wurden entsprechend den Vorschlägen in der Literatur die Fragen gegenüber der Vorrunde in der Formulierung modifiziert und Zusatzfragen eingespeist, um Ermüdungserscheinungen bei den Panelisten zu vermeiden und so die Panelmortalität zu senken.[1313] Dabei konnten auch aufgrund der Ergebnisse und Anmerkungen der Vorrunde einige Fragen präziser formuliert bzw. Vorschläge der Experten aufgegriffen werden.

In der ersten Runde des Fragebogens wurden in einem letzten Block H zusätzlich verschiedene situative Variablen erhoben, um einerseits das Profil des Panels zu dokumentieren und andererseits eventuelle Interaktionseffekte im Rahmen der Auswertung überprüfen zu können. Zu erheben ist z. B. der Hintergrund in der eigenen Institution, d. h. ob es sich um einen bisher auf das Leistungsangebot „Buch" spezialisierten Verlag handelt und ob die Zielgruppe bisher primär Praktiker oder Wissenschaftler waren. Erhoben wurde auch eine Selbsteinschätzung der Experten.

Häufig wird dem Fragebogen der ersten Runde ein sogenannter „Kontext" beigefügt, in dem grundlegende Begriffe und aktuelle Trends zusammengefaßt werden.[1314] In der vorliegenden Studie wurde ein Leitfaden zur Verfügung gestellt, in dem zur Motivationssteigerung auch die Zusammensetzung des Gremiums und der aus der Studie erzielbare Nutzen für den einzelnen Teilnehmer erläutert wurde.[1315] Auch wurde den Experten vermittelt, daß die Delphi-Methode eine besonders „moderne" und anspruchsvolle Studie ist. Im Verlauf der Studie war den Praktikern dann besonders zu vermitteln, wieso sie „die gleichen Fragen noch einmal" beantworten sollten.[1316]

[1311] Vgl. entsprechend auch Martino (1993), S. 30.
[1312] Vgl. Schnell, Hill, Esser (1999), S. 338. Schlüchter (2001), S. 133 hebt ebenfalls eine motivierende Dramaturgie als wichtig hervor, beginnt aber mit allgemeinen Fragen nach Name, Funktion und Selbsteinschätzung. Vgl. auch die Hinweise zur Dramaturgie bei Möhrle (1997), S. 463 f., die ebenfalls, soweit auch papiergebunden einschlägig, berücksichtigt wurden.
[1313] Vgl. Seeger (1979), S. 92 f. Dieses Verfahren wurde auch z. B. von Schuster (1998), S. 90 erfolgreich angewendet. Vgl. auch Gisholt (1976), S. 160 mit einer kritischen Literaturmeinung.
[1314] Vgl. Gisholt (1976), S. 146, Martino (1993), S. 22.
[1315] Vgl. Turoff, Hiltz (2000).
[1316] Vgl. auch Beck, Glotz, Vogelsang (2000), S. 39.

Ab der zweiten Runde wurden den Teilnehmern die Ergebnisse der Vorrunde als grafische Auswertung und Zusammenfassung der Anmerkungen in einem separaten Feedbackbogen zur Verfügung gestellt. Zusätzlich wurde jeweils die eigene Bewertung angegeben, um den Teilnehmern die eigene Position im Vergleich zur Mehrheit des Panels zu verdeutlichen.[1317]

4.4.3 Fragetypen in empirischen Untersuchungen

Die Auswahl der Fragetypen bestimmt maßgeblich die Auswertungsmöglichkeiten. Es ist zwischen geschlossenen und offenen Fragen zu unterscheiden, womit der Spielraum der Antworten festgelegt wird. Geschlossene Fragen sind dadurch gekennzeichnet, daß Antwortmöglichkeiten vorgegeben sind. Dies erhöht die Vergleichbarkeit der Antworten und senkt die Gefahr ihrer Fehlinterpretation. Problematisch ist eine daraus möglicherweise resultierende suggestive Beeinflussung der Antworten des Befragten. Geschlossene Fragen können auch Antworten vorgeben, an die der Betroffene nicht gedacht hat, und ihn damit zwingen, unter diesen bisher nicht zu seinem Alltagswissen gehörenden Alternativen zu wählen. Offene Fragen werden dann verwendet, wenn geschlossene Fragen aufgrund unbekannter oder zu vielfältiger Antwortkategorien nicht möglich sind. Sie sind besonders gut zur Exploration eines Themenbereiches geeignet. Während geschlossene Fragen vom Befragten lediglich das Wiedererkennen einer Aussage erfordern, muß er sich allerdings bei offenen Fragen aktiv erinnern. Auch haben nicht alle Befragten gleich gute Artikulationsmöglichkeiten. Offene Fragen führen aufgrund der höheren Anforderung im allgemeinen zu einer geringeren Akzeptanz. Zudem erhöhen sie den Auswertungsaufwand, da im Nachhinein Kategorien gebildet werden müssen. In der Praxis werden daher oft Hybridfragen verwendet, d. h. die Möglichkeit, geschlossene Fragen zusätzlich bei Bedarf zu ergänzen.[1318]

In der Literatur werden verschiedene Typen geschlossener Fragen unterschieden. Bei *Identifikationsfragen* sind z. B. Nennungen von Zahlen verlangt. Bei *Selektionsfragen* werden mehrere Antwortkategorien vorgegeben, von denen der Befragte eine auswählen muß. Sie sind weiter in *Alternativ-Fragen* (mit nur zwei möglichen Antwortkategorien) und *Mehrfachauswahl-Fragen* (mit mehr Antwortkategorien) zu untergliedern. *Skala-Fragen* sind eine besondere Form der Mehrfachauswahl-Frage.[1319] Bei Variablen werden folgende Skalenniveaus unterschieden:[1320]

[1317] So auch z. B. Heinzl (1996), S. 149.
[1318] Vgl. Atteslander (1995), S. 183 f., Müller-Böling, Klandt (1994), S. 35 f., Schnell, Hill, Esser (1999), S. 309 f.
[1319] Vgl. Atteslander (1995), S. 180 f.
[1320] Vgl. Backhaus et al. (2000), S. xviii ff., Atteslander (1995), S. 264 ff., Berekoven, Eckert, Ellenrieder (2001), S. 70 ff., Müller-Böling, Klandt (1994), S. 21 f. und S. 36.

- Nominalskala: Hierdurch können qualitative Klassifizierungen vorgenommen werden. Die Kategorien stehen gleichberechtigt nebeneinander und schließen sich gegenseitig aus.
- Ordinalskala: Eine Ordinalskala erlaubt es, eine Rangordnung mit ordinalen Rangwerten zwischen den einzelnen Objekten aufzustellen. Es wird keine Aussage über den Abstand zwischen den Objekten getroffen. Eine Rangordnung, die zur Messung subjektiver Einschätzungen und Bewertungen verwendet wird, führt beispielsweise zu einer Ordinalskala.
- Intervallskala: Hierbei handelt es sich um eine Skala mit gleich großen Abschnitten. Der Nullpunkt ist willkürlich. Typische Beispiele hierfür sind Ratingskalen, bei denen einer Eigenschaft ein Wert auf einer Skala zugeordnet wird. Es wird keine wertmäßige Aussage über das Verhältnis zwischen Werten getroffen.
- Ratioskala: Zusätzlich zu den Abständen ist bei einer Ratioskala auch ein natürlicher Nullpunkt mit der Bedeutung von „Nicht vorhanden" zu bewerten. Es werden auch Aussagen über die Verhältnisse zwischen Werten getroffen.

Eine Nominalskala hat den geringsten, eine Ratioskala den höchsten Informationsgehalt. Nominal- und Ordinalskalen gehören zu den nicht-metrischen, Intervall- und Ratioskala zu den metrischen Skalen.[1321]

4.4.4 Verwendete Fragetypen und Formulierungen

In der durchgeführten Untersuchung wurden hauptsächlich geschlossene Fragen verwendet. Als Skalen wurden mono- und bipolare 5-Punkt-Skalen[1322] mit numerischen Werten benutzt, wobei die Extrema und der mittlere Wert i. d. R. verbal codiert wurden. Sie werden üblicherweise als intervallskaliert betrachtet.[1323] Die Fragen erhoben im Regelfall eine Beurteilung zur Bedeutung eines bestimmten Sachverhalts oder den Grad der Zustimmung zu einem Kurzstatement bzw. einer These. Problematisch ist häufig die Vorgabe eines Zeitraums.[1324] Bei grundlegenden Tendenzaussagen wurde daher teilweise auf die Angabe eines Zeitraums verzichtet bzw. ein relativ unkritischer langfristiger Zeitraum von 10 Jahren angegeben. Ansonsten wurden teilweise die Daten für einen derzeitigen Stand (bis zu einem Jahr), einen mittelfristigen Stand (etwa 3 Jahre) und eine langfristige Projektion (10 Jahre) erhoben.[1325] Daneben enthielten die Fragebogen auch Rangfolgefragen, um akzentuiertere Aussagen zu erhalten und so eine qualifiziertere Diskussion anzustoßen. Rangfragen empfehlen sich vor allem dann, wenn die

---

[1321] Vgl. Backhaus et al. (2000), S. xx, Berekoven, Eckert, Ellenrieder (2001), S. 71 f. sowie Müller-Böling, Klandt (1994), S. 22.
[1322] Vgl. Berekoven, Eckert, Ellenrieder (2001), S. 74 ff. Schlüchter (2001), S. 254 verwendete 7-Punkt-Skalen, kommt aber in einer Beurteilung zu dem Schluß, daß für zukünftige Untersuchungen eine 5-Punkt-Skala ausreicht.
[1323] Vgl. Berekoven, Eckert, Ellenrieder (2001), S. 74.
[1324] Bei einer Terminierung grundlegender Tendenzen besteht die Gefahr, daß trotz grundsätzlicher Zustimmung zum Szenario die Experten die These ablehnen, vgl. Beck, Glotz, Vogelsang (2000), S. 20.
[1325] Vgl. Berekoven, Eckert, Ellenrieder (2001), S. 258.

Befürchtung besteht, daß alle Items durch die Experten als gleich wichtig eingestuft werden, da dies eine Verwertung der Ergebnisse deutlich erschwert.[1326] Dagegen besteht die Gefahr, daß Rangfolgefragen die Experten durch eine simultane Bewertung vieler Punkte überfordern könnten und zudem die Experten keine Aussagen über die Abstände zwischen den Items und deren Lage machen können. Zudem können die Experten keine Indifferenz ausdrücken. Aus diesen Gründen wurden in der vorliegenden Studie Rangfolgefragen nur selten verwendet und ansonsten aus Ratingfragen nachträglich Rangfolgen und weitergehende Aussagen gebildet.[1327]

Durch die Verwendung gleicher Fragetypen innerhalb einer Runde und zwischen den Runden konnten sich die Experten ausschließlich der inhaltlichen Auseinandersetzung widmen. Die Bearbeitung des Fragebogens und ein Vergleich mit den Ergebnissen der Vorrunde wurde damit erleichtert.[1328]

Zur Formulierung von Fragen bzw. Aussagen existieren keine formalen Regeln. SCHNELL, HILL und ESSER stellen einige Faustregeln zusammen[1329], die allerdings primär auf sozialwissenschaftliche Umfragen im Rahmen von Feldstudien zielen. Soweit möglich wurde versucht, diese Regeln als Orientierungspunkt zu verwenden. Fachbegriffe, deren exakte Kenntnis nicht vorausgesetzt werden konnte oder die nicht eindeutig definiert sind, wurden unmittelbar bei der betroffenen Frage in Kurzform erklärt.

Bei allen Fragen bestand die Möglichkeit, Kommentare, insbesondere Begründungen oder Ergänzungen, abzugeben. Neben einer generellen ausdrücklichen Ermutigung im Leitfaden der Fragebögen wurden hierzu jeweils freie Antwortmöglichkeiten vorgesehen. Die Experten machten umfangreich von dieser Möglichkeit Gebrauch.

4.5 Auswertungsverfahren

Bei der Auswertung der Untersuchung in Kap. 5 wird in methodischer Hinsicht im folgenden primär auf jeweils vier Aspekte eingegangen.[1330]

4.5.1 Deskriptive Auswertung der quantitativen Ergebnisse

Die folgende deskriptive Auswertung basiert, wie bei Delphi-Studien üblich, auf dem Median und der Streuung der Einschätzung der Experten. Dabei bildet der Median M die entschei-

---

[1326] So etwa bei Schlüchter (2001), S. 254.
[1327] So auch Niederman, Brancheau, Wetherbe (1991), S. 476.
[1328] Vgl. dagegen Beck, Glotz, Vogelsang (2000), S. 20 f. und S. 37 mit einer Modifikation einiger Skalen.
[1329] Vgl. Schnell, Hill, Esser (1999), S. 173 ff. und S. 312 f.
[1330] Vgl. entsprechend auch Heinzl (1996), S. 149 ff.

Auswertungsverfahren 253

dende Kennzahl. Er bezeichnet einen Punkt einer Skala, über und unter dem jeweils die Hälfte aller Fälle liegt; also das 50. Perzentil. Bei einer geraden Anzahl von Fällen ist der Median der Mittelwert der zwei mittleren Fälle, wenn diese auf- oder absteigend sortiert sind. Der Median ist – anders als der Mittelwert, der durch wenige extrem hohe oder niedrige Werte beeinflußt wird – ein gegenüber Ausreißern unempfindliches Lagemaß.[1331] Zur Verdeutlichung der Streuung werden zudem das 1. und 3. Quartil (Q_1 bzw. Q_3), d. h. das 25. und 75. Perzentil, angegeben. Das Streuungsmaß wird durch den mittleren Quartilabstand ($Q_A = \frac{1}{2} \times (Q_3 - Q_1)$) angegeben.[1332] Bei der Auswertung einiger Fragen ist weniger der absolute als vielmehr der relative Wert von Einschätzungen im Vergleich zu anderen von Bedeutung. Zur Bildung von Rangfolgen auf Basis der Mediane von Einzeleinschätzungen wurde als relativer Wert der interpolierte Median M_I herangezogen.[1333] Die Auswertung von durch Experten gebildeten Rangfolgen ist problematisch. Es gibt keine gerechte Funktion zur Aggregation von Präferenzordnungen (Rängen).[1334] Im folgenden wird auch für Rangbewertungen der Experten der interpolierte Median gebildet. Auf seiner Basis werden die Items in eine neue aggregrierte Rangfolge zur Verdeutlichung des Expertenvotums gebracht.

[1331] Vgl. z. B. Atteslander (1995), S. 302 f. Teilweise wird in der Literatur für die statistische Auswertung der interpolierte Median herangezogen, wenn die Skalen nicht als linear angesehen werden, sondern die erfaßten Werte Vertreter von Gruppen darstellen (etwa die 1 als Vertreter der Wertegruppe 0,5 - 1,5) und nur eine relativ grobe Skalierung verwendet wurde, so etwa bei Schlüchter (2001), S. 141. Zur Bildung des interpolierten Medians vgl. z. B. Bühl, Zöfel (1998), S. 119 ff. Der interpolierte Median stellt nur eine Schätzung dar und verzerrt den Wert innerhalb der Gruppenbreite, um gleichzeitig auch die Schiefe der Verteilung der Antworten zu verdeutlichen. Dies führt allerdings zu einer Überlastung und suggeriert nicht nachvollziehbare Werte. Dies kann am Beispiel der Daten zur Frage „mangelnde Bereitschaft der Autoren" der vorliegenden Untersuchung (Frage A.2) besonders gut verdeutlicht werden: 61% der Experten wählten die Bewertung 3,0. Der Median beträgt entsprechend 3,0 (hier auch bei einem Interquartilbereich von 0), was die sehr hohe Übereinstimmung der Experten verdeutlicht. Der interpolierte Median liefert jedoch als 1. Quartil 2,90, als Median 2,98 und als 3. Quartil 3,07 und suggeriert damit eine nicht vorhandene Streuung ($Q_A = 0,17$) der Antworten.

[1332] Vgl. z. B. Lehnert (2000), S. 100, Bühl, Zöfel (1998), S. 116 f., Bleymüller, Gehlert (1991), S. 11. Beim 25. Perzentil sind (mindestens) 25% der beobachteten Fälle kleiner oder gleich diesem Wert und (mindestens) 75% der beobachteten Fälle sind größer bzw. gleich diesem Wert (analog beim 75. Perzentil). Das Perzentil ist damit u. U. – abhängig von der Fallzahl – nicht eindeutig, sondern bezeichnet ein Intervall von Werten, von denen jeder die Bedingung erfüllt. Verwendet wird zur Bestimmung die Funktion AEMPIRICAL (Empirical distribution with averaging) von SPSS. Sie ist unabhängig von der Fallzahl, während die standardmäßig von SPSS verwendete Funktion HAVERAGE (Weighted average at $X_{(w+1)p}$) einen durch die insgesamt vorhandene Zahl der Antworten variierenden Wert verwendet und damit eine Variation der Werte suggeriert, die aber durch die tatsächlich vorhandenen wertmäßigen Ausprägungen gar nicht beeinflußt wird.

[1333] Der interpolierte Median hat den Vorzug, differenziertere Lagemaße zu liefern. Aufgrund der beschriebenen Problematik wird er allerdings hier nur als relativer Wert herangezogen, um Rangfolgen von Skaleneinschätzungen zu bilden. Der absolute Wert des interpolierten Medians sollte aufgrund der beschriebenen Probleme als Aussage nicht verwendet werden. Zur Bildung des interpolierten Medians wurden entsprechend der bei der Datenerfassung verwendeten 0,25er Schrittfolge Klassen mit den Grenzen -0,125, 0,125, 0,375 etc. bis 4,125 gebildet. Die Werte des interpolierten Medians können bei den Fragen, bei denen sie zur Rangbildung herangezogen wurden, den Tabellen im Anhang entnommen werden.

[1334] Vgl. Alpar (2002), S. 37 und die dort zitierte Literatur.

Die graphische Darstellung erfolgt, wie bei Delphi-Studien üblich[1335], in Form eines „Hauses", bei dem die beiden „Brandmauern" Q_1 und Q_3 und der Dachfirst den Median darstellen. Je steiler das Dach ist, um so geringer ist die Streuung und um so stärker ist der Konsens.[1336] Dem Muster (Abb. 27) ist zu entnehmen, daß jeweils alle Runden dargestellt werden, in denen die Frage gestellt wurde, wobei das unterste „Haus" die letzte und damit maßgebliche Runde angibt.

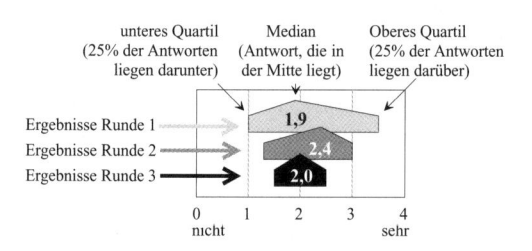

Abb. 27: Graphische Darstellung der Experteneinschätzungen

Zur verbalen Auswertung werden die 5-stufigen numerischen Werte uminterpretiert. Verwendet werden Antwortskalen wie nicht / wenig / mittelmäßig / ziemlich / sehr für Intensitätsfragen, keinesfalls / wahrscheinlich nicht / vielleicht / ziemlich wahrscheinlich / ganz sicher für Wahrscheinlichkeiten sowie starke Ablehnung / Ablehnung / neutral / Zustimmung / starke Zustimmung für die Beurteilung von Thesen.[1337]

Zusätzlich wird bei Fragen mit metrischen Teilfaktoren eine Faktorenanalyse zur Datenreduktion durchgeführt. Sie faßt die Variablen zu einheitlichen Bündeln (Faktoren) zusammen, wobei diese mit großen Interpretationsspielräumen behaftet sind. Zur Extraktion der Faktoren wird wie üblich die Methode der Hauptkomponentenanalyse mit dem Kaiser-Kriterium zur Bestimmung der Faktorenzahl (Eigenwert größer als 1) verwendet. Anschließend wird jeweils eine Faktorrotation nach verschiedenen Rotationsverfahren (Varimax, Equamax) durchgeführt, um die Stabilität der Ergebnisse zu überprüfen. Eine Faktorrotation ist notwendig, da bei der unrotierten Faktormatrix mehrere Faktoren auf eine Variable annähernd gleich hoch laden. Zu beachten ist allerdings, daß die Faktorenanalyse bei der Interpretation erhebliche Spielräume läßt, so daß die Ergebnisse nur als Indiz gewertet werden können.[1338] Die gebildeten Faktoren werden daher bei der folgenden Auswertung nur herangezogen, soweit sie sich sinnvoll interpretieren lassen.

[1335] Vgl. bereits Gordon, Helmer (1964), S. 11, Lachmann (1972), S. 21, Gisholt (1976), S. 155 ff., Seeger (1979), S. 73 f. So auch Beck, Glotz, Vogelsang (2000), S. 37, Cuhls, Blind (1998), S. M-12. Dabei wurde zur leichteren Erfassung durch die Experten die graphische Darstellung in Form der Häuser weitgehend durchgängig beizubehalten, im Gegensatz etwa zu Cuhls, Blind (1998), S. M-21 ff.

[1336] Die Höhe des Hauses hat keine Bedeutung, vgl. Lachmann (1972), S. 21.

[1337] Vgl. auch Schnell, Hill, Esser (1999), S. 309.

[1338] Vgl. Berekoven, Eckert, Ellenrieder (2001), S. 218. Vgl. allgemein zur Faktorenanalyse Berekoven, Eckert, Ellenrieder (2001), S. 214 ff., Backhaus et al. (2000), S. 253 ff.

Auswertungsverfahren 255

4.5.2 Einflüsse situativer Variablen

Es wird versucht, einen möglichen verzerrenden Einflusses des Erfahrungshintergrunds der Experten zu überprüfen. Als situative Variable werden verwendet:

- die Gruppenzugehörigkeit[1339],
- die Einschätzung der eigenen Qualifikation,
- bei Vertretern juristischer Verlage das Produktspektrum des Verlags[1340],
- bei Vertretern juristischer Verlage die Relevanz des untersuchten Bereichs[1341] und
- bei Vertretern juristischer Verlage die Größe des Verlags. Die Operationalisierung der Größe ist typischerweise problembehaftet. Idealerweise sollte hierzu der Umsatz herangezogen werden (Abb. 28a), der aber nur für 14 Verlage vorlag. Da eine Zurückhaltung bei dieser Angabe bereits erwartet worden war, wurde zusätzlich das Merkmal der Anzahl der festangestellten Mitarbeiter erhoben (Abb. 28b). Die daraus resultierende Zuordnung entspricht weitgehend dem Umsatzmerkmal. Zur besseren Handhabung wurden zwei gleich große Gruppen gebildet: Kleinere Verlage bis 50 Mitarbeiter im juristischen Bereich und größere Verlage (Abb. 28c).

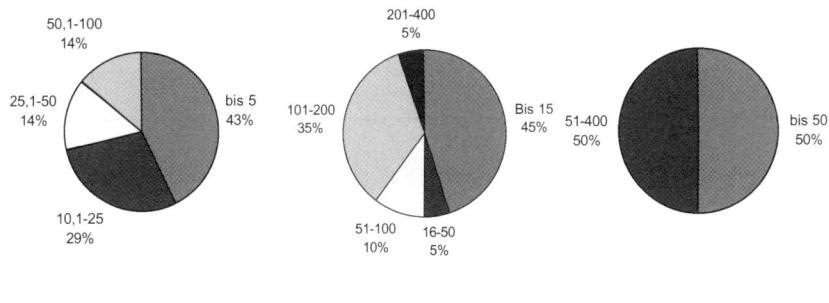

a) Umsatz in Mio. €   b) Anzahl Mitarbeiter   c) Anzahl Mitarbeiter (gruppiert)

Abb. 28: Verteilung der Verlagsgrößen

Die meisten, insbesondere verlagsbezogenen situativen Variablen sollten keinen Einfluß haben, da die Experten zu Beginn jedes Fragebogens gebeten wurden, die Fragen unabhängig von der konkreten Situation in ihrem Verlag zu beantworten, d. h. als Fachexpertise für die gesamte Branche.[1342] Dennoch kann der durch die situativen Variablen erhobene Erfahrungshintergrund

---

[1339] Sie stellt zwei situative Variablen dar: Unterschieden wird einerseits zwischen Vertretern juristischer Verlage und externen Experten, andererseits zwischen Wissenschaftlern und Praktikern.
[1340] Verwendet wird der Anteil von Zeitschriften, Infodiensten, Büchern und Nachschlagewerken am gesamten Sortiment des juristischen Segments.
[1341] Zur Operationalisierung der Relevanz des Untersuchungsbereichs für den Experten wird der Anteil der an juristische Praktiker gerichteten Produkte am gesamten Verlagssortiment verwendet.
[1342] Tatsächlich ist der Einfluß insgesamt gering und in der gesamten Studie höchstens von mittlerer Stärke.

und das daraus resultierende Ausmaß, in dem sie sich mit bestimmten Problemen beschäftigen mußten, die Einschätzung beeinflussen. Zur Überprüfung eines möglichen Einflusses werden in Abhängigkeit vom Skalenniveau hauptsächlich folgende statistische Verfahren benutzt:[1343]

- einfaktorielle Varianzanalysen bei einer nominalen unabhängigen und metrischen abhängigen Variablen: Die Stärke des Zusammenhangs wird durch η^2 (eta-Quadrat) angegeben. η^2 ist normiert und hat einen Wertebereich von 0 bis 1, wobei ein Wert von 0 anzeigt, daß kein Zusammenhang vorhanden ist (Tab. 8).

- Korrelationsanalysen bei metrischen unabhängigen und abhängigen Variablen: Die Stärke und positive oder negative Richtung eines linearen Einflusses wird durch den Korrelationskoeffizienten nach Pearson[1344] r angegeben, der einen Wertebereich von -1 bis 1 hat. Zur Interpretation des absoluten Werts von r wurde wiederum Tab. 8 herangezogen.[1345]

Normierter Koeffizient	Stärke des Zusammenhangs
0,0 - 0,20	sehr geringer Zusammenhang
0,21 - 0,50	geringer Zusammenhang
0,51 - 0,70	mittlerer Zusammenhang
0,71 - 0,90	hoher Zusammenhang
0,91 - 1,00	sehr hoher Zusammenhang

Tab. 8: Mögliche Stärken eines Zusammenhangs[1346]

Mit Testverfahren wird dann die Signifikanz eines Zusammenhangs überprüft.[1347] Einen Überblick über die im folgenden verwendeten Abstufungen des Signifikanzniveaus gibt Tab. 9.

[1343] Zu den Einsatzmöglichkeiten der statistischen Verfahren vgl. ausführlicher z. B. Atteslander (1995), S. 366 f., Berekoven, Eckert, Ellenrieder (2001), S. 196 ff., Backhaus et al. (2000), S. xxii ff., Sachs (2002).

[1344] Der Korrelationskoeffizient nach Pearson darf nur bei metrischen normalverteilten Daten verwendet werden. Bei ordinalskalierten Daten ist dagegen Kendall-Tau-b oder Spearman zu wählen. Vgl. z. B. Atteslander (1995), S. 367.

[1345] Korrelationsanalysen geben nur Auskunft über die Eindeutigkeit bzw. Stärke eines linearen Zusammenhangs, nicht jedoch über die Richtung (welche Variable ist abhängig, welche unabhängig) und das Ausmaß einer Änderung der abhängigen Variable bei Änderung der unabhängigen (Wirkungsprognose). Hierzu muß die einfache Regressionsanalyse verwendet werden, bei der der Regressionskoeffizient das Ausmaß einer linearen Wirkung einer unabhängigen auf eine abhängige Variable angibt. Vgl. auch Berekoven, Eckert, Ellenrieder (2001), S. 198 ff., Atteslander (1995), S. 306 ff.

[1346] Vgl. Lehnert (2000), S. 146.

[1347] In ihrer Nullhypothese H_0 wird ein zufälliger Zusammenhang behauptet. Angestrebt wird eine Ablehnung von H_0. Die Nullhypothese ist zu verwerfen, wenn der Wert des Tests kleiner ist als ein bestimmter zulässiger Wert. Bei dieser Entscheidung können allerdings Fehler 1. Art (d. h. die Hypothese wird verworfen, obwohl sie richtig ist) und Fehler 2. Art (d. h. die Hypothese wird angenommen, obwohl sie falsch ist) auftreten. Die Hypothese wird daher mit verschiedenen vorzugebenden, tolerierbaren Irrtumswahrscheinlichkeiten („p-Werten") getestet. Angestrebt wird, die Hypothese bei einer möglichst geringen Irrtumswahrscheinlichkeit verwerfen zu können. Die kleinste Irrtumswahrscheinlichkeit, bei der die Nullhypothese eines zufälligen Zusammenhangs noch abgelehnt werden kann, bezeichnet das Signifikanzniveau

Soweit die situativen Variablen einen sinnvollen[1348] signifikanten Einfluß mindestens mittlerer Stärke auf die Bewertung haben, wird bei der Auswertung explizit darauf eingegangen. Dabei können die Zusammenhänge aufgrund der geringen Fallzahlen allerdings nur grobe Anhaltspunkte liefern, die als Interpretationshilfen gedacht sind.

Irrtumswahrscheinlichkeit	p	Signifikanz
kleinste Irrtumswahrscheinlichkeit > 5%	$p > 0{,}05$	nicht signifikant (ns)
kleinste Irrtumswahrscheinlichkeit ≤ 5%	$0{,}01 < p \leq 0{,}05$	signifikant (*)
kleinste Irrtumswahrscheinlichkeit ≤ 1%	$0{,}001 < p \leq 0{,}01$	sehr signifikant (**)
kleinste Irrtumswahrscheinlichkeit ≤ 0,1%	$p \leq 0{,}001$	hochsignifikant (***)

Tab. 9: Mögliche Signifikanzniveaus[1349]

4.5.3 Übereinstimmung zwischen den Experten

Zur Beurteilung der Übereinstimmung zwischen den Experten hinsichtlich der Bewertung wird der Interquartilabstand Q_A herangezogen.[1350] Bei der hier verwendeten 5-stufigen Skala wird von einer *bemerkenswerten Übereinstimmung* bei $Q_A \leq 0{,}6$, von einer *bemerkenswerten Divergenz* bei $Q_A \geq 1{,}3$ gesprochen.[1351] Aus der Übereinstimmung kann dann auch auf die Sicherheit der Expertenprognose geschlossen werden. Wenn die Expertenmeinung zudem mit der konzeptionell erarbeiteten Erwartung übereinstimmt, so ist bei Prognosen von einer hohen zukünftigen Eintrittswahrscheinlichkeit auszugehen.[1352]

4.5.4 Qualitative Beiträge

Die Experten wurden mehrfach ausdrücklich ermutigt, die geschlossenen Fragen durch Anmerkungen oder Begründungen zu ergänzen. Zusätzlich wurden vereinzelt offene Fragen formu-

---

des Zusammenhangs. Ergebnisse werden nur dann als aussagekräftig betrachtet, wenn mit mindestens 95%iger Sicherheit ein Zusammenhang nicht zufällig ist. Vgl. ausführlicher z. B. Atteslander (1995), S. 330 f. und S. 361 ff., Berekoven, Eckert, Ellenrieder (2001), S. 234 ff., Backhaus et al. (2000), S. 26 ff., Sachs (2002), S. 168 ff.

[1348] Statistisch signifikante Befunde sagen nichts über die praktische Bedeutung aus. Sie werden zudem häufig überinterpretiert. Vgl. auch Sachs (2002), S. xxxvii.
[1349] Vgl. Sachs (2002), S. 188.
[1350] Vgl. auch Götze (1991), S. 244 und die dort zitierte Literatur.
[1351] Zugrunde gelegt wird ein Quartilabstand, der kleiner ist als 16% der Skalenbreite für eine bemerkenswerte Übereinstimmung bzw. größer ist als 33% der Skalenbreite für eine bemerkenswerte Divergenz. Vgl. auch Schlüchter (2001), S. 142, der entsprechende Werte verwendet.
[1352] Vgl. auch Schlüchter (2001), S. 145.

liert, die dann für Folgerunden in geschlossene Fragen überführt wurden. Die auf diesem Wege gewonnen Einschätzungen der Experten werden insofern generalisiert, als die Antworten, die den gleichen Sachverhalt betreffen und in vergleichbarer Weise argumentieren, paraphrasiert und in einer diesen Antworten gerecht werdenden Weise zusammengefaßt werden.

5 Ergebnisse der Delphi-Studie

Im folgenden werden die Ergebnisse der Studie dokumentiert und in den Zusammenhang des oben erstellten theoretischen Bezugsrahmens gestellt. Bei der Darstellung der Ergebnisse wird versucht, aus der Vielzahl der Daten die wesentlichen Resultate hervorzuheben. Bei der Interpretation wird besonderes Augenmerk auf eine Übereinstimmung oder auch Diskrepanz mit den aus den theoretischen Erwägungen erwarteten Ergebnissen gelegt.

5.1 Branchensituation

5.1.1 Aktueller Stand und Hemmnisse für ein Engagement der Verlage

Aus der Literaturmeinung und eigenen Beobachtungen des Marktes ist das aktuelle Engagement der juristischen Fachverlage im Onlinebereich als verhalten einzustufen. Legt man die Einteilung KANTERs zugrunde, so handelt es sich um Bummler, die kaum innovative Produkte im Web anbieten bzw. nachhaltig verfolgen. Insofern ist die Beurteilung als mittelmäßig (Abb. 29)[1353] durch das Expertengremium überraschend positiv.

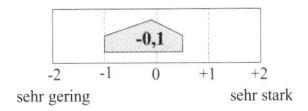

```
         -0,1
-2   -1    0   +1   +2
sehr gering        sehr stark
```

Abb. 29: Engagement der juristischen Verlage im Onlinebereich

Im Bezugsrahmen wurden im wesentlichen drei Blöcke identifiziert, die ein Engagement der juristischen Verlage behindern:

- die Einstellung in den Verlagen, insbesondere Kannibalisierungsbefürchtungen, die mangelnde Bereitschaft zu einer strategischen Neuausrichtung, zu risikobehafteten Investitionen und zu Coopetition, die Unsicherheit in einem dynamischen und unberechenbaren Umfeld, Unsicherheiten über Erlösmodelle und Zahlungswege sowie bei näherer Betrachtung nicht zu rechtfertigende Mißbrauchsbefürchtungen. Unterstützung erhält die zurückhaltende Einstellung durch negative Erfahrungen, etwa das Scheitern von Pilotprojekten im juristischen Onlinebereich. Dies führt zu einer Vernachlässigung insbesondere vor dem Hintergrund des Drucks des klassischen Tagesgeschäfts.
- die mangelnde Wirtschaftlichkeit angesichts einer wegen hoher Investitionen erforderlichen, aber kaum zu erreichenden hohen Durchdringungsquote aufgrund noch zu geringer Akzeptanz.

[1353] Im Fragebogen Frage A.1.

- eher technische Gründe wie mangelnde digitale Verfügbarkeit der Altdaten, fehlende Standards und hohe Abwicklungskosten bei Zahlungsvorgängen.

Bei der Expertenbefragung[1354] ist erwartungsgemäß eine starke Abnahme der Bedeutung der Hemmfaktoren im Zeitverlauf zu verzeichnen. Während derzeit die wichtigsten Faktoren als ziemlich bis sehr relevant eingestuft werden, ist in zehn Jahren der wichtigste Hemmfaktor nur noch gering bis mäßig relevant. Hemmfaktoren haben langfristig demzufolge absolut gesehen kaum noch eine Bedeutung.

Einen Überblick über die relative Bedeutung der relevanten Hemmfaktoren gibt Tab. 10. Dabei sind die Unterschiede zwischen den verschiedenen Rangpositionen allerdings minimal; die „Feinpositionierung" ist daher nicht überzubewerten.

Wichtigster Hemmfaktor ist derzeit die mangelnde *digitale Verfügbarkeit und Aufbereitung der Altdaten*. Eine hohe Bedeutung ergab sich auch bei den theoretischen Überlegungen. Die Verlage stehen derzeit vor dem Problem, daß die Daten für umfassendere Altwerke, vor allem Nachschlagewerke, nicht in einem medienneutralen Format vorliegen. Zudem fehlt den Texten die notwendige Aufbereitung, die einen bloßen „flachen" Text mit einem Mehrwert versieht, etwa die Transformation zu einem Hypertextdokument durch das Ergänzen von sinnvollen Verweisungen. Plausibel ist auch der starke Abfall der Bedeutung im Zeitablauf, da das Problem inzwischen erkannt wurde und bei neuen Werken auf ein medienneutrales Datenformat geachtet wird. Altdaten werden zudem sukzessive digitalisiert, soweit ihnen längerfristige Bedeutung zukommt.

Die derzeit als zweitwichtigstes Problem eingestufte *mangelnde Wirtschaftlichkeit* wird auch langfristig als ein gravierender Hemmfaktor eingestuft. Dieser Faktor faßt verschiedene Teilprobleme wie hohe Investitionen und geringe Akzeptanzquoten zusammen. Vor allem der vergleichsweise geringe Bedeutungsabfall überrascht. Zwar fallen erhebliche Kosten insbesondere für die Aufbereitung der Altdaten an, die gerade die Vielzahl kleiner und mittlerer juristischer Verlage vor große Probleme stellen. Diese notwendigen Investitionen werden aber nach einer Startphase langfristig abnehmen. Auch höhere Kosten durch eine Parallelität von Print- und Onlineprodukten werden nach einer Phase zunächst steigender Ausgaben langfristig an Bedeutung verlieren, wenn die Prozesse entsprechend umgestellt sind.[1355] Als mögliche Ursache bleibt daher die geringe Akzeptanzquote. Die Vermutung, daß diese auf ein langfristig auslaufendes „Generationsproblem" zurückzuführen sein könnte, kann dagegen aufgrund der Ergebnisse an anderer Stelle[1356] nicht bestätigt werden. Insgesamt kann allerdings auch vermutet

---

[1354] Im Fragebogen Fragen A.2 und A.3.
[1355] Dies ist das Ergebnis von Frage B.12. Siehe hierzu auch die Auswertung zu Substitutionseffekten, Kap. 5.2.5. Ein Zusammenhang zwischen den Bewertungen ist allerdings nicht signifikant nachzuweisen.
[1356] Vgl. Frage B.3 und die Auswertung der Hemmfaktoren einer Nutzung von Onlineprodukten durch Kunden, Kap. 5.2.3.

werden, daß die fehlende Wirtschaftlichkeit vor allem langfristig ein Schutzargument darstellt, wie ein Experte abweichend von der Mehrheitsmeinung anmerkt. Verlage könnten so versuchen, mit den fraglichen wirtschaftlichen Aussichten die derzeitige Zurückhaltung zu begründen.

Derzeit	*In 3 Jahren*	*In 10 Jahren*
1. Mangelnde digitale Verfügbarkeit/Aufbereitung der Altdaten	1. Mangelnde Wirtschaftlichkeit	1. Angst vor Kannibalisierung
2. Mangelnde Wirtschaftlichkeit	2. Angst vor Kannibalisierung	2. Zurückhaltung bei der Zusammenarbeit mit anderen Verlagen
3. Fehlende Erfahrung in einem dynamischen Umfeld	3. Mangelnde Bereitschaft der Autoren zu zusätzlichen Aufbereitungen	3. Mangelnde Wirtschaftlichkeit
4. Fehlendes standardisiertes Format zum Datenaustausch	4. Zurückhaltung bei der Zusammenarbeit mit anderen Verlagen	4. Mangelnde Bereitschaft der Autoren zu zusätzlichen Aufbereitungen
5. Mangelnde Bereitschaft der Autoren zu zusätzlichen Aufbereitungen	5. Mangelnde digitale Verfügbarkeit/Aufbereitung der Altdaten	5. Mißbrauchsbefürchtung
6. Angst vor Kannibalisierung	6. Fehlendes standardisiertes Format zum Datenaustausch	6. Fehlendes standardisiertes Format zum Datenaustausch
7. Zurückhaltung bei der Zusammenarbeit mit anderen Verlagen	7. Fehlende Erfahrung in einem dynamischen Umfeld	7. Hohe Kosten bei Abrechnungsverfahren
8. Hohe Kosten bei Abrechnungsverfahren	8. Mißbrauchsbefürchtung	8. Fehlende Erfahrung in einem dynamischen Umfeld
9. Mißbrauchsbefürchtung	9. Hohe Kosten bei Abrechnungsverfahren	9. Mangelnde digitale Verfügbarkeit/Aufbereitung der Altdaten

Tab. 10: Relevanz der Hemmfaktoren, die ein Engagement der Verlage behindern könnten

Wenig überraschend ist die relativ hohe Bedeutung einer *fehlenden Erfahrung in einem dynamischen Umfeld*. Juristischen Fachverlagen fehlt die kulturelle Fähigkeit, innovativ und risikobehaftet zu agieren, ohne dabei die Folgen hinreichend abschätzen zu können. Gerade die stabilitätsorientierte juristische Verlagsbranche ist daher im Onlinebereich zunächst besonders gehemmt. Mittel- bis langfristig gewinnen die Verlage an eigenen und beobachteten Erfahrungen, so daß dieses Problem auch relativ an Bedeutung verliert.

Ein *fehlender Standard zum Austausch von z. B. Entscheidungen* wurde ebenfalls bereits in der theoretischen Überlegung als wesentlicher Hemmfaktor identifiziert. Aufgrund der bisher nur schleppenden Aktivitäten und der langen erforderlichen Durchsetzungsphase eines solchen Standards ist auch mittelfristig kaum mit einer wesentlichen Abnahme dieses Problems zu rechnen. Insofern wäre zukünftig eine stärkere relative Relevanz dieses Problems zu erwarten gewesen, als ihm tatsächlich vom Expertengremium zugewiesen wurde. Plausibel ist die signifikante negative Korrelation mittlerer Stärke ($r_{t=0}$ = -0,515*, $r_{t=3}$ = -0,556*, $r_{t=10}$ = -0,428*) mit dem Anteil der Nachschlagewerke am Verlagsangebot: Experten mit einem hohen Anteil an Nachschlagewerken in ihrem Wirkungsbereich sind weniger auf einen Massenaustausch von Fachinformationen im engeren Sinn angewiesen.

Onlineprodukte erfordern einen Mehrwert wie z. B. eine umfangreiche Verlinkung innerhalb von Nachschlagewerken, der am besten von den Autoren mit ihrer spezifischen Fachkenntnis selbst erbracht werden kann. Dies erfordert jedoch die *Bereitschaft der Autoren zu zusätzlichen Aufbereitungen*, die über die bisher üblichen Textbearbeitungen – meistens Ablieferung eines Manuskripts – hinausgehen und u. U. den Einsatz spezifischer Werkzeuge verlangen. Dieser Hemmfaktor wird im Vergleich zu den übrigen Faktoren im Zeitablauf weitgehend konstant als mittleres Problem eingestuft. Anmerkungen der Experten weisen zwar darauf hin, daß die Bereitschaft langfristig mit neuen Generationen steigen und derartige Aufbereitungen selbstverständlicher werden würden. Sie weisen aber genauso auf die kaum vorhandenen Werkzeuge für Autoren hin. Insofern überrascht die im Zeitablauf weitgehend konstante relative Einstufung nicht.

Die *Angst vor Kannibalisierungen* wird überraschenderweise derzeit nur als mittelmäßig eingestuft, gewinnt aber mittel- bis langfristig relativ an Bedeutung. Dieser Faktor spiegelt starke Beharrungseffekte etablierter Strukturen und die Scheu der Verlage vor einer bewußten strategischen Neuausrichtung wider. Sie wird auch durch die derzeit geringe Wirtschaftlichkeit des Onlinebereichs verursacht. Dabei ist aber zu beachten, daß sich die mangelnde Wirtschaftlichkeit und die Angst vor einer Kannibalisierung gegenseitig beeinflussen und folgerichtig mittel- bis langfristig beide die vorderen Plätze einnehmen[1357]: die Verlage haben Angst vor einer Kannibalisierung mangels einer ausreichenden Wirtschaftlichkeit. Umgekehrt wird ohne eine entsprechende Neuorientierung zum Onlinebereich eine ausreichende Wirtschaftlichkeit kaum zu erreichen sein. Auffällig ist ein mittlerer Einfluß unabhängiger Variablen auf die Beurteilung einer Angst vor Kannibalisierungen: Experten, welche die Verlagsbranche bereits für stark im Onlinebereich engagiert halten, kommen zu einer eher niedrigeren Bewertung einer Angst vor Kannibalisierung ($r_{t=0}$ = -0,411*, $r_{t=3}$ = -0,578**, $r_{t=10}$ = -0,487*). Die Einschätzung wird auch von der Verlagsgröße der Experten beeinflußt: Experten aus größeren Verlagen beurteilen die Angst vor einer Kannibalisierung mittel- und langfristig signifikant geringer ($r_{t=3}$ = -0,535*, $r_{t=10}$ = -0,594*).

Die *Zurückhaltung bei der Zusammenarbeit mit anderen Verlagen* wird erwartungsgemäß im Zeitablauf als relativ wichtiger eingestuft. Darin spiegelt sich die zunehmende Bedeutung von Kooperationen wider.

[1357] Eine Korrelation konnte nur langfristig festgestellt werden ($r_{t=10}$ = 0,586**).

Der in der Literatur häufig genannte Hemmfaktor *mangelnder wirtschaftlicher Abrechnungsverfahren* behindert ein Engagement kaum. Zwar bestätigen die Experten in Anmerkungen die hohen Kosten. Die Verlage richten ihr Erlösmodell allerdings darauf aus und behelfen sich mit anderen Verfahren, insbesondere vorteilhafteren Abonnements. Die damit verbundenen Einschränkungen beim Design des Geschäftsmodells wirken offenbar insgesamt nur mittelmäßig hemmend. Dabei wird die Beurteilung allerdings durch die Bedeutung der Informationsdienste beeinflußt: Experten, in deren Verlagen Informationsdienste einen wesentlichen Anteil am Verlagsangebot haben, beurteilen dieses Problem mittel- und langfristig als relevanter als andere ($r_{t=3}$ = 0,488*, $r_{t=10}$ = 0,679**). Dies überrascht nicht, da gerade bei Informationsdiensten vergleichsweise starke Substitutionswirkungen zu erwarten sind und sich dort das Problem einer Abrechnung kleiner Leistungseinheiten stellen kann.

In Gesprächen mit Verlagen wird oftmals die Gefahr eines leichten *Mißbrauchs* digital zur Verfügung gestellter Daten hervorgehoben, der in Konsumbranchen, etwa der Musikindustrie, bereits stattfindet. Bei näherer theoretischer Betrachtung zeigt sich allerdings, daß diese im hier betrachteten Segment nicht überzubewerten ist. Überraschend ist daher der Anstieg der relativen Bedeutung im Zeitablauf, der höchstens auf eine stärkere Abnahme der Bedeutung der übrigen Faktoren zurückgeführt werden könnte, aber selbst dann kaum zu begründen ist.

Erwartet wurde auch, daß daneben *negative Erfahrungen* wie das Scheitern von populären Pilotprojekten wie z. B. Legalis oder Fahnder die Verlage von einem stärkeren Engagement abhalten. Dies wird von den Experten allerdings ebenso wie mögliche negative (wirtschaftliche) Erfahrungen bei der Publikation von CD-ROMs als nur wenig bis mittelmäßig hemmend eingestuft und nimmt im Vergleich zu den übrigen Hemmfaktoren die letzten Plätze ein.

Zur besseren Übersichtlichkeit wurden die Hemmfaktoren zu drei Gruppen zusammengefaßt (Abb. 30). Dominierender Hemmfaktor ist die bereits diskutierte mangelnde Wirtschaftlichkeit. Wichtige Hemmfaktoren sind daneben derzeit eher technische Probleme. Auffällig ist, daß auf lange Sicht weniger „harte" technische Probleme als vielmehr Einstellungen, etwa Befürchtungen und Meinungen in den Verlagen, als hemmend angesehen werden. Ein Experte kommentiert dies zusammenfassend mit „traditionsbeladene, wenig wandlungsfreudige Umgebung". Dies deckt sich mit den Erwartungen aus der Literatur, die ebenfalls eine Wandlungsresistenz in den Unternehmen als wesentlichen Hemmfaktor identifiziert.

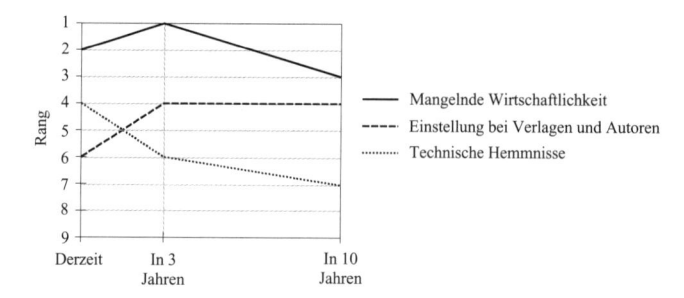

Abb. 30: Überblick über den zeitlichen Verlauf der relativen gruppierten Hemmfaktoren[1358]

5.1.2 Markteintritt neuer Spieler

Ein Markteintritt eines neuen relevanten Mitbewerbers wird von der Mehrheit der Experten für ziemlich wahrscheinlich gehalten (Abb. 31).[1359] Dabei wird überwiegend ein Eintritt eines ausländischen juristischen Anbieters erwartet.

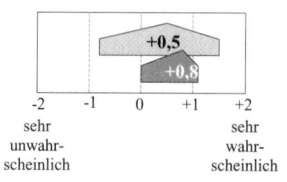

Abb. 31: Wahrscheinlichkeit eines Eintritts eines neuen relevanten Mitbewerbers

Die Mehrheit der Experten erwartet einen Einstieg durch Übernahmen oder – mit etwas geringerer Wahrscheinlichkeit – durch Kooperationen (Abb. 32a und b). Damit bestätigen sich die aus den theoretischen Betrachtungen der Markteintrittsbarrieren und der möglichen neuen Spieler resultierenden Erwartungen. Kooperationen hätten nach Ansicht der Experten z. B. den Vorzug, daß Verlage die Risiken des Onlinebereichs auf aggressivere und erfahrenere neue Spieler verlagern könnten. Bei der Alternative einer Übernahme wird angeführt, daß die Mentalität der Verleger dagegen spräche, die „ihren" Verlag nicht „hergeben" wollten. Ein Eintritt durch ein eigenständig erbrachtes Angebot (Abb. 32c) halten die Experten nur für vielleicht

---

[1358] Die Grafik kann lediglich als Anhaltspunkt dienen, da die Zuordnungen nicht überschneidungsfrei sein können und zudem die Rangunterschiede nur minimal sind. Der Gruppe des Hemmfaktors „Einstellung in den Verlagen" wurden die Faktoren „Fehlende Erfahrung in einem dynamischen Umfeld", „Angst vor Kannibalisierung", „Zurückhaltung bei der Zusammenarbeit mit anderen Verlagen" und „Mißbrauchsbefürchtungen" zugeordnet, dem Gruppenfaktor „Technik" die Faktoren „Mangelnde digitale Verfügbarkeit der Altdaten", „Fehlendes standardisiertes Datenformat" und „Hohe Abrechnungskosten". Als Rang wird der Median der Ränge der Mitglieder der Gruppe verwendet.

[1359] Im Fragebogen Fragen A.4, A.5.1 und A.5.2.

möglich.[1360] Gegen einen eigenständigen Eintritt sprechen die geringe Größe und geringe Dynamik des Marktes, die fehlende Marke und das fehlende lokale Know-How. Vor dem Hintergrund gleichzeitig hoher Kosten erscheint das Risiko bei einem eigenständigen Eintritt als zu groß.

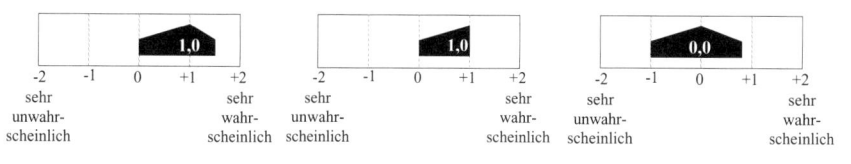

1,0	1,0	0,0
-2 -1 0 +1 +2	-2 -1 0 +1 +2	-2 -1 0 +1 +2
sehr unwahrscheinlich — sehr wahrscheinlich	sehr unwahrscheinlich — sehr wahrscheinlich	sehr unwahrscheinlich — sehr wahrscheinlich
a) Markteintritt durch Übernahmen	b) Markteintritt durch Kooperationen	c) Markteintritt durch ein eigenständig erbrachtes Angebot

Abb. 32: Wahrscheinlichkeiten der Form eines Markteintritts

Die Bedrohung für kleine etablierte Spieler durch einen neuen Wettbewerber wird erwartungsgemäß von der Mehrzahl der Experten als ziemlich hoch eingestuft (Anhang A.5, Frage A.5.2). Sie sind oft von wenigen Produkten abhängig und haben kaum eine Möglichkeit zur Quersubventionierung. Andererseits weisen verschiedene Experten darauf hin, daß kleine Spieler in ihren Nischen eher geschützt seien. Große Spieler sind dagegen aufgrund ihres größeren Reputationsvorteils und der stärkeren Marke nur wenig bis mittelmäßig bedroht.

5.1.3 Bedrohung durch eine Disintermediation originärer Anbieter

Die Mehrheit der Experten hält eine Bedrohung von online angebotenen Leistungen durch ein eigenes Angebot der originären Ersteller wie z. B. der Regierung oder der Gerichte, für mittelmäßig bis ziemlich hoch (Abb. 33).[1361]

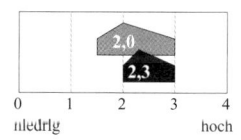

2,0
2,3
0   1   2   3   4
niedrig — hoch

Abb. 33: Beurteilung der Bedrohung durch ein eigenes Angebot der originären Ersteller

Ein Experte weist allerdings zu Recht darauf hin, daß die originären Angebote primär als Serviceleistung für den „normalen Bürger" gedacht und für professionelle Benutzung oft ungeeignet seien, also eine andere Zielgruppe adressierten. Von den Experten werden entsprechend

---

[1360] Bei diesen Einschätzungen zeigt sich eine bemerkenswerte Diskrepanz der Einschätzungen. Allerdings wurde die Frage nur in einer Runde gestellt, so daß keine Konsensbildung erfolgen konnte; die Diskrepanz sollte daher nicht überbewertet werden.
[1361] Im Fragebogen Frage B.8.

auch als Gegenargumente vor allem der fehlende Mehrwert und die fehlende Service- und Kundenorientierung bei solchen Leistungen hervorgehoben. Ein Mehrwert bestehe vor allem in

- einer redaktionellen Kommentierung, Erläuterung,
- einer Bündelung und einheitlichen Aufbereitung,
- einer Kontextualisierung, d. h. einer Einbettung in ein größeres, vernetztes Angebot wie z. B. Fachliteratur,
- einer Zusammenfassung wesentlicher Aussagen für eine relevante Zielgruppe,
- der Auswahl,
- einer Qualitätssicherung (Bürge) und
- geringen Suchkosten.

Ein anderer Experte merkt zu Recht an, daß es vor dem Hintergrund häufig kostenloser originärer Angebote für die Verlage schwieriger werde, den Wert und damit die Kostenpflichtigkeit der eigenen Leistung zu vermitteln. Dennoch überrascht die relativ hohe Bedeutung, die einer solchen Bedrohung beigemessen wird, angesichts der theoretischen Überlegungen und den plausiblen Gegenargumenten der Experten.

5.2 Leistungsangebot

5.2.1 Vorteile von Onlinemedien aus Kundensicht

Bei der Aufstellung einer Rangordnung der Vorteile aus Nutzersicht (Tab. 11) kommen die Experten in den meisten Punkten zu einer bemerkenswerten Übereinstimmung:[1362]

Wichtigster Mehrwert ist entsprechend der Erwartungen gerade in der juristischen Zielgruppe die *höhere Aktualität*. Sie wird durch den Wegfall von Logistikzeiten und kleinere Bündelungen mit häufigeren, ggf. bedarfsorientierten Erscheinungsterminen ermöglicht. *Effizientere und mächtigere Suchfunktionen* von elektronischen Produkten gegenüber sehr begrenzten Zugriffsstrukturen bei gedruckten Informationen stellen den zweitwichtigsten Nutzen dar, wobei in einer Anmerkung insbesondere die Schnelligkeit des Findens als Vorteil und Anforderung hervorgehoben wurde. Überraschend ist, daß die *Lieferung individuellerer Informationen* lediglich als drittwichtigster Nutzen eingestuft wird. Individualisierung stellt eines der wesentlichen neuen Merkmale des Electronic Commerce dar und sollte gerade bei informationsüberlasteten Juristen besonders wertvoll sein, eine erhöhte Zahlungsbereitschaft nach sich ziehen und die Definition neuer Produkte ermöglichen. In Anmerkungen werden sowohl unterstützende als auch abwertende Einstellungen deutlich: einerseits wird darauf hingewiesen, daß Individualisierung aufgrund eines geänderten Rechercheverhaltens zum Muß werde und die Nutzer durch

---

[1362] Im Fragebogen Frage B.1.

Individualisierung ihre Recherchezeiten minimieren könnten und anstelle „in Informationen zu ertrinken" genau das Interessierende erhalten würden. Andererseits wird angemerkt, daß sowohl die Machbarkeit als auch die Relevanz von Individualisierung überschätzt werde. Spezialisierte Infodienste seien zumindest kurzfristig ausreichend. Aufgrund des veränderlichen persönlichen Informationsbedarfs sei eine automatische Zulieferung relevanter Informationen eine Illusion.

1. Größere Aktualität
2. Effizientere und mächtigere Suchfunktionen
3. (Automatische) Lieferung individuellerer, genauer passender Informationen
4. Direkterer Zugriff auf weiterführende Hinweise (z. B. „Gesetzestexte direkt per Hyperlink")
5. Orts- und zeitunabhängigere Verfügbarkeit direkt am Schreibtisch (sowohl Büro als auch häuslicher Arbeitsplatz), dadurch konzentrierteres Arbeiten
6. Weniger Verwaltungstätigkeiten im Vergleich zu Loseblattwerken oder Zeitschriften
7. Umfassenderes Angebot (beliebige Datenbankgröße), Wegfall der Mengenrestriktionen von Printprodukten oder CD-ROMs
8. Entbündelung: gerechtere Bezahlung nur für tatsächlich genutzte Informationen
9. Individuellere Arbeitsumgebung, z. B. individuelle Datenbanken oder Archive
10. Einfacherer Kontakt zur Fachgemeinde in Form virtueller Gemeinschaften

Tab. 11: Rangfolge der Mehrwerte von Onlineprodukten für Kunden

Der *direkte Zugriff auf weiterführende Informationen* stellt den viertwichtigsten Nutzen für die Kunden dar und erschließt darüber hinaus Cross-Selling-Potential. Onlineprodukte können hier aufgrund der einfachen Integrier- und Vernetzbarkeit verschiedener Angebote besonders leicht Mehrwerte erzeugen, die für den Kunden die Nutzung erleichtern und effizienter machen (Wegfall von Suchtätigkeiten zitierter Informationen). Er erfordert allerdings von den Anbietern ein umfassendes eigenes oder durch Kooperationen zugängliches Angebot.

Die *orts- und zeitunabhängige Verfügbarkeit direkt am Schreibtisch* stellt einen häufig in Gesprächen und der Literatur hervorgehobenen Vorteil dar. Die dadurch ebenso wie bei dem direkten Zugriff auf weiterführende Informationen ermöglichte höhere Effizienz und höhere Konzentration überzeugt als Begründung; beide Bewertungen korrelieren entsprechend, allerdings nur schwach (r = 0,469**). Insofern ist seine Einstufung nur auf Platz 5 überraschend, erklärt sich aber aus der noch höheren Relevanz der vorherigen Vorteile und kann wohl nicht als Herabstufung interpretiert werden.

Selten in der Literatur erwähnt wird der Vorzug von Onlineprodukten, die *Verwaltungstätigkeiten zu reduzieren*. Dies gilt vor allem im Vergleich zu Loseblattwerken, aber auch zu jährlich zu bindenden Zeitschriften. Dabei handelt es sich zwar typischerweise um eine gering qualifizierte und damit preiswerte, im Regelfall nicht von den Juristen selbst ausgeführte Tätigkeit. Gerade bei Loseblattwerken ist sie aber fehlerträchtig und damit sind Juristen auch direkt betroffen. Die Experten stufen diesen operativen Vorteil auf einen mittleren Platz ein.

Dem *Wegfall von Mengenrestriktionen* kommt nur eine nachgeordnete Bedeutung zu. Dies ist plausibel, da Juristen primär an ausgewählten Informationen und nicht „purer Masse" interessiert sind und Mengenrestriktionen bisher kein wesentliches, nunmehr zu beseitigendes Hindernis waren.

Auch der *Entbündelung* kommt nur nachrangige Bedeutung zu. Sie kommt vor allem bei nutzungsabhängigen Erlösmodellen zum Tragen; ihre Bewertung unterstreicht deren geringe Bedeutung.

Der Vorteil einer möglichen *individuellen Arbeitsumgebung, beispielsweise individuelle Datenbanken oder Archive*, wird von den Experten nicht gesehen. Hierunter ist beispielsweise die Möglichkeit zu verstehen, daß Nutzer eine personalisierte Datenbank mit nur den sie interessierenden Fachbereichen oder von ihnen speziell ausgesuchten Artikeln oder Entscheidungen nutzen können. Bisher sind solche Angebote nicht verfügbar, was möglicherweise die nachrangige Bewertung mangels einer konkreten Vorstellung teilweise erklärt. Überraschenderweise schätzen vor allem Experten, deren Verlage einen großen Anteil an Nachschlagewerken im Angebot haben, den Vorteil einer individuellen Arbeitsumgebung als nachrangiger ein (r = 0,508*). Dies widerspricht dem theoretisch erarbeiteten Konzept, daß gerade Nachschlagewerke künftig als integrierende Arbeitsumgebung fungieren können.

Dem Nutzen *virtueller Gemeinschaften zum einfacheren Kontakt zur Fachgemeinde* erteilen die Experten eine klare Absage.[1363]

Interessanterweise zeigt die statistische Auswertung durch Korrelationen eine deutliche Zweiteilung der Ansichten: so korreliert die Bewertung der Aktualität sehr signifikant negativ mit dem Vorteil der Entbündelung (r = -0,574**) und hochsignifikant mit dem einer ortsunabhängigen Verfügbarkeit (r = -0,667***). Die zuletzt genannten Faktoren korrelieren dementsprechend sehr signifikant positiv miteinander (r = 0,494**). Diese Korrelationen verdeutlichen zwei unterschiedliche Primärnutzen-Einschätzungen von Onlineprodukten durch die Experten: sie halten entweder eine hohe Aktualität für sehr wichtig oder aber die Entbündelung und den ortsunabhängigen Zugriff im Bedarfsfall, in der Regel aber nicht beide Faktoren. Diese negative Korrelation bestätigt damit die gebildete Rangfolge, die beide Faktorengruppen an den entgegengesetzten Endpunkten positioniert. Zur Stützung dieser Faktorenpositionierung wurde eine Faktorenanalyse durchgeführt, die drei Faktoren ergab. Der erste Faktor kann mit dem bereits diskutierten Vorteil eines jederzeitigen, bedarfsorientierten Zugriffs, der zweite Faktor mit dem

---

[1363] Vgl. hierzu ausführlicher die Auswertung in Kap. 5.2.4.7.3.

Vorteil eines „umfassenden unbeschränkten Suchraums", bei dem etwa die Beschränkung auf Jahresinhaltsverzeichnisse von Zeitschriften entfällt, sinnvoll beschrieben werden.[1364]

5.2.2 Vorteile von Onlinemedien aus Verlagssicht

Bei der Aufstellung einer Rangordnung der Vorteile aus Verlagssicht (Tab. 12) ist keine Übereinstimmung erzielt worden; die Einstufungen weisen vielmehr mit Ausnahme des ersten Punktes eine bemerkenswerte Divergenz auf:[1365]

1.	Höherer Mehrwert für die Kunden
2.	Geringere Stückkosten, daher profitabler oder zu reduziertem Preis
2.	Neuartige Leistungsangebotsformen werden ermöglicht
4.	Mehrfachverwertung der Inhalte für Print und Online
5.	Bearbeitung von fachlichen Nischen wird wirtschaftlich möglich
6.	Produktdifferenzierung erleichtert
7.	Geringere Eintrittsschwelle für Kunden durch Entbündelung und nutzungsabhängige Abrechnung, damit Erschließung neuer Käufergruppen

Tab. 12: Vorteile von Onlinemedien aus Verlagssicht

Als wesentlichsten Vorteil betrachten die Experten die Möglichkeit, die Produkte mit einem *Mehrwert für die Kunden* anzureichern. Daraus resultierende indirekte Vorteile könnten z. B. eine stärkere Kundenbindung oder eine Durchsetzbarkeit höherer Preise sein. Eine Verzerrung der Einschätzung dieses Vorteils ins Positive durch die vorherrschende Propagierung einer stärkeren Kundenorientierung, dem die Experten möglicherweise Rechnung tragen wollten, erscheint allerdings denkbar.

Der Vorteil *geringerer Stückkosten, die die Profitabilität erhöhen oder geringere Preise ermöglichen*, wird von den Experten als am zweitwichtigsten eingestuft. Ein Experte wendet sich dagegen und weist darauf hin, daß die Kunden im Onlinebereich die Ausschöpfung von teuren Differenzierungspotentialen fordern und geringere Stückkosten daher nicht zu realisieren seien. Ebenfalls auf den zweiten Platz setzen die Experten die *Möglichkeit, neue Leistungsangebotsformen zu entwickeln*. Auch dieser Vorteil basiert auf veränderten Kostenstrukturen und stellt

---

[1364] Die Zuordnung der einzelnen Faktoren konvergierte nach fünf Rotationen. Auf den ersten Faktor laden die Vorteile „Direkter Zugriff auf weiterführende Informationen", „orts- und zeitunabhängige Verfügbarkeit", „Entbündelung", „umfassenderes Angebot" und „individuellere Arbeitsumgebung" hoch, auf den zweiten Faktor die Vorteile „Effizientere Suchfunktionen" und „weniger Verwaltungstätigkeiten", auf den dritten Faktor die restlichen Vorteile „größere Aktualität", „Lieferung individueller Informationen" und „virtuelle Gemeinschaften". Insgesamt wird durch diese drei Faktoren allerdings lediglich 61,7% der Varianz erklärt.

[1365] Im Fragebogen Frage B.2.

eine der potentiellen strukturellen Veränderungen der Verlagsbranche durch das Internet dar. Insofern wurde eine hohe Bewertung erwartet. Soweit neue Leistungsangebotsformen Substitutionswirkungen entwickeln, kann die Branchenstruktur nachhaltig verändert werden. Einer rechtzeitigen Beachtung dieses Merkmals und Ausschöpfung dieses Vorteils kommt daher strategische Bedeutung zu.

Der möglichen *Mehrfachverwertung von Inhalten für Print und Online*, also der Realisierung von Zusatzerlösen zu vergleichsweise geringen Kosten, wird eine mittlere Bedeutung zugewiesen. In Anmerkungen bemerken die Experten vor allem, daß die Mehrfachverwertung nicht ohne weiteres möglich sei, sondern teure zusätzliche Aufbereitungen erfordere. Sie wenden sich damit zu Recht gegen die Literatur, die relativ pauschal Mehrfachverwertung als ausschließlich positiv hervorhebt. Der hohe Aufwand wurde auch bereits in der Bewertung von Hemmfaktoren eines Engagements von Verlagen deutlich.[1366]

Die Vorteile einer *wirtschaftlicheren Bearbeitung von fachlichen Nischen* und einer *erleichterten Produktdifferenzierung* liegen mit den Rängen 5 und 6 dicht beinander und weisen hochsignifikant eine mittlere Korrelation (r = 0,631***) auf. Beide basieren auf den besonderen Kostenstrukturen digitaler Produkte, fokussieren aber auf verschiedene Teilbereiche. Aufgrund der geringen Preissensibilität der Zielgruppe war allerdings auch bisher schon das Bearbeiten von Nischen zu ggf. höheren Preisen möglich. Produktdifferenzierung kommt entgegen den Erwartungen keine überragende Stellung zu. Sie dient häufig in Verbindung mit einer Preisdifferenzierung einer besseren Abschöpfung der Konsumentenrente. Da die Experten aber gleichzeitig eine Preisdifferenzierung für bedeutsam halten[1367], kann daraus nur der Schluß gezogen werden, daß eine Produktdifferenzierung zur Erleichterung einer Preisdifferenzierung nach Ansicht der Experten offenbar nicht erforderlich ist. Experten aus großen Verlagen stufen diesen Vorteil allerdings signifikant als positiver ein als solche aus kleinen Verlagen (r = -0,527*), was auf ihr umfangreicheres Produktspektrum und das größere Interesse an Produktdifferenzierungen zurückzuführen sein könnte.

Die Möglichkeit einer *Erschließung zusätzlicher Käufergruppen durch gesenkte Eintrittsbarrieren aufgrund nutzungsabhängiger Abrechnung* wird erwartungsgemäß als unwichtigster Vorteil eingestuft. Die Einschätzung ist die konsequente Fortführung der nachrangigen Einstufung eines entbündelten Zugriffs mit nutzungsabhängiger Abrechnung bei den Kundenvorteilen. Hinzu kommt, daß die Zielgruppe aus beruflicher Notwendigkeit mit den Produkten juristischer Fachverlage arbeitet und insofern kaum bisher unerschlossenes Kundenpotential zur Verfügung steht.

[1366] Statistisch kann ein nennenswerter Zusammenhang bei der Bewertung dieser Fragen allerdings nicht signifikant nachgewiesen werden.
[1367] Siehe die Auswertung in Kap. 5.3.1.

Die Faktorenanalyse reduziert diese Vorteile auf drei Faktoren, von denen der erste und dritte mit „kostenbasierten Vorteilen" und „Erweitertes Angebot für Kunden" sinnvoll interpretiert werden können.[1368]

5.2.3 Hemmfaktoren einer Nutzung von Onlineprodukten durch Kunden

Bei der Aufstellung einer Rangordnung der Hemmfaktoren aus Kundensicht (Tab. 13) ist ganz überwiegend keine Übereinstimmung erzielt worden; die Einstufungen weisen vielmehr mit Ausnahme der Lesbarkeit eine bemerkenswerte Divergenz auf.[1369]

Bezeichnend für den aktuellen Stand des Internet-Engagements ist der wesentliche Hemmfaktor einer stärkeren Nutzung von Onlineprodukten, nämlich der *zu geringe Mehrwert*.[1370] Eine Nutzung erfordert in der Tat von den Kunden eine Umstellung der Arbeitsabläufe, indem eine Lösung von ausschließlich vorkonfektionierten gedruckten Informationswerken hin zu elektronischen, primär am Bildschirm nutzbaren und vor allem individuell konfigurierbaren Onlineprodukten erfolgt. Der nicht ausreichende Mehrwert könnte ein Resultat einer bisher nicht konsequent vorgenommenen Nutzung der besonderen Chancen von neuartigen Leistungsangeboten sein. Wie sich bereits in anderen Fragen zeigte, scheuen die Verlage eine grundlegende Umorientierung mit der Folge, daß Onlineprodukte nicht mit der erforderlichen Konsequenz und Ausnutzung aller möglichen Vorteile erstellt werden, sondern häufig zunächst einfachere Versionen („Testballons") darstellen.

Überraschend ist die Einstufung einer *Unsicherheit über Qualität* und *tatsächlich fehlender Qualität* auf den Plätzen 2 und 3.[1371] Um auszuschließen, daß die Experten entgegen der Fragenintention auch semiprofessionelle Angebote berücksichtigen, auf die dieses Problem eher zutreffen könnte, wurde die Fragestellung im Untersuchungsverlauf explizit auf professionelle juristische Informationsanbieter konkretisiert. Gerade die Unsicherheit über die Qualität könnte ein Markenproblem offenbaren, da einige Angebote unter neuen, bisher nicht etablierten Markennamen auftreten (z. B. Legios). Die tatsächlich fehlende Qualität unterstreicht dagegen den bereits als noch wichtiger eingestuften fehlenden Mehrwert und damit insgesamt das nicht ausreichende Engagement der Verlage im Internet. Ein Experte weist entsprechend auch darauf

---

[1368] Die Faktorenrotation konvergierte nach vier Iterationen. Auf den ersten Faktor laden „geringere Stückkosten, daher profitabler oder reduzierter Preis", „Bearbeitung fachlicher Nischen" und „erleichterte Produktdifferenzierung", auf den zweiten Faktor „Geringere Eintrittsschwelle für Kunden" und „Mehrfachverwertung" und auf den dritten Faktor „Höherer Kundenmehrwert" und „neuartige Leistungsformen" hoch. Die durch die drei Faktoren erklärte Varianz beträgt 75,0%.
[1369] Im Fragebogen Frage B.3.
[1370] Interessanterweise war der fehlende Mehrwert auch der wesentliche Hemmfaktor für eine stärkere Internet-Nutzung durch Konsumenten, wie eine Studie von ARD und ZDF aus dem Jahr 1999 feststellte, vgl. Hofer (2000), S. 46 f.
[1371] Auch bei einer britischen Studie wurde allerdings die Qualität von elektronischen Zeitschriften von den Nutzern bezweifelt, vgl. Rowland (1999), S. 133.

hin, daß elektronische Produkte im Lektorat u. a. aufgrund kürzerer Vorlaufzeiten häufig schlechter behandelt würden.[1372] Bemerkenswert ist, daß gerade Experten aus kleinen Verlagen die tatsächlich fehlende Qualität als besonders relevant einstufen (r = 0,585*).

1. Mehrwert (siehe oben) ist nicht ausreichend für einen Wechsel des Produkts und eine Umstellung der Arbeitsabläufe und Nutzungsgewohnheiten

2. Unsicherheit über Qualität

3. Tatsächlich fehlende Qualität

4. Lesbarkeit am Bildschirm schlechter bzw. umständlicher

5. Spontane Handhabung umständlicher (Computer anschalten, Seitenaufruf, ...)

6. Mangelndes Vertrauen in die Dauerhaftigkeit und eine verläßliche Verfügbarkeit

7. Kostenpflichtigkeit und Höhe der Preise

8. Zitierfähigkeit insbesondere aufgrund der möglichen zeitlichen Instabilität (Überarbeitungen/Versionen) erschwert

9. Ablehnende Grundeinstellung (ohne o. g. Sachgründe) zur Nutzung des Mediums – Unkenntnis / Unsicherheit, Verweigerung einer Abkehr von traditionellen Nutzungsgewohnheiten unabhängig von einem eventuellen Mehrwert

10. Eingeschränkte ortsabhängige Verfügbarkeit (Computer erforderlich)

11. Mangelnde Möglichkeit wegen fehlender technischer Ausstattung

12. Netzeffekte sind mangels kritischer Masse nicht realisierbar

Tab. 13: Faktoren, die Kunden von einer Nutzung der Onlineangebote professioneller juristischer Informationsanbieter abhalten könnten

Wenig überraschend ist die relativ hohe Einstufung einer *schlechteren bzw. umständlicheren Lesbarkeit am Bildschirm* sowie *einer umständlicheren spontanen Handhabung*.[1373] Diese Probleme sind systemimmanent bei elektronischen Produkten, und ihre Vermeidung ist einer der maßgeblichen Vorteile gedruckter Werke. Allerdings stufen Verlage mit einem stark durch Informationsdienste geprägten Erfahrungshintergrund das Problem einer schlechteren Lesbarkeit als nachrangiger ein (r = 0,556*). Verantwortlich dafür ist möglicherweise, daß es sich hierbei typischerweise um eher kurze Texte handelt. Man hätte allerdings auch erwarten können, daß gerade bei Informationsdiensten die Notwendigkeit für die Nutzer besteht, schnell auf einen Blick „querlesen" zu können, was in gedruckter Form einfacher ist. Überraschend ist, daß die Verlagsgröße die Beurteilung der spontanen Handhabung sehr signifikant beeinflußt: So stufen Experten aus großen Verlagen das Problem einer umständlicheren spontanen Handhabung als relevanter ein als solche aus kleinen Verlagen (r = -0,630**).

[1372] Bereits Riehm et al. (1992), S. 279 äußerten die Befürchtung, daß elektronisches Publizieren aufgrund einer Aufgabenverlagerung hin zu Autoren zu schlechterer Produktqualität führen könnte.

[1373] Auch Soldan (2002), S. 49 ermittelte empirisch eine hohe Bedeutung dieses Problems.

Bisher in der Literatur wenig als mögliches Problem beachtet ist das *mangelnde Vertrauen in die Dauerhaftigkeit und eine verläßliche Verfügbarkeit*. Es wurde vom Expertengremium auf einen mittleren Rang eingestuft. Gerade Juristen sind im Bedarfsfalle auf eine sofortige und problemlose Verfügbarkeit angewiesen. Der Hinweis eines Experten auf die Parallelität von Printprodukten, auf deren Verfügbarkeit sich Juristen auch verlassen würden, vermag allerdings nicht zu überzeugen: Ein anderer Experte weist zu Recht darauf hin, daß ein Kunde nach dem Kauf eines gedruckten Werkes dieses physisch besitze und nach Hause tragen könne, bei Onlineprodukten werde dagegen häufig nur der Zugang zu einer virtuellen Bibliothek eröffnet, deren Verfügbarkeit durch technische Probleme eingeschränkt sein könne und von der Existenz des Anbieters abhängig sei.

Überraschend hoch auf den siebten von zwölf Rängen wurde die *Kostenpflichtigkeit und Höhe der Preise* eingestuft. Dies entspricht nicht den Erwartungen, da die professionelle Zielgruppe als wenig preissensitiv gilt, wie auch ein Experte in einer Anmerkung bestätigt.[1374] Die Einschätzung der Experten zeigt zudem eine bemerkenswerte Divergenz mit einer Mehrheitsspannbreite vom zweiten bis zum achten Platz. Ein anderer Experte weist entsprechend auf die auch schon im Bezugsrahmen erörterte Erwartungshaltung nach kostenlosen Informationen im Internet als mögliche Ursache hin.

In der Literatur und Praxis bisher zu wenig beachtet wird das auf den achten und damit einen mittleren Platz eingestufte Problem einer *erschwerten Zitierfähigkeit*. Erwartet wurde allerdings eine noch größere Relevanz des Problems, da gerade Juristen auf eine dauerhafte verläßliche Zitierfähigkeit angewiesen sind. Eine Anmerkung verweist darauf, daß sich Verlagsangebote durch eine Zitierfähigkeit auszeichnen würden. Dies entspricht allerdings bisher nicht der Realität. Das Problem einer erschwerten Zitierfähigkeit wird von den Vertretern juristischer Verlage vor allem von Experten mit einer geringen Verlagsfokussierung auf juristische Praktiker gesehen (r = 0,660**). Gerade bei Verlagen, die stark z. B. auf den wissenschaftlichen Bereich fokussiert sind, ist das Problem offenbar bisher präsenter.

Als eines der Haupthemmnisse wurde in der theoretischen Betrachtung die *grundsätzlich ablehnende Haltung der Nutzer* identifiziert. In zahlreichen Anmerkungen wird entsprechend auch von den Experten eine Veränderungsresistenz der Nutzer festgestellt, z. B. aufgrund eines am Buch orientierten Produktwertebilds gerade der zahlungskräftigeren älteren Anwälte, einer Unsicherheit im Umgang mit dem Medium (z. B. Computer- oder Internet-Bedienung) oder der Fremdartigkeit des Angebots. Bei diesen Faktoren handelt es sich im wesentlichen um ein derzeit noch relevantes Generationsproblem. Insofern überrascht die nachrangige Einordnung dieses Problems deutlich.[1375] Dabei messen von den Verlagsvertretern vor allem diejenigen

---

[1374] Auch Soldan (2002), S. 49 ermittelte empirisch nur eine nachrangige Bedeutung dieses Problems.
[1375] Die Einschätzung ist allerdings konsistent mit einer Expertenbeurteilung zur Ablehnung des Internets bei Nutzern von elektronischen B2B-Marktplätzen in einer empirischen Studie von Schlüchter (2001), S.

diesem Problem eine höhere Bedeutung bei, die auf juristische Praktiker fokussiert sind (r = -0,516*). Da diese die Zielgruppe besonders gut einschätzen können, stützt das die konzeptionellen Erwartungen und relativiert die nachrangige Einstufung des gesamten Panels. Interessant ist, daß gerade Experten, die die juristische Verlagsbranche als relativ stark im Onlinebereich engagiert betrachten, eine ablehnende Haltung der Nutzer sehr signifikant stärker als hemmend betrachten (r = -0,531**). Denkbar wäre, daß diese Experten die hemmenden Nutzer als Ursache dafür betrachten, daß trotz eines starken Engagements der Verlage bisher keine größeren Veränderungen zu verzeichnen sind.

Ebenfalls als nachrangig wurden die *eingeschränkte ortsabhängige Verfügbarkeit aufgrund eines erforderlichen Computers* und die mögliche *mangelnde technische Ausstattung* der potentiellen Nutzer eingestuft. Die fehlende Ausstattung dürfte heute tatsächlich kein Problem mehr darstellen. Die Einschätzung überrascht daher nicht. Dagegen wäre für das Problem der eingeschränkten ortsabhängigen Verfügbarkeit derzeit noch eine höhere Einstufung erwartet worden.[1376] Vor allem überrascht, daß gerade Experten mit einer starken Verlagsfokussierung auf Bücher das Problem als nachrangig bewerten (r = 0,501*). Ein wesentlicher Vorzug von gedruckten Werken gegenüber Onlineprodukten ist gerade die Möglichkeit, das Werk überall mit hinnehmen und nutzen zu können – sei es im Büro, zuhause, auf Reisen oder im Gericht. Laptops helfen bei Onlineprodukten aufgrund der derzeit noch mangelnden Bandbreite bei mobilen Zugängen und deren hohen Kosten nicht weiter. Als am wenigsten hemmend wurde eingestuft, daß die *Nutzer befürchteten, Netzeffekte nicht realisieren zu können, da die betreffenden Produkte die erforderliche kritische Masse nicht erreichen könnten.*[1377]

Die Faktorenanalyse reduziert diese Hemmfaktoren auf fünf Komponenten, von denen vier mit „Mangelndem Vertrauen", „mangelnder Gebrauchsfähigkeit", „mangelnder Zugangsmöglichkeit" und „schlechter Lesbarkeit" sinnvoll interpretiert werden können.[1378]

[1376] 219. Soldan (2002), S. 49 ermittelte dagegen empirisch eine relativ hohe Bedeutung des Problems von „Gewohnheiten" der Nutzer.
[1376] Auch Soldan (2002), S. 49 ermittelte allerdings empirisch nur eine nachrangige Bedeutung.
[1377] Vgl. hierzu ausführlicher die Auswertung zur Bedeutung von Netzeffektprodukten, Kap. 5.2.7.
[1378] Die Faktorrotation benötigte 12 Iterationen. Die Faktoren erklären 76,2% der Varianz. Auf die erste Komponente laden die Faktoren „Unsicherheit über Qualität", „fehlende Qualität" und „mangelndes Vertrauen in die Dauerhaftigkeit", auf die zweite Komponente „fehlender Mehrwert" und „erschwerte Zitierfähigkeit", auf die dritte Komponente „ablehnende Grundeinstellung", „ortsabhängige Verfügbarkeit" und „fehlende technische Ausstattung", auf die vierte Komponente die „schlechte Lesbarkeit" und auf die fünfte Komponente die restlichen Faktoren „spontane Handhabung umständlicher", „Kostenpflichtigkeit" und „fehlende Netzeffekte" hoch.

5.2.4 Veränderungen in den einzelnen Produktarten

5.2.4.1 Überblick

Einen detaillierten Überblick über die Veränderungen in den einzelnen Produktarten gibt Tab. 14.[1379] Sie stellt gleichzeitig eine Rangordnung derjenigen Produktbereiche auf, in denen mittelfristig die stärksten Änderungen zu erwarten sind.

	Bedeutung derzeit	Bedeutung mittelfristig	Bedeutung langfristig	Änderung mittelfristig	Änderung langfristig
Gedruckte aktuelle Informationsdienste	3,0	1,5	1,0	-1,5	-2,0
Online-Datenbanken	1,5	2,5	3,5	+1,0	+2,0
Nachschlagewerke online (speziell programmierte Arbeitsumgebungen)	1,0	2,0	3,0	+1,0	+2,0
(Individuelle) elektronische Newsletter	1,0	2,0	3,0	+1,0	+2,0
Kundenspezifische Dienstleistung	1,0	2,0	3,0	+1,0	+2,0
Elektronische Zeitschriften	0,5	1,5	2,0	+1,0	+1,5
Nachschlagewerke in Form digitaler Bücher	0,5	1,3	2,0	+0,8	+1,5
Gedruckte Nachschlagewerke (Kommentare, Gesetzestexte, Handbücher)	3,5	3,0	2,5	-0,5	-1,0
Gedruckte Fachbücher	3,5	3,0	3,0	-0,5	-0,5
Sonstige Fachbücher online (z. B. für Online-Print On Demand)	0,5	1,0	2,0	+0,5	+1,5
Online bereitgestellte Expertensysteme, z. B. zur strukturierten Fallbearbeitung	0,5	1,0	2,0	+0,5	+1,5
Virtuelle Gemeinschaften	0,5	1,0	1,5	+0,5	+1,0
Datenbanken auf CD-ROMs	2,0	2,0	1,0	---	-1,0
Gedruckte Fachzeitschriften	3,0	3,0	2,0	---	-1,0
Digitale Bücher	0,5	0,5	1,5	---	+1,0

Tab. 14: Derzeitige und langfristige Bedeutung verschiedener Produktangebote

---

[1379] Zu den Veränderungen der Bedeutung der Produktarten siehe Frage B.4 im Fragebogen.

Der auf Tab. 14 basierenden Tab. 15 kann genauer entnommen werden, wie stark die jeweiligen, im folgenden diskutierten Produktgattungen von Veränderungen betroffen sind.

	Strukturänderung mittelfristig	Strukturänderung langfristig
Informationsdienste	1,5	2,0
Datenbanken	1,0	2,0
Nachschlagewerke	1,0	2,0
Dienstleistungen	1,0	2,0
Fachzeitschriften	1,0	1,5
Fachbücher	0,5	1,5
Expertensysteme	0,5	1,5
Virtuelle Gemeinschaften	0,5	1,0

Tab. 15: Aggregiertes Ausmaß, in dem verschiedene Produktgattungen von einer Veränderung[1380] betroffen sind

5.2.4.2 Informationsdienste

Mittelfristig werden von den Veränderungen durch den Electronic Commerce vor allem Informationsdienste betroffen sein. Die Bedeutungen aktuell, mittel- und langfristig und die daraus resultierenden Veränderungen (Abb. 34) decken sich mit den Erwartungen, wonach aktuelle Informationsdienste mit am stärksten von Substitutionswirkungen betroffen sein werden. Die Mehrzahl der Experten rechnet mit bemerkenswerter Übereinstimmung damit, daß bereits in drei Jahren (individuellen) elektronischen Newslettern größere Bedeutung zukommt als gedruckten Informationsdiensten. Erwartet worden wäre sogar eine noch stärkere Bedeutung, da Informationsdienste die Materialisierung der bedeutsamen Individualisierung darstellen und zu einem völlig neuen Leistungsangebot ausgebaut werden könnten.

[1380] Als Maß für die Strukturänderung der Produktgattung wird das Maximum der absoluten Veränderungswerte zwischen dem derzeitigen Stand und der langfristigen Bedeutung verwendet.

Leistungsangebot 277

[Diagramm: Bedeutung von (Individuelle) elektronische Newsletter vs. Gedruckte Informationsdienste über Derzeit, In 3 Jahren, In 10 Jahren]

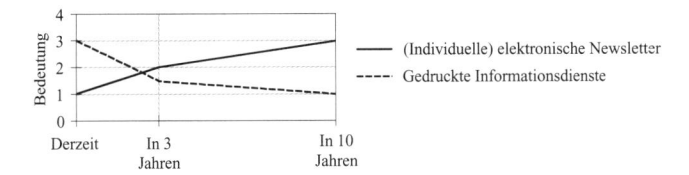

Abb. 34: Bedeutung von Informationsdiensten im Zeitablauf

5.2.4.3 Datenbanken

Online-Datenbanken sind langfristig für juristische Fachverlage das Produkt mit der größten Bedeutung. Bereits mittelfristig wird ihre Bedeutung stark zunehmen, während klassische Off-line-Datenbanken ihre Bedeutung beibehalten, aber bereits hinter Online-Datenbanken zurückfallen (Abb. 35). Langfristig werden dann starke Substitutionswirkungen zu Lasten von CD-ROMs festzustellen sein, während Online-Datenbanken im gleichen Umfang an Bedeutung gewinnen.[1381] Diese Entwicklung entspricht den Erwartungen. Überraschend ist, daß Experten mit einem stark durch Fachbücher geprägten Erfahrungshintergrund mittel- und langfristig eine stärkere Bedeutung von Datenbanken auf CD-ROMs und damit einen geringeren Bedeutungsabfall sehen ($r_{t=3} = 0{,}449^*$, $r_{t=10} = 0{,}677^{**}$). Möglicherweise sind diese Experten aufgrund der Entwicklungen im Buchbereich insgesamt durch ein stärkeres Beharrungsvermögen traditioneller Produkte geprägt.

[Diagramm: Bedeutung von Online-Datenbanken vs. Datenbanken auf CD-ROMs über Derzeit, In 3 Jahren, In 10 Jahren]

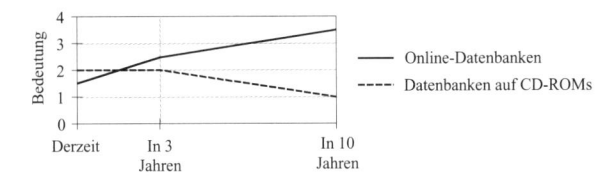

Abb. 35: Bedeutung von Datenbanken im Zeitablauf

5.2.4.4 Nachschlagewerke

Für Nachschlagewerke wird in der Literatur ähnlich wie für aktuelle Informationsdienste einhellig eine starke Substitutionswirkung erwartet. Tatsächlich verlieren gedruckte Nachschlagewerke nur moderat an Bedeutung, während allerdings Online-Nachschlagewerke sowohl mittel- wie auch langfristig stark an Bedeutung gewinnen (Abb. 36). Die theoretische Überlegung zeigte bereits, daß gerade bei Nachschlagewerken je nach Situation sowohl gedruckte als auch

---

[1381] Die mittelfristig unverändert hohe Bedeutung deckt sich mit den Ergebnissen einer anderen empirischen Studie, vgl. Arbeitskreis Elektronisches Publizieren (1999), S. 10.

online zur Verfügung gestellte Werke ihre Vorteile besitzen, bzw. umgekehrt die Nachteile jeweils doch so gravierend sind, daß keine Produktform in allen Anwendungssituationen optimal ist. Überraschend ist dagegen die gegenüber den Erwartungen und der derzeitigen Marktsituation vergleichsweise hohe Einstufung der derzeitigen Bedeutung von Online-Nachschlagewerken: Im Markt sind derzeit praktisch keine Angebote mit nennenswerten Nutzerzahlen festzustellen. Überraschend ist auch die Einstufung der Realisierung von Nachschlagewerken in Form digitaler Bücher. Zwar wurde diese Produktform in der theoretischen Erörterung als sinnvoll identifiziert, da sie ein ähnliches Vorteilsprofil wie gedruckte Werke aufweist und einige von deren Nachteilen vermeidet. Insofern wären langfristig gerade durch diese Form echte Substitutionseffekte für gedruckte Werke zu erwarten. Auf dem Markt sind aber bisher keinerlei Tendenzen zur Nutzung von digitalen Büchern für juristische Nachschlagewerke festzustellen. Insofern überrascht sowohl die derzeitige wie auch die mittelfristige Einschätzung als relativ hoch.

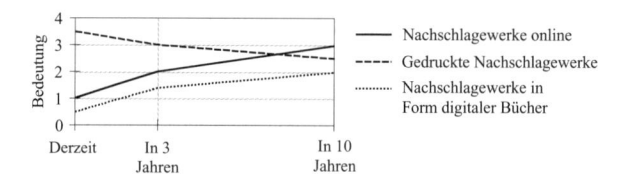

Abb. 36: Bedeutung von Nachschlagewerken im Zeitablauf

Bei Nachschlagewerken ergibt sich in besonderem Maße die überraschende Situation, daß die Summe der Bedeutung der verschiedenen Formen von Nachschlagewerken langfristig deutlich höher ist als derzeit.[1382] Dies könnte darauf hindeuten, daß elektronische Nachschlagewerke überwiegend neben gedruckte treten und das Volumen des Segments vergrößern.[1383] Dieser These konnte die Mehrheit der Experten leicht zustimmen bei allerdings bemerkenswerter Divergenz. Ablehnend äußerten sich sehr signifikant vor allem Experten, deren Verlage stark auf juristische Praktiker fokussiert sind (r = -0,596**). In den Anmerkungen weisen vor allem ablehnende Stimmen darauf hin, daß durchaus im gewissen Rahmen eine Substitution stattfinden würde, vor allem unkommentierter Basiswerke, zumal die Benutzer nur ein begrenztes Budget zur Verfügung hätten. Andere verwiesen dagegen auf die verschiedenen Eignungsprofile von gedruckten und online zur Verfügung gestellten Werken, was auf Dauer zu einer Parallelität führe. Ein Zusammenhang zwischen der Beurteilung einer Parallelität und der Beurteilung der verschiedenen Produktformen von Nachschlagewerken kann nicht festgestellt werden.

[1382] Langfristig 150% des derzeitigen Wertes. Allerdings ist dieser Wert lediglich abgeleitet aus den Einschätzungen der Experten und war nicht direkt Gegenstand der Fragestellung. Insofern sollte er nicht überbewertet werden.

[1383] Diese These wurde in Frage B.11 zur Diskussion gestellt.

5.2.4.5 Fachzeitschriften

Gedruckte Fachzeitschriften sind mittelfristig mit bemerkenswerter Übereinstimmung der Expertenmeinungen nicht von Substitutionswirkungen betroffen. Erst langfristig erwarten die Experten einen starken Rückgang ihrer Bedeutung auf ein mittelmäßiges Niveau (Abb. 37). Elektronische Zeitschriften werden dagegen nach Ansicht der Experten vor allem mittelfristig stark an Bedeutung gewinnen. Langfristig sehen sie für elektronische Zeitschriften eine mittelmäßige Bedeutung, so daß gedruckte und elektronische Zeitschriften in ihrer Bedeutung gleichauf liegen. Dies entspricht den Erwartungen, wonach die parallele Verfügbarkeit die multiplen Bedürfnisse der Nachfrager am besten befriedigen wird. Elektronische Zeitschriften bieten gerade für Juristen bedeutsame Vorteile wie insbesondere eine höhere Aktualität und stärkere Fokussierung sowie einer zeitunabhängigen Verfügbarkeit direkt am Schreibtisch im Büro und am häuslichen Arbeitsplatz. Die Verbreitung elektronischer Zeitschriften wird allerdings durch verschiedene Hemmfaktoren, wie insbesondere die umständlichere Handhabung, der eingeschränkte mobile Zugriff und die schlechtere Lesbarkeit, gebremst.

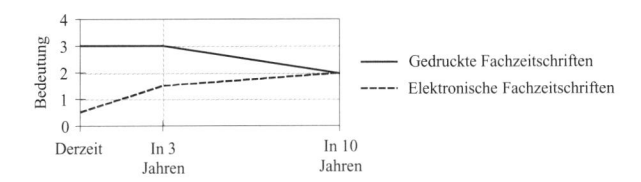

Abb. 37: Bedeutung von Fachzeitschriften im Zeitablauf

Experten, deren Verlage stark auf Informationsdienste fokussiert sind, sehen für elektronische Zeitschriften signifikant eine höhere Bedeutung als andere Experten ($r_{t=0}$ = 0,569*, $r_{t=3}$ = 0,461*, $r_{t=10}$ = 0,520*). Dies könnte auf bereits weiter fortgeschrittene Erfahrungen im Wandel von Zeitschriften und zeitschriftenähnlichen Angeboten zurückzuführen sein. Das würde das Urteil dieser Expertengruppe besonders bedeutsam machen und damit zu einer insgesamt stärkeren Beurteilung elektronischer Zeitschriften führen.

An diesem Beispiel zeigt sich exemplarisch auch gut ein möglicher Diffusionsablauf, der den Expertenüberlegungen zugrunde liegen könnte: Mittelfristig erlangen elektronische Zeitschriften zusätzlich an Bedeutung, ohne daß gedruckte verlieren. Nach einer gewissen doppelten Eingewöhnungszeit sind die Nutzer dann offensichtlich zumindest in Teilen von der Eignung elektronischer Zeitschriften überzeugt und sehen sie als möglichen vollständigen Ersatz an. Die langfristig lediglich mittelmäßige Bedeutung elektronischer Zeitschriften begründet ein Experte plausibel damit, daß Zeitschriften einen Teil ihrer Bedeutung an individuelle, stärker fokussierte Newsletter verlieren würden.

5.2.4.6 Fachbücher

Bei Fachbüchern ist nur mit mäßigen und erst langfristigen Veränderungen zu rechnen (Abb. 38). Gedruckte Fachbücher bleiben auf einem hohen Niveau sehr bedeutsam, nennenswerte Substitutionswirkungen werden von den Experten in Übereinstimmung mit den theoretisch hergeleiteten Überlegungen nicht erwartet. Ein mittelfristig moderates, aber langfristig starkes Wachstum wird mit bemerkenswerter Übereinstimmung für online angebotene Fachbücher erwartet, die z. B. Print on Demand durch den Nutzer ermöglichen. Ein Experte weist allerdings auf den dadurch für den Kunden entstehenden Aufwand sowie Archivierungsprobleme hin. Fachbüchern in Form digitaler Bücher kommt dagegen derzeit und mittelfristig nur eine geringe Bedeutung zu, erst langfristig ist mit stark steigender Bedeutung zu rechnen bei allerdings bemerkenswerter Divergenz der Expertenmeinungen.

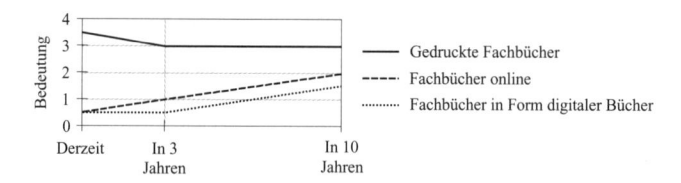

Abb. 38: Bedeutung von Fachbüchern im Zeitablauf

5.2.4.7 Neuartige Leistungsangebote

Einen Überblick über die Bedeutung neuartiger Leistungsangebote im Zeitablauf bietet Abb. 39:

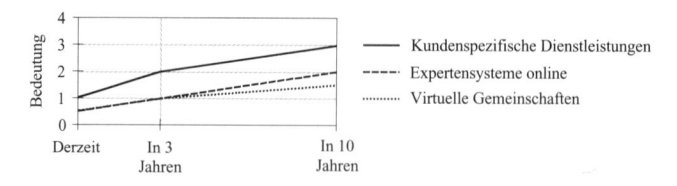

Abb. 39: Bedeutung weiterer Leistungsangebote im Zeitablauf

5.2.4.7.1 Dienstleistungen

Kundenspezifischen Dienstleistungen wird in der Literatur eine deutlich steigende Bedeutung bis hin zu einer dominanten Stellung zugesprochen. Die Experten stimmen dem zu und sehen sowohl mittel- wie auch langfristig eine stark steigende Bedeutung. Langfristig gelangen

Dienstleistungen damit bei einer Betrachtung der wichtigsten Verlagsleistungen auf den zweiten Platz. In der Literatur gibt es allerdings bisher kein konkretes Bild, was unter Dienstleistungen insbesondere bei Fachverlagen zu erwarten ist. Eine nähere Betrachtung in der Umfrage[1384] zeigt, daß die Experten hierunter insbesondere folgende Tätigkeiten verstehen (Tab. 16):

1. Überwachung und Benachrichtigung bei relevanten Informationen (z. B. aktuelle Änderungen / Entscheidungen) in kundenspezifisch benannten (Rechts-) Bereichen
2. Individuell gebündeltes und dennoch integriertes Angebot von Onlineprodukten
3. Speisung der Kunden-Intranets
4. Individualisierung der Informationen, z. B. eines Newsletters
5. Auftragsrecherche

Tab. 16: Rangfolge einer Ausgestaltung kundenspezifischer Dienstleistungen

Die ersten Rangpositionen werden von den Experten mit ziemlich, die letzte dagegen mit nur mittelmäßig bedeutsam bewertet. Vor allem beim ersten genannten Punkt einer *Überwachung relevanter Informationen* können Verlage ihre klassischen Stärken ausspielen und aufgrund ohnehin anfallender Tätigkeiten starke Synergien nutzen. Der zweite Punkt eines *integrierten Angebots von Onlinediensten* stellt besondere Anforderungen an verlagstypische Kernkompetenzen, „Rohdaten" benutzergerecht zu bündeln. Er entspricht daher ebenso wie der vorige Punkt den Erwartungen und betrifft ähnlich wie dieser wichtige Nutzerinteressen. Dies gilt allerdings auch für den vierten Punkt, einer *Individualisierung von Informationen*, der auf den ersten Blick überraschend schwach eingestuft wurde. Ein Experte weist sogar verstärkend darauf hin, daß die weitgehenden Visionen von Individualisierung überschätzt würden. Überraschend ist eine schwache Bewertung schon vor dem Hintergrund der Frage nach den maßgeblichen Nutzfaktoren für die Kunden, bei denen individuelle Informationen relativ hoch auf den dritten Rang eingestuft wurden. Zu beachten ist allerdings, daß bei einer Betrachtung der absoluten Einschätzungen dieser Punkt ebenfalls noch als bedeutsam eingestuft wurde und absolut nur gering hinter den ersten drei Rängen abfällt. Die Nähe zur positiveren Bewertung eines integrierten Angebots individuell gebündelter Informationen verdeutlicht auch die sehr signifikante Korrelation mittlerer Stärke ($r = 0{,}535^{**}$). Schließlich beurteilten von den Verlagsvertretern vor allem diejenigen, die stark auf juristische Praktiker fokussiert sind, sehr signifikant die Bedeutung einer Individualisierung höher ($r = 0{,}611^{**}$). Insgesamt relativiert sich damit die auf den ersten Blick schwache Bedeutung. Überraschend ist, daß Vertreter großer Verlage die Bedeutung einer Individualisierung höher einschätzen als andere Experten ($r = 0{,}543^{*}$). Verantwortlich hierfür könnten umfangreichere Ressourcen und Möglichkeiten großer Verlage sein.

Den Erwartungen entspricht dagegen wiederum die Bedeutung der *Speisung von Kunden-Intranets*, die mit einer Einstufung von ebenfalls ziemlich wichtig den dritten Rang einnimmt.

[1384] Siehe Frage B.5.

Bisher ist dieser Dienstleistungsbereich noch weitgehend unbesetzt. Von einer deutlich steigenden Bedeutung ist aber auszugehen, wie auch die Anmerkung eines Experten betont. Die ersten beiden Punkte der Rangliste stellen hierfür Vorleistungen bzw. Bausteine dar, auf die dieser Punkt aufbauen kann. Insofern ist die Einstufung auf den dritten Rang trotz der zukünftig hohen Bedeutung gerechtfertigt. Auch die Einstufung von *Auftragsrecherchen* auf den letzten Rang mit einer nur mittelmäßigen Bedeutung (bei allerdings bemerkenswerter Divergenz der Expertenurteile) entspricht den Erwartungen. Hier können die Verlage weniger eigene Kernkompetenzen einbringen und stehen im Wettbewerb mit spezialisierten Anbietern.

5.2.4.7.2 Expertensysteme

Online angebotenen Expertensystemen kommt derzeit nach Ansicht der Experten eine geringe Bedeutung zu, die mittelfristig nur moderat, langfristig aber stark steigen wird. Aufgrund der theoretischen Überlegungen wurde – nicht zuletzt aufgrund der bisherigen Erfahrungen in der Rechtsinformatik – sogar nur eine schwächere Einstufung erwartet. Aus diesem Grund wurden die Experten befragt, wo sie derzeit bereits im Einsatz befindliche Expertensysteme sehen und welche Ausgestaltungen sie für wahrscheinlich halten.[1385] Bei den Nennungen für derzeit bereitgestellte Expertensysteme offenbarte sich ein offenbar verbreitetes Mißverständnis gegenüber der Einstufung als Expertensystem. Ein großer Teil der Experten nannte hier klassische Online-Datenbankanbieter mit ihren Recherche-Informationssystemen.[1386] Diese erfüllen allerdings nicht die Merkmale eines Expertensystems. Passend war hier allein die Nennung von Janolaw, das die wesentlichen Kriterien erfüllt. Insofern muß die Einschätzung der Experten bezüglich der aktuellen Bedeutung als zu hoch beurteilt werden.

Ein besseres Verständnis zeigte sich bei den Nennungen, in welchen Bereichen zukünftig ein Angebot von online bereitgestellten Expertensystemen durch juristische Informationsanbieter wahrscheinlich sei. Zwar wurden auch Weiterentwicklungen der zuvor genannten Informationssysteme genannt, die umfangreiche, mehrdimensionale und weiterführende Navigationsmöglichkeiten bereitstellen und so etwa Kommentaren Konkurrenz machen könnten. Diese Formen sind allerdings eher speziellen Online-Kommentaren zuzurechnen. Genannt wurden aber auch Unterstützungssysteme für die Fallbearbeitung etwa bei großen Fallzahlen und relativ klaren Grenzen, bei denen sich ein Einsatz tatsächlich anbieten würde, bei der Durchführung von Berechnungen und zur Entscheidungshilfe etwa durch systematische Entscheidungsalternativen bei komplexen Sachverhalten.

[1385] Siehe Frage B.10.
[1386] Diese Einschätzung spiegelt sich sogar teilweise bei Praktikerberichten in der Literatur wider: so bezeichnet Engelbrecht (1999), S. 14 die medienneutrale Informationsbereitstellung als „Expertensystem".

5.2.4.7.3 Virtuelle Gemeinschaften

Virtuellen Gemeinschaften als Leistungsangeboten juristischer Fachverlage wird von den Experten sowohl derzeit als auch langfristig nur die geringste Bedeutung eingeräumt. Dies überrascht etwas[1387], da die theoretischen Überlegungen zeigten, daß die Einschätzung des Nutzenpotentials von Gemeinschaften zwar schwierig ist und bisher kaum erfolgreiche Angebote existieren. Dennoch konnte ein Nutzenpotential für solche Gemeinschaften aufgezeigt werden. Sie könnten etwa als Informations-, Diskussions- und Weiterbildungsmedium besonders für kleinere Kanzleien oder Einzelanwälte dienen. Dies gilt vor allem bei dynamischen Rechtsgebieten, die momentan in der Diskussion und im Umbruch stehen und bei denen die Verlage den Nutzern in ihrer Unsicherheit eine Informationsplattform bieten könnten. Diese Einschätzung einer positiven Eignung wird aber von den Experten nicht geteilt. Sie sehen nur einen moderaten Bedeutungszuwachs und langfristig nur eine geringe bis mittelmäßige Bedeutung. Die ablehnende Einschätzung wird von den Experten auch bei einer Beurteilung der Nutzenpotentiale sowie möglicher Netzeffektprodukte konsequent durchgehalten.[1388] Dies spiegelt sicherlich die bisher eher negativen Erfahrungen der wenigen vorhandenen Angebote wider. Ein Experte weist auf das auch schon in den theoretischen Überlegungen erörterte Gegenargument hin, wonach virtuelle Gemeinschaften sehr zeitaufwendig seien und sich daher nur für den C2C-Bereich eigneten.

Zu vermuten wäre, daß den juristischen Praktikern unter den Experten im Gegensatz zu den externen Experten virtuelle Gemeinschaften und ihre Merkmale nicht vertraut sind. Tatsächlich ist eine unterschiedliche Beurteilung festzustellen: Externe Experten setzen diesen Vorteil immerhin im Durchschnitt auf Rang 8, während Vertreter juristischer Verlage ihn im Schnitt auf Rang 10 setzen. Bei der Beurteilung der Eignung als Leistungsangebot ist ebenfalls ein sehr geringer, aber signifikanter Einfluß der Gruppenzugehörigkeit festzustellen: Wissenschaftler stufen virtuelle Gemeinschaften durchgängig um 0,8 Punkte positiver ein als Praktiker ($\eta^2_{t=0}$ = 0,225**, $\eta^2_{t=3}$ = 0,179*, $\eta^2_{t=10}$ = 0,142*).

5.2.5 Resultierende wesentliche Strukturänderungen des Leistungsangebots

Aus Tab. 17 mit ihrem Überblick über diejenigen Verlagsprodukte, denen eine mehr als mittelmäßige Bedeutung zukommt, werden unmittelbar Substitutionswirkungen deutlich.

Derzeit dominieren wie erwartet klassische Verlagsprodukte. Selbst den bereits seit längerer Zeit etablierten Offline-Datenbanken kommt nur eine mittelmäßige Bedeutung zu. Die Betrach-

---

[1387] Diese Einschätzung ist allerdings im Einklang mit einer empirischen Untersuchung von Schlüchter (2001), S. 176.
[1388] Vgl. die Fragen B.1 und B.7.

tung der auf lange Sicht dominanten Verlagsprodukte offenbart dagegen den der Branche bevorstehenden Strukturwandel: Unter den sechs wesentlichsten Verlagsprodukten befinden sich lediglich noch zwei klassische, die zudem an Bedeutung verlieren. Dominant werden dagegen nach der Mehrheitsmeinung Onlineprodukte sein. Dies verdeutlicht, daß die Teilnehmer der Branche gezwungen sind, sich den Herausforderungen des Onlinebereichs zu stellen, wenn sie langfristig nicht erhebliche Marktanteile verlieren wollen. Eine Ausnahme stellen lediglich rein auf den Fachbuchbereich fokussierte Marktteilnehmer dar.

Derzeit	In 3 Jahren	In 10 Jahren
1. Gedruckte Nachschlagewerke	1. Gedruckte Fachbücher	1. Online-Datenbanken
2. Gedruckte Fachzeitschriften	2. Gedruckte Nachschlagewerke	2. Kundenspezifische Dienstleistung
3. Gedruckte Fachbücher	3. Gedruckte Fachzeitschriften	3. Gedruckte Fachbücher
4. Gedruckte aktuelle Informationsdienste	4. Online-Datenbanken	4. (Individuelle) elektronische Newsletter
		5. Nachschlagewerke Online
		6. Gedruckte Nachschlagewerke

Tab. 17: Wesentlichste Verlagsprodukte derzeit, mittel- und langfristig

Eine genauere Betrachtung erlaubt Abb. 40. Auf den ersten Blick widerspricht Teil a) der zuvor getroffenen Feststellung und bestätigt vielmehr eine geäußerte Expertenmeinung, wonach gedruckte Werke weiterhin dominant bleiben.

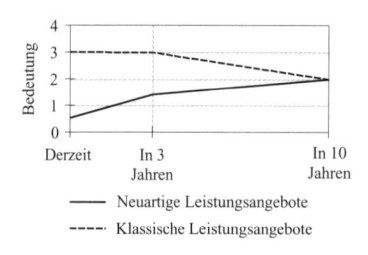

a) Gegenüberstellung aller klassischen und aller neuartigen Leistungsangebote

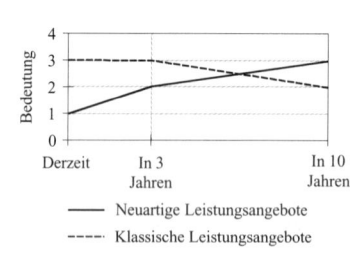

b) Fokussierte Gegenüberstellung der wichtigsten fünf klassischen und neuartigen Angebote

Abb. 40: Vergleich der Bedeutung von klassischen und neuartigen Leistungsangeboten[1389]

[1389] Die Leistungsangebote wurden gruppiert, wobei der Gruppe der klassischen Leistungsangebote gedruckte Nachschlagewerke, gedruckte aktuelle Informationsdienste, gedruckte Fachzeitschriften, gedruckte Fachbücher und Datenbanken auf CD-ROMs zugerechnet wurden. Die übrigen wurden den neuartigen Leistungsangeboten zugeordnet. Bei der fokussierten Darstellung wurden den neuartigen Leistungsangeboten lediglich Nachschlagewerke online, individuelle elektronische Newsletter, Dienstleistungen, elektronische

Allerdings ist der in Teil a) vorgenommene Vergleich nicht aussagekräftig, da im Zuge der Expertenbefragung mehr neuartige Leistungsangebote als klassische vorgelegt wurde. Dies war nötig, um den Experten die Freiheit zu geben, hieraus die wesentlichen zu bestimmen. Die Aufstellung enthielt damit zwangsläufig zahlreiche Angebote, die auch zukünftig keine wesentliche Bedeutung erlangen werden. Im klassischen Bereich sind dagegen nur die fünf maßgeblichsten vorgelegt worden.

Aussagekräftiger ist daher die fokussierte Auswertung in Teil b) der Abbildung, in der auch bei den neuartigen Leistungsangeboten nur die fünf wichtigsten berücksichtigt sind. Hier zeigt sich dann eindeutig, daß neuartige Leistungsangebote wichtiger als klassische werden, allerdings erst auf lange Sicht. Dies bestätigt die theoretischen Überlegungen, wonach eher von schleichenden Veränderungen auszugehen ist.

Deutlich wird bei dieser Betrachtung möglicher Substitutionswirkungen auch, daß gedruckte Werke nicht vollständig ersetzt werden. Vielmehr ist langfristig mit einem Nebeneinander beider Produktformen zu rechnen. Die Experten wurden daher befragt, wie sie diese Parallelität einschätzen. Hierzu wurde ihnen die These vorgelegt, daß die Parallelität von Print- und Onlineprodukten zu einem erhöhten Aufwand führen[1390] und die Ertragssituation juristischer Verlage verschlechtern würde.

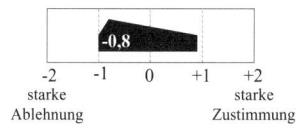

These: „Die Parallelität Print/Online führt zu deutlich erhöhtem Aufwand und verschlechtert die Ertragssituation juristischer Verlage."

-2   -1   0   +1   +2
starke   starke
Ablehnung   Zustimmung

Abb. 41: Beurteilung des Aufwands durch eine Parallelität von Print- und Onlineprodukten

Diese These wurde mehrheitlich von den Experten abgelehnt bei allerdings bemerkenswerter Divergenz der Einschätzungen (Abb. 41). Zustimmend äußerten sich vor allem Experten, deren Verlagsangebot stark durch Fachbücher geprägt ist ($r = 0{,}567^*$). Aus den Begründungen wird deutlich, daß die Experten aufgrund medienneutraler Datenhaltungen und Publikationsprozesse langfristig mit abnehmenden Kosten rechnen. Lediglich kurz- bis mittelfristig erwarten sie höhere Kosten. Durch die steigenden Absatzvolumina würden sich auch die geringen Grenzkosten überproportional positiv bemerkbar machen.

Zeitschriften und Online-Datenbanken als langfristig wichtigste Onlineangebote zugeordnet. Dargestellt ist jeweils der Median der Bewertungen.
[1390] Dies war das Ergebnis einer Studie unter britischen Verlegern, vgl. Rowland (1999), S. 135. Entsprechend auch Hunter (1998). Vgl. die Frage B.12 im Fragebogen.

5.2.6 Entwicklungsmöglichkeiten durch mobile Dienste

Denkbar wäre, daß durch mobile Dienste die eingeschränkte örtliche Verfügbarkeit als Hemmfaktor beseitigt würde. Dies stellt einen wesentlichen Nachteil von Onlineangeboten gegenüber gedruckten Werken dar. Gerade Juristen sind es gewohnt, beruflich ständig z. B. eine Sammlung von Gesetzestexten bei sich zu führen.[1391] Diesem möglichen Hemmfaktor wurde allerdings bereits nur geringe Bedeutung beigemessen.[1392] Der Zugriff auf juristische Anwendungen könnte dennoch eines der derzeit gesuchten Einsatzfelder für breitbandige Mobilfunknetzwerke wie UMTS darstellen.

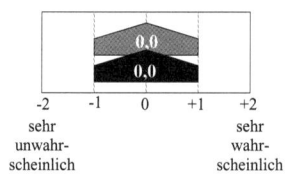

```
          0,0
          0,0
 -2   -1   0   +1  +2
 sehr              sehr
 unwahr-           wahr-
 scheinlich        scheinlich
```

Abb. 42: Wahrscheinlichkeit einer Förderung der Nutzung von Onlineangeboten durch eine zunehmende Verbreitung von mobilen Zugriffsmöglichkeiten

Die Experten sind sich bemerkenswert uneinig in der Frage, wie wahrscheinlich es ist, daß eine zunehmende Verbreitung von mobilen Zugriffsmöglichkeiten langfristig die Nutzung von Onlineangeboten durch Juristen fördert. Die Mehrheit kommt zu dem unsicheren Urteil, daß dies vielleicht möglich sei (Abb. 42).[1393] Als mögliche Anwendungsfelder werden genannt:

- ein Zugriff auf Informationen außerhalb der Büroräume (auf Dienstreisen, in Besprechungen, zu Hause, ...),
- Entscheidungen / Kommentierungen,
- Newsletter und
- ein Zugriff auf Datenbanken direkt aus Besprechungen bzw. Terminpausen.

Als Gegenargument wird angeführt, daß abzuwarten bleibe, ob Anwälte mittelfristig in Gerichtsverhandlungen, in denen bisher gedruckte Werke dominieren, z. B. auf PDAs zurückgreifen würden. Auch sei bisher noch kein Standard für einen mobilen Datenzugriff etabliert.

[1391] Schon als Synonym hierzu fungiert die Marke „Schönfelder", die durch ihren roten Einband auffällt.
[1392] Vgl. oben die Auswertung in Kap. 5.2.3. Ein signifikanter statistischer Zusammenhang zwischen den Antworten der beiden Fragen ist nicht festzustellen.
[1393] Siehe Frage B.9 im Fragebogen.

5.2.7 Ausnutzung von positiven Netzeffekten

Netzeffekte könnten aufgrund ihrer monopolisierenden und profitablen Wirkung sehr wertvoll für Verlage sein. Sie stellen eine wirksame Eintrittsbarriere dar. Voraussetzung ist allerdings das frühzeitige Erreichen einer kritischen Masse vor eventuellen Mitbewerbern. Dies erfordert das rechtzeitige Erkennen und Etablieren möglicher Netzeffektprodukte. Da solche bisher im Onlinebereich kaum erkennbar sind, wurden die Experten gebeten, mögliche Netzeffektprodukte zu identifizieren.[1394] Die Einschätzungen entsprechen im wesentlichen den Erwartungen. Ziemlich hohe Realisierungschancen und Bedeutung haben nach der mehrheitlichen Ansicht drei mögliche Netzeffektprodukte (Tab. 18):

1. Etablierung eines Onlineangebots als „Muß" für alle Juristen, z. B. als Standardquelle für z. B. Entscheidungen (vergleichbar BGHZ)
2. Fachinformationen wie z. B. Rechtsprechung in einem standardisierten Datenformat, das die Übernahme in eigene Kanzleianwendungen erleichtern würde
3. Etablierung eines integrierenden Angebots (z. B. Online-Kommentar) mit spezieller Oberfläche und Standard-Schnittstellen, in die auch fremde Angebote (z. B. Gesetzestexte, Rechtsprechung) „eingekuppelt" werden können

Tab. 18: Netzeffektprodukte mit relativ hoher Realisierungschance und Bedeutung

Dabei spiegelt sich bei der Beurteilung eines standardisierten Datenformats der Erfahrungshintergrund der Experten wider: Experten, deren Verlagsangebot stark durch Nachschlagewerke geprägt ist, beurteilen standardisierte Datenformate sehr signifikant als unbedeutender (r = -0,686**).[1395]

In einer getrennten Frage wurde darüber hinaus ein Netzeffekt diskutiert, der kein direktes Produkt ist, aber zum ersten genannten Punkt starke Verwandtschaft aufweist.[1396] So stimmen die Experten mit bemerkenswerter Übereinstimmung der These zu, daß die Etablierung eines Zitationsstandards für Onlineprodukte positive Netzeffekte auslösen könnte, solche Standards am ehesten durch Absprachen zu erreichen seien und zum Erreichen einer kritischen Masse die Einbindung einer Vielzahl von Verlagen nötig sei (Abb. 43). In Anmerkungen wird allerdings mehrfach darauf hingewiesen, daß vor allem eine Einigung der Verlage erforderlich und dies mit einem erheblichen Aufwand verbunden sei. Dies erscheint plausibel und deckt sich mit den theoretischen Überlegungen. Da völlig neue Werke wie z. B. Nachschlagewerke aufgrund der starken Markenbedeutung wohl nicht etabliert werden können und kaum die Macht haben,

---

[1394] Siehe Frage B.7 im Fragebogen.
[1395] Der gleiche Effekt zeigte sich auch bei der Beurteilung des Hemmfaktors „Fehlendes standardisiertes Datenformat", siehe die Diskussion oben Kap. 5.1.1.
[1396] Siehe Frage G.6 im Fragebogen. Ein statistischer Zusammenhang zur zuvor diskutierten Beurteilung ist allerdings nicht festzustellen.

einen entsprechenden Standard zu setzen, ist auch hier die Kooperation mehrerer Verlage mit entsprechender Marktmacht erforderlich. Zudem könnten die Verlage so das Risiko senken.

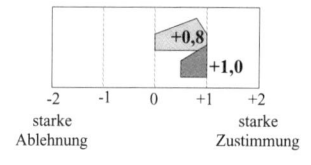

-2 -1 0 +1 +2 starke starke Ablehnung Zustimmung (+0,8 / +1,0)	These: „Die Etablierung eines Standards, nach dem Onlineprodukte wie z. B. Kommentare zitiert werden können und der verschiedene Versionen ('Auflagen') berücksichtigt, könnte positive Netzeffekte auslösen. Solche Standards sind am ehesten direkt in Form von Absprachen oder Kooperationen von Verlagen untereinander, oder indirekt durch einen Verband, zu erreichen. Zum Erreichen einer kritischen Masse bei der Nutzerzahl ist eine Einbindung vieler oder großer Verlage erforderlich."

Abb. 43:   Beurteilung der These zu Zitationsstandards

Weniger geeignet ist nach Ansicht der Experten zum einen die Besetzung des Marktes für mobilen Datenzugriff mit eigens entwickelten Anwendungen. Dies ist möglicherweise auf die hohe Unsicherheit bezüglich der Bedeutung des mobilen Zugriffs für juristische Informationen zurückzuführen. Zum anderen halten die Experten virtuelle Gemeinschaften als Diskussionsforum für ungeeignet.[1397]

Netzeffekte sind für das Erreichen einer kritischen Masse darauf angewiesen, daß die Nutzer von einer Durchsetzung des Produkts und damit realisierbaren Netzeffekten überzeugt sind. Fehlende Überzeugung könnte die Nutzer von einer Akzeptanz und damit Nutzung solcher Netzeffektgüter abhalten. Sie stellt allerdings nach Ansicht der Experten keinen Hemmfaktor für die Nutzung von Onlineprodukten dar.[1398] Eine plausible Erklärung für diese Einstufung könnte darin liegen, daß Netzprodukte im betrachteten Segment nicht oder nur unwesentlich existieren. Die oben genannte Aufzählung möglicher Netzeffektgüter läßt diese Erklärung aber unwahrscheinlich erscheinen. Soweit es sich bei juristischen Produkten aber um Netzprodukte handelt, würde das entweder eine – eigentlich nicht absehbare – Sicherheit der Nutzer erfordern, daß sich bestimmte Produkte durchsetzen, oder eine Abkehr von der in der Theorie vorherrschenden Ansicht, daß Unsicherheit über die zukünftige Verbreitung das Erreichen der kritischen Masse erschwert.

5.2.8 Differenzierung des Leistungsangebots

Der Onlinebereich ermöglicht es im Gegensatz zum klassischen Verlagsgeschäft erstmals, das Leistungsangebot einer starken Differenzierung zu unterziehen. Als besonders sinnvoll wurde in den theoretischen Überlegungen eine Differenzierung nach dem Kundenwert bzw. der Pro-

---

[1397] Dies entspricht der allgemeinen Auffassung der Experten zu virtuellen Gemeinschaften, vgl. die Auswertung in Kap. 5.2.4.7.3.
[1398] Siehe Frage B.3 und die Auswertung, Kap. 5.2.3.

fessionalität des Kunden herausgestellt. Ein Experte verweist allerdings auf das Risiko, daß eine ungleiche Versorgung der Kunden als Qualitätsverlust verstanden werden könne.[1399]

Eine neuartige Differenzierung des Leistungsangebots könnte im Dienstleistungsbereich vorgenommen werden. So ist eine starke Dienstleistungsfokussierung, etwa die Übernahme des kompletten Informationsmanagements, aufgrund der relativ hohen Konfigurationsfixkosten primär für professionelle *Großkunden*, etwa große Kanzleien, wirtschaftlich. Großkanzleien verfügen über ein deutlich höheres Budget bei gleichzeitig geringerer Preissensibilität und sind so besonders interessant. Großkunden können auch aufgrund ihrer Macht Einfluß auf die Zusammensetzung des Angebots nehmen. Erforderlich ist dazu je nach Kundenwunsch ggf. auch eine Einbindung des Angebots von anderen Verlagen, die ansonsten miteinander konkurrieren. Hieraus ergibt sich ein Wertschöpfungsnetz, das vom Verlag koordiniert und von ihm in seiner Rolle als Kundenschnittstelle je nach Kunde individuell konfiguriert wird.

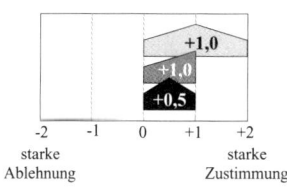

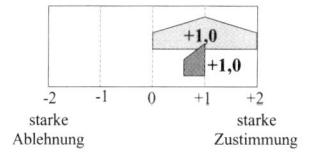

a) These: Übernahme des kompletten Informationsmanagements für Großkunden, dazu u. a. individuelles, vom Verlag koordiniertes Wertschöpfungsnetz

b) These: Für kleinere und mittlere Kunden eher standardisierte Ansprache

Abb. 44: Differenzierung des Leistungsangebots nach Kundengruppen

Die Experten sehen eine solche Entwicklung als vielleicht möglich bis wahrscheinlich an (Abb. 44a).[1400] Ein Experte hält eine solche Entwicklung durchaus für möglich, sieht als Initiator und Koordinator aber eher Softwaredienstleister, die Angebote einkaufen und in bestehende Kanzleianwendungen integrieren könnten. Andere ablehnende Experten weisen darauf hin, daß

- die Anzahl potentiell in Frage kommender Großkanzleien und damit der Markt zu klein sei,
- es für die Verlage mangels Konkurrenz keine Veranlassung zu stärker kundenorientierten Angeboten und damit zu einer Abkehr von standardisierten Angeboten gäbe,
- die Einbindung der Angebote anderer Anbieter von diesen nicht gewollt sei,
- Großkunden ihr Informationsmanagement nicht aus der Hand geben würden und
- Verlage für diese Aufgabe nicht vorbereitet seien.

[1399] Siehe Anmerkung zur Frage G.1.2.
[1400] Siehe Frage G.1.1.

Die theoretischen Überlegungen zeigten, daß sich für *kleinere und mittlere Kunden* aufgrund ihrer großen Anzahl bei vergleichsweise geringeren Umsätzen eine eher standardisierte Ansprache über Portale eignet, die bedarfsweise genutzt oder in das Intranet der Kunden eingebunden werden können. Zur Verfügung gestellt werden sollten Netzkonfigurationen, die durch Angebote für Großkunden bereits vorhanden sind. Eine umfassende individuelle Konfiguration, z. B. auf einzelnen Kundenwunsch eine Integration von Angeboten anderer Verlage, wird dagegen im Regelfall kaum wirtschaftlich sein. Individualisierungen und eine Einbindung in Intranets der Kanzleien erfolgen vielmehr nur in standardisierter Form und mit standardisiertem Angebot. Die Experten stimmen diesen Überlegungen für kleinere und mittlere Kunden mit bemerkenswerter Übereinstimmung zu (Abb. 44b).[1401] Vor allem Experten mit einer starken Verlagsorientierung auf juristische Praktiker äußern sich zustimmend (r = 0,653**).

5.3 Erlösmodelle

5.3.1 Erlösformen

Für Verlage wird künftig eine Mischung aus verschiedenen Erlösformen und -quellen erwartet. Direkten nutzungsunabhängigen Erlösen, insbesondere Gruppenlizenzen, sollte dabei die stärkste Rolle zukommen. Nutzungsabhängige Erlöse eignen sich aufgrund verschiedener Abwicklungsprobleme und der Nutzerpräferenzen weniger. Die häufig maßgeblichen Werbeerlöse spielen ebenso wie die Vermarktung von Benutzerprofilen für juristische Verlage kaum eine Rolle. Als indirekte Erlöse bedeutsam sind dagegen schon jetzt Erlöse aus dem Direktvertrieb klassischer Produkte sowie zukünftig zunehmend Erlöse aus Content Syndication. Die Tab. 19 gibt einen Überblick über die Einschätzung der Experten zu Erlösformen im Onlinebereich.

[1401] Siehe Frage G.1.2.

Erlösmodelle

Derzeit	In 3 Jahren	In 10 Jahren
1. Nutzungsunabhängige Erlöse	1. Gruppenlizenzen	1. Gruppenlizenzen
2. Gruppenlizenzen	2. Nutzungsunabhängige Erlöse	2. Nutzungsunabhängige Erlöse
3. Direktvertriebserlöse von Printprodukten	3. Nutzungsabhängige Erlöse	3. Content Syndication
4. Nutzungsabhängige Erlöse	4. Content Syndication	4. Nutzungsabhängige Erlöse
5. Content Syndication	5. Direktvertriebserlöse von Printprodukten	5. Direktvertriebserlöse von Printprodukten
6. Vermarktung von Benutzerprofilen	6. Vermarktung von Benutzerprofilen	6. Vermarktung von Benutzerprofilen
7. Werbeerlöse	7. Werbeerlöse	7. Werbeerlöse

Tab. 19: Rangfolge der Bedeutung der Erlösformen

	Bedeutung derzeit	Bedeutung mittelfristig	Bedeutung langfristig	Änderung mittelfristig	Änderung langfristig
Gruppenlizenzen (z. B. für Großkanzleien)	1,5	2,5	3,5	+1,0	+2,0
Zweitverwertung von Inhalten (Content Syndication)	1,0	2,0	2,5	+1,0	+1,5
Nutzungsunabhängige Erlöse (z. B. Abonnement)	1,5	2,1	3,0	+0,6	+1,5
Nutzungsabhängige Erlöse (z. B. pro Abruf)	1,0	2,0	2,0	+1,0	+1,0
Vermarktung von (mit Erlaubnis gewonnenen) Benutzerprofilen	0,5	1,3	1,5	+0,8	+1,0
Erlöse aus dem Direktvertrieb traditioneller Produkte („Händlermarge")	1,0	1,5	2,0	+0,5	+1,0
Werbeerlöse	0,5	0,5	1,0	+/- 0	+0,5

Tab. 20: Mittel- und langfristige Veränderungen der Bedeutung der Erlösformen

Als wesentlichste Erlösformen sehen die Experten mehrheitlich *Gruppenlizenzen*. Sie weisen zudem das stärkste Bedeutungswachstum auf, wie Tab. 20 und Abb. 45 aufzeigen. Ihnen wurde auch im Rahmen der theoretischen Überlegungen eine wichtige Rolle zuerkannt. Sie sind besonders vorteilhaft, da sie der großen Bedeutung von Skaleneffekten Rechnung tragen, die vergleichsweise hohen Transaktionskosten für Zahlungsvorgänge senken, Bündelungsvorteile ermöglichen und stabile Erträge gewährleisten.

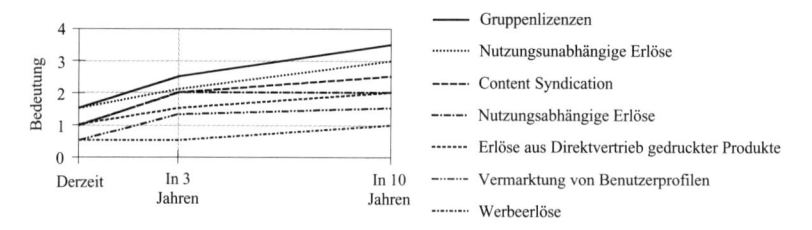

Abb. 45: Überblick über die Bedeutung der Erlösformen

Nutzungsunabhängige Erlöse wie etwa Abonnements weisen ähnliche Vorteile wie Gruppenlizenzen auf, wenn auch in abgeschwächter Form. Sie sind sowohl den Verlagen wie auch den Kunden aus dem klassischen Bereich gut vertraut. Im Rahmen der theoretischen Überlegungen wurden sie als wichtigste Erlösform hervorgehoben.[1402] Dieser Einschätzung schließen sich die Experten an. Da Gruppenlizenzen eine Spezialform von nutzungsunabhängigen Erlösen sind, vermag die sehr signifikante Korrelation mittlerer Stärke in den Bewertungen nicht zu überraschen (r = 0,561**). Verschiedene Anmerkungen der Experten heben Vorteile wie geringerer Verwaltungsaufwand auf Verlagsseite und von Kunden bevorzugte feste Kostenrahmen ausdrücklich hervor.

Erlöse aus dem Direktvertrieb klassischer Produkte, also im wesentlichen die Internalisierung der Händlermarge, stellen derzeit die drittwichtigste Erlösform dar. Dabei beurteilen allerdings Experten, deren Verlagsangebot stark durch Nachschlagewerke geprägt ist, diese Bedeutung derzeit und mittelfristig signifikant geringer ($r_{t=0}$ = -0,485*, $r_{t=3}$ = -0,556*). Dies ist plausibel auf die starke Dominanz langfristiger Abonnementerlöse und die eher geringe Bedeutung eines „Spontankaufs" durch Kunden zurückzuführen. Überraschend ist der vergleichsweise geringe Bedeutungszuwachs im Zeitablauf, der diese Erlösform langfristig auf den fünften Rang abfallen läßt. Hier wäre vielmehr aufgrund fortschreitender Disintermediation auch im klassischen Geschäft kein Bedeutungsabfall zu erwarten gewesen. Hintergrund könnte für die Experten die Annahme eines insgesamt rückläufigen klassischen Geschäfts bzw. eines überproportional steigenden Onlinegeschäfts gewesen sein. Dies würde den relativen Bedeutungsabfall, aber dennoch absolut gesehenen Bedeutungszuwachs erklären.

Nutzungsabhängige Erlöse nehmen mit dem vierten Rang derzeit eine überraschend bedeutende Stellung ein.[1403] Sie läßt sich möglicherweise aus ihrer Bedeutung für Datenbankbetreiber erklären, die Teil des Panels waren und traditionell auf nutzungsabhängige Erlöse fokussiert sind. Überraschend ist auch der absolute Verlauf der Bedeutung: die Experten erwarten mittelfristig eine starke Steigerung, dann aber keinen weiteren Bedeutungszuwachs. Derzeit sind

---

[1402] Auch eine Studie aus dem Jahr 1999 ermittelte sie als wichtigste direkte Erlösform, vgl. Arbeitskreis Elektronisches Publizieren (1999), S. 17 f.

[1403] Dies deckt sich mit den Ergebnissen einer Studie von Soldan (2002), S. 57 ff.; widerspricht aber den Ergebnissen einer Studie von Haft (1998), S. T2-5.

elektronische Zahlungssysteme mit verschiedenen Problemen behaftet und eignen sich kaum für einen Einsatz. Ein Experte weist aber zu Recht darauf hin, daß sich diese Probleme langfristig reduzieren sollten, so daß längerfristig ein stärkerer Bedeutungszuwachs zu erwarten wäre. Die dennoch insgesamt eher mittelmäßige relative Bedeutung entspricht den theoretischen Überlegungen.

Erlöse aus *Content Syndication* haben derzeit eine relativ geringe Bedeutung, die aber sowohl absolut als auch relativ deutlich zunimmt. Dies entspricht den theoretischen Erwartungen, wonach es für die Verlage positiv ist, diese zusätzliche Erlösquelle zu geringen Grenzkosten zu nutzen. Dies gilt sowohl für die Verwertung von Fachinformationen, die zusätzlich zum eigenen Angebot vor allem anderen Verlagen sowie Datenbankanbietern zur Verfügung gestellt werden, als auch für andere Inhalte wie z. B. fachliche Aufsätze oder redaktionelle Texte, die von Kanzleien oder anderen Unternehmen für ihre eigenen Kunden als Service auf der eigenen Homepage angeboten werden könnten. Dieser Teilmarkt ist bisher noch weitestgehend unbesetzt, was vor allem auf eine sehr skeptische Haltung der Verlage zurückzuführen ist.

In einer separaten Frage[1404] (Abb. 46) wurde die zukünftige Bedeutung von Content Syndication ausführlicher im Zusammenhang mit elektronischen Märkten als Austauschplattform untersucht. Hier äußern sich die Experten allerdings zurückhaltender und kommen nur zu einer Bewertung von vielleicht bis zustimmend. Zwar unterstreichen sie das wirtschaftliche Potential von Content Syndication. Das Handling sei zur Zeit aber noch zu aufwendig und eigne sich nur für Großkanzleien. Insbesondere zur Eignung von elektronischen Märkten äußern sie sich skeptisch.

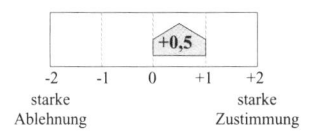

	These: „Content Syndication (Zweitverwertung von Inhalten) wird eine deutlich höhere Bedeutung erlangen sowohl für Fachinformationen wie z. B. Entscheidungen als auch für redaktionelle Angebote, die z. B. Unternehmen oder Kanzleien zur Einbindung auf deren Homepages angeboten werden können. Hierzu eignet sich als Plattform ein elektronischer Markt."
+0,5 -2 -1 0 +1 +2 starke starke Ablehnung Zustimmung	

Abb. 46: Beurteilung einer These zu Content Syndication

Die *Vermarktung von Benutzerprofilen* und *Werbeerlöse* haben sowohl derzeit wie auch mittel- und langfristig die geringste Bedeutung und weisen langfristig nur moderate Bedeutungszuwächse auf. Werbeerlöse werden mittel- und langfristig sehr signifikant vor allem von Experten mit einer hohen Qualifikation negativ beurteilt ($r_{t=3}$ = -0,500**, $r_{t=10}$ = -0,475*). Erlöse aus der Vermarktung von Benutzerprofilen werden sehr signifikant vor allem von Vertreten großer Verlage ($r_{t=0}$ = -0,755**, $r_{t=3}$ = -0,623**, $r_{t=10}$ = -0,540*) sowie von denen mit starker Fokussierung auf juristische Praktiker ($r_{t=0}$ = -0,651**, $r_{t=3}$ = -0,588**, $r_{t=10}$ = -0,608**) negativ

---

[1404] Siehe Frage G.5. Dabei ist ein geringer Zusammenhang zwischen den Beurteilungen als Leistungsangebot und der separaten Beurteilung der Experten signifikant festzustellen ($r_{t=0}$ = 0,406*, $r_{t=3}$ = 0,487**, $r_{t=10}$ = 0,392*).

beurteilt. Ein Experte verweist etwa auf die geringe Marktbedeutung der Juristen, die diese für Werbetreibende uninteressant mache. Beide Erlösformen entsprechen damit den Erwartungen.

5.3.2 Nachfragepoolsysteme

Im Rahmen der Preismodelle werden im Electronic Commerce als ein mögliches Verfahren Nachfragepoolsysteme diskutiert, wie sie beispielsweise in Form von LetsBuyIt.de für nichtdigitale Güter eingesetzt werden. Sie werden typischerweise von Intermediären betrieben. In der theoretischen Überlegung wurde aufgezeigt, daß diese Verfahren auch für individualisierte digitale Verlagsprodukte möglich, dann aber auf eine enge Zusammenarbeit mit den Verlagen angewiesen sind. Sie würden einen möglichen zusätzlichen Vertriebskanal darstellen, der angesichts der momentan noch hohen Erklärungsbedürftigkeit der Produkte für die Verlage wertvoll sein konnte. Zudem können sie die Transaktionskosten für den Verlag reduzieren.

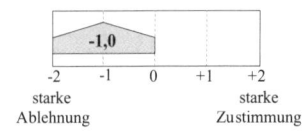

These: „Nachfragepoolsysteme (analog zu z. B. PowerShopping.de oder LetsBuyIt.de, allerdings in anderer konkreter Umsetzung) eignen sich grundsätzlich auch für digitale Güter wie z. B. Fachinformationen und stellen einen sinnvollen zusätzlichen Vertriebskanal dar."

Abb. 47: Beurteilung einer Eignung von Nachfragepoolsystemen

Die Experten stehen einem solchen Preismodell mehrheitlich ablehnend gegenüber bei allerdings bemerkenswerter Divergenz (Abb. 47).[1405] Ablehnend äußern sich vor allem die Vertreter großer Verlage (r = -0,538*). In Anmerkungen wird deutlich, daß

- bereits Mengenrabatte vorhanden seien, die allerdings teilweise von den Verlagen sehr zurückhaltend gehandhabt würden,
- dieses Verfahren für individuelle Informationen nicht möglich sei, da keine Nachfragergruppen gebildet werden könnten,
- dies von der Zielgruppe nicht angenommen würde, da der Preis relativ unbedeutend sei,
- keine zusätzliche Nachfrage stimuliert würde, sondern die vorhandenen Nutzer lediglich niedrigere Preise realisieren würden oder
- Verlage in einem Pool ihre starke Marke verlieren würden.

Positiv wird angemerkt, daß das Verfahren aufgrund der geringen Grenzkosten eigentlich sinnvoll sei. Als Realisierungsidee wird von einem Experten eine Art „Club-Modell" angeregt, d. h. eine Organisation solle ihren Mitgliedern Vorzugskonditionen gewähren.

[1405] Siehe Frage C.2.

Denkbar wäre, daß Experten aus juristischen Verlagen mit einem solchen Preismodell bisher weniger vertraut sind als externe und zudem eher in stark traditionsbehafteten Modellen fixer Preise „gefangen" sind. Ein geringer Einfluß der Gruppenzugehörigkeit der Experten auf ihre Einschätzung ist vorhanden ($\eta^2 = 0,236**$). So bewerten externe Experten die Eignung von Nachfragepoolsystemen durchschnittlich mit einem Wert von 0 („vielleicht geeignet"), während Vertreter juristischer Verlage dies mit durchschnittlich -1,2 bewerten. Überraschenderweise ist auch ein, allerdings nicht signifikanter, schwacher Einfluß der Verlagsgröße festzustellen ($\eta^2 = 0,210$). So sind kleinere Unternehmen mit einem Wert von -0,6 aufgeschlossener als große, möglicherweise eher in festen Strukturen eingebundene mit einem Wert von -1,5.[1406]

5.3.3 Niedrigpreisstrategien

Niedrigpreisstrategien haben den Vorteil, starke Skaleneffekte nutzen, größere Volumina realisieren und dadurch kritische Massen erreichen sowie die Zielgruppe an neue Angebote heranführen zu können. Sie eignen sich besonders, wenn die dadurch aufgebaute Nutzerbasis zu indirekten Vorteilen wie der Etablierung einer Marke, der Erzielung von Netz- und Lock-In-Effekten oder dem möglichen Angebot von Komplementärprodukten führt. Die Wirksamkeit von Niedrigpreisstrategien ist angesichts der geringen Preissensibilität allerdings fraglich. Niedrigpreisstrategien könnten sich daher höchstens zur Erschließung zusätzlicher Nachfrage, evtl. in neuen Zielsegmenten, eignen, indem modifizierte Produkte parallel zu einem hochpreisigen Angebot kostengünstiger angeboten werden.

Als mögliche Einsatzgebiete werden von den Experten genannt:[1407]

- eine Nur-Lese-Version gegenüber einer Vollversion,
- analog zu juris eine Standard- versus einer Premiumversion,
- ein günstiges Grundangebot für häufig genutzte Datenbanken („Einsteigerinformationen") im Gegensatz zu hochpreisigen seltenen Fachinhalten für Fachexperten oder eine
- Flatrate für Vielnutzer und nutzungsabhängige Abrechnung für Gelegenheitssurfer.

Daneben werden noch klassische Differenzierungsmerkmale wie etwa die Berufserfahrung der Nachfrager (junge Anwälte versus „High-End-User") oder spezielle Angebote für den Ausbildungssektor genannt, bei denen aber gerade im Direktvertrieb die Gruppenzugehörigkeit kaum effizient geprüft werden kann.

[1406] Dem entspricht auch die skeptischere Einstellung von Vertretern großer Verlage zu dynamischen Preismodellen, vgl. Kap. 5.3.4.
[1407] Zu Einsatzgebieten und der Bewertung von Niedrigpreisstrategien siehe Frage C.3.

```
        ┌─────────────────────┐
        │      ▄▄▄▄▄          │
        │     █ 2,0 █         │
        │   ▄▄█▄▄▄▄▄█▄▄       │
        │  █    2,0    █      │
        └─────────────────────┘
         0    1    2    3    4
         niedrig        hoch
```

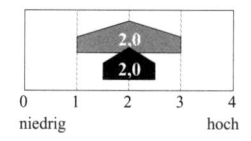

Abb. 48: Beurteilung einer Eignung von Niedrigpreisstrategien parallel zu einem hochpreisigen Angebot zur Erschließung zusätzlicher Nachfrage

Die Experten bewerten die Eignung einer solchen Strategie mit „mittelmäßig" (Abb. 48). Unterstützende Anmerkungen weisen darauf hin, daß durch eine solche Strategie Interesse geweckt werden und die Klientel schrittweise an höherpreisige Angebote herangeführt werden könne („von unten nach oben ziehen"), sowie daß neue Zielgruppen insbesondere bei Nichtjuristen erschlossen werden könnten. Ablehnende Äußerungen der Experten bezweifeln vor allem, daß hierdurch zusätzliche Nachfrage im B2B-Bereich zu generieren sei.

Die Expertenmeinungen spiegeln die auch schon bei den theoretischen Überlegungen festgestellte Schwierigkeit einer Beurteilung wider und entsprechen insofern den Erwartungen. Sowohl befürwortende als auch ablehnende Argumente sind berechtigt. Entscheidende Fragestellung ist, ob zusätzliche Nachfrage, möglicherweise im Nichtjuristenbereich, zu erzielen ist. Ansonsten überwiegt die Gefährdung einer Kannibalisierung hochpreisiger Segmente.

5.3.4 Dynamische Preismodelle

Dynamische Preismodelle sind im Bereich juristischer Onlineangebote noch unbekannt. In anderen Bereichen des Electronic Commerce kommt verhandlungsorientierten Modellen mit stärkerer Kommunikation zwischen Anbieter und Nachfrager jedoch zunehmende Bedeutung zu. Sie lösen sich von festen, anbieterseitig im vorhinein für alle Kundengruppen fixierten Preisen und beziehen situationsabhängig bei der Preisermittlung den Nachfrager und z. B. seinen individuellen Nutzen mit ein. Der konkrete Preis ergibt sich – weitgehend automatisiert – erst aus den spezifischen Eigenschaften einer Transaktion. Gegen dynamische Preismodelle könnte allerdings z. B. die Preisunempfindlichkeit der Nachfrager sprechen. Die Experten wurden daher befragt, welche Bedeutung für juristische Informationsanbieter langfristig dynamische Preismodelle sowohl grundsätzlich als auch hinsichtlich spezieller, auf verschiedenen Kriterien basierenden Ausprägungen haben könnten.[1408]

Grundsätzlich stimmen die Experten mit bemerkenswerter Übereinstimmung zu, daß dynamische Preismodelle besonderes Potential aufweisen und erhöhte Bedeutung erlangen würden (Abb. 49a). Überraschend ist ein Einfluß des Produktspektrums der Verlage: Experten aus

---

[1408] Siehe Fragen G.2 und C.4.

Verlagen, die stark auf Informationsdienste fokussiert sind, äußern sich eher ablehnend (r = -0,503*).

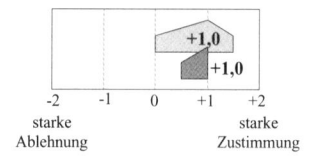

```
        +1,0
         +1,0
-2  -1  0  +1  +2
starke       starke
Ablehnung    Zustimmung
```

1. Volumenrabatt pro Kunde — 3,0
2. Nachfrage auf das Angebot — 3,0
3. Wert des Kunden — 2,5
4. Aktualität/Schnelligkeit — 2,5
5. Komfort des Zugriffs — 2,0
6. Preisbietungsverfahren — 0,5

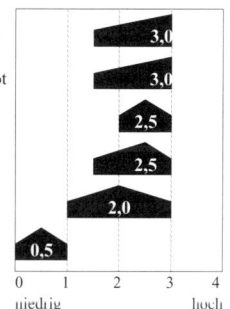

```
0     1     2     3     4
niedrig             hoch
```

a) These: Statische Preisdifferenzierung und dynamische Preismodelle werden erhöhte Bedeutung erlangen
b) Mögliche Differenzierungskriterien bei dynamischen Preismodellen

Abb. 49: Bedeutung und Formen dynamischer Preismodelle

Dennoch werden Preisdifferenzierung und dynamische Preismodelle damit überraschend positiv eingestuft vor dem Hintergrund einer eher geringen Preissensibilität der Nutzer und einer eher nachrangigen Einstufung des Nutzens einer Produktdifferenzierung.[1409] Die theoretischen Überlegungen zeigten, daß eine Voraussetzung für eine Akzeptanz ein Wandel in der Einstellung in den Verlagen ist. Gerade die Verlagsbranche ist mit ihrer Buchpreisbindung stark fixpreisorientiert. Auch nachfragerseitig ist aufgrund der geringen Preissensibilität kein starker Änderungsdruck zu erwarten. Verschiedene Experten äußern entsprechend auch ablehnende Anmerkungen:

- Transparenz und damit Akzeptanz könnten leiden, individuelle Preise verwirrten die Kunden.
- Die Verfahren seien außer beim Kundenwert und bei der Schnelligkeit/Aktualität des Zugriffs für die Kunden nicht nachvollziehbar. Die Kunden würden Preistransparenz bevorzugen.
- Dynamische Preismodelle lösten die Preisstrukturen völlig auf und gefährdeten für die Anbieter die Planungssicherheit.
- Für Juristen spiele der Preis bei guter Qualität nur eine sekundäre Rolle.
- Bei der großen Masse an Anwälten sei die Betrachtung des individuellen Produktnutzens sehr aufwendig.
- Ein Preisvergleich werde sich im Markt nicht ausschließen lassen.
- Die Verfahren eigneten sich nur für Konsumware, hierzu gehörten juristische Inhalte nicht.

[1409] Siehe dazu die Auswertung in Kap. 5.2.2.

Eine nennenswerte Verbreitung werden dynamische und verhandlungsorientierte Preismodelle frühestens mittelfristig erlangen. Die Experten stufen ihre Bedeutung derzeit mit bemerkenswerter Übereinstimmung als niedrig bis gering ein. Allerdings ist mittel- und langfristig von einem moderaten Bedeutungszuwachs auszugehen.[1410] Dabei stufen vor allem Experten aus großen Verlagen die Bedeutung dynamischer Preismodelle derzeit und mittelfristig geringer ein als andere ($r_{t=0}$ = -0,584*, $r_{t=3}$ = -0,646*).[1411]

Bei einer genaueren Untersuchung der möglichen Formen für dynamische Preismodelle zeigte sich mit den überwiegend bemerkenswerten Divergenzen noch eine relativ hohe Unsicherheit (Abb. 49b). Für am wichtigsten halten die Experten *Volumenrabatte*, die sich auf den insgesamt mit einem Kunden abgewickelten Umsatz beziehen. Dies überrascht wenig, da sich dieses Modell stark an vorhandene Preismodelle aus dem klassischen Bereich anlehnt und daher sowohl Kunden als auch Verlagen relativ gut vertraut und leicht zu vermitteln ist. Vor allem Experten, deren Verlage stark auf Zeitschriften fokussiert sind, stufen die Bedeutung von Mengenrabatten hoch ein (r = 0,563*).

Für ebenfalls ziemlich bedeutsam als dynamisches Preismodell halten die Experten einen Preis, der sich auf die *gesamte Nachfrage auf ein Angebot, also die Zahl der parallelen Zugriffe*, bezieht. Dieses Modell fußt damit stark auf einem Marktgedanken, nach dem eine hohe Nachfrage den Preis erhöht.

Eine deutlich größere Bedeutung ist aufgrund der theoretischen Überlegungen für Preismodelle in Abhängigkeit vom *Kundenwert* (Weblining) erwartet worden. Dabei könnte der Preis vom konkreten Kunden und seinem „Wert", etwa dem zukünftig zu erwartenden Umsatz, abhängig gemacht werden. Die aus Verlagssicht resultierenden Vorteile liegen auf der Hand, da es ermöglicht wird, besonders profitable Kunden zu binden bzw. je nach konkreter Fallsituation Abschöpfungsstrategien anzuwenden. Die Experten kommen für dieses Modell jedoch nur zu einer Einschätzung als mittelmäßig bis ziemlich bedeutsam. In einer Anmerkung bezweifelt ein Experte, daß der Wert des Kunden sicher eingeschätzt werden könne. In den theoretischen Überlegungen wurden hierfür jedoch Ansatzpunkte aufgezeigt, so daß dies durchaus möglich erscheint.

Die Einstufung der *Aktualität bzw. Schnelligkeit der Informationsbereitstellung*, d. h. ein sinkender Preis mit zunehmendem Alter, entspricht mit einer mittelmäßigen bis ziemlich hohen Bedeutung den Erwartungen: Vorteilhaft ist bei diesem Verfahren, daß es den besonderen Anforderungen der Juristen nach einer hohen Aktualität mit gleichzeitig sehr geringer Preissensibilität in bestimmten Situationen Rechnung trägt und daher die Nutzeneinschätzungen sehr gut abdeckt. Hemmend wirkt sich bei der Bedeutung dieses Verfahrens sicherlich der hohe Neuig-

---

[1410] Siehe Frage C.1.
[1411] Konsequent in einer insgesamt skeptischen Einstellung zu innovativeren Modellen lehnten sie auch die Eignung von Nachfragepoolsystem, vgl. Kap. 5.3.2.

keitscharakter und damit eine mögliche geringe Akzeptanz aus. Überraschend ist, daß vor allem Vertreter von Verlagen, die stark auf Zeitschriften fokussiert sind, der Aktualität bzw. Schnelligkeit als Kriterium eher ablehnend gegenüberstehen (r = -0,583*). Eigentlich stellen gerade Zeitschriften neben Infodiensten bisher das Medium dar, das Juristen schnell über aktuelle Entwicklungen informiert.

Eine Preisdifferenzierung nach dem *Komfort des Zugriffs* ist bereits als in Teilbereichen etabliert anzusehen. Neu wäre eine stärkere Dynamisierung, d. h. eine situationsabhängige Konfiguration der benötigten Funktionen mit ihren Preisen durch den Kunden. Sie ist bei digitalen Produkten zudem relativ leicht zu implementieren. Insofern könnte die Einstufung als nur mittelmäßig bedeutsam überraschen. Andererseits weist dieses Preismodell Parallelen zur bereits untersuchten Niedrigpreisstrategie auf, die ähnlich verhalten beurteilt wurde.[1412] Sehr signifikant ist der Einfluß der Verlagsgröße: Experten aus großen Verlagen äußern sich negativer zur Eignung einer Differenzierung nach dem Komfort des Zugriffs als andere Experten (r = -0,608**).

Nach den theoretischen Überlegungen können *Preisbietungsverfahren wie z. B. Priceline.com*, bei denen der Kunde einen Preis und verschiedene Freiheitsgrade benennt und der Anbieter entscheiden kann, ob er zu diesem Preis liefert, eingesetzt werden, um zusätzliche Zielgruppen für das eigene Angebot zu erschließen. Sie eignen sich auch zur Marktforschung, um Nutzerpräferenzen zu erforschen. Bei der Einschätzung der Experten ergibt sich allerdings eine eindeutige Ablehnung. Dieses Modell fällt in der Bedeutung deutlich hinter die anderen zurück und wird mit sehr niedriger bis niedriger Eignung beurteilt. Ein Experte merkt hierzu an, daß dies zu einer Fülle von Anfragen „ins Blaue hinein" führen würde, die alle manuell bearbeitet werden müßten. Dieses Argument vermag allerdings nicht zu überzeugen, da dies durch geeignete Regeln zu automatisieren wäre.

5.4 Beschaffung

Für die Beschaffung von Fachinformationen wird aufgrund der theoretischen Überlegungen ein Wandel hin zur stärkeren Ausbreitung von Intermediären und zu einer stärker marktlichen Koordinierung erwartet. Die bisher weitgehend fix auf die originären Fachinformationsanbieter fokussierten Lieferbeziehungen sollten sich aus diesen Monopolstellungen lösen.

[1412] Ein statistisch signifikanter Zusammenhang ist allerdings nicht festzustellen.

5.4.1 Datenformatstandardisierungen für juristische Fachinformationen

Für die Beschaffung haben die theoretischen Überlegungen die hohe Bedeutung einer Schaffung eines einheitlichen Branchenstandards für die Datenbeschreibung ergeben. Er ist wichtig, um automatische schnelle Verhandlungen zu unterstützen und durch eine Senkung der Wechselkosten den Wettbewerb zu fördern und gleichzeitig das Investitionsrisiko durch die Senkung der Spezifität der Investition zu reduzieren.

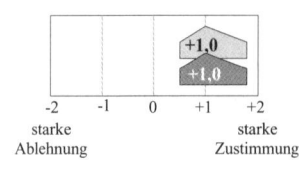

These: „Syntaktische, z. B. XML-basierte, Standards für z. B. Gerichtsentscheidungen sind wichtig und werden sich mittel- bis langfristig für die Beschaffung und Verarbeitung von Fachinformationen durch die Verlage durchsetzen."

Abb. 50: Beurteilung einer These zur Bedeutung syntaktischer Standards

Das Panel stimmt der These, wonach syntaktische Standards für die Beschaffung wichtig seien und sich mittel- bis langfristig für Fachinformationen durchsetzen werden, mehrheitlich zu (Abb. 50).[1413] In Anmerkungen werden allerdings auch die derzeitigen Defizite in diesem Bereich festgestellt; mit einer mittelfristigen Durchsetzung sei daher nicht zu rechnen. Dabei wird auch die weite Auslegung der Standardisierung deutlich. So wird darauf hingewiesen, daß Standards zwar wichtig seien. Zu erwarten sei aber lediglich eine verlagsinterne Standardisierung, da Verlage eher auf Abgrenzung setzen würden. Eine branchenweite Standardisierung, insbesondere eine Einigung mit Gerichten, wird für eher unwahrscheinlich gehalten. Die Interessen der im Markt agierenden Teilnehmer seien zu unterschiedlich und ein gemeinsamer Standard werde nicht von allen gewünscht. Ein anderer Experte sieht die Standardisierung allein schon in der Verwendung von XML. Die Bedeutung von Standardisierung werde z. B. bei Gerichtsentscheidungen oder Rechtsvorschriften überschätzt, da jeder Verlag autonom zu einer ähnlichen XML-Strukturierung käme.

Für eine verlagsübergreifende Verwendung eines Standards müßte zunächst ein einheitliches Vokabular festgelegt werden. Erforderlich für eine Durchsetzung am Markt ist zudem das Erreichen einer kritischen Masse, d. h. eine ausreichende Akzeptanz und Verwendung. Das Panel wurde daher befragt, wem es am ehesten eine Definition und Etablierung eines solchen Standards für z. B. Gerichtsentscheidungen zutraut.

[1413] Zur Standardisierung siehe Fragen D.2 und D.5 im Fragebogen. Sehr signifikant ablehnender äußerten sich allerdings Experten mit einer starken Verlagsfokussierung auf Bücher (r = -0,582**). Dies überrascht nicht und wurde auch bei anderen Fragen zur Datenformatstandardisierung beobachtet.

Beschaffung 301

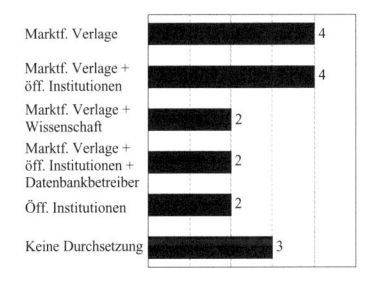

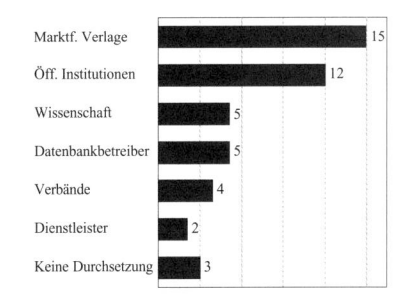

Marktf. Verlage	4
Marktf. Verlage + öff. Institutionen	4
Marktf. Verlage + Wissenschaft	2
Marktf. Verlage + öff. Institutionen + Datenbankbetreiber	2
Öff. Institutionen	2
Keine Durchsetzung	3

Marktf. Verlage	15
Öff. Institutionen	12
Wissenschaft	5
Datenbankbetreiber	5
Verbände	4
Dienstleister	2
Keine Durchsetzung	3

a) Meistgenannte Kombinationen von Akteuren   b) Beteiligung der einzelnen Spieler

Abb. 51: Akteure zur Definition und Etablierung eines Datenformatstandards

Nach Ansicht der Experten fällt den marktführenden Verlagen und öffentlichen Institutionen wie z. B. Gerichten oder Ministerien die entscheidende Rolle zu (Abb. 51). Kaum eine Bedeutung kommt nach Ansicht des Panels Dienstleistern zu, was allerdings möglicherweise auf deren derzeit insgesamt geringe Verbreitung zurückzuführen ist.[1414] Ein Experte weist in einer Anmerkung darauf hin, daß ein solcher Standard nur von der Informationsquelle kommen könne. Ein anderer Teilnehmer weist zu Recht auf die Möglichkeit der Bildung eines „Business Webs" mit führenden Institutionen als Kern hin, die einen solchen Standard durchsetzen und weitere Spieler zum Mitmachen anregen könnten.

5.4.2 Dienstleister zur Datenaufbereitung und Bündelung

Von einer durchgängigen elektronischen Unterstützung der Beschaffung insbesondere von Fachinformationen könnten vor allem kleinere und mittlere Verlage profitieren. Es ermöglicht ihnen, ihr Angebotsspektrum virtuell zu vergrößern und nur bei konkreter Nachfrage ad hoc die benötigten Informationen tatsächlich zu beziehen, was den bedeutsamen Block der Fixkosten senkt. Hierfür erforderlich sind Marktstrukturen für die Beschaffung von Informationen, die sich bisher nicht etabliert haben. Dienstleister könnten Informationen von Gerichten beziehen, sie ggf. digitalisieren und syntaktisch aufbereiten und dann an andere Verlage weitervertreiben. Darüber hinaus wäre auch z. B. eine Bündelungsfunktion denkbar, um den Verlagen den Bezug von nur einer Quelle zu zudem geringeren Kosten zu ermöglichen. Denkbar wäre dagegen aber auch, daß beispielsweise Gerichte dazu übergehen, selbst Informationen syntaktisch aufbereitet zur Verfügung zu stellen und so zumindest die Aufbereitungsfunktion der Dienstleister überflüssig machen. Dies könnte die Existenz solcher Dienstleister gefährden.

[1414] In einer empirischen Studie von Schlüchter (2001), S. 199 wird Intermediären wie elektronischen Marktplätzen eine entscheidende Rolle bei der Standardisierung zugeschrieben.

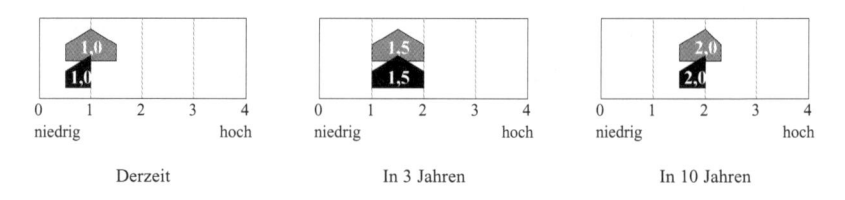

Derzeit	In 3 Jahren	In 10 Jahren
1,0 / 1,0 0 — 1 — 2 — 3 — 4 niedrig .... hoch	1,5 / 1,5 0 — 1 — 2 — 3 — 4 niedrig .... hoch	2,0 / 2,0 0 — 1 — 2 — 3 — 4 niedrig .... hoch

Abb. 52: Bedeutung von Dienstleistern zur Datenaufbereitung und Bündelung

Das Panel sieht für solche Dienstleister mit bemerkenswerter Übereinstimmung derzeit nur eine geringe Bedeutung, was die aktuelle Marktlage treffend wiedergibt und daher den Erwartungen entspricht (Abb. 52).[1415] Langfristig mißt es ihnen – ebenfalls mit bemerkenswerter Übereinstimmung – eine mittlere Bedeutung bei. Hier wäre aufgrund der dargestellten möglichen Vorteile eine positivere Einschätzung erwartet worden. Ein Experte weist auf das schwierige Geschäft solcher Dienstleister hin, die einen langen Atem und große Geduld benötigten. Mehrere Teilnehmer verweisen auf die Kostensituation, welche die Verlage zunehmend in eine Selbstorganisation treiben würden. Dieses Argument überrascht, da ein Dienstleister spezialisierter arbeiten, die Kosten im allgemeinen besser verteilen und somit kostengünstiger arbeiten kann, sofern Standards die Transaktionskosten einer Zusammenarbeit hinreichend senken. Die spätere Auswertung zeigt dennoch konsistent mit dieser Bewertung, daß die Experten diese Tätigkeiten langfristig überwiegend bei den Verlagen sehen.[1416]

5.4.3 Marktplätze für Fachinformationen

Nach einer erfolgten Standardisierung des Datenformats stellt mittel- bis langfristig die Etablierung von geschlossenen Marktplätzen für standardisierte Fachinformationen eine – als Ergebnis der theoretischen Überlegungen – für juristische Verlage sinnvolle weitere Entwicklung im Beschaffungsbereich dar. Angesichts einer bisher sehr zersplitterten Angebotsstruktur bieten sie eine Bündelungsfunktion, durch eine erhöhte Preistransparenz die Chance eines Preiswettbewerbs und eine Zweitverwertungsmöglichkeit der bereits in den Verlagen vorhandenen Daten.

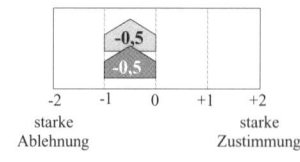

-0,5 / -0,5 -2 — -1 — 0 — +1 — +2 starke Ablehnung .... starke Zustimmung	These: „Die Etablierung von geschlossenen Marktplätzen für standardisierte Fachinformationen, von denen Verlage ihre Informationen beziehen, auf denen sie aber ihrerseits auch ihre aufbereiteten Informationen zur Zweitverwertung anderen Verlagen anbieten können, ist sinnvoll."

Abb. 53: Beurteilung von geschlossenen Marktplätzen für standardisierte Fachinformationen

---

[1415] Siehe Frage D.1 im Fragebogen.
[1416] Vgl. die Auswertung zur Leistungserstellung, Kap. 5.6.1.

Distribution 303

Die Experten stehen solchen Marktplätzen trotz der in den theoretischen Überlegungen aufgezeigten Vorteile neutral bis ablehnend gegenüber (Abb. 53).[1417] In Anmerkungen wird das vorgestellte Modell als zu theoretisch bezeichnet. Verlage seien eher egoistische „Einzelkämpfer", die befürchteten, Mitbewerber durch eine Abgabe der teuer aufbereiteten eigenen Daten zu stärken oder die eigene Marke zu schwächen. Als Gegenargumente wurden darüber hinaus genannt:

- Ein Marktplatz würde aufgrund einer zu geringen Teilnehmerzahl nicht funktionieren.
- Standardisierte Informationen seien leicht verfügbar.
- Die Qualität der Informationen sei nicht zu standardisieren.
- Der Fachinformationshandel verlaufe tendenziell in eine Richtung ohne Rücklauf auf einen Marktplatz.
- Fehlende Masse und zweifelhafte Qualität seien zu große Eintrittsbarrieren.

5.5 Distribution

Für digitale Onlineprodukte ist in der Praxis der Direktvertrieb als die nahezu ausschließliche Vertriebsform zu beobachten. Die Experten wurden daher nach der Eignung verschiedener alternativer Vertriebswege befragt (Abb. 54).[1418] Eine Faktorenanalyse zeigt, daß die Experten bei ihren Bewertungen bewährte Typisierungen zugrunde legten. Von den drei extrahierten Faktoren können zwei sinnvoll als „Händler" sowie „Aggregatoren" interpretiert werden.[1419]

Vertriebsweg	Eignung
1. Direktvertrieb der Verlage	3,0
2. Juristische Portale	2,5
3. Datenbank-Aggregatoren	2,0
4. Branchensoftware-Anbieter	2,0
5. Spezialisierte Agenturen	2,0
6. Online-Buchhändler	1,3
7. Klassischer Bucheinzelhandel	1,2

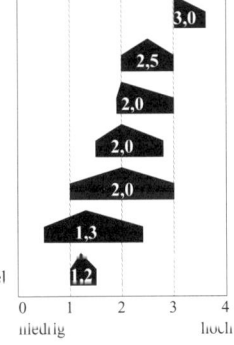

(0 niedrig – 4 hoch)

Abb. 54: Eignung von Vertriebswegen für Onlineprodukte juristischer Verlage

---

[1417] Siehe Fragen D.3 und D.4 im Fragebogen.
[1418] Siehe Frage E.3 im Fragebogen.
[1419] Die Faktoren erklären 64,2% der Varianz. Die Faktorenrotation benötigte 8 Iterationen. Auf den ersten Faktor laden „klassischer Bucheinzelhandel", „Agenturen" und „Online-Buchhändler" hoch, auf den zweiten Faktor „Portale" und „Datenbank-Aggregatoren". Auf den dritten Faktor laden die restlichen Vertriebswege „Direktvertrieb" und „Software-Anbieter" hoch.

Die Experten bestätigen mit bemerkenswerter Übereinstimmung die starke Dominanz des *Direktvertriebs*, den sie für ziemlich bedeutsam halten.

In einem Mittelfeld mit überwiegend mittelmäßiger Bedeutung ordnen die Experten juristische Portale und Suchmaschinen, neutrale Datenbankaggregatoren, Anbieter von Branchensoftware und spezialisierte Agenturen an. Größte Bedeutung kommt dabei *juristischen Portalen und Suchmaschinen* wie z. B. dem Angebot der Soldan-Stiftung zu, die als mittelmäßig bis ziemlich bedeutsam beurteilt werden. Auch das entspricht den Erwartungen, da diese Angebote bereits für den Vertrieb klassischer Produkte eine starke Stellung und bekannte Marke besitzen. Wenig überraschend ist auch die Bedeutung von *neutralen Datenbank-Aggregatoren*, d. h. Datenbank-Anbietern, die nicht einem Informationsanbieter, etwa Verlag, zuzuordnen sind. Dabei ist allerdings sehr signifikant ein geringer Einfluß der Gruppenzugehörigkeit festzustellen ($\eta^2 =$ 0,299**): Praktiker messen diesen eine deutlich höhere Bedeutung (2,4) bei als Wissenschaftler (1,1). Die Bedeutung von *Branchensoftware-Anbietern* entspricht ebenfalls den theoretischen Überlegungen. Überraschend ist die Einschätzung allerdings insofern, als bisher praktisch keinerlei derartige Vertriebsaktivitäten auf dem Markt zu verzeichnen sind. Dies zeigt damit einen zukünftig erstarkenden Vertriebsweg auf. Überraschend ist auch die – jedoch bemerkenswert divergierende – Einstufung *spezialisierter Agenturen oder Vertreter, die sich auf den Vertrieb rein elektronischer juristischer Informationen konzentrieren.* Dieser Vertriebsweg war erst in einer Vorrunde aus dem Expertenkreis ins Gespräch gebracht worden und ist bisher in der Literatur nicht berücksichtigt. Als Parallele wurde auf Pharmavertreter für Arzneimittel verwiesen, in diesem Fall also Juristen für Juristen. Begründet wurde die Notwendigkeit solcher neuen Intermediäre mit der für den Onlinevertrieb erforderlichen Spezialisierung, zu der weder Buchhändler noch Suchmaschinen in der Lage seien.

Online-Buchhändlern wird für den Vertrieb von Onlineprodukten juristischer Verlage nur wenig Bedeutung beigemessen bei allerdings bemerkenswerter Divergenz der Meinungen. Auch dies entspricht den Erwartungen, da solche Online-Buchhändler wie z. B. Amazon keine ausreichende Spezialisierung aufweisen und bisher keinerlei Tendenzen zum Vertrieb von Onlineprodukten erkennen lassen. Wenig überraschend ist, daß sehr signifikant Vertreter aus Verlagen mit einer starken Fokussierung auf Fachbücher Online-Buchhändlern positiver gegenüberstehen ($r = 0{,}593^{**}$).

Überraschend ist die bemerkenswert übereinstimmende ablehnende Haltung zur Eignung des *klassischen Bucheinzelhandels*. Die Rolle des klassischen Bucheinzelhandels ist zwar in der Literatur umstritten. Bisher kommt ihm auch in der Praxis für Onlineprodukte keine Bedeutung zu. Die theoretischen Überlegungen führten aber zu dem Ergebnis, daß sich das klassische Sor-

Distribution 305

timent durchaus kurz- bis mittelfristig eignen könnte. Den Experten wurden daher vier Thesen zu dessen Bedeutung vorgelegt.[1420]

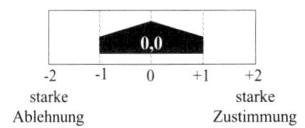

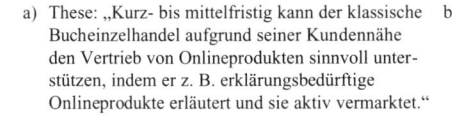

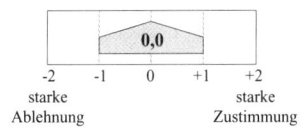

-2 -1 0 +1 +2	-2 -1 0 +1 +2
starke starke	starke starke
Ablehnung Zustimmung	Ablehnung Zustimmung

a) These: „Kurz- bis mittelfristig kann der klassische Bucheinzelhandel aufgrund seiner Kundennähe den Vertrieb von Onlineprodukten sinnvoll unterstützen, indem er z. B. erklärungsbedürftige Onlineprodukte erläutert und sie aktiv vermarktet."

b) These: „Während bei Großkunden (siehe oben) Onlineprodukte ganz überwiegend direkt vertrieben werden, erlangt der klassische Bucheinzelhandel insbesondere bei der Ansprache von kleineren und mittleren Kunden eine erhöhte Bedeutung und kann etwa Zahlungsfunktionen unterstützen."

Abb. 55: Bedeutung des klassischen Bucheinzelhandels für Onlineprodukte

In allen Fällen zeigt sich eine eher ablehnende Haltung. Nach den theoretischen Überlegungen könnte sich der klassische Bucheinzelhandel gerade kurzfristig eignen, um die unerfahrene Zielgruppe – vor allem kleinere und mittlere Kunden – an neuartige Leistungsangebote heranzuführen. Die Experten kommen hier bei bemerkenswerter Divergenz zu dem Ergebnis, daß dies vielleicht möglich sei (Abb. 55a sowie b[1421]). Vor allem Verlagsvertreter, deren Verlage stark auf juristische Praktiker fokussiert sind, äußern sich zur in Abb. 55a dargestellten These überraschenderweise ablehnend (r = -0,568*). Das Panel weist vor allem auf die fehlende Kompetenz beim ganz überwiegenden Teil des Buchhandels hin. Diesem fehle es an Wandlungsbereitschaft und der nötigen Flexibilität. Er denke in „alten Bahnen" und bewege sich in einer anderen Welt. Zudem stünde die erforderliche Möglichkeit zur Demonstration der Produkte vielfach nicht zur Verfügung. Ein anderer Experte sieht auch keine Nachfrage durch die Kunden, da diese Onlineprodukte auch online nachfragen würden. Zustimmendere Experten verweisen darauf, daß die Eignung vom Willen des Buchhandels abhängen würde. Dieser wird allerdings von einigen Experten insbesondere aufgrund mangelnder Gewinnmargen bezweifelt. Während einige Experten auch keinen durch das Sortiment zu schaffenden Mehrwert sehen, meinen andere, daß die Verlage den Nutzen unterschätzen würden, den die Kundennähe des Buchhandels auch für Onlineprodukte bieten könne. Die Möglichkeiten des Bucheinzelhandels seien bei entsprechender Fachkompetenz sehr hoch und effizienter als ein Direktvertrieb durch die Verlage.

In den theoretischen Überlegungen wurde als weitere sinnvolle Einsatzmöglichkeit des klassischen Bucheinzelhandels die Übernahme der Zahlungsfunktion diskutiert. Auch einer solchen

---

[1420] Siehe Fragen E.1.1, E.1.2, E.2 und G.3 im Fragebogen.
[1421] Bei Abb. 55b) wurden verschiedene Einzelaspekte zu einer These zusammengefaßt, von denen aber, wie sich in den Anmerkungen zeigte, der Bedeutung des Buchhandels von den Experten die maßgebende Rolle zugesprochen wurde. Dennoch darf die Auswertung zu dieser Frage hinsichtlich dieses Einzelaspekts nicht überbewertet werden. Zur Problematik der Zusammenfassung verschiedener Aspekte in einer These vgl. auch Kap. 4.4.2.

Zahlungsfunktion als Aufgabe des Buchhandels stehen die Experten mehrheitlich eher ablehnend gegenüber (Abb. 56a). Dabei wird als Begründung darauf verwiesen, daß die Kosten und das Risiko auch für den Buchhandel hoch seien. Der Handel würde keine Bankdienstleistung übernehmen, zumal unklar sei, wer dies den Händlern vergüten solle. Auch könne die Unsicherheit des Online-Zahlungsverkehrs auf direktem Weg besser gelöst werden, wobei der betreffende Experte zu Lösungsansätzen keine weiteren Aussagen trifft. Positiv wird angemerkt, daß die Aussage richtig und ein möglicher Weg sei. Teilweise wird aber einschränkend auf die bereits geäußerten Vorbehalte gegenüber einer Eignung des Buchhandels, insbesondere dessen mangelnde Kompetenz, verwiesen.

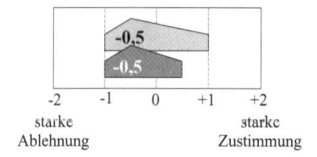

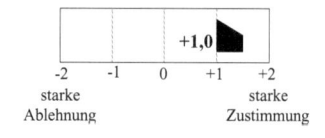

a) These: „Der klassische Bucheinzelhandel kann das kurz- bis mittelfristige Problem hoher Kosten und Unsicherheit bei der Zahlungsfunktion für Onlineprodukte lösen, indem er diese Aufgabe übernimmt, etwa durch Legitimation des Kunden oder durch Ausgabe von vorausbezahlten 'Transaktionsnummern'. Zudem übernimmt der Handel aus Kundensicht eine Bündelungsfunktion (eine Sammelrechnung anstelle einer Rechnung direkt mit jedem Verlag)."

b) These: „Langfristig nimmt die Bedeutung des klassischen Bucheinzelhandel für den Vertrieb von Onlineprodukten mit deren zunehmender Etablierung stark ab."

Abb. 56: Mögliche Einsatzbereiche des Bucheinzelhandels

Mittel- und langfristig, nachdem Onlineprodukte sich zunehmend etabliert haben und die Zielgruppe die neuen Medien akzeptiert hat, ist dagegen mit einer deutlichen Abnahme der Bedeutung von klassischen Intermediären zu rechnen. Diesen theoretischen Überlegungen schließen sich die Experten mit bemerkenswerter Übereinstimmung an (Abb. 56b).

5.6 Leistungserstellung

5.6.1 Zukünftige Funktionen und Rollen der Verlage

Aufgrund der theoretischen Überlegungen wird langfristig eine zunehmende Atomisierung der Rollen und Funktionen des Verlagsgeschäfts und deren bedarfsweise Konfiguration zu Leistungsangeboten erwartet. Abb. 57 vermittelt einen Eindruck von der Einschätzung der Exper-

Leistungserstellung 307

ten bezüglich der Rollen und Funktionen im Onlinebereich, die mit hoher Wahrscheinlichkeit auch langfristig von Verlagen ausgefüllt werden.[1422]

Funktion	Wert
1. Qualitätssicherung	3,5
2. Selektion von Informationen	3,0
3. Redaktionelle Aufbereitung	3,0
4. Vertrieb (eigener) klassischer Produkte	3,0
5. Verwaltung/Aktualisierung von Fachinformationen	3,0
6. Einkauf von Fachinformationen	3,0
7. Syntaktische/semantische Aufbereitung	3,0
8. Individualisierung	2,8
9. Vertrieb von (eigenen) Onlineprodukten	2,5
10. Schnittstelle zum Kunden	2,0
11. Koordination der Wertschöpfung	2,0

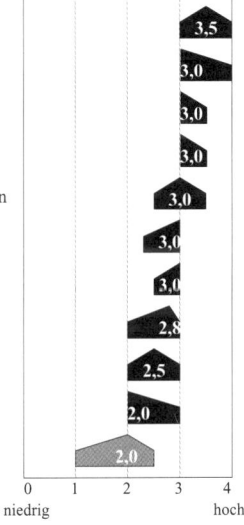

0 — niedrig ... 4 — hoch

Abb. 57: Wahrscheinlichkeit, mit der Funktionen bzw. Rollen im Onlinebereich langfristig überwiegend von Verlagen ausgefüllt werden

Hierzu gehört deutlich an erster Stelle die Funktion einer *Qualitätssicherung* als Kernkompetenz von Verlagen. Bedeutsam wird diese Einschätzung besonders vor dem Hintergrund der bereits diskutierten Hemmfaktoren einer stärkeren Nutzung durch Kunden, bei denen Qualitätsprobleme an erster Stelle standen. Da Verlage aber offensichtlich für Qualität zuständig sind, zeigt sich, daß die Verlage nach Ansicht der Experten diese Rolle zukünftig deutlich besser als bisher ausfüllen müssen. Auch die Rollen einer *Selektion* und *redaktionellen Aufbereitung* gehören bereits im klassischen Geschäft zu den Kernkompetenzen von Fachverlagen. Dabei ist bei der redaktionellen Aufbereitung sehr signifikant ein geringer Einfluß der Gruppe, zu der die Experten gehören, festzustellen ($\eta^2 = 0{,}264^{**}$): Praktiker beurteilen die Bedeutung mit durchschnittlich 3,4, während Wissenschaftler sie nur mit 2,8 bewerten. Insgesamt zeigt sich an diesen drei Rollen, die mit größter Wahrscheinlichkeit zukünftig den Verlagen zufallen, ein nur geringer Wandel in den Kernkompetenzen. Überraschend ist der Einfluß der Verlagsgröße: Experten aus großen Verlagen beurteilen die Selektionsfunktion als besonders wahrscheinlich zukünftig bei den Verlagen angesiedelt ($r = 0{,}518^*$). Beim *Einkauf von Fachinformationen* bewerten die Experten es ebenso wie bei der *Verwaltung, d. h. der Überwachung der Aktualität und ggf. erforderlicher Aktualisierung von Fachinformationen* als wahrschein-

---

[1422] Siehe Frage F.1 im Fragebogen.

lich, daß dies im Onlinebereich langfristig überwiegend von Verlagen vorgenommen wird.[1423] Auch sie sind bereits bisher den Kernkompetenzen der Verlage zuzurechnen.

Als wahrscheinlich wird auch eingestuft, daß der *Vertrieb klassischer (eigener) Produkte* langfristig im Onlinebereich von Verlagen ausgefüllt werden wird. Das deutet darauf hin, daß die Experten für klassische Produkte im Onlinevertrieb eine Disintermediation erwarten bzw. anderen Intermediären im Onlinebereich nur eine geringe Bedeutung für Produkte von juristischen Fachverlagen beimessen.

Überraschend ist, daß nach Ansicht der Experten auch die *syntaktische bzw. semantische Aufbereitung von Fachinformationen, z. B. das Ergänzen von Metainformationen*, langfristig überwiegend von Verlagen vorgenommen wird. Dies sehen allerdings gerade Experten mit einer starken Verlagsorientierung auf Informationsdienste, die also besonders davon betroffen sind, anders (r = -0,677**). In den theoretischen Überlegungen wurde aufgezeigt, daß eine solche Tätigkeit gut von spezialisierten Dienstleistern vorgenommen werden kann und ggf. aufbereitete Fachinformationen über Märkte bezogen werden könnten. Dieses Konzept wurde aber auch bereits in anderen Fragen als mittelmäßig geeignet eingestuft. Insofern bestätigt die hier vorgenommene Bewertung diejenigen in den anderen Fragen.[1424] Umgekehrt ist die Einschätzung bei der *Individualisierung* zu beurteilen. Hierbei sehen die Experten eine etwas geringere Wahrscheinlichkeit, daß diese langfristig überwiegend von Verlagen vorgenommen wird. Die Bewertung überrascht ebenfalls, da hierfür bisher kaum Dienstleister existieren und sie eng an die Tätigkeit der Selektion, also eine der Kernkompetenzen der Verlage, anknüpft. Zudem erfordert sie einen relativ engen Kundenkontakt. Da die Verlage gleichzeitig im Onlinebereich eine Dominanz des Direktvertriebs erwarten[1425], wäre eine Individualisierung durch die Verlage die naheliegende Konsequenz. Konform zu dieser Bewertung, aber ebenfalls im Widerspruch zur zuvor festgestellten Dominanz des Direktvertriebs bei Onlineprodukten ist die Ansicht der Experten, nach der nur vielleicht bis wahrscheinlich zukünftig der *Vertrieb von (eigenen) Onlineprodukten* überwiegend von Verlagen vorgenommen wird. Statistische Zusammenhänge zwischen den Einschätzungen sind auch hier entgegen der Erwartungen nicht signifikant festzustellen.

Bei den Funktionen einer *Schnittstelle zum Kunden*, die u. a. Kundengewinnung, -bindung, das Betreiben von Portalen und das Markenmanagement beinhaltet, und einer *Koordination des Wertschöpfungsprozesses und der Partner*, z. B. in einem Netzwerk, sind die Experten mehrheitlich der Ansicht, daß dies nur vielleicht langfristig überwiegend von Verlagen vorgenommen wird. Unter den zur Diskussion gestellten Funktionen sehen die Experten hier eine Ver-

---

[1423] Die Einschätzung bezüglich des Einkaufs ist konsistent mit einer Studie aus dem Jahr 1999, nach der die Beschaffung von Inhalten bei 96% der Verlage von den Verlagen selbst vorgenommen wurde, vgl. Arbeitskreis Elektronisches Publizieren (1999), S. 47.

[1424] Siehe oben die Auswertung zur Beschaffung. Ein nennenswerter statistischer Zusammenhang ist allerdings nicht festzustellen.

[1425] Siehe die Auswertung zum Bereich Distribution, Kap. 5.5.

lagstätigkeit als am unwahrscheinlichsten an. Beide Einschätzungen überraschen. Der Schnittstelle zum Kunden kommt zum einen aufgrund der bereits diskutierten Dominanz des Direktvertriebs eine relativ große Bedeutung zu. Zum anderen sind die aufgeführten Konkretisierungen typische Verlagstätigkeiten: Das Markenmanagement beispielsweise ist gerade in juristischen Fachverlagen, wenn auch nur implizit, eine der wichtigsten Tätigkeiten.

Die Koordination des Wertschöpfungsprozesses ist ebenfalls eine der typischen Tätigkeiten eines Verlags: Die Auslagerung von Funktionen, etwa des Drucks, hat eine lange Tradition und ist heute gängige Praxis. Die Urformen eines Verlags bestehen sogar lediglich in der Koordination der Wertschöpfung.[1426] Die Experten sind allerdings offenbar der Ansicht, daß die Funktion entweder im Onlinebereich entfällt, was den theoretischen Erwartungen widersprechen würde, oder von einem anderen Spieler vorgenommen wird. Aus diesem Grund wurden die Experten detaillierter hierzu befragt, ob langfristig eher ein Verlag oder eher ein anderer Akteur die verschiedenen Akteure und Kooperationspartner bei der Leistungserstellung (also den Wertschöpfungsprozeß oder das Netzwerk) koordinieren würde.[1427] Die Antworten zeigen kein einheitliches Bild. Etwa die Hälfte der Antworten nennt einen anderen, mehrheitlich verlagsneutralen Akteur bei einer allerdings insgesamt nur geringen Antwortquote.

Die Auswertung dieser Rollenverteilung deutet überwiegend auf einen unveränderten Integrationsgrad bei der Leistungserstellung hin. Bei einer zusätzlichen expliziten Befragung der Experten bestätigt sich dieses Bild.[1428] Mehrheitlich sehen die Experten im Vergleich zum aktuellen Stand im klassischen Verlagsbereich höchstens einen leichten Trend zur Integration (Abb. 58a). In Anmerkungen macht ein Experte deutlich, daß die zunehmende Versorgung mit individuellen Angeboten bedinge, daß die Kernprozesse der Wertschöpfung im Verlag selbst gesteuert würden. Dies widerspricht der zuvor festgestellten Einschätzung, wonach die Individualisierung mit geringerer Wahrscheinlichkeit als andere Funktionen langfristig in Verlagen gesehen wird. Ein anderer Experte verweist darauf, daß die Verlage die Technik selbst beherrschen sollten, um Markttrends schnell abbilden zu können. Ein anderer Experte widerspricht dieser Ansicht und vertritt die Meinung, daß Datenbeschaffung und Online-Auftritt eher desintegriert würden.

[1426] Vgl. oben Kap. 2.1.1.
[1427] Siehe Frage F.6 im Fragebogen.
[1428] Siehe Frage F.2.

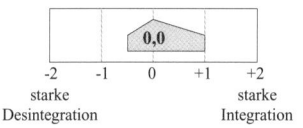

a) Veränderung des Integrationsgrads

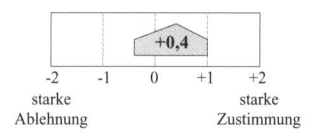

```
        0,0
 -2  -1  0  +1  +2
starke        starke
Desintegration Integration
```

b) These: „Eine Desintegration ist für Verlage problematisch, da damit die Umsatzbasis reduziert wird. Eine Erweiterung des Marktfokus für die verbleibende Umsatzbasis ist aber wegen der nationalen Fokussierung schwierig."

```
            +0,4
 -2  -1  0  +1  +2
starke        starke
Ablehnung     Zustimmung
```

Abb. 58: Integrationstendenzen

Das Ergebnis entspricht damit im wesentlichen den theoretischen Überlegungen. Gegen eine Desintegration könnte aber für die Verlage das in der Theorie diskutierte Problem einer (zu starken) Reduktion der Umsatzbasis bei gleichzeitig beschränkten Erweiterungsmöglichkeiten aufgrund der nationalen Fokussierung sprechen. Die Experten beurteilen die Bedeutung dieses Problems mit „vielleicht bis zustimmend" (Abb. 58b).[1429] In Anmerkungen weisen einige Experten als Lösungsansatz darauf hin, daß versucht werden müsse,

- die Anzahl der Marktteilnehmer zu senken und damit den eigenen Marktanteil zu erhöhen, was zu einer erhöhten Wettbewerbsintensität führen würde,
- den Umsatz auf anderen Gebieten zu vergrößern, was auf eine erhöhte Bedeutung der bereits diskutierten neu zu erschließenden zusätzlichen Zielgruppen hinauslaufen würde, und
- gerade auch angesichts der EU internationaler zu werden.

5.6.2 Kooperationen

Es ist davon auszugehen, daß künftig verschiedene Koordinationsformen von den Verlagen parallel genutzt werden. Die theoretischen Überlegungen zeigten, daß sich für Verlage in Fortsetzung der Verlagstraditionen auch im Onlinebereich ganz überwiegend eine Kooperationsstrategie am besten eignet. In der Praxis werden Kooperationen von Verlagen allerdings nur zurückhaltend eingegangen. Die Experten beurteilen diese Zurückhaltung auch als zunehmend wichtigeren Hemmfaktor, der einem stärkeren Online-Engagement entgegensteht.[1430] Andererseits sind Kooperationen ein bevorzugter Weg für einen Markteinstieg eines neuen Spielers[1431], was Kooperationen wahrscheinlicher macht. Entscheidender für ihre Verbreitung dürfte aber die Bedeutung eines umfassenden Angebots sein. Sie wird von den Experten als hoch bewertet

---

[1429] Siehe Frage F.3.
[1430] Siehe Auswertung der Hemmfaktoren, Kap. 5.1.1.
[1431] Siehe die Auswertung in Kap. 5.1.2.

(Abb. 59a),[1432] da hierdurch ein „One-Stop-Shop" realisiert und einer zunehmenden Spezialisierung der Anbieter Rechnung getragen werden kann.

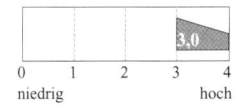

a) Bedeutung eines umfassenden, integrierten Angebots

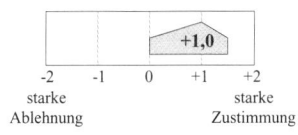

b) These: „Aufgrund des zunehmenden Erfordernisses eines umfassenden Angebots wird für kleinere Verlage eine virtuelle Größe durch eine Einbindung in eine Vielzahl von Kooperationen sehr wichtig."

Abb. 59: Kooperationen zur Gewährleistung eines umfassenden Angebots

Ein umfassendes Angebot könnten gerade kleine Verlage ohne Kooperationen kaum anbieten, so daß gerade für diese Kooperationen besonders wichtig sein sollten. Die Mehrheit der Experten stimmt einer entsprechenden These zu (Abb. 59b).[1433] In Anmerkungen begründen einige Experten ihre abweichende Einschätzung damit, daß kleine Verlage eher Nischen mit Spezialthemen suchen würden anstelle als kleiner Partner in Großkooperationen ihre Flexibilität zu verlieren. Auch sei fraglich, ob sich Kooperationen überhaupt durchsetzen würden. So dürfe der Kooperationswillen und die -fähigkeit juristischer Verlage nicht überschätzt werden. Ein anderer Experte verweist allerdings darauf, daß Kooperationen eine wirtschaftliche Notwendigkeit für kleine und mittlere Verlage seien.

In den theoretischen Überlegungen zeigte sich, daß Kooperationen für verschiedene Bereiche juristischer Fachverlage geeignet sind, etwa beim Initiieren von Beschaffungsmarktplätzen sowie zur Gewährleistung eines umfassenden Angebots beim Betrieb virtueller Gemeinschaften und Portale, beim Angebot von Datenbanken und bei individuellen Dienstleistungen. Die Experten beurteilen die langfristige Eignung und tatsächliche Realisierbarkeit von Kooperationen für juristische Verlage mit ziemlich bis sehr hoch (Abb. 60).[1434]

[1432] Siehe Frage B.6.
[1433] Siehe Frage G.4 sowie die Anmerkungen zur Frage F.4. Ein vermuteter Zusammenhang zur Einschätzung des Kundenvorteils eines direkten Zugriffs auf weiterführende Informationen ist allerdings statistisch ebensowenig signifikant wie ein Zusammenhang zur diskutierten Bedeutung eines integrierten Angebots.
[1434] Siehe Frage F.4.

1. Betriebskooperationen
2. Standardisierungskooperationen
3. Vertriebskooperationen mit Online-Plattformen
4. Vertriebskooperationen mit anderen Verlagen
5. Kooperationen bei der Informationsaufbereitung
6. Beschaffungskooperationen

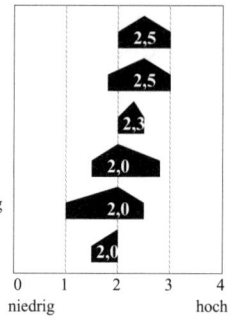

Werte: 2,5 / 2,5 / 2,3 / 2,0 / 2,0 / 2,0 (Skala 0 niedrig – 4 hoch)

Abb. 60: Beurteilung der Eignung von Bereichen für Kooperationen

Am wichtigsten sind nach Ansicht der Experten *Betriebskooperationen* zur Nutzung von Synergien, z. B. gemeinsam genutzte Technik und Software bei dennoch unterschiedlichem Auftritt nach außen. Sie ermöglichen den Verlagen, gerade in der Anfangsphase Investitionskosten und das Risiko zu verteilen und dennoch die eigene Marke zu unterstützen. Die Betriebstechnik wird von den Verlagen nicht für wettbewerbskritisch gehalten. Dem ist im Regelfall zuzustimmen, wobei in einigen Bereichen, etwa den Individualisierungsmöglichkeiten, der technischen Kompetenz gerade im Onlinebereich sehr hohe Bedeutung zukommen kann.

Auch *Standardisierungskooperationen* werden von den Experten als mittelmäßig bis ziemlich wichtig eingeschätzt. Dies erscheint ebenfalls plausibel, da Standards eine effizientere Nutzung der übrigen Kooperationen ermöglichen. Zudem würden Standards Unsicherheiten und Investitionsrisiken im Onlinebereich senken. Dies ist auch der Tenor der Experteneinschätzungen einer getrennten Frage zur Etablierung von Zitationsstandards[1435], zu der eine geringe Korrelation signifikant festzustellen ist (r = 0,405*).

Vertriebskooperationen mit Online-Plattformen mit dem Ziel, das Onlineangebot weitgehend extern zu betreiben, werden von den Experten geringfügig schlechter bewertet. Sie tragen der bereits diskutierten hohen Bedeutung von Portalen und Suchmaschinen als Vertriebskanal Rechnung.[1436] *Vertriebskooperationen mit anderen Verlagen*, in die jeder seine gemeinsam zu vertreibenden Inhalte mit dem Ziel einbringt, gemeinsam ein umfassendes Angebot zu schaffen, würden für die Verlage, wie bereits diskutiert und von den Experten bestätigt, besondere Vorzüge bieten. Insofern überrascht die Einstufung als lediglich mittelmäßig bedeutsam. Verantwortlich für die Zurückhaltung ist möglicherweise, daß dies aus Verlagssicht eine relativ weitgehende Zusammenarbeit bedeuten würde und gerade Verlage Coopetition eher zurückhaltend gegenüberstehen. Auch wäre es schwieriger, eigene Marken zu betonen.

[1435] Siehe Frage G.6 und die Auswertung zu Netzeffekten, Kap. 5.2.7.
[1436] Siehe die Auswertung in Kap. 5.5. Ein statistischer Zusammenhang ist allerdings nicht festzustellen.

Kooperationen bei der syntaktischen und semantischen Aufbereitung von Fachinformationen und Beschaffungskooperationen, etwa die einmalige gemeinsame Beschaffung von Fachinformationen, die dann unmittelbar an andere Verlage zur Kostenverteilung und -senkung weitergegeben werden, betreffen beide den Beschaffungsbereich. Sie resultieren aus den theoretischen Überlegungen, daß gerade im Beschaffungsbereich noch ungenutztes Potential zur Kostensenkung vorhanden ist. Gerade Beschaffungskooperationen könnten als Vorstufe für die vorgeschlagenen Marktplätze dienen. Allerdings stehen die Experten bei der Diskussion des Beschaffungsmodells einer Zusammenarbeit mit anderen Partnern eher ablehnend gegenüber[1437] und sehen auch die Funktion einer Datenaufbereitung eher verlagsintern.[1438] Insofern bleiben sie hier mit dieser Einstellung konsequent. Die dort aufgezeigten Begründungen dürften auch hier zum Tragen kommen.

5.6.3 Netzwerke

Aufgrund der theoretischen Überlegungen wurde erwartet, daß es mit der Zunahme von Kooperationen mittelfristig zu einem Wandel hin zu einem Netzwerk von Unternehmen kommt, die gemeinsam eine Leistung erbringen. Netzwerkstrukturen eignen sich besonders für komplexe und sich rasch ändernde Umstände, wie die Verlage sie im Zuge der Erschließung des Onlinebereichs antreffen. Die Experten halten langfristig für den Onlinebereich einen Wandel des Wertschöpfungsprozesses zu einem Netzwerk für vielleicht möglich (Abb. 61), wobei ein bemerkenswerter Wandel in den Einschätzungen eine zunächst hohe Unsicherheit der Experten verdeutlicht.[1439]

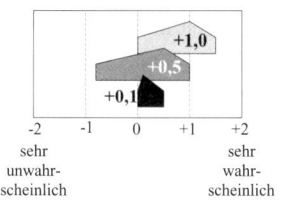

Abb. 61: Wahrscheinlichkeit eines Wandels zu Netzwerkstrukturen im Onlinebereich

Als Argument für eine ablehnende Haltung wird vor allem die Einstellung in den Verlagen angeführt. So sei die Grundhaltung zu Kooperationen eher zurückhaltend. Die Verlage hielten nichts von Arbeitsteilung untereinander, was sich daran zeige, daß jeder Verlag seine eigene Gesetzesredaktion unterhalte. Zudem seien die Interessen zu unterschiedlich. Auch gebe es keinen wirklichen Grund für Netzwerke, sondern eher würden einzelne Anbieter eine Marktdomi-

---

[1437] Siehe die Auswertung in Kap. 5.4.
[1438] Siehe die Auswertung in Kap. 5.6.1.
[1439] Siehe Frage F.5. Zu den Argumentationen siehe teilweise auch Frage G.4.

nanz anstreben. An eher sachlichen Gründen kommt hinzu, daß es keine Standards gebe und die Qualität und die Herangehensweisen zu unterschiedlich seien.

Für einen Wandel zu einem Netzwerk wird von den Experten angeführt, daß sich nur komplette Angebote durchsetzen würden, wobei ein Netzwerk notfalls auch ohne die Beteiligung von Verlagen zustande kommen würde. Netzwerkartige Kooperationen seien zudem eine Lösung zur Kostenreduktion und Kompetenzsteigerung.

5.7 Zusammenfassung der empirischen Befunde

Die Experten stufen das aktuelle Internetengagement der juristischen Fachverlage überraschend positiv als „mittelmäßig" ein. Wichtige *Hemmfaktoren* sind momentan vor allem die nicht digital bzw. aufbereitet vorliegenden Altdaten, die mangelnde Wirtschaftlichkeit, die fehlende Erfahrung in einem dynamischen Umfeld und ein fehlendes standardisiertes Format für den Datenaustausch. Bei den Faktoren, die ein Engagement hemmen, ist zudem ein starker Bedeutungsverlust im Zeitablauf festzustellen. Während die wichtigsten Hemmfaktoren derzeit noch ziemlich bis sehr relevant sind, sind langfristig selbst die wichtigsten nur noch gering bis mäßig relevant.

Auf lange Sicht bleibt überraschenderweise die mangelnde Wirtschaftlichkeit vergleichsweise relevant, was vor allem auf eine offenbar auch langfristig erwartete geringe Akzeptanzquote der Nutzer sowie die Verwendung dieses scheinbar rationalen Arguments als Schutzbehauptung für kulturelle Scheu zurückzuführen sein dürfte. Vergleichsweise stark hemmend wirkt sich langfristig auch eine Angst vor Kannibalisierung aus. Wenig überraschend ist dagegen die relativ als Hemmfaktor bedeutender werdende Zurückhaltung bei Coopetition. Insgesamt nimmt auf lange Sicht die Bedeutung eher technischer Hemmfaktoren ab, während die Einstellung in den Verlagen mittel- und langfristig relativ an Bedeutung gewinnt.

Ein *Markteintritt eines neuen Spielers*, insbesondere durch Übernahmen und Kooperationen, wird erwartungsgemäß für ziemlich wahrscheinlich gehalten. Dadurch könnten aufgrund mangelnder Möglichkeiten zur Quersubventionierung vor allem kleine Spieler bedroht werden.

Überraschenderweise wird die Bedrohung durch online angebotene Leistungen der originären Anbieter, also eine Disintermediation, mehrheitlich als mittelmäßig bis ziemlich hoch eingeschätzt. Eine Vielzahl von Argumenten sowohl der theoretischen Überlegungen als auch der Experten spricht eigentlich gegen eine Gefährdung.

Vorteile von Onlinemedien aus Nutzersicht sehen die Experten vor allem in der größeren Aktualität, den effizienteren und mächtigeren Suchfunktionen, der automatischen Lieferungsmöglichkeit individueller Informationen, dem direkten Zugriff auf weiterführende Informationen und der orts- und zeitunabhängigen Verfügbarkeit direkt am Schreibtisch. Dabei ist allerdings gerade bei der Individualisierung umstritten, ob sie mit dem Ziel einer stärkeren Relevanz realisierbar sei. Insgesamt werden zwei unterschiedliche Nutzenblöcke deutlich: entweder wird die hohe Aktualität oder ein ortsunabhängiger entbündelter Zugriff als besonders wichtig eingestuft.

Wichtigste *Vorteile aus Verlagssicht* sind der höhere Mehrwert für die Kunden, die geringeren Stückkosten, die direkt zu einer höheren Profitabilität oder zu einem reduzierten Preis führen können, die Chance neuartiger Leistungsangebote sowie die Mehrfachverwertung der Inhalte.

Wesentlichster *Hemmfaktor für eine Nutzung von Onlineprodukten aus Kundensicht* ist der zu geringe Mehrwert, der eine Umstellung der Arbeitsabläufe und Nutzungsgewohnheiten nicht rechtfertigt. Darin spiegelt sich treffend das eher zurückhaltende Engagement der Verlage wider, die bisher Onlineprodukte nicht konsequent erstellen, sondern eher „Testballons" starten. Überraschend ist die als ebenfalls stark hemmend empfundene fehlende Qualität. Verantwortlich hierfür ist möglicherweise ein Markenproblem, da einige Angebote nicht unter etablierten, sondern neuen Marken auftreten. Zudem spiegelt sich auch hier möglicherweise das nur „halbherzige" Engagement der Verlage wider.

Neben den systemimmanenten Problemen einer schlechteren bzw. umständlicheren Lesbarkeit am Bildschirm und einer umständlicheren spontanen Handhabung wird von den Experten auch das mangelnde Vertrauen in die Dauerhaftigkeit und verläßliche Verfügbarkeit auf einen mittleren Platz eingestuft. Dieser Aspekt findet in der Literatur bisher kaum Beachtung. Überraschend schwach als Problem wird die erschwerte Zitierfähigkeit und die ortsabhängige Verfügbarkeit aufgrund eines erforderlichen Computers bewertet. Dagegen wird das Problem einer Kostenpflichtigkeit und der Höhe der Preise erstaunlich hoch angesichts der geringen Preissensibilität der Zielgruppe eingestuft.

Mittelfristig werden von Substitutionswirkungen bei den Leistungsangeboten vor allem *Informationsdienste* betroffen sein und gedruckte von elektronischen dominiert werden. *Online-Datenbanken* sind langfristig für juristische Fachverlage das Produkt mit der größten Bedeutung. Gedruckte *Nachschlagewerke* werden nur moderat an Bedeutung verlieren, während allerdings Online-Nachschlagewerke stark an Bedeutung gewinnen werden. Gundsätzlich zwar den Erwartungen entsprechend, aber angesichts der derzeit fehlenden Bedeutung in der Praxis dennoch unerwartet ist die positive Bewertung von Nachschlagewerken in Form digitaler Bücher. *Fachzeitschriften* sind erst auf lange Sicht von Substitutionswirkungen betroffen, wobei allerdings bereits mittelfristig elektronische Zeitschriften deutlich an Bedeutung gewinnen werden. Langfristig werden beide eine etwa gleiche Bedeutung besitzen und daher besonders deutlich zu einer Parallelität führen. Bei *Fachbüchern* ist nur mit mäßigen und langfristigen Veränderungen ihrer Bedeutung zu rechnen. Auf lange Sicht werden online (z. B. für nutzerseitiges

Print on Demand) bereitgestellte Fachbücher an Bedeutung gewinnen. *Dienstleistungen* werden erwartungsgemäß mittel- und langfristig eine stark steigende Bedeutung erlangen, wobei allerdings in der Literatur die genaue Ausgestaltung für Fachverlage noch unklar ist. Die Experten verstehen unter Dienstleistungen für juristische Fachverlage vor allem die Überwachung von kundenspezifisch benannten Rechtsbereichen und die Benachrichtigung bei relevanten Entwicklungen, ein individuell gebündeltes und dennoch integriertes Angebot von Onlineprodukten und eine Speisung der Kunden-Intranets. Für *Expertensysteme* sehen die Experten auf lange Sicht eine stark steigende Bedeutung. Dabei offenbarte sich in der Untersuchung allerdings ein unklares Verständnis der Abgrenzung von Expertensystemen, so daß das Ergebnis nur bedingt verwertbar ist. Mögliche Einsatzgebiete sehen die Experten in klar abgegrenzten Gebieten in der Unterstützung bei großen Fallzahlen, bei Berechnungen und für systematische Alternativenprüfungen bei komplexen Sachverhalten. *Virtuellen Gemeinschaften* wird von den Experten durchgängig die geringste Bedeutung eingeräumt.

Insgesamt werden durch die Experteneinschätzungen bei aggregrierter Betrachtung langfristig wesentliche Strukturveränderungen im Leistungsangebot deutlich. Onlineprodukte werden dominieren und vier der sechs wichtigsten Leistungsangebote ausmachen. Deutlich wird aber auch, daß in Übereinstimmung mit den theoretischen Erwartungen eher von schleichenden Veränderungen auszugehen ist. Onlineprodukte werden zudem gedruckte Werke kaum vollständig ersetzen, sondern primär neben diese treten. Die Experten erwarten dafür langfristig aufgrund medienneutraler Produktionsprozesse kaum erhöhte Kosten.

Bei der Bewertung mobiler Dienste kommen die Experten zu keinem eindeutigen Ergebnis, sondern sind lediglich der Ansicht, daß deren zunehmende Verbreitung vielleicht das Problem der eingeschränkten ortsabhängigen Verfügbarkeit lösen und so langfristig die Nutzung von Onlinediensten durch Juristen fördern könnten.

Hohe Realisierungsmöglichkeiten und eine große Bedeutung als Quelle für positive Netzeffekte sehen die Experten bei der Etablierung eines Onlineangebots als „Muß" für alle Juristen (etwa einer Standardquelle vergleichbar BGHZ), bei Fachinformationen in einem standardisierten Datenformat, bei der Etablierung eines integrierenden Angebots mit spezieller Oberfläche und Standard-Schnittstellen (in die auch fremde Angebote „eingekuppelt" werden können) und bei der Etablierung eines Zitationsstandards für Onlineprodukte. In Anmerkungen wurde dabei die Bedeutung einer Einbindung einer Vielzahl von Verlagen hervorgehoben.

Der Onlinebereich ermöglicht eine stärkere Differenzierung des Leistungsangebots, etwa nach Größe und Professionalität des Kunden. So könnten Verlage gerade im Dienstleistungsbereich das komplette Informationsmanagement für Großkunden übernehmen. Die Experten bewerten diese Vision allerdings nur als vielleicht möglich bis wahrscheinlich. Gegenargumente bestehen vor allem darin, daß die Großkunden dieses nicht wünschen würden, der Markt der Großkunden zu klein sei und Verlage hierfür nicht vorbereitet seien. Zustimmend äußern sich die Experten dagegen zu der These, daß für kleinere und mittlere Kunden eher standardisierte Angebote geeignet seien.

Bei den *Erlösformen* dominieren nach Ansicht der Experten sowohl derzeit als auch langfristig nutzungsunabhängige Erlöse, insbesondere Gruppenlizenzen. Erlöse aus dem Direktvertrieb klassischer Produkte („Umwegrentabilitäten") weisen überraschenderweise im Zeitverlauf eine kaum ansteigende Bedeutung auf. Mit einer Zunahme einer Disintermediation wäre auch eine Zunahme der Erlöse aus dem Direktvertrieb zu erwarten gewesen. Nutzungsabhängige Erlöse nehmen mit dem vierten Rang und einem mittelfristig starken Wachstum eine überraschend hohe Bedeutung ein. Erlöse aus Content Syndication erfahren erwartungsgemäß einen deutlichen Bedeutungszuwachs. Werbeerlöse eignen sich wie erwartet ebenso wie Erlöse aus der Vermarktung von Nutzerprofilen praktisch gar nicht.

Nachfragepoolsystemen mit Intermediären als zusätzlichem Vertriebskanal, die einen Mengenrabatt realisieren, stehen die Experten ablehnend gegenüber. So würden Mengenrabatte von den Verlagen klassisch sehr zurückhaltend gehandhabt und seien für individualisierte Produkte nicht möglich. Auch sei zweifelhaft, ob die Zielgruppe dies angesichts der geringen Preisbedeutung überhaupt annehmen würde bzw. ob tatsächlich zusätzliche Nachfrage zu realisieren sei. Niedrigpreisstrategien werden von den Experten mit mittelmäßig geeignet bewertet, wobei auch hier vor allem die Erreichbarkeit zusätzlicher Nachfrage bezweifelt wird, aber andere Experten diese Möglichkeit gerade als Vorzug herausheben. Realisierungsformen seien auch bei Produkten juristischer Fachverlage durchaus vorhanden.

Den Nutzen erweiterter Möglichkeiten der Produktdifferenzierung stufen die Experten erstaunlicherweise nur als nachrangig ein. Preisdifferenzierung und dynamische Preismodelle weisen ihrer Ansicht nach aber besonderes Potential auf und werden erhöhte Bedeutung erlangen. Dies überrascht angesichts der geringen Preissensibilität der Zielgruppe und einer stark festpreisorientierten Einstellung in den Verlagen. Als Gegenargument wird vor allem genannt, daß dynamische Preise die Transparenz und damit die Nutzerakzeptanz senken könnten und für die Kunden nicht nachvollziehbar seien. Ein Preisvergleich werde sich im Markt nicht ausschließen lassen, zudem eigneten sich die Verfahren nur für Konsumware. Für Anbieter würde außerdem die Planungssicherheit gefährdet. Als wichtigste Realisierungsform betrachten die Experten den noch stark traditionellen Volumenrabatt pro Kunde. Als ebenfalls ziemlich bedeutsam wird die parallele Nachfrage auf ein Angebot eingestuft. Für Preismodelle in Abhängigkeit vom Kundenwert wäre eine höhere Bedeutung erwartet worden als die Beurteilung als „mittelmäßig bis ziemlich bedeutsam". Erwartungsgemäß ist dagegen die gleich hohe Beurteilung der Aktualität bzw. Schnelligkeit des Zugriffs. Herausragend ist die einhellige Ablehnung der Experten gegenüber Preisbietungsverfahren.

Im *Beschaffungsbereich* sind syntaktische Standards Voraussetzung für eine stärkere Vernetzung zwischen den Akteuren. Das Panel stimmt der These zu, wonach solche Standards wichtig sind und sich mittel- bis langfristig für die Beschaffung von Fachinformationen durchsetzen werden. Die Experten trauen die Definition und Etablierung eines solchen Standards am ehesten den marktführenden Verlagen und öffentlichen Institutionen (wie z. B. Gerichten, Ministerien) zu. Denkbar sei die Bildung eines „Business Webs" um einen solchen Standard. Allerdings wird verschiedentlich darauf hingewiesen, daß eine branchenweite Standardisierung und insbesondere eine Einigung mit Gerichten für eher unwahrscheinlich gehalten werde, da die Interessen zu unterschiedlich seien.

Dienstleister könnten im Beschaffungsbereich Informationen syntaktisch und semantisch aufbereiten und zudem eine Bündelungsfunktion übernehmen. Das Panel sieht für solche Dienstleister derzeit nur eine geringe, mittel- und langfristig aber leicht steigende Bedeutung. Erwartet worden wäre zukünftig eine höhere Bedeutung von solchen Intermediären. Die Aufbereitungsfunktion sehen die Experten auch langfristig eher bei den Verlagen.

Marktplätzen als fortgeschrittenen Institutionen zur Beschaffung und Zweitverwertung von Fachinformationen stehen die Experten nur ablehnend bis neutral gegenüber. Als Gegenargument führen sie vor allem an, daß die Verlage eher „Einzelkämpfer" seien, die befüchteten, Mitbewerber zu stärken oder die eigene Marke zu schwächen.

Bei der *Distribution* sehen die Experten im Onlinebereich eine klare Dominanz des Direktvertriebs. Überwiegend mittelmäßige Bedeutung ordnen sie den Vertriebswegen juristische Portale, neutrale Datenbank-Aggregatoren, Branchensoftware-Anbieter sowie unerwarteterweise auf den Onlinebereich spezialisierten Agenturen bzw. Vertretern zu. Die beiden letzten Vertriebsformen weisen bisher keine nennenswerte Aktivitäten auf diesem Markt auf. Überraschend ist die übereinstimmende ablehnende Haltung zur Eignung von Buchhändlern. Die in den theoretischen Überlegungen für einen kurz- bis mittelfristigen Zeitraum aufgezeigten sinnvollen Einsatzmöglichkeiten werden von den Experten als vielleicht geeignet bis eher ablehnend bewertet. Dabei stellen sie vor allem auf die fehlende Kompetenz und mangelndes Interesse des ganz überwiegenden Teils des Bucheinzelhandels ab. Allerdings sehen einzelne Experten durchaus den auch den theoretischen Überlegungen zugrunde liegenden Nutzen, den die Kundennähe des Bucheinzelhandels bringen könnte. Einig ist sich das Panel dagegen in der langfristig abnehmenden Bedeutung des klassischen Buchhandels für den Vertrieb von Onlineprodukten.

Betrachtet man die Leistungserstellung, so sehen die Experten bei den Rollen bzw. Funktionen Qualitätssicherung, Selektion von Informationen, redaktionelle Aufbereitung, Vertrieb eigener klassischer Produkte, Einkauf von Fachinformationen und syntaktische bzw. semantische Aufbereitung die höchste Wahrscheinlichkeit, daß diese langfristig im Onlinebereich von Verlagen erbracht werden. Insbesondere die hohe Wahrscheinlichkeit, daß die Aufbereitung von Fachinformationen auch langfristig von den Verlagen vorgenommen wird, überrascht, da hierbei eine stärkere Bedeutung von Dienstleistern erwartet worden wäre. Erstaunlich ist in diesem Zusammenhang auch, daß das Panel bei der Individualisierung eine etwas geringere Wahrscheinlichkeit sieht, daß diese langfristig von den Verlagen vorgenommen wird, da hierzu im Gegensatz zur Aufbereitung bisher keine Dienstleister existieren und diese Tätigkeit zunehmende Bedeutung erlangen sollte. Unerwartet ist angesichts der theoretischen Überlegungen schließlich auch die vergleichsweise geringe Wahrscheinlichkeit, mit der die Experten die Ansiedlung der Schnittstelle zum Kunden und die Koordination der Wertschöpfung bei den Verlagen beurteilen. Insgesamt sehen die Experten wie erwartet nur einen leicht erhöhten Integrationsgrad bei der Leistungserstellung im Vergleich zum klassischen Bereich.

Die These, daß eine aus einer Desintegration resultierende (zu) starke Reduktion der Umsatzbasis wegen einer aufgrund der nationalen Fokussierung beschränkten Erweiterungsmöglichkeit des Marktes gerade für juristische Verlage gegen eine Desintegration sprechen könnte, beurteilen die Experten mit vielleicht bis zustimmend. Sie weisen als Lösungsansätze auf eine Lösung von der nationalen oder berufsbezogenen Beschränkung oder eine Verdrängung anderer nationaler Marktteilnehmer hin.

Das Panel beurteilt die Bedeutung eines umfassenden, integrierten Angebots als hoch. Damit sind Kooperationen nach Ansicht der Experten gerade für kleinere Verlage wichtig, da diese ansonsten z. B. kaum ein solches Angebot realisieren könnten. Allerdings verweisen einige Teilnehmer des Panels darauf, daß der Kooperationswillen und die -fähigkeit juristischer Verlage nicht überschätzt werden dürfe und für kleinere Verlage auch eine Nischenstrategie in Frage komme. Am wichtigsten sind nach Ansicht der Experten Betriebskooperationen, Standardisierungskooperationen und Vertriebskooperationen mit Online-Plattformen. In der nur als mittelmäßig eingestuften Bedeutung von Vertriebskooperationen mit anderen Verlagen spiegelt sich die Zurückhaltung gegenüber Coopetition wider. In konsequenter Fortführung ihrer zurückhaltenden Einstellung zu Veränderungen im Beschaffungsbereich messen sie in diesem Bereich Kooperationen eine absolut mittelmäßige, aber im Vergleich zu den übrigen Kooperationen geringe Bedeutung zu.

Bezüglich einer Fortführung des Gedankens von Kooperationen in Form von Netzwerken zeigt sich eine hohe Unsicherheit der Experten. Sie halten einen Wandel des Wertschöpfungsprozesses zu einem Netzwerk für vielleicht möglich. Für ein Netzwerk spreche das Erfordernis eines umfassenden Angebots sowie die Möglichkeit zur Kostenreduktion und Kompetenzsteigerung. Gegen Netzwerke werden vor allem die ablehnende Einstellung in den Verlagen zu Kooperationen und die zu unterschiedlichen Interessen angeführt.

6 Zusammenfassung und Ausblick

6.1 Auswirkungen der empirischen Befunde auf die erwarteten Strukturänderungen

Als Ergebnis der konzeptionellen Überlegungen wurden wesentliche Trends erarbeitet, die gegenüber der aktuellen Branchensituation und den etablierten Geschäftsmodellen eine Strukturänderung bedeuten würden. Im Rahmen einer „vorsichtig" konfirmatorischen Delphi-Studie wurden dann die Einschätzungen von Experten zur Entwicklung der Branche und der Geschäftsmodelle der juristischen Fachverlage erhoben, indem die theoretischen Erwartungen – gegliedert nach den Teilbereichen eines Geschäftsmodells – als Diskussionsgrundlage vorgegeben wurden.

Die konzeptionellen Überlegungen zur Branchensituation zeigten, daß die kulturelle Einstellung sowohl der Nutzer als auch vor allem der Anbieter eine weitere Entwicklung am stärksten hemmt. Hinzu kommt, daß die Verlage derzeit noch das Problem einer mangelnden Digitalisierung und Aufbereitung der Altdaten nicht gelöst haben und zudem die Wirtschaftlichkeit eines Online-Engagements skeptisch beurteilen. Die Nutzer sehen zudem derzeit die Vorteile von Onlinemedien als nicht ausreichend für einen Wechsel an, da auch Onlinemedien nachteilige Eigenschaften aufweisen. Das Expertenpanel stimmte diesen Überlegungen im wesentlichen zu, wobei nach seiner Ansicht vor allem die mangelnde Wirtschaftlichkeit auch längerfristig relativ bedeutsam bleibt. Die kulturelle Einstellung sieht es dagegen als nachrangigeres Problem an.

Betrachtungen zur Wettbewerbssituation identifizierten die juristische Fachverlagsbranche als sehr attraktives Segment, dessen Eintrittsbarrieren im Onlinebereich aber eher höher als im klassischen Bereich sind. Sie weisen allerdings eine andere Struktur als bisher auf. Daher ist mit einem Markteintritt eines neuen Spielers vorzugsweise durch Übernahmen oder Kooperationen zu rechnen, wobei ausländische Verlage als wahrscheinlichste Akteure gelten können. Das Expertenpanel erwartet ebenfalls einen solchen Markteintritt und sieht hierdurch vor allem kleine Spieler bedroht. Die in den konzeptionellen Überlegungen als nur relativ unbedeutend eingestuften Gefahren einer Disintermediation durch originäre Anbieter beurteilten die Experten dagegen als etwas relevanter.

Aus der Literatur ergab sich die Erwartung, daß die Verlage auch im Onlinebereich im wesentlichen ihre Kernkompetenzen behalten. Diese Einschätzung wurde auch vom Expertenpanel geteilt. Daneben sollten aber – nach den theoretischen Überlegungen – Kooperationen eine stärkere Bedeutung erlangen und zu einem Netzwerk führen. Hierzu war eine zwiespältige Einstellung der Experten festzustellen. Kooperationen betrachten sie zwar als sinnvoll. Sie beurteilen aber die auch in den theoretischen Überlegungen gesehenen Probleme als relativ stark, insbesondere die eher ablehnende Haltung in den Verlagen. Dementsprechend sind sie auch bezüglich eines Wandels zu einem Netzwerk unschlüssig. Die theoretische Diskussion hatte zudem ergeben, daß sich Verlage auch besonders für die Rolle eines Koordinators und einer Schnittstelle zum Kunden in einem solchen Netzwerk eignen würden. Das Expertenpanel hält sie allerdings für eher ungeeignet, diese Rollen auszufüllen.

Die skeptische Haltung des Panels zu Netzwerken spiegelt sich auch in den potentiell betroffenen Teilbereichen eines Geschäftsmodells wider, insbesondere in der Bewertung der vorgeschlagenen Beschaffungsstrukturen. In den theoretischen Überlegungen wurde nachdrücklich die Vorteilhaftigkeit einer Reorganisation in den Beschaffungsstrukturen aufgezeigt. Aufbauend auf einer notwendigen Standardisierung könnten neue Intermediäre eine Bündelungsfunktion wahrnehmen und daneben auch eine Datenaufbereitung übernehmen. Als weitergehendes, sinnvolles Konzept wurde die Etablierung eines elektronischen Marktplatzes identifiziert. Die Experten halten Standardisierungen zwar für sinnvoll, aber kaum zu realisieren. Auch eine langfristige Auslagerung der Datenaufbereitungsfunktion im Zusammenhang mit einer Bündelungsfunktion sehen sie nicht in einem größeren Ausmaß. Dementsprechend stehen sie auch dem weitergehenden Konzept eines elektronischen Marktplatzes eher ablehnend gegenüber. Die Verlage seien eher Einzelkämpfer, die befürchteten, möglicherweise Mitbewerber zu stärken.

Gleiches gilt für die erwarteten Änderungen im Distributionsbereich. So sehen die Experten in Übereinstimmung mit den konzeptionellen Erwartungen eine zunehmende Bedeutung eines umfassenden und integrierten Angebots. Der Schlußfolgerung, daß damit für kleine Verlage Kooperationen bedeutsamer werden, stimmen sie ebenfalls zu. Die konzeptionellen Überlegungen ergaben darüber hinaus, daß vor allem Vertriebskooperationen mit Mitbewerbern besondere Bedeutung zukommt. Diesen stehen sie aber ablehnend gegenüber. Eher würden sie die Einschaltung eines Intermediärs, etwa einer Online-Plattform wie z. B. eines juristischen Portals, bevorzugen und mit diesem im Vertriebsbereich kooperieren. Auch dem in den theoretischen Überlegungen erarbeiteten Ansatz, den klassischen Bucheinzelhandel kurz- bis mittelfristig unterstützend zum Vertrieb von Onlineprodukten zu nutzen, stehen die Experten mangels Kompetenz des Sortiments ablehnend gegenüber und spiegeln so die derzeitige Marktlage wider.

Für den Leistungsangebotsbereich ergaben die konzeptionellen Überlegungen langfristig eine deutliche Verschiebung hin zu Onlineprodukten, ohne aber überwiegend eine vollständige Substitution zu erwarten. Die Experten unterstützten dies überraschend nachdrücklich und sehen langfristig ebenfalls einen starken Strukturwandel im Produktbereich. Onlineprodukte werden klassische Produkte als dominant ablösen, wobei klassische aber überwiegend parallel bestehen bleiben werden, wenn auch auf niedrigerem Niveau. Die stärksten Veränderungen betreffen erwartungsgemäß Informationsdienste, bei denen bereits mittelfristig gedruckte Angebote nachrangig werden. Die größte Bedeutung werden Online-Datenbanken erlangen. In den konzeptionellen Überlegungen wurde herausgestellt, daß sich online angebotene Kommentare besonders gut als zentrale Integrationsplattform eignen. Voraussetzung wäre eine Entwicklung einer online-spezifischen Struktur und Oberfläche und eine Ausweitung des zugrundeliegenden Konzepts einer systematischen Darbietung der fachlichen Inhalte. Dies würde eine Abkehr vom derzeitigen Trend, alle Produkte in Form von Datenbanken anzubieten, bedeuten. Nach Ansicht der Experten werden online angebotene Nachschlagewerke aber nur eine mittlere Bedeutung haben. Für kundenindividuelle Dienstleistungen sehen die konzeptionellen Erwartungen eine stark zunehmende Bedeutung. Diesem Aspekt stimmen die Experten zu. Darüber hinaus wurde ein weitergehendes Konzept entwickelt, wonach die Verlage das komplette Informationsmanagement von Großkunden übernehmen sollten. Dies würde einen deutlichen Wandel, insbesondere eine Dynamisierung, in der Angebots- und Koordinationsstruktur der Verlage bedeuten und teilweise den bereits diskutierten Wandel zu einem Netzwerk erfordern. Die Experten stehen einem solchen Vorschlag allerdings zweifelnd gegenüber.

Obwohl die Eignung virtueller Gemeinschaften auch in den konzeptionellen Überlegungen zwiespältig beurteilt wurde, konnten dort sinnvolle Einsatzmöglichkeiten vor allem für kleine und mittlere Kunden aufgezeigt werden. Besonders die Praktiker des Expertenpanels lehnen virtuelle Gemeinschaften allerdings dennoch als ungeeignet ab.

Für den Erlösbereich wurde vor allem eine stärkere Bedeutung von Gruppenlizenzen sowie – als Realisierungsform dynamischer Preismodelle – von kundenwertorientierten Modellen erwartet. Während die Experten der starken Bedeutung von Gruppenlizenzen zustimmen und sie überraschenderweise bereits jetzt für sehr relevant halten, ergibt sich bei dynamischen Modellen ein ambivalentes Bild. Die Experten stimmen zwar deren hoher Bedeutung zu, sehen aber bei der konkreten Umsetzung kundenwertorientierte Modelle als nachrangig an.

6.2 Ausblick

Das Internet bietet die Möglichkeit, aktuellen Inhalt individuell zu verbreiten bzw. für einen schnellen Zugriff bereitzuhalten. Damit eignen sich Fachinformationen besonders gut für eine stärkere Nutzung des Internets. Die Prognose der konkreten Auswirkungen und einer zukünftigen Entwicklung der Geschäftsmodelle juristischer Fachverlage ist aber zum Teil mit starken Unsicherheiten behaftet. Bei einer Stützung der konzeptionellen Erwartungen durch die empirischen Befunde kann von einer hohen Eintrittswahrscheinlichkeit ausgegangen werden. Als gesichert können damit die folgenden Strukturänderungen angesehen werden:

- Es wird durch Übernahmen oder Kooperationen (mindestens) ein neuer großer internationaler Spieler aus der Verlagsbranche eintreten und vor allem kleine Spieler bedrohen.
- Langfristig werden Onlineprodukte über klassische Produkte als wichtigste Leistungsangebote dominieren. Onlineprodukte werden aber ganz überwiegend – mit Ausnahme von In-

formationsdiensten und Datenbanken auf CD-ROMs – neben Offlineprodukte treten und diese nicht völlig substituieren.
- Ein umfassendes und integriertes Angebot wird eine zunehmende Bedeutung erlangen. Es ist am besten durch Vertriebskooperationen insbesondere kleinerer Verlage mit Intermediären, etwa Online-Plattformen, zu erreichen.
- Online-Datenbanken werden die größte Bedeutung erlangen.
- Die Verlagsangebote werden deutlich stärker individualisiert werden.
- Kundenindividuelle Dienstleistungen werden in ihrer Bedeutung stark zunehmen.
- Content Syndication wird an Bedeutung gewinnen.
- Syntaktische Fachinformationsstandards werden für die Beschaffung wichtiger werden.
- Gruppenlizenzen werden wichtigste Erlösform.
- Die Möglichkeiten der Preisdifferenzierung werden stärker genutzt werden.
- Dynamische Preismodelle werden bedeutender werden, insbesondere Volumenrabatte, aber auch Preise in Abhängigkeit von der Aktualität bzw. der Schnelligkeit des Zugriffs.

Als gesichert können auch die folgenden Entwicklungen angesehen werden, die allerdings nicht strukturverändernd wirken:

- Die Kernkompetenzen und der Integrationsgrad der juristischen Verlage werden im wesentlichen unverändert bleiben.
- Die nutzungsunabhängigen Erlöse werden dominant bleiben; Werbeerlöse und der Vertrieb von Nutzerprofilen eignen sich weiterhin nicht als nennenswerte Erlösquelle.
- Für kleine und mittlere Kunden wird es auch zukünftig eher standardisierte (Dienstleistungs-) Angebote geben.

Bei einigen Aspekten wichen die Experteneinschätzungen von den Ergebnissen der theoretischen Überlegungen ab. Im Regelfall lehnten die Experten theoretisch als sinnvoll hergeleitete Konzepte ab oder standen ihnen zumindest zweifelnd gegenüber. Als unsicher muß daher das Eintreffen der folgenden möglichen Strukturänderungen gelten:

- Eine Überwindung der ablehnenden Haltung in den Verlagen und steigende Bedeutung von Coopetition sowohl im Beschaffungs- als auch – zur Realisierung eines umfassenden Angebots – im Vertriebsbereich bis hin zu einer netzwerkförmigen Zusammenarbeit.
- Eine Übernahme der Schnittstellenfunktion und der Wertschöpfungskoordination in Netzwerken durch Verlage.
- Eine Disintermediation der originären Anbieter, die Verlage bedrohen würde.
- Die Etablierung von Dienstleistern zur Datenaufbereitung.
- Die Etablierung eines geschlossenen Marktplatzes zur Beschaffung und Zweitverwertung von Fachinformationen.
- Eine kurz- bis mittelfristige Einbindung des Bucheinzelhandels auch für Onlineprodukte.

- Eine Aufwertung von online angebotenen Nachschlagewerken, insbesondere Kommentaren, als Integrationsplattformen auch für andere Leistungsangebote (anstelle von Datenbanken).
- Ein Ausbau des Dienstleistungsangebots zu einer Übernahme des kompletten Informationsmanagements für Großkunden und damit eine bessere Bedienung des B2B-Segments.
- Die Bereitstellung virtueller Gemeinschaften für kleine und mittlere Kunden.
- Die Einführung kundenwertorientierter dynamischer Preismodelle.
- Eine zunehmende Bedeutung von Produktdifferenzierung, um eine erweiterte Preisdifferenzierung zu unterstützen.

Hemmend auf stärkere Strukturänderungen auswirken wird sich vor allem ein Mißtrauen gegenüber Mitbewerbern und daraus resultierend eine ablehnende Haltung gegenüber Kooperationen insbesondere mit Wettbewerbern, die sich als Tenor durch die gesamte Untersuchung zog. Zukünftige Untersuchungen sollten hierfür genauer die Gründe und mögliche Lösungswege aufzeigen.

Daneben hemmt vor allem die mangelnde Akzeptanz in der Zielgruppe, was aber im wesentlichen auf einen derzeit noch fehlenden Mehrwert und eine schlechte Qualität der Produkte zurückzuführen ist und ein begrenztes Engagement der Verlage widerspiegelt. Das Nachfrageverhalten der Nutzer, insbesondere die bestimmenden Faktoren, die einen stärkeren Nachfragesog entfalten könnten, wurden allerdings in dieser Arbeit nicht im Detail untersucht. Dies muß ebenfalls zukünftigen Untersuchungen vorbehalten bleiben, in denen dabei das Informationsmanagement und das Nutzungsverhalten juristischer Praktiker noch stärker im Vordergrund stehen müßte. In diesem Zusammenhang sollte auch stärkeres Augenmerk auf Fragen des Usability Engineering gelegt werden. So gibt es bisher noch keine fundierten Untersuchungen aus der Rechtsinformatik, wie online zur Verfügung gestellte Verlagsangebote mit spezifischen Oberflächen aufgebaut sein sollten, um juristische Praktiker optimal zu unterstützen. Im Printbereich wurden die Produkte über Jahrhunderte optimiert, um sie bestmöglich auf die Bedürfnisse der Juristen zuzuschneiden. Erste Ansätze hierzu wurden im Rahmen dieser Arbeit für online angebotene Kommentare aufgezeigt. Spiegelbildlich dazu müßten auch Lösungen für die – gerade bei juristischen Nachschlagewerken verbreitete – räumlich verteilte Erstellung von Produkten durch EDV-technische Laien konzipiert und entwickelt werden.

Durch zukünftige Untersuchungen sollten auch die eher taktischen und operativen Auswirkungen des Internets auf juristische Fachverlage näher untersucht werden. Hierzu zählen z. B. die Anbindung an bzw. Einbindung in die interne Organisation der Verlage sowie das deutlich bedeutsamer werdende Datenmanagement. Neben den umfangreichen Bereichen des Content Managements und der medienneutralen Datenhaltung stellen sich hier Fragen der effizienten Individualisierung. Bei diesen Fragestellungen sollten auch stärker als bisher Konzepte aus dem Software Engineering – etwa logische Integration und konzeptionelle Datenmodelle – Beachtung finden, um die dort gemachten Erfahrungen zu nutzen und Wiederholungen von Fehlern zu vermeiden.

Die juristische Fachverlagsbranche wird auch im Zeitalter des Electronic Commerce zukünftig eher von evolutionären denn revolutionären Veränderungen betroffen sein. Weitgehende Produkt- und Prozeßinnovationen werden von den befragten Experten als ungewiß angesehen. Insbesondere die konzeptionell erarbeiteten, strukturell weitgehenden Konzepte – allen voran die netzwerkförmigen Koordinationsstrukturen im Beschaffungs- und Vertriebsbereich – halten sie für eher unwahrscheinlich. Veränderungen werden sich aber sehr wohl im Leistungsbereich unmittelbar bemerkbar machen. Die Zielgruppe wächst zunehmend mit Informationstechnik auf, betrachtet sie ebenso wie Papier und Stift als selbstverständliches Werkzeug und wird eine optimale Unterstützung unter Ausnutzung aller Möglichkeiten auch von einem zeitgemäßen Verlagsangebot fordern. Die juristischen Fachverlage müssen daher aufgeschlossen an die neuen Möglichkeiten und Anforderungen herangehen und die Zukunft der juristischen Fachverlagsbranche aktiv gestalten. Jeglichen Veränderungsdrang zu leugnen und die Augen zu verschließen vor dem, was die Zukunft so oder so bringen wird, wäre falsch. Die Verlage würden dann tatsächlich KANTERs – eigentlich als „Antiregeln" gedachten – „Zehn Regeln" zur Vermeidung jeglicher Veränderung beherzigen.[1440] Sie wären dann ein Musterbeispiel der von ihr beschriebenen „Bummler". Die bisherige Überlebensfähigkeit der meist alteingessenen juristischen Verlage und die sich – wenn auch nur allmählich – abzeichnenden Veränderungen lassen aber hoffen, daß die „Bummler" nicht zu „Sitzenbleibern" werden, sondern vielmehr die notwendigen und sinnvollen Veränderungen erkennen werden. Sich darauf einzulassen, ist aber weder ein technologisches noch ein betriebswirtschaftliches Problem, sondern vor allem eine Frage der Überzeugung und der Einstellung.

[1440] Vgl. Kanter (2001), S. 93 ff.

Anhang

A.1 Einladungsschreiben zur Delphi-Studie

Universität Münster
Institut für Informations-, Telekommunikations- und
Medienrecht (ITM) – zivilrechtliche Abteilung
Prof. Dr. Thomas Hoeren

Universität Münster
Prof. Dr. Stefan Klein

Universität Münster · ITM · Leonardo Campus 1 · 48149 Münster

Musterverlag
Abteilung Elektronisches Publizieren
z. Hd. Herrn Dr. Mustermann
Musterstraße 1

12345 Musterort

Ansprechpartner:
Dipl.-Wirt. Inform. Martin Schüngel
Universität Münster, ITM
Leonardo Campus 1, 48149 Münster
Tel.: 0251/83-21175, Fax: -21177
Martin.Schuengel@uni-muenster.de
http://www.uni-muenster.de/Jura.itm/hoeren/

11. Januar 2002

Delphi-Studie zu Veränderungen des Geschäftsmodells juristischer Verlage

Sehr geehrter Herr Dr. Mustermann,

seit langer Zeit werden Veränderungen durch das Internet für die gesamte Wirtschaft erwartet. Juristische Verlage könnten besonders betroffen sein, da Fachinformationen digital darstellbar sind. Gleichzeitig bietet die Internetökonomie Verlagen auch die Chance zu innovativen Geschäftsmodellen. In der Praxis sind Veränderungen bisher allerdings kaum zu beobachten. Der Lehrstuhl für Rechtsinformatik, Prof. Dr. T. Hoeren, möchte daher zusammen mit dem Lehrstuhl für Interorganisationssysteme, Prof Dr. S. Klein, die Auswirkungen der Internetökonomie auf die Geschäftsmodelle und Branchenentwicklung im Verlagswesen näher untersuchen. Dies geschieht in Form einer „Delphi-Studie" zur Erfassung von Einschätzungen und Zukunftsprognosen ausgewählter Fachexperten.

Wir würden uns sehr freuen, wenn Sie sich als Experte beteiligen würden. Wenn nach Ihrer Ansicht eine andere Person in Ihrem Hause besser geeignet ist, würden wir selbstverständlich auch deren Teilnahme begrüßen. Bitte geben Sie dann dieses Schreiben an sie weiter und bitten sie, uns auf der beigefügten Rückantwort oder per E-Mail als neuer Ansprechpartner zu antworten.

Die Studie läuft in drei Runden ab. In jeder Runde erhalten Sie einen Fragebogen mit in der Regel vorgegebenen Antwortalternativen. In der zweiten und dritten Runde wird Ihnen ein Großteil der Fragen erneut vorgelegt und die Auswertung der Vorrunde zur Verfügung gestellt, um Ihnen das Meinungsbild der Experten transparent zu machen und gegebenenfalls eine Anpassung Ihrer Antwort zu ermöglichen. Der Aufwand pro Runde beträgt maximal 20-30 Minuten. Als kleines „Dankeschön" erhalten Sie nach Auswertung der Umfrage eine Zusammenfassung, damit Sie den eigenen Stand und zukünftige Entwicklungen besser einschätzen können.

Auf der beigefügten Rückantwort können Sie uns mitteilen, wenn Sie nicht teilnehmen möchten. Ansonsten gehen wir der Einfachheit halber von Ihrer Zustimmung aus und werden Ihnen den ersten Fragebogen am 28.1.2002 per Post zusenden. Auf der Rückantwort können Sie aber auch angeben, wenn Sie eine andere Form der Zusendung wünschen. Selbstverständlich können Sie uns auch gerne per E-Mail antworten. Als Ansprechpartner steht Ihnen Herr Schüngel unter o.g. Adresse zur Verfügung.

Wir bedanken uns schon im Vorfeld sehr herzlich für Ihre Bereitschaft und verbleiben mit freundlichen Grüßen

(Prof. Dr. Thomas Hoeren)   *(Prof. Dr. Stefan Klein)*

Gerne auch per Fax an 0251/83-21177 oder kurze Nachricht per E-Mail an Martin.Schuengel@Uni-Muenster.de

Antwort von Herrn Dr. Mustermann

ANTWORT

Universität Münster
Institut für Informations-, Telekommunikations- und
Medienrecht (ITM) - zivilrechtliche Abteilung
z. Hd. Herrn Martin Schüngel
Leonardo Campus 1

48149 Münster

Teilnahme

❏ Ich nehme an der Delphi-Studie selbst teil

❏ An meiner Stelle nimmt teil (Name, Vorname): _____

❏ Ich möchte nicht an der Delphi-Studie teilnehmen

Art des Fragebogens

❏ In gedruckter Form per Briefpost an folgende Adresse (bitte ggf. korrigieren):

Musterverlag
Musterstraße 1
12345 Musterort

❏ Per Fax an die Rufnummer _____

❏ Elektronisch per E-Mail an die Adresse (bitte ggf. korrigieren): *Mustermann@Musterverlag.de*

  ❏ als RTF-Dokument, um den Fragebogen direkt in Word ausfüllen zu können

  ❏ als PDF-Dokument

Weitere Experten

Als möglichen weiteren Teilnehmer des Expertenpanels können Sie zusätzlich ansprechen:

Name, Vorname: _____

Verlag / Institution: _____

Adresse: _____

A.2 Anschreiben, Erläuterungen und Fragebogen Runde 1

Universität Münster
Institut für Informations-, Telekommunikations- und
Medienrecht (ITM) – zivilrechtliche Abteilung
Prof. Dr. Thomas Hoeren

WIRTSCHAFTS INFORMATIK IOS
Universität Münster
Prof. Dr. Stefan Klein

Universität Münster · ITM · Leonardo Campus 1 · 48149 Münster

Musterverlag
Abteilung Elektronisches Publizieren
z. Hd. Herrn Dr. Mustermann
Musterstraße 1

12345 Musterort

Ansprechpartner:
Dipl.-Wirt. Inform. Martin Schüngel
Universität Münster, ITM
Leonardo Campus 1, 48149 Münster
Tel.: 0251/83-21175, Fax: -21177
Martin.Schuengel@uni-muenster.de
http://www.uni-muenster.de/Jura.itm/hoeren/

25. Januar 2002

Delphi-Studie zu Veränderungen des Geschäftsmodells juristischer Verlage

Sehr geehrter Herr Dr. Mustermann,

vor etwa zwei Wochen haben wir Sie zur Teilnahme an unserer Delphi-Studie eingeladen. Für Ihre Bereitschaft, hieran mitzuwirken, danken wir Ihnen sehr herzlich.

Wie angekündigt wird die Delphi-Studie über drei Runden laufen. In jeder Runde erhalten Sie einen Fragebogen mit in der Regel vorgegebenen Antwortalternativen. In der zweiten und dritten Runde wird Ihnen ein Großteil der Fragen erneut vorgelegt und die Auswertung der Vorrunde zur Verfügung gestellt, um Ihnen das Meinungsbild der Experten transparent zu machen und gegebenenfalls eine Anpassung Ihrer Antwort zu ermöglichen. Der Aufwand in den Folgerunden reduziert sich damit für Sie deutlich. Als kleines „Dankeschön" erhalten Sie nach Auswertung der Umfrage eine Zusammenfassung, damit Sie den eigenen Stand und zukünftige Entwicklungen besser einschätzen können.

Beigefügt finden Sie nun den Fragebogen der ersten Runde. Er umfaßt acht Seiten. Vor dem Fragebogen finden Sie eine kurze Beschreibung der Studie mit einem Leitfaden zum Ausfüllen des Fragebogens. Wir bitten Sie, uns den Fragebogen bis zum 5. Februar 2002 zurückzusenden. Sie erhalten dann Anfang März einen Überblick über die Antworten der ersten Runde und den Fragebogen der zweiten Runde.

Wir bedanken uns nochmals für Ihre Teilnahme und verbleiben

mit freundlichen Grüßen

(i. V. Martin Schüngel)

Erläuterungen zur Delphi-Studie und zum Fragebogen

1   Die Delphi-Methode

Delphi-Studien sind schriftliche Expertendiskussionen. Sie werden typischerweise zur Prognose zukünftiger Entwicklungen eingesetzt. Allgemein eignen sie sich dazu, das Erfahrungswissen einer Gruppe ausgewählter Experten systematisch zur Herleitung einer fundierten und reflektierten Gruppenmeinung zu nutzen. Die Experten sollen dazu nicht in persönlichen Kontakt miteinander treten müssen. Die Diskussion findet vielmehr in schriftlicher Form auf Basis eines Fragebogens in mehreren Runden statt. Die Antworten werden von einem Moderator zusammengefaßt und anonymisiert allen Teilnehmern zur Verfügung gestellt.

Eine Folgerunde setzt auf den Erkenntnissen der Vorrunde auf. Jeder Teilnehmer erfährt die Einschätzungen der gesamten Runde. Es bietet sich dann die Möglichkeit, im Lichte der Ansichten der übrigen Teilnehmer die eigene Einschätzung zu überprüfen und ggf. zu korrigieren oder ggf. eine Abweichung von der Mehrheitsmeinung zu begründen. Jeder Experte kann also sein Expertenwissen gezielt in die Diskussion einbringen und erfährt gleichzeitig die Meinung führender anderer Experten der eigenen Branche und der Wissenschaft.

Dieser Vorgang wiederholt sich, bis ein weitgehender Konsens hergestellt wurde oder keine Veränderungen in den Einschätzungen mehr auftreten, was typischerweise nach drei Runden der Fall ist.

In dieser Delphi-Studie setzt sich das Expertengremium („Panel") aus voraussichtlich ca. 30 Experten zusammen. Diese stammen überwiegend aus juristischen Fachverlagen. Vertreten sind auch Anbieter juristischer Datenbanken sowie nichtjuristische Experten, die sich mit der Entwicklung des Verlagswesens beschäftigt haben und sowohl aus fachfremden Verlagen als auch der Wissenschaft stammen und so eine „externe Sicht" beisteuern können.

Nach Abschluß der letzten Runde werden wir eine Zusammenfassung der Ergebnisse aller Runden erstellen und den Teilnehmern privilegiert zur Verfügung stellen.

2   Kontext der Untersuchung

Juristische Fachverlage könnten von den Umbrüchen durch die Verbreitung des Internets und des Electronic Commerce besonders betroffen sein: Das Handeln mit sehr aktuellen, strukturierten Informationen stellt für diese das Kerngeschäft dar. Sowohl traditionelle als auch neuartige Produktformen und Geschäftsfelder könnten sich besonders gut für eine Abbildung im Internet eignen und von den Merkmalen, die das Internet bieten kann, profitieren. Hieraus könnten besondere Freiheitsgrade für Geschäftsmodelle resultieren. In diesem Umfeld sind die Verlage vor die Aufgabe gestellt, sich im neuen Markt des Online-Publizierens im juristischen

Bereich zu positionieren und auf die durch das Internet verursachten Einflüsse zu reagieren oder - besser noch - diese aktiv zu gestalten. In der Praxis sind Veränderungen bisher allerdings kaum zu beobachten.

Wir möchten daher untersuchen, wie sich für die juristische Verlagsbranche die Marktstruktur und Wettbewerbssituation ändern. Wir konzentrieren uns in dieser Untersuchung auf Anbieter von juristischen Informationsdiensten. Ein Fokus liegt auf den Geschäftsmodellen:

- Wie verändern sich die Leistungsangebote, d.h. in welchem Umfang werden bestehende Produkte durch Onlineangebote ersetzt und welche neuartigen Leistungsangebote können entwickelt werden?
- Wie werden sich die bestehenden Erlösmodelle verändern und welche neuen Erlösmodelle können im Internet Einzug in die juristische Verlagsbranche halten?
- Wie könnten in der Beschaffung vor allem von standardisierten Fachinformationen wie Entscheidungen Veränderungen eintreten?
- Welche Auswirkungen haben neue Produkte im Onlinebereich auf die klassischen Vertriebswege?
- Wie wird sich die Gestaltung und Aufteilung des Wertschöpfungsprozesses ändern und welche Bedeutung werden Kooperationen und Netzstrukturen erlangen?

In dieser Studie haben wir uns damit bewußt auf einige Bereiche konzentriert, die uns besonders interessant erschienen. Selbstverständlich steht es Ihnen frei, diese um Aspekte zu ergänzen, die Ihnen besonders wichtig erscheinen. Über jeden Kommentar würden wir uns sehr freuen!

Wir fragen Sie im Fragebogen auch zur zeitlichen Entwicklung einiger Aspekte. Dabei haben wir als grobes Zeitraster die aktuelle Situation (mit einem kurzfristigen Entwicklungshorizont von maximal einem halben Jahr), die mittlere Sicht auf etwa drei Jahre und eine langfristige Exploration auf etwa zehn Jahre vorgegeben.

3 Leitfaden zum Fragebogen

- Ihre Antworten werden auf jeden Fall anonym gehalten und nicht im Zusammenhang mit Ihrem Namen oder Ihrer Institution veröffentlicht. Wir beabsichtigen aber, am Schluß der Studie eine Teilnehmerliste zu erstellen. Wenn Sie nicht genannt werden möchten, können Sie dies auf dem Fragebogen vermerken. Wir werden dies selbstverständlich berücksichtigen.
- Bitte beantworten Sie die Fragen – unabhängig von der Situation in Ihrem konkreten Verlag – für die gesamte Branche. Bitte haben Sie dabei einen juristischen Fachverlag vor Augen, der sich an Praktiker richtet und seinen Schwerpunkt weniger auf Fach- oder Lehrbücher als vielmehr auf Informationsdienste zu z. B. aktuellen Entwicklungen legt.

- Der Begriff der „Fachinformation" soll im folgenden relativ eng gefaßt werden und vor allem zur Bezeichnung von aktuellen, eher standardisierbaren Informationen wie z. B. Leitsätzen, Entscheidungen etc. verwendet werden. Er soll hier also nicht das gesamte berufsbezogene Leistungsangebot eines Fachverlags umfassen.
- Wir möchten Sie ausdrücklich ermuntern, uns zusätzlich zu den vorgegebenen Antwortalternativen Ihre Einschätzung und Meinung mitzuteilen. Die Expertendiskussion lebt von solchen Randbemerkungen! Sie können dazu den vorgesehenen Raum („Kommentar:") benutzen, gerne aber auch den Rand bzw. die Rückseite des Fragebogens oder ein separates Beiblatt. In diesen Fällen notieren Sie bitte, auf welche Frage Sie sich beziehen.
- Ausfüllhinweise sind in kursive Schrift gesetzt.
- Bei den Skalen bitten wir um eine Einschätzung durch Ankreuzen auf der Skala.
- Wenn Sie zu einem Punkt nichts sagen können, übergehen Sie diesen bitte.
- Um Verzerrungen zu vermeiden, ist es wichtig, daß Sie während der Untersuchung nicht mit anderen Ihnen eventuell bekannten Teilnehmern über ihre Antworten sprechen.

4 Ansprechpartner

Als Ansprechpartner für eventuelle Rückfragen steht Ihnen zur Verfügung:

Dipl.-Wirt. Inform. Martin Schüngel
Westfälische Wilhelms-Universität Münster
Institut für Informations-, Telekommunikations- und Medienrecht (ITM)
Leonardo Campus 1, 48149 Münster
Tel.: 0251/83-21175, Fax: -21177
E-Mail: Martin.Schuengel@uni-muenster.de

Fragebogen 1 zu Veränderungen des Geschäftsmodells juristischer Verlage

Antwort von Herrn Dr. Mustermann, Mustermann-Verlag

Universität Münster
Institut für Informations-, Telekommunikations-
und Medienrecht (ITM) - zivilrechtliche Abteilung
z. Hd. Herrn Martin Schüngel
Leonardo Campus 1

48149 Münster

Es wird zugesichert, daß alle Angaben in diesem Fragebogen ausschließlich für die empirische Untersuchung verwendet werden. Insbesondere werden Einzelangaben nur anonymisiert an Dritte weitergegeben.

❏ Mit meiner Nennung als Teilnehmer des Expertenpanels bin ich einverstanden, die einzelnen Angaben bleiben anonym.
❏ Auch meine Teilnahme am Expertenpanel soll nicht veröffentlicht werden.

*** Bitte unbedingt bis zum 5. Februar 2002 zurücksenden! ***

Bitte beantworten Sie die folgenden Fragen unabhängig von der konkreten Situation in Ihrem Verlag. Gefragt ist vielmehr Ihre Fachexpertise für Ihre Einschätzung für die gesamte Branche.

A Aktuelle Branchensituation

A.1 Als wie engagiert würden Sie juristische Verlage derzeit im Onlinebereich einstufen?

sehr gering ├──┼──┼──┼──┤ sehr stark

Begründung/Kommentar: _____

A.2 Wie relevant sind die folgenden Hemmnisse, die ein Engagement der Verlage behindern könnten?

	Derzeit	In 3 Jahren	In 10 Jahren
Mißbrauchsbefürchtung	nicht ── sehr	nicht ── sehr	nicht ── sehr
Fehlende Erfahrung in einem dynamischen Umfeld	nicht ── sehr	nicht ── sehr	nicht ── sehr
Zurückhaltung bei oder keine Möglichkeit zur Zusammenarbeit mit anderen Verlagen	nicht ── sehr	nicht ── sehr	nicht ── sehr
Der Markt für juristische Fachinformationen ist zu klein, da stark national fokussiert	nicht ── sehr	nicht ── sehr	nicht ── sehr
Geringe grundsätzliche Akzeptanzquote von Onlineprodukten bei Juristen	nicht ── sehr	nicht ── sehr	nicht ── sehr
Schleppende Marktentwicklung	nicht ── sehr	nicht ── sehr	nicht ── sehr
(Zu) hohe Investitionen	nicht ── sehr	nicht ── sehr	nicht ── sehr
Mangelnde digitale Verfügbarkeit/Aufbereitung der Altdaten	nicht ── sehr	nicht ── sehr	nicht ── sehr
Mangelnde Bereitschaft der Autoren, zusätzliche Aufbereitungen der Texte vorzunehmen	nicht ── sehr	nicht ── sehr	nicht ── sehr
Hohe Kosten bei direkten Abrechnungsverfahren	nicht ── sehr	nicht ── sehr	nicht ── sehr

Fehlendes standardisiertes Datenformat zum Datenaustausch von z. B. Entscheidungen	nicht sehr	nicht sehr	nicht sehr
Sonstiges: _____	nicht sehr	nicht sehr	nicht sehr

Begründung/Kommentar: _____

A.3 Wie stark hemmen darüber hinaus die folgenden Erfahrungen derzeit ein stärkeres Engagement?

Schwierigkeiten bei Pilotprojekten wie z. B. Legalis	nicht sehr
Negative Erfahrungen bei der Publikation von CD-ROMs	nicht sehr
Sonstiges: _____	nicht sehr

Begründung/Kommentar: _____

A.4 Für wie wahrscheinlich halten Sie einen Markteintritt eines neuen großen Mitbewerbers?

sehr unwahrscheinlich ⊢———⊢———⊢———⊣ sehr wahrscheinlich

Begründung/Kommentar: _____

B Leistungsangebote

B.1 Welche Mehrwerte von Onlineprodukten werden für die Kunden am wichtigsten sein? *(bitte Rangziffern von 1-11 eintragen, dabei stellt 1 den wichtigsten Rang dar. Bitte jeden Rang nur 1x vergeben.)*

Größere Aktualität	☐
Individuellere, genau passende Informationen	☐
Individuellere Arbeitsumgebung	☐
Orts- und zeitunabhängigere Verfügbarkeit direkt am Schreibtisch (sowohl Büro als auch häuslicher Arbeitsplatz), dadurch konzentrierteres Arbeiten	☐
Weniger Verwaltungstätigkeiten im Vergleich zu Loseblattwerken oder Zeitschriften	☐
Effizientere und mächtigere Suchfunktionen	☐
Gerechtere Bezahlung nur für tatsächlich genutzte Informationen	☐
Umfassenderes Angebot, Wegfall von Mengenrestriktionen	☐
Direkterer Zugriff auf weiterführende Hinweise („Gesetzestexte direkt per Hyperlink")	☐
Einfacherer Kontakt zur Fachgemeinde in Form virtueller Gemeinschaften	☐
Sonstiges: _____	☐

Begründung/Kommentar: _____

Anschreiben, Erläuterungen und Fragebogen Runde 1

B.2 Welche Vorteile von Onlineprodukten sind für die Verlage am wichtigsten? *(bitte Rangziffern von 1-6 eintragen, dabei stellt 1 den wichtigsten Rang dar. Bitte jeden Rang nur einmal vergeben.)*

Geringere Stückkosten	☐
Produktdifferenzierung erleichtert	☐
Kostengünstigere Bearbeitung von Nischen	☐
Höherer Mehrwert für die Kunden (siehe B.1)	☐
Geringere Eintrittsschwelle für Kunden durch Entbündelung und nutzungsabhängige Abrechnung, damit Erschließung neuer Käufergruppen	☐
Sonstiges: _____	☐

Begründung/Kommentar: _____

B.3 Was könnte die Kunden davon abhalten, Onlineangebote zu nutzen? *(bitte Rangziffern von 1-10 eintragen, dabei stellt 1 den wichtigsten Grund dar. Bitte jeden Rang nur einmal vergeben.)*

Unsicherheit über Qualität	☐
Tatsächlich fehlende Qualität	☐
Mehrwert (siehe B.1) ist nicht ausreichend für einen Wechsel des Produkts und eine Umstellung der Arbeitsabläufe und Nutzungsgewohnheiten	☐
Zitierfähigkeit insbesondere aufgrund der möglichen zeitlichen Instabilität erschwert	☐
Eingeschränkte ortsabhängige Verfügbarkeit (Computer erforderlich)	☐
Spontane Handhabung umständlicher (Computer anschalten, Seitenaufruf, ...)	☐
Mangelndes Vertrauen in die Dauerhaftigkeit und eine verläßliche Verfügbarkeit	☐
Lesbarkeit am Bildschirm schlechter bzw. umständlicher	☐
Netzeffekte sind mangels kritischer Masse nicht realisierbar	☐
Sonstiges: _____	☐

Begründung/Kommentar: _____

B.4 Welche Bedeutung haben die folgenden Produktarten als kommerzielle Leistungsangebote jetzt und zukünftig, d.h. wie hoch ist bisher die Bedeutung von Onlineprodukten, wie hoch wird sie zukünftig sein und wie stark werden etablierte Produkte substituiert werden?

	Derzeit		In 3 Jahren		In 10 Jahren	
	niedrig	hoch	niedrig	hoch	niedrig	hoch
Gedruckte Fachzeitschriften						
Elektronische Zeitschriften						
Gedruckte aktuelle Informationsdienste						
Elektronische Newsletter						

Individuelle elektronische Newsletter	niedrig ⊢──┼──┼──┼──┤ hoch	niedrig ⊢──┼──┼──┼──┤ hoch	niedrig ⊢──┼──┼──┼──┤ hoch
Gedruckte Nachschlagewerke (Kommentare, Gesetzestexte, Handbücher)	niedrig ⊢──┼──┼──┼──┤ hoch	niedrig ⊢──┼──┼──┼──┤ hoch	niedrig ⊢──┼──┼──┼──┤ hoch
Elektronische Nachschlagewerke	niedrig ⊢──┼──┼──┼──┤ hoch	niedrig ⊢──┼──┼──┼──┤ hoch	niedrig ⊢──┼──┼──┼──┤ hoch
Gedruckte Fachbücher	niedrig ⊢──┼──┼──┼──┤ hoch	niedrig ⊢──┼──┼──┼──┤ hoch	niedrig ⊢──┼──┼──┼──┤ hoch
Digitale Bücher	niedrig ⊢──┼──┼──┼──┤ hoch	niedrig ⊢──┼──┼──┼──┤ hoch	niedrig ⊢──┼──┼──┼──┤ hoch
Datenbanken auf CD-ROMs	niedrig ⊢──┼──┼──┼──┤ hoch	niedrig ⊢──┼──┼──┼──┤ hoch	niedrig ⊢──┼──┼──┼──┤ hoch
Online-Datenbanken	niedrig ⊢──┼──┼──┼──┤ hoch	niedrig ⊢──┼──┼──┼──┤ hoch	niedrig ⊢──┼──┼──┼──┤ hoch
Kundenspezifische Dienstleistung	niedrig ⊢──┼──┼──┼──┤ hoch	niedrig ⊢──┼──┼──┼──┤ hoch	niedrig ⊢──┼──┼──┼──┤ hoch
Virtuelle Gemeinschaften	niedrig ⊢──┼──┼──┼──┤ hoch	niedrig ⊢──┼──┼──┼──┤ hoch	niedrig ⊢──┼──┼──┼──┤ hoch
Sonstiges: _____	niedrig ⊢──┼──┼──┼──┤ hoch	niedrig ⊢──┼──┼──┼──┤ hoch	niedrig ⊢──┼──┼──┼──┤ hoch

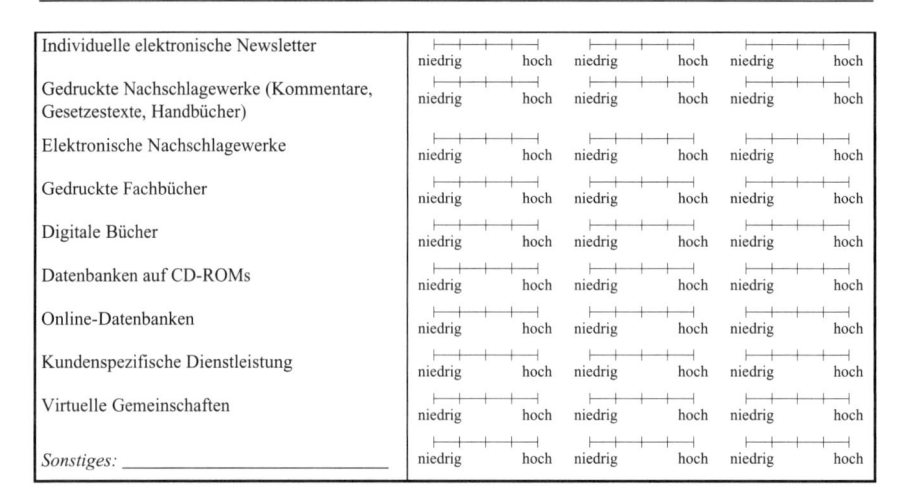

Begründung/Kommentar: _____

C Erlösmodelle

C.1 Welche Bedeutung für juristische Onlineprodukte haben die folgenden Erlösformen jetzt und zukünftig?

	Derzeit	*In 3 Jahren*	*In 10 Jahren*
Nutzungsabhängige Erlöse (z. B. pro Abruf)	niedrig ⊢──┼──┼──┼──┤ hoch	niedrig ⊢──┼──┼──┼──┤ hoch	niedrig ⊢──┼──┼──┼──┤ hoch
Nutzungsunabhängige Erlöse (z. B. Abonnement)	niedrig ⊢──┼──┼──┼──┤ hoch	niedrig ⊢──┼──┼──┼──┤ hoch	niedrig ⊢──┼──┼──┼──┤ hoch
Gruppenlizenzen (z. B. für Großkanzleien)	niedrig ⊢──┼──┼──┼──┤ hoch	niedrig ⊢──┼──┼──┼──┤ hoch	niedrig ⊢──┼──┼──┼──┤ hoch
Werbeerlöse	niedrig ⊢──┼──┼──┼──┤ hoch	niedrig ⊢──┼──┼──┼──┤ hoch	niedrig ⊢──┼──┼──┼──┤ hoch
Zweitverwertung von Inhalten (Content Syndication)	niedrig ⊢──┼──┼──┼──┤ hoch	niedrig ⊢──┼──┼──┼──┤ hoch	niedrig ⊢──┼──┼──┼──┤ hoch
Vermarktung von (mit Erlaubnis gewonnenen) Benutzerprofilen	niedrig ⊢──┼──┼──┼──┤ hoch	niedrig ⊢──┼──┼──┼──┤ hoch	niedrig ⊢──┼──┼──┼──┤ hoch
Erlöse aus dem Direktvertrieb traditioneller Produkte über das Internet („Händlermarge")	niedrig ⊢──┼──┼──┼──┤ hoch	niedrig ⊢──┼──┼──┼──┤ hoch	niedrig ⊢──┼──┼──┼──┤ hoch
Dynamische Preise pro Kunde bzw. pro Transaktion	niedrig ⊢──┼──┼──┼──┤ hoch	niedrig ⊢──┼──┼──┼──┤ hoch	niedrig ⊢──┼──┼──┼──┤ hoch
Sonstiges: _____	niedrig ⊢──┼──┼──┼──┤ hoch	niedrig ⊢──┼──┼──┼──┤ hoch	niedrig ⊢──┼──┼──┼──┤ hoch

Begründung/Kommentar: _____

C.2 *Wie beurteilen Sie diese These?* „Nachfragepoolsysteme (analog zu z. B. PowerShopping.de oder LetsBuyIt.de, allerdings in anderer konkreter Umsetzung) eignen sich grundsätzlich auch für digitale Güter wie z. B. Fachinformationen und stellen einen sinnvollen zusätzlichen Vertriebskanal dar."

starke Ablehnung |—————|—————|—————| starke Zustimmung

Begründung/Kommentar: _____

D Beschaffung

Wie beurteilen Sie die folgenden Thesen zur Beschaffung von Fachinformationen wie z. B. Leitsätze oder Volltexte von Gerichtsentscheidungen:

D.1 „Die Bedeutung von Dienstleistern mit Bündelungsfunktion, die Informationen von Gerichten beziehen, sie ggf. digitalisieren und syntaktisch aufbereiten und sie dann u.a. an andere Verlage weitervertreiben, wird mittel- und langfristig zunehmen."

starke Ablehnung |—————|—————|—————| starke Zustimmung

Begründung/Kommentar: _____

D.2 „Syntaktische Standards wie z. B. der XML-basierte 'Saarbrücker Standard für Gerichtsentscheidungen' sind wichtig und werden sich mittelfristig durchsetzen." (zur Erläuterung: Es handelt sich um eine Grundstruktur für den Austausch von Entscheidungen, der eine inhaltliche Erschließung von Gerichtsurteilen ermöglichen und Inkompatibilitäten beim Austausch von Daten vermeiden helfen soll.)

starke Ablehnung |—————|—————|—————| starke Zustimmung

Begründung/Kommentar: _____

D.3 „Die Etablierung von privaten Marktplätzen für standardisierte Fachinformationen, von denen Verlage ihre Informationen beziehen, auf denen sie aber ihrerseits auch ihre aufbereiteten Informationen zur Zweitverwertung anbieten können, ist sinnvoll."

starke Ablehnung |—————|—————|—————| starke Zustimmung

Begründung/Kommentar: _____

D.4 „Solche zuvor beschriebenen privaten Marktplätze werden sich tatsächlich etablieren können."

starke Ablehnung |—————|—————|—————| starke Zustimmung

Begründung/Kommentar: _____

E Distribution

Wie beurteilen Sie die folgenden Thesen?

E.1 „Kurz- bis mittelfristig kann der klassische Bucheinzelhandel aufgrund seiner Kundennähe den Vertrieb von Onlineprodukten sinnvoll unterstützen, indem er beispielsweise erklärungsbedürftige Produkte erläutert und sie aktiv vermarktet."

starke Ablehnung |—————|—————|—————| starke Zustimmung

Begründung/Kommentar: _____

E.2 „Der klassische Bucheinzelhandel kann das Problem hoher Kosten und Unsicherheit bei der Zahlungsfunktion lösen, indem er diese Aufgabe übernimmt, etwa durch Legitimation des Kunden oder durch Ausgabe von vorausbezahlten 'Transaktionsnummern'."

starke Ablehnung ⊢——┼——┼——┼——⊣ starke Zustimmung

Begründung/Kommentar: _____

| **F** | **Leistungserstellung** |

F.1 Welche Funktionen bzw. Rollen werden im Onlinebereich mittel- bis langfristig überwiegend von juristischen Verlagen ausgefüllt?

F.2 Bedeutet diese Aufteilung der Funktionen gegenüber dem aktuellen Stand im klassischen Verlagsbereich eher einen Trend zur Integration aller Aufgaben, zur Desintegration oder bleibt der Integrationsgrad im wesentlichen unverändert?

starke Desintegration ⊢——┼——┼——┼——⊣ starke Integration

Begründung/Kommentar: _____

F.3 *Wie beurteilen Sie diese These?* „Eine Desintegration ist für Verlage problematisch, da damit die Umsatzbasis reduziert wird. Eine Erweiterung des Marktfokus für die verbleibende Umsatzbasis ist aber wegen der nationalen Fokussierung schwierig."

starke Ablehnung ⊢——┼——┼——┼——⊣ starke Zustimmung

Begründung/Kommentar: _____

F.4 Welche Bedeutung kommt zukünftig Kooperationen zu?

niedrig ⊢——┼——┼——┼——⊣ hoch

Begründung/Kommentar: _____

F.5 Für wie wahrscheinlich halten Sie einen Wandel des Wertschöpfungsprozesses zu einem Netzwerk von Unternehmen bzw. Verlagen, in dem Verlagen die Rolle eines Koordinators zukommt?

sehr unwahrscheinlich ⊢——┼——┼——┼——⊣ sehr wahrscheinlich

Begründung/Kommentar: _____

G Thesen zur zukünftigen Entwicklung

Nachfolgend werden einige Thesen zur langfristigen Entwicklung zur Diskussion gestellt. Beurteilen Sie bitte, ob Sie diesen zustimmen können!

G.1 „Künftig wird verstärkt eine Differenzierung des Leistungsangebots nach Kundenwert bzw. Professionalität des Kunden stattfinden, etwa

- für professionelle Großkunden, etwa große Kanzleien, die Übernahme des kompletten Informationsmanagements. Dies beinhaltet eine automatische Speisung des Intranets durch den Verlag und die individuelle profilgestützte Versorgung der einzelnen Mitarbeiter mit genau den Informationen, die für das spezifische Aufgabenfeld benötigt werden. Erforderlich ist hierzu je nach Kundenwunsch ggf. auch eine Einbindung des Angebots von anderen Verlagen. Hieraus ergibt sich ein Wertschöpfungsnetz, das vom Verlag koordiniert und je nach Kunde individuell konfiguriert wird.
- für kleinere und mittlere Kunden eine eher standardisierte Ansprache über Portale, die als solche in das Intranet der Kunden eingebunden werden können. Zur Verfügung gestellt werden Netzkonfigurationen, die ohnehin vorhanden sind, eine individuelle Konfiguration erfolgt im Regelfall nicht. Virtuelle Gemeinschaften erlangen hohe Bedeutung, da sie helfen, die begrenzten eigenen Ressourcen auszugleichen und im Bedarfsfall mit Experten in Kontakt treten zu können."

starke Ablehnung ├───┼───┼───┤ starke Zustimmung

Begründung/Kommentar: _____

G.2 „Preisdifferenzierung wird erhöhte Bedeutung erlangen:

- Produkt- und Preisdifferenzierung, um den heterogenen Wünschen und Zahlungsbereitschaften der Kunden besser Rechnung tragen zu können.
- Dynamische Preismodelle, um
  - wichtigen und 'wertvollen' Kunden interessantere Preise unterbreiten zu können als anderen
  - die Preise bei bestimmten Leistungsangeboten stärker in Abhängigkeit vom Produktnutzen und der daraus resultierenden Zahlungsbereitschaft gestalten zu können, etwa fallend mit sinkender Aktualität von gelieferten Entscheidungen: sehr schnelle und aktuelle Lieferungen werden höherpreisig angeboten und können so eine erhöhte Zahlungsbereitschaft abschöpfen."

starke Ablehnung ├───┼───┼───┤ starke Zustimmung

Begründung/Kommentar: _____

G.3 „Während bei Großkunden (siehe oben) Onlineprodukte ganz überwiegend direkt vertrieben werden, erlangt der klassische Bucheinzelhandel insbesondere bei der Ansprache von kleineren und mittleren Kunden eine erhöhte Bedeutung und kann etwa Zahlungsfunktionen unterstützen."

starke Ablehnung ├───┼───┼───┤ starke Zustimmung

Begründung/Kommentar: _____

G.4 „Aufgrund des zunehmenden Erfordernisses eines umfassenden Angebots wird für kleinere Verlage eine virtuelle Größe durch eine Einbindung in eine Vielzahl von Kooperationen sehr wichtig."

starke Ablehnung ├───┼───┼───┤ starke Zustimmung

Begründung/Kommentar: _____

G.5 „Content Syndication (Zweitverwertung von Inhalten) wird eine deutlich höhere Bedeutung erlangen
- für Fachinformationen wie z. B. Entscheidungen
- für redaktionelle Angebote, die z. B. Unternehmen oder Kanzleien zur Einbindung auf deren Homepages angeboten werden können. Hierzu eignet sich als Plattform ein elektronischer Markt."

starke Ablehnung |────|────|────| starke Zustimmung

Begründung/Kommentar: _____

G.6 „Die Etablierung eines Standards, nach dem Onlineprodukte wie z. B. Kommentare zitiert werden können und der verschiedene Versionen ('Auflagen') berücksichtigt, könnte positive Netzeffekte auslösen. Erforderlich ist hierzu das Erreichen einer kritischen Masse an Nutzern, die am ehesten durch Kooperationen und/oder eine Niedrigpreisstrategie erreicht werden kann."

starke Ablehnung |────|────|────| starke Zustimmung

Begründung/Kommentar: _____

H Einordnung

Abschließend noch einige Angaben über Ihre bisherigen Erfahrungen und die Institution, in der Sie tätig sind, um Ihren Erfahrungshintergrund einschätzen zu können.

H.1 Nennen Sie bitte die offizielle Berufs- und Stellenbezeichnung der gerade ausgeübten Tätigkeit

_____

H.2 Wie intensiv haben Sie sich schon mit E-Commerce für Verlage beschäftigt?

gar nicht |────|────|────| sehr intensiv

H.3 Wie stark ist Ihr Verlag auf den juristischen Sektor ausgerichtet?

Ca. _____ % des Verlagsprogramms entfallen auf den juristischen Bereich.

H.4 In welchem Maße richtet sich Ihr juristisches Angebot an Praktiker?

Ca. _____ % des gesamten juristischen Angebots.

H.5 Woraus besteht Ihr Verlagsangebot im juristischen Bereich? *(insgesamt 100%)*

_____ % Zeitschriften   _____ % Infodienste   _____ % Fach-/Lehrbücher

_____ % Nachschlagewerke (Gesetzestexte, Kommentare, Entscheidungssammlungen, Handbücher)

_____ % Sonstiges: _____

H.6 Wie viele (festangestellte) Mitarbeiter beschäftigt Ihr Verlag im juristischen Bereich?

❏ bis 15   ❏ 51-100   ❏ 201-400
❏ 16-50   ❏ 101-200   ❏ mehr als 400

H.7 Welchen Jahresumsatz erzielt Ihr Verlag im juristischen Bereich?

❏ bis 5 Mio €   ❏ 10,1 - 25 Mio €   ❏ 50,1 bis 100 Mio €
❏ 5,1 - 10 Mio €   ❏ 25,1 - 50 Mio €   ❏ mehr als 100 Mio €

Vielen Dank für Ihre Mühe!

A.3 Anschreiben, Erläuterungen und Fragebogen Runde 2

Universität Münster
Institut für Informations-, Telekommunikations- und
Medienrecht (ITM) – zivilrechtliche Abteilung
Prof. Dr. Thomas Hoeren

WIRTSCHAFTS INFORMATIK | **IOS**

Universität Münster
Prof. Dr. Stefan Klein

Universität Münster · ITM · Leonardo Campus 1 · 48149 Münster

Musterverlag
Abteilung Elektronisches Publizieren
Z. Hd. Herrn Dr. Mustermann
Musterstraße 1
12345 Musterort

Ansprechpartner:
Dipl.-Wirt. Inform. Martin Schüngel
Universität Münster, ITM
Leonardo Campus 1, 48149 Münster
Tel.: 0251/83-21175, Fax: -21177
Martin.Schuengel@uni-muenster.de
http://www.uni-muenster.de/Jura.itm/hoeren/

12. März 2002

Delphi-Studie zu Veränderungen des Geschäftsmodells juristischer Verlage, Runde 2

Sehr geehrter Herr Dr. Mustermann,

vielen herzlichen Dank für Ihre Beteiligung an der ersten Runde zur Delphi-Studie. Mit diesem Schreiben erhalten Sie wie angekündigt eine zusammenfassende Auswertung der Ergebnisse der ersten Runde und den Fragebogen der zweiten Runde.

Die Delphi-Methodik sieht vor, daß Ihnen ein Großteil der Fragen abermals vorgelegt wird. Wichtig ist dabei, daß Sie bei der erneuten Beantwortung die Ergebnisse der Vorrunde berücksichtigen. Sie soll Ihnen das Meinungsbild der übrigen Experten transparent machen und Ihnen gegebenenfalls eine Anpassung Ihrer Antwort ermöglichen. Zusätzlich stellen wir dieser Auswertung jeweils Ihre Antwort aus der ersten Runde gegenüber, um Ihnen die Bearbeitung zu erleichtern. Der Aufwand sollte sich damit für Sie gegenüber der ersten Runde deutlich reduzieren.

Der Fragebogen der zweiten Runde umfaßt acht Seiten. Vor dem Fragebogen finden Sie einen kurzen Leitfaden zum Ausfüllen des Fragebogens. Wir bitten Sie, uns den Fragebogen bis zum Freitag, dem 22. März 2002 zurückzusenden. Wir werden Ihnen dann Mitte/Ende April die Ergebnisse der zweiten Runde und den Fragebogen der dritten Runde zusenden.

Als kleines „Dankeschön" erhalten Sie nach Abschluß und Auswertung der Studie eine Gesamtzusammenfassung, damit Sie zukünftige Entwicklungen noch besser einschätzen können. In dieser sind auch die Ergebnisse enthalten, die wir im jetzt vorliegenden Feedback-Bogen nicht aufgeführt haben, weil die korrespondierenden Fragen in der zweiten Runde nicht mehr enthalten sind.

Wir bedanken uns nochmals für Ihre Teilnahme und verbleiben

mit freundlichen Grüßen

(i. V. Martin Schüngel)

Leitfaden zur Delphi-Studie zu Veränderungen des Geschäftsmodells juristischer Verlage

Universität Münster
Prof. Dr. Thomas Hoeren
Prof. Dr. Stefan Klein

2. Runde

März 2002

Beigefügt finden Sie die komprimierte Auswertung zur 1. Runde („Feedback") sowie den Fragebogen zur 2. Runde.

Wir empfehlen Ihnen, zum Ausfüllen des Fragebogens den Feedback-Bogen und den Fragebogen nebeneinander „Seite an Seite" zu legen. Die Numerierung wurde beibehalten, so daß die Fragen korrespondieren. Auf diese Weise können Sie sich für jede Frage jeweils zunächst die Ergebnisse und Kommentare der 1. Runde ansehen und mit Ihrer eigenen Bewertung, die ebenfalls auf dem Bogen vermerkt ist, vergleichen. Wir bitten Sie, anschließend Ihr Urteil angesichts der Einschätzungen der übrigen Experten zu überprüfen und erneut eine Bewertung abzugeben. Dabei können Sie von Ihrer Einschätzung der ersten Runde abweichen, Sie können sie aber auch aufrecht erhalten. Sie sollten sich dabei ausschließlich von Ihrer fachlichen Meinung leiten lassen. Sollte Ihre Einschätzung außerhalb des grafisch grau markierten „Hauses" liegen, das die Mehrheitsmeinung der Experten anzeigt, so können Sie auch dies gerne vertreten. Es wäre aber schön, wenn Sie dann eine kurze Begründung notieren könnten, warum Sie die Mehrheitsmeinung für falsch und Ihre Einschätzung für zutreffender halten.

Einige Fragen haben wir in der zweiten Runde ausgelassen, insbesondere wenn die Bewertung bereits sehr stabil war oder deutlich darauf hindeutete, daß diesem Aspekt keine Bedeutung zugemessen wurde. Bei anderen Punkten haben wir dafür Fragestellungen ergänzt oder die Fragestellung modifiziert und damit auch Anmerkungen aus der ersten Runde aufgegriffen. Diese Fragen sind entsprechend gekennzeichnet.

Zum Ankreuzen der Skalen der Hinweis, daß die gesamte Skala genutzt werden kann. Primär sollten die vorgegebenen fünf Markierungen auf der Skala genutzt werden. Die Erfassung erfolgt aber in 0,25er-Schritten, so daß auch jeder Zwischenwert möglich ist.

Veränderungen des Geschäftsmodells juristischer Verlage

Delphi-Studie, Fragebogen zur Runde 2

Antwort von Herrn Dr Mustermann, Mustermann-Verlag

Universität Münster
Institut für Informations-, Telekommunikations- und Medienrecht (ITM) - zivilrechtliche Abteilung
z. Hd. Herrn Martin Schüngel
Leonardo Campus 1

48149 Münster

Es wird zugesichert, daß alle Angaben in diesem Fragebogen ausschließlich für die empirische Untersuchung verwendet werden. Insbesondere werden Einzelangaben nur anonymisiert an Dritte weitergegeben.

*** Bitte unbedingt bis zum Freitag, dem 22. März 2002 zurücksenden! ***

Bitte beantworten Sie die folgenden Fragen unabhängig von der konkreten Situation in Ihrem Verlag. Gefragt ist vielmehr Ihre Fachexpertise für die gesamte Branche.

A Aktuelle Branchensituation

A.2/3 Wie relevant sind die folgenden Hemmnisse, die ein Engagement der Verlage behindern könnten?

	Derzeit	In 3 Jahren	In 10 Jahren
Mangelnde digitale Verfügbarkeit/Aufbereitung der Altdaten	nicht 0—2—4 sehr	nicht 0—2—4 sehr	nicht 0—2—4 sehr
Mangelnde Wirtschaftlichkeit: (Zu) hohe Investitionen bei schleppender Akzeptanz & Nutzung durch Juristen (Einzelgründe → B.3) *(modifiziert)*	nicht 0—2—4 sehr	nicht 0—2—4 sehr	nicht 0—2—4 sehr
Mangelnde Bereitschaft der Autoren, zusätzliche Aufbereitungen der Texte vorzunehmen	nicht 0—2—4 sehr	nicht 0—2—4 sehr	nicht 0—2—4 sehr
Fehlendes standardisiertes Datenformat zum Datenaustausch von z. B. Entscheidungen	nicht 0—2—4 sehr	nicht 0—2—4 sehr	nicht 0—2—4 sehr
Fehlende Erfahrung in einem dynamischen Umfeld	nicht 0—2—4 sehr	nicht 0—2—4 sehr	nicht 0—2—4 sehr
Zurückhaltung bei der Zusammenarbeit mit anderen Verlagen *(modifiziert)*	nicht 0—2—4 sehr	nicht 0—2—4 sehr	nicht 0—2—4 sehr
Hohe Kosten bei Abrechnungsverfahren *(modifiziert)*	nicht 0—2—4 sehr	nicht 0—2—4 sehr	nicht 0—2—4 sehr
Warnende Erfahrung in Form der Schwierigkeiten bei Pilotprojekten wie z. B. Legalis	nicht 0—2—4 sehr		
Mißbrauchsbefürchtung	nicht 0—2—4 sehr	nicht 0—2—4 sehr	nicht 0—2—4 sehr
Angst vor „Kannibalisierung"/Substitution der eigenen Printprodukte *(neu)*	nicht 0—2—4 sehr	nicht 0—2—4 sehr	nicht 0—2—4 sehr

Begründung/Kommentar/Ergänzung: _____

Anschreiben, Erläuterungen und Fragebogen Runde 2 347

A.4 Für wie wahrscheinlich halten Sie einen Markteintritt eines neuen relevanten Mitbewerbers? *(modifiziert)*

sehr unwahrscheinlich ├────┼────┼────┤ sehr wahrscheinlich
　　　　　　　　　　　　-2　　　0　　　+2

Wird es sich dabei eher um einen neuen Markteintritt in Deutschland eines ausländischen juristischen Anbieters handeln oder eher um einen branchenfremden Anbieter? _____

B Leistungsangebote

B.1 Welche Mehrwerte von Onlineprodukten werden für juristische Kunden am wichtigsten sein? *(bitte Rangziffern von 1-9, dabei stellt 1 den wichtigsten Rang dar. Bitte jeden Rang nur 1x vergeben.)*

Größere Aktualität	❏
Effizientere und mächtigere Suchfunktionen	❏
Individuellere, genau passende Informationen	❏
Direkterer Zugriff auf weiterführende Hinweise (z. B. „Gesetzestexte per Hyperlink")	❏
Weniger Verwaltungstätigkeiten im Vergleich zu Loseblattwerken oder Zeitschriften	❏
Orts- und zeitunabhängigere Verfügbarkeit direkt am Schreibtisch (sowohl Büro als auch häuslicher Arbeitsplatz), dadurch konzentrierteres Arbeiten	❏
Entbündelung; gerechtere Bezahlung nur für tatsächlich genutzte Informationen	❏
Umfassenderes Angebot (beliebige Datenbankgröße), Wegfall der Mengenrestriktionen von Printprodukten oder CD-ROMs	❏
Individuellere Arbeitsumgebung, z. B. individuelle Datenbanken oder Archive	❏

Begründung/Kommentar/Ergänzung: _____

B.2 Welche Vorteile von Onlineprodukten sind für juristische Verlage am wichtigsten? *(bitte Rangziffern von 1-6, dabei stellt 1 den wichtigsten Rang dar. Bitte jeden Rang nur einmal vergeben.)*

Höherer Mehrwert für die Kunden (siehe B.1)	❏
Geringere Stückkosten	❏
Bearbeitung von Nischen wird wirtschaftlich möglich	❏
Produktdifferenzierung erleichtert	❏
Neuartige Leistungsangebote werden ermöglicht *(neu)*	❏
Mehrfachverwertung der Inhalte für Print- und Online *(neu)*	❏

Begründung/Kommentar/Ergänzung: _____

B.3 Was könnte die Kunden davon abhalten, Onlineangebote von professionellen juristischen Informationsanbietern zu nutzen? *(bitte Rangziffern von 1-11, dabei stellt 1 den wichtigsten Grund dar. Bitte jeden Rang nur einmal vergeben.) (leicht modifiziert)*

Unsicherheit über Qualität	☐
Mehrwert (siehe B.1) ist nicht ausreichend für einen Wechsel des Produkts und eine Umstellung der Arbeitsabläufe und Nutzungsgewohnheiten	☐
Tatsächlich fehlende Qualität	☐
Zitierfähigkeit insbesondere aufgrund der möglichen zeitlichen Instabilität erschwert	☐
Lesbarkeit am Bildschirm schlechter bzw. umständlicher	☐
Mangelndes Vertrauen in die Dauerhaftigkeit und eine verläßliche Verfügbarkeit	☐
Spontane Handhabung umständlicher (Computer anschalten, Seitenaufruf, ...)	☐
Eingeschränkte ortsabhängige Verfügbarkeit (Computer erforderlich)	☐
Mangelnde Möglichkeit wegen fehlender technischer Ausstattung *(neu)*	☐
Unkenntnis und Unsicherheit im Umgang mit dem Medium, damit mangelnde Bereitschaft zur Nutzung, Verweigerung einer Abkehr von traditionellen Nutzungsgewohnheiten unabhängig von einem eventuellen Mehrwert *(neu)*	☐
Kostenpflichtigkeit und Höhe der Preise *(neu)*	☐

Begründung/Kommentar/Ergänzung: _____

B.4 Welche Bedeutung haben die folgenden Produktarten als kommerzielle Leistungsangebote jetzt und zukünftig, d.h. wie hoch ist bisher die Bedeutung von Onlineprodukten, wie hoch wird sie zukünftig sein und wie stark werden etablierte Produkte substituiert werden? *(in Bezug auf jur. Fachverlage!)*

	Derzeit	In 3 Jahren	In 10 Jahren
Gedruckte aktuelle Informationsdienste	niedrig 0—2—4 hoch	niedrig 0—2—4 hoch	niedrig 0—2—4 hoch
(Individuelle) elektronische Newsletter	niedrig 0—2—4 hoch	niedrig 0—2—4 hoch	niedrig 0—2—4 hoch
Gedruckte Fachzeitschriften	niedrig 0—2—4 hoch	niedrig 0—2—4 hoch	niedrig 0—2—4 hoch
Elektronische Zeitschriften	niedrig 0—2—4 hoch	niedrig 0—2—4 hoch	niedrig 0—2—4 hoch
Gedruckte Nachschlagewerke (Kommentare, Gesetzestexte, Handbücher)	niedrig 0—2—4 hoch	niedrig 0—2—4 hoch	niedrig 0—2—4 hoch
Nachschlagewerke in Form digitaler Bücher *(neu)*	niedrig 0—2—4 hoch	niedrig 0—2—4 hoch	niedrig 0—2—4 hoch
Nachschlagewerke Online (speziell programmierte Arbeitsumgebungen) *(neu)*	niedrig 0—2—4 hoch	niedrig 0—2—4 hoch	niedrig 0—2—4 hoch
Datenbanken auf CD-ROMs	niedrig 0—2—4 hoch	niedrig 0—2—4 hoch	niedrig 0—2—4 hoch
Kundenspezifische Dienstleistung (siehe B.5)	niedrig 0—2—4 hoch	niedrig 0—2—4 hoch	niedrig 0—2—4 hoch
Sonstige Fachbücher online (z. B. für Online Print-On-Demand) *(neu)*	niedrig 0—2—4 hoch	niedrig 0—2—4 hoch	niedrig 0—2—4 hoch

Online bereitgestellte Expertensysteme, z. B. zur strukturierten Fallbearbeitung *(neu)*	niedrig 0—2—4 hoch	niedrig 0—2—4 hoch	niedrig 0—2—4 hoch

Begründung/Kommentar/Ergänzung: _____

B.5 Welche Ausgestaltungen sehen Sie langfristig für die zuvor in B.4 erwähnten kundenspezifischen Dienstleistungen? *Bitte beurteilen Sie die Bedeutung der vorgeschlagenen Konkretisierungen. (neu)*

	niedrig 0—2—4 hoch
Individualisierung der Informationen, z. B. eines Newsletters	
Individuell gebündeltes und dennoch integriertes Angebot von Onlineprodukten	
Überwachung und Benachrichtigung bei relevanten Informationen (z. B. aktuelle Änderungen/Entscheidungen) in kundenspezifisch benannten (Rechts-)Bereichen	
Auftragsrecherche	
Speisung der Kunden-Intranets	

Welche weiteren Einsatzbereiche für kundenspezifische Dienstleistungen sehen Sie? _____

B.6 Welche Bedeutung hat ein <u>umfassendes</u> Angebot mit Vernetzung der Produkte untereinander, d. h. eine integrierte Kombination mehrerer der unter B.4 genannten Onlineprodukte (z. B. Onlinedatenbank und Newsletter, Kommentar mit Gesetzestexten und Rechtsprechungsdatenbank)? *(neu)*

niedrig 0—2—4 hoch

Begründung/Kommentar: _____

B.7 Netzeffektgüter sind Produkte, die ihren vollen Nutzen aus Nutzersicht erst dann entfalten, wenn möglichst viele andere Personen sie ebenfalls benutzen (z. B. Telefax: erst bei hoher Verbreitung finden sich genügend potentielle Kommunikationspartner. Videosystem VHS: Die hohe Verbreitung führt zu einem hohen Angebot an Zusatzprodukten wie z. B. Filmen für dieses Format. Dieses hohe Angebot fördert wiederum die Verbreitung des Systems VHS). Typischerweise muß bei ihnen zunächst eine „kritische Masse" erreicht werden. Welche Bedeutung haben mittel- bis langfristig die folgenden potentiellen Netzeffektgüter juristischer Verlage? *(neu)*

	niedrig 0—2—4 hoch
Fachinformationen wie z. B. Rechtsprechung in einem standardisierten Datenformat, das die Übernahme in eigene Kanzleianwendungen erleichtern würde	
Etablierung als Standardquelle für z. B. Entscheidungen (vergleichbar BGHZ)	
Virtuelle Gemeinschaften als Informations-, Diskussions- und Weiterbildungsmedium, vor allem für kleine Kanzleien oder Einzelanwälte	

Bei welchen Leistungsangeboten sehen Sie darüber hinaus Netzeffekte? _____

B.8 Wie groß ist die Bedrohung für online angebotene Leistungen, die z. B. Normen oder Entscheidungen beinhalten (also z. B. Nachschlagewerke, Infodienste und Zeitschriften), durch ein eigenes Angebot der originären Ersteller, also der Regierung oder der Gerichte? Für eine Bedrohung spricht z. B. der zunehmende Trend zu eigenen kostenlosen Angeboten solcher Institutionen. Gegen eine Bedrohung spricht z. B. der dort fehlende Mehrwert sowie das verstreute und heterogene Angebot. *(neu)*

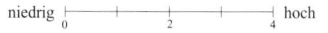

niedrig 0—2—4 hoch

Was ist konkret der Vorteil von Verlagsangeboten gegenüber direkten Angeboten der Institutionen? _____

_____

B.9 Wie wahrscheinlich ist es, daß eine zunehmende Verbreitung von mobilen Zugriffsmöglichkeiten (UMTS, ...) die Nutzung von Onlineangeboten durch Juristen deutlich fördert? *(neu)*

sehr unwahrscheinlich ⊢─────┼─────┼─────⊣ sehr wahrscheinlich
$\quad\quad\quad\quad\quad\quad\quad\quad\quad$ -2 $\quad\quad$ 0 $\quad\quad$ +2

In welchen Bereichen sehen sie konkret Nutzungsmöglichkeiten? _____

_____

C Erlösmodelle

C.1 Welche Bedeutung für juristische Onlineprodukte haben die folgenden Erlösformen jetzt und zukünftig?

	Derzeit	*In 3 Jahren*	*In 10 Jahren*
Gruppenlizenzen (z. B. für Großkanzleien)	niedrig ⊢─┼─┼─┤ hoch 0　2　4	niedrig ⊢─┼─┼─┤ hoch 0　2　4	niedrig ⊢─┼─┼─┤ hoch 0　2　4
Nutzungsunabhängige Erlöse (z. B. Abonnement)	niedrig ⊢─┼─┼─┤ hoch 0　2　4	niedrig ⊢─┼─┼─┤ hoch 0　2　4	niedrig ⊢─┼─┼─┤ hoch 0　2　4
Zweitverwertung von Inhalten (Content Syndication)	niedrig ⊢─┼─┼─┤ hoch 0　2　4	niedrig ⊢─┼─┼─┤ hoch 0　2　4	niedrig ⊢─┼─┼─┤ hoch 0　2　4
Nutzungsabhängige Erlöse (z. B. pro Abruf)	niedrig ⊢─┼─┼─┤ hoch 0　2　4	niedrig ⊢─┼─┼─┤ hoch 0　2　4	niedrig ⊢─┼─┼─┤ hoch 0　2　4
Erlöse aus dem Direktvertrieb traditioneller Produkte über das Internet („Händlermarge")	niedrig ⊢─┼─┼─┤ hoch 0　2　4	niedrig ⊢─┼─┼─┤ hoch 0　2　4	niedrig ⊢─┼─┼─┤ hoch 0　2　4

Begründung/Kommentar/Ergänzung: _____

C.3 Wie beurteilen Sie die Eignung von Niedrigpreisstrategien für modifizierte Produkte parallel zu einem hochpreisigen Angebot, um zusätzliche Nachfrage, evtl. in neuen Zielsegmenten, zu erschließen? *(neu)*

niedrig ⊢─────┼─────┼─────⊣ hoch
$\quad\quad\quad$ 0 $\quad\quad$ 2 $\quad\quad$ 4

Wo sehen Sie konkret Einsatzmöglichkeiten? _____

_____

D Beschaffung

Dieser Abschnitt konzentriert sich auf die Beschaffung von Fachinformationen wie z. B. Leitsätze oder Volltexte von Gerichtsentscheidungen:

D.1 Die Bedeutung von Dienstleistern mit Bündelungsfunktion, die Informationen von Gerichten beziehen, sie ggf. digitalisieren und syntaktisch aufbereiten und sie dann an andere Verlage weitervertreiben, wurde in der ersten Runde positiv bewertet. Denkbar wäre aber, daß beispielsweise Gerichte dazu übergehen, bereits selbst Informationen syntaktisch aufbereitet zur Verfügung zu stellen. Dann könnten diese Dienstleister allerdings immer noch z. B. eine Bündelungsfunktion wahrnehmen und/oder kostengünstiger als die Gerichte anbieten.

Wie beurteilen Sie den zeitlichen Verlauf der Bedeutung solcher Dienstleister? *(modifiziert)*

Derzeit	In 3 Jahren	In 10 Jahren
niedrig ⊢—┼—┼—⊣ hoch 0 2 4	niedrig ⊢—┼—┼—⊣ hoch 0 2 4	niedrig ⊢—┼—┼—⊣ hoch 0 2 4

Begründung/Kommentar: _____

D.2 „Syntaktische, z. B. XML-basierte Standards für z. B. Gerichtsentscheidungen sind wichtig und werden sich mittel- bis langfristig für die Beschaffung und Verarbeitung von Fachinformationen durch die Verlage durchsetzen." *(leicht modifiziert)*

starke Ablehnung ⊢—┼—┼—⊣ starke Zustimmung
   -2   0   +2

Begründung/Kommentar: _____

D.3 „Die Etablierung von geschlossenen Marktplätzen für standardisierte Fachinformationen, von denen Verlage ihre Informationen beziehen, auf denen sie aber ihrerseits auch ihre aufbereiteten Informationen zur Zweitverwertung anderen Verlagen anbieten können, ist sinnvoll.
Sie ermöglichen gerade bei standardisierten Informationen wie z. B. Entscheidungen, die starr sind und keine Qualitätsprobleme beinhalten, die Senkung der Bezugskosten (anstelle der Vergütungen an Gerichte) und senken den verlagsinternen Aufwand durch den Bezug bereits aufbereiteter Informationen. Jeder Verlag könnte Entscheidungen in seinem Spezialgebiet direkt bearbeiten und anderen auf einem solchen Marktplatz anbieten und umgekehrt in seinen Randgebieten über Marktplätze von anderen Verlagen Entscheidungen beziehen." *(modifiziert)*

starke Ablehnung ⊢—┼—┼—⊣ starke Zustimmung
   -2   0   +2

Begründung/Kommentar: _____

E Distribution

Wie beurteilen Sie die folgenden Thesen?

E.1 „Kurz- bis mittelfristig kann der klassische Bucheinzelhandel aufgrund seiner Kundennähe den Vertrieb von Onlineprodukten sinnvoll unterstützen, indem er z. B. erklärungsbedürftige Onlineprodukte erläutert und sie aktiv vermarktet. Langfristig mit zunehmender Etablierung der Produkte wird er dagegen verdrängt." *(modifiziert)*

starke Ablehnung ⊢—┼—┼—⊣ starke Zustimmung
   -2   0   +2

Begründung/Kommentar: _____

E.2 „Der klassische Bucheinzelhandel kann das kurz- bis mittelfristige Problem hoher Kosten und Unsicherheit bei der Zahlungsfunktion für Onlineprodukte lösen, indem er diese Aufgabe übernimmt, etwa durch Legitimation des Kunden oder durch Ausgabe von vorausbezahlten 'Transaktionsnummern'. Zudem übernimmt der Handel aus Kundensicht eine Bündelungsfunktion (eine Sammelrechnung anstelle einer Rechnung direkt mit jedem Verlag)." *(modifiziert)*

starke Ablehnung ⊢—┼—┼—⊣ starke Zustimmung
   -2   0   +2

Begründung/Kommentar: _____

E.3 Welche weiteren Intermediäre eignen sich für den Vertrieb juristischer Onlineprodukte? *(neu)*

Bitte möglichst auch Beispiele nennen: _____

F	Leistungserstellung

F.1 Wie hoch ist die Wahrscheinlichkeit, daß die folgenden Funktionen bzw. Rollen im Onlinebereich <u>langfristig</u> überwiegend von juristischen Verlagen ausgefüllt werden? *(Gefragt ist also nicht nach der Bedeutung dieser Funktionen, sondern nach der Wahrscheinlichkeit, daß juristische Verlage sie erbringen.) (modifiziert)*

	niedrig — hoch (0 — 2 — 4)
Selektion von Informationen	niedrig ⊢—⊢—⊢ hoch 0 2 4
Qualitätssicherung	niedrig ⊢—⊢—⊢ hoch 0 2 4
Schnittstelle zum Kunden, Kundengewinnung, -bindung, Betreiben von Orientierungsstellen im Internet (Portalfunktion), Markenmanagement	niedrig ⊢—⊢—⊢ hoch 0 2 4
Einkauf von Fachinformationen, Kontaktpflege zu originären Informationslieferanten	niedrig ⊢—⊢—⊢ hoch 0 2 4
Redaktionelle Aufbereitung (Einordnen in Kontext, ggf. Kommentierung, ...)	niedrig ⊢—⊢—⊢ hoch 0 2 4
Syntaktische und semantische Aufbereitung von Fachinformationen (Metainformationen ergänzen, ...)	niedrig ⊢—⊢—⊢ hoch 0 2 4
Verwaltung, Überwachung der Aktualität und ggf. Aktualisierung aufbereiteter Informationen (für Verlagsprodukte, Zweitverwertung, ...)	niedrig ⊢—⊢—⊢ hoch 0 2 4
Individualisierung, d.h. kundenorientierter individueller Zuschnitt von Fachinformationen	niedrig ⊢—⊢—⊢ hoch 0 2 4
Vertrieb klassischer Verlagsprodukte	niedrig ⊢—⊢—⊢ hoch 0 2 4
Vertrieb von Onlineprodukten	niedrig ⊢—⊢—⊢ hoch 0 2 4
Koordinator des Wertschöpfungsprozesses und der Partner, z. B. in einem Netzwerk (siehe F.5)	niedrig ⊢—⊢—⊢ hoch 0 2 4

Begründung/Kommentar/Ergänzung: _____

F.4 Wie beurteilen Sie die langfristige Eignung von Kooperationen für juristische Verlage? *(modifiziert)*

	niedrig — hoch (0 — 2 — 4)
Vertriebskooperationen z. B. mit anderen Verlagen mit dem Ziel, Inhalte gemeinsam anzubieten und so ein umfassenderes Angebot zu schaffen	niedrig ⊢—⊢—⊢ hoch 0 2 4
Vertriebskooperationen insbesondere mit Online-Plattformen mit dem Ziel, das Onlineangebot weitgehend extern zu betreiben (der Verlag liefert nur Inhalte)	niedrig ⊢—⊢—⊢ hoch 0 2 4
Betriebskooperationen zur Nutzung von Synergien (z. B. gemeinsam genutzte Technik und Software), aber unterschiedliche „Gesichter" nach außen	niedrig ⊢—⊢—⊢ hoch 0 2 4
Beschaffung	niedrig ⊢—⊢—⊢ hoch 0 2 4
Inhalteaufbereitung	niedrig ⊢—⊢—⊢ hoch 0 2 4

In welchen Bereichen eignen sich darüber hinaus Kooperationen? _____

F.5 Für wie wahrscheinlich halten Sie für den Onlinebereich bezogen auf professionelle juristische Informationsanbieter (Verlage, Datenbankbetreiber) einen Wandel des Wertschöpfungsprozesses zu einem Netzwerk von Unternehmen bzw. juristischen Informationsanbietern? *(modifiziert)*

sehr unwahrscheinlich ⊢—⊢—⊢—⊢ sehr wahrscheinlich
                                  -2   0   +2

Begründung/Kommentar: _____

| **G** | **Thesen zur langfristigen zukünftigen Entwicklung** |

G.1 „Künftig wird verstärkt eine Differenzierung des Leistungsangebots nach Kundenwert bzw. Professionalität des Kunden stattfinden:" *(modifiziert)*

G.1.1 „Übernahme des kompletten Informationsmanagements, was aufgrund der relativ hohen Konfigurationsfixkosten primär für professionelle Großkunden, etwa große Kanzleien, wirtschaftlich ist. Es beinhaltet eine automatische Speisung des Intranets durch den Verlag und die individuelle profilgestützte Versorgung der einzelnen Mitarbeiter mit genau den Informationen, die für das spezifische Aufgabenfeld benötigt werden. Erforderlich ist hierzu je nach Kundenwunsch ggf. auch eine Einbindung des Angebots von anderen Verlagen. Hieraus ergibt sich ein Wertschöpfungsnetz, das vom Verlag koordiniert und je nach Kunde individuell konfiguriert wird."

starke Ablehnung ├────┼────┼────┤ starke Zustimmung
　　　　　　　　　-2　　0　　+2

Begründung/Kommentar: _____

G.1.2 „Für kleinere und mittlere Kunden eine eher standardisierte Ansprache über Portale, die bedarfsweise genutzt oder in das Intranet der Kunden eingebunden werden können. Zur Verfügung gestellt werden Netzkonfigurationen, die ohnehin vorhanden sind (siehe Großkunden), eine individuelle Konfiguration, z. B. auf einzelnen Kundenwunsch eine Integration von Angeboten anderer Verlage, erfolgt aus Wirtschaftlichkeitsgründen im Regelfall nicht."

starke Ablehnung ├────┼────┼────┤ starke Zustimmung
　　　　　　　　　-2　　0　　+2

Begründung/Kommentar: _____

G.2 „Produkt- und Preisdifferenzierung wird erhöhte Bedeutung erlangen, um den heterogenen Wünschen und Zahlungsbereitschaften der Kunden besser Rechnung tragen zu können. Neben statischer Differenzierung liegt besonderes Potential in dynamischen Preismodellen, um 'ad hoc' die Preise automatisiert kunden- und situationsspezifisch festlegen zu können, etwa
- wichtigen und 'wertvollen' Kunden interessantere Preise unterbreiten zu können als anderen
- die Preise bei bestimmten Leistungsangeboten stärker in Abhängigkeit vom Produktnutzen und der daraus resultierenden Zahlungsbereitschaft gestalten zu können, z. B. könnten hochaktuelle Lieferungen höherpreisig angeboten werden und so eine erhöhte Zahlungsbereitschaft abschöpfen." *(leicht modifiziert)*

starke Ablehnung ├────┼────┼────┤ starke Zustimmung
　　　　　　　　　-2　　0　　+2

Was könnten sinnvolle Differenzierungskriterien sein? _____

G.6 „Die Etablierung eines Standards, nach dem Onlineprodukte wie z. B. Kommentare zitiert werden können und der verschiedene Versionen ('Auflagen') berücksichtigt, könnte positive Netzeffekte auslösen. Solche Standards sind am ehesten direkt in Form von Absprachen oder Kooperationen von Verlagen untereinander, oder indirekt durch einen Verband, zu erreichen. Zum Erreichen einer kritischen Masse bei der Nutzerzahl ist eine Einbindung vieler oder großer Verlage erforderlich." *(modifiziert)*

starke Ablehnung ├────┼────┼────┤ starke Zustimmung
　　　　　　　　　-2　　0　　+2

Begründung/Kommentar: _____

Vielen Dank für Ihre Mühe!

A.4 Anschreiben, Erläuterungen und Fragebogen Runde 3

Universität Münster
Institut für Informations-, Telekommunikations- und
Medienrecht (ITM) – zivilrechtliche Abteilung
Prof. Dr. Thomas Hoeren

Universität Münster
Prof. Dr. Stefan Klein

Universität Münster · ITM · Leonardo Campus 1 · 48149 Münster

Musterverlag
Abteilung Elektronisches Publizieren
z. Hd. Herrn Dr. Mustermann
Musterstraße 1

12345 Musterort

Ansprechpartner:
Dipl.-Wirt. Inform. Martin Schüngel
Universität Münster, ITM
Leonardo Campus 1, 48149 Münster
Tel.: 0251/83-21175, Fax: -21177
Martin.Schuengel@uni-muenster.de
http://www.uni-muenster.de/Jura.itm/hoeren/

15. April 2002

Delphi-Studie zu Veränderungen des Geschäftsmodells juristischer Verlage, Runde 3

Sehr geehrter Herr Dr. Mustermann,

vielen herzlichen Dank für Ihre Beteiligung auch an der zweiten Runde zur Delphi-Studie. Mit diesem Schreiben erhalten Sie wie angekündigt eine zusammenfassende Auswertung der Ergebnisse der zweiten Runde und den Fragebogen der dritten und damit letzten Runde.

Wie Ihnen bekannt ist, sieht die Delphi-Methodik vor, daß Ihnen ein Großteil der Fragen abermals vorgelegt wird. Wichtig ist dabei, daß Sie bei der erneuten Beantwortung die Ergebnisse der Vorrunde berücksichtigen. Sie sollen Ihnen das Meinungsbild der übrigen Experten transparent machen und Ihnen gegebenenfalls eine Anpassung Ihrer Antwort ermöglichen. Wir bitten Sie, vor allem an den Positionen, bei denen noch stark divergierende Meinungen festzustellen sind, im neuen Fragebogen Ihre Position kurz zu begründen.

Wie auch in der Vorrunde stellen wir dieser Auswertung jeweils Ihre Antwort aus der vorherigen Runde gegenüber, um Ihnen die Bearbeitung zu erleichtern. Auch konnte die Zahl der Items um knapp 20% reduziert werden. Der Aufwand sollte sich damit für Sie gegenüber der Vorrunde deutlich reduzieren, zumal Sie inzwischen mit dem Thema vertrauter sind.

Vor dem Fragebogen finden Sie erneut einen inhaltlich unveränderten kurzen Leitfaden zum Ausfüllen des Fragebogens. Wir bitten Sie, uns den Fragebogen bis zum Donnerstag, dem 25. April 2002 zurückzusenden.

Sie erhalten nach Abschluß und Auswertung der Studie eine Gesamtzusammenfassung, damit Sie die eigene Positionierung noch besser einschätzen können. In dieser sind auch die Ergebnisse der Vorrunden enthalten.

Wir bedanken uns nochmals für Ihre Teilnahme und verbleiben

mit freundlichen Grüßen

(i. V. Martin Schüngel)

Leitfaden zur Delphi-Studie zu Veränderungen des
Geschäftsmodells juristischer Verlage

Universität Münster
Prof. Dr. Thomas Hoeren
Prof. Dr. Stefan Klein

3. Runde

April 2002

Beigefügt finden Sie die komprimierte Auswertung zur 2. Runde („Feedback") sowie den Fragebogen zur 3. Runde.

Wir empfehlen Ihnen wiederum, zum Ausfüllen des Fragebogens den Feedback-Bogen und den Fragebogen nebeneinander „Seite an Seite" zu legen. Die Numerierung wurde beibehalten, so daß die Fragen korrespondieren. Auf diese Weise können Sie sich für jede Frage jeweils zunächst die Ergebnisse und Kommentare der 2. Runde ansehen und mit Ihrer eigenen Bewertung, die ebenfalls auf dem Bogen vermerkt ist, vergleichen. Wir bitten Sie, anschließend Ihr Urteil angesichts der Einschätzungen der übrigen Experten zu überprüfen und erneut eine Bewertung abzugeben. Dabei können Sie von Ihrer Einschätzung der Vorrunden abweichen, Sie können sie aber auch aufrecht erhalten. Sie sollten sich dabei ausschließlich von Ihrer fachlichen Meinung leiten lassen. Sollte Ihre Einschätzung außerhalb des grafisch grau markierten „Hauses" liegen, das die Mehrheitsmeinung der Experten anzeigt, so können Sie auch dies gerne vertreten. Es wäre aber schön, wenn Sie dann eine kurze Begründung notieren könnten, warum Sie die Mehrheitsmeinung für falsch und Ihre Einschätzung für zutreffender halten.

Einige Fragen haben wir wiederum in der 3. Runde ausgelassen, insbesondere wenn die Bewertung bereits sehr stabil war oder deutlich darauf hindeutete, daß diesem Aspekt keine Bedeutung zugemessen wurde. Bei anderen Punkten haben wir dafür Fragestellungen ergänzt oder die Fragestellung modifiziert und damit auch Anmerkungen aus der Vorrunde aufgegriffen.

Veränderungen des Geschäftsmodells juristischer Verlage
Delphi-Studie, Fragebogen zur Runde 3

Universität Münster
Institut für Informations-, Telekommunikations-
und Medienrecht (ITM) - zivilrechtliche Abteilung
z. Hd. Herrn Martin Schüngel
Leonardo Campus 1

48149 Münster

Es wird zugesichert, daß alle Angaben in diesem Fragebogen ausschließlich für die empirische Untersuchung verwendet werden. Insbesondere werden Einzelangaben nur anonymisiert an Dritte weitergegeben.

Antwort von Herrn Dr. Mustermann, Musterverlag

*** Bitte unbedingt bis zum Donnerstag, dem 25. April 2002 zurücksenden! ***

Bitte beantworten Sie die folgenden Fragen unabhängig von der konkreten Situation in Ihrem Verlag. Gefragt ist vielmehr Ihre Fachexpertise für die gesamte Branche.

A   Aktuelle Branchensituation

A.2   Wie relevant sind die folgenden Hemmnisse, die ein Engagement der Verlage behindern könnten?

	Derzeit	*In 3 Jahren*	*In 10 Jahren*
Mangelnde digitale Verfügbarkeit/Aufbereitung der Altdaten	nicht — sehr (0–4)	nicht — sehr (0–4)	nicht — sehr (0–4)
Fehlendes standardisiertes Datenformat zum Datenaustausch von z. B. Entscheidungen	nicht — sehr (0–4)	nicht — sehr (0–4)	nicht — sehr (0–4)
Mangelnde Wirtschaftlichkeit: (Zu) hohe Investitionen bei schleppender Akzeptanz & Nutzung durch Juristen (Einzelgründe siehe B.3)	nicht — sehr (0–4)	nicht — sehr (0–4)	nicht — sehr (0–4)
Fehlende Erfahrung in einem dynamischen Umfeld	nicht — sehr (0–4)	nicht — sehr (0–4)	nicht — sehr (0–4)
Angst vor "Kannibalisierung" / Substitution der eigenen Printprodukte	nicht — sehr (0–4)	nicht — sehr (0–4)	nicht — sehr (0–4)
Mangelnde Bereitschaft der Autoren, zusätzliche Aufbereitungen der Texte vorzunehmen	nicht — sehr (0–4)	nicht — sehr (0–4)	nicht — sehr (0–4)
Mangelnde Bereitschaft zur Kooperation mit anderen Verlagen *(leicht modifiziert)*	nicht — sehr (0–4)	nicht — sehr (0–4)	nicht — sehr (0–4)
Hohe Kosten bei Abrechnungsverfahren	nicht — sehr (0–4)	nicht — sehr (0–4)	nicht — sehr (0–4)
Mißbrauchsbefürchtung	nicht — sehr (0–4)	nicht — sehr (0–4)	nicht — sehr (0–4)

Begründung/Kommentar/Ergänzung: _____

A.5   Ein Markteintritt eines neuen relevanten Mitbewerbers wird für wahrscheinlich gehalten (Vorrunden Frage A.4). Unterstellen Sie bitte daher bei den folgenden Fragen, daß ein solcher wahrscheinlich ist.

A.5.1 Wie beurteilen Sie die Wahrscheinlichkeit, daß ein Markteintritt überwiegend erfolgt ... *(neu)*

... durch ein eigenständig erbrachtes Angebot	-2 ——— 0 ——— +2 sehr unwahrscheinlich · sehr wahrscheinlich
... durch Kooperationen	-2 ——— 0 ——— +2 sehr unwahrscheinlich · sehr wahrscheinlich
... durch Übernahmen	-2 ——— 0 ——— +2 sehr unwahrscheinlich · sehr wahrscheinlich

Begründung/Kommentar/Ergänzung: _____

A.5.2 Wie groß ist die Bedrohung für etablierte Spieler durch einen neuen Wettbewerber? *(neu)*

Für große etablierte Anbieter	niedrig ——— hoch 0 2 4
Für kleine etablierte Anbieter	niedrig ——— hoch 0 2 4

Begründung/Kommentar/Ergänzung: _____

B Leistungsangebote

B.1 Welche Mehrwerte von Onlineprodukten werden für juristische Kunden am wichtigsten sein? *(Bitte Rangziffern von 1-6, dabei stellt 1 den wichtigsten Rang dar. Bitte jeden Rang nur 1x vergeben.)*

Größere Aktualität	☐
Effizientere und mächtigere Suchfunktionen	☐
(Automatische) Lieferung individuellerer, genauer passender Informationen *(modifiziert)*	☐
Direkterer Zugriff auf weiterführende Hinweise (z. B. „Gesetzestexte per Hyperlink")	☐
Orts- und zeitunabhängigere Verfügbarkeit direkt am Schreibtisch (sowohl Büro als auch häuslicher Arbeitsplatz), dadurch konzentrierteres Arbeiten	☐
Weniger Verwaltungstätigkeiten im Vergleich zu Loseblattwerken oder Zeitschriften	☐

Begründung/Kommentar/Ergänzung: _____

B.2 Welche Vorteile von Onlineprodukten sind für juristische Verlage am wichtigsten? *(bitte Rangziffern von 1-5, dabei stellt 1 den wichtigsten Rang dar. Bitte jeden Rang nur einmal vergeben.)*

Höherer Mehrwert für die Kunden (siehe B.1)	☐
Geringere Stückkosten, daher profitabler oder zu reduziertem Preis *(modifiziert)*	☐
Neuartige Leistungsangebotsformen werden ermöglicht *(leicht modifiziert)*	☐
Mehrfachverwertung der Inhalte für Print- und Online	☐
Bearbeitung von fachlichen Nischen wird wirtschaftlich möglich *(modifiziert)*	☐

Begründung/Kommentar/Ergänzung: _____

B.3 Was könnte die Kunden davon abhalten, Onlineangebote von professionellen juristischen Informationsanbietern zu nutzen? *(bitte Rangziffern von 1-9, dabei stellt 1 den wichtigsten Grund dar. Bitte jeden Rang nur einmal vergeben.)*

Unsicherheit über Qualität	☐
Mehrwert (siehe B.1) ist nicht ausreichend für einen Wechsel des Produkts und eine Umstellung der Arbeitsabläufe und Nutzungsgewohnheiten	☐
Tatsächlich fehlende Qualität	☐
Lesbarkeit am Bildschirm schlechter bzw. umständlicher	☐
Spontane Handhabung umständlicher (Computer anschalten, Seitenaufruf, ...)	☐
Mangelndes Vertrauen in die Dauerhaftigkeit und eine verläßliche Verfügbarkeit	☐
Zitierfähigkeit insbesondere aufgrund der möglichen zeitlichen Instabilität (Überarbeitungen/Versionen) erschwert *(leicht modifiziert)*	☐
Kostenpflichtigkeit und Höhe der Preise	☐
Ablehnende Grundeinstellung (ohne o. g. Sachgründe) zur Nutzung des Mediums – Unkenntnis/Unsicherheit, Verweigerung einer Abkehr von traditionellen Nutzungsgewohnheiten unabhängig von einem eventuellen Mehrwert *(leicht modifiziert)*	☐

Begründung/Kommentar/Ergänzung: _____

B.4 Welche Bedeutung haben die folgenden Produktarten als kommerzielle Leistungsangebote jetzt und zukünftig, d.h. wie hoch ist bisher die Bedeutung von Onlineprodukten, wie hoch wird sie zukünftig sein und wie stark werden etablierte Produkte substituiert werden? *(in Bezug auf professionelle juristische Informationsanbieter)*

	Derzeit	In 3 Jahren	In 10 Jahren
Gedruckte Nachschlagewerke (Kommentare, Gesetzestexte, Handbücher)	niedrig 0—2—4 hoch	niedrig 0—2—4 hoch	niedrig 0—2—4 hoch
Nachschlagewerke in Form digitaler Bücher	niedrig 0—2—4 hoch	niedrig 0—2—4 hoch	niedrig 0—2—4 hoch
Nachschlagewerke Online (speziell programmierte Arbeitsumgebungen)	niedrig 0—2—4 hoch	niedrig 0—2—4 hoch	niedrig 0—2—4 hoch
(Individuelle) elektronische Newsletter	niedrig 0—2—4 hoch	niedrig 0—2—4 hoch	niedrig 0—2—4 hoch
Kundenspezifische Dienstleistung (siehe B.5)	niedrig 0—2—4 hoch	niedrig 0—2—4 hoch	niedrig 0—2—4 hoch
Elektronische Zeitschriften	niedrig 0—2—4 hoch	niedrig 0—2—4 hoch	niedrig 0—2—4 hoch
Sonstige Fachbücher online (z. B. für Online Print-On-Demand)	niedrig 0—2—4 hoch	niedrig 0—2—4 hoch	niedrig 0—2—4 hoch
Online bereitgestellte Expertensysteme, z. B. zur strukturierten Fallbearbeitung (siehe B.10)	niedrig 0—2—4 hoch	niedrig 0—2—4 hoch	niedrig 0—2—4 hoch

Begründung/Kommentar/Ergänzung: _____

B.5 Welche Ausgestaltungen sehen Sie langfristig für die in B.4 erwähnten kundenspezifischen Dienstleistungen? *Bitte beurteilen Sie die Bedeutung der vorgeschlagenen Konkretisierungen.*

	niedrig 0 — 2 — 4 hoch
Überwachung & Benachrichtigung bei relevanten Informationen (aktuelle Änderungen/Entscheidungen) in kundenspezifisch benannten (Rechts-) Bereichen	niedrig 0 — 2 — 4 hoch
Speisung der Kunden-Intranets	niedrig 0 — 2 — 4 hoch
Individuell gebündeltes und dennoch integriertes Angebot von Onlineprodukten	niedrig 0 — 2 — 4 hoch
Individualisierung der Informationen, z. B. eines Newsletters	niedrig 0 — 2 — 4 hoch
Auftragsrecherche	niedrig 0 — 2 — 4 hoch

Begründung/Kommentar/Ergänzung: _____

B.7 Netzeffektgüter sind Produkte, die ihren vollen Nutzen aus Nutzersicht erst dann entfalten, wenn möglichst viele andere Personen sie ebenfalls benutzen (z. B. Telefax, Videosystem VHS). Typischerweise muß bei ihnen zunächst eine „kritische Masse" erreicht werden. Welche Realisierungschance und Bedeutung haben mittel- bis langfristig die folgenden potentiellen Netzeffektgüter juristischer Verlage?

	niedrig 0 — 2 — 4 hoch
Fachinformationen wie z. B. Rechtsprechung in einem standardisierten Datenformat, das die Übernahme in eigene Kanzleianwendungen erleichtern würde	niedrig 0 — 2 — 4 hoch
Etablierung eines Onlineangebots als „Muß" für alle Juristen, z. B. als Standardquelle für z. B. Entscheidungen (vergleichbar BGHZ) *(modifiziert)*	niedrig 0 — 2 — 4 hoch
Etablierung eines integrierenden Angebots (z. B. Online-Kommentar) mit spezieller Oberfläche und Standard-Schnittstellen, in die auch fremde Angebote (z. B. Gesetzestexte, Rechtsprechung) „eingekuppelt" werden können. *(neu)*	niedrig 0 — 2 — 4 hoch
Besetzung des Marktes für mobilen Datenzugriff mit eigens entwickelten Anwendungen (z. B. für PDA's) *(neu)*	niedrig 0 — 2 — 4 hoch

Begründung/Kommentar/Ergänzung: _____

B.8 Wie groß ist die Bedrohung für online angebotene Leistungen, die z. B. Normen oder Entscheidungen beinhalten (also z. B. Nachschlagewerke, Infodienste und Zeitschriften), durch ein eigenes Angebot der originären Ersteller, also der Regierung oder der Gerichte? Für eine Bedrohung spricht z. B. der zunehmende Trend zu eigenen kostenlosen Angeboten solcher Institutionen. Gegen eine Bedrohung spricht z. B. der dort fehlende Mehrwert sowie das verstreute und heterogene Angebot.

niedrig 0 — 2 — 4 hoch

Begründung/Kommentar: _____

B.9 Wie wahrscheinlich ist es, daß eine zunehmende Verbreitung von mobilen Zugriffsmöglichkeiten langfristig die Nutzung von Onlineangeboten durch Juristen deutlich fördert? *(leicht modifiziert)*

sehr unwahrscheinlich -2 — 0 — +2 sehr wahrscheinlich

Begründung/Kommentar: _____

B.10.1 Welche Expertensysteme werden bereits online durch professionelle juristische Informationsanbieter, insbesondere Fachverlage, bereitgestellt? *Bitte nennen Sie möglichst konkrete Beispiele! (neu)*

Anschreiben, Erläuterungen und Fragebogen Runde 3

B.10.2 In welchen Bereichen scheint Ihnen ein Angebot von online bereitgestellten Expertensystemen durch professionelle juristische Informationsanbieter, insbesondere Fachverlage, langfristig wahrscheinlich? *Bitte nennen Sie möglichst konkrete Beispiele! (neu)*

_____

_____

B.11 Die Befragung ergab in B.4 eine zunehmende Bedeutung elektronischer Nachschlagewerke bei gleichzeitig nur leicht abnehmender Bedeutung gedruckter. *Wie beurteilen Sie folgende These?*
„Elektronische Nachschlagewerke werden überwiegend neben gedruckte treten und das Volumen des Segments vergrößern. Es handelt sich überwiegend um zusätzlichen Umsatz und keine Substitution." *(neu)*

starke Ablehnung ├────┼────┼────┼────┤ starke Zustimmung
                     -2   0   +2

Abweichende Meinung im Falle einer Ablehnung: _____

B.12 Die Befragung ergab in B.4 in weiten Bereichen langfristig eine geringere, aber nicht verschwindende Bedeutung von Printprodukten. *Wie beurteilen Sie folgende These?* „Die Parallelität Print/Online führt zu deutlich erhöhtem Aufwand und verschlechtert die Ertragssituation juristischer Verlage." *(neu)*

starke Ablehnung ├────┼────┼────┼────┤ starke Zustimmung
                     -2   0   +2

Begründung/Kommentar: _____

C   Erlösmodelle

C.3 Wie beurteilen Sie die Eignung von Niedrigpreisstrategien für modifizierte Produkte parallel zu einem hochpreisigen Angebot, um zusätzliche Nachfrage, evtl. in neuen Zielsegmenten, zu erschließen?

niedrig ├────┼────┼────┼────┤ hoch
          0   2   4

Begründung/Kommentar: _____

C.4 Der These einer erhöhten Bedeutung von Preisdifferenzierung, insbesondere dynamischen Preismodellen, wurde in den Vorrunden zugestimmt (Frage G.2). Dynamische Preismodelle lösen sich von fixen, anbieterseitig im vorhinein für alle Kundengruppen fixierten Preisen und beziehen situationsabhängig bei der Preisermittlung den Nachfrager und z. B. seinen individuellen Nutzen mit ein. Der konkrete Preis ergibt sich – weitgehend automatisiert – erst aus den spezifischen Eigenschaften einer Transaktion. Gegen dynamische Preismodelle könnte allerdings die Preisunempfindlichkeit der Nachfrager sprechen. Welche Bedeutung haben für juristische Informationsanbieter langfristig dynamische Preismodelle, die z. B. auf den folgenden Kriterien basieren könnten? *(neu)*

	niedrig hoch
„Wert" des Kunden, also wie hoch bzw. profitabel ist der mit ihm bisher bzw. zukünftig erzielbare Umsatz (abhängig z. B. von Größe des Kunden oder der Übereinstimmung der fachlichen Spezialisierung des Kunden mit der des Verlags)	├──┼──┼──┤ 0 2 4
Aktualität/Schnelligkeit der Informationsbereitstellung oder z. B. einer Kommentierung (Preis fällt mit zunehmendem Alter)	niedrig hoch ├──┼──┼──┤ 0 2 4
Nachfrage insgesamt auf das Angebot, d. h. Zahl der parallelen Zugriffe	niedrig hoch ├──┼──┼──┤ 0 2 4
Umsatz mit einem Kunden insgesamt, bezogen auf das gesamte Verlagsangebot (Mengenrabatt)	niedrig hoch ├──┼──┼──┤ 0 2 4
Komfort des Zugriffs, z. B. komplexere Detailsuchen, mit/ohne Schlagwortsuche sowie Komfort der gelieferten Informationen, z. B. Art der Datenaufbereitung, Datenübernahmemöglichkeiten, ...	niedrig hoch ├──┼──┼──┤ 0 2 4

Preisbietungsverfahren (analog z. B. Priceline.com): Der Kunde benennt einen Preis, den ihm eine Leistung wert ist, und läßt dem Anbieter bestimmte Freiheitsgrade (z. B. Grad der Aktualität, Aufbereitung, Komfort). Der Anbieter kann entscheiden, ob er zu diesem Preis liefert, um z. B. zusätzlichen Umsatz zu realisieren. Der Preis wird nicht veröffentlicht, um keinen Präzedenzfall zu schaffen.

niedrig   hoch
0   2   4

Begründung/Kommentar/Ergänzung: _____

D Beschaffung

Dieser Abschnitt konzentriert sich auf die Beschaffung von Fachinformationen wie z. B. Leitsätze oder Volltexte von Gerichtsentscheidungen:

D.1 Es sind Dienstleister denkbar, die Informationen von Gerichten beziehen, sie ggf. digitalisieren und syntaktisch aufbereiten und sie dann an andere Verlage weitervertreiben. Diese Dienstleister könnten auch z. B. eine Bündelungsfunktion wahrnehmen und den Verlagen den Bezug von nur einer Quelle anstelle vieler einzelner Gerichte ermöglichen sowie die Kosten der Gerichte auf mehrere Verlage verteilen und somit kostengünstiger als die Gerichte anbieten. Denkbar wäre aber, daß beispielsweise Gerichte dazu übergehen, bereits selbst Informationen syntaktisch aufbereitet zur Verfügung zu stellen und so zumindest die Aufbereitungsfunktion der Dienstleister überflüssig machen. *(leicht modifiziert)*

Wie beurteilen Sie den zeitlichen Verlauf der Bedeutung solcher Dienstleister?

Derzeit	In 3 Jahren	In 10 Jahren
niedrig hoch 0 2 4	niedrig hoch 0 2 4	niedrig hoch 0 2 4

Begründung/Kommentar: _____

D.5 Syntaktische, z. B. XML-basierte, Standards für z. B. Gerichtsentscheidungen für die Beschaffung und Verarbeitung von Fachinformationen durch die Verlage wurden in den Vorrunden als wichtig eingestuft und es wird mit ihrer langfristigen Durchsetzung gerechnet (siehe Vorrunde D.2). Für eine verlagsübergreifende Verwendung des Standards muß aber ein einheitliches Vokabular festgelegt werden. Erforderlich für eine Durchsetzung am Markt ist zudem zunächst das Erreichen einer kritischen Masse, d. h. eine ausreichende Akzeptanz und Verwendung. Wem trauen Sie am ehesten eine Definition und Etablierung eines solchen Standards für z. B. Gerichtsentscheidungen zu? *Bitte wählen Sie nur diejenige Institution, der Sie es am ehesten zutrauen. Wenn Sie es am ehesten Kooperationen mehrerer Institutionen zutrauen, kreuzen Sie bitte alle Beteiligten an. (neu)*

❏ öff. Institutionen (Gerichte, Ministerien)   ❏ Marktführenden Verlagen
❏ Verbände (Börsenverein oder Suborganisationen)   ❏ Kleine Verlage
❏ Wissenschaft   ❏ Datenbankbetreiber
❏ Dienstleister (siehe D.1) oder Marktplatz
❏ Sonstiger: _____
❏ Ich rechne nicht mit der Durchsetzung eines solchen Standards

Begründung/Kommentar: _____

E Distribution

E.1.1 These: „Kurz- bis mittelfristig kann der klassische Bucheinzelhandel aufgrund seiner Kundennähe den Vertrieb von Onlineprodukten sinnvoll unterstützen, indem er z. B. erklärungsbedürftige Onlineprodukte erläutert und sie aktiv vermarktet." *(letzter Satz aus Runde 2 jetzt in E.1.2 und E.3)*

starke Ablehnung ├─────┼─────┼─────┤ starke Zustimmung
                 -2   0   +2

Begründung/Kommentar: _____

E.1.2 *These:* „Langfristig nimmt die Bedeutung des klassischen Bucheinzelhandel für den Vertrieb von Onlineprodukten mit deren zunehmender Etablierung stark ab." *(neu, abgetrennt aus E.1 aus Runde 2)*

starke Ablehnung ⊢―――⊢―――⊢―――⊢―――⊣ starke Zustimmung
　　　　　　　　　-2　　　　0　　　　+2

Begründung/Kommentar: _____

E.3 Wie ist die langfristige Eignung folgender Vertriebswege für Onlineprodukte von juristischen Verlagen? *(modifiziert)*

Vertriebsweg	niedrig 0 — 2 — 4 hoch
Verlage selber im Direktvertrieb	
Klassischer Bucheinzelhandel	
Branchensoftware-Anbieter	
Juristische Portale bzw. Suchmaschinen (Soldan u.ä.)	
Spezialisierte Agenturen oder Vertreter, die sich auf den Vertrieb rein elektronischer juristischer Informationen konzentrieren.	
Neutrale Datenbank-Aggregatoren (z. B. Alexis, Legios)	
Onlinebuchhändler wie Amazon etc.	

Begründung/Kommentar/Ergänzung: _____

F Leistungserstellung

F.1 Wie hoch ist die Wahrscheinlichkeit, daß die folgenden Funktionen bzw. Rollen im Onlinebereich langfristig überwiegend von juristischen Verlagen ausgefüllt werden? *(Gefragt ist nicht die Bedeutung dieser Funktionen, sondern nach der Wahrscheinlichkeit, daß juristische Verlage sie erbringen.)*

Funktion	niedrig 0 — 2 — 4 hoch
Qualitätssicherung	
Redaktionelle Aufbereitung (Einordnen in Kontext, ggf. Kommentierung, ...)	
Selektion von Informationen	
Verwaltung, Überwachung der Aktualität und ggf. Aktualisierung aufbereiteter Informationen (für Verlagsprodukte, Zweitverwertung, ...)	
Vertrieb klassischer (primär eigener) Verlagsprodukte *(leicht modifiziert)*	
Syntaktische und semantische Aufbereitung von Fachinformationen (Metainformationen ergänzen, ...), primär für die Verwendung in Datenbanken und individualisierten Angeboten *(leicht modifiziert)*	
Einkauf von Fachinformationen, Kontaktpflege zu originären Informationslieferanten	
Individualisierung, d. h. kundenorientierter individueller Zuschnitt von Fachinformationen	
Schnittstelle zum Kunden, Kundengewinnung, -bindung, Betreiben von Orientierungsstellen im Internet (Portalfunktion), Markenmanagement	

| Vertrieb von (primär eigenen) Onlineprodukten *(leicht modifiziert)* | niedrig 0 — 2 — 4 hoch |

Begründung/Kommentar/Ergänzung: _____

F.4 Wie beurteilen Sie die langfristige Eignung und tatsächliche Realisierbarkeit von Kooperationen für juristische Verlage? *(leicht modifiziert)*

Betriebskooperationen zur Nutzung von Synergien (z. B. gemeinsam genutzte Technik und Software), aber unterschiedliche „Gesichter" nach außen	niedrig 0 — 2 — 4 hoch
Vertriebskooperationen insbesondere mit Online-Plattformen mit dem Ziel, das Onlineangebot weitgehend extern zu betreiben (der Verlag liefert nur Inhalte)	niedrig 0 — 2 — 4 hoch
Beschaffungskooperationen, z. B. die einmalige gemeinsame Beschaffung von Fachinformationen, die dann unmittelbar an andere Verlage zur Kostenverteilung und -senkung weitergegeben werden *(leicht modifiziert)*	niedrig 0 — 2 — 4 hoch
Vertriebskooperationen z. B. mit anderen Verlagen mit dem Ziel, Inhalte gemeinsam anzubieten und so ein (in der Vorrunde in Frage B.6 als bedeutsam erachtetes) umfassenderes und vernetztes Angebot zu schaffen *(leicht modif.)*	niedrig 0 — 2 — 4 hoch
Kooperationen bei der syntaktischen und semantischen Aufbereitung von Fachinformationen (Metainformationen ergänzen, ...) *(leicht modifiziert)*	niedrig 0 — 2 — 4 hoch
Kooperationen zur gemeinsamen Definition und Durchsetzung von Standards, z. B. bei Datenformaten und Zitationsformaten (siehe B.7, D.5 und G.6) *(neu)*	niedrig 0 — 2 — 4 hoch

Begründung/Kommentar/Ergänzung: _____

F.5 Wie wahrscheinlich ist langfristig für den Onlinebereich ein Wandel des Wertschöpfungsprozesses zu einem Netzwerk von Unternehmen bzw. professionellen juristischen Informationsanbietern (Verlage, Datenbankbetreiber), die gemeinsam ein Angebot erbringen? *(leicht modifiziert)*

sehr unwahrscheinlich −2 — 0 — +2 sehr wahrscheinlich

Begründung/Kommentar: _____

F.6 Wird langfristig eher ein Verlag oder eher ein anderer Akteur die verschiedenen Akteure und Kooperationspartner bei der Erstellung von Onlineprodukten (also den Wertschöpfungsprozeß oder das Netzwerk) koordinieren? *(neu, basierend auf Ergebnissen zu letztem Punkt aus F.1 der Vorrunde)*

G Thesen zur langfristigen zukünftigen Entwicklung

G.1.1 „Künftig wird verstärkt eine Differenzierung des Leistungsangebots nach Kundenwert bzw. Professionalität des Kunden stattfinden: Übernahme des kompletten Informationsmanagements, was aufgrund der relativ hohen Konfigurationsfixkosten primär für professionelle Großkunden, etwa große Kanzleien, wirtschaftlich ist. Es beinhaltet eine automatische Speisung des Intranets durch den Verlag und die individuelle profilgestützte Versorgung der einzelnen Mitarbeiter mit genau den Informationen, die für das spezifische Aufgabenfeld benötigt werden. Erforderlich ist hierzu je nach Kundenwunsch ggf. auch eine Einbindung des Angebots von anderen Verlagen. Hieraus ergibt sich ein Wertschöpfungsnetz, das vom Verlag koordiniert und je nach Kunde individuell konfiguriert wird."

starke Ablehnung −2 — 0 — +2 starke Zustimmung

Begründung/Kommentar: _____

Vielen Dank für Ihre Mühe!

A.5 Konsolidierter Gesamt-Feedbackbogen

A Aktuelle Branchensituation

A.1 Als wie engagiert würden Sie juristische Verlage derzeit im Onlinebereich einstufen? *(Runde 1)*

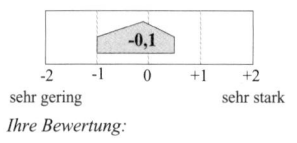

```
         -0,1
 -2   -1   0   +1   +2
sehr gering      sehr stark
   Ihre Bewertung:
```

Anmerkungen:
- Viel in strategischer Diskussion, noch wenig konkret umgesetzt.
- Geschickte Kombinationen offline/online werden zu wenig genutzt.
- Verlage suchen sich als Informationslieferanten für „Portale" zu etablieren.
- Einige bauen ihren Online-Bereich rasant aus und haben Bedeutung der Online-Option früh erkannt.

A.2/3 Wie relevant sind die folgenden Hemmnisse, die ein Engagement der Verlage behindern könnten?

	Derzeit	In 3 Jahren	In 10 Jahren
Mangelnde digitale Verfügbarkeit/Aufbereitung der Altdaten	3,5 / 3,0 / 3,0	2,0 / 2,0 / 2,0	1,0 / 1,0 / 1,0
Mangelnde Wirtschaftlichkeit: (Zu) hohe Investitionen bei schleppender Akzeptanz & Nutzung durch Juristen (Einzelgründe → B.3)	3,0 / 3,0 / 3,0	2,3 / 2,0 / 2,0	1,5 / 1,0 / 1,0
Mangelnde Bereitschaft der Autoren, zusätzliche Aufbereitungen der Texte vorzunehmen	3,0 / 3,0 / 3,0	2,0 / 2,0 / 2,0	1,3 / 1,0 / 1,0
Fehlendes standardisiertes Datenformat zum Datenaustausch von z. B. Entscheidungen	3,0 / 3,0 / 3,0	1,9 / 2,0 / 2,0	1,0 / 1,0 / 1,0
Fehlende Erfahrung in einem dynamischen Umfeld	3,0 / 3,0 / 3,0	1,5 / 2,0 / 2,0	0,8 / 1,0 / 1,0

(Skala jeweils: 0 nicht – 4 sehr, *Ihre Bewertung*)

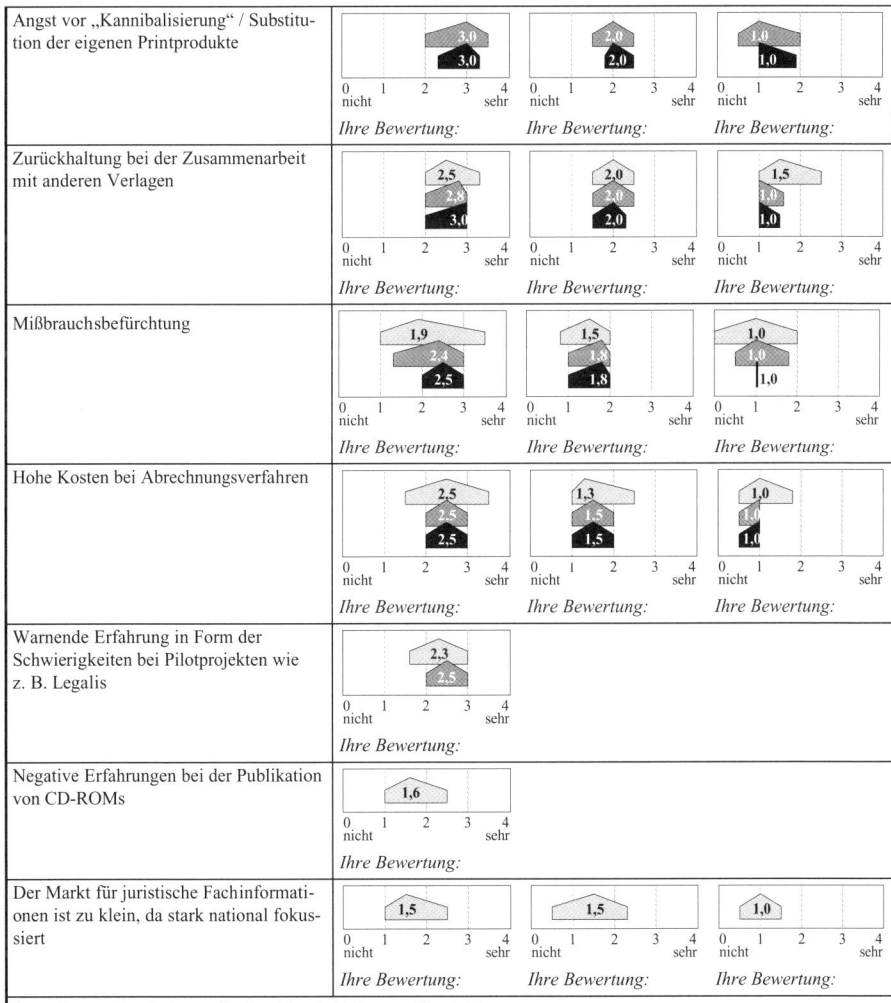

Angst vor „Kannibalisierung" / Substitution der eigenen Printprodukte	3,0 / 3,0	2,0 / 2,0	1,0 / 1,0
	Ihre Bewertung:	*Ihre Bewertung:*	*Ihre Bewertung:*
Zurückhaltung bei der Zusammenarbeit mit anderen Verlagen	2,5 / 2,8 / 3,0	2,0 / 2,0 / 2,0	1,5 / 1,0 / 1,0
	Ihre Bewertung:	*Ihre Bewertung:*	*Ihre Bewertung:*
Mißbrauchsbefürchtung	1,9 / 2,4 / 2,5	1,5 / 1,8 / 1,8	1,0 / 1,0 / 1,0
	Ihre Bewertung:	*Ihre Bewertung:*	*Ihre Bewertung:*
Hohe Kosten bei Abrechnungsverfahren	2,5 / 2,5 / 2,5	1,3 / 1,5 / 1,5	1,0 / 1,0 / 1,0
	Ihre Bewertung:	*Ihre Bewertung:*	*Ihre Bewertung:*
Warnende Erfahrung in Form der Schwierigkeiten bei Pilotprojekten wie z. B. Legalis	2,3 / 2,5		
	Ihre Bewertung:		
Negative Erfahrungen bei der Publikation von CD-ROMs	1,6		
	Ihre Bewertung:		
Der Markt für juristische Fachinformationen ist zu klein, da stark national fokussiert	1,5	1,5	1,0
	Ihre Bewertung:	*Ihre Bewertung:*	*Ihre Bewertung:*

Anmerkungen, Begründungen für abweichende Meinungen *(Runde 3)*:
- Zum Altdatenproblem: Altdaten sollten in 10 Jahren kein Problem mehr sein, da die Satzbetriebe mittlerweile digitale Daten erstellen (PDF).
- Zur Wirtschaftlichkeit: Die angeblich schwache Wirtschaftlichkeit wird oft als Schutzargument benutzt. In 10 Jahren dürfte das praktisch kein ernsthaftes Problem mehr sein, zumal wenn man die Wirtschaftlichkeit im Zusammenhang mit einer Reorganisation der internen und übergreifenden Prozesse herstellt (was mancher Praktiker fürchtet). Daher sehe ich die Wirtschaftlichkeitsfrage im Grundsatz weniger kritisch als die Mehrzahl der Experten.
- Zur Wirtschaftlichkeit: Vor allem Investitionskosten sind für kleine und mittlere Verlage immens!
- Zum dynamischen Umfeld: Es tut sich doch gar nichts, wo ist denn da die hohe Dynamik?
- Zur Kannibalisierung: Haben die Verlage erste Produkte gemacht, werden die Umsatzumschichtungsängste vergehen.
- Zur Kannibalisierung: Diese Angst behindert Innovationen bereits seit fünf Jahren. Warum sollte es in drei Jahren anders sein?
- Zur Bereitschaft der Autoren: Es gibt nicht nur Autoren jenseits der 80.
- Zur Bereitschaft der Autoren: In 10 Jahren wird es kein Autor mehr anders kennen.

- Zur Bereitschaft der Autoren: Die datenneutrale Aufbereitung von Autorentexten setzt Kenntnisse und „Werkzeuge" voraus, die dem normalen PC-Nutzer nicht zur Verfügung stehen => Aufgabe der Setzereien/Verlage.
- Zur Bereitschaft der Autoren: Die Kollegen denken vermutlich „Ohne Zusatz-Honorierung".
- Zur Zusammenarbeit mit anderen Verlagen: Wird zunehmen und dann wieder abnehmen, da Versuche von Alleingängen Versuche bleiben. Aktuell ist die Bereitschaft hoch, einer ist bereits 3 Jahre weiter.
- Zu Kosten der Abrechnungsverfahren: Bei eBay wird Vorkasse an wildfremde geleistet - im B2B ist Prepaid meist nicht vorgesehen - alle anderen Möglichkeiten sind zu hoch. (Stiftung Warentest!)
- Zu Kosten der Abrechnungsverfahren: Momentane Kosten sind immens.
- Zu Mißbrauchsbefürchtungen: Die Mehrheit ist zu optimistisch, denn diese Befürchtung hat sehr reale Hintergründe. Die Kopierbarkeit elektronischer Datenbestände wird auch in 10 Jahren bestehen.
- Mein Eindruck ist, daß die Kollegen meinen, mit der Zeit werde alles besser. Blickt man fünf Jahre zurück, ist das Gegenteil der Fall.
- Traditionsbeladene, wenig wandlungsfreudige Umgebung!

Anmerkungen *(Runde 2)*:
- Zur Zeit ist das Geschäftsfeld - soweit ersichtlich - bei allen Verlagen mehr oder weniger defizitär. Außerdem fehlt die klare Strategie. Die Verleger engagieren sich zum einen aus der Angst, Boden zu verlieren, zum anderen, weil alle es tun.
- Zur mangelnden Wirtschaftlichkeit: Die hohen Investitionen liegen im Bereich der Datenaufbereitung, nicht in der Technik des Publizierens oder der Abrechnung.
- Zu Pilotprojekten: neue Projekte (z. B. Legios) werden genau beobachtet.
- Zur Bereitschaft der Autoren: Verlag muß die notwendigen Anreize setzen. Häufig liegen Texte der Autoren ohnehin elektronisch vor. Nicht der Autor, sondern die Organisation der Verlage ist das Problem.
- Zu Kosten der Abrechnungsverfahren: Die Antworten sind zu optimistisch. Die Kosten hängen vom Geschäftsmodell der Banken ab bzw. der Bereitschaft der Verlage, Kostenanteile für die Kunden zu übernehmen.
- Kundenorientiertes Denken fehlt in vielen Verlagen.

Anmerkungen *(Runde 1)*:
- Mangelnde Markt- und Systemkenntnis.
- Angst vor „Kannibalisierung" der eigenen Print-Leistungen.
- Investitionen vor allem für kleinere Verlage zu hoch.
- Mangelnde Zielgruppenakzeptanz verhindert den vehementeren Markteintritt, da die erwarteten Investitionsrückflüsse zu gering eingeschätzt werden. Keine kurzfristigen Gewinne zu erwarten.
- Fehlender Sachverstand bei Mitarbeitern bzw. Schwierigkeiten, geeignete professionelle Dienstleister zu finden.
- Legalis hat gezeigt, daß Verlage mangels eigener Strategie nicht in der Lage sind, strategische Projekte zu betreiben.

A.4 Für wie wahrscheinlich halten Sie einen Markteintritt eines neuen relevanten Mitbewerbers? Wird es sich dabei eher um einen neuen Markteintritt in Deutschland eines ausländischen juristischen Anbieters handeln oder eher um einen branchenfremden Anbieter? *(Runden 1 und 2)*

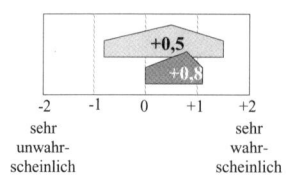

+0,5
+0,8

-2 -1 0 +1 +2
sehr unwahrscheinlich   sehr wahrscheinlich

Ihre Bewertung:

Anmerkungen *(Runde 2)*:
- Ausländischer juristischer Anbieter (14x), z. B. Westlaw, Wolters Kluwer.
- Branchenfremder Anbieter (4x), z. B. Siemens, SAP, WalMart, DaimlerChrysler, wenn es nach Gewinnen riecht.
- Neue Anbieter sind bereits da.
- Mehrere neue Anbieter.
- Für einen absolut neuen Wettbewerber ist der Markt zu statisch und zu klein (vgl. Bemühungen von Westlaw über viele Jahre!).
- Andere Branchen haben mehr Erfahrungen mit Onlinepublikationen großer Mengen an Fachtexten (z. B. Technische Dokumentationen, konzernweite Fortbildungen, Internet-Fachkataloge). Daher weniger Einstiegsangst; juristischer Sachverstand wird zugekauft werden.
- Ein ausländischer Anbieter mit Branchenerfahrung wird sich durch Übernahme eines deutschen Partners bedienen.

Anmerkungen *(Runde 1)*:
- Technikanbieter wie Westlaw sind bereits da - daher kein neuer Wettbewerber erkennbar.
- Konzentration ist viel wahrscheinlicher.

Konsolidierter Gesamt-Feedbackbogen 369

- Der stark fragmentierte deutsche Markt wird sich konsolidieren.
- Der Markt wird von klassischen Verlagen mit Marke dominiert.
- Noch genügend Lücken. Bestehende Online-Dienste leisten inhaltlich und technisch noch nicht das, was möglich wäre.
- Ausländische Konzerne müssen hier aktiv werden und akquirieren derzeit. Übernahme eines großen deutschen Fachverlags?
- Technik-Spezialist oder ganz Marktfremder (Banken, Versicherungen, ...)? Gefüllte Kassen und technische Knowhow, jedoch geringe Zielgruppenkenntnis.

A.5 Ein Markteintritt eines neuen relevanten Mitbewerbers wird für wahrscheinlich gehalten (Frage A.4). Unterstellen Sie bitte daher bei den folgenden Fragen, daß ein solcher wahrscheinlich ist. *(Runde 3)*

A.5.1 Wie beurteilen Sie die Wahrscheinlichkeit, daß ein Markteintritt überwiegend erfolgt ...

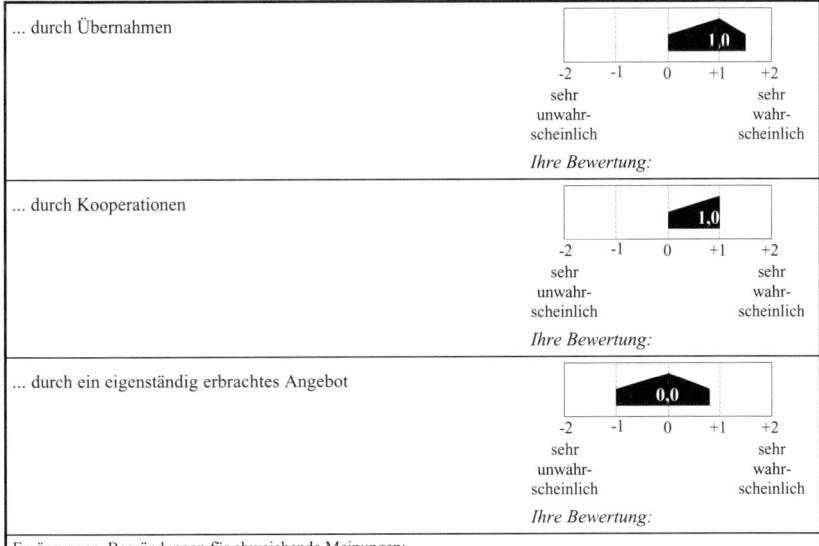

... durch Übernahmen	1,0 (zwischen +1 und +2)
	-2 (sehr unwahrscheinlich) ... +2 (sehr wahrscheinlich) *Ihre Bewertung:*
... durch Kooperationen	1,0 (zwischen 0 und +1)
	-2 (sehr unwahrscheinlich) ... +2 (sehr wahrscheinlich) *Ihre Bewertung:*
... durch ein eigenständig erbrachtes Angebot	0,0
	-2 (sehr unwahrscheinlich) ... +2 (sehr wahrscheinlich) *Ihre Bewertung:*

Ergänzungen, Begründungen für abweichende Meinungen:
- Zu eigenständigem Eintritt: Das Risiko ist extrem hoch, da sehr hohe Kosten.
- Zu Kooperationen: Für Verlage interessant, die Risiken auf agressive Neue verlagern wollen.
- Zu Übernahmen: So sind die deutschen Verleger nicht. Die geben ihre Firma nicht her (Beck).
- Es werden immer wieder vereinzelte, letztlich jedoch glücklose Versuche gemacht werden.
- Dennoch sind mögliche Partner für Kooperationen nur in begrenzter Zahl vorhanden. In absehbarer Zeit wird jede praxisrelevante Fachinformation unter irgendeinem Dach sein (oder unter mehreren).
- Durch Kooperationen lassen sich sowohl Marken als auch Know-How am günstigsten einbinden.
- Es wird zwar ein eigenständiges Angebot geben, die Inhalte sind aber teilweise über Kooperationen (Content Syndication) erworben. Darüber hinaus sind Kooperationen denkbar, die den Marktzugang von Externen erleichtern.
- Da ein Markteintritt entweder aus benachbarten Branchen und/oder aus dem Ausland erfolgt, ist Kooperation oder Übernahme wahrscheinlicher als isolierter Eigenauftritt.
- Aufgrund relativ gesunder Struktur eher wenige Übernahmen als eigenständige Leistungen.
- Ausländischer juristischer Fachverlag, evtl. in Kooperation mit deutschem, am wahrscheinlichsten.
- Juristische deutschsprachige Inhalte sind vorhanden, Kapitalmittel zum Aufbau elektr. Publizierens wird benötigt.

A.5.2 Wie groß ist die Bedrohung für etablierte Spieler durch einen neuen Wettbewerber?

Für kleine etablierte Anbieter	2,7 0 1 2 3 4 niedrig hoch *Ihre Bewertung:*
Für große etablierte Anbieter	1,5 0 1 2 3 4 niedrig hoch *Ihre Bewertung:*
Ergänzungen, Begründungen für abweichende Meinungen: • Etablierte Spieler haben ihre Marke. Da Kunden die Qualität von eProdukten nur schwer einschätzen können, baut diese eine hohe Markteintrittsschwelle auf. • Finanzmittel entscheidend, Rechtsform (Familienunternehmen) für Übernahmen anfällig. • Für große (neue) Würfe wird die Zeit langsam knapp - der Markt ist begrenzt. • Auch große neue Wettbewerber sind so flexibel wie kleine Anbieter, weil sie neu aufsetzen können (technisch und inhaltlich), zusätzlich zur Investitionskraft. • Ceteris paribus haben große etablierte Anbieter einen höheren Reputationsvoteil und sind daher weniger gefährdet. • Gerade im Juristischen zählen Name und Bestand etablierter Unternehmen (siehe Beck u.a.). • Kleine Anbieter sind oft von einigen wenigen Produkten abhängig und haben kaum Chancen der Quersubventionierung. • Es gibt keine kleinen etablierten Anbieter. • Kleine haben ihre Nischen, den Großen geht es via Eigenverlag und Internet an den Kragen. • Je spezieller das etablierte Angebot, desto geringer die Gefahr. • Kleine Anbieter könnten gegenhalten, wenn sie eine Nische bedienen.	

B   Leistungsangebote

B.1 Welche Mehrwerte von Onlineprodukten werden für die Kunden am wichtigsten sein?

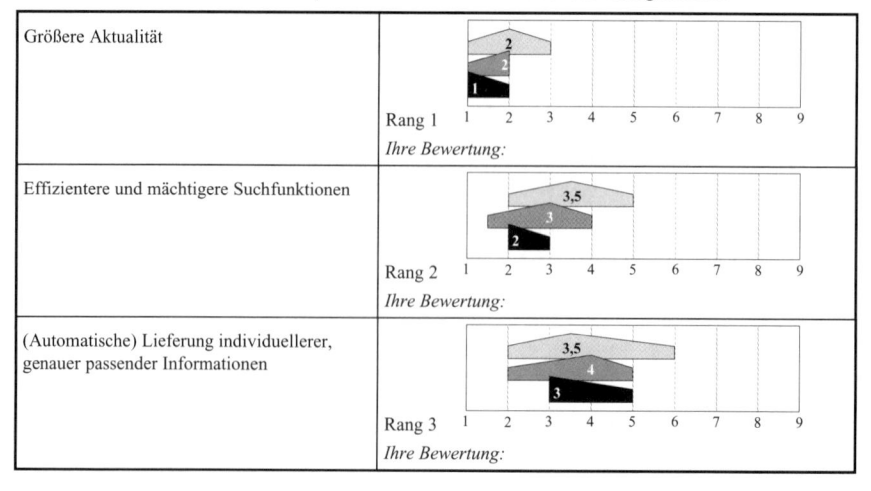

Größere Aktualität	2 2 1 Rang 1 1 2 3 4 5 6 7 8 9 *Ihre Bewertung:*
Effizientere und mächtigere Suchfunktionen	3,5 3 2 Rang 2 1 2 3 4 5 6 7 8 9 *Ihre Bewertung:*
(Automatische) Lieferung individuellerer, genauer passender Informationen	3,5 4 3 Rang 3 1 2 3 4 5 6 7 8 9 *Ihre Bewertung:*

Konsolidierter Gesamt-Feedbackbogen 371

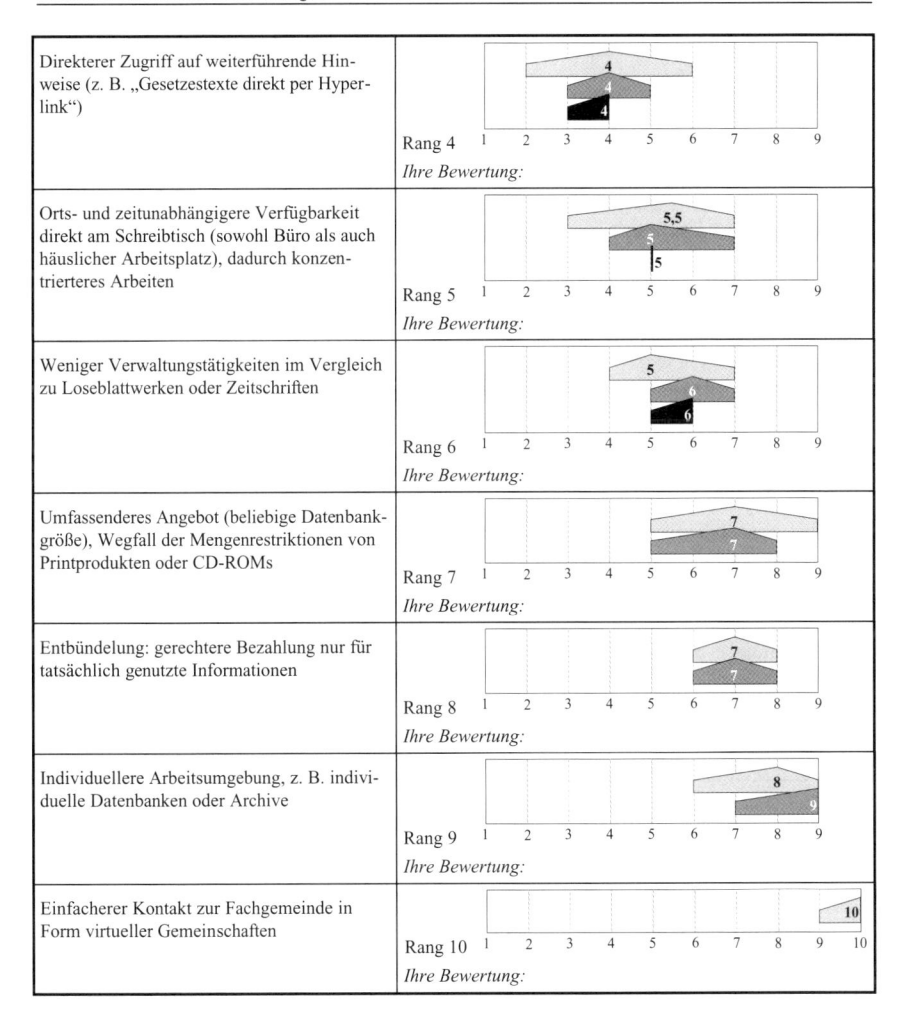

Direkterer Zugriff auf weiterführende Hinweise (z. B. „Gesetzestexte direkt per Hyperlink")	Rang 4 — Werte: 4, 4, 4 (Skala 1–9) *Ihre Bewertung:*
Orts- und zeitunabhängigere Verfügbarkeit direkt am Schreibtisch (sowohl Büro als auch häuslicher Arbeitsplatz), dadurch konzentrierteres Arbeiten	Rang 5 — Werte: 5,5; 5; 5 (Skala 1–9) *Ihre Bewertung:*
Weniger Verwaltungstätigkeiten im Vergleich zu Loseblattwerken oder Zeitschriften	Rang 6 — Werte: 5; 6; 6 (Skala 1–9) *Ihre Bewertung:*
Umfassenderes Angebot (beliebige Datenbankgröße), Wegfall der Mengenrestriktionen von Printprodukten oder CD-ROMs	Rang 7 — Werte: 7; 7 (Skala 1–9) *Ihre Bewertung:*
Entbündelung: gerechtere Bezahlung nur für tatsächlich genutzte Informationen	Rang 8 — Werte: 7; 7 (Skala 1–9) *Ihre Bewertung:*
Individuellere Arbeitsumgebung, z. B. individuelle Datenbanken oder Archive	Rang 9 — Werte: 8; 9 (Skala 1–9) *Ihre Bewertung:*
Einfacherer Kontakt zur Fachgemeinde in Form virtueller Gemeinschaften	Rang 10 — Wert: 10 (Skala 1–10) *Ihre Bewertung:*

Anmerkungen, Begründungen für abweichende Meinungen: *(Runde 3)*
- Das Rechercheverhalten ändert sich, individualisierte Informationen werden zum Muß.
- Die automatische Lieferung individueller Informationen wird nach bisheriger Erfahrung mit online-Diensten meist in ihrer praktischen Machbarkeit und Relevanz überschätzt, das gilt auch für Juristen. In der Regel reichen spezialisierte Infodienste und news-services für die individuelle Versorgung völlig aus, zudem ist der professionelle Informationsbedarf meist so veränderlich, daß automatische Zulieferung eher eine Illusion ist.
- Aus meiner Sicht wird der Wert von Profildiensten sich erst mittelfristig für die Kunden zeigen. Mails werden häufig nicht gelesen, oft werden "Füller" verschickt.
- Das schnelle Finden der passenden Informationen steht absolut im Vordergrund!
- Die orts- und zeitunabhängige Verfügbarkeit ist kein Kennzeichen von Onlineprodukten, sondern eine Frage der Organisation des Zugriffs auf Datenbanken usw. Es spricht z. B. nichts dagegen, von zu Hause aus auf Dateien einer Kanzlei zuzugreifen. Nach meinem Eindruck erledigen Rechtsanwälte ihre fachliche Arbeit (Erstellung von Schriftsätzen usw.) überwiegend im Büro, aber es spricht technisch- organisatorisch nichts dagegen, das von zu Hause aus usw. zu tun; freilich hat das wenig mit dem Mehrwert von Online-Produkten zu tun.

Anmerkungen: *(Runde 2)*
- Individuellere, genauer passende Information hat vor allem bei Intranet-Angeboten höheren Stellenwert.
- Die Aktualität ist bereits durch Zeitschriften, Newsletter einigermaßen gewährleistet.
- Individuelle, genau passende Infos werden helfen, den Rechercheaufwand zu minimieren. User werden nicht in der Masse der Informationen „ertrinken", sondern das präsentiert bekommen, wofür sie sich interessieren.

Anmerkungen: *(Runde 1)*
- Individuelle Angebote (Aktenzeichenverwaltung für Mandanten), Archivierung, Aufbau individueller Datenbanken.
- Besser integrierte Informationen, die durch ein Netzwerk von Dienstleistern angeboten werden.
- Der Mehrwert schneller sach- und fachbezogener Inhalte wird im Vordergrund stehen.

B.2 Welche Vorteile von Onlineprodukten sind für die Verlage am wichtigsten?

Höherer Mehrwert für die Kunden (siehe B.1)	Rang 1 1 2 3 4 5 6
	Ihre Bewertung:
Geringere Stückkosten, daher profitabler oder zu reduziertem Preis	Rang 2 1 2 3 4 5 6
	Ihre Bewertung:
Neuartige Leistungsangebotsformen werden ermöglicht	Rang 2 1 2 3 4 5 6
	Ihre Bewertung:
Mehrfachverwertung der Inhalte für Print- und Online	Rang 4 1 2 3 4 5 6
	Ihre Bewertung:

Konsolidierter Gesamt-Feedbackbogen 373

Bearbeitung von fachlichen Nischen wird wirtschaftlich möglich	Rang 5 1 2 3 4 5 6 *Ihre Bewertung:*
Produktdifferenzierung erleichtert	Rang 6 1 2 3 4 5 6 *Ihre Bewertung:*
Geringere Eintrittsschwelle für Kunden durch Entbündelung und nutzungsabhängige Abrechnung, damit Erschließung neuer Käufergruppen	Rang 7 1 2 3 4 5 *Ihre Bewertung:*

Anmerkungen, Begründungen für abweichende Meinungen: *(Runde 3)*
- Die Mehrfachverwertung ist sehr teuer: mediendidaktische Aufbereitung, tiefere inhaltliche Erschließung, Steuerung von Dienstleistern, etc.
- Nur der hohe Mehrwert für die Kunden zählt letztlich.
- Zu geringeren Stückkosten: Kunden fordern (teure) Ausschöpfung von Differenzierungspotentialen.
- Online ist nur eine andere Vertriebs- und Produktform, die Inhalte „bleiben gleich" im weitgehendsten Sinne.

Anmerkungen: *(Runde 2)*
- Mehrfachverwertung setzt neutrale Strukturen voraus -> höhere Investition, letztlich jedoch unabdingbare Voraussetzung.
- Verlage stecken derzeit viel Geld in die Datenaufbereitung. Die Mehrfachverwertung ist ein Muß zur Refinanzierung.
- Zu „Geringere Stückkosten": Je höher die Differenzierungspotentiale, desto höher die korrespondierenden Kundenanforderungen und damit die „Stückkosten". Es handelt sich <u>nicht</u> um eine Prognose, sondern um Erfahrung.

Anmerkungen, Ergänzungen: *(Runde 1)*
- Neuartige Produkte entwickeln und durch neue Vernetzungsmöglichkeiten bisher nicht erreichte Käufer an sich ziehen.
- Entbündelung kann negativ sein, da Nutzer sich die Rosinen herauspicken können.
- Mehrfachverwertung der Inhalte Print und Online.

B.3   Was könnte die Kunden davon abhalten, Onlineangebote von professionellen juristischen Informationsanbietern zu nutzen?

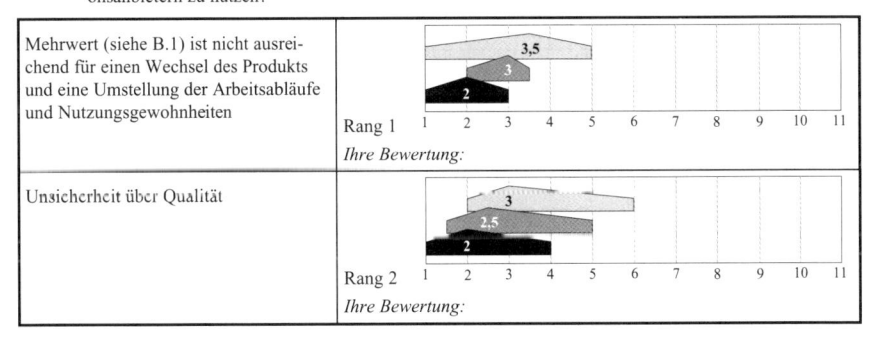

Mehrwert (siehe B.1) ist nicht ausreichend für einen Wechsel des Produkts und eine Umstellung der Arbeitsabläufe und Nutzungsgewohnheiten	Rang 1 1 2 3 4 5 6 7 8 9 10 11 *Ihre Bewertung:*
Unsicherheit über Qualität	Rang 2 1 2 3 4 5 6 7 8 9 10 11 *Ihre Bewertung:*

Tatsächlich fehlende Qualität	
	Rang 3 1 2 3 4 5 6 7 8 9 10 11 *Ihre Bewertung:*
Lesbarkeit am Bildschirm schlechter bzw. umständlicher	
	Rang 4 1 2 3 4 5 6 7 8 9 10 11 *Ihre Bewertung:*
Spontane Handhabung umständlicher (Computer anschalten, Seitenaufruf, ...)	
	Rang 5 1 2 3 4 5 6 7 8 9 10 11 *Ihre Bewertung:*
Mangelndes Vertrauen in die Dauerhaftigkeit und eine verläßliche Verfügbarkeit	
	Rang 6 1 2 3 4 5 6 7 8 9 10 11 *Ihre Bewertung:*
Kostenpflichtigkeit und Höhe der Preise	
	Rang 7 1 2 3 4 5 6 7 8 9 10 11 *Ihre Bewertung:*
Zitierfähigkeit insbesondere aufgrund der möglichen zeitlichen Instabilität (Überarbeitungen/Versionen) erschwert	
	Rang 8 1 2 3 4 5 6 7 8 9 10 11 *Ihre Bewertung:*
Ablehnende Grundeinstellung (ohne o. g. Sachgründe) zur Nutzung des Mediums – Unkenntnis/Unsicherheit, Verweigerung einer Abkehr von traditionellen Nutzungsgewohnheiten unabhängig von einem eventuellen Mehrwert	Rang 9 1 2 3 4 5 6 7 8 9 10 11 *Ihre Bewertung:*
Eingeschränkte ortsabhängige Verfügbarkeit (Computer erforderlich)	
	Rang 10 1 2 3 4 5 6 7 8 9 10 11 *Ihre Bewertung:*
Mangelnde Möglichkeit wegen fehlender technischer Ausstattung	
	Rang 11 1 2 3 4 5 6 7 8 9 10 11 *Ihre Bewertung:*

Konsolidierter Gesamt-Feedbackbogen 375

Netzeffekte sind mangels kritischer Masse nicht realisierbar	Rang 12 1 2 3 4 5 6 7 8 9 — Markierung bei 8 *Ihre Bewertung:*

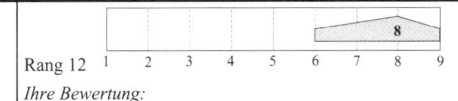

Anmerkungen, Begründungen für abweichende Meinungen: *(Runde 3)*
- Die Zitierfähigkeit ist ein entscheidendes Qualitätsmerkmal!
- Der nicht ausreichende Mehrwert ist kein echtes Argument, sondern eher die mangelnde Erfahrung. Es zeigt sich nämlich, dass das praktische Erleben gut funktionierender Internet-Services ursprüngliche negative Vorbehalte rasch zusammenbrechen läßt. Daher ist nicht der mangelnde Mehrwert, sondern die Veränderungsresistenz das Problem.
- Zur spontanen Handhabung: Computer läuft immer.
- Zur Dauerhaftigkeit: Mangelndes Vertrauen in Dauerhaftigkeit usw. ist - entsprechende Kompetenz und Reputation der Anbieter vorausgesetzt - kein ernsthafter Faktor. Auch heute verlassen sich Juristen auf die Verfügbarkeit von Papierinformation aus bestimmten Quellen.
- Zur Zitierfähigkeit: Verlagsangebote werden sich dadurch auszeichnen, daß die Zitierfähigkeit gegeben ist.
- Zur Kostenpflichtigkeit: Auch Kostenstrukturen (Pay per Use vs. Abo) sind Hemmfaktor.
- Zur Kostenpflichtigkeit: In professioneller juristischer Umgebung ist Kostenpflichtigkeit von Informationen, sofern bei den Preisen nicht übertrieben wird, was ein vernünftiger Wettbewerb verhindert, kein ernsthaftes Problem!
- Zur Kostenpflichtigkeit: Kostenlose Angebote im Internet haben eine Erwartungshaltung nach „kostenloser Info im Netz" geschürt.
- Zwischen den juristischen Arbeitstechniken und den Onlineangeboten liegt exakt 1 Jahrhundert.
- Printprodukte werden meist nach Themen ausgesucht (Buch) oder informieren über das Wichtigste (Zeitschrift) aus einem oder allen Rechtsbereichen. Das Internetangebot ist eine „Blackbox", die dagegen eigene Initiative fordert.
- Mich würde interessieren, ob die Kollegen selbst Onlineprodukte nutzen bzw. zur Klientel der Kunden gehören. Ich vermute nein.

Anmerkungen: *(Runde 2)*
- Altersstruktur der Zielgruppe: gerade die zahlungskräftigen etablierten Anwälte - eben die älteren - haften an Printprodukten.
- Unsicherheit bezüglich Qualität bleibt Rang 1: „Lektorat" elektronischer Publikationen häufig wegen Zeitdruck schlechter; lange Vorlaufzeiten von Print bewirken höheres Vertrauen.
- Kunde kauft Buch/Zeitschrift - die hat er dann. Eine Zugangslizenz öffnet nur temporären Zugang zu einer virtuellen Bibliothek.
- Typische Supportanfragen sind nicht produktspezifisch, sondern allgemeine Fragen zur PC-Bedienung / Windows / Browser.
- Für Freiberufler nützliche Produkte dürfen „etwas kosten". Zudem werden Kosten meist weiterberechnet.

Anmerkungen: *(Runde 1)*
- Unsicherheit im Umgang mit dem Medium und Fremdartigkeit des Angebots.
- Kostenpflichtigkeit und Höhe der Preise.
- Traditionell am Buch orientiertes Produktwertebild des Kunden, das sich sehr langsam ändert.
- Die Verfügbarkeit ist kein Problem, da Print auch weiterhin seine Vorteile besitzt.

B.4 Welche Bedeutung haben die folgenden Produktarten als kommerzielle Leistungsangebote jetzt und zukünftig, d.h. wie hoch ist bisher die Bedeutung von Onlineprodukten, wie hoch wird sie zukünftig sein und wie stark werden etablierte Produkte substituiert werden? *(Im folgenden geordnet nach der Stärke einer Veränderung und einer möglichen Substitutionswirkung)*

	Derzeit	In 3 Jahren	In 10 Jahren
Gedruckte Nachschlagewerke (Kommentare, Gesetzestexte, Handbücher)	3,5 / 3,5 / 3,5 0 1 2 3 4 niedrig hoch *Ihre Bewertung:*	3,0 / 3,0 / 3,0 0 1 2 3 4 niedrig hoch *Ihre Bewertung:*	2,5 / 2,5 / 2,5 0 1 2 3 4 niedrig hoch *Ihre Bewertung:*

Nachschlagewerke in Form digitaler Bücher	1,0 / 0,5 / 0,5	2,0 / 1,0 / 1,3	3,0 / 2,0 / 2,0
Nachschlagewerke Online (speziell programmierte Arbeitsumgebungen)	1,0 / 0,5 / 1,0	2,0 / 2,0 / 2,0	3,0 / 3,0 / 3,0
Gedruckte aktuelle Informationsdienste	2,5 / 3,0	1,5 / 1,5	1,0 / 1,0
(Individuelle) elektronische Newsletter	1,0 / 1,0 / 1,0	2,0 / 2,0 / 2,0	3,0 / 3,0 / 3,0
Kundenspezifische Dienstleistung (siehe B.5)	1,0 / 1,0 / 1,0	2,0 / 2,0 / 2,0	2,8 / 3,0 / 3,0
Gedruckte Fachzeitschriften	3,0 / 3,0	3,0 / 3,0	2,0 / 2,0
Elektronische Zeitschriften	0,5 / 0,5 / 0,5	1,5 / 1,5 / 1,5	2,0 / 2,0 / 2,0
Gedruckte Fachbücher	3,5	3,0	3,0
Digitale Bücher	0,5	0,5	1,5

Each cell shows values on a scale from 0 (niedrig) to 4 (hoch). *Ihre Bewertung:* appears below each scale.

Konsolidierter Gesamt-Feedbackbogen 377

Sonstige Fachbücher Online (z. B. für Online Print-On-Demand)	0,5 / 0,5 0 niedrig — 4 hoch *Ihre Bewertung:*	1,0 / 1,0 0 niedrig — 4 hoch *Ihre Bewertung:*	2,0 / 2,0 0 niedrig — 4 hoch *Ihre Bewertung:*
Online bereitgestellte Expertensysteme, z. B. zur strukturierten Fallbearbeitung (siehe B.10)	0,5 / 0,5 0 niedrig — 4 hoch *Ihre Bewertung:*	1,0 / 1,0 0 niedrig — 4 hoch *Ihre Bewertung:*	2,0 / 2,0 0 niedrig — 4 hoch *Ihre Bewertung:*
Datenbanken auf CD-ROMs	2,0 / 2,0 0 niedrig — 4 hoch *Ihre Bewertung:*	2,0 / 2,0 0 niedrig — 4 hoch *Ihre Bewertung:*	1,5 / 1,0 0 niedrig — 4 hoch *Ihre Bewertung:*
Online-Datenbanken	1,5 0 niedrig — 4 hoch *Ihre Bewertung:*	2,5 0 niedrig — 4 hoch *Ihre Bewertung:*	3,5 0 niedrig — 4 hoch *Ihre Bewertung:*
Virtuelle Gemeinschaften	0,5 0 niedrig — 4 hoch *Ihre Bewertung:*	1,0 0 niedrig — 4 hoch *Ihre Bewertung:*	1,5 0 niedrig — 4 hoch *Ihre Bewertung:*

Anmerkungen, Begründungen für abweichende Meinungen: *(Runde 3)*
- Elektronische Zeitschriften sind zu umfangreich und werden gegenüber den individuellen Newslettern wieder abgeben müssen.
- Zu gedruckten Nachschlagewerken: Gesetzestexte sind anders zu beurteilen.
- Zu elektronischen Zeitschriften: Wissenschaftliche Zeitschriften sind anders zu beurteilen.
- Print wird weiter seine Bedeutung behalten!
- Umso häufiger man ein Produkt benötigt, desto besser ist das Printprodukt.

Anmerkungen: *(Runde 2)*
- Zu Datenbanken auf CD-ROMs: Zu teuer.
- Zu Sonstige Fachbücher online, z. B. für Online Print on Demand: Print zu aufwendig, Archivierungsprobleme beim Kunden.
- Die Printmedien werden als Werbeträger noch > 10 Jahre Bedeutung haben. Zudem sind die internen Zeitschriftenverteiler eine Eintrittsbarriere sowie das Ansehen, das viele Zeitschriften auf dem Schreibtisch vermitteln.

Anmerkungen: *(Runde 1)*
- Neue Medien müssen spezifischen Mehrwert bieten. Das ist gegenüber dem seit Jahrhunderten optimierten Produkt „Buch" nicht in 10 Jahren zu leisten.
- Printprodukte werden ihre Bedeutung behaupten, lediglich Loseblattwerke können an Bedeutung verlieren.
- Statische elektronische Medien (CD-ROMs) werden sich nicht durchsetzen können.
- Aktuelle, bisher printbasierte Informationen werden substituiert werden.
- Expertensysteme, z. B. zur Analyse von Mandantengesprächen zur Optimierung der Gesprächsführung.
- (Kundenspezifische) Pakete, d. h. Kombinationslösungen.

B.5 Welche Ausgestaltungen sehen Sie langfristig für die zuvor in B.4 erwähnten kundenspezifischen Dienstleistungen? *Bitte beurteilen Sie die Bedeutung der vorgeschlagenen Konkretisierungen. (Runden 2 und 3)*

Überwachung und Benachrichtigung bei relevanten Informationen (z. B. aktuelle Änderungen/Entscheidungen) in kundenspezifisch benannten (Rechts-) Bereichen	3,0 / 3,0 (0 niedrig – 4 hoch) *Ihre Bewertung:*
Individuell gebündeltes und dennoch integriertes Angebot von Onlineprodukten	3,0 / 3,0 (0 niedrig – 4 hoch) *Ihre Bewertung:*
Speisung der Kunden-Intranets	3,0 / 3,0 (0 niedrig – 4 hoch) *Ihre Bewertung:*
Individualisierung der Informationen, z. B. eines Newsletters	2,5 / 2,8 (0 niedrig – 4 hoch) *Ihre Bewertung:*
Auftragsrecherche	2,0 / 2,0 (0 niedrig – 4 hoch) *Ihre Bewertung:*

Anmerkungen, Begründungen für abweichende Meinungen: *(Runde 3)*
- Sehr weitgehende Visionen von Individualisierung werden stark überschätzt.
- Individuelle Angebote für Intranets werden im Vordergrund stehen!

Ergänzungen: *(Runde 2)*
- Belieferung von Anwälten für deren Homepage (Stichwort: Mandanten-Information).
- Kundenspezifische Schulungen, kundenspezifischen Service (Hotline).

B.6 Welche Bedeutung hat ein umfassendes Angebot mit Vernetzung der Produkte untereinander, d. h. eine integrierte Kombination mehrerer der unter B.4 genannten Onlineprodukte (z. B. Onlinedatenbank und Newsletter, Kommentar mit Gesetzestexten und Rechtsprechungsdatenbank)? *(Runde 2)*

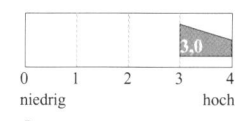

```
        3,0
0   1   2   3   4
niedrig         hoch
Ihre Bewertung:
```

Anmerkungen:
- Synergieeffekte. Elektronische Daten sind prädestiniert für Mehrfachverwertung und Vernetzung. Dann kann der „Online-Effekt" maximale Wirkung entfalten.
- One-Stop-Shop.
- Informationsanbieter werden sich spezialisieren auf Qualität, Umfang oder Aktualität, daher ist eine Vernetzung notwendig und je nach Größe auch durch die Kanzleien finanzierbar.
- Es müssen Inhalte mehrerer Verlage verfügbar sein (Gegenbeispiel: Beck online).
- Fachkunden wollen ihr „Menü" aus Einzelobjekten individuell selbst zusammenstellen oder vom „Bibliothekar" ihres Vertrauens zusammenstellen lassen, nicht vom Informationsbroker.

B.7 Netzeffektgüter sind Produkte, die ihren vollen Nutzen aus Nutzersicht erst dann entfalten, wenn möglichst viele andere Personen sie ebenfalls benutzen (z. B. Telefax, Videosystem VHS). Typischerweise muß bei ihnen zunächst eine „kritische Masse" erreicht werden. Welche Realisierungschance und Bedeutung haben mittel- bis langfristig die folgenden potentiellen Netzeffektgüter juristischer Verlage? *(Runden 2 und 3)*

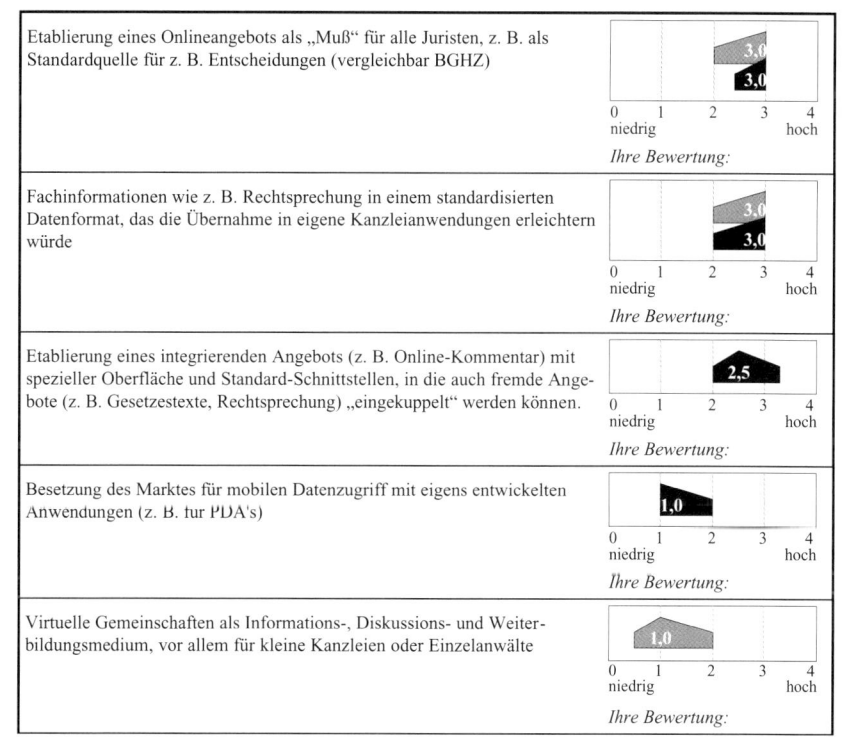

Etablierung eines Onlineangebots als „Muß" für alle Juristen, z. B. als Standardquelle für z. B. Entscheidungen (vergleichbar BGHZ)	3,0 / 3,0 0 1 2 3 4 niedrig hoch *Ihre Bewertung:*
Fachinformationen wie z. B. Rechtsprechung in einem standardisierten Datenformat, das die Übernahme in eigene Kanzleianwendungen erleichtern würde	3,0 / 3,0 0 1 2 3 4 niedrig hoch *Ihre Bewertung:*
Etablierung eines integrierenden Angebots (z. B. Online-Kommentar) mit spezieller Oberfläche und Standard-Schnittstellen, in die auch fremde Angebote (z. B. Gesetzestexte, Rechtsprechung) „eingekuppelt" werden können.	2,5 0 1 2 3 4 niedrig hoch *Ihre Bewertung:*
Besetzung des Marktes für mobilen Datenzugriff mit eigens entwickelten Anwendungen (z. B. für PDA's)	1,0 0 1 2 3 4 niedrig hoch *Ihre Bewertung:*
Virtuelle Gemeinschaften als Informations-, Diskussions- und Weiterbildungsmedium, vor allem für kleine Kanzleien oder Einzelanwälte	1,0 0 1 2 3 4 niedrig hoch *Ihre Bewertung:*

Anmerkungen, Begründungen für abweichende Meinungen: *(Runde 3)*
- Bisherige Versuche integrierter Angebote (siehe Beck Connectivity) haben sich nicht gerade als „Renner" erwiesen.
- Es bleibt abzuwarten, ob Anwälte mittelfristig z. B. in Gerichtsverhandlungen auf PDAs zurückgreifen werden. Printprodukten, z. B. Kommentaren, kommt hier höhere Akzeptanz zu.
- Standard für mobilen Datenzugriff muß sich noch etablieren.
- Das kompletteste Angebot wird sich durchsetzen.

Ergänzungen: *(Runde 2)*
- Anwendungen für PDA's.
- genossenschaftsähnliche Dienstleistungsagentur a la Datev für Anwälte.
- Themenspezifizierung mit entsprechender Community.

Anmerkungen: *(Runde 2)*
- Große Kanzleien werden eigene Lösungen entwickeln, Einzelanwälte und kleine Kanzleien sind überfordert.
- Virtuelle Gemeinschaften sind sehr zeitaufwendig und gerade daher für kleine Streitwerte uninteressant. Bei großen Streitwerten sind wiederum die Kosten der Informationsbeschaffung zweitrangig. Virtuelle Gemeinschaften werden nur im C2C-Bereich weiterblühen.

B.8 Wie groß ist die Bedrohung für online angebotene Leistungen, die z. B. Normen oder Entscheidungen beinhalten (also z. B. Nachschlagewerke, Infodienste und Zeitschriften), durch ein eigenes Angebot der originären Ersteller, also der Regierung oder der Gerichte? Für eine Bedrohung spricht z. B. der zunehmende Trend zu eigenen kostenlosen Angeboten solcher Institutionen. Gegen eine Bedrohung spricht z. B. der dort fehlende Mehrwert sowie das verstreute und heterogene Angebot. *(Runden 2 und 3)*

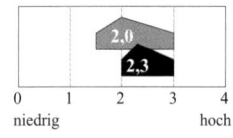

Ihre Bewertung: 2,0 / 2,3 (0 niedrig – 4 hoch)

Anmerkungen, Begründungen für abweichende Meinungen: *(Runde 3)*
- Fehlender Mehrwert bei eigenem Angebot originärer Anbieter.
- Markt- und Kundenorientierung von staatlichen Servicesystemen wird in dem Bereich überschätzt.
- Für Gerichte zu aufwendig, haben selbst keinen Nutzen davon.
- Bedrohung vor allem dann, wenn originäre Ersteller Daten mit Mehrwerten anreichern.
- Der Zap-Generation ist der Wert der Verlagsleistung künftig schwer zu vermitteln.

Vorteile von Verlagsangeboten: *(Runde 2)*
- redaktionelle Kommentierung, Erläuterung. (11x)
- Bündelung und einheitliche Aufbereitung. (10x)
- Kontextualisierung, Einbettung in größeres vernetztes Angebot wie z. B. Fachliteratur. (7x)
- Zusammenfassung wesentlicher Aussagen für relevante Zielgruppe. (5x)
- Auswahl. (3x)
- Qualitätssicherung (Bürge). (3x)
- geringe Suchkosten. (3x)
- Add-Ons, z. B. Formularmuster, Berechnungsprogramme.
- Entlastung der Quellen von Aufbereitung, Verbreitung, Kundenkontakt.

Anmerkungen: *(Runde 2)*
- Angebote der Institutionen sind eher auf „den Bürger" ausgerichtet, für schnelle Recherche oft ungeeignet.
- Andere Zielgruppe: Kunden, die nicht bereit sind, für die einfache, umfassende und schnelle Inforecherche Geld auszugeben, sind ohnehin keine potentiellen Kunden der Verlage, auch wenn es die Gratisangebote nicht gäbe.

B.9　Wie wahrscheinlich ist es, daß eine zunehmende Verbreitung von mobilen Zugriffsmöglichkeiten langfristig die Nutzung von Onlineangeboten durch Juristen deutlich fördert? *(Runden 2 und 3)*

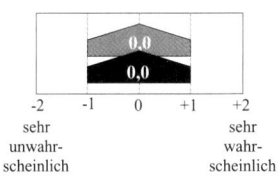

```
     -2    -1    0    +1    +2
     sehr             sehr
     unwahr-          wahr-
     scheinlich       scheinlich
     Ihre Bewertung:
```

Anmerkungen, Begründungen für abweichende Meinungen: *(Runde 3)*
- Es bleibt abzuwarten, ob Anwälte mittelfristig z.B. in Gerichtsverhandlungen auf PDAs zurückgreifen werden. Printprodukten, z.B. Kommentaren, kommt hier höhere Akzeptanz zu.
- Juristische Facharbeit wird wohl noch auf einige Zeit im Kern nicht mobil abgewickelt.
- Wird sicher nicht so schnell realisiert sein.
- Standard für mobilen Datenzugriff muß sich noch etablieren, ansonsten möglich.

Mögliche Anwendungsbereiche: *(Runde 2)*
- Zugriff außerhalb der Büroräume auf Informationen (auf Dienstreisen, in Besprechungen, zuhause, ...).
- Entscheidungen / Kommentierungen.
- Newsletter.
- Onlineverfugbarkeit des Kanzlei-Intranets unterwegs, Zugriff auf Datenbank-Abonnement direkt aus Besprechungen/Terminpausen.

Anmerkungen: *(Runde 2)*
- Gegen UMTS spricht die große Datenmenge juristischer Fachinfos.

B.10.1　Welche Expertensysteme werden bereits online durch professionelle juristische Informationsanbieter, insbesondere Fachverlage, bereitgestellt? *(Runde 3)*

Nennungen:
- Janolaw (3x)
- Legios (5x)
- Juris (4x)
- BeckOnline (4x)
- Lexis/Nexis
- Alexis
- Genios
- Gesetzessammlungen, Entscheidungssammlungen, bereichsspezifische Online-Fachbücher, Online-Zeitschriften, Email-Newsletter-Dienste, ...
- Mir (noch) nicht bekannt. (6x)

B.10.2　In welchen Bereichen scheint Ihnen ein Angebot von online bereitgestellten Expertensystemen durch professionelle juristische Informationsanbieter, insbesondere Fachverlage, langfristig wahrscheinlich? *(Runde 3)*

Nennungen:
- Berechnung von Schäden oder im Bereich Unterhalt.
- Recherchehilfen (Komplexes Suchen), Entscheidungshilfen (Entscheidungsalternativen).
- Dasselbe wie zuvor, aber hochintelligent verlinkt und über mehrfache alternative Strukturbäume erschlossen, derartige Hyperlinksysteme, angereichert mit Praktikerformularen (z.B. für Word, Excel und HTML), werden Kommentaren Konkurrenz machen.
- In der Fallbearbeitung. Einen Ansatz gab es vor einigen Jahren mit dem System caps im Bereich des Arbeitsrechts.
- Auf Gebieten, auf denen großzahlige Fallbasen mit relativ begrenzter Streubreite der fachlichen Ausprägungen anzutreffen sind, etwa Verkehrsrecht, Mietrecht, Schadenersatzrecht, ...
- Komplex strukturierte Sachverhalte, in denen rechtliche und tatsächliche Parameter ineinandergreifen.

B.11　Die Befragung ergab in B.4 eine zunehmende Bedeutung elektronischer Nachschlagewerke bei gleichzeitig nur leicht abnehmender Bedeutung gedruckter. *Wie beurteilen Sie folgende These?* „Elektronische Nachschlagewerke werden überwiegend neben gedruckte treten und das Volumen des Segments vergrößern. Es handelt sich überwiegend um zusätzlichen Umsatz und keine Substitution." *(Runde 3)*

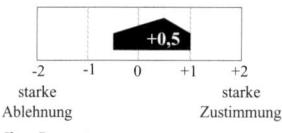

```
          +0,5
 -2   -1   0   +1   +2
starke            starke
Ablehnung         Zustimmung
```
Ihre Bewertung:

Anmerkungen, Begründungen:
- Bisherige Erfahrung: der Bedarf nach Nachschlagewerken wird nicht größer, lediglich Verlegung auf unterschiedliche Medien, daher Ablehnung der These.
- Die Annahme, daß überhaupt keine Substitution stattfindet, wäre allerdings naiv.
- Die Bedrohung nimmt zu mit der Anzahl der Anwälte, die kostenlose Angebote durch in der Studienzeit gewonnene Routine auch bei eingeschränkten Recherchemöglichkeiten schnell auswerten können.
- Die Nutzer haben nur ein begrenztes, bereits ausgeschöpftes Budget.
- Teile werden substituiert - insbesondere unkommentierte Basiswerke.
- Neue Medien haben bislang noch nie alte völlig substituiert, sondern sie reichern das Spektrum der Medien an und ordnen jedem fokussiertere und spezifischere Funktionen zu. Gedruckte und Online-Medien erfüllen andere bestimmte Funktionen und werden auf Dauer nebeneinander nachgefragt werden.
- Suchfunktion des elektr. Produkts steht im Vordergrund.

B.12　Die Befragung ergab in B.4 in weiten Bereichen langfristig eine geringere, aber nicht verschwindende Bedeutung von Printprodukten. *Wie beurteilen Sie folgende These?* „Die Parallelität Print/Online führt zu deutlich erhöhtem Aufwand und verschlechtert die Ertragssituation juristischer Verlage." *(Runde 3)*

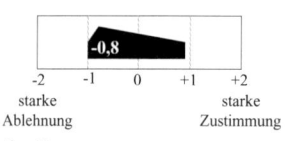

```
     -0,8
 -2   -1   0   +1   +2
starke            starke
Ablehnung         Zustimmung
```
Ihre Bewertung:

Anmerkungen, Begründungen:
- Medienneutrale Publikationsprozesse mit verschiedenen Ausgabemedien ohne höhere Produktionskosten: Der Mehraufwand wird durch den Einsatz neutraler Datenhaltung und Mehrfachverwertung der Daten langfristig abnehmen. (6x)
- Die notwendigen Investitionen und Handlungskosten sind im Onlinebereich hoch, trifft daher kurz- bis mittelfristig zu. (3x)
- Print wird aufrecht erhalten, solange es einen Grenzertrag bringt.
- Im Prinzip richtig, derzeit schwer abzuschätzen.
- Das Nachfragevolumen wird steigen und sich langfristig positiv auf die Ertragslage auswirken, daher Ablehnung der These.
- Verschlechtert wird die Ertragssituation bestenfalls durch höhere Aufwendungen im Marketing.
- Weil neue Funktionalitäten eröffnet werden, entsteht auch mehr Zahlungsbereitschaft.
- Kurz- und mittelfristig ja, langfristig eine Frage des Erlösmodells / Pricing.

C Erlösmodelle

C.1 Welche Bedeutung für juristische Onlineprodukte haben die folgenden Erlösformen jetzt und zukünftig? *(Runden 1 und 2)*

	Derzeit	*In 3 Jahren*	*In 10 Jahren*
Gruppenlizenzen (z. B. für Großkanzleien)	1,8 / 1,5	2,8 / 2,5	3,5 / 3,5
Nutzungsunabhängige Erlöse (z. B. Abonnement)	1,5 / 1,5	2,0 / 2,1	3,0 / 3,0
Zweitverwertung von Inhalten (Content Syndication)	1,0 / 1,0	2,0 / 2,0	2,5 / 2,5
Nutzungsabhängige Erlöse (z. B. pro Abruf)	1,0 / 1,0	2,0 / 2,0	2,0 / 2,0
Erlöse aus dem Direktvertrieb traditioneller Produkte über das Internet („Händlermarge")	1,0 / 1,0	1,5 / 1,5	1,8 / 2,0
Vermarktung von (mit Erlaubnis gewonnenen) Benutzerprofilen	0,5	1,3	1,5
Dynamische Preise pro Kunde bzw. pro Transaktion	0,5	1,0	1,5
Werbeerlöse	0,5	0,5	1,0

Anmerkungen: *(Runde 2)*
- Micropaymentsysteme werden langfristig verfügbar sein.
- Kanzleien haben gerne feste Kostenrahmen und damit Kostenkontrollen, gut zu erreichen mit Abonnements.
- Einzelanwälte stehen Abonnements oft vorsichtig gegenüber. Hereinschnuppern (in einen Onlinedienst) muß möglich sein.

Anmerkungen: *(Runde 1)*
- Abonnementerlöse sparen Verwaltungsaufwand; dies kann als Preisvorteil weitergegeben werden.
- Es werden heute bereits mehrere Erlösformen gefahren - siehe Legios.
- Benutzerprofile uninteressant, da zu geringe Juristenquote unter den Webnutzern.

C.2 *Wie beurteilen Sie diese These?* „Nachfragepoolsysteme (analog zu z. B. PowerShopping.de oder LetsBuyIt.de, allerdings in anderer konkreter Umsetzung) eignen sich grundsätzlich auch für digitale Güter wie z. B. Fachinformationen und stellen einen sinnvollen zusätzlichen Vertriebskanal dar." *(Runde 1)*

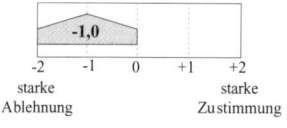

```
        -1,0
 -2  -1   0  +1  +2
starke          starke
Ablehnung       Zustimmung
```
Ihre Bewertung:

Anmerkungen:
- Juristische Fachinformation ist zu individuell, um sich auf diese Weise bündeln zu lassen. Keine Gruppengröße erreichbar.
- Bereits Mehrfachlizenzen oder Rabatte für Mehrfachbestellungen werden zurückhaltend gehandhabt aufgrund der jahrzehntelangen Preisbindung im traditionellen Printbereich.
- Funktioniert mit Klientel nicht.
- Aus Anbietersicht wegen Grenzkosten von Null sinnvoll. Zusätzliche Nachfragestimulation ist aber fraglich, so daß eher die Nutzer günstiger an die Infos kommen.
- Wenn ein Informationsanbieter einer Organisation ermöglicht, den Mitgliedern Vorzugskonditionen zu verschaffen, gewinnen alle.
- Sorge für Verlage, in einem solchen Pool die verlegerische Identität zu verlieren, anstelle eine starke Marke etablieren zu können.
- Im Bereich Fachinformationen ist keine Zeit für Preisvergleiche da. Andere Faktoren als der Preis sind wichtiger.
- Große Firmen erhalten bereits hohe Rabatte.

C.3 Wie beurteilen Sie die Eignung von Niedrigpreisstrategien für modifizierte Produkte parallel zu einem hochpreisigen Angebot, um zusätzliche Nachfrage, evtl. in neuen Zielsegmenten, zu erschließen? *(Runden 2 und 3)*

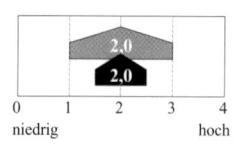

```
       2,0
       2,0
 0   1   2   3   4
niedrig         hoch
```
Ihre Bewertung:

Anmerkungen, Begründungen für abweichende Meinungen: *(Runde 3)*
- So wird keine zusätzliche Nachfrage generiert.
- Viel Spielraum wird es nicht geben, bestenfalls Hochschulrabatte.
- Hier ist durch niedrige Preise keine Nachfrage zu stimulieren.
- Kann die richtige Strategie sein, um Interesse zu wecken.
- Man zieht seine Klientel von unten nach oben.
- Erschließung neuer Zielgruppen, insbesondere bei Nichtjuristen.

Mögliche Einsatzbereiche: *(Runde 2)*
- Etwa bei Verknüpfung eines Newsletters mit einer Datenbank. Oder bei Angebot einer Nur-Lese-Version gegenüber Vollversion.
- Vgl. juris: Standard vs. Premium-Version.
- günstiges „Grundangebot" für häufig benutzte Datenbanken; Hochpreisstrategie bei „seltenen" Inhalten für Expertenbereiche.
- High-End-User / Junge Anwälte bzw. Referendare.
- Aus- und Fortbildungssektor.
- Flatrate für Intensiv- und Mikropayment für Gelegenheitsnutzer.

Anmerkungen: *(Runde 2)*
- Durch niedrige Preise keine zusätzliche Nachfrage zu erzielen. Besser Einsteigerinfos kostenlos, Fachinfo hochpreisig. Die Zielgruppe ist und bleibt sehr klein.
- Im B2B-Bereich keine geeignete Strategie.

C.4 Der These einer erhöhten Bedeutung von Preisdifferenzierung, insbesondere dynamischen Preismodellen, wurde in den Vorrunden zugestimmt (Frage G.2). Dynamische Preismodelle lösen sich von fixen, anbieterseitig im vorhinein für alle Kundengruppen fixierten Preisen und beziehen situationsabhängig bei der Preisermittlung den Nachfrager und z. B. seinen individuellen Nutzen mit ein. Der konkrete Preis ergibt sich - weitgehend automatisiert - erst aus den spezifischen Eigenschaften einer Transaktion. Gegen dynamische Preismodelle könnte allerdings die Preisunempfindlichkeit der Nachfrager sprechen. Welche Bedeutung haben für juristische Informationsanbieter langfristig dynamische Preismodelle, die z. B. auf den folgenden Kriterien basieren könnten? *(Runde 3)*

Umsatz mit einem Kunden insgesamt, bezogen auf das gesamte Verlagsangebot (Mengenrabatt)	3,0 0 1 2 3 4 niedrig hoch *Ihre Bewertung:*
Nachfrage insgesamt auf das Angebot, d. h. Zahl der parallelen Zugriffe	3,0 0 1 2 3 4 niedrig hoch *Ihre Bewertung:*
„Wert" des Kunden, also wie hoch bzw. profitabel ist der mit ihm bisher bzw. zukünftig erzielbare Umsatz (abhängig z. B. von Größe des Kunden oder der Übereinstimmung der fachlichen Spezialisierung des Kunden mit der des Verlags)	2,5 0 1 2 3 4 niedrig hoch *Ihre Bewertung:*
Aktualität/Schnelligkeit der Informationsbereitstellung oder z. B. einer Kommentierung (Preis fällt mit zunehmendem Alter)	2,5 0 1 2 3 4 niedrig hoch *Ihre Bewertung:*
Komfort des Zugriffs, z. B. komplexere Detailsuchen, mit/ohne Schlagwortsuche sowie Komfort der gelieferten Informationen, z. B. Art der Datenaufbereitung, Datenübernahmemöglichkeiten, ...	2,0 0 1 2 3 4 niedrig hoch *Ihre Bewertung:*
Preisbietungsverfahren (analog z. B. Priceline.com): Der Kunde benennt einen Preis, den ihm eine Leistung wert ist, und läßt dem Anbieter bestimmte Freiheitsgrade (z. B. Grad der Aktualität, Aufbereitung, Komfort). Der Anbieter kann entscheiden, ob er zu diesem Preis liefert, um z. B. zusätzlichen Umsatz zu realisieren. Der Preis wird nicht veröffentlicht, um keinen Präzedenzfall zu schaffen.	0,5 0 1 2 3 4 niedrig hoch *Ihre Bewertung:*

Anmerkungen, Begründungen:
- Zum Wert des Kunden: Dieser kann nicht sicher eingeschätzt werden.
- Außer Kundenwert und Schnelligkeit/Aktualität sind die Verfahren für den Kunden nicht nachvollziehbar.
- Dynamische Preismodelle lösen die Preisstrukturen letztlich fast völlig auf, was die Planungssicherheit für die Anbieter gefährdet. Auch die Kunden bevorzugen Preistransparenz.
- Für Juristen spielt der Preis nur eine sekundäre Rolle, wenn der Informationsanbieter der Arbeitsweise entgegenkommt.
- Vorgehen wie Priceline führt zu einer Fülle von Anfragen ins Blaue hinein, die ebenfalls gelesen, ggf. beantwortet werden müssen, ohne Aussicht auf ein Geschäft.
- Keine Chance, juristische Inhalte sind keine Konsumware.

D Beschaffung

Wie beurteilen Sie die folgenden Thesen zur Beschaffung von Fachinformationen wie z. B. Leitsätze oder Volltexte von Gerichtsentscheidungen:

D.1 Es sind Dienstleister denkbar, die Informationen von Gerichten beziehen, sie ggf. digitalisieren und syntaktisch aufbereiten und sie dann an andere Verlage weitervertreiben. Diese Dienstleister könnten auch z. B. eine Bündelungsfunktion wahrnehmen und den Verlagen den Bezug von nur einer Quelle anstelle vieler einzelner Gerichte ermöglichen sowie die Kosten der Gerichte auf mehrere Verlage verteilen und somit kostengünstiger als die Gerichte anbieten. Denkbar wäre aber, daß beispielsweise Gerichte dazu übergehen, bereits selbst Informationen syntaktisch aufbereitet zur Verfügung zu stellen und so zumindest die Aufbereitungsfunktion der Dienstleister überflüssig machen.

Wie beurteilen Sie den zeitlichen Verlauf der Bedeutung solcher Dienstleister? *(in dieser Form in den Runden 2 und 3)*

Derzeit	In 3 Jahren	In 10 Jahren
1,0 / 1,0	1,5 / 1,5	2,0 / 2,0
0 1 2 3 4 niedrig hoch	0 1 2 3 4 niedrig hoch	0 1 2 3 4 niedrig hoch
Ihre Bewertung:	*Ihre Bewertung:*	*Ihre Bewertung:*

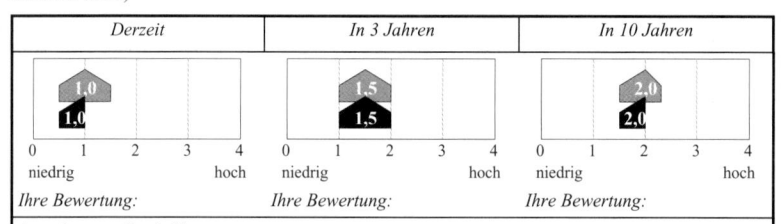

Anmerkungen: *(Runde 3)*
- Diese Anbieter brauchen einen wirklich langen Atem und ungeheure Geduld!
- Kosten für Klein- und Mittelverlage zu hoch.
- Solche Anbieter gibt es bereits.

Anmerkungen: *(Runde 2)*
- Die Kostenentwicklung treibt die Nutzer in die Selbstorganisation. Damit sinkt Bedeutung der Dienstleister.
- Mangelnde Fachkompetenz, Interesse der Gerichte.
- Den Gerichten fehlt die Kenntnis, Texte zielgruppen- und mediengerecht aufzubereiten.

D.2 „Syntaktische, z. B. XML-basierte, Standards für z. B. Gerichtsentscheidungen sind wichtig und werden sich mittel- bis langfristig für die Beschaffung und Verarbeitung von Fachinformationen durch die Verlage durchsetzen." *(Runden 1 und 2)*

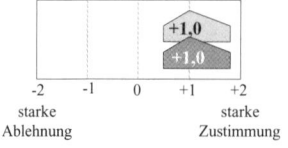

+1,0
+1,0

-2   -1   0   +1   +2
starke   starke
Ablehnung   Zustimmung

Ihre Bewertung:

Anmerkungen: *(Runde 2)*
- Eher lang- statt mittelfristig. Zur Zeit kaum Standardisierung.
- Die Standardisierung liegt in der Verwendung von XML, nicht eines spezifischen Formates.
- Diese „Standards" werden sich von Verlag zu Verlag unterscheiden. Innerhalb eines Hauses wird die Bedeutung allerdings stark zunehmen.
- Wenn die Gerichte schon in XML aufbereiten, warum dann nicht gleich für eigene Zwecke, d.h. zu geringen Kosten ins Netz!
- Mir hat noch keiner erklären können, warum sich Verlage und Gerichte auf ein Format einigen können sollten. Verlage setzen auf Marktabgrenzung, nicht aber Öffnung.
- Zur 4. Anmerkung der Vorrunde: Word ist ein Inputformat, HTML und PDF sind Rendering-Formate. SGML/XML sind Datenaustausch- oder Speicherformate für langfristige Investitionsgüter.

Anmerkungen: *(Runde 1)*
- Vernetzungsvorteil, Kompatibilität.
- Mittelfristig greift hier zu kurz.
- Fraglich, ob dies der Saarbrücker Standard ist.
- Verwendet werden eher Word, HTML oder PDF.

Konsolidierter Gesamt-Feedbackbogen 387

D.3 „Die Etablierung von geschlossenen Marktplätzen für standardisierte Fachinformationen, von denen Verlage ihre Informationen beziehen, auf denen sie aber ihrerseits auch ihre aufbereiteten Informationen zur Zweitverwertung anderen Verlagen anbieten können, ist sinnvoll.
Sie ermöglichen gerade bei standardisierten Informationen wie z. B. Entscheidungen, die starr sind und keine Qualitätsprobleme beinhalten, die Senkung der Bezugskosten (anstelle der Vergütungen an Gerichte) und senken den verlagsinternen Aufwand durch den Bezug bereits aufbereiteter Informationen. Jeder Verlag könnte Entscheidungen in seinem Spezialgebiet direkt bearbeiten und anderen auf einem solchen Marktplatz anbieten und umgekehrt in seinen Randgebieten über Marktplätze von anderen Verlagen Entscheidungen beziehen." *(Runden 1 und 2)*

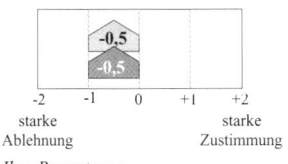

Ihre Bewertung: -2 / -1 / 0 / +1 / +2 (starke Ablehnung — starke Zustimmung); Runde 1: -0,5; Runde 2: -0,5

Anmerkungen: *(Runde 2)*
- Primäre Befürchtung, die eigene Marke zu schwächen und den Mitanbieter zu stärken.
- Verlage sind „Einzelkämpfer". Die einmal teuer aufbereiteten Daten werden nur ungern an Wettbewerber abgegeben.
- Zu theoretisch. Die Wirklichkeit ist härter und egoistischer.
- Marktplatz wird nicht funktionieren, da zu wenige Marktteilnehmer.
- Das ist eine sinnvolle Idee, aber die Kosten. Die Marktmodelle der Verlage sind anders.

Anmerkungen: *(Runde 1)*
- Standardisierte Informationen (Urteile, Gesetze, usw.) sind ohnehin leicht verfügbar.
- Aus Verlagssicht nein, aus Kundensicht ja. Verlage werden alles tun, um andere Marktteilnehmer nicht zu stärken.
- Sie sind bezüglich Qualität der Informationen nicht zu standardisieren. Marken der Verlage würden wertlos, da Verlage für die Richtigkeit ihrer Daten "bürgen".
- Die Qualität muß gewährleistet werden, dann grundsätzlich denkbar.
- Der Fachinformationshandel verläuft tendenziell in eine Richtung, eher kein „Rücklauf" auf einen Marktplatz.

D.4 „Solche zuvor beschriebenen privaten Marktplätze werden sich tatsächlich etablieren können."
(Runde 1)

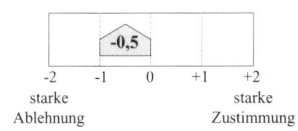

Ihre Bewertung: -2 / -1 / 0 / +1 / +2 (starke Ablehnung — starke Zustimmung); -0,5

Anmerkungen:
- Fehlende Masse und zweifelhafte Qualität sind zu große Markteintrittsbarrieren.
- Standardisierte Formate sind Voraussetzung.
- Sinnvoll ja, wird aber aus Konkurrenzgründen nicht auf breiter Ebene realisiert werden.

D.5　Syntaktische, z. B. XML-basierte, Standards für z. B. Gerichtsentscheidungen für die Beschaffung und Verarbeitung von Fachinformationen durch die Verlage wurden in den Vorrunden als wichtig eingestuft und es wird mit ihrer langfristigen Durchsetzung gerechnet (siehe D.2). Für eine verlagsübergreifende Verwendung des Standards muß aber ein einheitliches Vokabular festgelegt werden. Erforderlich für eine Durchsetzung am Markt ist zudem zunächst das Erreichen einer kritischen Masse, d. h. eine ausreichende Akzeptanz und Verwendung. Wem trauen Sie am ehesten eine Definition und Etablierung eines solchen Standards für z. B. Gerichtsentscheidungen zu? *(Runde 3)*

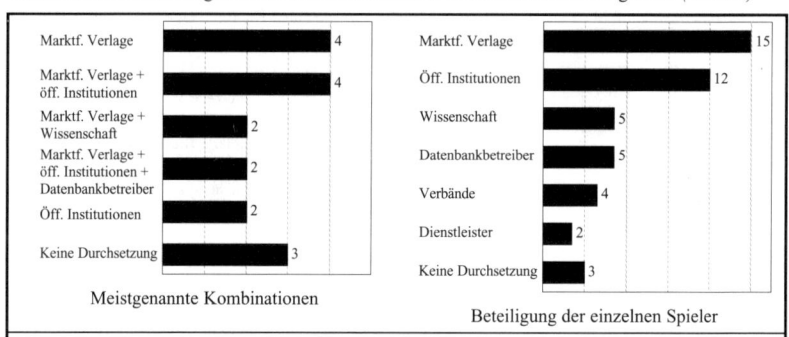

Meistgenannte Kombinationen		Beteiligung der einzelnen Spieler	
Marktf. Verlage	4	Marktf. Verlage	15
Marktf. Verlage + öff. Institutionen	4	Öff. Institutionen	12
Marktf. Verlage + Wissenschaft	2	Wissenschaft	5
Marktf. Verlage + öff. Institutionen + Datenbankbetreiber	2	Datenbankbetreiber	5
Öff. Institutionen	2	Verbände	4
Keine Durchsetzung	3	Dienstleister	2
		Keine Durchsetzung	3

Anmerkungen:
- Die Interessen der im Markt agierenden Teilnehmer sind zu unterschiedlich. Ein gemeinsamer Standard wird nicht von allen gewünscht. (2x)
- Die Standardisierungsnotwendigkeit bei Gerichtsentscheidungen wird überschätzt: Jeder Verlag und jeder Datenbankbetreiber kommt bei dieser Dokumentart zu ähnlichen XML-Strukturierungen. Rechtsvorschriften sind komplexer. Dennoch lassen sich XML-strukturierte Rechtsvorschriftenbestände auch bei unterschiedlichen DTDs relativ einfach umsetzen.
- Wissenschaft hat die Kompetenz und Autorität.
- Wenn überhaupt, dann kann ein solcher Standard nur von der Informationsquelle, nicht von einem konkurrierenden Distributor kommen.
- Einige führende Institutionen aus unterschiedlichen Teilbranchen müssen sich als Kern zur Bildung eines "business web" zusammentun, um derartige Standards durchzusetzen und viele andere zum Mitmachen anzuziehen.
- Standards der öffentlichen Inst. (geschaffen mit Dienstleistern und Datenbankbetreibern) werden sich durchsetzen. - DIN!

E　Distribution

E.1.1　These: „Kurz- bis mittelfristig kann der klassische Bucheinzelhandel aufgrund seiner Kundennähe den Vertrieb von Onlineprodukten sinnvoll unterstützen, indem er z. B. erklärungsbedürftige Onlineprodukte erläutert und sie aktiv vermarktet." *(in dieser Form nur Runde 3)*

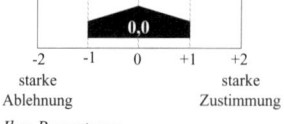

```
         0,0
-2   -1   0   +1   +2
starke            starke
Ablehnung         Zustimmung
Ihre Bewertung:
```

Anmerkungen:
- Fehlende Kompetenz bei 90% des Buchhandels! (5x)
- Buchhandel ist klassischer „Offlinevertrieb", Online und Buchhandel - das sind zwei Welten.
- Denken in „alten Bahnen" im Buchhandel.
- Mangelnde Gewinnmargen beim Buchhandel.
- Onlineprodukte werden online nachgefragt.
- Zustimmung, wenn er Online-Produkte vertreiben will.

E.1.2 *These:* „Langfristig nimmt die Bedeutung des klassischen Bucheinzelhandel für den Vertrieb von Onlineprodukten mit deren zunehmender Etablierung stark ab." *(in dieser Form nur Runde 3)*

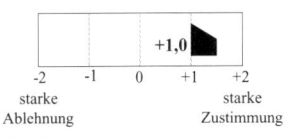

Ihre Bewertung: +1,0 (Skala -2 starke Ablehnung bis +2 starke Zustimmung)

Anmerkungen:
- Fehlende Wandlungsbereitschaft.
- Mangel an nötiger Flexibilität.
- Eine ausreichende Möglichkeit zur Demonstration der Produkte steht vielfach im Buchhandel nicht zur Verfügung.
- Beim Vertrieb von Onlineprodukten schafft der Zwischenhandel keinen Mehrwert.
- Direktvertrieb aufgrund wachsender Online-Fitness der Abnehmer.
- Hängt vom Engagement des Buchhandels ab.
- Verlage unterschätzen den Nutzen, den die Kundennähe im Printbereich auch im Onlinebereich bieten könnte.

E.2 „Der klassische Bucheinzelhandel kann das kurz- bis mittelfristige Problem hoher Kosten und Unsicherheit bei der Zahlungsfunktion für Onlineprodukte lösen, indem er diese Aufgabe übernimmt, etwa durch Legitimation des Kunden oder durch Ausgabe von vorausbezahlten 'Transaktionsnummern'. Zudem übernimmt der Handel aus Kundensicht eine Bündelungsfunktion (eine Sammelrechnung anstelle einer Rechnung direkt mit jedem Verlag)." *(Runden 1 und 2)*

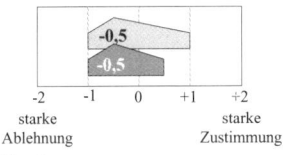

Ihre Bewertung: -0,5 / -0,5 (Skala -2 starke Ablehnung bis +2 starke Zustimmung)

Anmerkungen: *(Runde 2)*
- Die Unsicherheit kann direkt besser beseitigt werden.
- Die Kosten sind auch für den Buchhandel hoch, da ist kein Unterschied gegenüber Verlagen. Problem: Kompetenz des Buchhandels.
- Wer sollte die Zusatzleistung den Buchhändlern bezahlen?

Anmerkungen: *(Runde 1)*
- Die Aussage ist - isoliert betrachtet - richtig. Es überwiegt aber die grundsätzliche Skepsis aus E.1
- Interessantes Modell. Als Buchhändler wäre es ein Versuch wert.
- Wenn den Verlagen nichts besseres einfällt, ein möglicher Weg. Onlinebanking und Legitimation bei der Post bereits erfolgreich.
- Unsicherheit bei Zahlungsfunktion wird mittelfristig verschwinden.
- Zu kompliziert, da gibt es für den Kunden einfachere Lösungen
- Buchhandel wird keine Bankdienstleistung übernehmen (Risiko und Aufwand zu hoch).

E.3 Wie ist die langfristige Eignung folgender Vertriebswege für Onlineprodukte von juristischen Verlagen? *(in dieser Form nur Runde 3)*

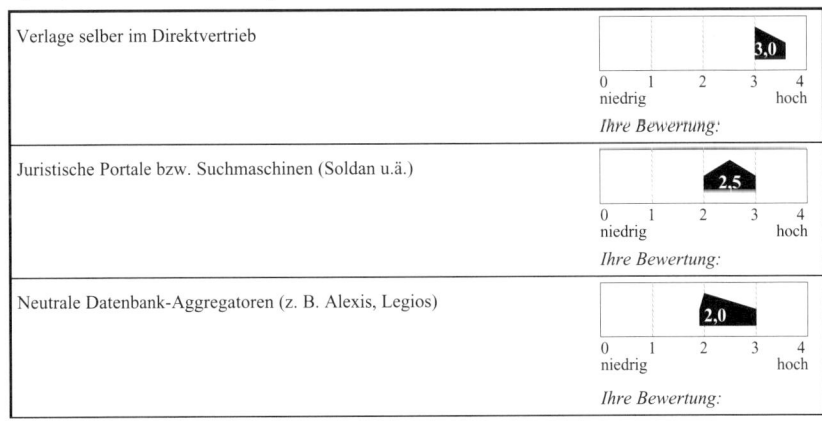

Vertriebsweg	Ihre Bewertung (0 niedrig – 4 hoch)
Verlage selber im Direktvertrieb	3,0
Juristische Portale bzw. Suchmaschinen (Soldan u.ä.)	2,5
Neutrale Datenbank-Aggregatoren (z. B. Alexis, Legios)	2,0

Branchensoftware-Anbieter	2,0
	0 1 2 3 4 niedrig hoch *Ihre Bewertung:*
Spezialisierte Agenturen oder Vertreter, die sich auf den Vertrieb rein elektronischer juristischer Informationen konzentrieren.	2,0
	0 1 2 3 4 niedrig hoch *Ihre Bewertung:*
Onlinebuchhändler wie Amazon etc.	1,3
	0 1 2 3 4 niedrig hoch *Ihre Bewertung:*
Klassischer Bucheinzelhandel	1,2
	0 1 2 3 4 niedrig hoch *Ihre Bewertung:*

Anmerkungen, Begründungen:
- Weder Alexis (Soldan) noch Legios (Verlage) sind neutral.
- Für den Onlinevertrieb sind Spezialisten erforderlich (weder Buchhändler noch Suchmaschinen sind dazu in der Lage).

F	**Leistungserstellung**

F.1 Wie hoch ist die Wahrscheinlichkeit, daß die folgenden Funktionen bzw. Rollen im Onlinebereich <u>langfristig</u> überwiegend von juristischen Verlagen ausgefüllt werden? *(Gefragt ist also nicht nach der Bedeutung dieser Funktionen, sondern nach der Wahrscheinlichkeit, daß juristische Verlage sie erbringen.) (in dieser Form Runden 2 und 3)*

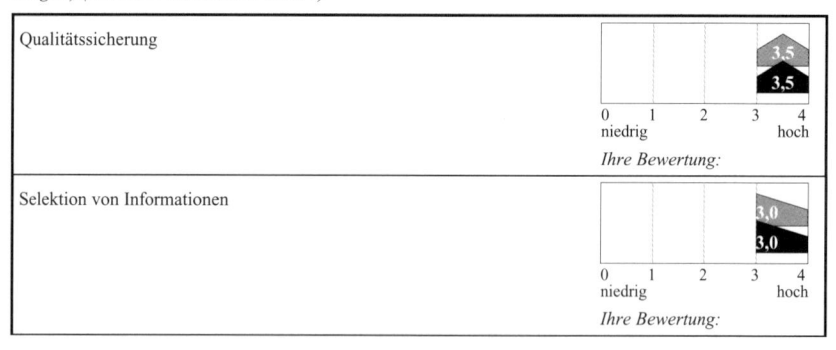

Qualitätssicherung	3,5 3,5
	0 1 2 3 4 niedrig hoch *Ihre Bewertung:*
Selektion von Informationen	3,0 3,0
	0 1 2 3 4 niedrig hoch *Ihre Bewertung:*

Konsolidierter Gesamt-Feedbackbogen

Redaktionelle Aufbereitung (Einordnen in Kontext, ggf. Kommentierung, ...)	3,3 / 3,0
Vertrieb klassischer Verlagsprodukte	3,0 / 3,0
Verwaltung, Überwachung der Aktualität und ggf. Aktualisierung aufbereiteter Informationen (für Verlagsprodukte, Zweitverwertung, ...)	3,0 / 3,0
Einkauf von Fachinformationen, Kontaktpflege zu originären Informationslieferanten	3,0 / 3,0
Syntaktische und semantische Aufbereitung von Fachinformationen (Metainformationen ergänzen, ...), primär für die Verwendung in Datenbanken und individualisierten Angeboten	3,0 / 3,0
Individualisierung, d.h. kundenorientierter individueller Zuschnitt von Fachinformationen	2,8 / 2,8
Vertrieb von (primär eigenen) Onlineprodukten	2,0 / 2,5
Schnittstelle zum Kunden, Kundengewinnung, -bindung, Betreiben von Orientierungsstellen im Internet (Portalfunktion), Markenmanagement	2,5 / 2,0

Bewertungsskala: 0 (niedrig) – 4 (hoch), Ihre Bewertung

Koordinator des Wertschöpfungsprozesses und der Partner, z. B. in einem Netzwerk (siehe F.5)	**2,0** 0 1 2 3 4 niedrig hoch *Ihre Bewertung:*

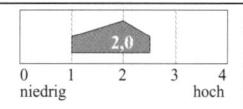

Anmerkung: *(Runde 3)*
* Fachwissen und Fachkompetenz wird bei den Verlagen bleiben!

Anmerkung: *(Runde 2)*
* Setzt allerdings neue Berufsbilder und -profile voraus.

F.2 Bedeutet diese Aufteilung der Funktionen gegenüber dem aktuellen Stand im klassischen Verlagsbereich eher einen Trend zur Integration aller Aufgaben, zur Desintegration oder bleibt der Integrationsgrad im wesentlichen unverändert? *(Runde 1)*

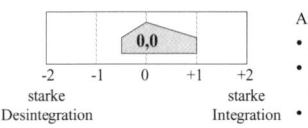

0,0

-2 -1 0 +1 +2
starke   starke
Desintegration   Integration
Ihre Bewertung:

Anmerkungen:
* Datenbeschaffung und Online-Auftritt werden eher desintegriert.
* Verlage sollten die Technik selbst beherrschen, um Markttrends schnell abbilden zu können.
* Die zunehmend bedeutsame Versorgung mit individuellen Angeboten bedingt, daß die Kernprozesse der Wertschöpfung im Verlag selbst gesteuert werden können.
* Es kommt nicht unbedingt zu einer Integrationsveränderung, sondern es sind z. T. andere Kompetenzen erforderlich.

F.3 *Wie beurteilen Sie diese These?* „Eine Desintegration ist für Verlage problematisch, da damit die Umsatzbasis reduziert wird. Eine Erweiterung des Marktfokus für die verbleibende Umsatzbasis ist aber wegen der nationalen Fokussierung schwierig." *(Runde 1)*

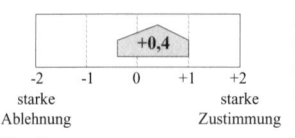

+0,4

-2 -1 0 +1 +2
starke   starke
Ablehnung   Zustimmung
Ihre Bewertung:

Anmerkungen:
* Genau!
* Zu theoretisch: Geht an der Realität vorbei.
* Umsatz auf anderen Gebieten vergrößern, aber versuchen, Anzahl der Marktteilnehmer zu reduzieren.
* Ohne Zweifel müssen die Verlage internationaler werden, gerade auch angesichts der EU!

F.4 Wie beurteilen Sie die langfristige Eignung und tatsächliche Realisierbarkeit von Kooperationen für juristische Verlage? *(in dieser Form Runden 2 und 3)*

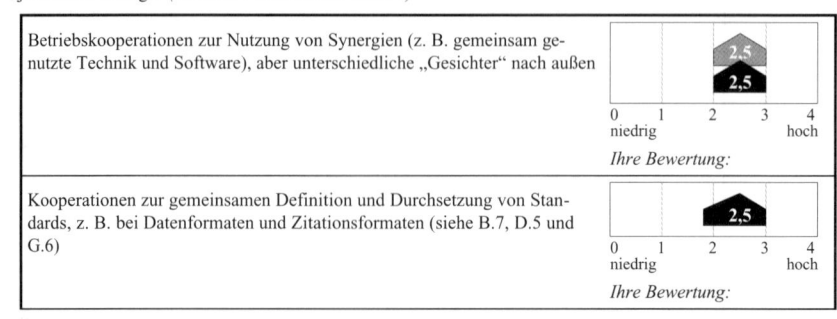

Betriebskooperationen zur Nutzung von Synergien (z. B. gemeinsam genutzte Technik und Software), aber unterschiedliche „Gesichter" nach außen	**2,5** / **2,5** 0 1 2 3 4 niedrig hoch *Ihre Bewertung:*
Kooperationen zur gemeinsamen Definition und Durchsetzung von Standards, z. B. bei Datenformaten und Zitationsformaten (siehe B.7, D.5 und G.6)	**2,5** 0 1 2 3 4 niedrig hoch *Ihre Bewertung:*

Vertriebskooperationen insbesondere mit Online-Plattformen mit dem Ziel, das Onlineangebot weitgehend extern zu betreiben (der Verlag liefert nur Inhalte)	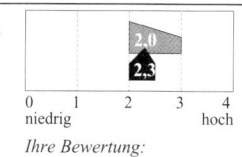 2,0 / 2,5 0 1 2 3 4 niedrig hoch *Ihre Bewertung:*
Vertriebskooperationen z. B. mit anderen Verlagen mit dem Ziel, Inhalte gemeinsam anzubieten und so ein (in der Vorrunde in Frage B.6 als bedeutsam erachtetes) umfassenderes und vernetztes Angebot zu schaffen	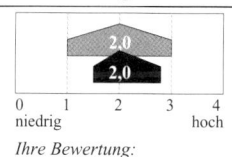 2,0 / 2,0 0 1 2 3 4 niedrig hoch *Ihre Bewertung:*
Beschaffungskooperationen, z. B. die einmalige gemeinsame Beschaffung von Fachinformationen, die dann unmittelbar an andere Verlage zur Kostenverteilung und -senkung weitergegeben werden	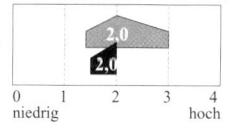 2,0 / 2,0 0 1 2 3 4 niedrig hoch *Ihre Bewertung:*
Kooperationen bei der syntaktischen und semantischen Aufbereitung von Fachinformationen (Metainformationen ergänzen, ...)	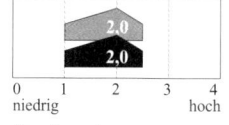 2,0 / 2,0 0 1 2 3 4 niedrig hoch *Ihre Bewertung:*
Anmerkungen: *(Runde 3)* • Wirtschaftliche Notwendigkeit für kleine und mittlere Verlage! • Man darf die Kooperationswilligkeit und -fähigkeit juristischer Verlage nicht überschätzen. • Die grundsätzliche Kooperationsbereitschaft ist Voraussetzung dafür, daß Verlage gemeinsame Standards von Datenformaten als nützlich ansehen. Ergänzung: *(Runde 2)* • Begleitung von Entwicklungen im technischen Bereich.	

F.5 Wie wahrscheinlich ist langfristig für den Onlinebereich ein Wandel des Wertschöpfungsprozesses zu einem Netzwerk von Unternehmen bzw. professionellen juristischen Informationsanbietern (Verlage, Datenbankbetreiber), die gemeinsam ein Angebot erbringen?

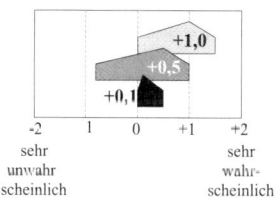

+1,0 / +0,5 / +0,1

-2   -1   0   +1   +2
sehr   sehr
unwahr-   wahr-
scheinlich   scheinlich
Ihre Bewertung:

Anmerkungen: *(Runde 3)*
- Es kommt auf die Grundhaltung zu Kooperationen an. Die Einstellung hierzu ist eher zurückhaltend, daher unwahrscheinlich.
- Angebote müssen alle relevanten Infos beinhalten. Nur komplette Angebote werden sich durchsetzen, daher sehr wahrscheinlich.

Anmerkungen: *(Runde 2)*
- Es gibt keinen wirklichen Grund für Netzwerke. Eher werden einzelne Anbieter versuchen, den gesamten Markt zu dominieren.
- Verlage halten nichts von Arbeitsteilung (vgl.: jeder Verlag hat eine eigene Gesetzesredaktion).
- Keine Standards, unterschiedliche Qualität und Herangehensweisen.
- Interessen zu unterschiedlich.

Anmerkungen: *(Runde 1)*
- Die Rolle des Koordinators erfordert neben hoher Kompetenz bis in Nischen hinein vor allem Kosten, Kosten, Kosten.
- Der Koordinierungsaufwand wird erst langfristig gering genug sein.

- Es gibt keinen wirklich zwingenden Grund für Kooperationen. Alle bisherigen haben sich deshalb auch schwergetan.
- Interessen sind dafür zu unterschiedlich.
- Die Verlage sind sehr dominant, vgl. auch Automobilindustrie, die anderen Beteiligten sind eher abhängig.
- Hängt von der mentalen Zukunftsfähigkeit der Verlage ab, daher gegenwärtig 50 : 50.
- Diese These wird schon lange diskutiert und ist sehr wahrscheinlich.
- Das Netzwerk kommt notfalls auch ohne die Beteiligung von Verlagen zustande.

F.6 Wird langfristig eher ein Verlag oder eher ein anderer Akteur die verschiedenen Akteure und Kooperationspartner bei der Erstellung von Onlineprodukten (also den Wertschöpfungsprozeß oder das Netzwerk) koordinieren? *(Runde 3)*

Nennungen:
- Verlag (5x)
- Anderer, verlagsneutraler Akteur (4x)
- Verlagskooperation
- Börsenverein
- Betreiber von juristischen Portalen (kann auch ein Verlag sein).

Anmerkungen:
- Sisyphusarbeit

G Thesen zur langfristigen zukünftigen Entwicklung

G.1 Künftig wird verstärkt eine Differenzierung des Leistungsangebots nach Kundenwert bzw. Professionalität des Kunden stattfinden:

G.1.1 „Übernahme des kompletten Informationsmanagements, was aufgrund der relativ hohen Konfigurationsfixkosten primär für professionelle Großkunden, etwa große Kanzleien, wirtschaftlich ist. Es beinhaltet eine automatische Speisung des Intranets durch den Verlag und die individuelle profilgestützte Versorgung der einzelnen Mitarbeiter mit genau den Informationen, die für das spezifische Aufgabenfeld benötigt werden. Erforderlich ist hierzu je nach Kundenwunsch ggf. auch eine Einbindung des Angebots von anderen Verlagen. Hieraus ergibt sich ein Wertschöpfungsnetz, das vom Verlag koordiniert und je nach Kunde individuell konfiguriert wird." *(in dieser Form in Runden 2 und 3, in Runde 1 kombiniert mit G.1.2)*

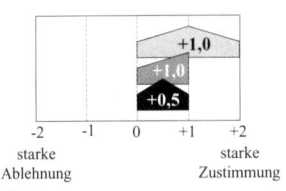

Bewertung: +1,0 / +1,0 / +0,5

-2 starke Ablehnung   -1   0   +1   +2 starke Zustimmung

Ihre Bewertung:

Anmerkungen, Begründungen für abweichende Meinungen: *(Runde 3)*
- Markt zu klein, die Anzahl potentieller Kunden (=Großkanzleien) ist zu gering. (2x)
- Es wird auf lange Zeit noch bei einem standardisierten Angebot durch die Verlage bleiben. In allen Märkten mit nur relativ wenigen Anbietern besteht nämlich kein Druck in Richtung auf starke Kundenorientierung, daher starke Ablehnung.
- Derlei Angebote werden eher von Seiten der Softwaredienstleister kommen, die die Angebote einkaufen und in bestehende Kanzleianwendungen integrieren können.
- Einbindung von Angeboten anderer Verlage ist problematisch, da nicht unbedingt gewollt.

Anmerkungen: *(Runde 2)*
- Großkunden werden ihr Informationsmanagement nicht aus der Hand geben.
- Hoher Standardisierungsgrad notwendig, kein Verlag hat kritische Masse.
- Verlage sind für diese Aufgabe nicht vorbereitet.

Konsolidierter Gesamt-Feedbackbogen 395

G.1.2 „Für kleinere und mittlere Kunden eine eher standardisierte Ansprache über Portale, die bedarfsweise genutzt oder in das Intranet der Kunden eingebunden werden können. Zur Verfügung gestellt werden Netzkonfigurationen, die ohnehin vorhanden sind (siehe Großkunden), eine individuelle Konfiguration, z. B. auf einzelnen Kundenwunsch eine Integration von Angeboten anderer Verlage, erfolgt aus Wirtschaftlichkeitsgründen im Regelfall nicht." *(so in Runde 2, in Runde 1 kombiniert mit G.1.1)*

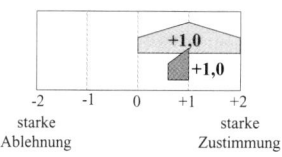

```
        +1,0
         +1,0
-2  -1  0  +1  +2
starke          starke
Ablehnung       Zustimmung
```
Ihre Bewertung:

Anmerkung:
- Das Risiko des Anbieters besteht in der ungleichen Versorgung des Kunden. Dies kann als Qualitätsverlust verstanden werden und die Option schwächen.

G.2 „Produkt- und Preisdifferenzierung wird erhöhte Bedeutung erlangen, um den heterogenen Wünschen und Zahlungsbereitschaften der Kunden besser Rechnung tragen zu können. Neben statischer Differenzierung liegt besonderes Potential in dynamischen Preismodellen, um 'ad hoc' die Preise automatisiert kunden- und situationsspezifisch festlegen zu können, etwa
- wichtigen und 'wertvollen' Kunden interessantere Preise unterbreiten zu können als anderen
- die Preise bei bestimmten Leistungsangeboten stärker in Abhängigkeit vom Produktnutzen und der daraus resultierenden Zahlungsbereitschaft gestalten zu können, z. B. könnten hochaktuelle Lieferungen höherpreisig angeboten werden und so eine erhöhte Zahlungsbereitschaft abschöpfen." *(Runden 1 und 2)*

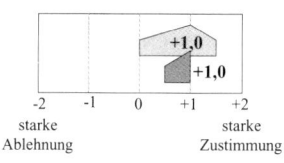

```
        +1,0
         +1,0
-2  -1  0  +1  +2
starke          starke
Ablehnung       Zustimmung
```
Ihre Bewertung:

Als sinnvoll genannte Differenzierungskriterien: *(Runde 2)*
- Zahl der parallelen Zugriffe.
- Differenzierung nach Volumen (Mengenrabatt).
- Geschwindigkeit der Informationslieferung, Aufbereitung der Daten, schnelle Zugangswege (Verschlagwortung), Marke.
- Aktualität und frühe fachliche Kommentierung.

Anmerkung: *(Runde 2)*
- Bei zu starker Differenzierung leiden Transparenz und Akzeptanz.

Anmerkungen: *(Runde 1)*
- Die Preistransparenz und damit Akzeptanz würde leiden.
- Die Informationseinheit wird nicht den Preis bestimmen, da sie an sich keinen Mehrwert besitzt, sondern die Sammlung und Bereitstellung von Informationseinheiten.
- Eine Differenzierung nach Einkaufsmacht wird es weiterhin geben.
- Es gibt keine sinnvolle Unterscheidung von wertvollen und wertlosen Informationen, etwa aktuell oder alt. Eine Information ist an sich nicht wertvoll, sie wird es, wenn der Kunde sie benötigt.
- Bei der großen Masse von Einzelanwälten gestaltet sich die Betrachtung des individuellen Produktnutzens als sehr aufwendig.
- In dem Markt wird sich Preisvergleich nicht ganz ausschalten lassen.
- Preis muß als angemessen empfunden werden.
- Individuelle Preise verwirren die Kunden.

G.3 „Während bei Großkunden (siehe oben) Onlineprodukte ganz überwiegend direkt vertrieben werden, erlangt der klassische Bucheinzelhandel insbesondere bei der Ansprache von kleineren und mittleren Kunden eine erhöhte Bedeutung und kann etwa Zahlungsfunktionen unterstützen." *(Runde 1)*

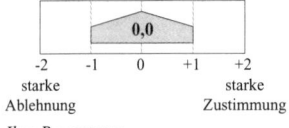

```
        0,0
-2  -1   0   +1  +2
starke          starke
Ablehnung       Zustimmung
Ihre Bewertung:
```

Anmerkungen:
- Die Möglichkeiten des Bucheinzelhandels sind bei entsprechender Fachkompetenz sehr hoch und effizienter als die der Verlage direkt.
- Bedeutung des Buchhandels bei Fachinformationen wird überschätzt.
- Die Bonität hängt nicht von der Größe ab. Bei bestehenden Kundenkontakten ist ein Direktvertrieb problemlos.
- Problem der Zahlungsfunktion wird mittelfristig behoben werden.
- Online wird klassisch nicht verdrängen, es hängt vom (individuellen) Kundenbedürfnis ab, die Zahlungsfunktion ist langfristig unwichtig.
- Setzt entsprechende Spezialisierung beim Buchhandel voraus.
- Buchhandel wird kaum davon profitieren.

G.4 „Aufgrund des zunehmenden Erfordernisses eines umfassenden Angebots wird für kleinere Verlage eine virtuelle Größe durch eine Einbindung in eine Vielzahl von Kooperationen sehr wichtig." *(Runde 1)*

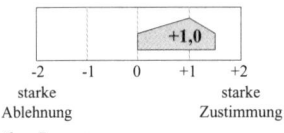

```
           +1,0
-2  -1   0   +1  +2
starke          starke
Ablehnung       Zustimmung
Ihre Bewertung:
```

Anmerkungen:
- Richtig, aber es ist fraglich, ob sich das durchsetzen kann.
- Gilt nicht für Verlage mit Spezialthemen. Mit gleichen Partnern zusammenzuarbeiten ist sehr sinnvoll.
- Netzwerkartige Kooperationen sind eine Lösung zur Kostenreduktion und Kompetenzsteigerung.
- Eher klare Fokussierung.
- Kleine Verlage werden eher „ökologische Nischen" suchen, denn als Minorpartner in Großkooperationen ihre Flexibilität einzubüßen.

G.5 „Content Syndication (Zweitverwertung von Inhalten) wird eine deutlich höhere Bedeutung erlangen
- für Fachinformationen wie z. B. Entscheidungen
- für redaktionelle Angebote, die z. B. Unternehmen oder Kanzleien zur Einbindung auf deren Homepages angeboten werden können. Hierzu eignet sich als Plattform ein elektronischer Markt."
(Runde 1)

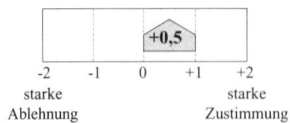

```
         +0,5
-2  -1   0   +1  +2
starke          starke
Ablehnung       Zustimmung
Ihre Bewertung:
```

Anmerkungen:
- Für redaktionelle Angebote nein: Die Fixierung auf elektronische Marktplätze funktioniert nicht.
- Handling zur Zeit noch zu aufwendig.
- Höhere Bedeutung wird das nur bei Großkanzleien erlangen.
- Die Mehrfachverwertung von Inhalten sowie das Angebot digitaler Informationen für WWW, Buch etc. führt zu höheren Gewinnen bzw. besserer Kundenbetreuung. Elektronische Märkte werden sich aber nur bei hoher Datenstandardisierung etablieren können, außer es gibt nur sehr wenige Syndikatoren.
- Grundsätzliche Zustimmung, aber vorerst weniger über den Markt als über bilaterale Verträge mit Content-Anbietern.

G.6 „Die Etablierung eines Standards, nach dem Onlineprodukte wie z. B. Kommentare zitiert werden können und der verschiedene Versionen ('Auflagen') berücksichtigt, könnte positive Netzeffekte auslösen. Solche Standards sind am ehesten direkt in Form von Absprachen oder Kooperationen von Verlagen untereinander, oder indirekt durch einen Verband, zu erreichen. Zum Erreichen einer kritischen Masse bei der Nutzerzahl ist eine Einbindung vieler oder großer Verlage erforderlich."
(Runden 1 und 2, in Runde 1 leicht modifiziert)

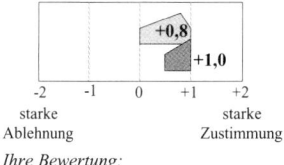

```
            +0,8
              +1,0
  -2   -1   0   +1   +2
  starke            starke
  Ablehnung        Zustimmung
```
Ihre Bewertung:

Anmerkungen: *(Runde 2)*
- Die Netzeffekte dürften gering ausfallen, da das eine wenig mit dem anderen zu tun hat.
- Verlage haben mehr Angst vor den Risiken und wollen kein Risiko eingehen.

Anmerkungen: *(Runde 1)*
- Die kritische Masse an Nutzen ist nicht notwendig, eher eine Einigung etablierter Verlage.
- Die jahrelangen Arbeiten dazu in verschiedenen Ausschüssen könnten vielleicht Früchte tragen, ein entsprechendes Konzept zu erstellen wäre sehr aufwendig. Das Erreichen einer kritischen Masse schafft sicherlich keine Standards.
- Grundsätzlich ja, ob Niedrigpreisstrategie/Kooperationen am besten sind ist fraglich, vielleicht auch Einigung auf Standards seitens der Verlage.
- Eher Kooperation bzw. Verbandsvereinbarung, nicht über Preise.
- Standard unverzichtbar, aber keine Niedrigpreisstrategie! Kosten + Gewinnmarge müssen gedeckt werden. Spätere Preisanhebungen sind viel schwieriger.

A.6 Einfache statistische Auswertung der Fragebögen

Im folgenden sind für die einzelnen Fragen jeweils das untere und obere Quartil (Q_1 und Q_2), der Median (M), der Quartilabstand Q_A und die Anzahl der verwendbaren Einschätzungen (n) angegeben. Zusätzlich ist bei Einzeleinschätzungen, aus denen im Rahmen der Auswertung Rangfolgen gebildet wurden, der zur Rangfolgenbildung verwendete interpolierte Median angegeben (vgl. hierzu Kap. 4.5.1). Angegeben sind jeweils die Werte der letzten Runde (Rd.), in der die Einschätzung erhoben wurde.

Die Antworten zu offenen Fragen sowie Mehrfachauswahlfragen finden sich im Anhang 5.

Frage	Thema	Rd.	n	Q_1	M	Q_2	Q_A	M_i
A.1	Derzeitiges Engagement Verlage	1	30	-1,00	-0,13	0,50	1,50	
A.2/3	Relevanz fehlender digitaler Altdaten jetzt	3	29	3,00	3,00	3,50	0,50	3,077
	Relevanz fehlender digitaler Altdaten in 3 Jahren	3	29	2,00	2,00	2,00	0,00	1,985
	Relevanz fehlender digitaler Altdaten in 10 Jahren	3	29	0,50	1,00	1,00	0,50	0,950
	Relevanz mangelnder Wirtschaftlichkeit jetzt	3	29	3,00	3,00	3,00	0,00	3,021
	Relevanz mangelnder Wirtschaftlichkeit in 3 Jahren	3	29	2,00	2,00	2,75	0,75	2,055
	Relevanz mangelnder Wirtschaftlichkeit in 10 Jahren	3	29	1,00	1,00	1,50	0,50	1,050
	Relevanz mangelnder Bereitschaft der Autoren jetzt	3	29	3,00	3,00	3,00	0,00	2,983
	Relevanz mangelnder Bereitschaft der Autoren in 3 Jahren	3	29	2,00	2,00	2,00	0,00	2,008
	Relevanz mangelnder Bereitschaft der Autoren in 10 Jahren	3	29	1,00	1,00	1,50	0,50	1,027
	Relevanz fehlendes Standarddatenformat jetzt	3	29	3,00	3,00	3,00	0,00	2,993
	Relevanz fehlendes Standarddatenformat in 3 Jahren	3	29	1,50	2,00	2,00	0,50	1,967
	Relevanz fehlendes Standarddatenformat in 10 Jahren	3	29	1,00	1,00	1,00	0,00	0,993
	Relevanz fehlende Erfahrung jetzt	3	29	2,75	3,00	3,25	0,50	3,000
	Relevanz fehlende Erfahrung in 3 Jahren	3	29	1,50	2,00	2,00	0,50	1,923
	Relevanz fehlende Erfahrung in 10 Jahren	3	29	0,50	1,00	1,00	0,50	0,967

Frage	Thema	Rd.	n	Q_1	M	Q_2	Q_A	M_i
	Relevanz Angst vor Kannibalisierung jetzt	3	28	2,25	3,00	3,25	1,00	2,979
	Relevanz Angst vor Kannibalisierung in 3 Jahren	3	28	1,75	2,00	2,50	0,75	2,010
	Relevanz Angst vor Kannibalisierung in 10 Jahren	3	28	1,00	1,00	1,88	0,88	1,075
	Relevanz fehlender Zusammenarbeit jetzt	3	27	2,00	3,00	3,00	1,00	2,927
	Relevanz fehlender Zusammenarbeit in 3 Jahren	3	27	1,50	2,00	2,25	0,75	2,000
	Relevanz fehlender Zusammenarbeit in 10 Jahren	3	27	1,00	1,00	1,50	0,50	1,058
	Relevanz Mißbrauchsbefürchtung jetzt	3	29	2,00	2,50	3,00	1,00	2,536
	Relevanz Mißbrauchsbefürchtung in 3 Jahren	3	29	1,00	1,75	2,00	1,00	1,813
	Relevanz Mißbrauchsbefürchtung in 10 Jahren	3	29	1,00	1,00	1,00	0,00	1,007
	Relevanz aufwendiger direkter Abrechnung jetzt	3	27	2,00	2,50	3,00	1,00	2,550
	Relevanz aufwendiger direkter Abrechnung in 3 Jahren	3	27	1,00	1,50	2,00	1,00	1,583
	Relevanz aufwendiger direkter Abrechnung in 10 Jahren	3	27	0,50	1,00	1,00	0,50	0,967
	Relevanz Pilotprobleme	2	25	2,00	2,50	3,00	1,00	2,400
	Relevanz CD-Erfahrungen	1	28	1,00	1,63	2,50	1,50	1,625
	Relevanz zu kleiner Markt jetzt	1	30	1,00	1,50	2,50	1,50	1,563
	Relevanz zu kleiner Markt in 3 Jahren	1	30	0,50	1,50	2,25	1,75	1,482
	Relevanz zu kleiner Markt in 10 Jahren	1	30	0,50	1,00	1,50	1,00	1,000
A.4	Wahrscheinlichkeit neuer Spieler	2	28	0,00	0,75	1,13	1,13	
A.5.1	Wahrscheinlichkeit Markteintritt durch Übernahmen	3	26	0,00	1,00	1,50	1,50	
	Wahrscheinlichkeit Markteintritt durch Kooperationen	3	26	0,00	1,00	1,00	1,00	
	Wahrscheinlichkeit eigenständiger Markteintritt	3	27	-1,00	0,00	0,75	1,75	
A.5.2	Bedrohung für kleine Anbieter	3	27	2,00	2,70	3,00	1,00	
	Bedrohung für große Anbieter	3	27	1,00	1,50	2,00	1,00	

Einfache statistische Auswertung der Fragebögen

Frage	Thema	Rd.	n	Q_1	M	Q_2	Q_A	M_i
B.1	Kundenmehrwert Aktualität	3	30	1,00	1,00	2,00	1,00	
	Kundenmehrwert Suchfunktionen	3	30	2,00	2,00	3,00	1,00	
	Kundenmehrwert Individualität	3	30	3,00	3,00	5,00	2,00	
	Kundenmehrwert Weiterführende Hyperlinks	3	30	3,00	4,00	4,00	1,00	
	Kundenmehrwert orts- und zeitunabhängige Verfügbarkeit	3	29	5,00	5,00	5,00	0,00	
	Kundenmehrwert weniger Verwaltung	3	29	5,00	6,00	6,00	1,00	
	Kundenmehrwert größere Menge	2	27	5,00	7,00	9,00	4,00	
	Kundenmehrwert Pay per Use	2	27	6,00	7,00	8,00	2,00	
	Kundenmehrwert Arbeitsumgebung	2	28	7,00	9,00	9,00	2,00	
	Kundenmehrwert virtuelle Gemeinschaften	1	30	9,00	10,00	10,00	1,00	
B.2	Verlagsmehrwert Kundenmehrwert	3	30	1,00	1,00	2,00	1,00	
	Verlagsmehrwert geringere Stückkosten	3	30	2,00	3,00	4,00	2,00	
	Verlagsmehrwert neuartiger Leistungsangebote	3	30	2,00	3,00	4,00	2,00	
	Verlagsmehrwert Mehrfachverwertung der Daten	3	30	2,00	3,00	4,00	2,00	
	Verlagsmehrwert Nischenbearbeitung	3	30	3,00	5,00	5,00	2,00	
	Verlagsmehrwert Produktdifferenzierung	2	26	4,00	5,00	6,00	2,00	
	Verlagsmehrwert Senkung Kaufbarrieren	1	30	3,00	4,50	5,00	2,00	
B.3	Hemmung mangelnder Mehrwert	3	30	1,00	2,00	3,00	2,00	
	Hemmung Qualitätsunsicherheit	3	30	1,00	2,00	4,00	3,00	
	Hemmung Qualität	3	30	3,00	4,00	6,00	3,00	
	Hemmung Lesbarkeit Bildschirm	3	30	4,00	5,00	5,00	1,00	
	Hemmung spontane Handhabung	3	30	5,00	5,00	7,00	2,00	
	Hemmung Dauerhaftkeit	3	29	4,00	6,00	7,00	3,00	
	Hemmung Kostenpflichtigkeit und Preisniveau	3	30	2,00	6,50	8,00	6,00	
	Hemmung Zitierfähigkeit	3	30	6,00	7,00	8,00	2,00	
	Hemmung Unsicherheit in Benutzung	3	30	5,00	7,00	9,00	4,00	

Frage	Thema	Rd.	n	Q_1	M	Q_2	Q_A	M_i
	Hemmung Ortsabhängigkeit	2	27	5,00	8,00	9,00	4,00	
	Hemmung fehlende technische Ausstattung	2	27	7,00	10,00	10,00	3,00	
	Hemmung fehlende Netzeffekte	1	29	6,00	8,00	9,00	3,00	
B.4	Gedruckte Nachschlagewerke jetzt	3	29	3,50	3,50	4,00	0,50	3,563
	Gedruckte Nachschlagewerke in 3 Jahren	3	30	3,00	3,00	3,00	0,00	2,980
	Gedruckte Nachschlagewerke in 10 Jahren	3	30	2,00	2,50	3,00	1,00	2,482
	Nachschlagewerke als digitale Bücher jetzt	3	29	0,00	0,50	1,00	1,00	0,523
	Nachschlagewerke als digitale Bücher in 3 Jahren	3	29	1,00	1,25	2,00	1,00	1,313
	Nachschlagewerke als digitale Bücher in 10 Jahren	3	29	1,50	2,00	2,50	1,00	1,944
	Online Nachschlagewerke jetzt	3	30	0,50	1,00	1,00	0,50	0,952
	Online Nachschlagewerke in 3 Jahren	3	30	1,50	2,00	2,00	0,50	1,975
	Online Nachschlagewerke in 10 Jahren	3	30	2,00	3,00	3,00	1,00	1,917
	Gedruckte Informationsdienste jetzt	2	29	2,00	3,00	3,25	1,25	2,944
	Gedruckte Informationsdienste in 3 Jahren	2	29	1,50	1,50	2,00	0,50	1,588
	Gedruckte Informationsdienste in 10 Jahren	2	29	0,75	1,00	1,00	0,25	0,991
	(Individuelle) elektronische Newsletter jetzt	3	29	1,00	1,00	1,25	0,25	1,009
	(Individuelle) elektronische Newsletter in 3 Jahren	3	29	2,00	2,00	2,00	0,00	2,000
	(Individuelle) elektronische Newsletter in 10 Jahren	3	29	2,50	3,00	3,00	0,50	2,923
	Dienstleistung jetzt	3	30	1,00	1,00	1,75	0,75	1,029
	Dienstleistung in 3 Jahren	3	30	1,50	2,00	2,50	1,00	2,021
	Dienstleistung in 10 Jahren	3	30	2,00	3,00	3,00	1,00	2,925
	Gedruckte Fachzeitschriften jetzt	2	29	3,25	3,50	4,00	0,75	3,556
	Gedruckte Fachzeitschriften in 3 Jahren	2	29	2,50	3,00	3,00	0,50	2,973
	Gedruckte Fachzeitschriften in 10 Jahren	2	29	1,50	2,00	3,00	1,50	2,104
	Elektronische Zeitschriften jetzt	3	30	0,50	0,50	1,00	0,50	0,529

Einfache statistische Auswertung der Fragebögen 403

Frage	Thema	Rd.	n	Q_1	M	Q_2	Q_A	M_i
	Elektronische Zeitschriften in 3 Jahren	3	30	1,00	1,50	2,00	1,00	1,417
	Elektronische Zeitschriften in 10 Jahren	3	30	2,00	2,00	3,00	1,00	2,048
	Gedruckte Fachbücher jetzt	1	31	3,00	3,50	4,00	1,00	3,463
	Gedruckte Fachbücher in 3 Jahren	1	31	2,50	3,00	3,50	1,00	3,107
	Gedruckte Fachbücher in 10 Jahren	1	31	2,00	3,00	3,50	1,50	2,944
	Digitale Bücher jetzt	1	31	0,00	0,50	0,50	0,50	0,388
	Digitale Bücher in 3 Jahren	1	31	0,00	0,50	1,50	1,50	0,604
	Digitale Bücher in 10 Jahren	1	31	0,50	1,50	2,00	1,50	1,400
	Sonstige Fachbücher online jetzt	3	30	0,50	0,50	0,75	0,25	0,522
	Sonstige Fachbücher online in 3 Jahren	3	30	1,00	1,00	1,50	0,50	1,080
	Sonstige Fachbücher online in 10 Jahren	3	30	1,50	2,00	2,00	0,50	1,952
	Expertensysteme online jetzt	3	30	0,00	0,50	1,00	1,00	0,525
	Expertensysteme online in 3 Jahren	3	30	1,00	1,00	1,50	0,50	1,075
	Expertensysteme online in 10 Jahren	3	30	1,50	2,00	2,50	1,00	1,906
	Datenbanken auf CD-ROMs jetzt	2	29	1,50	2,00	3,00	1,50	2,036
	Datenbanken auf CD-ROMs in 3 Jahren	2	29	1,25	2,00	2,00	0,75	1,938
	Datenbanken auf CD-ROMs in 10 Jahren	2	29	1,00	1,00	2,00	1,00	1,111
	Datenbanken online jetzt	1	31	1,00	1,50	2,00	1,00	1,472
	Datenbanken online in 3 Jahren	1	31	2,00	2,50	3,00	1,00	2,463
	Datenbanken online in 10 Jahren	1	31	3,00	3,50	4,00	1,00	3,513
	Virtuelle Gemeinschaften jetzt	1	31	0,00	0,50	1,00	1,00	0,500
	Virtuelle Gemeinschaften in 3 Jahren	1	31	0,50	1,00	1,50	1,00	1,047
	Virtuelle Gemeinschaften in 10 Jahren	1	31	1,00	1,50	2,25	1,25	1,550
B.5	Dienstleistung Beobachtung neuer Informationen	3	29	3,00	3,00	3,50	0,50	3,029
	Dienstleistung individuelle integrierte Bündelung	3	29	2,50	3,00	3,00	0,50	2,955
	Dienstleistung Speisung Intranets	3	29	2,00	3,00	3,00	1,00	2,954
	Dienstleistung Individualisierung	3	29	2,00	2,75	3,00	1,00	2,750

Frage	Thema	Rd.	n	Q_1	M	Q_2	Q_A	M_i
	Dienstleistung Auftragsrecherche	3	29	1,50	2,00	3,00	1,50	2,028
B.6	Bedeutung einer Integration der Angebote	2	27	3,00	3,00	4,00	1,00	
B.7	Netzeffekt Standardquelle	3	28	2,38	3,00	3,00	0,62	2,944
	Netzeffekt standardisiertes Datenformat im Angebot	3	29	2,00	3,00	3,00	1,00	2,898
	Netzeffekt Standard-Oberfläche zur Integration	3	28	2,00	2,50	3,25	1,25	2,458
	Netzeffekt Anwendungen für mobilen Zugriff	3	28	1,00	1,00	2,00	1,00	1,102
	Netzeffekt virtuelle Gemeinschaft	2	27	0,50	1,00	2,00	1,50	1,071
B.8	Bedrohung durch originäre Anbieter	3	28	2,00	2,25	3,00	1,00	
B.9	Förderung durch mobilen Zugriff	3	29	-1,00	0,00	1,00	2,00	
B.11	Zusätzlicher Umsatz bei Nachschlagewerken	3	27	-0,50	0,50	1,00	1,50	
B.12	Parallelität zusätzliche Kosten	3	28	-1,00	-0,75	0,88	1,88	
C.1	Gruppenlizenzen jetzt	2	27	1,00	1,50	2,00	1,00	1,438
	Gruppenlizenzen in 3 Jahren	2	27	2,00	2,50	3,00	1,00	2,531
	Gruppenlizenzen in 10 Jahren	2	27	3,00	3,50	4,00	1,00	3,453
	Nutzungsunabhängige Erlöse jetzt	2	28	1,00	1,50	2,00	1,00	1,500
	Nutzungsunabhängige Erlöse in 3 Jahren	2	28	2,00	2,13	3,00	1,00	2,125
	Nutzungsunabhängige Erlöse in 10 Jahren	2	28	2,75	3,00	3,50	0,75	3,050
	Content Syndication jetzt	2	27	0,50	1,00	1,75	1,25	1,021
	Content Syndication in 3 Jahren	2	27	1,50	2,00	2,50	1,00	1,922
	Content Syndication in 10 Jahren	2	27	2,00	2,50	3,00	1,00	2,500
	Nutzungsabhängige Erlöse jetzt	2	28	1,00	1,00	2,25	1,25	1,057
	Nutzungsabhängige Erlöse in 3 Jahren	2	28	1,38	2,00	2,00	0,62	1,958
	Nutzungsabhängige Erlöse in 10 Jahren	2	28	1,50	2,00	3,00	1,50	2,042
	Direktvertriebserlöse Printprodukte jetzt	2	27	0,50	1,00	2,00	1,50	1,078
	Direktvertriebserlöse Printprodukte in 3 Jahren	2	27	1,50	1,50	2,00	0,50	1,583
	Direktvertriebserlöse Printprodukte in 10 Jahren	2	27	1,25	2,00	2,50	1,25	2,000

Frage	Thema	Rd.	n	Q_1	M	Q_2	Q_A	M_i
	Vermarktung von Benutzerprofilen jetzt	1	28	0,00	0,50	1,00	1,00	0,511
	Vermarktung von Benutzerprofilen in 3 Jahren	1	28	0,50	1,25	2,00	1,50	1,125
	Vermarktung von Benutzerprofilen in 10 Jahren	1	28	0,50	1,50	2,50	2,00	1,458
	Werbeerlöse jetzt	1	29	0,00	0,50	0,75	0,75	0,490
	Werbeerlöse in 3 Jahren	1	29	0,50	0,75	1,25	0,75	0,75
	Werbeerlöse in 10 Jahren	1	29	0,25	1,00	1,50	1,25	1,000
C.2	Zustimmung These Poolsysteme	1	27	-2,00	-1,00	0,00	2,00	
C.3	Eignung Niedrigpreisstrategie	3	29	1,50	2,00	2,50	1,00	
C.4	Dynamischer Preis nach Umsatzvolumen	3	27	2,00	3,00	3,00	1,00	2,948
	Dynamischer Preis nach Zugriffen insgesamt	3	27	1,50	3,00	3,00	1,50	2,886
	Dynamischer Preis nach Kundenwert	3	27	2,00	2,50	3,00	1,00	2,594
	Dynamischer Preis nach Aktualität/Schnelligkeit	3	27	1,50	2,50	3,00	1,50	2,450
	Dynamischer Preis nach Komfort	3	27	1,00	2,00	3,00	2,00	1,938
	Dynamischer Preis nach Preisgebot	3	27	0,00	0,50	1,00	1,00	0,531
D.1	Bedeutung von Dienstleistern jetzt	3	28	0,50	1,00	1,00	0,50	
	Bedeutung von Dienstleistern in 3 Jahren	3	28	1,00	1,50	2,00	1,00	
	Bedeutung von Dienstleistern in 10 Jahren	3	28	1,50	2,00	2,00	0,50	
D.2	Zustimmung These Bedeutung von Standards	2	29	0,50	1,00	1,75	1,25	
D.3	Zustimmung These Marktplätze sind sinnvoll	2	28	-1,00	-0,50	0,00	1,00	
D.4	Zustimmung These Marktplätze etablieren	1	28	-1,00	-0,50	0,00	1,00	
E.1.1	Zustimmung These Buchhandel soll kurz-/mittelfristig vermarkten	3	29	-1,00	0,00	1,00	2,00	
E.1.2	Zustimmung These Buchhandel vermarktet langfristig nicht	3	29	1,00	1,00	1,50	0,50	
E.2	Zustimmung These Buchhandel für Zahlungsfunktion	2	29	-1,00	-0,50	0,50	1,50	

Frage	Thema	Rd.	n	Q_1	M	Q_2	Q_A	M_i
E.3	Eignung Vermarktung durch Direktvertrieb	3	28	3,00	3,00	3,63	0,63	3,219
	Eignung Vermarktung durch Portale/Suchmaschinen	3	28	2,00	2,50	3,00	1,00	2,643
	Eignung Vermarktung durch neutrale Datenbank-Aggregatoren	3	28	1,88	2,00	3,00	1,12	2,273
	Eignung Vermarktung durch Branchensoftware-Anbieter	3	28	1,50	2,00	2,75	1,25	2,077
	Eignung Vermarktung durch Agenturen/Vertreter	3	28	1,00	2,00	3,00	2,00	2,071
	Eignung Vermarktung durch Online-Buchhändler	3	28	0,50	1,25	2,38	1,88	1,250
	Eignung Vermarktung durch Bucheinzelhandel	3	28	1,00	1,23	1,50	0,50	1,217
F.1	Verlagsrolle Qualitätssicherung	3	29	3,00	3,50	4,00	1,00	3,400
	Verlagsrolle Selektion	3	29	3,00	3,00	4,00	1,00	3,250
	Verlagsrolle redaktionelle Aufbereitung	3	29	3,00	3,00	3,50	0,50	3,214
	Verlagsrolle Vertrieb klassischer Verlagsprodukte	3	29	3,00	3,00	3,50	0,50	3,071
	Verlagsrolle Wartung der Informationen	3	29	2,50	3,00	3,50	1,00	2,932
	Verlagsrolle Einkauf von Informationen	3	29	2,25	3,00	3,00	0,75	2,875
	Verlagsrolle syntaktische Aufbereitung	3	29	2,50	3,00	3,00	0,50	2,812
	Verlagsrolle Individualisierung der Informationen	3	29	2,00	2,75	3,00	1,00	2,773
	Verlagsrolle Vertrieb Onlineprodukte	3	29	2,00	2,50	3,00	1,00	2,393
	Verlagsrolle Kundenschnittstelle	3	29	2,00	2,00	3,00	1,00	2,194
	Verlagsrolle Koordinator des Wertschöpfungsprozesses	2	25	1,00	2,00	2,50	1,50	1,714
F.2	Desintegration oder Integration	1	25	-0,50	0,00	1,00	1,50	
F.3	Zustimmung These Desintegration ist problematisch	1	28	-0,25	0,38	1,00	1,25	

Einfache statistische Auswertung der Fragebögen 407

Frage	Thema	Rd.	n	Q_1	M	Q_2	Q_A	M_i
F.4	Eignung Betriebskooperationen	3	30	2,00	2,50	3,00	1,00	2,458
	Eignung Standardisierungskooperationen	3	28	1,75	2,50	3,00	1,25	2,364
	Eignung Vertriebskooperationen mit Plattformen	3	30	2,00	2,25	2,50	0,50	2,310
	Eignung Vertriebskooperationen mit Verlagen	3	30	1,50	2,00	2,75	1,25	2,208
	Eignung Aufbereitungskooperationen	3	30	1,00	2,00	2,50	1,50	2,000
	Eignung Beschaffungskooperationen	3	30	1,50	2,00	2,00	0,50	1,889
F.5	Wahrscheinlichkeit Wandel zum Netzwerk	3	30	0,00	0,13	0,50	0,50	
G.1.1	Zustimmung Angebotsdifferenzierung Großkunden	3	29	0,00	0,50	1,00	1,00	
G.1.2	Zustimmung Angebotsdifferenzierung Kleinkunden	2	28	0,63	1,00	1,00	0,37	
G.2	Zustimmung These Preisdifferenzierung	2	29	0,50	1,00	1,00	0,50	
G.3	Zustimmung These Buchhandel für Zahlung	1	31	-1,00	0,00	1,00	2,00	
G.4	Zustimmung These Kooperationen für kleinere Verlage	1	31	0,00	1,00	1,50	1,50	
G.5	Zustimmung These Content Syndication	1	31	0,00	0,50	1,00	1,00	
G.6	Zustimmung These Zitationsstandard	2	28	0,50	1,00	1,00	0,50	

A.7 Teilnehmerliste der Delphi-Studie

Folgende Teilnehmer waren mit einer Nennung als Mitglied des Expertenpanels einverstanden:

- **Matthias Andersen**, Erich Schmidt Verlag GmbH & Co.
- **Dr. Johann Bizer**, Universität Frankfurt
- **A. Burrer**, C. F. Müller Verlag
- **Joachim Engelland**, Walter de Gruyter GmbH & Co. KG
- **Peter Habit**, Verlagsgruppe Jehle Rehm GmbH
- **Prof. Dr. Thomas Hess**, Ludwig-Maximilians-Universität München
- **Gerhard Käfer**, juris GmbH
- **Christian Koch**, Westlaw Datenbank GmbH
- **Thomas Kohlhage**, Deubner-Verlag GmbH & Co. KG
- **Dr. Alexander Konzelmann**, Richard Boorberg Verlag
- **Dr. Andrea Lamberti**, ZAP Verlag für die Rechts- und Anwaltspraxis
- **Boris Langendorf**, Langendorfs Dienst
- **Prof. Dr. Claudia Loebbecke**, Universität zu Köln
- **Frank Michel**, Nomos Verlagsgesellschaft
- **Lucia Pavlikova**, Universität St. Gallen
- **Klaus Pfeifer**, Westlaw Datenbank GmbH
- **Prof. Dr. Dr. h.c. Arnold Picot**, Ludwig-Maximilians-Universität München
- **Wolfgang Scheuren**, Content-Büro Scheuren
- **Gerd Schliebe**, Kuselit Verlag GmbH
- **Claudia Schramm**, Hermann Luchterhand Verlag
- **Dr. Michael Schremmer**, Walter de Gruyter GmbH & Co. KG
- **Prof. Dr. Matthias Schumann**, Universität Göttingen
- **Patrick Sellier**, Sellier. European Law Publishers GmbH
- **Claudia Splittgerber**, BertelsmannSpringer / GWV-Fachverlage Gabler
- **Michael Vogelbacher**, LEGIOS GmbH
- **Martin Weber**, Wolters Kluwer Deutschland
- **Gert Welb**, Carl Heymanns Verlag

Literaturverzeichnis

Alle angegebenen URL wurden letztmalig am 12.10.2002 überprüft.

Abel, F. (1988): Frust und Nutzen beim Einsatz von Datenbanken aus der Sicht der Kanzlei, in: Messe Frankfurt (Hrsg.): Infobase '88 - Berichtsband zum Juristensymposium vom 4.5.1988, Frankfurt/M. 1988, S. 1-6.

Abel, R. B. (2000): Erfolg durch EDV - Kanzlei-Start-up in Hamburg, in: Anwalt 1 (2000) 3, S. 50-54.

Abel, R. B. (2001): Virtueller Stammtisch - Über "Listige" im Anwalts-Chat, in: Anwalt 2 (2001) 3, S. 40-43.

Adams, W. J., Yellen, J. L. (1976): Commodity bundling and the burden of monopoly, in: The Quarterly Journal of Economics 90 (1976) 3, S. 475-498.

Albach, H. (1970): Informationsgewinnung durch strukturierte Gruppenbefragung - Die Delphi-Methode, in: Zeitschrift für Betriebswirtschaft 40 (1970) Ergänzungsheft, S. 11-26.

Albers, S., Peters, K. (1997): Die Wertschöpfungskette des Handels im Zeitalter des Electronic Commerce, in: Marketing ZfP 19 (1997) 2, S. 69-80.

Alberth, M. R. (1998): Kurze Gedanken zum wissenschaftlichen Zitieren des Internets, in: Zeitschrift für Betriebswirtschaft 68 (1998) 12, S. 1367-1373.

Albrecht, C. (2002): Bei Abruf Mord - Chancen und Schrecken elektronischer Bücher, in: Frankfurter Allgemeine Zeitung 41 (2002) 160 (13. Juli 2002), S. 35.

Albrecht, F. (1998): Veröffentlichung von Gerichtsentscheidungen, in: Computer und Recht 14 (1998) 6, S. 373-377.

Alpar, P. (1999): Die kritischen Erfolgsfaktoren für EDI-Dienstleistungsanbieter (Fachbericht Nr. 1999/3), http://wi.wiwi.uni-marburg.de/Fachbericht.

Alpar, P. (2002): Die kritischen Erfolgsfaktoren für EDI-Dienstleistungsanbieter - Eine Delphi-Studie, in: Wirtschaftsinfomatik 44 (2002) 1, S. 29-40.

Alt, R., Zimmermann, H.-D. (2001): Preface - Introduction to Special Section - Business Models, in: Electronic Markets 11 (2001) 1, S. 3-8.

Althans, J. (1989): Verlagsmarketing, in: Bruhn, M. (Hrsg.): Handbuch des Marketing, München 1989, S. 759-776.

Althans, J. (1994): Markenpolitik im Verlagsmarkt, in: Bruhn, M. (Hrsg.): Handbuch Markenartikel, Band III, Stuttgart 1994, S. 1539-1547.

Altmeppen, K.-D. (1996): Märkte der Medienkommunikation - Publizistische und ökonomische Aspekte von Medienmärkten und Markthandeln, in: Altmeppen, K.-D. (Hrsg.): Ökonomie der Medien und des Mediensystems, Opladen 1996, S. 251-272.

Amail, J. (1996): Electronic Publishing - Eine Untersuchung zum Einsatz digitaler Produkttechnologie in Verlagen, München 1996.

Ament, R. H. (1970): Comparision of Delphi Forecasting Studies in 1984 and 1969, in: Futures 2 (1970) 1, S. 35-44.

Andreae, W. (1987): Was kostet ALexIS, in: Computer und Recht 3 (1987) 1, S. 71-72.

Antoni, M. (1993): Verlagsbetriebe, in: Wittmann, W., Kern, K., Köhler, R., Küpper, H.-U., von Wysocki, K. (Hrsg.): Handwörterbuch der Betriebswirtschaft, Band 3, Stuttgart 1993, Sp. 4559-4569.

Arbeitsgemeinschaft rechts- und staatswissenschaftlicher Verleger (1996): Die Mitgliedsverlage und ihre Programme, 7. Aufl., Baden-Baden 1996.

Arbeitskreis Elektronisches Publizieren (1999): Medienneutrales Publizieren - Bestandsaufnahme und Perspektiven, Frankfurt 1999.

Armstrong, A., Hagel III, J. (1995): Real Profits from Virtual Communities, in: The McKinsey Quarterly 32 (1995) 3, S. 126-141.

Arnold, U., Eßig, M., Kemper, H.-G. (2001): Technologische Entwicklungen im mobilen Internet und ihre Rückwirkungen auf die Unternehmensstrategie, in: Nicolai, A. W., Petersmann, T. (Hrsg.): Strategien im M-Commerce: Grundlagen, Management, Geschäftsmodelle, Stuttgart 2001, S. 101-128.

Arthur, W. B. (1996): Increasing Returns and the New World of Business, in: Harvard Business Review 4 (1996) July-August, S. 100-109.

Asokan, N., Janson, P. A., Steiner, M., Waidner, M. (1997): The State of the Art in Electronic Payment Systems, in: IEEE Computer 30 (1997) 9, S. 28-35.

Atteslander, P. (1995): Methoden der empirischen Sozialforschung, 8. Aufl., Berlin et al. 1995.

Backhaus, K., Erichson, B., Plinke, W., Weiber, R. (2000): Multivariate Analysemethoden - eine anwendungsorientierte Einführung, 9. Aufl., Berlin et al. 2000.

Bahlmann, A. R. (2002): Eine Branche im Wandel, in: Eberspächer, J. (Hrsg.): Die Zukunft der Printmedien, Berlin et al. 2002, S. 7-21.

Bailey, J. P., Bakos, J. Y. (1997): An Exploratory Study of the Emerging Role of Electronic Intermediaries, in: International Journal of Electronic Commerce 1 (1997) 3 (Spring), S. 7-20.

Bakos, J. Y. (1991): Information Links and Electronic Marketplaces - The Role of Interorganizational Information Systems in Vertical Markets, in: Journal of Management Information Systems 8 (1991) 2, S. 31-52.

Bakos, J. Y. (1998): The Emerging Role of Electronic Marketplaces on the Internet, in: Communications of the ACM 41 (1998) 8, S. 35-42.

Bakos, J. Y., Brynjolfsson, E. (1992): Why Information Technolgy Hasn't Increased the Optimal Number of Suppliers (Sloan School of Management WP 3472-92), Cambridge 1992.

Bakos, J. Y., Brynjolfsson, E. (1999): Bundling Information Goods - Pricing, Profits and Efficiency, http://www.stern.nyu.edu/~bakos/big.pdf.

Baldi, S., Borgmann, H. P. (2001): Ownership Structures of Electronic B2B Marketplaces - A Multiperspective Analysis, in: Buhl, H. U., Huther, A., Reitwiesner, B. (Hrsg.): Information Age Economy - 5. Internationale Tagung Wirtschaftsinformatik 2001, Heidelberg 2001, S. 589-603.

Balzer, W. (1997): Die Wissenschaft und ihre Methoden - Grundsätze der Wissenschaftstheorie, Freiburg et al. 1997.

Bambury, P. (1998): A Taxonomy of Internet Commerce, in: First Monday 3 (1998) 10, http://www.firstmonday.dk/issues/issue3_10/bambury/index.html.

Banzhaf, D. (2001): Platz für Sieben, in: Börsenblatt für den deutschen Buchhandel 57 (2001) 89 (6. November 2001), S. 6-7.

Barsh, J., Lee, G., Miles, A. (1999): Beyond print - A future for magazines, in: The McKinsey Quarterly 36 (1999) 3, S. 122-130.

Bauer, A. (1986): ALEXIS - Das Anwalts-Rechts-Informations-System, in: Computer und Recht 2 (1986) 6, S. 360-364.

Bauer, A. (1988): Informationssuche Online und auf CD-ROM, in: Computer und Recht 4 (1988) 12, S. 1046-1050.

Bauer, A. (1996): Anwaltliche Arbeit und juris, in: Herberger, M., Berkemann, J. (Hrsg.): Standort Juris - Festschrift zum 10jährigen Bestehen, Saarbrücken 1996, S. 267-285.

Beck, K., Glotz, P., Vogelsang, G. (2000): Die Zukunft des Internet - internationale Delphi-Befragung zur Entwicklung der Online-Kommunikation, Konstanz 2000.

Becker, J. (2001): E-Business - mit oder ohne Intermediation: Neue Spieler im Wettbewerb, in: Industrie Management 17 (2001) 1, S. 9-13.

Beckmann, M., Kräkel, M., Schauenberg, B. (1997): Der deutsche Auktionsmarkt: Ergebnisse einer empirischen Studie, in: Zeitschrift für Betriebswirtschaft 67 (1997) 1, S. 41-65.

Beermann, A., Brück, M. (1988): Zur Aktualität von JURIS, in: Computer und Recht 4 (1988) 6, S. 515-519.

Behm, H., Hardt, G., Schulz, H., Wörner, J. (1999): Büchermacher der Zukunft - Marketing und Management im Verlag, 2. Aufl., Darmstadt 1999.

Beier, M. (2001): Virtual Communities - eierlegende Wollmilchsäue für das One-to-One Marketing, in: Hermanns, A., Sauter, M. (Hrsg.): Management-Handbuch Electronic Commerce, 2. Aufl., München 2001, S. 245-263.

Benjamin, R., Wigand, R. (1995): Electronic Markets and Virtual Value Chains on the Information Superhighway, in: Journal of Computer Mediated Communication 1 (1995) 3 (Dezember 1995), http://www.ascusc.org/jcmc/vol1/issue3/wigand.html.

Berekoven, L., Eckert, W., Ellenrieder, P. (2001): Marktforschung - Methodische Grundlagen und praktische Anwendung, 9. Aufl., Wiesbaden 2001.

Bergmann, L. (2000): Verlage ins Internet - eine kleine Einsteigerfibel, Frankfurt/M. 2000.

Berryman, K., Harrington, L., Layton-Rodin, D., Rerolle, V. (1998): Electronic Commerce: Three Emerging Strategies, in: The McKinsey Quarterly 35 (1998) 1, S. 152-159.

Beyer, A. (2002): Medienprodukte und Medienmärkte - Kennzeichen und Besonderheiten, in: Das Wirtschaftsstudium 31 (2002) 2, S. 200-202.

Bichler, M. (2001): BidTaker: An Application of Multi-Attribute Auction Markets in Tourism, in: Buhl, H. U., Huther, A., Reitwiesner, B. (Hrsg.): Information Age Economy - 5. Internationale Tagung Wirtschaftsinformatik 2001, Heidelberg 2001, S. 533-546.

Bichler, M., Loebbecke, C. (2000): Pricing Strategies and Technologies for On-line Delivered Content, in: Journal of EndUser Computing 12 (2000) 2, S. 3-9.

Bieberbach, F., Herrmann, M. (1999): Die Substitution von Dienstleistungen durch Informationsprodukte auf elektronischen Märkten, in: Scheer, A.-W., Nüttgens, M. (Hrsg.): Electronic Business Engineering, Heidelberg 1999, S. 67-81.

Bieger, T., Rüegg-Stürm, J., von Rohr, T. (2002): Strukturen und Ansätze einer Gestaltung von Beziehungskonfigurationen - Das Konzept Geschäftsmodell, in: Bieger, T., Bickhoff, N., Caspers, R., zu Knyphausen-Aufseß, D., Reding, K. (Hrsg.): Zukünftige Geschäftsmodelle - Konzept und Anwendung in der Netzökonomie, Berlin et al. 2002, S. 35-61.

Biglaiser, G. (1993): Middleman as Experts, in: RAND Journal of Economics 24 (1993) 2, S. 212-223.

Bilstein, F. F. (2000): Innovatives Preismanagement durch Preisbindung, in: Meffert, H., Backhaus, K., Becker, J. (Hrsg.): Preismanagement im Internet, Workshop vom 13. November 2000, Münster 2000, S. 23-26.

Bird, A. (1999): Transitioning to an Online World - Building Successful Internet Strategies For Traditional Media Companies (Vortrag in Münster, 2.6.1999), Münster 1999.

Blaschke, K. (2001): Technologien für den Business-to-Business-Bereich - das Beispiel Commerce One, in: Hermanns, A., Sauter, M. (Hrsg.): Management-Handbuch Electronic Commerce, 2. Aufl., München 2001, S. 293-303.

Bleymüller, J., Gehlert, G. (1991): Statistische Formeln, Tabellen und Programme, 5. Aufl., München 1991.

Blind, K. (1996): Technikvorausschau als Mittel der Technikbewertung und der Entwicklung von Innovationsstrategien: Delphi-Studien im Vergleich, in: Büllingen, F. (Hrsg.): Technikfolgenabschätzung und Technikgestaltung in der Telekommunikation, Bad Honnef 1996, S. 159-181.

Blume, J. (1993): EDV-Integration am Anwaltsarbeitsplatz: Ein Schriftsatz mit CD-ROM und juris-Zitaten, in: Jur-PC (1993) 3+4, S. 2022-2025.

Bock, A. (2000): Gütezeichen als Qualitätsaussage im digitalen Informationsmarkt - dargestellt am Beispiel elektronischen Rechtsdatenbanken, Darmstadt 2000.

Böing, C. (2001): Erfolgsfaktoren im Business-to-Consumer-E-Commerce, Wiesbaden 2001.

Boles, D., Haber, C., Oldenettel, F. (2000): Das eVerlage-System: Verwaltung und Bereitstellung kostenpflichtiger hypermedialer Dokumente im Internet, in: HMD (2000) 214, S. 23-34.

Böning-Spohr, P., Hess, T. (2000): Geschäftsmodelle inhalteorientierter Online-Anbieter (Arbeitsbericht Nr. 1/2000), Göttingen 2000.

Böning-Spohr, P., Hess, T. (2002): Analyse der Wechselwirkungen zwischen Print- und Online-Angeboten mittels Wirkungsketten, in: Fantapié Altobelli, C. (Hrsg.): Print contra Online? - Verlage im Internetzeitalter, München 2002, S. 103-112.

Börsenverein des Deutschen Buchhandels (1985): Spartenpapier - Verhaltensgrundsätze des Buchhandels, http://www.buchhandel-bayern.de/service/download/spartenpapier.rtf.

Börsenverein des Deutschen Buchhandels (1997): Zukunftsmarkt elektronische Publikationen, Frankfurt/M. 1997.

Börsenverein des Deutschen Buchhandels (2002): Buch und Buchhandel in Zahlen - Jubiläumsausgabe 2002, Frankfurt/M. 2002.

Bortz, J. (1984): Lehrbuch der empirischen Forschung, Berlin et al. 1984.

Brandenburger, A. M., Nalebuff, B. J. (1996): Co-opetition, New York 1996.

Brandtweiner, R., Greimel, B. (1998): Elektronische Märkte - Ein praxisorientierter Problemaufriß mit Bezügen zur ökonomischen Theorie, in: Wirtschaftswissenschaftliches Studium 27 (1998) 1, S. 37-42.

Braunstetter, J., Hasenstab, H. (2001): Anwendungsmöglichkeiten des E-Procurement - Erfahrungen und Beispiele aus der Praxis, in: Hermanns, A., Sauter, M. (Hrsg.): Management-Handbuch Electronic Commerce, 2. Aufl., München 2001, S. 503-513.

Brenner, W., Breuer, S. (2001): Elektronische Marktplätze - Grundlagen und strategische Herausforderungen, in: Ahlert, D., Becker, J., Kenning, P., Schütte, R. (Hrsg.): Internet & Co. im Handel: Strategien, Geschäftsmodelle, Erfahrungen, 2. Aufl., Berlin et al. 2001, S. 141-160.

Brenner, W., Kolbe, L., Hamm, V. (1997): The Net: Instinction or Renaissance for Intermediaries - An Analysis of Core Competencies in the Book Business, in: Galliers, R., Carlsson, S., Loebbecke, C., Murphy, C., Hansen, H. R., Callaghan, R. (Hrsg.): Proceedings of the 5th European Conference on Information Systems, 19.-21. Juni 1997, Volume I, Cork 1997, S. 130-144.

Brenner, W., Zarnekow, R. (1999): Innovative Ansätze zur digitalen Bereitstellung multimedialer Inhalte, in: Schumann, M., Hess, T. (Hrsg.): Medienunternehmen im digitalen Zeitalter: neue Technologien - neue Märkte - neue Geschäftsansätze, Wiesbaden 1999, S. 33-50.

Brenner, W., Zarnekow, R. (2001): E-Procurement - Einsatzfelder und Entwicklungstrends, in: Hermanns, A., Sauter, M. (Hrsg.): Management-Handbuch Electronic Commerce, 2. Aufl., München 2001, S. 487-502.

Brenner, W., Zarnekow, R., Wittig, H. (1998): Intelligente Softwareagenten - Grundlagen und Anwendungen, Berlin, Heidelberg 1998.

Bröker, R. (2000): Verlage als reine Rechteagenturen?, in: Börsenblatt für den deutschen Buchhandel 56 (2000) 47 (14. Juni 2000), S. 9-10.

Brown, S. L., Tilton, A., Woodside, D. M. (2002): The case for on-line communities, in: The McKinsey Quarterly 39 (2002) 1 (Web exclusive), http://www.mckinseyquarterly.com.

Browning, J., Reiss, S. (1998): Encyclopedia of the New Economy (Part I), in: Wired (1998) 3, S. 105-114.

Bruck, P. A., Selhofer, H. (1997): Österreichs 'Content Industry', Wien 1997.

Brüggemann-Klein, A. (1995): Wissenschaftliches Publizieren im Umbruch - Bestandsaufnahme und Perspektiven aus Sicht der Informatik, in: Informatik Forschung und Entwicklung 10 (1995) 4, S. 171-179.

Bughin, J. R., Hasker, S. J., Segel, E. S. H., Zeisser, M. P. (2001): What went wrong for on-line media?, in: The McKinsey Quarterly 38 (2001) 4 (Web exclusive), http://www.mckinseyquarterly.com/article_page.asp?ar=1121&L2=17&L3=65.

Bughin, J. R., Hasker, S. J., Segel, E. S. H., Zeisser, M. P. (2001a): Reversing the digital slide, in: The McKinsey Quarterly 38 (2001) 4, S. 58-69.

Bühl, A., Zöfel, P. (1998): SPSS für Windows Version 7.5, 4. Aufl., Bonn et al. 1998.

Bühnemann, B., Böge, E., Kossen, K., Lembke, G., Niess, U., Schlutz, J. H., Schmidt, M. (1988): JURIS - Die Lösung der Informationskrise im Recht?, in: Informatik und Recht 3 (1988) 4, S. 154-165.

Bund, E. (1991): Einführung in die Rechtsinformatik, Berlin et al. 1991.

Bundesrechtsanwaltskammer (2002): Mitglieder der Rechtsanwaltskammern zum 1.1.2002 - Große Statistik, http://www.brak.de/seiten/pdf/Mitlgl.Stgro%DF2002.pdf.

Buxmann, P. (2001): Standardisierung und Netzeffekte, in: Das Wirtschaftsstudium 30 (2001) 4, S. 544-558.

BVerwG (1998). Veröffentlichung von Gerichtsentscheidungen - Urteil vom 26.02.1997 (Az.: BVerwG 6 C 3.96), in: Jur-PC (1998) Web-Dok. 10/1998, http://www.jurpc.de/aufsatz/19980010.htm.

Chellappa, R., Barua, A., Oetzel, J., Whinston, A. B. (1997): Electronic Publishing versus Publishing Electronically, in: Kalakota, R., Whinston, A. B. (Hrsg.): Readings in Electronic Commerce, Reading et al. 1997, S. 323-330.

Choi, S.-Y., Stahl, D. O., Whinston, A. B. (1997): The Economics of Electronic Commerce, Indianapolis 1997.

Choi, S.-Y., Stahl, D. O., Whinston, A. B. (1998): Intermediation, Contracts and Micropayments, in: Electronic Markets 8 (1998) 1, S. 20-22.

Christ, O., Bach, V. (2002): Content-Marktplätze aus Prozess-Sicht, in: HMD (2002) 223, S. 31-37.

Ciesinger, K.-G., Klatt, R., Ollmann, R., Siebecke, D. (1998): Print & Publishing 2001: Strukturwandel der Druckindustrie aus Sicht von Medienexperten, Druckunternehmen und Kunden, Münster 1998.

Clarke, R. (1997): Electronic Publishing: A Specialised Form of Electronic Commerce, in: Vogel, D. R., Gricar, J., Novak, J. (Hrsg.): Global Business in Practice: Proceedings of the 10th International Bled Electronic Commerce Conference, http://www.anu.edu.au/people/Roger.Clarke/EC/Bled97.html.

Clarke, R. (1999): Key Issues in Electronic Commerce and Electronic Publishing (Presentation at "Information Online and On Disk 99", Sydney, 19-21.1.1999), http://www.anu.edu.au/people/Roger.Clarke/EC/Issues98.html.

Clement, R. (2001): Preis- und Erlösstrategien auf digitalen Märkten, in: Das Wirtschaftsstudium 30 (2001) 8-9, S. 1176-1181.

Clemons, E. K., Reddi, S. P. (1993): Some Propositions Regarding the Role of Information Technology in the Organization of Economic Activity, in: Nunamaker, J. F., Sprague, R. H. (Hrsg.): Proceedings of the 26th Hawaii International Conference on System Sciences, Volume IV: Collaboration Technology and Organizational Systems & Technolgy, Los Alamitos 1993, S. 809-818.

Clemons, E. K., Reddi, S. P. (1994): The Impact of I.T. on the Degree of Outsourcing, the Number of Suppliers, and the Duration of Contracts, in: Nunamaker, J. F., Sprague, R. H. (Hrsg.): Proceedings of the 27th Hawaii International Conference on System Sciences - Volume IV: Information Systems: Collaboration Technology, Organizational Systems and Technology, http://fic.wharton.upenn.edu/fic/papers/95/9512.pdf.

Clemons, E. K., Reddi, S. P., Row, M. C. (1993): The Impact of Information Technology on the Organization of Economic Activity: The 'Move to the Middle' Hypothesis, in: Journal of Management Information Systems 10 (1993) 2, S. 9-35.

Coase, R. H. (1937): The Nature of the Firm, in: Economica 4 (1937) 16, S. 386-405.

Compaine, B. M. (1978): The Book Industry in Transition: An Economic Analysis of Book Distribution and Marketing, White Plaine 1978.

Conrad, M. (2002): Print on Demand, in: Eberspächer, J. (Hrsg.): Die Zukunft der Printmedien, Berlin et al. 2002, S. 111-125.

Cortese, A., Stepanek, M. (1998): Special Report on E-Commerce: Goodbye to Fixed Pricing, in: Business Week (1998) (4. Mai 1998).

Cuhls, K., Blind, K. (1998): Delphi'98-Umfrage - Studie zur globalen Entwicklung von Wissenschaft und Technik, http://www.isi.fhg.de/ti/Projektbeschreibungen/Cu-delphi.html.

Cuhls, K., Blind, K. (1999): Die Delphi-Methode als Instrument zur Technikfolgenabschätzung, in: Bröchler, S., Simonis, G., Sundermann, K. (Hrsg.): Handbuch Technikfolgenabschätzung, Band 2, Berlin 1999, S. 545-550.

Dalkey, N. C. (1969): The Delphi Method: An Experimental Study of Group Opinion (The RAND Corporation, Paper RM-5888-PR), Santa Monica 1969.

Dalkey, N. C., Brown, B., Cochran, S. (1970): Use of Self-ratings to Improve Group Estimates - Experimental Evaluation of Delphi Procedures, in: Technological Forecasting 1 (1970) 1, S. 283-291.

Dalkey, N. C., Helmer, O. (1963): An Experimental Application of the Delphi Method to the Use of Experts, in: Management Science 10 (1963) April, S. 458-467.

Daniel, E., Klimis, G. M. (1999): The Impact of Electronic Commerce on Market Structure: An Evaluation of the Electronic Market Hypothesis, in: European Management Journal 19 (1999) 3, S. 318-325.

Day, C. (1995): Pricing Electronic Products, in: Journal of Electronic Publishing 1 (1995) 1, http://www.press.umich.edu/jep/works/colin.eprice.html.

de Kemp, A. (1999): Auf dem Weg zu einem integrierten wissenschaftlichen Informationssystem - die Entwicklung des wissenschaftlichen Springer-Verlags Berlin/Heidelberg, in: Schumann, M., Hess, T. (Hrsg.): Medienunternehmen im digitalen Zeitalter: neue Technologien - neue Märkte - neue Geschäftsansätze, Wiesbaden 1999, S. 249-265.

de Kemp, A. (2002): Printmedien Zeitschriften - Fachzeitschriften, in: Eberspächer, J. (Hrsg.): Die Zukunft der Printmedien, Berlin et al. 2002, S. 165-176.

Detecon International GmbH (2002): Neupositionierung von Fachverlagen, München 2002.

Detering, D. (2001): Ökonomie der Medieninhalte - Allokative Effizienz und soziale Chancengleichheit in den Neuen Medien, Münster 2001.

Dierks, S. (2002): Online versus Print: Macht der Internet-Auftritt von Zeitschriften dem gedruckten Medium Konkurrenz?, in: Fantapié Altobelli, C. (Hrsg.): Print contra Online? - Verlage im Internetzeitalter, München 2002, S. 119-124.

Dietz, G. (2000): Virtual Communities: Gemeinschaft und Geschäft, in: Pförtsch, W. A. (Hrsg.): Living Web, 2. Aufl., Landsberg 2000, S. 37-50.

Dijkhuis, W. (1985): Electronic Publishing - A Taxonomy of Definitions: Electronic Publishing - Corporate and Commercial Publishing (Proceedings of the international conference held in London, November 1985), London, New York, Singapore 1985, S. 169-181.

Disterer, G. (1998): Informationstechnologien für die Anwaltskanzlei, Köln 1998.

Dolmetsch, R. (2000): eProcurement: Einsparungspotentiale im Einkauf, München et al. 2000.

Dörflein, M., Thome, R. (2000): Electronic Procurement, in: Thome, R., Schinzer, H. (Hrsg.): Electronic Commerce, 2. Aufl., München 2000, S. 45-80.

Dowling, M. (1999): Entwicklungstendenzen des Electronic Commerce im Business-to-Business-Bereich: Eine Bestandsaufnahme anhand aktueller Beispiele, in: Picot, A. (Hrsg.): Marktplatz Internet - Neue Geschäftsformen - Neue Spielregeln, Heidelberg 1999, S. 43-54.

Doyle, M. (1999): Citing and Linking in Electronic Scholarly Publishing: A Pragmatic Approach, in: Smith, J. W. T. (Hrsg.): Electronic publishing '99: redefining the information chain - new ways and voices: Proceedings of the Third ICCC/IFIP Conference held at the University of Karlskrona/Ronneby, Sweden, 10 - 12 May 1999, Washington 1999, S. 51-59.

Dreppenstedt, E. (1996): Die unbeachteten Riesen - (Fach-)Zeitschriftenunternehmen im Marktwandel, in: Altmeppen, K.-D. (Hrsg.): Ökonomie der Medien und des Mediensysteme, Opladen 1996, S. 147-164.

Dubyk, R. (1988): JURIS - pro und contra, in: Computer und Recht 4 (1988) 9, S. 783-786.

Dümpe, O. (1999): Chancen und Risiken von Netzmärkten für Anbieter - eine spieltheoretische Analyse (Diskussionspapier des Lehrstuhls für BWL und Wirtschaftsinformatik der Universität Augsburg), Augsburg 1999.

Ebbing, F. (2001): Beruf: Cyber-Anwalt - Wenn Kanzleien online gehen, in: Anwalt 2 (2001) 5, S. 6-8.

Ebenhoch, P. (2000): Juristisches Elektronisches Publizieren, in: Schweighofer, E., Menzel, T. (Hrsg.): E-Commerce und E-Government - Aktuelle Fragestellungen der Rechtsinformatik, Wien 2000, S. 139-144.

Edenhofer, R. (1997): Internet für Anwaltskanzleien, in: Computer und Recht 13 (1997) 2, S. 120-124.

Endres, A., Fellner, D. W. (2000): Digitale Bibliotheken - Informatik-Lösungen für globale Wissensmärkte, Heidelberg 2000.

Engelbrecht, J. (1999): Von Loseblatt zu Online - der Wechsel wird vorbereitet, in: Buchreport 30 (1999) 22 (3. Juni 1999), S. 14.

Engelhardt, R., Rohde, P. (1998): Die Verästelung der Interessen bedeutet kleine Auflage bedeutet print on demand, in: Buchreport (1998) 40/41 (1. Oktober 1998), S. 135-138.

Eschenbach, R., Kunesch, H. (1996): Strategische Konzepte: Management-Ansätze von Ansoff bis Ulrich, 3. Aufl., Stuttgart 1996.

Eßer, D. (2001): Die Veröffentlichungspflicht der Gerichte und das Internet, in: Jur-PC (2001) Web-Dok. 119/2001, http://www.jurpc.de/aufsatz/20010119.htm.

Europäische Kommission DG XIII (1996): Strategische Entwicklungen für die Europäische Verlagsindustrie im Hinblick auf das Jahr 2000 - Europas Multimedia-Herausforderung, Luxemburg 1996.

Europäische Kommission DG XIII (1998): CONDRINET-Studie: Inhalt- und handelgetriebene Strategien in globalen Netzwerken - Aufbau der Network Economy in Europa, Luxemburg 1998.

Fantapié Altobelli, C. (2002): Print contra Online: Herausforderungen und Chance für Verlagsunternehmen, in: Fantapié Altobelli, C. (Hrsg.): Print contra Online? - Verlage im Internetzeitalter, München 2002, S. 9-19.

Fiedler, H. (1996): juris - die Anfänge - Zu den Grundlagen einer erfolgreichen Entwicklung, in: Herberger, M., Berkemann, J. (Hrsg.): Standort Juris - Festschrift zum 10jährigen Bestehen, Saarbrücken 1996, S. 39-46.

Fiedler, H. (1999): Automation und Entscheidungsunterstützung in der rechtsanwendenden Verwaltung, in: Lenk, K., Traunmüller, R. (Hrsg.): Öffentliche Verwaltung und Informationstechnik - Perspektiven einer radikalen Neugestaltung der öffentlichen Verwaltung mit Informationstechnik, Heidelberg 1999, S. 177-192.

Fink, K., Roithmayr, F., Kofler, G. (2001): Rahmenbedingungen für die Teledemokratie - Expertenbefragung mit TeleDelphi, in: Verwaltung & Management 7 (2001) 6, S. 333-340.

Fischer, M. (1966): Absatzplanung im Verlagsbuchhandel, Münster 1966.

Fleisch, E. (2001): Das Netzwerkunternehmen: Theorien, Strategien und Prozesse zur Steigerung der Wettbewerbsfähigkeit in der "Networked economy", Berlin et al. 2001.

Florian, M., Lührs, R., Lehmann-Jessen, M. (1998): Zukunftseinschätzungen zur Sicherheit in der Kommunikationstechnik - Ergebnisse aus der Ladenburger TeleDelphi-Befragung, in: Müller, G., Stapf, K.-H. (Hrsg.): Mehrseitige Sicherheit in der Kommunikationstechnik: Band 2: Erwartung, Akzeptanz, Nutzung, Reading et al. 1998, S. 465-494.

FORIS (2001): Internetnutzung und Bibliotheksorganisation in deutschen Anwaltskanzleien - Eine Marktumfrage in der deutschen Anwaltschaft, Bonn 2001.

Frank, U. (1997): Erfahrung, Erkenntnis und Wirklichkeitsgestaltung - Anmerkungen zur Rolle der Empirie in der Wirtschaftsinformatik, in: Grün, O., Heinrich, L. J. (Hrsg.): Wirtschaftsinformatik - Ergebnisse empirischer Forschung, Wien, New York 1997, S. 21-35.

Fricke, J., Ha, S. (2002): Content gezielt einsetzen, in: Diebold Management Report (2002) 1, S. 25-27.

Friedel, A., Weiss, O. (2001): Alles aus einer Hand - Juristische Portale im Trend, in: Anwalt 2 (2001) 3, S. 44-48.

Fritz, W. (2000): Markteintrittsstrategien in der Internet-Ökonomie, in: Oelsnitz, D. (Hrsg.): Markteintrittsmanagement, Stuttgart 2000, S. 223-238.

Frühschütz, J. (1997): Dynamik des elektronischen Publizierens: Daten, Märkte, Strategien, Frankfurt 1997.

Gantner, F. (2001): XML in Judikaturdatenbanken, in: Schweighofer, E., Menzel, T., Kreuzbauer, G. (Hrsg.): Auf dem Weg zur ePerson: aktuelle Fragestellungen der Rechtsinformatik, Wien 2001, S. 75-84.

Gantner, F., Ebenhoch, P. (2001): Der Saarbrücker Standard für Gerichtsentscheidungen (kommentierte Fassung), in: Jur-PC (2001) Web-Dok. 116/2001, http://www.jurpc.de/aufsatz/20010116.htm.

Geissler, U., Einwiller, S. (2000): Branding Cyberpreneurs - Challenges for Communications Management in the 21st Century, in: Boyle, T. J., Hinrichs, B., Klenke, K. (Hrsg.): Proceedings of the 18th AoM/IAoM Annual Conference 18 (2000) 1, Chesapeake 2000, S. 39-46.

Gerth, N. (1999): Online Absatz: Strategische Bedeutung, Strukturelle Implikationen, Erfolgswirkungen: eine Analyse des Einsatzes von Online-Medien als Absatzkanal, Ettlingen 1999.

Geschka, H. (1977): Delphi, in: Bruckmann, G. (Hrsg.): Langfristige Prognosen, Würzburg 1977, S. 27-44.

Giaglis, G. M., Klein, S., O'Keefe, R. M. (1999): Disintermediation, Reintermediation, or Cybermediation? The Future of Intermediaries in Eletronic Marketplaces, in: Klein, S., Gricar, J., Novak, J. (Hrsg.): Global networked organizations: Proceedings of the 12th International Bled Electronic Commerce Conference, Volume 1, Kranj 1999, S. 389-407.

Giaglis, G. M., Klein, S., O'Keefe, R. M. (2002): The role of intermediaries in electronic marketplaces: developing a contingency model, in: Information Systems Journal 12 (2002) 3, S. 231-246.

Gisholt, O. (1976): Marketing-Prognosen unter besonderer Berücksichtigung der Delphi-Methode, Bern 1976.

Goldberg, D., Nichols, B., Oki, B. M., Terry, D. (1992): Using Collaborative Filtering to weave a tapestry, in: Communications of the ACM 35 (1992) 12, S. 61-70.

Göldi, A. (1996): Elektronisches Publizieren im Internet (IWI HSG, Inst. für WI St. Gallen - Report Nr. IM HSG CCEM 31), St. Gallen 1996.

Gordon, T. J., Helmer, O. (1964): Report on a Long-Range Forecasting Study (The RAND Corporation, Paper P-2982), Santa Monica 1964.

Götze, U. (1991): Szenario-Technik in der strategischen Unternehmensplanung, Wiesbaden 1991.

Grac, A. (1987): JURIS und Verwaltungsrecht, in: Computer und Recht 3 (1987) 1, S. 68-71.

Graeve, C. (2001): M-Commerce - Mobilität, Machbarkeit und Manie, in: HMD (2001) 220, S. 5-13.

Gräf, H. (1999): Online-Marketing - Endkundenbearbeitung auf elektronischen Märkten, Wiesbaden 1999.

Graumann, M. (1993): Die Ökonomie von Netzprodukten, in: Zeitschrift für Betriebswirtschaft 63 (1993) 12, S. 1331-1355.

Greco, A. N. (2000): The structure of Book Publishing Industry, in: Greco, A. N. (Hrsg.): The Media and Entertainment Industries, Boston 2000, S. 1-25.

Gren, F., Maor, D., Ubinas, L. A. (2001): Another chance for newspapers on the Web, in: The McKinsey Quarterly 38 (2001) 2, S. 74-81.

Groothuis, R. (2000): Marken schaffen Akzeptanz, in: Buchreport.Express 31 (2000) 12 (22. März 2000), S. 40.

Großekämper, W. (1982): Marketing für wissenschaftliche Bücher, Frankfurt/M. et al. 1982.

Grupp, H. (1993): Deutscher Delphi-Bericht zur Entwicklung von Wissenschaft und Technik, Bonn 1993.

Grupp, H. (1994): Einordnung der Methoden der Technikfolgenabschätzung in das Gefüge der Wissenschaften, in: Bullinger, H.-J. (Hrsg.): Technikfolgenabschätzung, Stuttgart 1994, S. 55-86.

Hacker, T. (1999): Vernetzung und Modularisierung - (Re-)Organisation von Medienunternehmen, in: Schumann, M., Hess, T. (Hrsg.): Medienunternehmen im digitalen Zeitalter: neue Technologien - neue Märkte - neue Geschäftsansätze, Wiesbaden 1999, S. 155-175.

Häder, M., Häder, S. (1994): Die Grundlagen der Delphi-Methode - Ein Literaturbericht (ZUMA-Arbeitsbericht 94/02), Mannheim 1994.

Häder, M., Häder, S. (1998): Neuere Entwicklungen bei der Delphi-Methode - Literaturbericht II (ZUMA-Arbeitsbericht 98/05), http://www.social-science-gesis.de/Publikationen/Berichte/ZUMA_Arbeitsberichte/.

Häder, M., Häder, S. (2000): Die Delphi-Methode als Gegenstand methodischer Forschungen, in: Häder, M., Häder, S. (Hrsg.): Die Delphi-Technik in den Sozialwissenschaften, Wiesbaden 2000, S. 11-31.

Haenel, H.-D. (1998): Unternehmen entdecken erst jetzt das Wissen als mächtige Ressource, in: Buchreport 29 (1998) 5 (29. Januar 1998), S. 92-94.

Haertsch, P. (2000): Wettbewerbsstrategien für Electronic Commerce, 2. Aufl., Lohmar 2000.

Haft, F. (1997): Die zweite Geburt der Rechtsinformatik, in: Lenk, K., Reinermann, H., Traunmüller, R. (Hrsg.): Informatik in Recht und Verwaltung - Entwicklung, Stand, Perspektiven, Heidelberg 1997, S. 95-119.

Haft, F. (1998): Studie Informationsbeschaffung in der Anwaltskanzlei und im Jurastudium, http://www.vrp.de/verlag/pr/studie14.htm.

Hagel III, J. (2001): Spider versus Spider, in: The McKinsey Quarterly 38 (2001) 3 (Reprint from The McKinsey Quarterly 33 (1996) 1, p. 5-18), S. 71-80.

Hagel III, J., Armstrong, A. G. (1997): Net Gain - Profit im Netz - Märkte erobern mit virtuellen Communities, Wiesbaden 1997.

Hagel III, J., Rayport, J. F. (1997): The new infomediaries, in: The McKinsey Quarterly 34 (1997) 4, S. 54-70.

Hagel III, J., Rayport, J. F. (1997a): The Coming Battle for Customer Information, in: Harvard Business Review 75 (1997) 1-2, S. 53-65.

Hagel III, J., Singer, M. (1999): Net Worth - Shaping Markets when Customers Make the Rules, Boston 1999.

Haldemann, A. (2000): Electronic Publishing - Strategien für das Verlagswesen, Wiesbaden 2000.

Hansen, H. R. (1998): Ausschaltung des institutionellen Handels durch Informations- und Kommunikationssysteme, in: Ahlert, D., Becker, J., Olbrich, R., Schütte, R. (Hrsg.): Informationssysteme für das Handelsmanagement, Berlin et al. 1998, S. 123-166.

Hansen, H.-G. (1997): Juris am häuslichen Arbeitsplatz des Richters, in: Deutsche Richterzeitung 75 (1997) 10, S. 439-443.

Harenberg, B. (2001): Können wir 'was gemeinsam machen?, in: Buchreport.Magazin 32 (2001) 5, S. 11.

Hartert, D. (2001): IT in der Medienindustrie - Trends und Anforderungen, in: Buhl, H. U., Huther, A., Reitwiesner, B. (Hrsg.): Information Age Economy - 5. Internationale Tagung Wirtschaftsinformatik 2001, Heidelberg 2001, S. 43-54.

Haseloh, C. (1997): Verlage und elektronisches Publizieren - Fallstudien zu strategischen Überlegungen (Diplomarbeit), Köln 1997.

Hass, B. H. (2002): Geschäftsmodelle von Medienunternehmen - Ökonomische Grundlagen und Veränderungen durch neue Informations- und Kommunikationstechnik, Wiesbaden 2002.

Heil, B. (1999): Online-Dienste, Portal Sites und elektronische Einkaufszentren, Wiesbaden 1999.

Heinemann, C., Priess, S. (2001): Wie bekomme ich mein Geld? - Zahlungssysteme im Internet, in: Albers, S., Clement, M., Peters, K., Skiera, B. (Hrsg.): eCommerce: Einstieg, Strategie und Umsetzung im Unternehmen, 3. Aufl., Frankfurt/M. 2001, S. 165-178.

Heinold, E. F. (1999): Informationen von der Stange sind künftig weniger gefragt, in: Buchreport 30 (1999) 35 (2. September 1999), S. 20-22.

Heinold, E. F. (1999a): Bleiben Online-Inhalte ohne Pay-Perspektive?, in: Buchreport.Magazin 30 (1999) 11, S. 104-105.

Heinold, E. F., Klems, M., Schulz, C. (1997): Verlage online: Chancen und Risiken von Verlagsengagements im Internet: Bestandsaufnahme und Perspektive: eine Studie über den Internet-Auftritt deutschsprachiger Verlage, Hamburg 1997.

Heinold, W. E. (1989): Zielsetzung und Typologie moderner Verlagsarbeit - Ein Diskussionsbeitrag zur Definition des Verlags in der Informations- und Freizeitgesellschaft, in: Vodosek, P. (Hrsg.): Das Buch in Praxis und Wissenschaft, Wiesbaden 1989, S. 71-95.

Heinold, W. E. (2001): Bücher und Büchermacher - Verlage in der Informationsgesellschaft, 5. Aufl., Heidelberg 2001.

Heinrich, J. (1994): Medienökonomie Band 1: Mediensystem, Zeitung, Zeitschrift, Anzeigenblatt, Opladen 1994.

Heinrich, L. J. (1995): Ergebnisse empirischer Forschung, in: Wirtschaftsinfomatik 37 (1995) 1, S. 3-9.

Heinrich, L. J. (1995a): Forschungsziele und Forschungsmethoden der Wirtschaftsinformatik, in: Wächter, H. (Hrsg.): Selbstverständnis betriebswirtschaftlicher Forschung und Lehre, Wiesbaden 1995, S. 27-54.

Heinrich, L. J., Wiesinger, I. (1997): Zur Verbreitung empirischer Forschung in der Wirtschaftsinformatik, in: Grün, O., Heinrich, L. J. (Hrsg.): Wirtschaftsinformatik - Ergebnisse empirischer Forschung, Wien, New York 1997, S. 37-49.

Heinzl, A. (1996): Die Evolution der betrieblichen DV-Abteilung - Eine lebenszyklustheoretische Analyse, Heidelberg 1996.

Heinzl, A., König, W., Hack, J. (2001): Erkenntnisziele der Wirtschaftsinformatik in den nächsten drei und zehn Jahren, in: Wirtschaftsinfomatik 43 (2001) 3, S. 223-233.

Heinzl, A., Srikanth, R. (1995): Entwicklung der betrieblichen Informationsverarbeitung, in: Wirtschaftsinfomatik 37 (1995) 1, S. 10-17.

Henderson, K. (1999): Electronic Commerce in the On-Line and Electronic Publishing Industry: a Business Modell for Web Publishing, in: Smith, J. W. T. (Hrsg.): Electronic publishing '99: redefining the information chain - new ways and voices: Proceedings of the Third ICCC/IFIP Conference held at the University of Karlskrona/Ronneby, Sweden, 10 - 12 May 1999, Washington 1999, S. 37-50.

Henkel, C. (1999): Entwicklung von Informationsdienstleistungen für das Internet aus Verlagssicht, Bamberg 1999.

Henning, H. G. (1998): Marktstruktur und Marktverhalten im deutschen Buchmarkt, Baden-Baden 1998.

Henssler, M., Killian, M. (2001): Rechtsinformationssysteme im Internet, in: Computer und Recht 17 (2001) 10, S. 682-693.

Hepp, M., Schinzer, H. (2000): Business-to-Business-Marktplätze im Internet, in: Das Wirtschaftsstudium 29 (2000) 11, S. 1513-1521.

Herberger, M., Berkemann, J. (Hrsg.) (1996): Standort Juris - Festschrift zum 10jährigen Bestehen, Saarbrücken 1996.

Hermanns, A., Sauter, M. (2001): Electronic Commerce - Grundlagen, Einsatzbereiche und aktuelle Tendenzen, in: Hermanns, A., Sauter, M. (Hrsg.): Management-Handbuch Electronic Commerce, 2. Aufl., München 2001, S. 15-32.

Hess, T. (1998): Unternehmensnetzwerke: Abgrenzung, Ausprägung und Entstehung (Arbeitsbericht Nr. 4/1998), Göttingen 1998.

Hess, T. (1999): Das Internet als Distributionskanal für die Medienindustrie - Entwicklungstendenzen im deutschen Markt, in: Wirtschaftsinfomatik 41 (1999) 1, S. 77-82.

Hess, T. (1999a): Realization of Internet-Services in a Media Company - the Case of Bertelsmann Professional Information, in: Electronic Markets 9 (1999) 4, S. 278-283.

Hess, T. (2000): Netzeffekte - Verändern neue Informations- und Kommunikationstechnologien das klassische Marktmodell?, in: Wirtschaftswissenschaftliches Studium 29 (2000) 2, S. 96-98.

Hess, T. (2001): Content Syndication, in: Wirtschaftsinfomatik 43 (2001) 1, S. 83-85.

Hess, T., Anding, M. (2002): Online Content Syndication - eine transaktionskostentheoretische Analyse, in: Gabriel, R., Hoppe, U. (Hrsg.): Electronic Business - Theoretische Aspekte und Anwendungen in der betrieblichen Praxis, Heidelberg 2002, S. 163-189.

Hess, T., Böning-Spohr, P. (1999): Betriebswirtschaftliche Rahmenbedingungen für Medienunternehmen (Arbeitspapiere der Abt. Wirtschaftsinformatik II, Universität Göttingen, Nr. 2/1999), Göttingen 1999.

Hess, T., Herwig, V. (1999): Portale im Internet, in: Wirtschaftsinfomatik 41 (1999) 6, S. 551-553.

Hess, T., Schumann, M. (1999): Medienunternehmen im digitalen Zeitalter - eine erste Bestandsaufnahme, in: Schumann, M., Hess, T. (Hrsg.): Medienunternehmen im digitalen Zeitalter: neue Technologien - neue Märkte - neue Geschäftsansätze, Wiesbaden 1999, S. 1-18.

Hess, T., Schumann, M. (2001): Das Internet setzt die Verlage unter Zugzwang, in: Frankfurter Allgemeine Zeitung 40 (2001) 33 (08. Februar 2001), S. 27.

Hess, T., Tzouvaras, A. (2001): Books-on-Demand: Ansatz und strategische Implikationen für Verlage, in: Zeitschrift Führung + Organisation 70 (2001) 4, S. 239-246.

Heuser, U. J. (1999): Armer Homo Oeconomicus, in: Die Zeit (1999) 9 (25. Februar 1999), S. 47.

Heussen, B., Griebel, T. (2000): Strukturen der Rechtsanwaltschaft in Deutschland und in den USA, in: Anwaltsblatt 50 (2000) 7, S. 385-390.

Heydenreich, G. (2001): Online-Auktionen - Verhandlungen in der Neuen Wirtschaft, in: Hermanns, A., Sauter, M. (Hrsg.): Management-Handbuch Electronic Commerce, 2. Aufl., München 2001, S. 549-554.

Hibbitts, B. J. (1997): Last Writes? Re-assessing the Law Review in the Age of Cyberspace (Version 1.2), http://www.law.pitt.edu/hibbitts/lastrev.htm.

Hill, K. Q., Fowles, J. (1975): The Methodological Worth of the Delphi Forecasting Technique, in: Technological Forecasting and Social Change (1975) 7, S. 179-192.

Hitchcock, S., Carr, L., Hall, W. (1996): A survey of STM online journals 1990-95: the calm before the storm, http://journals.ecs.soton.ac.uk/survey/survey.html.

Hitzges, A., Köhler, S. (1997): Elektronisch publizieren: ein Leitfaden für den Online-Verleger - Wirtschaftlichkeitsanalysen und Entwicklungsperspektiven, Stuttgart 1997.

Höber, M. (1992): Marktteilnehmerstrategien von Buchverlagen, Köln 1992.

Hochstein, G. (1990): Aufwindlage im CD-ROM-Markt?, in: Jur-PC (1990) 5, S. 600-601

Hoeren, T. (2000): Internet und Jurisprudenz - zwei Welten begegnen sich, in: Neue Juristische Wochenschrift 53 (2000) 3, S. 188-190.

Hoeren, T. (2000a): Bringt Bücher nach Brüssel - Überlegungen zur Informationskultur bei den Europäischen Institutionen, in: Neue Juristische Wochenschrift 53 (2000) 42, S. 3112-3113.

Hoeren, T. (2002): Einführung zum Informationsrecht, in: Juristische Schulung 42 (2002) 10, S. 947-953.

Hofer, M. (2000): Medienökonomie des Internet, Münster 2000.

Hoffmann, C. (2002): Wertketten für digitale Publikationen: Neue Chancen für Verlage und Autoren, in: Fantapié Altobelli, C. (Hrsg.): Print contra Online? - Verlage im Internetzeitalter, München 2002, S. 55-68.

Hoffmann, T. (2000): Familienunternehmen plant Netzoffensive: Weka-Firmengruppe rüstet sich für das digitale Zeitalter und zeigt sich offen für Partner, Konzentration auf die Kernkompetenzen, in: Horizont 17 (2000) 43, S. 98.

Hofmann, U. (2001): Netzwerk-Ökonomie, Heidelberg 2001.

Holenstein, U. P. (2001): Alles gratis? - Grund- und Mehrwertrechtsinformation im Netz, in: Jur-PC (2001) Web-Dok. 67/2001, http://www.jurpc.de/aufsatz/20010067.htm.

Holland, C. P., Lockett, G. (1994): Strategic Choice and Inter-organizational Information Systems, in: Nunamaker, J. F., Sprague, R. H. (Hrsg.): Proceedings of the 27th Hawaii International Conference on System Sciences - Volume 4: Information Systems: Collaboration Technology, Organizational Systems and Technology, Los Alamitos 1994, S. 405-413.

Horstmann, R., Timm, U. J. (1998): Pull-/Push-Technologie, in: Wirtschaftsinformatik 40 (1998) 3, S. 242-244.

Houston, A. L., Chen, H. (2000): Electronic Commerce and Digital Libraries, in: Shaw, M. J., Blanning, R., Strader, T., Whinston, A. (Hrsg.): Handbook on Electronic Commerce, Berlin et al. 2000, S. 339-363.

Huff, M. W. (1997): Die Veröffentlichungspflicht der Gerichte, in: Neue Juristische Wochenschrift 50 (1997) 40, S. 2651-2653.

Huisman, R. (2000): Print- und E-Kommunikation in der B2B-Verlagsbranche - Praxisbeispiel BauNetz.de, in: THEXIS 17 (2000) 3, S. 46-47.

Hunter, K. (1998): Electronic Journal Publishing - Observations from Inside, in: D-Lib Magazine 4 (1998) 3, http://www.dlib.org/dlib/july98/07hunter.html.

Hutter, M. (2000): Besonderheiten der digitalen Wirtschaft - Herausforderungen an die Theorie, in: Das Wirtschaftsstudium 29 (2000) 12, S. 1659-1665.

Hutzschenreuter, T. (2000): Electronic Competition - Branchendynamik durch Entrepreneurship im Internet, Wiesbaden 2000.

Jacobi, R. (2002): Auferstehung der Folianten, in: print process (2002) 17, S. 34-38.

Jandach, T (1993): Juristische Expertensysteme - Methodische Grundlagen ihrer Entwicklung, Berlin et al. 1993.

Jungermann, S., Heine, K. (2000): Die Buchpreisbindung - elektronische Medien und der Markt für Verlagserzeugnisse, in: Computer und Recht 16 (2000) 8, S. 526-535.

Junker, M. (2001): Impressionen von der Infobase 2001, in: Jur-PC (2001) Web-Dok. 126/2001, http://www.jurpc.de/aufsatz/20010126.htm.

Justus, M. (2000): Selektion heißt das Erfolgsrezept der Zukunft, in: Buchreport.Magazin 31 (2000) 2, S. 155-157.

Käfer, G. (1996): juris auf dem Weg ins nächste Jahrtausend, in: Herberger, M., Berkemann, J. (Hrsg.): Standort Juris - Festschrift zum 10jährigen Bestehen, Saarbrücken 1996, S. 57-80.

Kalakota, R., Whinston, A. B. (1996): Frontiers of Electronic Commerce, Reading 1996.

Kannan, P. K., Chang, A.-M., Whinston, A. B. (2000): The Internet Information Market: The Emerging Role of Intermediaries, in: Shaw, M. J., Blanning, R., Strader, T., Whinston, A. (Hrsg.): Handbook on Electronic Commerce, Berlin et al. 2000, S. 569-590.

Kannan, P. K., Kopalle, P. K. (2001): Dynamic Pricing on the Internet: Importance and Implications for Consumer Behavior, in: International Journal of Electronic Commerce 5 (2001) 3, S. 63-83.

Kanter, R. M. (2001): The Ten Deadly Mistakes of Wanna-Dots, in: Harvard Business Review 9 (2001) January, S. 91-100.

Karpen, U., Schiel, S. (1991): Rechtsprechung und Datenverarbeitung, in: Jura 13 (1991) 10, S. 527-533.

Katz, M. L., Shapiro, C. (1985): Network Externalities, Competition and Compatibility, in: The American Economic Review 75 (1985) 3, S. 424-440.

Kelly, K. (1998): Net Economy - Zehn radikale Strategien für die Wirtschaft der Zukunft, München, Düsseldorf 1998.

Kilian, W. (2001): Warum Rechtsinformatik?, in: Computer und Recht 17 (2001) 2, S. 132-135.

Killius, N., Mueller-Oerlinghausen, J. (1999): Innovative Geschäftsmodelle in digitalen Medien, in: Schumann, M., Hess, T. (Hrsg.): Medienunternehmen im digitalen Zeitalter: neue Technologien - neue Märkte - neue Geschäftsansätze, Wiesbaden 1999, S. 139-153.

Kist, J. (1988): Elektronisches Publizieren: Übersicht, Grundlagen, Konzepte, Stuttgart 1988.

Klein, S. (1996): Interorganisationssysteme und Unternehmensnetzwerke, Wiesbaden 1996.

Klein, S. (1997): Kommerzielle elektronische Transaktionen: Sektorale Struktur, Umfang und strategisches Potential, in: Werle, R., Lang, C. (Hrsg.): Modell Internet? Entwicklungsperspektiven neuer Kommunikationsnetze, Frankfurt, New York 1997, S. 23-42.

Klein, S. (1997a): Introduction to Electronic Auctions, in: Electronic Markets: Special issue on Electronic Auctions 7 (1997) 4, S. 3-5.

Klein, S. (2000): Preisorientierte Geschäftsmodelle im WWW, in: Pförtsch, W. A. (Hrsg.): Living Web, 2. Aufl., Landsberg 2000, S. 123-131.

Klein, S. (2000a): The Emergence of Auctions on the World Wide Web, in: Shaw, M. J., Blanning, R., Strader, T., Whinston, A. (Hrsg.): Handbook on Electronic Commerce, Berlin et al. 2000, S. 627-645.

Klein, S. (2001): Elektronischer Handel ohne Intermediäre? - Ein Vergleich von Geschäftsmodellen für den elektronischen Vertrieb von Flugscheinen, in: Ahlert, D., Becker, J., Kenning, P., Schütte, R. (Hrsg.): Internet & Co. im Handel: Strategien, Geschäftsmodelle, Erfahrungen, 2. Aufl., Berlin et al. 2001, S. 111-123.

Klein, S., Gogolin, M., Dziuk, M. (2002): Elektronische Märkte im Überblick, in: HMD (2002) 223, S. 7-19.

Klein, S., Güler, S., Lederbogen, K. (2000): Personalisierung im elektronischen Handel, in: Das Wirtschaftsstudium 29 (2000) 1, S. 88-94.

Klein, S., Loebbecke, C. (2000): The Transformation of Pricing Models on the Web: Examples from the Airline Industry, in: Klein, S., O'Keefe, B., Gricar, J., Pucihar, A. (Hrsg.): Electronic Commerce: The End of the Beginning: 13th International Bled Electronic Commerce Conference, Volume I, http://www.wi.uni-muenster.de/wi/literatur/Bled-price-14.pdf.

Klein, S., Selz, D. (2000): Cybermediation in Auto Distribution: Channel Dynamics and Conflicts, in: Journal of Computer-Mediated Communication 5 (2000) 3, http://www.ascusc.org/jcmc/vol5/issue3/kleinselz.htm.

Klein, S., Szyperski, N. (1997): Referenzmodell zum Electronic Commerce, http://www.wi.uni-muenster.de/wi/literatur/refmod/rm-ecinf.htm.

Klein, S., Teubner, R. A. (2000): Web-based Procurement New Roles for Intermediaries, in: Information Systems Frontiers 2 (2000) 1, S. 19-30.

Klein-Blenkers, C. (1995): Marketing für Fachbuchverlage - Absatz von Fachbüchern an berufliche Verwender, Wiesbaden 1995.

Kleinken-Palma, C. (2001): 'Bitte ein Pfund Wirtschaft, ein paar Finanzen und etwas Sport, außerdem ...', in: Information Week (2001) 18, S. 43-45.

Klimesch, R., Hermann, S. (1999): Banken werden austauschbar und verlieren Kundenkontakt: Einsatz und Auswirkungen neuer Medien im Privatkundengeschäft, in: Geldinstitute 30 (1999) 10, S. 18-20.

Klock, F.-J. (1990): Ladenpreiskalkulation nach Deckungsbeitragsgesichtspunkten, in: Kästing, F., Klock, F.-J. (Hrsg.): Beiträge zur Ökonomie des Verlagsbuchhandels, Baden-Baden 1990, S. 89-115.

Klostermann, V. E. (1997): Verlegen im Netz: Zur Diskussion um die Zukunft des wissenschaftlichen Buches, Frankfurt/M. 1997.

Knolmayer, G. F. (2000): Die Diffusion von Innovationen am Beispiel der Online-Veröffentlichung von Dissertationen, in: Häfliger, G. E., Meier, J. D. (Hrsg.): Aktuelle Tendenzen im Innovationsmanagement: Festschrift für Werner Popp zum 65. Geburtstag, Heidelberg 2000, S. 329-351.

Knorr, M., Schläger, U. (1997): Datenschutz bei elektronischem Geld, in: Datenschutz und Datensicherheit 21 (1997) 7, S. 396-402.

Knuf, T. (1998): Weka will im Internet wachsen, in: Werben & Verkaufen (1998) 23, S. 108.

Koehler, C. (1999): Wo der Informationsbedarf wächst, überwiegt die Chance die Bedrohung, in: Buchreport 30 (1999) 21 (27. Mai 1999), S. 48-52.

Kohlbach, M. (2000): Künstliche Intelligenz & juristische Entscheidungsfindung, in: Schweighofer, E., Menzel, T. (Hrsg.): E-Commerce und E-Government - Aktuelle Fragestellungen der Rechtsinformatik, Wien 2000, S. 177-185.

Kohn-Lehnhoff, R. (1995): Online-Datenbanken für Anwälte - die 'unbezahlbaren' Informatinnen, in: Anwaltsblatt 45 (1995) 10, S. 503-505.

König, W. (1996): Antwort auf die Leserbriefe von Prof. Dr. Kurbel, Prof. Dr. Sinz und Prof. Dr. Heinrich, in: Wirtschaftsinfomatik 38 (1996) 1, S. 102-104.

König, W. (2002): Print-Verlage: neue Integrationsansätze als Ausweg?, in: Wirtschaftsinfomatik 44 (2002) 1, S. 6-7.

König, W., Heinzl, A., von Poblotzki, A. (1995): Die zentralen Forschungsgegenstände der Wirtschaftsinformatik in den nächsten zehn Jahren, in: Wirtschaftsinfomatik 37 (1995) 6, S. 558-569.

Konzelmann, A. (1998): BGBl-Hefte just-in-time im Internet - eine Initiative des modernen Rechtsstaates, in: Jur-PC (1998) Web-Dok. 51/1998, http://www.jurpc.de/aufsatz/19980051.htm.

Konzelmann, A. (2000): Tagungsbericht Salzburger Rechtsinformatik-Gespräche 2000, in: Jur-PC (2000) Web-Dok. 61/2000, http://www.jurpc.de/aufsatz/20000061.htm.

Konzelmann, A. (2000a): Rechnergestützte Edition von Normtexten, in: Schweighofer, E., Menzel, T. (Hrsg.): E-Commerce und E-Government - Aktuelle Fragestellungen der Rechtsinformatik, Wien 2000, S. 145-158.

Konzelmann, A. (2002): Tagungsbericht Internationales Rechtsinformatik Symposion Salzburg 2002, in: Jur-PC (2002) Web-Dok. 104/2002, http://www.jurpc.de/aufsatz/20020104.htm.

Kraft, M. (2001): Geballtes Wissen - Beck'sche Datenbank geht online, in: Anwalt 2 (2001) 6, S. 52-53.

Kramer, C. (1996): Chancen und Risiken der vertikalen Integration in der Medienbranche, München 1996.

Krause, J. (1975): Der deutsche Buchhandel, Düsseldorf 1975.

Kreuzbauer, G. (2000): Betrachtungen computerunterstützter Automatisierungen juristischer Subsumtion, in: Schweighofer, E., Menzel, T. (Hrsg.): E-Commerce und E-Government - Aktuelle Fragestellungen der Rechtsinformatik, Wien 2000, S. 213-224.

Kröger, D. (2001): Rechtsdatenbanken, München 2001.

Kroiß, L., Schuhbeck, S. (2000): Jura online - Recherchieren in Internet und Datenbanken, Neuwied, Kriftel 2000.

Krüger, U. M. (1975): Die Antizipation und Verbreitung von Innovationen - Entwicklung und Anwendung eines kommunikationsstrategischen Konzeptes unter besonderer Berücksichtigung der Delphi-Technik, Köln 1975.

Kruse, J. (1996): Publizistische Vielfalt und Medienkonzentration zwischen Marktkräften und politischen Entscheidungen, in: Altmeppen, K.-D. (Hrsg.): Ökonomie der Medien und des Mediensystems, Opladen 1996, S. 25-52.

Kubicek, H., Reimers, K. (1996): Hauptdeterminanten der Nachfrage nach Datenkommunikationsdiensten, in: Marketing ZfP 18 (1996) 1, S. 55-67.

Kuhlen, R. (1996): Informationsmarkt - Chancen und Risiken der Kommerzialisierung von Wissen, 2. Aufl., Konstanz 1996.

Kuhlen, R. (2000): Vertrauenssicherung auf elektronischen Märkten, in: Das Wirtschaftsstudium 29 (2000) 2, S. 220-226.

Kukla, E. (1998): Herstellung - Neue Anforderungen an die Herstellungsabteilung und die Auswirkungen auf das Berufsbild des Herstellers, in: Müller, W. R. (Hrsg.): Elektronisches Publizieren - Auswirkungen auf die Verlagspraxis, Wiesbaden 1998, S. 14-27.

Kurbel, K. (1992): Entwicklung und Einsatz von Expertensystemen, 2. Aufl., Berlin et al. 1992.

Kurz, E. (1998): Electronic Commerce in der Reise- und Tourismusindustrie: Wie innovative Informationstechnologie eine ganze Branche verändern wird...: Online '98 - Kongreßband IV - Internet, Electronic Commerce, Multimedia, Düsseldorf 1998, S. C443.1-C443.25.

Lachmann, O. (1972): Personnel Administration in 1980: A Delphi Study, in: Long Range Planning 5 (1972) 2, S. 21-24.

Lang, N. (2000): Die Zukunft der Buchbranche in der Informations und Wissensgesellschaft - Eine Delphi-Studie, Berlin 2000.

Langendorf, B. (1999): Existenzgründer, Erben und Exekutive halten die Nachfrage locker aufrecht, in: Buchreport 30 (1999) 21 (27. Mai 1999), S. 42.

Langendorf, B. (2000): Alle spüren Veränderungsdruck, in: Buchreport.Magazin 31 (2000) 1, S. 21.

Langendorf, B. (2000a): Der Handel ist schon zur Stelle, in: Buchreport.Magazin 31 (2000) 2, S. 180-181.

Langendorf, B. (2002): Die Gesetzgeber kurbeln RWS-Umsätze kräftig an, in: Buchreport.Magazin 33 (2002) 2, S. 125-126.

Langendorf, B. (2002a): RWS-Verlage müssen jetzt in Spikes antreten, in: Buchreport.Magazin 33 (2002) 2, S. 129-131.

Langendorf, B. (2002b): Das Buch ins Netz verlängert, in: Buchreport.Magazin 33 (2002) 2, S. 134.

Langendorf, B. (2002c): Kein Rabattsammelverein, in: Buchreport.Magazin 33 (2002) 2, S. 152.

Langendorf, B., Schmidt, U. (1998): Arbeitskreis Electronic Publishing: Die Geschäfte gehen noch am Stock, in: Buchreport 29 (1998) 22 (28. Mai 1998), S. 19.

Laukamm, T. (1997): Die rechtzeitige Überwindung von Multimedia durch 'Multiple Media', in: von Schubert, P. et al. (Hrsg.): Print - Medium mit Zukunft?, Wiesbaden 1997, S. 35-52.

Laukamm, T. (2000): Der Multimedia-Ansatz der Verlage ist in der Führungsetage gescheitert, in: Buchreport.Express 31 (2000) 25 (21. Juni 2000), S. 44.

Lehnert, U. (2000): Datenanalysesystem SPSS Version 9, 3. Aufl., München, Wien 2000.

Lehr, T. (1999): Tageszeitungen und Online-Medien: elektronisches Publizieren als produktpolitisches Instrument der Verlage, Wiesbaden 1999.

Lempert, P. (1991): Der Zweikampf, in: Buchmarkt 26 (1991) 3, S. 64-74.

Lesch, S. (1998): Bedeutung des Vermittlers wächst, denn im Web gibt's viel zu viele Infos, in: Buchreport 29 (1998) 34 (20. August 1998), S. 54-55.

LexisNexis (2001): LEXIS-NEXIS auf der Infobase 2001 (Pressemitteilung vom 31. März 2001), http://www.lexisnexis.de/news05_ge.htm.

Liedl, R. (1999): Strategien und Aktivitäten von Bertelsmann im Multimedia-Bereich, in: Schumann, M., Hess, T. (Hrsg.): Medienunternehmen im digitalen Zeitalter: neue Technologien - neue Märkte - neue Geschäftsansätze, Wiesbaden 1999, S. 203-218.

Lind, M. R. (1998): Reducing the Barriers to Interorganizational Electronic Data Interchange, in: Electronic Markets 8 (1998) 1, S. 42-44.

Lindemann, M. A. (2000): Struktur und Einsatz elektronischer Märkte - ein Ansatz zur Referenzmodellierung und Bewertung elektronischer Marktgemeinschaften und Marktdienste, Lohmar, Köln 2000.

Lingenfelder, M., Loevenich, P. (1998): Medien und Fachverlage in der Betriebswirtschaftslehre, in: Wirtschaftswissenschaftliches Studium 27 (1998) 11, S. 550-558.

Linstone, H. A., Turoff, M. (Hrsg.) (1975): The Delphi Method - Techniques and Applications, Reading 1975.

Linstone, H. A., Turoff, M. (1975a): Introduction, in: Linstone, H. A., Turoff, M. (Hrsg.): The Delphi Method, Reading 1975, S. 3-12.

Loebbecke, C. (1997): Content Providers on the Internet: A Discussion Paper on Opportunities, Limits and Impacts, in: The Electronic Journal of Organizational Virtualness 1 (1997) 4, http://www.virtual-organization.net/files/articles/nl1-4.pdf.

Loebbecke, C. (1999): Electronic Trading in On-Line Delivered Content, in: Sprague, R. H. (Hrsg.): Proceedings of the 32th Hawaii International Conference on System Sciences, http://computer.org/proceedings/hicss/0001/00015/0001toc.htm.

Loebbecke, C. (1999a): Electronic Publishing: Investigating a New Reference Frontier, in: Klein, S., Gricar, J., Novak, J. (Hrsg.): Global networked organizations: Proceedings of the 12th International Bled Electronic Commerce Conference, Volume 1, Kranj 1999, S. 301-316.

Loebbecke, C. (2001): eCommerce: Begriffsabgrenzung und Paradigmenwechsel, in: Betriebswirtschaftliche Forschung und Praxis 53 (2001) 2, S. 93-108.

Loebbecke, C. (2001a): Medienmanagement - Betriebswirtschaftliche Fokussierung im interdisziplinären Spannungsfeld Neuer Medien, ökonomischer Konzepte und sozialwissenschaftlicher Erkenntnisse, in: Klein, S., Loebbecke, C. (Hrsg.): Interdisziplinäre Managementforschung und -lehre - Chancen und Herausforderungen - Norbert Szyperski zum 70. Geburtstag, Wiesbaden 2001, S. 237-257.

Loebbecke, C., Powell, P., Gallagher, C. (1999): Buy the Book: Electronic Commerce in the Booktrade, in: Journal of Information Technology 14 (1999) 3, S. 295-301.

Loebbecke, C., Van Fenema, P., Powell, P. (1999): Co-opetition and Knowledge Transfer, in: The Data Base for Advances in Information Systems 30 (1999) 2, S. 14-25.

Luczak, J. M. (2000): Content wird immer Sache der Verlage bleiben, in: Buchreport.Magazin 31 (2000) 2, S. 160-162.

Ludwig, J. (2002): Redaktion + Shopping: Ein innovatives Konzept für die Zukunft?, in: Fantapié Altobelli, C. (Hrsg.): Print contra Online? - Verlage im Internetzeitalter, München 2002, S. 127-151.

Luxem, R. (2000): Digital Commerce - Electronic Commerce mit digitalen Produkten, Lohmar, Köln 2000.

Mair, S. (1998): Formen der Verlagskooperation, Wiesbaden 1998.

Malone, T. W., Grant, K. R., Turbak, F. A., Brobst, S. A., Cohen, M. D. (1987): Intelligent Information-Sharing Systems, in: Communications of the ACM 30 (1987) 5, S. 390-402.

Malone, T. W., Yates, J., Benjamin, R. I. (1987): Electronic Markets and Electronic Hierarchies, in: Communications of the ACM 30 (1987) 6, S. 484-497.

Malone, T. W., Yates, J., Benjamin, R. I. (1989): The Logic of Electronic Markets, in: Harvard Business Review (1989) 3, S. 166-172.

Martino, J. P. (1993): Technical forecasting for decision making, 3. Aufl., New York et al. 1993.

Meffert, H. (2000): Marketing: Grundlagen marktorientierter Unternehmensführung, 9. Aufl., Wiesbaden 2000.

Meffert, H. (2000a): Preismanagement im Internet - Einführung in die Problemstellung, in: Meffert, H., Backhaus, K., Becker, J. (Hrsg.): Preismanagement im Internet, Workshop vom 13. November 2000, Münster 2000, S. 1-4.

Meffert, H. (2000b): Einführung in die Themenstellung, in: Meffert, H., Backhaus, K., Becker, J. (Hrsg.): Markenführung im Internet - Dokumentation des Workshops vom 8. Juni 2000, Münster 2000, S. 1-5.

Meffert, H. (2001): Neue Herausforderungen für das Marketing durch interaktive elektronische Medien - auf dem Weg zur Internet-Ökonomie, in: Ahlert, D., Becker, J., Kenning, P., Schütte, R. (Hrsg.): Internet & Co. im Handel: Strategien, Geschäftsmodelle, Erfahrungen, 2. Aufl., Berlin et al. 2001, S. 161-178.

Meier, A., Pasquier-Rocha, J., Marchand, G., Sieber, A., Wismer, D. (2000): Elektronische Bücher für Wissensvermittlung und Unterhaltung, in: HMD (2000) 211, S. 89-96.

Meine, H.-G. (1996): Die juris CD-ROM-Datenbank "Rechtsprechung des Bundesgerichtshofs", in: wistra 15 (1996) 4, S. 135-138.

Merz, M. (2002): Ach, elektronische Märkte!, in: HMD (2002) 223, S. 5-6.

Meyer, A. (1999): Die Zukunft im Online-Business: Vom Vertriebsweg zu neuen Herausforderungen, in: Picot, A. (Hrsg.): Marktplatz Internet - Neue Geschäftsformen - Neue Spielregeln, Heidelberg 1999, S. 11-25.

Middelhoff, T. (1997): Perspektiven und Herausforderungen im Multimedia-Markt, in: Picot, A. (Hrsg.): Information als Wettbewerbsfaktor - Kongress-Dokumentation, 50. Deutscher Betriebswirtschafter-Tag 1996, Stuttgart 1997, S. 37-51.

Mielke, B. (2000): Bewertung juristischer Informationssysteme - Evaluierung von juris im Vergleich zu einem statistischen Information Retrieval-System anhand zivilprozessualer Fragestellungen, Köln et al. 2000.

Mielke, B. (2002): Fleckenbildung - WLANs als öffentliche Netzzugänge, in: iX (2002) 6, S. 60-64.

Miles, R. F., Snow, C. C. (1986): Organization: New Concepts for New Forms, in: California Management Review 28 (1986) 3, S. 62-73.

Möhlenbruch, D., Schmieder, U.-M. (2001): Gestaltungsmöglichkeiten und Entwicklungspotenziale des Mobile Marketing, in: HMD (2001) 220, S. 15-26.

Möhrle, M. G. (1996): Betrieblicher Einsatz Computerunterstützten Lernens, Braunschweig, Wiesbaden 1996.

Möhrle, M. G. (1997): Ein Computerunterstützter Dialogfragebogen (CUDiF) in praktischer Erprobung, in: Wirtschaftsinformatik 39 (1997) 5, S. 461-467.

Möhrle, M. G., Hoffmann, W. (1994): Interaktives Erheben von Informationen im computergestützten Dialogfragebogen, in: Wirtschaftsinfomatik 36 (1994) 3, S. 243-251.

Möllers, T. M. J. (2000): Die juristische Recherche in Bibliotheken und mit neuen Informationstechnologien, in: Juristische Schulung 40 (2000) 12, S. 1203-1210.

Moritz, K. (1998): Nutzen der juristischen Datenbank "Juris" am Richterarbeitsplatz, in: Nachrichten für Dokumentation 49 (1998) 8, S. 490-492.

Motyka, W. (1989): Druckereierzeugnisse und neue Informations- und Kommunikationstechniken - Eine Analyse der Substitutionsbeziehungen, Wiesbaden 1989.

Muller, M. (2001): XML und RDF Dictionary: Austausch juristischer Informationen zwischen Computern, in: Schweighofer, E., Menzel, T., Kreuzbauer, G. (Hrsg.): Auf dem Weg zur ePerson: aktuelle Fragestellungen der Rechtsinformatik, Wien 2001, S. 85-99.

Müller, N. (1995): Normendatenbanken für Juristen, in: Jura 17 (1995) 12, S. 668-669.

Müller, N., Schallbruch, M. (1995): PC-Ratgeber für Juristen, Berlin, New York 1995.

Müller, R., Ott, A. M. (2001): Lock-in to Application Service Providers, in: Buhl, H. U., Huther, A., Reitwiesner, B. (Hrsg.): Information Age Economy - 5. Internationale Tagung Wirtschaftsinformatik 2001, Heidelberg 2001, S. 729-741.

Müller-Böling, D., Klandt, H. (1994): Methoden Empirischer Wirtschafts- und Sozialforschung, 2. Aufl., Dortmund 1994.

N. N. (1998): Weka will dem Buchhandel aufs Online-Pferd helfen: "Sehr geeigneter Vertriebsweg für elektronische Medien", in: Buchreport 29 (1998) 5 (29. Januar 1998), S. 81.

N. N. (1998a): Der Vertrieb von RWS-Produkten wird immer weniger gegenständlich - Markteinschätzung von RWS-Verlagen, in: Buchreport 29 (1998) 5 (29. Januar 1998), S. 96-108.

N. N. (1998b): Die neuen Euro-Ratgeber allein werden den Zug nicht in Fahrt halten - Situation des RWS-Fachsortiments, in: Buchreport 29 (1998) 5 (29. Januar 1998), S. 126-130.

N. N. (1998c): Buchhandelnde Verlage abstrafen?, in: Buchreport 29 (1998) 9 (26. Februar 1998), S. 6.

N. N. (1998d): Weka steigert sich sogar um 15% auf 784 Millionen DM und plant als neue "Durchbruchsinnovation" eine RWS-Datenbank, in: Buchreport 29 (1998) 17 (23. April 1998), S. 32.

N. N. (1998e): C. H. Beck erwirbt Mehrheit am Schweizer Verlag Helbing & Lichtenhan und baut in Rumänien sein drittes Osteuropa-Standbein auf, in: Buchreport 29 (1998) 39 (24. September 1998), S. 64.

N. N. (1998f): Die Branche nutzt das Internet intensiver und intelligenter, in: Buchreport 29 (1998) 42 (14. Oktober 1998), S. 40-42.

N. N. (1998g): Der wiss. Springer-Verlag geht an Bertelsmann - der hohe Investitionsbedarf für Electronic Publishing und Vertrieb hat das Alleinsein beendet, in: Buchreport 29 (1998) 47 (19. November 1998), S. 45.

N. N. (1999): Jetzt tritt auch Heymanns Verlag den Weg in den verbreitenden Buchhandel an, in: Buchreport 30 (1999) 3 (21. Januar 1999), S. 76.

N. N. (1999a): Schnelligkeit wichtig, in: Buchreport 30 (1999) 5 (4. Februar 1999), S. 31.

N. N. (1999b): Auf der EP-Lizenzmesse auch DVD-Chancen ausloten, in: Buchreport 30 (1999) 5 (4. Februar 1999), S. 31.

N. N. (1999c): Mehr Potential, schwierigerer Markt - Fachverlage zur Situation im Verlagssegment Recht/Wirtschaft/Steuern, in: Buchreport 30 (1999) 21 (27. Mai 1999), S. 58-66.

N. N. (1999d): Sortimenter-Ausschuß: Kritik an Sortimentstreue der Verlage, aber Silberstreife u. a. bei der Preisbindung, in: Buchreport 30 (1999) 22 (3. Juni 1999), S. 67.

N. N. (1999e): Auch Profis knausern, in: Buchreport.Express 30 (1999) 40 (6. Oktober 1999), S. 21.

N. N. (1999f): Sortiment mahnt Spartenpapier ab, in: Buchreport.Express 30 (1999) 40 (6. Oktober 1999), S. 1.

N. N. (1999g): Die Internet-Frage lösen - Juristische Sortimente gründen Gemeinschaft, in: Buchreport. Express 30 (1999) 43 (27. Oktober 1999), S. 19.

N. N. (1999h): Links werden verlinkt - Große Wissenschaftsverlage bilden Online-Verbund, in: Buchreport.Express 30 (1999) 47 (24. November 1999), S. 16.

N. N. (2000): Klasse überlebt, Mittelmaß verliert, in: Buchreport.Magazin 31 (2000) 2, S. 165-178.

N. N. (2000a): Als Erster den Fuß im Portal, in: Buchreport.Express 31 (2000) 11 (15. März 2000), S. 16.

N. N. (2000b): Aktien - aber kein Börsengang, in: Buchreport.Express 31 (2000) 39 (27. September 2000), S. 11.

N. N. (2001): Der Erfolg im Internet hängt vom Content ab - Umfrage unter RWS-Fachverlagen über Internet-Angebote, in: Buchreport.Magazin 32 (2001) 2, S. 119-127.

N. N. (2001a): Mit Selbstbewußtsein in die Zukunft sehen, in: Buchreport.Magazin 32 (2001) 2, S. 129-131.

N. N. (2001b): Kleine Verschnaufpause bei der Wachtsumsrallye, in: Buchreport.Magazin 32 (2001) 4, S. 15-36.

N. N. (2001c): Fahnder kehrt zurück zur Wiege - iConneXX AG beendet das operative Geschäft, in: Buchreport.Express 32 (2001) 28 (11. Juli 2001), S. 18.

N. N. (2001d): Vier gegen einen, in: Buchreport.Express 32 (2001) 46 (15. November 2001), S. 14.

N. N. (2001e): Die größten Fachverlage (Teil 1), in: Compact (2001) 6, S. 26-33.

N. N. (2001f): Die größten Fachverlage (Teil 2), in: Compact (2001) 7-8, S. 20-25.

N. N. (2002): Verlage 2002/2003 - Deutschland, Österreich, Schweiz sowie Anschriften weiterer ausländischer Verlage mit deutschen Auslieferungen, 52. Aufl., Köln 2002.

N. N. (2002a): Wiener wandern ins Portfolio, in: Buchreport.Express 33 (2002) 3 (17. Januar 2002), S. 28.

N. N. (2002b): Paragrafen passen ins Portfolio, in: Buchreport.Express 33 (2002) 10 (7. März 2002), S. 8.

N. N. (2002c): Die Zahlen der Macher in einer schwierigen Zeit, in: Buchreport.Magazin 33 (2002) 4, S. 13-48.

N. N. (2002d): beck-online für Palm und PocketPC, in: Anwalt 3 (2002) 5, S. 63.

N. N. (2002e): Content für Kanzlei-Websites, in: Anwalt 3 (2002) 5, S. 63.

N. N. (2002f): Auf dem Weg zum Online-Verlag - Das juristische Informationssystem Juris gibt einen Kommentar heraus, in: Börsenblatt für den deutschen Buchhandel 58 (2002) 63 (9. August 2002), S. 11.

N. N. (2002g): Lexis Nexis, in: Buchreport.Express 33 (2002) 41 (8. Oktober 2002), S. 36.

N. N. (2002h): Kuselit "Zeitschriften-Inhalts-Dienst" (ZID), in: Jur-PC (2002) Web-Dok. 255/2002, http://www.jurpc.de/aufsatz/20020255.htm.

Neubauer, K.-W. (1998): Verlage und Bibliotheken - Die Auswirkungen des Elektronischen Publizierens auf die Zusammenarbeit von Verlagen und wissenschaftlichen Bibliotheken, in: Müller, W. R. (Hrsg.): Elektronisches Publizieren - Auswirkungen auf die Verlagspraxis, Wiesbaden 1998, S. 77-94.

Neuberger, C. (2002): Das Engagement deutscher Tageszeitungen im Internet: zwischen "Cross media"-Strategien und Zweitverwertung - Ergebnisse einer Befragung von Online-Redaktionsleitern, in: Fantapié Altobelli, C. (Hrsg.): Print contra Online? - Verlage im Internetzeitalter, München 2002, S. 113-118.

Niederman, F., Brancheau, J. C., Wetherbe, J. C. (1991): Information Systems Management Issues in the 1990s, in: Management Information Systems Quarterly 15 (1991) 4, S. 474-499.

Niemann, F. (2000): Firmen peppen ihre Sites mit fremden Inhalten auf, in: Computerwoche 27 (2000) 42, S. 33-34.

Niemann, F. (2001): Der lange Weg zum bezahlten Content, in: Computerwoche 28 (2001) 11, S. 105-106.

Norek, S. (1997): Die elektronische wissenschaftliche Fachzeitschrift - Entwicklung, Stand und Perspektiven einer nutzergerechten Gestaltung, in: Nachrichten für Dokumentation 48 (1997) 3, S. 137-149.

O'Reilly, T. (1996): Publishing Models for Internet Commerce, in: Communications of the ACM 39 (1996) 6, S. 79-86.

Odlyzko, A. (1996): The Bumpy Road to Electronic Commerce, in: Maurer, H. (Hrsg.): WebNet 96 - World Conference Web Society Proceedings, http://www.dtc.umn.edu/~odlyzko/doc/bumpy.road.pdf.

Odlyzko, A. (1998): The Economics of Electronic Journals, in: Journal of Electronic Publishing 4 (1998) 1, http://www.press.umich.edu/jep/04-01/odlyzko.html.

Odlyzko, A., Fishburn, P. (1999): Competitive pricing of information goods: Subscription pricing versus pay-per-use, in: Economic Theory 13 (1999), http://www.dtc.umn.edu/~odlyzko/doc/competitive.pricing.pdf.

Orwant, J. (1996): For want of a bit the user was lost - Cheap user modeling, in: IBM Systems Journal 35 (1996) 3 - 4, S. 398-416.

Österle, H. (2000): Business Model of the Information Age, Berlin et al. 2000.

Owen, B. M. (1975): Economics and Freedom of Expression: Media Structure and the First Amendment, Cambridge 1975.

Pagé, P., Ehring, T. (2001): Electronic Business und New Economy - Den Wandel zu vernetzten Geschäftsprozessen meistern, Berlin et al. 2001.

Panurach, P. (1996): Money in Eletronic Commerce: Digital Cash, Electronic Fund Transfer, and Ecash, in: Communications of the ACM 39 (1996) 6, S. 45-50.

Paul, C., Runte, M. (2001): Wie ziehe ich Kunden an? - Virtuelle Communities, in: Albers, S., Clement, M., Peters, K., Skiera, B. (Hrsg.): eCommerce: Einstieg, Strategie und Umsetzung im Unternehmen, 3. Aufl., Frankfurt/M. 2001, S. 123-136.

Penrose, E. (1959): The Theory of the Growth of the Firm, Oxford 1959.

Pentzel, K. (1999): Unsere schärfste Konkurrenz sind leider die Verlage selbst, in: Buchreport 30 (1999) 21 (27. Mai 1999), S. 16-17.

Peppers, D., Rogers, M. (1997): The One to One Future - Building Relationships one Customer at a time, New York 1997.

Peppers, D., Rogers, M. (1997a): Enterprise One to One: Tools for Competing in the Interactive Age, New York 1997.

Pflaumer, M. (2000): Ordnung im Chaos? - Auf der Suche mit meta-JUR, in: Anwalt 1 (2000) 1, S. 50.

Picard, R. G. (2000): Changing Business Models of Online Content Services - Their Implications for Multimedia and Other Content Producers, in: The Internation Journal on Media Management 2 (2000) 11, S. 60-68.

Picot, A. (1999): Marktplatz Internet - Eine Einführung, in: Picot, A. (Hrsg.): Marktplatz Internet - Neue Geschäftsformen - Neue Spielregeln, Heidelberg 1999, S. 1-10.

Picot, A. (2002): Begrüßung und Einführung, in: Eberspächer, J. (Hrsg.): Die Zukunft der Printmedien, Berlin et al. 2002, S. 1-5.

Picot, A., Heger, D. K. (2001): Handel in der Internet-Ökonomie, in: Zeitschrift Führung + Organisation 70 (2001) 3, S. 128-134.

Picot, A., Reichwald, R., Wigand, R. (2001): Die grenzenlose Unternehmung, 4. Aufl., Wiesbaden 2001.

Pieper, D. (1998): Bibliotheken und Verlage als Träger der Informationsgesellschaft, in: Nachrichten für Dokumentation 49 (1998) 3 (Sonderheft), S. 145-148.

Piller, F., Deking, I., Meier, R. (2001): Mass Customization - Strategien im E-Business, in: Hermanns, A., Sauter, M. (Hrsg.): Management-Handbuch Electronic Commerce, 2. Aufl., München 2001, S. 133-146.

Pohl, A. (2000): E-Business und Wettbewerbsstrategie, in: Scheer, A.-W. (Hrsg.): E-Business - Wer geht? Wer bleibt? Wer kommt? - 21. Saarbrücker Arbeitstagung 2000 für Industrie, Dienstleistung und Verwaltung, Heidelberg 2000, S. 47-63.

Polzin, D. W., Lindemann, M. A. (1999): Evolution elektronischer Märkte in Güterverkehr und Logistik, in: Wirtschaftsinfomatik 41 (1999) 6, S. 526-537.

Porra, C. (2000): A Strategic Framework for Electronic Commerce: The Digital Production Cycle, in: Shaw, M. J., Blanning, R., Strader, T., Whinston, A. (Hrsg.): Handbook on Electronic Commerce, Berlin et al. 2000, S. 612-626.

Porter, M. E. (1975): Note on the Structural Analysis of Industries (Harvard Business School Case Nr. 376-054), Boston 1975.

Porter, M. E. (1999): Wettbewerbsstrategie - Methoden zur Analyse von Branchen und Konkurrenten, 10. Aufl., Frankfurt/M., New York 1999.

Porter, M. E. (1999a): Wettbewerbsvorteile, 5. Aufl., Frankfurt/M., New York 1999.

Porter, M. E. (2001): Strategy and the Internet, in: Harvard Business Review 9 (2001) March, S. 63-78.

Pott, O., Groth, T. (2001): Wireless - Strategien, Methoden und Konzepte für das mobile Internet, Kilchberg 2001.

Prahalad, C. K., Hamel, G. (1990): The core competence of the corporation, in: Harvard Business Review 68 (1990) 3, S. 79-91.

Preuß, S. (1999): Buchmarkt im Wandel - Wissenschaftliches Publizieren in Deutschland und den USA, Stuttgart, Weimar 1999.

Preuß Neudorf, A. (1999): Preisbindung und Wettbewerb auf dem deutschen Buchmarkt, Köln 1999.

Preuß Neudorf, C. (1998): Dem Kunden den Puls fühlen und Probleme mit Erfolg lösen, in: Buchreport 29 (1998) 34 (20. August 1998), S. 8-9.

Rappa, M. (2000): Managing the Digital Enterprise - Module Business Models, http://digitalenterprise.org/models/models.html.

Rawolle, J., Hess, T. (2000): New Digital Media and Devices - An Analysis for the Media Industry, in: The Internation Journal on Media Management 2 (2000) 11, S. 89-99.

Rawolle, J., Hess, T. (2001): XML in der Medienindustrie - Ökonomische Aspekte, in: Turowski, K., Fellner, K. J. (Hrsg.): XML für betriebliche Anwendungen - Standards, Möglichkeiten und Praxisbeispiele, Heidelberg 2001, S. 229-244.

Rayport, J. F., Sviokla, J. J. (1995): Exploiting the virtual value chain, in: Harvard Business Review 3 (1995) 11-12, S. 75-85.

Rebstock, M. (2001): Elektronische Unterstützung und Automatisierung von Verhandlungen, in: Wirtschaftsinfomatik 43 (2001) 6, S. 609-617.

Reiß, M., Koser, M. (2001): Individualisierungspotenziale des E-Business, in: Zeitschrift Führung + Organisation 70 (2001) 3, S. 135-141.

Rentmeister, J., Klein, S. (2001): Geschäftsmodelle in der New Economy, in: Das Wirtschaftsstudium 30 (2001) 3, S. 354-361.

Rheingold, H. (1993): The virtual community - Homesteading on the electronic frontier, Reading 1993.

Riehm, U., Böhle, K., Gabel-Becker, I., Wingert, B. (1992): Elektronisches Publizieren - eine kritische Bestandsaufnahme, Berlin et al. 1992.

Riehm, U., Orwat, C., Wingert, B. (2001): Online-Buchhandel in Deutschland - Die Buchhandelsbranche vor der Herausforderung des Internet (Arbeitsbericht Nr. 192 der Akademie für Technikfolgenabschätzung in Baden-Württemberg), Karlsruhe 2001.

Riemer, K., Totz, C. (2001): The many faces of personalization - An integrative economic overview of mass customization and personalization, in: Proceedings of the 1st World Congress on Mass Customization and Personalization, http://www.wi.uni-muenster.de/wi/literatur/mcp01/riemer_totz-personalization.pdf.

Riggs, W. E. (1983): The Delphi Technique - An Experimental Evaluation, in: Technological Forecasting and Social Change (1983) 23, S. 89-94.

Ring, S. (1994): Computergestützte Rechtsfindungssysteme, Köln et al. 1994.

Rings, W. (1993): DAV-JURIS-Service - Rechtsprechungs- und Literaturrecherchen für DAV-Mitglieder zu attraktiven Konditionen, in: Anwaltsblatt 43 (1993) 2, S. 113-114.

Rink, J. (2001): Es gibt zu wenig Lesestoff für das elektronische Buch, in: Buchreport.Magazin 32 (2001) 3, S. 106-107.

Rißmann, M., Loos, C., Mei-Pochtler, A., Dean, D. (1999): Electronic Commerce - Der Kampf um den Konsumenten auf der neuen Agorá, in: Hermanns, A., Sauter, M. (Hrsg.): Management-Handbuch Electronic Commerce, München 1999, S. 141-155.

Rogers, E. M. (1995): Diffusion of innovations, 4. Aufl., New York et al. 1995.

Röhring, H.-H. (1997): Wie ein Buch entsteht - Einführung in den modernen Buchverlag, 6. Aufl., Darmstadt 1997.

Rossbach, G. (1998): Das Buch im WWW, in: Net 52 (1998) 11, S. 22-23.

Rowland, F. (1999): Two Large-scale Surveys of Electronic Publication in the United Kingdom, in: Smith, J. W. T. (Hrsg.): Electronic publishing '99: redefining the information chain - new ways and voices: Proceedings of the Third ICCC/IFIP Conference held at the University of Karlskrona/Ronneby, Sweden, 10 - 12 May 1999, Washington 1999, S. 131-136.

Sachs, L. (2002): Angewandte Statistik - Anwendung statistischer Methoden, 10. Aufl., Berlin et al. 2002.

Sackman, H. E. (1975): Delphi critique, Lexington 1975.

Sagawe, C. (2000): Vom Lückenfüller zum (unentbehrlichen?) Hilfsmittel: Die Mailingliste der Anwälte, in: Jur-PC (2000) Web-Dok. 111/2000, http://www.jurpc.de/aufsatz/20000111.htm.

Salminen, A., Lyytikäinen, V., Tiitinen, P., Mustajärvi, O. (2001): Experiences of SGML Standardization: The Case of the Finnish Legalislative Documents, in: Sprague, R. H. (Hrsg.): Proceedings of the 34th Hawaii International Conference on System Sciences, http://dlib.computer.org/conferen/hicss/0981/pdf/09815003.pdf.

Sandkuhl, K. (1994): Systemintegration im computergestützten Publizieren, Wiesbaden 1994.

Sandkuhl, K., Kindt, A. (1996): Telepublishing: die Druckvorstufe auf dem Weg ins Kommunikationszeitalter, Berlin, Heidelberg, New York 1996.

Sarkar, M. B., Butler, B., Steinfield, C. (1995): Intermediaries and Cybermediaries: A Continuing Role for Mediating Players in the Electronic Marketplace, in: Journal of Computer Mediated Communication 1 (1995) 3 (Dezember 1995), http://jcmc.huji.ac.il/vol1/issue3/sarkar.html.

Sarkar, M. B., Butler, B., Steinfield, C. (1998): Cybermediaries in Electronic Marketspace: Toward Theory Building, in: Journal of Business Research 41 (1998) 3, S. 215-221.

Sauerwald, M. J. (2002): Mäusekino oder WWW? - Mobile Internetrecherche mit PalmOS, in: Anwalt 3 (2002) 8-9, S. 38-41.

Schack, M. (2000): Schöne neue Datenwelt, in: Börsenblatt für den deutschen Buchhandel 56 (2000) 48 (16. Juni 2000), S. 7-8.

Schackmann, J., Schü, J. (2001): Personalisierte Portale, in: Wirtschaftsinfomatik 43 (2001) 6, S. 623-625.

Scheer, A.-W., Erbach, F., Thomas, O. (2000): E-Business - Wer geht? Wer bleibt? Wer kommt?, in: Scheer, A.-W. (Hrsg.): E-Business - Wer geht? Wer bleibt? Wer kommt? - 21. Saarbrücker Arbeitstagung 2000 für Industrie, Dienstleistung und Verwaltung, Heidelberg 2000, S. 3-45.

Schenk, K., Lobeck, M. A., Kling, C. (1990): juris - Ein Informationssystem für Rechtsfragen - Teil 2: Die dokumentarischen Aspekte des juristischen Informationssystems, in: Nachrichten für Dokumentation 41 (1990) 2, S. 93-102.

Schick, H. (1997): Einflüsse der elektronischen Medien in der Verlagslandschaft, in: von Schubert, P. et al. (Hrsg.): Print - Medium mit Zukunft?, Wiesbaden 1997, S. 83-88.

Schiele, J., Lube, M.-M. (1996): Neue Dimensionen im Verlagsgeschäft: Von Gutenberg zu Gates, in: Arthur D. Little (Hrsg.): Management in vernetzten Unternehmen, Wiesbaden 1996, S. 158-178.

Schinzer, H. (2001): Zahlungssysteme im Internet, in: Hermanns, A., Sauter, M. (Hrsg.): Management-Handbuch Electronic Commerce, 2. Aufl., München 2001, S. 391-402.

Schinzer, H., Steinacker, B. (2000): Virtuelle Gemeinschaften, in: Thome, R., Schinzer, H. (Hrsg.): Electronic Commerce, 2. Aufl., München 2000, S. 81-105.

Schlagböhmer, M. (1990): Rechtsinformationssysteme, insbesondere JURIS, in: Juristenzeitung 45 (1990) 6, S. 262-272.

Schlarmann, H. (1984): Praktische Erfahrungen mit JURIS, in: Bauknecht, K., Forstmoser, P., Zehnder, C. A. (Hrsg.): Rechtsinformatik - Bedürfnisse und Möglichkeiten, Zürich 1984, S. 69-74.

Schlee, E. (1996): The Value of Information about Product Quality, in: RAND Journal of Economics 27 (1996) Winter, S. 803-815.

Schleicher, K. (1991): Am Anfang war die Information, in: Jur-PC (1991) 9, S. 1216.

Schlüchter, J. (2001): Prognose der künftigen Entwicklung elektronischer B2B Marktplätze - konzeptionelle Basis und Ergebnisse eines Experten-Delphi, Thüngersheim 2001.

Schlueter, C., Shaw, M. J. (1997): A strategic framework for developing electronic commerce, in: IEEE Internet Computing (1997) 11-12, S. 20-28.

Schmid, B. (1993): Elektronische Märkte, in: Wirtschaftsinfomatik 35 (1993) 5, S. 465-480.

Schmid, B. (1999): Elektronische Märkte: Merkmale, Organisation und Potentiale, in: Hermanns, A., Sauter, M. (Hrsg.): Management-Handbuch Electronic Commerce, München 1999, S. 31-48.

Schmid, B., Lindemann, M. A. (1998): Elements of a Reference Model for Electronic Markets, in: Sprague, R. H. (Hrsg.): Proceedings of the 31th Hawaii International Conference on System Sciences, Volume IV, Los Alamitos 1998, S. 193-201.

Schmidt, U. (1999): Alle und alles unter einem Dach - ein alter Hut, in: Buchreport 30 (1999) 6 (11. Februar 1999), S. 5.

Schmidt, U. (1999a): Die Spitze setzt sich immer weiter vom Fußvolk der Buchbranche ab, in: Buchreport 30 (1999) 14 (8. April 1999), S. 38-43.

Schmidt, U. (2000): Die 100 größten Verlage haben 1999 mehr zugelegt, in: Buchreport.Magazin 31 (2000) 4, S. 19-20.

Schmitt, S., Schneider, B. (2001): Einsatzpotentiale der KI im Electronic Commerce, in: Künstliche Intelligenz 15 (2001) 1, S. 5-11.

Schmitzer, B., Butterwegge, G. (2000): M-Commerce, in: Wirtschaftsinfomatik 42 (2000) 4, S. 355-358.

Schneider, K. (2001): Geschäftsmodelle in der Internet-Ökonomie, in: Ahlert, D., Becker, J., Kenning, P., Schütte, R. (Hrsg.): Internet & Co. im Handel: Strategien, Geschäftsmodelle, Erfahrungen, 2. Aufl., Berlin et al. 2001, S. 125-140.

Schnell, R., Hill, P. B., Esser, E. (1999): Methoden der empirischen Sozialforschung, 6. Aufl., München, Wien 1999.

Schober, F. (2000): Forschungs- und Entwicklungsprojekte zum Thema "Electronic Commerce", in: Informatik Forschung und Entwicklung 15 (2000) 4, S. 226-229.

Schoberth, T., Schrott, G. (2001): Virtual Communities, in: Wirtschaftsinfomatik 43 (2001) 5, S. 517-519.

Schoder, D. (1995): Erfolg und Mißerfolg telematischer Innovationen: Erklärung der "Kritischen Masse" und weiterer Diffusionsphänomene, Wiesbaden 1995.

Schoder, D., Müller, G. (1999): Potentiale und Hürden des Electronic Commerce, in: Informatik Spektrum 22 (1999) 4, S. 252-260.

Schögel, M. (1997): Mehrkanalsysteme in der Distribution, Scheßlitz 1997.

Schönstedt, E. (1999): Der Buchverlag - Geschichte, Aufbau, Wirtschaftsprinzipien, Kalkulation und Marketing, Stuttgart, Weimar 1999.

Schreiber, G. A. (1998): Electronic Commerce - Business in digitalen Medien - Geschäftsmodelle-Strategien-Umsetzung, Neuwied 1998.

Schreiber, G. A. (1999): New Media im Süddeutschen Verlag, in: Schumann, M., Hess, T. (Hrsg.): Medienunternehmen im digitalen Zeitalter: neue Technologien - neue Märkte - neue Geschäftsansätze, Wiesbaden 1999, S. 233-247.

Schreiner, H. (2000): Probleme bei der Formalisierung des Rechts, in: Schweighofer, E., Menzel, T. (Hrsg.): E-Commerce und E-Government - Aktuelle Fragestellungen der Rechtsinformatik, Wien 2000, S. 203-211.

Schubert, P. (2000): Virtuelle Transaktionsgemeinschaften im Electronic Commerce, 2. Aufl., Lohmar, Köln 2000.

Schubert, P., Selz, D., Haertsch, P. (2001): Digital erfolgreich: Fallstudien zu strategischen E-Business-Konzepten, Berlin et al. 2001.

Schulteis, G. (2000): Informations- und Kommunikationstechnologie für vertikale Unternehmenskooperationen, Wiesbaden 2000.

Schultze, J.-M. (1987): Bericht zur Infobase '87: Juristensymposium, in: Informatik und Recht 2 (1987) 6, S. 250-252.

Schulz, G. (1989): Buchhandels Ploetz - Abriß der Geschichte des deutschsprachigen Buchhandels von Gutenberg bis zur Gegenwart, 4. Aufl., Freiburg i. Br. 1989.

Schumann, M., Hess, T. (2000): Grundfragen der Medienwirtschaft, Berlin et al. 2000.

Schüngel, M., Beckmann, K., Jurjevic, M., Hoeren, T. (1998): Lernsoftware - Aktueller Stand, technische und lernpsychologische Anforderungen am Beispiel des Immobiliarsachenrechts, Münster 1998.

Schüngel, M., Thoben, J., Unruh, M. M., Laufenberg, B. (2001): Juristische Lernsoftware auf dem Prüfstand, Münster 2001.

Schuster, A. (1998): WWW-basierte Masseninformationssysteme als Werbe- und Absatzkanal für Reisemittler - Referenzmodellierung basierend auf Erkenntnissen aus einer Delphi-Studie, Wien 1998.

Schütz, W. J. (1997): Pressewirtschaft, in: Noelle-Neumann, E., Schulz, W., Wilke, J. (Hrsg.): Fischer Lexikon Publizistik - Massenkommunikation, Frankfurt/M. 1997, S. 452-475.

Schwarz, J., Allweyer, T. (2000): Portal Engineering - Schlüsselprozess für die Transformation der alten in die neue Ökonomie, in: Scheer, A.-W. (Hrsg.): E-Business - Wer geht? Wer bleibt? Wer kommt? - 21. Saarbrücker Arbeitstagung 2000 für Industrie, Dienstleistung und Verwaltung, Heidelberg 2000, S. 133-164.

Schwarz, V. (1990): Quantität und Qualität rechtswissenschaftlicher Literatur, in: Kästing, F., Klock, F.-J. (Hrsg.): Beiträge zur Ökonomie des Verlagsbuchhandels, Baden-Baden 1990, S. 223-237.

Schweighofer, E. (1999): Rechtsinformatik und Wissensrepräsentation - Automatische Textanalyse im Völkerrecht und Europarecht, Wien, New York 1999.

Schweighofer, E. (2000): Juristische Begriffsstrukturen und Hypertext, in: Schweighofer, E., Menzel, T. (Hrsg.): E-Commerce und E-Government - Aktuelle Fragestellungen der Rechtsinformatik, Wien 2000, S. 159-168.

Seeger, Thomas (1979): Die Delphi-Methode - Expertenbefragungen zwischen Prognose und Gruppenmeinungsbildungsprozessen, Freiburg 1979.

Seipp, P. (1999): Die Migration existierender Zahlungssysteme in das Internet - Schrittmacher für die erfolgreiche Entwicklung des Electronic Commerce, in: Hermanns, A., Sauter, M. (Hrsg.): Management-Handbuch Electronic Commerce, München 1999, S. 213-224.

Sellier, A. L. (2000): Für zwei juristische Datenbanken ist der deutsche Markt viel zu klein, in: Buchreport.Express 31 (2000) 8 (23.2.2000), S. 40.

Sellier, P. (1998): Alles, was die Zukunft bringt, läßt sich als Herausforderung begreifen, in: Buchreport 29 (1998) 40-41 (1. Oktober 1998), S. 185-186.

Sellier, P. (1998a): Ein ehrwürdiger Großkommentar an der Schwelle des E-Zeitalters, in: Buchreport 29 (1998) 5 (29. Januar 1998), S. 116.

Selz, D. (1999): Value Webs - Emerging forms of fluid and flexible organizations - Thinking, organizing, communicating and delivering value on the Internet, Bamberg 1999.

Sendler, H. (2002): Tod den Tagungsbänden? Nur den verlogenen!, in: Neue Juristische Wochenschrift 55 (2002) 16, S. 1177-1178.

Sennewald, N. (1998): Der Markt für Massenmedien: Wettbewerbswandel durch das Internet - Eine Analyse anhand der Pressebranche, München 1998.

Shapiro, C., Varian, H. (1999): Information rules: a strategic guide to the network economy, 2. Aufl., Boston 1999.

Shardanand, U., Maes, P. (1995): Social Information Filtering - Algorithms for Automating "Word of Mouth", in: Katz, I. R. (Hrsg.): Human factors in computing systems (Proceedings of the 1995 ACM Conference on Computer and Human Interfaces - CHI95), http://www.acm.org/sigchi/chi95/Electronic/documnts/papers/us_bdy.htm.

Shaw, M. J. (2000): Electronic Commerce: State of the Art, in: Shaw, M. J., Blanning, R., Strader, T., Whinston, A. (Hrsg.): Handbook on Electronic Commerce, Berlin et al. 2000, S. 3-24.

Sieber, P., Hunziker, D. (1999): Einsatz und Nutzung des Internet in kleinen und mittleren Unternehmen in der Schweiz 1999 (Arbeitsbericht Nr. 115 des Instituts für Wirtschaftsinformatik der Universität Bern), Bern 1999.

Sieber, P., Studer, T. (1997): Der Buchhandel im Internet - einige globale Betrachtungen (Arbeitsbericht Nr. 99 des Instituts für Wirtschaftsinformatik der Universität Bern), Bern 1997.

Sieber, U. (1989): Informationsrecht und Recht der Informationstechnik, in: Neue Juristische Wochenschrift 42 (1989) 41, S. 2569-2580.

Siebert, K. (1996): Bibliographie zu juris, in: Herberger, M., Berkemann, J. (Hrsg.): Standort Juris - Festschrift zum 10jährigen Bestehen, Saarbrücken 1996, S. 403-438.

Sieg, A. (2001): Content-Kontrolle ist alles und nichts ist unmöglich, in: Buchreport.Magazin 32 (2001) 10, S. 39-40.

Siegemund, F., Cap, C. H., Heuer, A. (2001): Einsatz von mobilen Agenten und XML zur Angebotsrecherche im Business-to-Consumer-Commerce, in: Wirtschaftsinfomatik 43 (2001) 2, S. 157-166.

Sigmund, K. (2000): Keine Angst vor der Konzentration, in: Buchreport.Magazin 31 (2000) 7, S. 123-128.

Simitis, S. (1970): Informationskrise des Rechts und der Datenverarbeitung, Karlsruhe 1970.

Sjurts, I. (1996): Wettbewerb und Unternehmensstrategie in der Medienbranche, in: Altmeppen, K.-D. (Hrsg.): Ökonomie der Medien und des Mediensystems, Opladen 1996, S. 53-80.

Skiera, B. (2001): Wie teuer sollen die Produkte sein? - Preispolitik, in: Albers, S., Clement, M., Peters, K., Skiera, B. (Hrsg.): eCommerce: Einstieg, Strategie und Umsetzung im Unternehmen, 3. Aufl., Frankfurt/M. 2001, S. 97-110.

Skiera, B. (2001a): Preisdifferenzierung, in: Albers, S., Clement, M., Peters, K. (Hrsg.): Marketing mit interaktiven Medien, 3. Aufl., Frankfurt/M. 2001, S. 267-281.

Skiera, B., Schäfers, B. (2001): Online-Auktionen, in: Albers, S., Clement, M., Peters, K., Skiera, B. (Hrsg.): Marketing mit interaktiven Medien, 3. Aufl., Frankfurt/M. 2001, S. 282-297.

Soldan GmbH (2002): Juristisches Wissensmanagement, Essen 2002.

Specht, U. (2001): Markenführung und Internet, in: Die Betriebswirtschaft 61 (2001) 2, S. 257-263.

Stegen, K.-P. (1989): Auslieferungsleistungen und moderne Technologien, in: Vodosek, P. (Hrsg.): Das Buch in Praxis und Wissenschaft, Wiesbaden 1989, S. 114-126.

Steinmüller, K. (1999): Methoden der TA - ein Überblick, in: Bröchler, S., Simonis, G., Sundermann, K. (Hrsg.): Handbuch Technikfolgenabschätzung, Band 2, Berlin 1999, S. 655-667.

Stelzer, D. (2000): Digitale Güter und ihre Bedeutung in der Internet-Ökonomie, in: Das Wirtschaftsstudium 29 (2000) 6, S. 835-842.

Stepanek, M. (2000): Weblining, in: Business Week (2000) (3. April 2000) (E-BIZ), S. EB14-EB20.

Stockem, A. (1989): Vom Individualverlag zum Verlagskonzern - Eine statistische Entwicklungsanalyse der letzten 40 Jahre, in: Vodosek, P. (Hrsg.): Das Buch in Praxis und Wissenschaft, Wiesbaden 1989, S. 49-70.

Stöckle, W. (1998): ABC des Buchhandels: wirtschaftliche, technische und rechtliche Grundbegriffe für den herstellenden und verbreitenden Buchhandel, 9. Aufl., Würzburg 1998.

Stöhr, K. (1993): juris - ein nützliches Rechtsinformationssystem?, in: Jur-PC (1993) 5, S. 2080-2083.

Stöhr, K., Tolzmann, G. (1996): juris - ein Kind des Bundesministeriums der Justiz, in: Herberger, M., Berkemann, J. (Hrsg.): Standort Juris - Festschrift zum 10jährigen Bestehen, Saarbrücken 1996, S. 17-37.

Stumpe, R. (1998): Lektorat/Redaktion - Neue Produktionsformen - neue Anforderungen, in: Müller, W. R. (Hrsg.): Elektronisches Publizieren - Auswirkungen auf die Verlagspraxis, Wiesbaden 1998, S. 63-76.

Svoboda, W. R. (1987): Die Zukunft der juristischen Informationssysteme, in: Computer und Recht 3 (1987) 12, S. 905-911.

Swift, R. (2001): How Leading Companies Achieve Profitability through Accelerating Customer Relationships, in: Buhl, H. U., Huther, A., Reitwiesner, B. (Hrsg.): Information Age Economy - 5. Internationale Tagung Wirtschaftsinformatik 2001, Heidelberg 2001, S. 35-42.

Szyperski, N., Klein, S. (1993): Informationslogistik und virtuelle Organisation, in: Die Betriebswirtschaft 53 (1993) 2, S. 187-208.

Tapscott, D., Lowy, A., Ticoll, D. (2000): Digital capital - harnessing the power of business webs, Boston 2000.

Thielen, G. (1990): Gefährdet die CD-ROM das Printmedium?, in: N. N. (Hrsg.): Online '90 - 13. Europäische Kongressmesse für technische Kommunikation vom 5.-9.2.1990 in Hamburg, Velbert 1990, S. P-4-01 - P-4-07.

Thomann, F. H. (1984): Bedürfnisse des praktizierenden Anwalts, in: Bauknecht, K., Forstmoser, P., Zehnder, C. A. (Hrsg.): Rechtsinformatik - Bedürfnisse und Möglichkeiten, Zürich 1984, S. 103-108.

Thome, R. (1997): Elektronische Zahlungsmittel, in: Thome, R., Schinzer, H. (Hrsg.): Electronic Commerce, München 1997, S. 114-135.

Thurner, V. (1998): "Web-Buchhandlung braucht wie ein Laden einen eigenen Charakter und Kundenstamm", in: Buchreport 29 (1998) 8 (19. Februar 1998), S. 13.

Thurner, V. (1999): Dienstleistungen des traditionellen Buchhandels, in: Neubauer, K. W. (Hrsg.): Bibliotheken und Verlage als Träger der Informationsgesellschaft - Vorträge des 4. Europäischen Bielefeld-Kolloquiums, 10.-12. Februar 1998, Frankfurt/M. 1999, S. 64-70.

Tiedemann, P. (2000): Das Rocket-eBook - der kleine Freund mit dem großen Wissen, in: Jur-PC (2000) Web-Dok. 62/2000, http://www.jurpc.de/aufsatz/20000062.htm.

Tiedemann, P. (2001): Jederzeit abrufbar - Bald schon E-Books für Juristen?, in: Anwalt 2 (2001) 5, S. 48-51.

Tiling, J. (1988): JURIS - pro und contra - Die Sicht eines Wirtschaftsjuristen, in: Computer und Recht 4 (1988) 5, S. 436-441.

Timmers, P. (1998): Business Models for Electronic Markets, in: Electronic Markets 8 (1998) 2, S. 3-8.

Timmers, P. (1999): Electronic Commerce - Strategies and Models for Business-to-Business Trading, Chichester 1999.

Tochtermann, S., Nothacker, M. (2001): Aus Herstellern werden aktive Projektmanager, in: Buchreport.Magazin 32 (2001) 2, S. 162-164.

Toffler, A. (1980): The Third Wave, London 1980.

Tolle, K. M., Chen, H. (2000): Intelligent Software Agents for Electronic Commerce, in: Shaw, M. J., Blanning, R., Strader, T., Whinston, A. (Hrsg.): Handbook on Electronic Commerce, Berlin et al. 2000, S. 365-382.

Traunmüller, R. (1997): Rechtsinformatik auf dem Weg ins nächste Jahrzehnt, in: Lenk, K., Reinermann, H., Traunmüller, R. (Hrsg.): Informatik in Recht und Verwaltung - Entwicklung, Stand, Perspektiven, Heidelberg 1997, S. 3-24.

Trede, M. A. (1997): Nutzung des Internet durch Juristen (ursprünglich unter http://www.atvocate.de/trede/umfrage.html; Abruf am 16. Oktober 1997), http://web.archive.org/web/19980519234625/http://www.atvocate.de/trede/umfrage.html.

Turoff, M., Hiltz, S. R. (2000): Computer Based Delphi Processes, http://eies.njit.edu/~turoff/Papers/delphi3.html.

Tzouvaras, A., Hess, T. (2001): Keyword: Print-on-Demand, in: The Internation Journal on Media Management 3 (2001) 1, S. 39-42.

Tzouvaras, A., Hess, T. (2001a): Referenzmodellierung für Buchverlage: ein erstes Strukturmodell für den Leistungsprozess, in: Becker, J., Knackstedt, R. (Hrsg.): Kurzbeiträge zur 5. Fachtagung Referenzmodellierung 2001 (Dresden, 2. November 2001), http://www.wi.uni-muenster.de/is/tagung/ref2001/Kurzbeitrag14.pdf.

Uebelhöde, R. (2001): Westlaw legt Pipelines in die Welt der Gesetze, in: Buchreport.Magazin 32 (2001) 9, S. 91-92.

Ullmann, E. (1996): Der amtliche Leitsatz, in: Herberger, M., Berkemann, J. (Hrsg.): Standort Juris - Festschrift zum 10jährigen Bestehen, Saarbrücken 1996, S. 133-144.

van Heck, E., Vervest, P. (1998): Web-based Auctions: How should the Chief Information Officer deal with them?, in: Communications of the ACM 41 (1998) 7, S. 99-100.

van Miert, K. (1999): Das EG-Recht dient der Buchversorgung, nicht aber bestimmten Vertriebsformen, in: Buchreport 30 (1999) 25 (24. Juni 1999), S. 25-31.

Varian, H. R. (1989): Price discrimination, in: Schmalensee, R., Willing, R. D. (Hrsg.): Handbook of Industrial Organization, Amsterdam et al. 1989, S. 597-654.

Varian, H. R. (1995): Pricing Information Goods, http://www.sims.berkeley.edu/~hal/Papers/price-info-goods.pdf.

Varian, H. R. (1996): Pricing Electronic Journals, in: D-Lib Magazine 2 (1996) 6, http://www.dlib.org/dlib/june96/06varian.html.

Varian, H. R. (1996a): Differential Pricing and Efficiency, in: First Monday 1 (1996) 2, http://www.firstmonday.dk/issues/issue2/different/.

Varian, H. R. (1997): Versioning Information Goods, http://www.sims.berkeley.edu/~hal/Papers/version.pdf.

Varian, H. R. (1998): The Future of Electronic Journals, in: The Journal of Electronic Publishing 4 (1998) 1, http://www.press.umich.edu/jep/04-01/varian.html.

Varian, H. R. (2000): Buying, renting and sharing information goods, http://www.sims.berkeley.edu/~hal/Papers/sharing.pdf.

Verhoef, P. C., Donkers, B. (2001): Predicting customer potential value an application in the insurance industry, in: Decision Support Systems 32 (2001) 2, S. 189-199.

VG Hannover (1993): Anspruch auf Urteilsbelieferung - Urteil vom 22.07.1993 (Az.: 6 A 1032/92), in: Jur-PC (1993) 10, S. 2318-2325.

Viefhues, W. (1996): Überlegungen zu Rechtsprechungsdatenbanken aus richterlicher Sicht, in: Herberger, M., Berkemann, J. (Hrsg.): Standort Juris - Festschrift zum 10jährigen Bestehen, Saarbrücken 1996, S. 251-265.

Viefhues, W. (2002): Vorankündigung 11. Deutscher EDV-Gerichtstag 2002 vom 25.09.2002 bis 27.09.2002 in Saarbrücken - "Sicherheit und elektronische Kommunikation", in: Jur-PC (2002) Web-Dok. 117/2002, http://www.jurpc.de/aufsatz/20020117.htm.

Vogel, A. (1999): Verlage und Electronic Publishing, in: Media Perspektiven (1999) 2, S. 73-81.

von Hammel, C., Borcherding, M. (1998): Digitales Geld - Bezahlen im Internet, in: HMD (1998) 199, S. 38-53.

von Lucius, W. D. (1990): Lesen und Wissen - Kritische Anmerkungen zur Nutzung von Fachzeitschriften, in: Kästing, F., Klock, F.-J. (Hrsg.): Beiträge zur Ökonomie des Verlagsbuchhandels, Baden-Baden 1990, S. 215-222.

von Raden, L. (1989): JURIS, SOJUS, UNIX ... quousque tandem?, in: Computer und Recht 5 (1989) 1, S. 76-80.

Walker, R. (1996): Die Praxis der Veröffentlichung von Gerichtsentscheidungen und die Aufgabe elektronischer Datenbanken, in: Herberger, M., Berkemann, J. (Hrsg.): Standort Juris - Festschrift zum 10jährigen Bestehen, Saarbrücken 1996, S. 197-211.

Walker, R. (1998): Die Publikation von Gerichtsentscheidungen, Saarbrücken 1998.

Wayner, P. (1996): Digital cash: Commerce on the Net, Boston et al. 1996.

Weber, H. (1997): Der Umgang mit juristischer Literatur und der Aufbau einer eigenen Handbibliothek, in: JuS Redaktion (Hrsg.): JuS Studienführer, 4. Aufl., München 1997, S. 130-159.

Weber, M. (1998): Einbinden, wo es Sinn macht, in: Buchreport 29 (1998) 43 (22. Oktober 1998), S. 20.

Weber, M. (1998a): Aufbau eines juristischen Onlinedienstes im Internet, in: Heinen, I. (Hrsg.): Internet '98, Heidelberg 1998, S. 207-210.

Wechsler, W. (1978): Delphi-Methode - Gestaltung und Potential für betriebliche Prognoseprozesse, München 1978.

Weis, H. (1996): Verfassungsrechtliche Fragen einer weiteren Privatisierung der juris GmbH, in: Bundesanzeiger 48 (1996) 82a, S. 1-43.

Welb, G. (1998): Marketing/Vertrieb - Neue Produktionsformen-neue Marktpositionierung, in: Müller, W. R. (Hrsg.): Elektronisches Publizieren - Auswirkungen auf die Verlagspraxis, Wiesbaden 1998, S. 28-39.

Welb, G. (1998a): Anwälte, Steuerberater, Studenten bleiben ein wachsendes Potential, in: Buchreport 29 (1998) 5 (29. Januar 1998), S. 110-112.

Welb, G. (1999): An der Vertriebspartnerschaft müssen beide Seiten arbeiten, in: Buchreport 30 (1999) 21 (27. Mai 1999), S. 44-45.

Welters, K. (1989): Delphi-Technik, in: Szyperski, N. (Hrsg.): Handwörterbuch der Planung, Stuttgart 1989, S. 262-269.

Wendt, O., v. Westarp, F., König, W. (2000): Diffusionsprozesse in Märkten für Netzgüter - Determinanten, Simulationsmodell und Marktklassifikation, in: Wirtschaftsinfomatik 42 (2000) 5, S. 422-433.

Wengenroth, D. (2001): Fachverlage bringen jetzt das Gesetz ins Datennetz, in: Buchreport.Magazin 32 (2001) 10, S. 118-120.

Wengenroth, D. (2002): Anwälte entdecken erst allmählich das Internet, in: Buchreport.Magazin 33 (2002) 6, S. 146-147.

Wengenroth, D. (2002a): Sortimenter füllen Advokaten das Regal, in: Buchreport.Magazin 33 (2002) 2, S. 145-149.

Werbach, K. (2000): Syndication - The Merging Model for Business in the Internet Area, in: Harvard Business Review 78 (2000) May-June, S. 84-93.

Wernerfelt, B. (1984): A Resource-based View of the Firm, in: Strategic Management Journal 5 (1984) 2, S. 171-180.

West, L. A. (2000): Private Markets for Public Goods - Pricing Strategies of Online Database Vendors, in: Journal of Management Information Systems 17 (2000) 1, S. 59-85.

Weyher, C. (2000): Electronic Publishing in der wissenschaftlichen Kommunikation, Potsdam 2000.

Wiese, H. (1991): Marktschaffung - das Startproblem bei Netzeffekt-Gütern, in: Marketing ZfP 13 (1991) 1, S. 43-51.

Wildemann, H. (1997): Trends in der Distributions- und Entsorgungslogistik - Ergebnisse einer Delphi-Studie, München 1997.

Wilking, T. (1998): Online wird jetzt das große Rad gedreht, in: Buchreport 29 (1998) 18 (30. April 1998), S. 5.

Wilking, T. (1998a): Die Fachverlage treiben Online voran, offline dominiert weiter die CD-ROM, in: Buchreport 29 (1998) 34 (20. August 1998), S. 44-46.

Wilking, T. (1998b): EP als gleichwertige Stütze, in: Buchreport 29 (1998) 43 (22. Oktober 1998), S. 5.

Wilking, T. (1998c): Juristische Online-Datenbanken - Bei den Online-Angeboten soll der Handel die Abos vermitteln, in: Buchreport 29 (1998) 43 (22. Oktober 1998), S. 20-21.

Wilking, T. (1999): Brittanica-Revolution schockt Lexikonverlage, in: Buchreport.Magazin 30 (1999) 12 (26. November 1999), S. 88-89.

Will, H. (1994): Electronic Publishing heißt die Zukunft, in: pablo 2 (1994) 10, S. 3.

Willamowski, M. (2000): Zitierfähigkeit von Internetseiten, in: Jur-PC (2000) Web-Dok. 78/2000, http://www.jurpc.de/aufsatz/20000078.htm.

Williamson, O. E. (1975): Markets and Hierarchies - Analysis and Antitrust Implications, New York 1975.

Williamson, O. E. (1991): Comparative Economic Organization - The Analysis of Discrete Structural Alternatives: Administrative Science Quarterly 36 (1991) June, S. 269-296.

Wirtz, B. W. (1994): Neue Medien, Unternehmensstrategien und Wettbewerb im Medienmarkt: eine wettbewerbstheoretische und -politische Analyse, Frankfurt/M. et al. 1994.

Wirtz, B. W. (2000): Medien- und Internetmanagement, Wiesbaden 2000.

Wirtz, B. W. (2000a): Migrations- und Markteintrittsstrategien bei Neuen Medien - theoretische und empirische Aspekte zu neueren strategischen Verhaltensweisen, in: Oelsnitz, D. (Hrsg.): Markteintrittsmanagement, Stuttgart 2000, S. 239-254.

Wirtz, B. W. (2001): Electronic Business, 2. Aufl., Wiesbaden 2001.

Wirtz, B. W., Becker, D. (2002): Geschäftsmodellansätze und Geschäftsmodellvarianten im Electronic Business - Eine Analyse zu Erscheinungsformen von Geschäftsmodellen, in: Wirtschaftswissenschaftliches Studium 31 (2002) 2, S. 85-90.

Wirtz, B. W., Kleinecken, A. (2000): Geschäftsmodelltypologien im Internet, in: Wirtschaftswissenschaftliches Studium 29 (2000) 11, S. 628-635.

Wirtz, B. W., Krol, B. (2001): Stand und Entwicklungsperspektiven der Forschung zum Electronic Commerce, in: Jahrbuch der Absatz- und Verbrauchsforschung 46 (2001) 4, S. 332-365.

Wirtz, B. W., Lihotzky, N. (2001): Internetökonomie, Kundenbindung und Portalstrategien, in: Die Betriebswirtschaft 61 (2001) 3, S. 285-305.

Wirtz, B. W., Mathieu, A. (2001): Mobile Commerce, in: Die Betriebswirtschaft 61 (2001) 5, S. 615-618.

Wolf, C. (1989): Informationsverwaltung mit Hilfe einer kanzleiinternen Datenbank, in: Anwaltsblatt 39 (1989) 4, S. 219-221.

Wolf, G. (1992): juris - Ein denkbar einfacher Zugang zu allen Informationen, die Sie brauchen? - Teil 3: Die Ursachen der Bedienungsschwierigkeiten, in: Jur-PC (1992) 6, S. 1608-1619.

Wolf, M. J. (2002): Media mergers: The wave rolls on, in: The McKinsey Quarterly 39 (2002) 2 (Web exclusive), http://www.mckinseyquarterly.com/article_page.asp?ar=1173&L2=17&L3=104.

Wolfstetter, E. (1996): Auctions: An Introduction, in: Journal of Economic Surveys 10 (1996) 4, S. 367-420.

Wood, M. (2001): Is Publishing Dead?, in: Buchreport.Magazin 32 (2001) 7, S. 149-152.

Wösner, M. (1997): Vom Printverleger zum Inhalte-Manager, in: von Schubert, P. et al. (Hrsg.): Print - Medium mit Zukunft?, Wiesbaden 1997, S. 27-34.

Wrona, K., Keller, R., Herwono, I., Williams, F. (1998): Electronic Commerce in Deutschland und weltweit: Neue Zahlungssysteme und ihre Anwendungsbereiche, in: Praxis der Informationsverarbeitung und Kommunikation 21 (1998) 1, S. 3-10.

Zariski, A. (1997): "Never Ending, Still Beginning" - A Defense of Electronic Law Journals from the Perspective of the E-Law Experience, in: First Monday 2 (1997) 6, http://www.firstmonday.dk/issues/issue2_6/zariski/.

Zentes, J., Effen, I. (1995): Perspektiven für den Buchmarkt, Düsseldorf 1995.

Zerdick, A., Picot, A., Schrape, K., Artopé, A., Goldhammer, K., Lange, U. T., Vierkant, E., López-Escobar, E., Silverstone, R. (2001): Die Internet-Ökonomie - Strategien für die digitale Wirtschaft, 3. Aufl., Berlin et al. 2001.

Ziegler, M., Becker, A. (2000): Medienhäuser im Internet, in: Diebold Management Report (2000) 2, S. 20-25.

Ziegler, M., Becker, A. (2000a): Verlage - wohin wollt ihr?, in: Nachrichten für Dokumentation 51 (2000) 2, S. 83-89.

Zimmer, H.-D. (1999): Bibliotheken der Zukunft, Hamburg 1999.

Zohlnhöfer, W. (1987): Zur Ökonomie des Pressewesens in der Bundesrepublik Deutschland, in: Röper, B. (Hrsg.): Wettbewerb im Medienbereich, München 1987, S. 45-87.

Zoubek, D. (2001): Push-Dienste in der Rechtsinformation, in: Schweighofer, E., Menzel, T., Kreuzbauer, G. (Hrsg.): Auf dem Weg zur ePerson: aktuelle Fragestellungen der Rechtsinformatik, Wien 2001, S. 163-170.